2007年上海市哲学社会科学规划重大项目（2007DTQ001）
上海重点学科建设项目（B406）

美国对华情报解密档案

（1948~1976）

主编：沈志华　杨奎松

第八编　文化大革命

主编：何　慧

第九编　中苏关系

主编：何　妍

中国出版集团　东方出版中心

第八编　文化大革命

目　　录

导　论

本编收录了 21 份有关中国"文化大革命"的美国情报及评估文件,它们是从 100 多份相关文件中挑选出来的。这些文件的主要内容是美国中央情报局就中国领导人、党内斗争以及"文化大革命"对中国的经济建设、社会稳定和对外政策的影响进行的观察、分析和评估。其中,关于中共党内政治斗争的观察和分析最多,包括中央高层领导人的身体健康状况、他们在"文革"中的地位变化、彼此的合作与分歧等。还包括对中国某些特殊的政治制度的观察,如中央情报局对中共"政治安全体制"的观察和评估就厚达近百页。其次是关于"文化大革命"对中国社会的冲击,如对国民经济的影响,学生参与"文化大革命"造成的后果,社会上出现的混乱局面等。再次就是关于"文化大革命"对中国对外政策的影响,如中国对越南战争的态度。这些评估涉及"文革"期间中国政治、经济和社会的各个方面,并在对中国当时的形势做出基本判断的同时,预测了中国未来的发展。

一、本编情报形成的相关背景

在美国联邦政府中,白宫、国务院、中央情报局都有对外国进行研究并向政府提供政策建议的部门。中央情报局是美国最大的情报机构,它的一项主要任务是公开和秘密地收集关于外国的政治、经济、文化、科技等方面的情报;它的另一项重要任务是协调美国的对外情报工作,如把通过各种途径获得的信息进行汇总分析,并以《国家情报每日简报》的形式发送给政府部门的高级官员。而更为详细的《总统每日简报》则会每天送到白宫,作为美国政府决策的重要参考。除此之外,还有由中央情报局国家评估办公室做的评估报告。

中国是亚洲的大国,又是共产主义阵营的重要国家,因此,美国关于中国的情报收集和分析工作处于比较重要的位置。中央情报局和美国其他情报机关为了获取有关中国的情报,使用了一切可能的手段,除了招募代理人外,还包括使用飞越中国领空的卫星,在中国周边地区设立监听站,用潜艇对深海通信电缆进行窃听等。但是,由于新中国成立后中美两国之间没有正常的国家关系,没有外交渠道,也没有其他经济、文化的往来,因此,美国收集关于中国的情报的直接途径相当少,间接的途径则导致信息散乱及消息源不可靠,因而使情报不准确。这使得美国的情报评估报告中经常出现诸如"手头上没有确切的信息可得出结论"、"不能确定"这样的文字,表明其不少情报无法从多个渠道予以证实。

"文化大革命"期间,美国的情报部门主要是在靠近中国大陆的香港、澳门设立机构,从那些过往中国的外交人员、游客、商人那里收集各类信息。他们在想方设法获取各种正式文件的同时,也尽量收集各式各样的出版物,特别是大量红卫兵的报纸以及各地的大字报、小字报。由于"文革"期间众多对立的派别互相攻讦，彼此大揭对方的老底，从而披露了相当多的不可能从官方的公开宣传中得到的信息，所以美国的情报部门对这些大字报、小字报非常重视。甚至可以说在这个时期，大字报是美国情报部门使用得最多的情报信息来源。基于这些信息，美国中央情报局对中国在"文革"期间的各个方面都给予了密切关注，而中国的政治形势及走向是美国最为关心的问题，也是本编文件的重点。

本编收入的情报档案有一部分是普通的情报信息电报，它们属于常规的信息汇报，主要来自中央情报局的渠道，也有少数是来自国务院的网络，其来源基本上都还没有解密。通常情况下，它们只是直接叙述情报内容，一般不做评论，而且这些情报电报都显得比较粗糙。例如，本编8-3文件，其内容是一般的中国人如何获取外国信息，它指出，处于封闭状态下的普通的中国人很难了解外国的情况，只有那些有一定级别的人才有资格阅读《参考消息》和《参考资料》这两种摘登外国报刊的内部出版物，而有特别的工作需要的人才能通过阅读外国的报纸，收听外国电台来获取外国媒体上的信息。这些其实非常普通的常识性的东西在美国的情报报告中也不时出现，可见其情报并非都是关于重大事项或高端秘密的信息。在所有情报中这一类情报的数量是最多的，它们就好比建设楼房所用的沙石，是情报工程的原材料。

本编中的另一部分档案是情报报告、备忘录和特别报告，它们是就某个专题或某个时段的形势，在对相关情报进行研究后提交的分析报告。可以说它们是使用原材料修建的一个个房间。而在所有的情报文件中，最有分量和价值的是国家情报评估报告，相当于一座建成的楼房。本编中就有8-13、8-18两份专门关于"文化大革命"的国家情报评估报告。评估报告不同于一般的情报，它通常是在国家评估办公室完成评估后，由中央情报局局长提交美国情报部每周一次的会议取得最后同意，然后根据其内容、密级等，有针对性地分送到美国政府的相关部门，成为美国政府决策的重要参考资料。

二、中央情报局对中国高层领导人的观察及评估

美国中央情报局观察中国"文化大革命"的聚光灯首先照射在中国的最高领导人身上。毛泽东、周恩来、林彪是他们观察的主要对象。而毛泽东是核心的人物，他的健康状况、行为动机，特别是他发动"文化大革命"的目的都是美国情报机构关注的焦点。

（一）毛泽东的健康和他发动"文化大革命"的动机、做法

1. 关于毛泽东的健康

有关"文革"期间毛泽东的健康状况的情报主要是简短的情报信息电报，电报是由谁发回的因仍未解密不得而知，消息的来源则主要是在华外交官，特别是东欧国家的外交人员。本编8-1、8-10选了其中两份比较有代表性的关于毛泽东的健康状况的情报信息电报。一份是传闻毛泽东1966年4月初在上海做了喉癌手术，这是波兰外交官从一位"曾参与会诊"的波兰医生那里获得的消息。这样的小道消息很不确切，况且，波兰医生参与会诊似乎也不太可能。对于中央情报局来说，这样的消息也收入其报告中，说明它的消息渠道确实有

限,也说明他们对毛泽东的健康状况十分关心。当然,美国情报部门对于各个国家最高领导人的健康都是十分关切的,因为通常来说,政治舞台上最大的戏剧性表现莫过于最高领导人的突然变故。

另一份是1967年3月2日关于毛泽东"老态龙钟"的情报信息电报,说毛泽东"渐老并很虚弱","已不能连贯地说话,并经常在说完一句话之前已找不到思路"。消息来源是阿尔巴尼亚驻华大使。暂且不论情况是否属实,可以想见,由于中美两国之间没有建立外交关系,没有正常的联络渠道,美国的情报部门只能通过间接的途径来获取有关中国领导人的状况的情报。

除了这类情报信息电报外,在其他的评估报告中也有对毛泽东的健康状况的观察和评估,但他们的观察和评估是模糊的,甚至是矛盾的。"可能"、"估计"、"似乎"这些词比比皆是。如美国情报评估人员估计"毛的健康和控制可能正在下滑"。[1]在75岁时他的心血管病史使"其身体健康状况值得怀疑"。[2]但他们无法确定毛泽东的实际状况,而估计他的体力虽有衰退,但"仍能保持他的领袖气质"。[3]他的健康也"允许他进行积极的领导",不过,他们觉得"难以估计毛的健康状况的前景",只是相信如果毛泽东出现身体健康状况恶化的情况,那么持续不稳定的局面就会更加明显。如果他像列宁那样"苟延残喘",那么"帮派主义就几乎肯定会滋长"。[4]

从美国中央情报局的情报看,他们对毛泽东的健康状况大多是捕风捉影和揣测,没有确实的证据,而他们关心毛泽东的健康状况,自然是关心中国政治舞台上"权力斗争"的展开。毛泽东的身体能否使他牢牢地控制住国内的政治形势,关系到中国的政局是否会出现变化。而衰老和死亡这一任何人都无法抗拒的历史规律,使政治人物的命运与历史的进程密切相连。

2. 毛泽东发动"文化大革命"的原因

自"文化大革命"开始以来,美国情报部门就十分关注中国"文化大革命"的进展,除了大量具体的观察外,也有比较全面的评估,其中1966年9月23日本编8-4文件,是中央情报局国家评估办公室代主任阿伯特·史密斯(Abbot Smith)致国家评估委员会的关于"文革"期间中国的混乱形势的特别备忘录。这份文件发现中国"处于一种混乱的状态,充满矛盾,急速变化"。最高领导层"变戏法般地一再改变",各级党组织受到红卫兵的攻击。毫无疑问,是毛泽东"亲自"发动了"文化大革命",而他发动"文革"的原因可能是因为他遭到了"实际上的公开反对",这导致他认为党已经不是过去那个能执行他的基本政策的党。文件认为,自20世纪50年代以来,中国政府靠说教应对实际问题屡受挫折。尽管毛泽东建立独立而强大的中国的目标得到广泛支持,但越来越多的人开始怀疑他达到这一目标的方法。因

---

[1] 见本编8-5文件。
[2] 见本编8-20文件。
[3] 见本编8-20文件。
[4] 见本编8-13文件。

为试图用游击战时期的理论来使中国实现现代化,看来越来越不现实。一些知识分子及党的领导人已经意识到了这一点。但毛泽东本人不这样认为,他仍然坚持自己的主张,并希望用清党的办法来统一思想。该文件是对美国情报部门收集到的有关"文化大革命"的情况进行概括整理后做出的客观陈述,它并没有比较深入的分析和研究,只是一般性的估计。

1967年5月25日,中央情报局局长理查德·赫尔姆斯提交了一份关于中国"文化大革命"的国家情报评估报告,即本编8-13文件。他综合各项情报及评估报告,对"文化大革命"的原因、"文化大革命"对制度和社会的主要影响及其结果做了详细的分析。他认为,毛泽东发动"文化大革命"有以下几个原因:

第一,在"大跃进"失败之后,政府采取了一些补救措施,使社会在一定程度上保持了稳定和秩序,但这也迫使毛泽东放弃了他的很多计划,做出了暂时的让步。而当他发现很多决定是那些下级官员不经过他而自己做出的时候,他就"要寻找办法,重新确立他在全国的权威和主张"。而且,毛泽东相信一旦要推行他的总路线,"党内的反对派就必须被清除"。于是,到1965年11月,他决定采取行动。

第二,毛泽东"近乎迷信动员群众和向群众灌输他的学说可以做到一切"。他的做法是强调意识形态及进行政治斗争。因此,他把"不断革命"作为号召人民保持战斗精神的旗帜。中国高层的其他领导人并不反对"不断革命",但他们更希望"这些事情能够并应该服从于不断推进建设现代中国的事业的利益"。这样一来,高层决策者的分歧加剧。

第三,毛泽东对中国的政治现实极为不满,同时也对中国的未来十分担心。他知道自己年事已高,剩余的时间不多了,所以他对没有经历过革命战争考验的年轻一代特别不放心,害怕"苏联式修正主义可能影响中国,在他死后可能更会如此"。毛泽东曾经指定刘少奇为接班人,但当他对党的机构越来越不信任时,他开始依靠解放军,并把林彪提拔起来。这种情况加剧了党内争斗,"那些身家性命系于刘氏的人正在努力挣扎,避免他的倒台而求生,而那些在林周围的人,可能正试图利用他的新承诺而获益。结果,政治气氛更紧张、更复杂了"。

这两份文件是美国中央情报局对"文化大革命"早期形势的基本估价。他们相信是毛泽东按照他对中国未来的设想发动了这场运动。他们认为,尽管"文化大革命"不知道什么候才会结束,但它已经对中国的政治、经济和社会造成了严重破坏,并影响到中国的国际形象。

(二)对周恩来在"文革"中的表现的观察

1967年9月8日,中央情报局提出了一份关于周恩来与"文革"的特别报告,即本编8-17文件,对周恩来在"文革"期间的表现进行了详细分析。报告认为周恩来作为政府政策的主要发言人以及自1966年8月以来一直是中国最高领导层的三人组中的关键一员,因此需要格外重视。周恩来的与众不同和以往处理国内和外交事务方面的经历早已被外国观察者描述过。美国的情报评估报告虽然更关注他在"文革"时期的表现,但对他本人的评价也有过去的影子,如"他出生于富裕的官宦人家并受到儒学传统的熏陶",而中共的其他领导人

"大都出身卑微"。"他在西方世界的经历使他拥有更广阔和国际性的见解"而使很多外国人印象深刻并被他的个人魅力吸引。他在很多重大的外交谈判中"显示出他的坚定、谨慎和耐心"等等。

1. 周恩来的健康和工作能力

在外国观察家的眼中,周恩来是身体健康和精力充沛的,因为他多年来经常是从早上十一点开始一直工作到第二天凌晨两三点。这样的日程"足以让比他年轻的人筋疲力尽"。尽管他已 69 岁,但他还是承受了长时间的工作以及不断的压力。① 他要做的事情包括"频繁出席礼仪活动,管理中国庞大政府机构的日益增多的琐事",在"文化大革命"期间,由于其他人缺位,他承担了更多的事项,如 1967 年 6 月 20~24 日,赞比亚总统卡翁达对中国进行国事访问期间,周恩来就以政府首脑和国家元首的身份出面迎接、宴请卡翁达,与他举行高峰会谈,并主持签订了贸易协定。在刘少奇无法行使职权时,在北京的外国外交官们实际上是把周恩来当作中国的国家元首,这些都"给他增添了更耗时的工作"。而且,周恩来还"暂时代替了被围攻的陈毅、李先念和谭震林","承担起外交、财贸、农林这些国家机关的直接管理"。所以,"他是掌权的三巨头中唯一有足够精力应付庞大的政府机构日常事务的人",而且,"哪里最忙就出现在哪里"。②

除了精力过人外,周恩来的务实和灵活也备受关注。他处理问题一贯实际,中国目前虽然有激进主义的倾向,但政府还没有完全放弃相对实际的、较为节制的经济政策,周恩来在这方面发挥了相当大的作用,也表明"中国政坛还没有完全失去清醒和理智"。③ 总的来说,周恩来执行的是温和的路线,采取的是相对保守的立场,这使他有时表现出与"文化大革命"的某些方面不协调,但他同时又能保住其接近政治最高层的位置,这"既反映了他的机敏,又说明事实上他和任何官员一样,今天的中国也不能少了他们"。④

中央情报局的报告发现,在整个"文革"期间,所有官方的宣传都说周恩来是在始终忠实地执行毛泽东的指示。然而,"事实上周恩来不断努力缓和他的上级所下达的极端政策,有时候他似乎做的是两码事"。他"行事周全,左右逢源,拥有无与伦比的政治技巧"。他能够多年来一直身居要职且地位相当稳固,说明他"在党内政治丛林中生存的能力堪比米高扬"。而作为"一个老练、儒雅的实用主义者"和"中国政治顶层的唯一明智的人",他不仅有能力和耐力,而且拥有"抓住问题要领和化解危机的异乎寻常的高超技巧"。他"有才华和技巧去利用权力杠杆,并使国家朝向温和的政策"。⑤ 换言之,周恩来是中国政坛上少见的能人。

2. 周恩来在"文化大革命"中的作用

对于周恩来在"文化大革命"中的作用,美国的情报评估报告认为周恩来的"顽强、谨慎

---

① 见本编 8-13 文件。
② 见本编 8-17 文件。
③ 见本编 8-4 文件。
④ 见本编 8-17 文件。
⑤ 见本编 8-17 文件。

和愿意在该出手时就出手"对他应付从一开始就成为"文化大革命"一部分的险恶的内部斗争有很大帮助。在整个受到官方鼓励的暴力和混乱期间，周恩来多次保护政府部门和军队中当权的那些与他有共识的下属和盟友。在叶剑英、陈毅、聂荣臻等人遭到攻击时，周多次挺身维护，也包括对军委所有副主席、副总理及政治局常委的保护。

中央情报局的报告认为，周恩来虽然赞同"文化大革命"的主要路线，但是比起林彪、江青、陈伯达等人，他的言辞更为温和。他多次强调保持生产的重要性，公开反对"过火行为"，以及强调"治病救人"的必要性，并且他也成功地争取保存了大部分省级地方政府的权威。①周恩来一直相当支持更理智的选择，如用三结合班子结束纷争，恢复秩序，呼吁重开学校，让躁动的年轻人回到校园，以及实行稳健的经济政策以保护工农业生产。尽管毛泽东支持的激进派对他不满，也试图打倒他，但他们没有做到，因为"需要他来保持国家不散架"。除了他的正式职能外，周恩来也在大字报中被描绘成"'文革'首席执行官"，他下令采取军事行动，劝说造反派接受引导，制定政策，调解各派系之间的争斗等等。但他同时也扮演着"'文革'解困能手"的角色，如他曾多次亲自接见众多的来自各省的代表，调解各派系的纷争，并且签署了一些中央委员会支持或批评各省领导人的决定或指示。②

总之，中央情报局的评估报告认为周恩来"以相当大的信心和不断的努力，促使在'文化大革命'引起的社会动乱中保持社会秩序"。当然，"在理智与务实的光鲜外表"之下，周恩来"可能与他的同事一样残酷无情"。他能在"靠近中共权力顶峰的并不稳固的位置上供职30年而幸存下来"充分说明了这一点。

（三）关于林彪

在1966年9月本编8-5文件中，中央情报局关于林彪地位的特别报告注意到，林彪作为毛泽东在党内的第一副手于8月份出现了。他当时是唯一被官方媒体描述为毛泽东"亲如手足的同志"而显然正被培养为毛泽东的接班人的人。自此美国中央情报局的评估人员开始关注林彪，但他们并不确定他的具体角色，仅仅是猜测"他或许只是毛利用的工具，或许是和别人在一起干，也或许他自己是这场运动背后的发起者"。

该文件认为，林彪作为"中国最卓越的军事指挥员之一"，其军事才能无可非议，但"文革"开始时还不到60岁的他却身体欠佳。他在1937年受伤后曾在苏联接受治疗。1950～1956年间，他淡出了公众视野。1957～1966年夏天之前，他也只是偶尔出现在公众场合。尽管如此，他们知道林彪仍处于党和军队的权力中心十多年。他在1955年进入政治局，1958年进入了政治局常务委员会，第二年又被任命为国防部长，取代失势的彭德怀，作为党的最高军事当局军事委员会的负责人。

中央情报局的报告认为，林彪之所以能够在"文化大革命"中被毛泽东器重，最主要的是他握有军权，其次是毛泽东对其他领导人日益不信任。而林彪在1959年任国防部长后一直

---

① 见本编8-12文件。
② 见本编8-17文件。

是毛泽东各项主张的热烈拥护者。1964年,林彪关于"政治统帅一切"的指示和学习毛泽东思想的号召使他格外讨得毛泽东的欢心。当刘少奇被逐出核心圈子后,林彪被指定为毛泽东的继承人。为了巩固他的地位,林彪把一批军人拉进了中央的核心。① 中央情报局的评估报告对林彪能否做到使其接班人的预期成为现实给予了高度关注。

美国中央情报局档案中并无关于刘少奇的特别评估报告,而是散见在各个文件中,对于刘少奇的所谓罪行,他们是照搬了红卫兵的小册子,说他反毛泽东,是"修正主义的黑司令",是中国的赫鲁晓夫。他还反对人民公社制度、"大跃进",反对集体化,主张个人主义,鼓吹"三和一减"和"三自一包",但没有任何评论。②

总的来说,美国情报部门对中国高层领导人的状况是关切但不确切的。可以说是雾里看花。但他们预见:"毛的许多信条和实践可能会被撇开",尽管"可能是一个渐进的过程"。

林彪则是政治新贵和明星,但"仍是个模糊的人物"。他是个阴沉难懂、看起来"一直行事低调"的人,美国人始终没有看清他的真面目。在他们看来,林彪是一个识时务的人,在"险恶的政治斗争"中,他时进时退,见风使舵,力求在最安全的条件下得到最大化的利益。而周恩来的务实、理性、温和是人所共知的。他坚定的共产主义信念并不妨碍他在具体的工作中采取灵活变通的做法。他在"文化大革命"期间确实成功地自保,但同时也在极其有限的条件下,保护其他老干部,缓和极端政策,竭力稳定社会。

三、中央情报局对"文化大革命"对中国的政治、经济、社会生活和对外政策的影响的评估

（一）党内高层斗争与政治安全体制

"文化大革命"在全国各地陆续展开,从东北到西南,从西北到华南,从东南沿海到青藏高原,整个中国处于动荡和混乱之中。地方领导人被抓起来并游街示众,"造反派"和"保皇派"之间暴力冲突不断。本编8-12文件用了大量篇幅详细叙述各个地方的领导人受到攻击、"革命派"夺权以及各地发生骚乱的情况。

地方上的派系斗争其实是中央权力斗争的反映。本编8-20文件认为"文化大革命"这场动乱的原因实际上是领导集团的"争权夺利"。因为包括林彪、江青、康生等人的新领导集团与刘少奇、邓小平、彭真以及大多数曾掌握政府和军队实权的领导人之间存在着严重分歧。文件把他们大致分成有野心并想要改变现状的激进派和在政府及军队中掌握实权的温和派或保守派。由于他们各有自己的支持者,所以他们之间的较量是从较低层次开始的。激进派靠动员群众,特别是利用红卫兵为冲击政府和党的体制的先锋。受到攻击的实力派领导人并不甘心束手就擒,也鼓动自己的支持者予以反击,从而展开了惊心动魄的斗争。这样的斗争当然是极大地影响了中国的政治,因为它"已经严重地瓦解了最高领导层",党的

---

① 见本编8-4文件。
② 见本编8-7文件。

机关遭到破坏,也使党从结构上受到了损害。军队卷入"文化大革命",承担起过多的非军事任务,无疑会影响它的战斗力。

美国中央情报局的评估人员也试图从体制上去寻找"文化大革命"的深层次的原因,于是做了一份题为"中共:政治安全体制"的长篇报告,它分为两卷:第一卷是概述中共政治安全体制从20世纪20年代创立到"文化大革命"开始之前的1965年的历程;第二卷即本编8-21文件则是关于1965年秋到1969年4月党的"九大"召开之间的情况,题为"破坏与重建,1965～1969年"。

这份长达5万字的报告对中共的政治安全体制的变化进行了非常详细的考察。它所谓的政治安全体制实际上就是党的高层干部管理体制。它揭示出毛泽东发动"文化大革命",其实就是要对过去一直行之有效的干部管理体制进行大规模的改造。最初的做法是整顿书记处、办公厅,弃用中央社会部,对中央监察委员会、公安部、检察院和最高法院的领导人进行大换血。中央各部委和解放军总政治部的命运也是一样。而最终的结果是上述所有机构几乎全部都瘫痪了,取而代之的是以毛泽东为中心的小圈子,即"中央文革小组",由忠于他的人直接负责党的最高事务和干部的审查、管理工作。"中央文革小组"名义上受政治局领导,但政治局常委会实际上成了摆设。军队系统也是这样,"全军中央文革小组"实际上也排挤了中央军委的领导,直接插手军队事务。

按照中央情报局的评估报告的说法,"文革"期间负责政治安全的主要是三个机关,一是"中央文革小组",二是中央军委,三是由康生、谢富治和汪东兴组成并直接向毛泽东和林彪汇报的"政治安全处"。他们都可以参与确定审查被逮捕的党的领导人的专案组的人选,并在指导基层组织进行"文化大革命"方面有很大的发言权,但对于党的高级干部的最后"裁决"实际上只有毛泽东和林彪可以做出。

在毛泽东至少是默许的情况下,"中央文革小组"煽动在全国基层党和政府机关夺权,导致全国出现了混乱局面,军队被迫卷入其中,形势发展近乎失控。"中央文革小组"和"全军文革小组"都无法承担起它被寄予希望的责任,不得不进行重组。而毛泽东最根本的目的是要重建党的体制,首先是在思想上整党,然后是从组织上纯洁队伍。其实就是要清除异己,搬倒旧体制中的反对派,建立完全接受和按照毛泽东的意愿行事的新体制,并用这样的新体制去塑造中国社会。结果就是在中央逐步形成了由毛泽东和林彪所信任的人组成的越来越小的核心领导层,他们成了在全国开展"文化大革命"的总指挥部,他们以中央机关的名义向全国发出指令,并通过派出工宣队、支左小组等开展对全国的控制。这样做的结果是使整个党的结构几乎完全解体了。

为了重建党,中央提出要在基层吸引"经得起考验"的无产阶级革命者参加,为党补充"新鲜血液"。"文革"期间,基层的干部管理主要由各地新成立的革命委员会的政工部门负责,军队的干部管理则由中央军委指派的政治工作组负责。这样形成的干部队伍在1969年4月召开的党的"九大"上得到了确认。林彪成功地将与他有着特殊关系的几个军人提升到了中央高层领导人的位置,他们"将在决定林彪是否能稳固他最终作为毛的继承人并执行毛的路线方面发挥关键性的作用"。"九大"是巩固"文化大革命成果"的大会,是要继续使"文化大革命"取得"胜利"的大会,也是正式确立把林彪作为毛泽东的接班人的大会。在"文化大革命"中得势的人进入了政治局,而政治局常委会最终控制了党的决定和党的体制。

(二)中央情报局对"文化大革命"对中国经济与社会的干扰所做的分析与评估

1. 经济

1967年2月和3月,中央情报局就"文化大革命"对中国经济活动的影响分别提出本编8-8、8-11文件。虽然他们认为"此时要做这样的评估是有困难的,因为虽然有大量的信息来源,但多数是零碎的,难以审视经济形势的全貌",但还是从整体和国民经济的几个具体方面如工业、农业、食品和消费品供应、交通运输、对外贸易进行了考察。

本编8-8文件说,1966年12月,毛泽东和他的支持者们似乎要把"文化大革命"扩大到农村和工厂,但1967年1月却在试图抑制过快发展的势头。"这种政策上的突然变化也许最能表明中国经济正在受到伤害",但还没有处于全面的经济危机。"政府看起来已经成功地防止了'文化大革命'对经济各个方面的干扰加深,尽管能否继续这样做还不能确定。"文件发现,"尽管有关生产停顿的报道陆续有闻,但没有证据显示有哪个工业部门的全面生产受到了严重影响,也没有确凿证据显示'文化大革命'严重影响了农业"。交通运输系统的效率有所提高。供应方面,在各地串联的红卫兵所得到的食物和衣物,超出了他们作为学生所应有的配额,结果可能导致食物和衣物供给的减少。

3月份本编8-11文件部分地证实了2月份本编8-8文件中的猜测,即北京已经在减缓"文化大革命"的猛烈势头而努力恢复中国的经济秩序。政府正逐步修补较早时可能对经济造成严重混乱的过度行为。军队在经济运行和管理方面开始发挥重要作用,如控制食品分配、组织春耕、帮助管理工厂的生产等。政府也成功地克服了过去的几个月里产生的影响交通运输的个别混乱情况。文件认为,北京短期内采取的措施虽然在削弱经济政策的激进化,但是交通、通讯、食物分配以及对外贸易还是受到了负面影响。

1968年本编8-18文件所做的关于中国当前局势和前景的国家情报评估也指出,1967年的工业生产受到社会秩序混乱的影响,虽然农业生产因为当年"异乎寻常的好天气"而收成不错,但靠天吃饭不可能总有天老爷照顾。由于工业生产下降、失业问题与教育培训的缺乏,经济前景堪忧。

2. 人民生活与社会治安

在"文化大革命"中,由于打倒了"走资本主义道路的当权派"及砸烂"公、检、法",使得党及其各级组织的复杂网络和曾经强有力的国家机器都陷于瘫痪之中,于是出现了全国性的大混乱,虽然中央动用军队取代党的干部和警察维护社会秩序,但他们实际上根本无法阻止形势的恶化。此时,黑市交易、卖淫、赌博、青少年犯罪等问题纷纷涌现。1968年7月美国中央情报局提出了一份题为"无序在共产党中国的蔓延"的特别报告,即本编8-19文件,对当时中国的混乱局面,特别是社会治安方面的情况进行了详细的考察。

他们认为,黑市出现的一个原因是很多地方不能通过正常的渠道获取所需的基本商品,另一个原因是武斗已经干扰了工厂和农村日常的生产,导致商品短缺。而由于很多人无所事事,违法乱纪的情况也多了起来,小偷小摸比较普遍。由于"文化大革命"期间停产、停课闹革命,很多地区的工人、农民、学生有了空闲,但又没有可以打发时间的娱乐,结果,不少人都把空余时间花到赌博上去碰运气。也是由于学校停课,青少年犯罪成为严重的问题。而且,曾经被清除了的卖淫现象也开始增多。

政府也力图解决日益增长的违法和混乱,采取了各种措施,包括公审、扣发津贴、发动新的群众运动、组织平民纠察队以及鼓励居民邻里之间组织自己的治安队等。评估报告对以上情况都进行了详细描述。报告认为之所以会有这些问题并且无法有效解决,一个主要原因是中央领导人对红卫兵的纵容,他们是"真正的麻烦制造者",却可以打着革命的旗号任意妄为。另一个原因是派系斗争,各有保护伞的帮派彼此武斗也是混乱之源。而军队想结束中国的混乱及非法活动的努力效果不大。因为"只要激烈的政治较量——全国的和地方的——不解决,在中国似乎不可能恢复社会秩序"。

中国国内的混乱形式也波及了香港。1967年5～8月,香港也发生了一系列暴力事件,并与北京发生的冲击英国大使馆事件遥相呼应。本编8-15文件对这些事件予以了关注,并认为在多数情况下,主要是香港本地的激进分子采取了主动行动,而不是中央政府有意要收复香港的长期计划的组成部分。

(三)中央情报局对"文化大革命"对中国对外政策的影响所做的评估

在对外政策方面,美国中央情报局的报告认为,尽管政治危机使领导层把精力和注意力集中到国内事务上,但中国还是保持了相对积极的对外政策,主要是保持了"'文化大革命'开始前已经确定的立场和政策"。①

在所有中国的对外政策中,美国情报评估者最为关心的是中国对越南战争的政策。他们发现,"文革"期间,党内斗争似乎"导致媒体总体上放松了对越南和对外事务的注意"。但实际上中国"并没有放弃或减弱它在越南问题上的立场","文化大革命"显然没有影响通过中国的铁路向北越运送货物。"苏联的石化溶剂、捷克斯洛伐克的小口径步枪和弹药,以及罗马尼亚的石油和钢铁产品,都通过这些线路转运到了北越。"②所以,美国的情报评估报告认为"几乎可以肯定他们将继续支持河内打持久战"。③

除了红卫兵的准备"随时打仗"的极夸张说法外,美国的情报评估人员认为中国目前的动乱主要集中在国内,因而估计"最近不太可能出现中国出兵干涉越南战争的情形"。不过,他们认为将来形势的发展无法预测,因为不知道中国会由谁来掌权,掌权者会对越南战争的问题怎么处理。所以,他们认为:"考虑到中国的混乱将有可能使目前中国谨慎的越南政策急剧终止,我们要小心。"他们还预言,北越人夹在强烈反苏的中国和苏联之间,"处境不妙",如果"中国可能因其作为更不确定和不稳定的盟友,最终导致失去它对河内的影响力"的话,

---

① 见本编8-11文件。
② 见本编8-11文件。
③ 见本编8-13文件。

"可能会为其他利益相关者提供机会,特别是如果苏联有心鼓励河内考虑政治解决方法的话"。① 正因为如此,中国不希望越南与美国进行认真的谈判。②

中苏关系破裂在很大程度上是双方在建设社会主义的方法上出现了分歧,这些分歧又被上升到意识形态的高度。美国的情报评估报告认为,"文革"期间,中国看起来更不可能与苏联妥协,中苏贸易一直处于较低水平就是一个明显的表现。③ 而美国也十分关心中国高层是否存在着表面现象以外的争论,比如当美国军队大规模地介入越南战争的话,中国会不会与美国开战,中国是否会与苏联采取"联合行动"。④ 不过,他们相信,由于中苏关系处于"冰冻状态",北京"狂热的反苏路线"实际上排除了共产党国家在越南采取统一行动的可能。⑤

1967年3月1日,国务院情报研究所提交了一份关于"文革"期间中国对第三世界的外交政策的报告,即本编8-9文件。他们看到,中国已向第三世界国家保证"文化大革命"不会改变中国基本的对外政策,中国会更坚决地反对帝国主义和修正主义,同时用经济援助和其他外交手段竭力安抚这些国家。但由于中国在对外事务上的极左行为以及中国国内的混乱,加上其他复杂因素,中国的国际声望降到最低点。而大多数第三世界国家对中国"文化大革命"总的来说态度是比较谨慎的。尽管中国处于政治挂帅和反帝反修最狂热的阶段,但中国也在努力争取发展与西欧和日本的贸易。

总之,"文化大革命"期间中国还在继续执行过去几年一直实行的对外政策。"这一政策就是不懈地和不妥协地争取在国际共产主义阵营中超群出众,在亚非世界中处于领导地位,与美苏为敌,以及有选择地与世界上的其他国家和平共处。"美国的情报评估还认为,"国家内部力量的变化可能但不是必然会影响到国际政策导向",也就是说,如果国内采取的是更温和的政策,那么它可能会采取比较宽松的对外政策,但是,中国要适应世界政治的现实,取得与其战略能力一致的世界地位,还需要各种因素和国际形势发展制造出的压力。⑥ 在这一点上,美国的情报评估人员似乎已经注意到了中国的变化与国际形势变化的关系。

四、关于本编情报评估分析报告的价值评估

本编收录的21份文件中,只有一份是国务院情报研究所的报告,其他全部都是中央情报局的报告,特别是中央情报局情报处的信息报告和评估报告。那一份国务院的报告专门讲的是中国的对外政策,而其他报告都是关于中国的"内政"。

美国情报信息报告及评估报告所描述的"文化大革命",像是一出跌宕起伏的戏剧,它有开场、转折、高潮,有阴谋、攻击、反击,一幕幕地展现在人们的面前,只是不知道它将在什么

---

① 见本编8-4文件。
② 见本编8-18文件。
③ 见本编8-9文件。
④ 见本编8-13文件。
⑤ 见本编8-18文件。
⑥ 见本编8-13文件。

时候,以什么样的方式落幕。因为这批解密档案的日期截止到 1969 年底,"文化大革命"还远没有到结束的时候,因此,也无法知道美国的情报部门对其后来的发展是如何评价的。所以,这批档案只是美国情报部门对"文化大革命"早期形势的观察,特别是对它的起因和展开以及对中国社会发展的初步影响的评估。

这个时期中央情报局关于中国的情报工作以收集信息为主。它的信息渠道一是来往中国的外交人员、游客以及逃到香港的"难民",二是红卫兵的报纸、大字报。由于信息源比较散乱,也无法从多个渠道予以证实,所以,情报人员有时仅仅是把材料照搬出来就完事。不过,中央情报局的评估报告还是对"文化大革命"的进程与其间中国的状况提出了他们的看法。如他们把"文化大革命"定性为"大规模的党内清洗"和"纯洁意识形态的斗争",①认为"文化大革命"的目标是要遵从毛泽东对中国社会发展的规划和执行他的政策,具体表现为打倒以刘少奇、邓小平为代表的"党内的反对派"并"重建党的领导"。由于"反对派的强硬和顽固"迫使毛泽东"把运动扩大到超出他最初设想的范围",并通过发动群众运动来对付他们,②由此导致了全国性的大混乱和整个党的体制的瓦解。而毛泽东力图通过打碎旧的国家机器的手段来实现他的目标是相当困难的。以上估计可以说基本上是符合实际的。

中央情报局的情报评估报告与美国政府的政策或舆论宣传不同,它们是冷静、理性的观察和思考较多,从意识形态出发的指责相对较少。例如,它对中国共产党执政以后所取得的成就给予了肯定。认为"共产党人建立了中国历史上第一个面向全民和直接影响人民生活的政府"。统一的国家、统一的军队、经济改善、民族团结,以及中国共产党早期实行的社会改革和为人民提供的社会服务总体上是得到了人民的欢迎的,也是中国有史以来最好的。③

但是,一个政府是否能够真正得到人民的支持,不是看领导人有多大的权威,也不是看他能得到多少赞美,而是要看政府能否帮助人民改善生活。如果中国人口不断增长,而经济发展长期不能满足人们的基本需求的话,就会出现危机。而当这些困难出现的时候,"只有讲求实际的领导者才能在对付中国巨大的困难时有所进展",并且他们不会仅仅停留在经济政策上,他们必须重新评估中国的各项政策,包括对外政策。美国的情报评估报告认为这是必然结果。"长期的趋势正走向无情地反对毛式社会主义,而他不顾一切地扭转潮流的努力,可能实际上加速他的最终失败。简言之,他对在中国出现'修正主义'的担心不是没有根据的。"④看起来,他们对于中国最终走上摆脱僵化的教条主义的未来之路还是有先见之明的。

"文化大革命"对中国造成的破坏,除了直接的动乱以外,还有一点是在美国情报评估报告中说得比较清楚的,那就是自 1966 年 6 月大中小学停课闹革命以后,中国的高等教育出现了空白,这导致了"经过训练的人力资源——中国最稀缺的资源之一——的破碎,还有教

---

① 见本编 8-4 文件。
② 见本编 8-13 文件。
③ 见本编 8-12 文件。
④ 见本编 8-4 文件。

授和教师在精神上和地位上受到的伤害。而这些结果可能要在今后几年里才会感觉得到"。① 同时他们也看到,"学校里长时间的混乱正导致中国在努力克服训练有素的人力短缺方面滑向落后。它对于中国工业及军事方面的研发来说,在较长时间才会显现出严重后果"。他们还预言,"一旦毛离开了政治舞台,我们相信毛主义的很多教条和实践都可能随之而亡,这不仅是因为它们在'文化大革命'中声名扫地,而且因为它们不适应社会和经济发展的日益明显的现实"。②在最终将持续达十年的"文化大革命"才刚刚开始,它对中国造成的破坏还没有完全显现出来之时,美国的情报评估人员能看到这一点,也是难能可贵的。

不过,这个时期的美国情报评估由于情报来源的限制使其在情报的全面性和准确性方面有很大欠缺。例如,美国中央情报局的评估报告对于"文化大革命"的复杂背景和混乱进程还是没有很清晰的认识。他们对于中国的分析采用的是西方政治学的理论和方法,即给政治人物定位,给政治事件定性。如美国的情报评估人员把中国领导人分成有野心并想要改变现状的激进派和在政府与军队中掌握实权的温和派。虽然也指出了他们的立场并不是泾渭分明的,但是这种二分法是无法真实反映当时的情况的。在他们的评估报告中,毛泽东看起来是超然于两个集团之上的,但他实际上是最大的幕后推手。

这个时期的美国中央情报局的情报信息和评估报告的价值主要在于美国情报评估人员通过他们对有限情报的理解、分析,对中国当时的情况做了比较客观的评述,对中国的未来走向有前瞻性的预见。按照约翰·霍普金斯大学高级国际研究学院的詹姆斯·曼的说法,国家情报评估报告对中国国内政治的观察是比较到位的,他们的"长期预测经受住了时间的考验"。③即使是从今天的角度来看,他们的很多观点也是非常有见地的,中国后来的历史发展也证明了这一点。作为中国社会的旁观者和有心人,他们的见解是我们不应该忽视的。

从对美国对华政策决策的影响来看,中央情报局的情报信息报告和评估报告是美国外交决策中最基础的部分,它们主要是为决策者提供决策的事实依据,通过他们对某个国家、地区或事件的观察和分析,让决策者制订出最符合美国国家利益的政策。美国主要的外交决策者是总统、他的国家安全事务助理以及国务卿等,但不同的总统所依靠的外交决策参与者是不同的。从这个角度,我们也可以了解美国对外政策的决策机制,那就是首先由包括美国中央情报局在内的情报部门收集情报并提出分析与评估报告,然后将这些报告提交给政府的决策部门,再由决策参与者进行讨论,最后做出决策。具体来说,美国中央情报局的信息报告可汇总为国家情报评估报告,这些报告可由负责国家安全事务的总统特别助理直接呈送给总统。

那么多的中央情报局的报告并不是每一份都能到达总统或主要的外交决策者手里的,也不是任何政策建议都能让决策者接受。这实际上取决于负责外交事务的总统及其助手的

---

① 见本编 8-11 文件。
② 见本编 8-13 文件。
③ [美]詹姆斯·曼,何慧译,《国家情报评估与尼克松开启对华关系》,载华东师范大学国际冷战史研究中心,《冷战国际史研究》第 3 辑,世界知识出版社,2006 年,第 122 页。

眼光和思考。以"文化大革命"为例，这个时期的美国总统是肯尼迪总统遇刺身亡后继任的副总统林登·约翰逊，在他上任后的前两年里，他主要忙于三件事：一是为在总统职位上站稳脚跟致力于在国内立法方面取得成绩；二是为连选总统做准备；三是制订越南政策。所以，约翰逊政府根本顾不上研究是否调整对华政策。然而，随着越南战争的不断升级，美国国会、国务院以及学术界都在讨论美国的对华政策，包括国家安全委员会、中央情报局在内的各个机构的各种关于对华政策的报告都被提交给总统。

　　1966 年 7 月 25 日和 28 日，约翰逊总统的特别助理沃尔特·罗斯托（Walt Rostow）接连把中央情报局的两份情报报告呈送给总统，第一份是题为"中国的危机"的国家评估报告，它对中国近八个月的混乱形势进行了总结，结论是：其一，毛泽东仍有效地控制着中国共产党和国家的政策；其二，长期以来保持着稳定的中国领导层出现了动摇；其三，年迈的毛泽东的继承人和平而有序地接班的可能性大大减弱了；其四，由于政府的强硬，它得到的支持进一步下降；其五，混乱导致政治领导或经济管理的效率下降；其六，国内的激进潮流不会扩散到对外政策方面；其七，国内危机会降低中国干预越南的机会；其八，中国不会软化反苏的路线。① 可以看出，美国的外交决策者们已经开始关注开始"文化大革命"对中国内政和外交的影响。第二份是题为"毛的反对派"的情报报告。这份报告认为毛泽东发动了一场清洗运动，目标是那些要篡党夺权的人，特别是那些在文化及意识形态领域向党发起进攻的人。② 1967 年 1 月 25 日，罗斯托再次呈送给约翰逊总统一份中央情报局的题为"中国：三国重现"的报告③，这份报告把中国当时的混乱局面与历史上的三国时期相提并论。

　　罗斯托所选择的情报报告其实并不是最好的，甚至不是较好的。他之所以选择向总统呈送这些报告，是因为他对中国当时的形势感到迷惑。1967 年 1 月 9 日，罗斯托将题为"中国的过度混乱"的报告提交给约翰逊总统，他认为经过几个月蔓延至全国的动乱，"毛的政权陷入了严重困难，达到了发生内战也完全可能的程度"。④ 5 月 20 日，他在提交给约翰逊总统报告中认为中国的形势是复杂的和不确定的，⑤并引美国驻香港总领事爱德华·赖斯（Edward E. Rice）的电报，说美国不应该指望从中国的混乱中获得好处，这不符合美国的利益。⑥ 他其实是持一种观望的态度。

---

① Memorandum From the President's Special Assistant (Rostow) to President Johnson, July 25, 1966, 见美国国务院，《美国对外关系文献集，1964～1968 年》，第 30 卷，中国卷（Department of State, Foreign Relations of the United States, 1964 - 1968, Volume XXX, China），以下简称为 FRUS。网络来源：http://www.state.gov/www/about_state/history/vol_xxx/130_139.html

② Memorandum From the President's Special Assistant (Rostow) to President Johnson, July 28, 1966, FRUS, 1964 - 1968, Volume XXX, China.

③ Memorandum From the President's Special Assistant (Rostow) to President Johnson, January 25, 1967, FRUS, 1964 - 1968, Volume XXX, China.

④ Memorandum From the President's Special Assistant (Rostow) to President Johnson, January 9, 1967, FRUS, 1964 -1968, Volume XXX, China.

⑤ Memorandum From the President's Special Assistant (Rostow) to President Johnson, May 20, 1967, FRUS, 1964 - 1968, Volume XXX, China.

⑥ Memorandum From the President's Special Assistant (Rostow) to President Johnson, September 25, 1967, FRUS, 1964 - 1968, Volume XXX, China.

而总统的外交事务助理不止一人,向他提供外交决策参考的机构也不止一个,国家安全委员会对总统的外交决策的影响是比较大的。这个时期,国家安全委员会也向总统提交了大量的报告,提出他们的政策建议。国家安全委员会的詹姆斯·汤普森(James C. Thomson)和阿尔弗雷德·詹金斯(Alfred Jenkins)这个时期就向约翰逊总统的特别助理提交过不少关于中国的报告,而且他们提出的多是直接的政策建议。如詹姆斯·汤普森建议三管齐下并采取灵活的对华政策,包括解除旅行和贸易禁令,在中国的联合国席位问题上改变做法等。① 1968 年 10 月 9 日,阿尔弗雷德·詹金斯提交了一份长篇报告,认为中国是美国在亚洲的"中心问题",解决这一问题要与这个亚洲的力量失衡联系起来。②此外,美国的一些驻外使领馆也有他们的建议,例如,1966 年 4 月 15 日,美国驻香港总领事赖斯给罗斯托的汇报中就认为美国的政策目标不仅是要避免与中国为敌,而且要建立一种"都能活的关系"(a live-and-let-live relationship)并调整美国的对华政策。但他把希望更多地寄托在毛泽东之后的领导人身上。③

约翰逊总统的确听取了各种建议,例如 1968 年 2 月 2 日,在由新成立的美中关系全国委员会赞助召开的一次会上,约翰逊总统会见了美国著名的中国问题专家。他们是已到哈佛大学任教的埃得温·O·赖肖尔,加州大学的罗伯特·A·斯卡拉皮诺,密执安大学的亚历山大·埃克斯坦,华盛顿大学的乔治·泰勒,以及著名学者鲍大可。这些专家与约翰逊总统就以下三个方面的问题进行了讨论:第一,中国的形势;第二,这种形势的未来发展走向;第三,美国的政策考虑。他们建议"乘势放宽对中国的货物禁运",希望政府能在中国问题上采取"更灵活的政策"。他们希望约翰逊总统"超越越南问题来看中国,因为它本身就是一个大问题",同时,取消贸易限制,"让中国进入国际社会"。④虽然约翰逊总统似乎有心调整对华政策,然而他实际上却无所作为,这是因为:第一,约翰逊总统的首要考虑的是越南战争的问题,而他并不能确定与中国和解是否有助于解决越南问题,因而没有痛下决心;第二,作为一个民主党总统,约翰逊顾虑重重,他生怕在对华政策上的调整被指责为对共产主义软弱而招致共和党的攻击;第三,在这个时期,"文化大革命"使中国的国内外事务陷于瘫痪,所以,中国方面对于约翰逊政府的某些姿态毫无反映,更使约翰逊政府无所适从;第四,当中美双方在台湾问题上仍然有着不可逾越的鸿沟之时,美国政府并没有准备好从国际地位的角度承认中国,美国还在阻挠中国恢复在联合国的席位。实际上,当越南战争逐步升级以后,要在对华政策上进行调整是需要很大的勇气和魄力的,约翰逊政府显然不具备这种条件。

总之,中央情报局的情报信息报告和评估报告是构筑美国对外政策的基础工作。这个

---

① Memorandum From James C. Thomson, Jr., of the National Security Council Staff to the President's Special Assistant (Valenti), March 1, 1966, FRUS, 1964-1968, Volume XXX, China.

② Paper Prepared by Alfred Jenkins of the National Security Council Staff, October 9, 1968, FRUS, 1964-1968, Volume XXX, China.

③ Memorandum From the Consul General at Hong Kong (Rice) to the President's Special Assistant (Rostow)/1/, April 15, 1966, FRUS, 1964-1968, Volume XXX, China.

④ U. S. Department of State. *Foreign Relation of The United States*, *1964-1968*, Vol. XXX, China, Washington, D. C. : U. S. Government Printing Office, 1979, pp. 634-638.

时期中央情报局的报告和评估大多是观察和分析，是大量具体的细节，政策建议的内容不多，因此它们对于美国政府制定对华政策的直接影响不大，更没有预见到1970年代初中美关系会发生巨大的变化并提出相应的对策。这主要是因为美国的情报部门无法接触到两国真正的高层决策者，无法从战略的高度去看待两国关系，这也是它的部门特点所决定的。然而，无论它是否直接影响到政府的外交决策，这一工作本身的价值是不容置疑的。

中情局关于毛泽东做喉癌手术的情报信息电报

（1966 年 4 月 15 日）

TDCS314/03027 - 66

毛泽东于 4 月初做喉癌手术的传闻

（1966 年 4 月 15 日）

1. 一位（不知名的）波兰外交官 4 月 9 日说，毛泽东于 4 月初在上海做了喉癌手术。这位波兰外交官是从一位曾参与会诊的在上海的波兰医生那里获得这一消息的。

2. 送达：国务院、陆海空军司令部、太平洋空军司令部等。

CIA Research Reports，China，1946 - 1976，Washington，D. C.：University Publications of America，1982，Reel - 3 - 0111

何慧译、校

中情局关于"文革"初期政治斗争的情报信息电报

（1966 年 7 月 25 日）

TDCS314/09256-66

秘 密

毛 的 反 对 派

（1966 年 7 月 25 日）

　　这是对目前情况的评价。……①它并非中情局或任何机构做出的正式判断，只是工作人员的观察和分析，依据的是他们在准备这份文件时所能获得的资料。这份文件是为行动部门提供内部指引的，而我们相信这一评价也会对其他机构为自身需要评价形势有用处。

　　概要：毛的反对派在扩大和持续。中共将其描述为比以前任何反对派更"阴险狡诈"。所有领域中都有反对派，各类艺术家、政治局委员、党的高级宣传人员、军事人员、大学校长。然而，职能性的非政治机构，如党的经济和外交部门似乎没有被卷入到清洗运动中。当毛泽东再次试图强迫他领导之下的中国和中国人民接受毛主义思想时，对于党和人民来说，这番努力可能做得太过火了，中国人民可能会逐渐摆脱他的领导。

　　当这场清洗运动蔓延到整个中国的时候，有必要及时考察一下谁是被指为反对今天的太阳王②的人。反对派的确是个鱼龙混杂的群体，包括历史学家、剧作家、电影导演、政治局委员、党的高级宣传人员、军事人员、大学校长。毛和林已经认识到反对派的广泛存在，实际上，可能正是他们自己造成的。那么多的人卷进这场运动中，以至于人们开始怀疑，刚开始是谁要保持忠诚，又是谁发起了对资产阶级保皇派、修正主义者以及所有三家村和四家店的黑帮的攻击。

　　某些重要的党的实体仍未受到非议，如公安机关、农林、经贸、工交和外交部门共产党的机关人员似乎都未受到公开批评。这似乎意味着职能性的非政治机构被隔离于这场清洗运动之外。受到责难的是那些与共产主义意识形态有关和共产党控制的那些部门。

　　党把现在的反对派描述为"比前两次被粉碎的反对派更阴险狡诈"。反对派是"要攫取党、军队和政府的权力，篡夺领导权，复辟资本主义"的人。这些指控确实很严重，问题在于指控是否真实。过去共产党人一直是相当严谨的，我们认为对那些指责应予以重视，因为它是对反对派意图的明确反映。

---

① 原文此处约一行未解密。——译注
② 指法国国王路易十四，1661～1715 年执政。——译注

如果这些指控是很郑重的,我们必须回答另一个问题,即他们具体针对的是谁?

自1949年共产党掌权后,在中国一直有反对派。在毛展开人民公社运动和大跃进运动并失败后,批评之声在1962年达到了高点。从1959～1962年,毛自己也承认,"自然灾害和苏联修正主义的破坏"使中国伤了元气,而不可能进行一次遏止批评的大清洗。实际上这只是部分的原因,因为是毛在政治上与苏联决裂而导致了苏联撤走援华技术人员;而苏联的背信弃义无疑伤害了中国。受到沉重打击的知识分子利用党大伤元气这个时机推行自己的主张,并以委婉的方式驳斥了毛派思想。这就是吴晗和邓拓为什么能够出版自己的讽刺作品,而党没有对他们采取行动的原因。

1962年后半年,毛强烈感到有必要进行整顿了,即开展了社会主义教育运动。经过1963年的发展,矛头直指中央党校杰出的理论家杨献珍,他的辩证法主张与毛的观点相左,并被反对派用来支持他们关于自留地、市场自由、增加小企业的观点。所有这一切对毛来说无异于咒逐令,但是对于那些正开始脱离毛的领导和理论的党的领导人来说则不然。当党的高级领导人违抗毛时,许多处于次要地位的人以此作为保护伞,创作了反毛派思想的小说、散文、电影。

到1965年,整风运动开始严重动摇。那时社会主义教育运动在全国范围内开展起来进行四清的努力。大概没有哪个党的纪律运动可以像四清运动这样在饱受责难中仍然能受到追捧。到1965年秋,党已不再能直接控制人民。党内的反对派已经变得更加成熟,而毛在1965年11月时觉得有必要就对他的批评予以回击。在北京市委开始公开谴责历史学家吴晗的时候及围绕市委的斗争开始后,社会主义"文化大革命"的第一次斗争在上海爆发了。

这样我们就可以回答我们的问题了。反对派就藏在北京市委领导层、彭真和他的部下及党的宣传部门中。他们放任知识分子反对派的发展,而且感觉到毛主义放松的许多党员期望有个更合适的共产主义。尽管经历了三个月的社会主义文化革命的清洗,反对派并没有消失。毛试图清理整个国家的这种反毛思想。他并没有放弃引领世界共产主义的意图,但是他意识到了他必须在中国全力重建毛主义思想,重新控制正漂浮不定的党的机构。

很难相信,瓦解一个犹如建立在沙滩一样的毛主义哲学基础之上的王朝需要一个世纪。这种趋势一旦出现,十年都似乎太长了。伟大的社会主义"文化大革命"现在每周都在揭露和批判"牛鬼蛇神"。由于清洗的名单上的人数在增长,并且将越来越多,这个猜测是合理的。毛很担心他领导的革命,因为很明显革命正走向失败。从医学角度看,如果存在政治偏执症这种疾病的话,它已经时不时地作用于居住在中南海畔那个小小的并不舒适的地方的人身上了。"谁知道金杖为信徒留下朝拜的圣地后,将何去何从?"如果可以为这位老人找到答案的话,我们引用一句中国古诗——"花间一壶酒,独酌无相亲"。

DDRS, CK 3100466448 - CK 3100466449

侯少龙译,何慧校

中情局关于在北京获取外国
媒体信息的情报报告

（1966 年 9 月 14 日）

CS……①－311/12558－66

秘密

在北京获取外国媒体信息的途径

（1966 年 9 月 14 日）

概　要

1. 当他在部里任职期间，他通过阅读两种内部出版物《参考消息》和《参考资料》，阅读世界各地的报纸，收听美国之音电台、莫斯科电台和英国广播公司的消息来获取外国媒体上的信息。……②

2. 当他在部里任职期间，于北京通过阅读两种内部出版物《参考消息》和《参考资料》，阅读世界各地的报纸，收听美国之音电台、莫斯科电台和英国广播公司的消息来获取外国媒体上的信息。《参考消息》和《参考资料》是由在北京的新华社（NCNA）和参考资料编辑部出版的。这些由新华社收集和编制的文件，提供给政府中的高级干部，而这些高级干部都是党员，即意味着这些出版物仅限于党内阅读。……③

3.《参考消息》是一份小型报纸，通常只有两页，刊登的是由编辑部选自世界各地的出版机构的国际消息，包括合众社（Associate Press）、美联社（United Press International）、路透社（Reuters）、法新社（Agence France Press）和塔斯社（TASS）。尽管《参考消息》比《参考资料》的发行量大，但是，中学、工厂里的普通党员、共青团员和除非需要外国消息的大学生，都看不到这份报纸。但是，……④学生党员、工厂车间主任以上的人和学校党委成员可以看到这份报纸。

4.《参考资料》每天出版，篇幅为 10～30 页不等，由外国新闻社的报道直接翻译过来。无从知道是否是全部译出或如何取舍。这份出版物分成几个部分：（1）外国报纸（新闻社）

---

① 原文此处未解密。——译注
② 原文本段两处未解密。——译注
③ 原文本段两处未解密。——译注
④ 原文此处约两词未解密。——译注

对中国的反应;(2) 美国;(3) 拉丁美洲;(4) 亚洲和非洲;(5) 西欧;以及(6) 苏联和东欧。偶尔会以某一个问题作为主题,第二次亚非会议就是如此。《参考资料》只按部委的地理分区派送,但这些部门的干部在需要的情况下都可以看到这个出版物。它也被送到全国省一级的人大。该出版物定为保密级。……①

5. 有一个参考图书馆,它有全世界各地的报纸,按照地理区域划分的部门的工作人员因工作需要可以使用这些报纸。即使使用像《纽约时报》(New York Times)这样的报纸也没有问题。② 曾被允许将报纸拿回到他的办公室中使用和阅读。

6. ……③《参考资料》也有限制地提供给学语言的学生阅读。只允许学习学生阅读像《中国建设》这样的中共的出版物的英文版。

7. 尽管中共总体上不准民众收听外国电台。被允许收听电台节目,以保持其语言理解的水平。他在办公室及得以使用学校的广播站时,听过美国之音、莫斯科电台和英国广播公司的节目。……④

8. 被允许购买和阅读任何可以获得的报纸。……⑤

CIA Research Reports, China, 1946 – 1976, Washington, D. C. : University Publications of America, 1982, Reel – 3 – 0445

何慧译、校

---

① 原文本段两处未解密。——译注
② 原文本段一处未解密。——译注
③ 原文此处约一词未解密。——译注
④ 原文本段四处未解密。——译注
⑤ 原文本段两处未解密。——译注

中情局关于"文革"动乱致国家
评估委员会的特别备忘录

(1966年9月23日)

One Special Memorandum 14-66

机 密

中国的困境

(1966年9月23日)

1. 今日中国正处于一种混乱的状态,充满矛盾,急速变化。奇闻轶事广为流传:毛泽东挑选出了新的继承人林彪,变法戏般地一再改变最高领导层,更为重要的是发动了广泛的党内清洗。随着彭真的撤职和刘少奇、邓小平的降职,原先为毛泽东处理党务的人们被迫让位给新的一帮人。军人,特别是人民解放军的老帅们,在改组后的政治局里地位凸显。而且,旧的党组织的各个机构现在正处于红卫兵的攻击之下,林和毛发动红卫兵的主要目的也在于此,在一定程度上这些机构也在人民解放军的监控之下。

2. 在我们看来,似乎仅仅由于对毛泽东的命令反应迟缓或迟钝并不会引起共产党内如此激烈的动乱。更可能是因为毛泽东在党的会议上遭到实际上的公开反对,这导致他下了一个结论——可能是有理由的——他不再相信党还是过去那样并能执行他的基本政策。当然,毛可能仅仅是犯了一个年迈的独裁者的疑心病,然而我们仍然不能相信,他会让人民解放军包揽一切,并使红卫兵任意妄为,除非他有充足的理由认为,他的权力受到了真正的威胁。

3. 引起危机的原因可能还有特别的政治议题——如越南战争、军事问题、中苏冲突或者经济问题。这些目前还没有证据证明。但仍然有理由相信,毛的处事态度和风格将会引起那些必须处理国事的人们的反对,而且从本质上看,也会遭到持更温和路线的人反对。

4. 林彪仍是个模糊的人物。我们不知道他对毛有多忠诚,或者在多大程度上他正在进行他自己的颇具野心的计划。我们倾向于相信毛有意栽培林彪是因为他对党失去了信心,但让林彪接近权力给了他强烈的鼓励。如果毛和林要成功地整肃党,并让他们的人取代刘和邓的人,那么林为巩固他作为继承人的角色显然还要走一段漫长的路。即使有毛的权力和威望为林彪撑腰,或许还有足智多谋的周恩来的帮助,林彪要完成他的任务仍然颇有难度。原来的党组织的领导人并非束手无策。他们可能正在努力扭转红卫兵运动的趋势。反对他们的力量是惊人的——毛、林和人民解放军——但就算他们被打败了,党的前领导人也会使整个国家陷入大混乱。

5. 因此，一种基本不稳定的状况会持续一段时间，可能直至毛离去，继任政权者最终巩固了自己的统治，中国才会进入稳定局面。不管怎样，我们预计这场权力之争还会持续并复杂化。中国领导层可能继续处于混乱之中，也不排除政策的急剧转变。

6. 确实有迹象显示，中国政坛还没有完全失去清醒和理智。尽管有严厉的斥责洪流涌向稳健派和实用主义者，政府并没有放弃近几年来相对实际的、有节制的经济政策。作为这些政策的发言人，周恩来已要求红卫兵不涉足农村和工厂；但林彪没有提起这一方面的问题，而是要求对党内那些"走资本主义道路的人"实施沉重打击。为了制约"文革"对经济的不必要的干扰，北京显示出对秋收存在的潜在威胁的特别不安。鉴于早些时候令人失望的收成，这种担忧不无道理。但当毛和林对周恩来关于有必要维持经济稳定做出让步时，我们也不能确定毛不会转向极端方向，而发动一场目前并未声张的纯洁意识形态的斗争。针对农民的自留地的行动昭示：极端化的运动正在进行中。

7. 中国方面的谨慎态度也在其处理外交事务方面有所体现，特别是对越南的态度。对党内敌人的关注导致媒体总体上放松了对越南和对外事务的注意。中国并没有放弃或减弱它在越南问题上的立场，但至少是将此事搁置以待时日。除了红卫兵正在准备"随时打仗"的极夸张说法外，目前的动乱主要集中在国内问题上。我们估计最近不太可能出现中国出兵干涉越南战争的情形。我们仍相信这是对中国政策的最好判断。但问题是中国会由谁来掌权，掌权的他或他们想要在越战这件事情上做什么。考虑到中国的混乱将有可能使目前中国谨慎的越南政策急剧终止，我们要小心。

8. 中国的危机还有一个更深入的方面与美国利益攸关，那就是它对河内的影响。到目前为止，北越人表现出好像中国什么事情也没有发生。但他们必定关注中国的混乱和不确定性。至少，中国可能因其作为更不确定和不稳定的盟友，最终导致失去它对河内的影响力。如果是这样的话，可能会为其他利益相关者提供机会，特别是如果苏联有心鼓励河内考虑政治解决方法的话。

9. 就更长一段时间而言，目前的危机不可避免地会对中国造成深刻影响。已经很明显，毛的不断革命论遭到了抵制。中国政府近几年来用劝诫来作为有效的政策应对实际问题屡受挫折，人民也深受其害。尽管毛建立一个强大而独立的中国的目标得到广泛的支持，但越来越多的人开始怀疑他达到这一目标的方法。试图用毛在打游击战时期创造的理论来使中国实现现代化，看来是越来越显得荒谬了。一些知识分子，甚至是党的领导人早前已经意识到了这一点，但现在可能有更多的人有这样的看法。

10. 不论有多少对无所不知的领导人的赞美，都不能消除对经济发展的制约造成的紧张。大部分中国人会依据政府帮他们解决基本的衣食住的能力来评判政府。目前的政府还没有提出一个合理的计划来供给中国超过 7.5 亿人口的粮食，同时为一个经济发展计划提供资金。当人口不断增长而经济不景气，提供不了足够的资源时，引发大的经济危机的风险就更会增加。

11. 面对这些困难，只有讲求实际的领导者才能在对付中国巨大的困难时有所进展，这样的领导者同样被迫重新评估毛的外交政策,或许也包括和苏联的关系。如果我们的这些估计是正确的,长期的趋势正走向无情地反对毛式社会主义,而他不顾一切地扭转潮流的努力,可能实际上加速他的最终失败。简言之,他对在中国出现"修正主义"的担心不是没有根据的。

提交国家评估委员会。

代主任阿伯特·史密斯(Abbot Smith)制备

DDRS，CK 3100130767 - CK 3100130772

陈洪丽译,何慧校

中情局关于林彪地位的特别报告

（1966 年 9 月 23 日）

SC 00788/68A

机 密

林彪：共产党中国新的第二号人物

（1966 年 9 月 23 日）

中国共产党领导层内部几个月的混乱之后，国防部长林彪作为毛泽东在党内的第一副手于 8 月份出现了。在这个角色上他取代了刘少奇这位长久以来一直掌管着党的各级机构的人物。林彪现在是唯一被北京媒体描述为毛"亲如手足的同志"的人。他仅次于毛的名气已经营造起来，显然，他正被培养为毛的接班人。

尽管林有过一段长时间的病史，并从公众视野中消失了好长时间，但他还是得到了提升。他最主要的资本是他握有军权，这正是毛极为看重的，以及毛对其他领导人明显地日益不信任。在一个强调党控制军队的国家，林的军事背景曾经也被视为他政治前途晋升的一大砝码。现在这个因素已经变得没那么重要了，因为随着许多领导人的降职和撤职，党组织的权威已经下降。

林彪和军队在反对党的机构的这次运动中处于中心地位。然而，在这场清除异己的运动中，他具体的角色仍不清楚。他或许只是毛利用的工具，或许是和别人在一起干，也或许他自己是这场运动背后的发起者。他是否已经建立了足够强大的个人权力基础，以便在毛去世之后能得以生存，这一点仍不确定。从目前看，他无疑会是毛之后的当权者。可以想象，如果毛的统治已急剧下滑，那么林可能已是占支配地位的领导人了。

背 景 和 健 康

林彪被认为是中国最卓越的军事指挥员之一。18 岁时从黄埔军校光荣毕业为他赢得了军事理论家的赞誉，并被认为是中国共产党军队里最好的军事战略家。他参加了 1927 年 8 月 1 日的标志着中国工农红军诞生的南昌起义，1934 年，他带领共产党先头部队从华中长征到陕西。在 1937 年的山西平型关战役中，他打败了日军板垣师团，赢得了共产党抗日战争的首次大捷。他对战役的评论文章被选入了教科书。

1942、1943 年，林随同周恩来参加了国共之间的重庆谈判。打败日本之后，中国内战迫在眉睫，他被委以重任，即巩固满洲作为夺取全国胜利的基地。

　　1949 年共产党上台的时候，他是一名全国知名的英雄，但身体欠佳使他难以在北京政权中发挥积极作用。自 1937 年起，他已好几次长时间地从公众视线中淡出，在很多场合也都有官方报道他生病的消息。

　　1937 年他受伤很严重，在苏联接受治疗，1950～1954 年间，他属下的组织先后四次在不同的场合致"慰问函"给他——说明他当时失去了正常工作的能力。1960 年，一家中国媒体报道他"相当虚弱"。

　　在苏联接受战争创伤治疗的 30 年代末的那个时候，他可能已被诊断患了结核病，在 40 年代和 50 年代，活跃性的结核病再次复发。从 1950～1956 年，林退出了公众视野。1957 年，他只出现过一次，但在接下来的四年时间里他出现过许多次。可能是过劳了，因为从 1962 年初一直到 1966 年夏，他的公开活动急剧减少。

　　从可得到的有关林的身体健康状况的不完整的信息的医疗分析以及从他参加活动的情况看，他长期以来一直受到结核病的困扰。在早期，对他来说很有必要完全静养，但 1950 年代早期药物治疗的改善可以缩短他必须进行休息的时间。他的病情可能得到了控制，但他得限制他的工作量以免活跃性结核病的复发。

　　现年 58 岁的林彪，比他的战友们都年轻，但是如果他的健康记录如报道中的那样，那他的寿命预期也许就不比他的战友们长了。然而，随着适当的饮食和休息，他应当有能力在政治上多活跃至少五年。

　　尽管有这方面的缺陷，林仍处于党和军队的权力中心十多年。他在 1955 年被选入政治局这个党的最高决策机构。1958 年被选进政治局常务委员会这个作为毛最亲近的顾问的内部圈子。第二年他被任命为国防部长，取代失势的彭德怀，作为党的最高军事当局——军事委员会的负责人。

　　从 1959 年作为毛的主要军事顾问起，林已经是毛所主张的"自力更生"、"人类超越武器"、"人民战争"等政治军事理论的忠诚拥护者，他自己的军事哲学则几乎无人知晓。在毛和一些军队领导人发生重大冲突的时期，他担任的军队最高职务可能有助于加强党对军队的控制。在林与总政治部所起作用的支持下，军队内部党的力量得以扩充，政治灌输在全军得到了加强。

　　1964 年，为了让整个国家采用军队政治思想灌输的方法而发起一场运动之后，林彪的名声在军事领域之外日益显赫。每个人都被要求学习林关于"政治统帅一切"的指示和学习毛的思想。1965 年 9 月，林彪写了一篇重要文章，公布了毛关于全球战略和"人民战争"的观点。到这一年的年底，林已被看作是思想和文化政策方面的权威。

　　在整个这段时期，林彪自己一直行事低调，即似乎是作为毛的工具及借用他的名义去加强毛泽东的权威。

林彪近期的提升

　　直到 1966 年 5 月，林对其他领导人来说才成为一个严重的威胁。那时候，《解放军报》——5月份时被人直截了当地指为林的报纸——率先攻击那些正在丢官失宠的党的高级官员。通常是权威的中央委员会的报纸《人民日报》和《红旗》杂志在那段时期却是跟随这份军队报纸的。5月初，林在12个月内第一次露面，是和毛、党的总书记邓小平和总理周恩来一起出场的。那次出场的先后顺序依次是毛、邓、周和林，这表明林虽然比以前向最高权力更靠近了，但他仍然未能站在最高的党和政府领导人的前列。

在5月初的那次露面之后，林的地位改善了。在5～6月期间，他和毛是党报引用来作为重要时局发展的权威的唯一领导人。一位在海外工作的中国共产党官员于5月下旬在北京听取指示时，听说林彪是毛唯一信任的领导人。

然而，要采取行动反对如刘少奇那样的党的高级领导人，时机还不成熟。在7月份期间，《人民日报》和军队报纸还在某些时候说刘少奇仍是主要的党的领导人及国家元首。

一场较量显然在8月1～12日召开的第十一届中央委员会全体会议上发生了。随后的事件表明，在全体会议上做出的主要是把刘少奇逐出核心圈子并指定林彪为毛的第一副手及显而易见的继承人的决定。为了达到这一点，可能在林、周恩来和邓小平之间进行了角力。周作为第三号人物的位置保持不变，这个位置他已经占据了多年，而降到第六位的邓只是作为一个没有多大实权的书记处的头头而留在常务委员会。

自从那次全体会议之后，林一直以一个比毛的其他副手更优越的姿态出现。他现在是唯一被说成是毛"亲如手足的同志"，如同以前给予刘、周和邓的一样。媒体对8月和9月召开的三次大型群众集会的报道，展示了新领导人的排序，林被说成是和毛泽东"肩并肩"并以毛泽东名义发表讲话的角色。

几位高级军官已经增添进了政治局。虽然还没有正式宣布，但是公布参加北京的集会的领导人的名单显示出新的政治局领导人的阵容，说明三个高级军官——即林的军事委员会的所有成员，已经全部进了政治局。在之前的政治局成员中，除了林是军人以外，只有力不从心的贺龙和刘伯承。现在，政治局的21个成员中，就有6个是军人。

林 彪 的 主 张

和其他任何一个中国领导人相比，林彪几乎不为人们所了解。没有大部头的关于他的公开著述，极少能找得到他的著作——如1965年9月发表的《论人民战争》的文章——也无助于评价他的态度。正如所料，他的每一个观点都是对毛主义理论的附会，因此，为了在毛之下的生存和发展，除了表现出公开臣服外，林也无法表达出他自己的意愿。

林与外国的接触有限。我们从1930年代见过他的人那里得到的最为详细的资料尽管提供了有关他那个时期的性格方面的信息，却无法投射出他目前观点的光影。除了去苏联治病，他从未出过国，因此，无法从西方观察家们最近的印象中讨得说法。

然而，可得到的少而不全的信息还是可以让我们对林的观点下一些暂时性的结论，他的这些观点可能可以反映出他对主要的政策问题的总体看法。这些判断大体上是基于对林彪在1950年代中期升至权力中心的权威位置之前的了解，因此，必须小心对待。时间的流逝和责任的压力会不可避免地影响甚至会彻底改变一个人的性格。没有办法确认过去十年发生的事情是如何影响林的观点的。

然而，有件相当确定的事情就是，他如年轻时候一样接受他基本的革命信仰。他正好在1911年满清王朝灭亡之前出生，在随后的政治动乱中成长。在这个时代，对社会变革和新的坚定民族主义的追求，成为塑造中国青年思想的强大力量。

林出生于湖北省杨折村①一个小地主家庭，排行第二，他父亲还是当地一家小工厂的业主。1921年，他被送去武汉——中国最早的工业中心之一——上中学，②读书期间，林加入了一个由后来成为有名的中国共产党的宣传家的人领导的名叫"社会福利社"的组织。③在武汉的四年时间里，林可能在思想上转而接受了马克思主义。

当林彪投身于使以往所有的排外游行示威活动都相形见绌的1925年的五卅运动时，他的思想中又多了一层现代沙文主义的痕迹。

这次社会动乱是因上海外国租界的警察向一群抗议外国控制的示威者开枪引起的。罢工、抵制和激昂的"反对帝国主义"的游行示威——由学生鼓动者领导——在全国爆发并持续了好几个月。有关林彪在这些事件中的作用没有确切的信息，但他显然受到很大影响。

受双重力量的驱使——渴望社会改革和希望消除外国统治的耻辱——林彪选择了军事生涯来实现他的抱负，并于1925年末进入了黄埔军校。由蒋介石任校长，周恩来任政治部主任的这所军校，培养出了一批在未来的岁月里执掌中国军队的军官。

在黄埔军校期间，林彪学习成绩优良。1926年，他宣布放弃成为国民党成员，而加入了共产党。毕业后，他在蒋介石征讨军阀的"北伐"军中任排长。④当1927年国民党和共产党分道扬镳之后，林彪加入了由朱德领导的共产党的军队。从那时起，他提升很快——20岁任团长，两年后任师长，24岁时成为红一方面军的指挥官。⑤

从那以后一直到1955年被选入政治局，林的角色主要是军队指挥员，一个忙于训练军队和指导军队在战场上作战的职业军人。在这一点上他成了一个传奇人物。在共产党的军队里没有哪个领导人能不关心政治，而他在打游击战方面很成功——林在这方面已证明是行家里手——靠的是宣传艺术和政治操控的高超技巧。20世纪40年代初，在担任抗日军政大学领导期间，林运用了这些艺术。然而，林彪的自豪显然是他作为一个战略家和谋略家所取得的成就。埃得加·斯诺（Edgar Snow）的妻子1937年在延安和他长谈后报道说，虽然林在某些方面是缺乏自信的人，但他还是自夸为常胜将军。

① 林彪1907年12月7日出生于湖北省黄冈回龙山镇林家塆。——译注
② 1921年林彪首先进入的是黄冈"浚新"学校，1923年进入武昌共进中学学习。——译注
③ 应为恽代英、林育南创办的共存社。——译注
④ 1926年11月从第四期毕业后分配在国民革命军第二十五师第七十三团任见习排长、排长，随部参加北伐战争。——译注
⑤ 林彪21岁任红军团长，22岁任红军纵队司令员，23岁任红军军长，25岁任红军军团长。——译注

1960年底中央军事委员会发布的指令——由西藏游击队员获得并收藏的秘密文件的一部分——包含林彪的指示,他提出他的方法是基于职业军人解决实际问题的切实有效的基本方法。他号召指挥官们要认识到训练的重要性,并且为了应付由现代武器产生的日益出现的问题加强训练。林常被引用的话是:"现代武器远比旧武器复杂。我们的军人需要进行充分的训练才能对付这些武器。如果训练得不好,突发事件就会在和平时期发生,随即在战时失败。"他宣称政治的确要"挂帅",但补充说军事要求是军事训练的"主要部分"。

由这一切组成的图案仍缺乏鲜明的界定,但还是提供了一个在重要方面与那些正在领导着北京的事业的理论家们不同的轮廓。林是作为一个老革命家的身份出现的,他仍然相当熟练地操着马克思主义象征性的语言,并穿行于政党政治的迷宫中。尽管他多次表明他自己支持毛的主张,但他是否完全与中国近几年的荒谬思潮相一致还是一个疑问,这种思潮坚持认为,在锻造军事机器——或在处理任何类似的实际问题方面,学习毛思想比战地演习更重要。

他对外部世界的态度可能是怀疑和敌视的。第二次世界大战刚结束的这段时期,和他打过交道的美国官员发现,他是一个让人捉摸不透的谈判对手,自那之后没有记录表明他对西方的态度有任何改变。林可能是全心全意地赞成毛认为的应当从战略上藐视美国的主张,而从长远的角度看,他有可能会更认真地采用"纸老虎"命题的第二部分,即从战术上更慎重地看待当今的形势。

林 彪 的 将 来

在8月和9月份所作的每一次重要讲话中,林彪都宣称前面的主要任务是再搞倒一批党内有权势的人物。这既说明他感觉到离他完全巩固自己的位置还有一段距离,也表明他对自己的实力有相当的自信。很多方面对他有利——毛的信任、军队的支持、周恩来和政府机构显而易见的合作,还有他与党的机构中一些领导人的默契。

然而,在目前不稳定的形势下,林的位置也注定是不确定的。他的体力就是个问题。毛的健康和控制可能正在下滑。没有毛的支持,如他突然去世,林是否能挺得住也还是个问题。最近已与许多老同志翻了脸的毛,甚至也可能下一个就会与林反目成仇。简而言之,在毛最终消失及林——或者其他某个竞争者——完全巩固其地位之前,预计形势是不稳定的。(此为机密不可外泄)

附录一

林彪的官职及履历

中国共产党政治局常务委员会成员

中国共产党政治局军事委员会副主席

中国共产党中央委员会副主席

国务院副总理

国防部长

国防委员会副主席

中华人民共和国元帅

1908 年　出生于湖北黄冈。

1925 年　以优异成绩毕业于黄埔军校(周恩来任政治部主任)。

1926 年　加入中国共产党。

1927 年　参加八一南昌起义,此次起义标志着中国工农红军的诞生。①

1934～1935 年　带领先头部队进行长征。

1945～1949 年　任第四野战军司令。

1949 年　被任命为中南军政委员会主席。

1954 年　被选为国务院副总理、国防委员会副主席。

1955 年　被选入中国共产党政治局,成为中华人民共和国元帅(十大元帅之一)。

1958 年　进入政治局常务委员会,成为中国共产党中央委员会副主席。

1959 年　担任国防部长、政治局军事委员会副主席。

附录二

有关林彪的健康和活动的报道

1937 年 11 月　一份官方报告(1960)报道林彪"伤势严重"。还有报道说他的胸部中弹之后,花了四年时间在苏联进行康复治疗。

1942～1943 年　和周恩来一起带领中国共产党代表团到重庆与国民党谈判。

1943～1945 年　担任陕西延安的抗日军政大学校长。

1946 年　一个被允许给林看了 15 分钟病的美国医生说他"病情严重"(这位医生无法依据如此简短的检查而给予更进一步的诊断)。

1948～1950 年　作为第四野战军的总司令,林带领部队从东北转战华南。

1949 年 4 月　他是参加北京和平谈判的中国共产党代表团四个成员之一。

1950 年　他所领导的中南军政委员会于 9 月给他寄了一封慰问信。

1950～1951 年　有传言说林参加了朝鲜战争,但未被可靠消息所证实。谣传好像来源

---

① 林彪并未参加 8 月 1 日的起义,但参与了南昌起义开始之后的战斗。——译注

于他1950年从公众视野中消失了,以及他的第四野战军在朝鲜战争中所起的先头部队的作用。

1951年5月 报道说他患了严重的肺病,在北京接受苏联医生的治疗。

1951年11月 中南军政委员会给他发了第二封慰问信。

1951年11月 林彪出席中央人民政府委员会会议。

1951年11月至1956年9月 林彪没有公开露面。

1952年7月 叶剑英被确定为中南军政委员会的"代司令"。①

1952年9月 中南军政委员会给林发了第三封慰问信。

1954年3月 中南军政委员会给林发了第四封慰问信。

1956年9月 林彪参加中国共产党第八次代表大会。

1956年10月 驻北京的英国大使馆有"可靠"报道说林彪的结核病仍相当严重。

1957年4月 林彪在上海会见伏罗希洛夫。

1958年5月 他以国家领导人之一的身份出席了"五一"劳动节的庆祝会。

1958年6月 接待了几次研讨会的代表。

1958年7月 在由军事委员会召开的扩大会议上,林彪是11位发言者之一。

1958年8月 林彪参加为赫鲁晓夫送行的仪式。

1958年12月 参加在湖北召开的中国共产党中央委员会全体会议。

1959年3月 接待中国共产党代表大会的广东代表。

1959年3~4月 林彪多次出现于公众场合。

1959年10月 他积极参加国庆庆典并多次出席官方仪式。

1959年11月 中国共产党驻阿拉伯联合共和国(UAR)大使称林有病正在康复。

1960年3月22日 一份截获的军队工作的简报报道说林和朱德在河南视察。

1960年3月30日 林出现在北京召开的全国人民代表大会的开幕式上。

1960年4月 《中国青年报》一篇文章讲述林身体"相当虚弱"但仍努力工作。

1960年4~5月 他12次在官方场合露面。

1960年9月 参加外交宴会。

1960年10月 参加国庆节庆典,在军事委员会扩大会议上发言。

1960年11月 据一位缅甸将军说,林在一次会晤的时候说自己的身体状况很差,一周只工作几个小时。

1961年1月9~12日 机密的工作简报显示林在广州军区视察并发表有关军队教育的重要指示。

1961年3~4月 据工作简报消息称他仍在广州。

---

① 叶剑英,建国后历任中南军政委员会副主席、广东省政府主席、中央人民政府革命军事委员会副主席、国防委员会副主席、中国人民解放军武装力量监察部部长、军事科学院第一任院长兼政委等职。——译注

1961年3月　出席陈赓①的葬礼。

1961年5月　据工作简报报道,林本人亲自主持军事委员会的吹风会;还在全军教育会议上发表讲话。

1961年10月　出席国庆节庆典,另有四次官方露面。

1962年2月　参加军队总政治部的欢庆春节晚会活动,同月稍后出席李克农②的葬礼。

1962年2月至1963年12月　林一直未在公众场合露面。

1962年10月　一位亚洲国家的外交官说他得知林在过去两个月的时间里一直住院。

1963年2月　一位香港难民说林在浙江视察新开办的化学作战学校。

1963年12月　出席罗荣桓③元帅的葬礼。

1963年12月至1965年3月　林一直未在公众场合出现。

1965年3月　他在上海观看京剧演出。

1965年4月　在上海出席柯庆施④的葬礼。

1965年5月　参加空军司令刘亚楼⑤的葬礼,还接见人民解放军毕业学员。

1965年5月　林的女儿在一家报纸发表文章说林彪需要休息。

1965年5月至1966年5月　他没有出现在公众场合。

1966年5月　与党的其他领导人一起接见阿尔巴尼亚代表团。

1966年8月18日　在北京"文化大革命"的群众大会上讲话。

1966年8月31日　在北京第二次"文化大革命"的群众大会上讲话。

DDRS, CK 3100402191 - CK 3100402201

陈洪丽译,何慧校

---

① 陈赓,建国后历任西南军区副司令员兼云南军区司令员、云南省人民政府主席、中国人民志愿军第三兵团司令员兼政治委员、中国人民志愿军副司令员、中国人民解放军军事工程学院院长兼政治委员、中国人民解放军副总参谋长兼国防部副主任、国防部副部长等职。——译注

② 李克农,建国后历任中共中央社会部部长、中央人民政府外交部副部长、中央军委总情报部部长、中国人民解放军副总参谋长等职。——译注

③ 罗荣桓,建国后历任中央人民政府最高人民检察署检察长、中国人民解放军总政治部主任兼总干部管理部部长、人民革命军事委员会副主席等职。——译注

④ 柯庆施,建国后历任南京市市长、中共南京市委书记、江苏省人民政府副主席、中共江苏省委第一书记、中共中央上海局书记、上海市委第一书记、上海市市长、中共中央华东局第一书记、国务院副总理等职。——译注

⑤ 刘亚楼,建国后历任中国人民解放军空军司令员、国防部副部长兼国防部第五研究院院长、国防科委副主任等职。——译注

中情局关于中国国内政治力量
分化的情报信息电报

（1967 年 1 月 19 日）

IN 81521

三 国 重 现

（1967 年 1 月 19 日）

1. 这是对目前情况的评价。它并非中情局或任何机构做出的正式判断,只是工作人员的观察和分析,依据的是他们在准备这份文件时所能获得的资料。这份文件是为行动部门提供内部指引的,而我们相信这一评价也会对其他机构为自身需要评价形势有用处。①

2. 当今中国的事件体现出王朝的特征而不是散发出共产主义的味道。政治上,这一时期相当于中国历史上第一个伟大的朝代——汉朝,但现在还不清楚,我们看见的这一时期是类似于秦亡汉兴时期,还是遭到黄巾起义打击的汉朝末年,虽然黄巾起义被逐个镇压下去,却使国家落入地主豪强手中。就像关于后一时期的一本小说开篇所道:"天下合久必分,分久必合"。现在,经过 17 年统一的中国将再次感受到预示着政治变革的震动。

3. 1966 年 12 月中旬到 1967 年 1 月中旬,"文化大革命"引起的政治动乱已在数十个地区掀起波澜,这令人大惑不解。不过,基本分野已经明了。我们有记录 8 月份召开的中央全会上党内斗争的文件;毫无疑问,毛泽东和林彪为一方,邓小平和刘少奇为另一方,他们之间在进行权力之争。我们听说在 10 月份召开的中央委员会上(会议总共开了 17 天),毛和林作了两篇引人注目的报告。我们听说,林把毛努力控制中央委员会跟斯大林对权力的争夺相提并论,并认为中央委员会中资产阶级的拥护者仍然把持着许多部门。接着,毛承认对党内许多部门失去了控制,但表明打算不惜一切代价重新抓住全权。我们听说在圣诞节,林彪想尽办法镇压反对派,他跟陶铸密谋召集各大区的头头,即西南的李井泉、西北的刘澜涛、东北的宋任穷到北京,指望能跟他们达成一定的妥协。在陶对他们的安全做出保证后,他们来了。但是他们并不接受林的提议,于是林下令将他们囚禁。这时,陶铸做出了自己的选择,信守诺言,秘密地安排他三人坐飞机离开北京,林的计划也因此破产。陶原是党内的第四号人物,但是经过这件事情之后,他遭到排挤并立即受到攻击。到 1 月中旬,陶铸显然失去了他在党内的所有职务。

4. 整个 1 月初,毛和林的立场都受到日益明显的冲击。与此相应,上海、福州、济南、北

---

① 原文本段两处共约一行未解密。——译注

京等地纷纷成立新的"革命造反总司令部"——这几个地方都由林彪部下的军队控制,这些人是林彪在指挥第四野战军及其前身部队时的下属。……①这些新的造反总司令部成立的目的是要控制重要的通讯线路、邮政电报、铁路、电台和报纸。毛泽东这一神奇的名字仍有巨大的号召力,在上海,有两份报纸为"文化大革命"宣传造势。党对全国总工会的领导权也在瞬间转到了毛和林的支持者手上。在刘少奇之后一直是中国的工头的刘宁一②遭到攻击,并且在上海发生了工人和新的革命造反派之间公开的冲突。

5. 在流动性强、破坏性大的红卫兵和属于刘邓党派的有组织的工人队伍之外又有了新的造反派。似乎没有什么能够阻遏毛完成"文化大革命"的意志。周恩来本来还可能成为"文化大革命"的调停者,但现在似乎明确地站在毛和林这一边。12月9日,周恩来在北京工人体育馆的几千人面前发表讲话,他提到12月20日之后红卫兵将会接受武装训练。1月中旬,周则重申他相信毛泽东的"文化大革命"最终能够取得成功。

6. 毛能否成功地完全恢复他对形势的控制,将在很大程度上取决于他和林彪能不能重新控制党组织。取得对党组织的控制在某种程度上依靠于掌握和利用工作组成员手中的档案材料。9月8日,党的中央委员会和国务院发布了一项处理"文革"期间出现的党和国家秘密文件的条例。虽然我们没有看到这项条例,但这项条例显然没有得到贯彻,因为10月5日中央委员会发布了一个主题相同的补充指示,10月6日,中央军事委员会也发布了一个类似的指示。到11月6日,党中央也认为有必要追加一份补充指示。这些指示的根本意图就是要迫使党组织把"文革"的相关文件可能还有党的人事部门的材料交到毛和林的手里。

7. 在之前的研究中,我们就在思索林彪为什么没有使用军队迫使党组织遵从他的意愿。自从1961年截获林彪著名的"工作报告",我们便清楚地知道林彪并没有完全控制指挥官队伍,因为这些军官中的很多人都是效忠于那些不接受林彪作为其领导人的资深元帅的。现在已经清楚林彪从来没有完全控制军队的政治部门。由于党的组织结构上的巧妙抵制,可能是由总书记邓小平及党的办公厅的首长杨尚昆任命官员,军队的政治部门仍在党的指导下。林可能曾对刘志坚将军寄予厚望,刘志坚长期是总政治部的核心成员,直到三个星期前他还是中央委员会属下毛的"文革"小组的主要军官,但是他在12月下旬转而反对毛和林,现在他可能已经被捕。跟陶铸一样,刘的背叛对于毛来说是难以接受的,并且不得不使伟大的无产阶级"文化大革命"(GPCR)的日程延后。刘肯定参加了对党组织第三波斗争的准备——那就是把人民军队的干部训练成为毛伟大的无产阶级"文化大革命"计划的积极分子,让他们在建立现在已在中国出现的革命造反司令部时发挥积极作用。虽然这一点很不确切,但我们相信这项培训工作已在许多军区和地区进行了几个星期。

8. 11月26日,经常作为毛伟大的无产阶级"文化大革命"的喉舌的上海《文汇报》描述了在济南召开的第二届济南军区积极分子代表大会闭幕式的情况。这次"代表大会"有1 127名

---

① 原文此处两词未解密。——译注
② 刘宁一,建国后历任中华全国总工会副主席、总工会书记处书记兼国际联络部部长、世界工会联合会副主席等职。——译注

代表参加,内容是学习毛的著作。我们猜测来自该群体以及全国各地接受同样训练的人已经成为毛伟大的无产阶级"文化大革命"的骨干分子,这些人现在掌握了许多城市的报纸和工会。

9. 1月中旬,中国出现了两个政治势力集团。一个是由林彪的忠实部下及其军队控制的集团,尽管其内部的每个阶层都非常混乱。另外一个是由党组织统辖,但仅仅是勉强控制的集团。党组织的战略是纯防御性的。像中国历史上三国时期的英雄人物一样,现在每个官员都在考虑寻找同盟和构建区域防御,直到共产党的合法统治重新建立在毛或其他重新确定自己地区优势的领导人之下。现在,还未到他们考虑在政治上自立门户的时候。不过,今年春季也许就可以考虑这种可能性了。

10. 虽然这一时期发生的事件甚合历史对照,但是从来没有完全相同的历史。有些东西已永远地改变了。当代中国人口众多的严峻现实决定了一旦发生政治意外事件,将无笑谈应对之暇。广东的食物价格正在上涨。我们没办法估计在广泛的红卫兵运动、工人的反叛或是他们跟当地红卫兵之间的斗争导致的交通停顿,以及革命造反派攻击的情况下,中国的粮食运输到底有多糟。而几种因素加在一起,影响已经且必定是巨大的。今天只有一趟客运列车从广州开往武汉和北方。如果交通停运,中国将不仅承受1961年经济困难造成人民营养不良的严重后果,而且将承受由饥荒造成的各种困境。而且,中国1月中旬的天气特别寒冷。……①香港也遭受了十年以来最冷的寒冬。人力失调、价格上涨、口粮短缺和严寒成为毛新的敌人。党组织对此也非常清楚。中国各地党的机关都靠提高工资和采取个人奖励措施来鼓励党员保持对党的忠诚;其实劳动部门采取这种措施已经好几年了。毛和林的追随者们则一再指责他们不能经受糖衣炮弹的攻击。

11. 而且,现在很难确定毛泽东和林彪会同在一条路上多长时间。林彪肯定知道当前党内许多重要的干部已经被捕,受到了侮辱和嘲弄,同样他也明白自己的权力地位正处于危险之中。

现代中国可能不承认自己有封建社会的"面孔",但是其自我表白已显示出了它的局限性。毛近来的责难非常迅速,就像蛇的舌头一样,没有人能够幸免——重组的宣传部、报纸、"文革"小组委员会成员,甚至连资格最老和最受他信任的部长都难以逃脱。当林彪的亲信一个接着一个遭到清洗时,他在组织"文化大革命"时也将会越来越困难。

12. 中国历史上的三国时期是一个过渡时期,一个遭偏爱于有独特文化魅力的统一王朝的中国传统史家鄙视的军阀混战时期。通过最后分析,我们认为由于历史原因中国现在的无政府状态将不会持续很久。对于这一点,我们仍然确信。然而,回顾1 600年前的中国是非常有意义的,当时中国分为三个大国,蜀、吴、魏,同时当时也是中国古代政治权术艺术的高峰。中国现在的分裂可能是极为短暂的,也许1967年,我们就会看到中国各地的人们欢呼中国出现了一个比其他人更精明,更适合担当大任的领导人。

DDRS, CK 3100000078 – CK 3100000087

吴碧娜译,何慧校

---

① 原文此处约一行未解密。——译注

中情局关于红卫兵谴责刘少奇的情报信息电报

(1967 年 1 月 31 日)

TDCS314/01574-67

红卫兵谴责刘少奇罪行的小册子概述

(1966 年 12 月 29 日)

……①

1. 概述：一本印于 1966 年 12 月的红卫兵小册子谴责刘少奇的反革命行为，说他从 1939 年起就反毛泽东，并持续到反对毛的"四清"运动以及当前的"文化大革命"。小册子指责他与彭真②及其他人一起，试图建立一个由内蒙古、新疆、西藏组成的独立王国，还说刘是中国的赫鲁晓夫，把马克思列宁主义看得比毛思想更重要。

2. 一个自称为"北京师范大学井冈山战斗队毛泽东思想红卫兵"的组织写于 1966 年 12 月 11 日的小册子，又被"新北京大学红色教工"于 1966 年 12 月 29 日重印。其题目是："奋起毛泽东思想千钧棒，砸烂刘家王朝"。内容概述如下：……③

3. 以"毛主席的红小兵和'文化大革命'的尖兵"自居，这本小册子的红卫兵作者谴责刘是反革命。这本小册子说，刘早在 1939 年就反对毛思想。在他的文章《论共产党人的修养》中，刘就间接地辱骂毛主席并标榜自己为领袖。解放战争爆发后不久，刘在党的七大上作党务报告，攻击毛的名言"枪杆子里面出政权"，并愚蠢地说武装斗争与中国农村革命之间的重要关系只是在某个时期是有效的。在 1956 年的八大上，他回应赫鲁晓夫提出的反对革命的崇拜，这就是反对毛主席。特别可恨的是，他用修正主义的丑恶爪子，移走党章的核心，即用毛思想作为党的一切行动的指南。1960 年，毛最看重的军队司令林彪号召我们"读毛主席的书，听他的话，按照他的指示做事，做毛的好学生"。然而，1962 年版的《论共产党人的修养》中，刘坚持做马克思和列宁的好学生的重要性。

4. 刘被称为"修正主义的黑司令"。1939 年，他鼓吹欢迎野心家进入党的高层，他把他自己和他的追随者说成是创造性地运用了马克思列宁主义的伟大的革命者。能相信是刘而不是毛主席是当今的列宁吗？他还鼓吹，党要对机会主义和修正主义分子持容忍的态度，他挥舞着"简单化、普及化、机械化"的大棒，竭力反对进行反修正主义和"左"、右倾机会主义的斗争。在 1962 年的《态度问题》这棵大毒草中，党被迫采取了对反革命的修正主义者极端容

---

① 原文此处约四行未解密。——译注
② 彭真，时任北京市市长，同时还是 1964 年 7 月成立的中央文化革命五人小组的组长。——译注
③ 原文此处约三行未解密。——译注

忍的态度。

5. 在中国内部,刘少奇支持彭真黑帮夺取了北京市党和政府的权力。在对 1951 年召开的北京市第三次人民代表大会的讲话中,刘强调需要在每个方面利用彭真的经验,并用心险恶地提出了"经济建设是我们国家和人民的中心任务"的修正主义概念。1961 年,在中国共产党成立四十周年的大会上,刘说:"我们已经基本完成了社会主义革命",并下令全党学习苏联修正主义分子的经验。1950 年,当美帝国主义占领我们神圣的领土台湾,以及当美国侵略朝鲜的火焰正熊熊燃烧时,刘在"五一"节对干部的讲话中说:"国际条件对我们的国家建设有利,帝国主义者已经被赶出了中国。"在党的八大上,刘谈到"新帝国主义"并说在美国的统治集团中,有一些人已清楚地认识到战争政策不是对美国有利的。他还叫嚣"我们也希望与美国和平共处"。刘叫卖中美合作的反革命概念,这难道不是在鼓动推行和平共处这一苏联的修正主义路线吗?

6. 刘是中国的赫鲁晓夫。在国内,他梦想着让修正主义掌权,复辟资产阶级的反革命政权,在国际上,他实践着妥协的政策。

7. 刘少奇要为创作《海瑞罢官》负主要责任。……①(评语:这是吴晗②创作的讥讽独裁政权的剧作。)中华人民共和国成立十周年前夕,在修正主义的理论出版物《和平与社会主义问题》中,他发表了"马克思列宁主义在中国的胜利"一文,抹杀了中国革命的胜利是在毛的杰出领导下取得的这一伟大的历史真理。毛说人民公社制度是好的,而刘则诋毁毛,说:"只是由于有人吼得凶,并不意味着做到了。"

8. 在庐山会议上,毛指出党内有右倾机会主义者,并且他们反对党的领导,反对群众运动,以及反对人民公社,并寻求复辟资本主义。一个月后,刘愚蠢地说,党内两条路线的斗争只不过是"观点分歧"。他说那些被迫辞职的右倾机会主义官员的问题,只是"对大跃进的态度"问题。他叫嚣要公平地对待他们,鼓动调查他们的案子并向最高层求情。这就鼓励了一系列出版物的出现,如山东的《孙安动本》,上海的《海瑞上疏》、陕西的《女巡按》、广西的《刘三姐》和北京的《海瑞罢官》。

9. 刘少奇是前北方局的书记,高岗③、彭真、林枫④、刘仁⑤、蒋南翔⑥和其他黑帮头目都是前北方局的主要人物,刘是它们的总后台,他是中国的三家村一伙的总头目,邓小平和彭真也是其成员。他们反对集体化,主张个人主义,鼓吹"三和一减"和"三自一包"。他们鼓吹

---

① 原文此处约一词未解密。——译注
② 吴晗,建国后曾任北京市副市长、中国科学院哲学社会科学部委员、北京市历史学会会长。1960 年写成新编历史剧《海瑞罢官》。之后,吴晗和邓拓、廖沫沙用"吴南星"笔名发表《三家村札记》专栏。1965 年姚文元受命发表《评新编历史剧〈海瑞罢官〉》一文,指责吴晗的《海瑞罢官》是反党反社会主义的"一株毒草",《三家村札记》也遭到批判。——译注
③ 高岗,建国后历任中共中央东北局书记、东北人民政府主席、东北军区司令员兼政治委员、国家计划委员会主席、中华人民共和国中央人民政府副主席等职。据 1955 年 3 月中共全国代表会议通过的《关于高岗、饶漱石反党联盟的决议》,高因与饶漱石结成反党同盟而被开除党籍。——译注
④ 林枫,建国后历任中共中央东北局副书记、全国人大副委员长、中央党校校长等职。——译注
⑤ 刘仁,建国后历任中共北京市委组织部长、市委副书记、市委第二书记等职。——译注
⑥ 蒋南翔,建国后历任中央教育部副部长、高教部部长、党组书记等职。——译注

修正主义的"两种教育体系"，刘还反对由毛主席亲自领导的四清运动，他看起来是极左，其实是极右。

10. 在毛做出取消工作组的伟大决定之后的第五天，刘在1966年7月29日的一次讲话中说，毛和其他中央委员会领导人不知道如何将"文化大革命"进行下去。刘反对十六条，他是薄一波和李雪峰努力推行资产阶级反革命路线背后的总司令。

11. 刘是攻击毛思想的大庆展览会和提高修正主义分子×××和×××威望的后台老板。（评语：这些名字在原文中就是这样的。）修正主义者×××和×××的画像比毛主席的画像还要大。特别恶毒的是，第十一次会议之后两个月了，这个展览还在散播流毒。

12. 彭真、陆××、罗××、杨××，①林枫、杨献珍②、周扬③、蒋南翔、乌兰夫④，以及其他支持×××和×××的这一黑帮派的干将，窃取了中央委员会书记、宣传部长、副总理、副主席、市人大主席、党校校长、高等教育部部长及其他领导岗位的职务。他们建立了一个独立王国，在"三家村"、"四家店"里恣意妄为。他们试图建立一个由内蒙古、新疆、西藏组成的最终将会与外国妥协的联邦国家。刘家王朝的罪行罄竹难书。

13. 毛亲自发动了"文化大革命"，他亲自主持了八届十一次会议，他揭发了许多反革命修正主义分子。他降了×××的职。第十一次会议敲响了反革命修正主义者和刘家王朝的丧钟。从此，中国历史进入了新的阶段。

14. 这份文件以号召奋起毛思想的千钧棒，摧毁刘家王朝及赞扬毛而结束。

15. 文件送达：国务院、陆海空军、太平洋总司令、太平洋舰队、驻太平洋美军、太平洋空军部队。

CIA Research Reports, China, 1946 – 1976, Washington, D. C.：University Publications of America，1982，Reel – 3 – 0535

何慧译、校

----

① 这里指的是公安部长罗瑞卿、宣传部长陆定一和中共中央办公厅主任杨尚昆。——译注
② 杨献珍，建国后任高级党校校长。——译注
③ 周扬，时任中宣部副部长，也是中央文化革命五人小组的组员之一。——译注
④ 乌兰夫，建国后历任中央民族事务委员会党组主任、中共中央华北局副书记、绥远省人民政府主席、国务院副总理、中共内蒙古自治区党委第一书记、自治区人民委员会主席。——译注

中情局关于"文革"对中国
经济影响的情报备忘录

（1967 年 2 月）

RRIM 67 - 10

绝密

"文化大革命"对共产党中国经济的影响

（1967 年 2 月）

序　言

本备忘录就所谓的"文化大革命"对共产党中国经济活动的影响进行评估。此时要做这样的评估是有困难的，因为虽然有大量的信息来源，但多数是零碎的，难以审视经济形势的全貌。

本备忘录在概述之后是对整体发展的描述，然后对中国经济各个方面如工业、农业的状况分别叙述。

概　述

（1966 年）12 月，毛泽东和他的支持者们发出信号，要把"文化大革命"扩大到中国的农村和工厂。（1967 年）1 月中旬，他们试图抑制过快发展的势头。这种政策上的突然变化也许最能表明中国经济正在受到伤害。但这个政权现在还没有处于全面的经济危机，它的问题是，如果形势的发展不受约束的话，可能最终会导致全面的危机。从目前来说，政府看起来已经成功地防止了"文化大革命"对经济各个方面的干扰加深，尽管能否继续这样做还不能确定。不过，此时仍然可以就"文化大革命"对经济的影响做出一些试探性的判断。报告是片断性的，极难证实的，也不适合做出定量分析和全面评价。

有关生产停顿的报道陆续有闻，但没有证据显示有哪个工业部门的全面生产受到了严重影响。但还是有一些迹象显示，1966 年最后一季度工业生产全面下滑，这种生产下降显然是由于新开工厂和设备运行减慢，而不是生产能力遭到破坏。1967 年第一季度的工业生产至少有可能继续受到影响。

　　难以确定农业的形势是否如中国共产党报纸的报道暗示的那样严峻，相对来说，今年同期几乎没有什么农业方面的活动，也没有确凿证据显示"文化大革命"严重影响了农业。有报道说，在农村地区出现了食物短缺以及自由市场上食品价格上升的情况。在评估这些报道时，有必要区分到底是"文化大革命"还是1966年的农业歉收造成了这样的结果。大部分来自广东和福建省现场的报道说，1966年的收成不好。没有什么证据显示是红卫兵的行为直接导致农村食品供应减少。关于城市中黑市价格上升的报道看起来有夸大。城市里的食品短缺时间不长，而且更主要的是因为各地的秩序混乱，而不是整体上食品短缺或交通受到扰乱。

　　现在的交通运输系统的效率比去年12月和今年1月好转。……①国内运输方面的问题已经减慢了中国港口的某些外国货物的装卸，但还没有出现持续受影响的状况。没有证据显示经济上受到的干扰妨碍了向北越运输货物。铁路同样承担了在去年8～12月间运送了5 000万红卫兵的任务。

　　在各地串联的红卫兵所得到的食物和衣物，超出了他们作为学生所应有的配额，结果可能导致大量减少食物和衣物的供给。②

一、整体发展情况

　　1966年12月，政府发出了"文化大革命"向工厂和农村扩展的信号。可是一个月后，当局正试图阻止产生过分的结果，即威胁到经济使之出现混乱。……③

　　1月下旬出现了另一个信号，即政府想将工农业部门的经济混乱最小化。1月22日，周恩来总理说，工业、农业部门的革命任务要靠他们已有的人来进行，外来因素的作用只能是给予支持。1月29日，国务院的指示禁止人们为过春节而按传统回乡省亲，显然就是要防止工人离开工作岗位，并避免增加已经承受重压的交通系统的负担。1月31日，权威的《红旗》杂志的社论指出，"无产阶级革命者们"正在各行各业开展革命，因此不能说所有的当权派都是反革命，而且在各级政府机关建立"临时权力机构"时，他们也要"促进生产正常运行"，以及"引导现有的行政机构和职能部门的工作"。

　　这些行动是用来应付经济的全面崩溃的，而显然防止了严峻形势的进一步发展。……④也没有证据显示国内航空运行出现了严重混乱，以及食品和其他消费品分配上出现了严重问题。

---

① 原文此处约一行未解密。——译注
② 此处指的是全国大串联的情况。1966年6月，部分外地大、中学生到北京串联。8月，到京学生剧增。9月5日，中共中央、国务院发出《关于组织外地高等学校革命学生、中等学校革命学生代表和革命教职工代表来北京参观"文化大革命"的通知》，之后出现了全国大串联。到北京串联一律免费乘坐火车，生活补助费和交通费从国家财政中支出。——译注
③ 原文此处约二十八行未解密。——译注
④ 原文此处约两行未解密。——译注

政府之所以能成功地排除"过度革命",当然是由于它强制国民遵守秩序的能力。共产党中国传统上的权威来源——中国共产党——数月来一直受到攻击。但是,有证据显示,到目前为止党组织经受住了攻击并在继续运转。一批经验丰富的党的官员在新建立的一些机构中担任领导的表现显示出党的旧机构的清除比实际更明显。……①

二、工 业

持续收到关于某些工厂在去年12月和今年1月停工的报道。仍然没有证据显示,混乱的局面已经严重地影响到某个行业的整体生产,但有迹象显示,在1966年最后一季度,整个工业生产和建设出现了一定程度的下降。至少1967年第一季度工业生产可能还将受到影响。

有两份报告描述了1966年最后一季度工业和建设活动下降的困难情况。也是在8月份,在兰州主持石化工厂建设的西德技术人员说,由于红卫兵涌入该地区,停工了三周。……②

这些片断部分解释了很多地区工人们对红卫兵的反感,并促使工人们要求改善生活条件。

去年底今年初之时,很多工人要求更多的劳动报酬,而政府将之定性为"反毛阴谋"。毛派误算了工人的能量。最近的报道指出,1966年11月和12月初,政府试图在不少地区削减工资和拒绝发给工人"晋级"工资。这些行动与毛一直以来坚持"缩小"工资差别的思想是一致的,这显然增加了工人的种种不满,12月中旬,政府鼓励攻击工业中的党的当权派,并废除了全国总工会这个党控制工人的主要机构,打倒了当权派,使得工人们为他们的要求发出自己的声音,这显然引起政府惊异。可以确定的是,处于工资级别最底部的人——合同工和学徒——嗓门最高。……③

如果如许多报道所说的,中国工人统统不满的话,政府将很难保持工人的生产积极性。梦想通过用"精神"替代物质刺激,来实行另一次"大跃进"已变得比任何时候都更虚幻。

三、农 业……④

去年秋天,当红卫兵干涉农民的自留地、自由市场,红卫兵对农民想提高农业收购价格、降低零售商品价格等等斥责为"追求物质利益"时,抱怨之声出现了。进了村的红卫兵显然经常抢夺自留地种植的食物,以此阻止农民的私人活动,并切断了家庭和市场所需的重要供

---

① 原文此处约四行未解密。——译注
② 本段落有两处未解密。——译注
③ 原文此处约三行未解密。——译注
④ 原文此处约四行未解密。——译注

应来源。但是，没有证据显示政府下令大规模地抢掠自留地和关闭自由市场。……①

官方媒体对于农业中"革命"的效果的评论出现在 1 月初。报道描述了红卫兵向北京"长征"路上的各项活动。据说红卫兵让农民熟悉毛主席的著述，结果他们诱使农民答应，增加向国家上交农产品多达 50％。

声称革命取得的有益结果是稀少的、短命的。1 月中旬，中国的报纸抱怨说，干扰工业的"反毛阴谋"正在农业上重演。党的各级官员被指责煽动反对毛的自我牺牲的政策，鼓动农民潜在的资本主义倾向，并培育他们被抑制的对物质利益的要求。他们还被指要为未完成定额指标以及农业产量年终分配中的食品和投入减少负责。还包括以下指责：

1. 鼓励"立即消除差别理论"，按照这种理论，城乡之间的生活水平方面的差距应当立即消失。

2. 提高工分价值，提高物品价格，付给附加工资。

3. 减少农村劳动力，让原来的工人和知识分子返城。

4. 通过改变生产队的规模和扩大自留地来破坏集体化。

这些中国报纸所暗示的扰乱农业的情况未经证实。尽管有些报告说，播种用的苗床和水土保持方面准备不足，但农村的各种事件迄今并未对农业造成重大影响。这并不奇怪，因为"文化大革命"在淡季比较活跃。但是，如果这种干扰持续或扩大，就会严重影响春耕乃至秋收。

四、食品和消费品

目前对交通运输的干扰尚未影响到食物分配，与收获季节的情形没有差别。城市地区出现的混乱，看起来主要是由于副食品和其他物品从邻近产区运送到城市的中断。很多城市发生了对食品和奢侈品——手表、自行车和照相机——的抢购风潮。看起来导致出现了短时期的短缺现象，但没有哪个城市出现大范围持续的短缺。……②

至于有报道说自由市场价格上升，农村地区食品短缺，有必要区分是 1966 年相对歉收的结果还是"文化大革命"的影响。大多数有关定量配额下降、价格上升的报告来自广东、福建那些 1966 年收成不好的某些地方。没有什么证据显示，农村中食品供应减少与红卫兵的行动有直接有关。

五、交通和通讯

尽管有偶发的"文化大革命"的干扰，中国的交通系统仍然运转良好。……③

---

① 原文此处约一行未解密。——译注
② 原文此处约两行未解密。——译注
③ 原文此处约十行未解密。——译注

1月29日,国务院下令"推迟"庆祝春节,部分原因是防止成千上万的人们旅行回乡探亲。《人民日报》的社论对此低调处理,只是说人民"应尽可能克制不要访亲问友"。

1月中下旬到中国旅行的某外国人报告说大多数的火车班次运行着,尽管经常会延误。还没有肯定的消息指去年12月底到今年1月初停开的南京到北京的铁路服务已经恢复。……①

六、对红卫兵的关照与供应

1月6日,新华社报道说,去年8月18日至12月31日之间,铁路系统运送了"超过5 000万红卫兵以及其他学生和教师",并且近乎三分之二的火车车厢都被红卫兵大串联所用。这段时间所运载的5 000万乘客,相当于1957年和1958年同期运送乘客总数的40%,大部分近年的数据适用于此。大部分红卫兵的旅行是免费的。

新华社还指出,同期国家的运货计划受到挤压。此说法无法确证。无论如何,客运列车设备看起来足以完成运载红卫兵的任务。没有证据显示货运机车用于运载红卫兵。

现在能获得一些有关负担红卫兵的衣、食及其他服务的情报。……②

不知道中国共产党人的食品和衣物存货的规模有多大,而无法精确估计红卫兵对衣食物品存量的整体影响有多大。然而,他们的衣食超过学生定额,有可能导致库存的实质减少。这些消耗的后果将在1967年年中,即这个食品供给年结束之际出现。

红卫兵大串联的数量看起来正在减少,然而,政府已经暗示明春红卫兵又将大批出行。

七、对外贸易和汇款

"文化大革命"对于外贸和船运的影响,看起来主要源于中国国内交通运输问题。日本公司已经抱怨出口货物延误以及装运方面的混乱,国内运输方面出现的困难,显然使各港口货物不能准时到达。……③

"文化大革命"对于日本以外的托运人几乎没有影响,因为多数日本商人是把货物运输到中国。除了进港时有轻微延误,偶尔有运货出港的铁路机车不足之外,1月下旬的运输基本正常。

苏联和东欧国家的托运人,继续使用中国铁路向北越运送物资。……④苏联已经抱怨,与越南有关的货车从中国过境时受到延误。还没有任何严重延误的单独证实。总之,苏联的抱怨都是出于政治动机,而不是由于经济混乱的结果。1月份,停靠北越港口的中国船舶

---

① 原文此处约三个字未解密。——译注
② 原文此处约十五行未解密。——译注
③ 原文此处约两行未解密。——译注
④ 原文此处约三行未解密。——译注

数量如常。

　　1966 年最后一个季度，海外华侨的汇款减少。……①几乎肯定是由于撤销了收款人的权益。现在有片断的证据显示，这些权益至少在部分地恢复。如果恢复了的话，在未来几个月中汇款可能会回复到正常水准。

　　DDRS，CK 3100165559 - CK 3100165571

何慧译、校

---

① 　原文此处约一行未解密。——译注

国务院情报研究所主任关于中国对第三世界政策致国务卿的报告

（1967 年 3 月 1 日）

Intelligence Note - 163

秘 密

托马斯·修斯（Thomas Hughes）致国务卿

中国确认延续对第三世界的外交政策

（1967 年 3 月 1 日）

中国共产党人最近不遗余力地再次向第三世界保证，"文化大革命"不会改变北京基本的对外政策。相反，它声称这次运动的目的就是要确保中国继续坚持那些形成目前对外政策的原则，如用武力反对殖民主义、帝国主义和修正主义。

北京的声望下降。 要求人们放弃所有"伪善"的清教主义式的强制运动，迫使中国共产党在国外的官员也必须公开斥责他们的苏联同僚，以及对像印度这样的"修正主义的走狗"，连外交公文中的正式礼仪也可以不顾。在与苏联"叛徒"长期不和的过程中，中国的代表最近也激恼了一些友好国家，包括阿尔及利亚和柬埔寨。从中国人对法国外交官不敬，以及因为一件小事而对肯尼亚提出出乎意料的傲慢抗议的事件可以看出，即使不是一种排外政策，也是对实际的或臆想的外国批评的过度敏感。

这种行为以及中国国内的混乱，加上其他国家（如印度尼西亚）以更复杂的理由疏远中国，使北京的国际声望降到最低点。当然，那些早就与中国为敌的国家已经确认了他们的担忧，而许多对北京友好的亚非领导人对中国"文化大革命"给他们与中国、苏联和西方的关系最终可能带来的影响也感到不安。

解释"文化大革命"。 北京显然意识到它的行为所引起的混乱和忧虑，最近几周，它已经采取行动，就"文化大革命"期间对外政策的相关方面进行解释。中国关注到外界"曲解""文化大革命"，这反映在外交部长陈毅 2 月 18 日（尼泊尔国庆日）的讲话中。他指出，中国的敌人"……企图暗中破坏中国与亚非国家的友好关系，疯狂地声称中国已改变了它的对外政策"。陈毅对此予以否认，并宣称中国人民坚定地站在反对帝国主义和殖民主义的立场上。陈毅同时承诺，为了尼泊尔的利益，中国将支持尼泊尔反对大国沙文主义（如印度）的斗争。本月初，陈告诉来访的毛里塔尼亚代表团，"文化大革命"将使中国能够给予世界革命人民更有效的支持。接下来中国与毛里塔尼亚签订的第一份援助协议印证了这一说法。1 月，外交部副部长刘晓也向几内亚来宾解释，中国现在进行的这场运动将使中国给予非洲民族解放运动更多的援助。2月20日，外交部副部长姬鹏飞在接见坦桑尼亚大使时讲了同样的话。

继续援助。除了这些给予政治支持的保证外，北京也从语言和行动上表明，它将一如既往地用经济援助和其他外交手段帮助亚非国家。虽然"文化大革命"造成了混乱，但中国1966年对外援助的款项——即使不是真正的现金支出——实际上相当于1965年的支出（1.17亿美元）。2月15日的《人民日报》用了整版，以《无产阶级国际主义是中国政策的最高指导原则》为大标题，展现中国对外援助所获得的国际赞誉。然而，对中国的援助表示赞扬的国家不过是"进步的"马里和封建的尼泊尔而已。

中立原则得到持续支持。中立国也得到保证，中国力图在国内和共产主义阵营中划清界限的做法，不会在第三世界推行，并导致中立原则被抛弃。陈毅向尼泊尔人和毛里塔尼亚人重申，中国承诺的"和平共处五项原则"是其对亚非国家外交政策的"基础"。在最近的一些场合中，陈也称赞了中立的亚非拉"不结盟国家"，如缅甸。

中国人用不同的语言对不同的人说话，是试图解释"文化大革命"只是国内事务，并不会影响中国的对外政策。尽管如此，他们声称，"文化大革命"具有重大的国际意义，因为它将保证中国不会"改变颜色"。通过在中国培养革命接班人和永恒的战斗精神，"文化大革命"将保证中国不会像修正主义的苏联那样，与帝国主义妥协，而将会继续向亚非国家提供"无私的"经济和政治支持。言下之意，中国人似乎是想说，他们会以比过去更大的决心与苏联和美国作斗争，他们不必指望不结盟的亚非国家改变他们自己的政策。

西半球没有改变。除了古巴外，中国与其他拉美国家没有建立外交关系，并且按照它的思路，这些国家也没有资格作为不结盟国家。因此，中国很有可能认为没有必要向拉美国家保证中国的政策没有改变。然而，中国人显然将可能继续他们混合多样的政策，以扩大贸易范围（特别是与智利、阿根廷和墨西哥），并在当前的沉寂期过后，增加"民间"外交，着重邀请非共产主义者和左翼人士访华。

然而，中国在拉美的潜力仍然是有限的。在亚洲和一定程度上在非洲国家，中国可以对一个国家产生全局性的政治影响，但在拉丁美洲，中国的援助和贸易的潜力急剧受限，由于北京必须依赖于长距离和间接的通讯线路，它很难发展国与国之间的关系。除了古巴外，中国没有在该地区投资，贸易是零散的，并以现金交付为基础，就目前来说，他们扩大政治影响的前景是暗淡的，因此，他们仍然偏重于以抽象的意识形态目标来考虑问题。

然而，到目前为止，"文化大革命"使中国更不可能与苏联妥协，并导致了与古巴卡斯特罗政权的额外的摩擦，这使北京更加疏离拉丁美洲的共产主义运动而陷于孤立。那些支持北京的共产主义者的小派别（主要是玻利维亚、巴西、哥伦比亚、秘鲁、多米尼加共和国和墨西哥）通过暧昧的间接的途径，继续接受中国有限的财政和培训援助，但是，他们没有能力与支持卡斯特罗的势力合作，这使他们软弱无力。

疑惑犹存。尽管中国保证对第三世界的态度将一如既往，但不结盟国家一段时期内对中国的总的态度是不确定的和谨慎的。不能确定中国的内乱将在多大程度上影响它兑现援助承诺的能力，因为这与它承诺的意愿截然不同。但更重要的是，"文化大革命"所揭示的狂热和自以为是，令人怀疑中国援助行动的"无私性"也许大不如前。

DDRS，CK 3100169959 - CK 3100169963

汤婉华译，何慧校

中情局关于毛泽东"老态龙钟"的情报信息电报

（1967 年 3 月 2 日）

TDCS314/02883－67

阿尔巴尼亚驻中国大使关于毛泽东老态龙钟的报告①

（1967 年 3 月 2 日）

1. 1、2 月初……②，据说毛泽东渐老并很虚弱。……③在 2 月 3 日的一次会见中见到毛和他的妻子，那时毛已不能连贯地说话，并经常在说完一句话之前已找不到思路。

2. 送达：太平洋总司令、太平洋舰队、太平洋空军部队、国防部高级研究计划署、国务院、美国驻日空军、第五空军。

CIA Research Reports，China，1946－1976，Washington，D. C.：University Publications of America，1982，Reel－3－0564

何慧译、校

---

① 文件来源未解密。——译注
② 原文此处约一行未解密。——译注
③ 原文此处约一字未解密。——译注

中情局关于"文革"对中国
经济影响的情报备忘录

（1967年3月）

RRIM67-18,SC 04447/67

绝 密

"文化大革命"对共产党中国经济的影响

（1967年3月）

序　言

本备忘录是对所谓的"文化大革命"对共产党中国经济活动的影响进行系列评估中的第二份报告。第一份备忘录是1967年2月提出的题为"关于'文化大革命'对中国经济的影响"的RRIM 67-10备忘录。做出这样的评估仍有困难，因为尽管有大量的信息来源，但这些可用的信息是零碎的，难以审视经济形势的全貌。

本备忘录包括概述及之后对近期整体发展的描述，剩余的部分是关于中国经济的具体方面，如工业、农业。

概　述

（1967年）2、3月份，北京已经在减缓"文化大革命"的猛烈势头而努力恢复中国的经济秩序。政府正逐步修补较早时可能对经济造成严重混乱的过度行为。不过，工人和农民都还没有对现在已经声名扫地的中国共产党组织扭转形势做出满意的回应。因此，毛泽东越来越依赖人民解放军作为重新调整和加强经济指令的主要工具。

现在可以部分地证实2月份报告所说。军队在控制食品分配中起着重要作用。2月下旬，负责组织春耕的工作也交给了解放军。而且，3月18日，军队受命"支持"工业生产，一些军事人员被派到工厂，帮助管理生产。在国家和党的新型权力机关——3月19日开始出现的临时革命委员会——中军队也起着重要作用。这说明当地方行政机关无法组织和管理生产时，军事当局将取而代之。军队本身以及得到军队支持的新机构，可能将对生产中出现的混乱和干扰起阻遏的作用。这样的行政机关能否让工人、农民使生产稳步增长仍大可怀疑。

"文化大革命"在工业方面引起的问题正在减弱，主要是由于使用军队恢复对生产的有力管理。仍然无法从数量上测算出过去六个月中遭受的生产损失。然而，也不知道工业方面正在发生的事情会不会促使短期内发生经济危机。

大量呼吁立即抓紧进行春季田间管理预示着今年春夏的农作物生产可能会因"文化大革命"的活动而受到负面影响。同时，政府使用军队来解决这些问题，试图向农民保证近期不会发生重大的政策变化。3月份，有两个省的当局重申自留地制度不会变，依靠私人副业养猪的政策也不会变，在这种情况下，专门加强努力可能弥补即将开始的、受到耽误的农作物备耕工作。

政府已经成功地克服了去年12月和今年1月份产生的影响交通运输的个别混乱情况，过去几个月中，中国的报纸只报道出来极少数货物积压的情况。而且，"文化大革命"显然没有影响通过中国的铁路向北越运送货物。迄今为止，"文化大革命"对中国共产党的对外贸易的影响看起来微乎其微，而北京目前正在努力争取发展与西欧和日本的贸易。但中国没有兴趣扩大与苏联的贸易，双方在贸易协定方面仍有争议。

政府也调整了其教育政策，3月份，中小学重新开学了，但大专院校仍未复课，1966年的毕业生也还没有分配工作。经过训练的人力资源的破碎已经造成了损失，这是政府无法承受的。

一、整体发展状况

2、3月份，北京已经在减缓"文化大革命"的猛烈势头，而努力恢复中国的经济秩序。政府正逐步修补今年较早时可能对经济造成严重混乱的过度行为。目前政府恢复经济秩序的主要障碍是中国共产党组织的虚弱状况。这种虚弱状况也可能损害将来增加生产的努力。

过去几个月中发生的对党组织的攻击以及对数以千计的各级政府部门领导干部的羞辱，已经削弱了大批干部的权威。政府坚持"大多数党的干部是好的和较好的"，但显然工人和农民对于通过党组织的渠道扭转形势尚未做出满意的回应。因此，毛泽东和他周围的其他领导人，越来越依赖人民解放军作为管理经济的工具。

尽管军队的宣传队现正积极地规劝城乡劳动者做更多努力，但此时军队的主要作用还是作为政府维持和加强秩序的主要工具。现在可以部分地证实2月初报告中所说的，军队控制了食品和其他消费品的分配。……①2月23日，中央委员会要求军队组织农业春耕；3月初，有报道说军队参与到农业生产的组织和监管工作中。3月18日，中央委员会命令军队"支持"工业生产，军事人员即刻被派到一些工厂去亲自组织生产，或者为地方管理者的权威撑腰。

---

① 原文此处约两行未解密。——译注

军队可能会在未来的一段时期内是中国的主要管理部门。政府已经通知,到 4 月份,新的党和国家的"临时"机构将要建立起来。这些新的"三结合"班子将由三类人组成:一是革命的造反派——工厂和农村的劳动者活动家;二是在"文化大革命"期间未被打倒的党的干部;三是当地驻军的代表。[①] 3 月 19 日成立的山西省"临时革命委员会"就是这类新机构中的第一个典型。尽管是由前省委书记担任革委会的主任,但一位山西军分区的军官主持了革委会的会议并担任副主任。在那些无力组织和管理生产的地方,军事当局显然取代了地方当局。

从近期的表现来看,军队及军队支持的新机构几乎可以肯定将能够对生产中出现的混乱和干扰起阻遏的作用。这种管理机构能否得到工人、农民的积极反应而促进生产稳步增长还有待观察。由于政府一直以来采取的将物质刺激减到最低程度的政策没有改变,这一政策还是会遭到强烈反对。

目前的领导层还没有明确承认"文化大革命"和经济发展的目标不能协调一致,几乎可以肯定,毛泽东不准备放弃使国家"革命化"的目标。尽管如此,还是有迹象显示,减缓的趋势至少暂时会持续下去。3 月 23 日,中央委员会颁布了一道法令,排除了红卫兵再次进行大串联的可能性。1～2 月间,有不少消息显示,红卫兵将在 4 月份再次外出"交流革命经验"。

二、工 业

"文化大革命"引起的工业方面的问题正在减弱,主要在于使用了军队恢复对生产的有力管理。仍然无法从数量上测算出过去六个月中遭受的生产损失。然而,也不知道工业方面正在发生的事情会不会促使短期内发生经济危机。日常生活所需物品的供应似乎是足够的,尽管工厂所需的原材料供应有时会中断,但没有哪个主要的工业设施会完全停止一段较长时间。

中国共产党方面的消息暗示,只有一个重要的工业生产最近几周有损失。3 月 10 日、11 日,太原电台播出了一则由革命造反派发出的呼吁,要求完成山西省的煤炭生产计划。据报道,军队已经进驻大同煤矿,帮助工人对付"搞破坏的人"以及解决管理方面的问题。这一报道未经证实。大同煤矿所生产的煤,在 1960 年煤矿 3.3 亿吨煤的产量中占 3% 多一些。

大多数中国共产党关于工业的讨论都涉及管理的问题。1～2 月间,由于日常管理的干部被没有管理经验的造反派组织搞得靠边站,很多工厂无法进行管理。来自汕头的报告讲到中国专业的工厂管理者的效率被破坏的程度就是一个非常典型的例子。这个报告注意到,管理人员害怕厂里那些年轻的造反派,当 1 月份工人们提出要得到经费进行去北京进行"革命"串联时,管理人员很快答应,以便避免被说成是"阻挠革命"。由于工人数量减少,结

---

① 在 1967 年上海"一月革命"后,全国各地相继"夺权",并成立革命委员会,按照毛泽东的指示,革命委员会由三部分人组成:革命干部代表、革命群众代表和军队代表。——译注

果生产下降,而管理人员却被公开指责为"破坏生产"。之后,很多这样的管理人员被新的"革命的"管理层取代。北京对这些革命"夺权"反应不一。一方面,报纸注意到,一些新的管理者很快做出许多与过去的管理人员采取的、受过批判的、同样有"资产阶级倾向"的事情——如争地位和强调利益;另一方面,政府也对某些夺权者的事例给予肯定。如2月份的报纸报道说,某些新的管理者夺权之后完成和超额完成了生产计划。然而,3月中旬,政府使用军队去管理工业的做法表明所报道的新的革命派管理者所取得的成绩是值得怀疑的。

三、农　　业

由"文化大革命"而引起的农业管理方面的问题,也是政府的主要关切。城市干部与农民之间彼此不信任看起来在过去半年中发生的对中国共产党的组织机构的攻击中加深了。2月下旬,一份来自湖北省的报告包含了一些关于干部对工作的态度的有趣的事例:"不幸成为一个干部……一个冒犯了群众的干部的话,运动来了之后,就会再次挨整。"这样的态度可能会使春季备耕延迟,而迫使政府用军队去填补空缺。

2月份,政府突然提出要掀起春季农田建设高潮。要求分配种子、化肥、农具;要收集和使用肥料;并按时完成1967年的生产计划。这一紧急呼吁说明这些活动已经延迟到了影响今年春夏的农作物生产的程度。2月23日,中央委员会号召军队组织春季生产,军代表开始承担起通常由党的干部承担的执行和管理的工作。没有足够的军代表被派到每一个生产大队和小队里担任领导,而按照官方对于军队的新作用的讨论,军队的作用主要是在县及县级以上。尽管如此,生产队的领导是毫无效率的,军队人员正在取代他们的作用。

2月下旬和3月份,政府号召保持农业现状,再次向农民保证,眼下不会再采取激进措施。领导层重申,禁止造反派于春耕季节在生产大队和小队层次"夺权"。最近,周恩来于3月19日再次强调这一点,他补充说,这样的夺权绝不能发生,"即使在那些已经被夺了权的生产大队和小队里"。3月2日,江西省当局特别支持保持自留地的做法,而3月13日,广东省当局公开重申主要依靠私人养猪的政策。这些关于自留地和私人养家畜的政策,还没有在国家的层次上重申,例如没有在领导人的讲话或《人民日报》社论中出现。既然领导层仍然强调"精神鼓励"而不是物质刺激,这些情况也不大会出现。尽管如此,农民无疑将继续得到地方当局的保证,私人活动将不会减少。

考虑到"文化大革命"目前正在减弱,对春季农田生产不至于受到严重干扰来说是一个好机会。集中进行春季农业生产,能够弥补过去对于来年农作物生产准备的延误。

去年秋冬,中国北方和东部的部分地区遭受到干旱,也引起了官方对今年冬小麦收成的关注。冬小麦和大米早收的成功取决于春雨及时到达和"文化大革命"继续受到限制。

四、交 通 运 输

政府已经成功地克服了去年12月和今年1月份产生的影响交通运输的个别混乱情况,

关于交通运输系统不正常运转的问题,最近中国共产党的报纸的报道看起来其目的是要攻击那些"走资本主义道路"的党的官员,而不是讨论严重的经济问题。报道引述了新的"三结合"经济管理系统——指军代表、革命干部和革命工人的联合——的作用,即解决了2月底3月初发生的交通停顿。据说发生问题的主要是山西省的煤炭运输,青岛和上海港口的货物积压,以及京广铁路线的武汉段受阻。对于武汉的问题,3月11日的报纸说,自3月5日起京广线"已全线畅顺"。没有其他情报来源证实这些问题以及干扰的程度是否是轻微的。

3月的第一周,沿岸和岛屿水路的乘客有增加,上海至青岛,上海至大连以及长江上游出现乘客积压。这些问题并不严重,这段时间,至少有一艘货船停止载客而重新进行货物运输。……①

对于1月底和3月初有报纸……②报道军队"控制"了民用航空和海上运输的实情尚未能证实。军方可能名义上已经在这些部门出现,并准备一旦这些运输部门的管理发生严重问题时予以干预。

"文化大革命"显然没有影响到通过中国的铁路线向北越运送物资。在3月份的头两周,苏联的石化溶剂、捷克斯洛伐克的小口径步枪和弹药,以及罗马尼亚的石油和钢铁产品,都通过这些线路转运到了北越。

五、对 外 贸 易

迄今为止,"文化大革命"对中国共产党的对外贸易的影响微乎其微,而北京目前正在努力争取发展与西欧和日本的贸易。1967年第一季度发生的中国各港口船舶装卸受到的零星干扰,看起来已经引起运输货物进出港的铁路机车的临时短缺。在港口或政府外贸机关进行的与"文化大革命"相关的各种活动看起来并不是造成这些延误的主要因素。

最近几周,中国正试图扩大与自由世界的商业合同。3月初,中国要求与西欧共同市场就价值1.5亿美元的钢铁厂项目重开会谈,这一项目的谈判显然在1966年7月被搁置。政府再次强调对外贸易的公平性。3月1日,在北京开幕的丹麦展览会,吸引了中国外贸部门的高官和众多民众。中国人正预言,春季广交会将是历年来最大规模的。而且,政府已经同意日本科学仪器展览于6月初在天津开幕。

但是,中国人没有兴趣扩大与苏联的贸易。据说北京仍推迟1967年的贸易谈判,苏联也不指望今年的贸易水平与1966年相比有什么变化——可能会低于1965年4.15亿美元的水平。双方继续拒绝接受对方的船载货物,或者只是很勉强地接受。双方都经常抱怨货物到错了边境站点或规格很低。

---

① 原文本段两处未解密。——译注
② 原文此处约五词未解密。——译注

六、教　育

　　3月份，政府对教育采取了政策调整。3月的第一周，自1966年6月起停课后的中小学已经复课。最初的报告指出，由于对复课准备不足，教师和学生陆续到校后，除了着重学习毛泽东的著作外，看起来没有可开的课程。……①中小学复课，可能是政府为了使红卫兵不再上街而被迫采取的措施。

　　大专院校仍未复课，1966年的毕业生也还没有如正常的毕业生那样进行工作分配。大多数专门的煤田、化学纤维、冶金和农业技术类院校，仍陷于"闹革命"而不是正规训练。中国高等教育系统出现的空白已经存在了几乎一整年了。政府将无法承受经过训练的人力资源——中国最稀缺的资源之一——的破碎，还有教授和教师在精神上和地位上受到的伤害。"文化大革命"的这些结果可能要在今后几年里才会感觉得到。

　　DDRS，CK 3100123925 - CK 3100123937

何慧译、校

---

① 　原文此处约一行未解密。——译注

中情局关于"文革"动乱及
政治斗争的情报备忘录

(1967 年 4 月 25 日)

SC 01390/67

绝　密

北京、军队与省会当局

(1967 年 4 月 25 日)

概　　述

我们尚不清楚"文革"的起因,而有关那些随之而来的混乱进程的情报可以让我们作出各种解说。中国动乱持续一年多及使国家在 1967 年 1 月陷入无政府边缘状态的麻烦,似乎源于 1965 年秋的政策分歧。毛计划重新点燃人民的革命热情并"锻造"下一代从而保证中国不会倒退至修正主义,这恐怕是个重要的问题——可能在 1965 年 9 月和 10 月于北京召开的高层会议上提出了该问题。

由这个基本问题引发的冲突或许与 1965～1966 年冬天党内领导层的斗争纠缠在一起。有理由相信,毛 11 月退居幕后以后已经得了重病。几乎可以肯定,这在势均力敌的北京高层官员中引起了准备取代毛的部署。当毛在初春时节又发挥积极作用的时候,这给党的几个主要领导人带来了灾难,因为他们反对毛的野心和阴谋已经昭然若揭。这次清洗——七年来首次影响到政治局人物——加深了毛对其他所有领导人的怀疑,并为 1966 年 8 月初召开的十一中全会做了准备。有证据表明,这次全会就是毛与听命于刘少奇、邓小平并执行旧路线的党组织摊牌的现场。得到林彪和周恩来总理的支持,毛在北京赢得了胜利。但是这次胜利并不稳固,因为这些新的高层领导人——基本上是一个不牢固的集团——要面对来自各省的握有实权的领导人日益增强的抵抗。这些省级领导人中的大部分人都是刘和邓的麾下,他们自知大难临头。

打倒部分省一级党的领导人的行动立即展开,但直到 12 月才形成强大攻势。在那之前的反对派事实上包括各大区①党组及各省委所有的第一书记和 13 个军区中半数的司令员,

---

①　大区是建国初期实行的行政区划建制,先后设立了东北、华北、西北、华东、中南和西南六大行政区。大区是省级以上的行政区划单位。下文中所说的区均是指这种划分的地区。——译注

他们和众多仍在北京行使职权的主要的党和军队领导人结盟,因此形成了一个具有潜在威慑力的集团。他们各自为保住职位而战,并卓有成效,直到1月份最后一个星期支持北京的军队介入冲突为止。

我们尚不清楚中央领导人基于什么得到军队的积极支持。看来可能是12月份一些高级军官在这个问题上反对毛和林彪——前元帅贺龙和19位其他主要军队领导人很快被指控谋划"政变"并在新年后立即受到清洗。

有理由相信,直到1月中旬,一些主要的陆军司令员仍然摇摆不定,一部分人是因为对北京的形势感到迷惑,另一部分人是因为对"文革"路线持保留意见。但是1967年1月底至2月初,当"文革"形势受到控制以后,军队就坚定地站到认定的路线上了。根据已有的资料还不能断定其切实的因果联系,但是事件的顺序表明,当北京决定制止"造反"活动时,军队领导人的态度可能是一个因素——或许还是主要的因素。

看来军事集团本质上可能是一个保守的政治组织,正因如此,他们会支持稳定和团结。我们无从知晓如果"文革"在1967年1月底仍未受到控制的话,那么多个司令员是否会不服从北京,但我们对这一点始终存疑,并将会为赞成是其策略改变的论点提出有力证据。

当看起来北京把恢复秩序放在优先位置,采取措施消除了军队对在军内进行"文革"的顾虑之后,军队就果断行动了。这反映出在一定程度上中国已经成为一个拥有一支由民族爱国主义推动的军队的现代国家。

虽有迹象显示一些军事领导人不确定将支持北京的哪一位领导人,且一部分人在一段时间里可能把地方政治当局作为后盾以保住自身地位,但是没有证据显示在整个军队中或者说全体官兵中有人对国家的忠诚在减弱,或者说也没有证据显示有支持进行领导人更替运动的广泛情绪。

一旦军队发挥了积极作用,各省的抵抗势力便瓦解了,而2月份有迹象表明已经在对"文革"踩刹车。但是3月初,攻击党政官员的"造反"革命活动却有所抬头。这些活动明显是由毛指使的,他想扭转"文革"中抑制暴力和混乱的趋势。发动于3月底的新一轮针对刘少奇和邓小平的运动明显是在为正式开除他们两人做准备。

我们没有预见到形势最新发展的结果,只是在总体上预测到了数月前,当现今的领导人致力于在旧的党政机关的废墟上重建新的管理机制时的"曲折"会引起持续的混乱的局面。然而,12月至1月危机期间的斗争进程以及中央最终赢了外围权力人物,表明从长远看是为了有一个用强烈的国家主义原则治理的统一的中国。

北京向各地区、各省的党员施压

1. 在1966年8月全会后,随即建立了作为支持毛和林彪的群众运动的政治武器的红卫兵组织,之后不久,对各地区、各省当权人物的攻击开始了。9～10月期间,红卫兵积极分子的队伍在全中国铺开,把"文革"扩散开来,并以秩序混乱的游行及聚众暴力的形式开展了对地方当局进行"炮打司令部"的乱糟糟的运动。

2. 这段时间,6个地区党委中的2个及超过12个省的党委经受了不同程度的压力。首都以外的政治和政府机关运用多种策略进行抵抗,例如,他们表面上欢迎红卫兵队伍,假装与之合作,而实际上却试图阻遏。当地的"保皇派"经常被组织起来与北京来的人干仗。地方当局也用保安部队去引导红卫兵的暴力,并在必要时镇压那些攻击当地领导机关的暴徒。

3. 11月,北京加紧施压。红卫兵组织得以完善,并更小心地把攻击的矛头对准了各省级机关。可是,直到12月初,被开除的省级领导人只有河北省委第一书记——他在8月时已经有麻烦——和陕西省及黑龙江省的第二书记。在北京,刘少奇和邓小平继续与毛出现在红卫兵的集会上,尽管他们之前已被剥夺了重要的政治权力。

4. 12月,中央一级的斗争进行得如火如荼。红卫兵把已经下台的原党的领导人彭真"揪出"并对其体罚。一场由毛夫人和其他领导人支持的、反对刘少奇和邓小平的全面斗争发动起来了。对刘邓二人的指控都是叛国罪,看起来针对他们的正式日程已经准备好了。事实上,新一轮的斗争等于向地方掌权人发出威胁性的战书。北京与地方之间协商解决问题的选择是有的,尽管这一点不诱人,因为中央提出的条件接近令他们无条件投降。

5. 所作出的新的努力似乎有可能在本月中旬的某个时候使各方达成妥协。有报道说,西南局第一书记李井泉,西北局第一书记刘澜涛和东北局第一书记宋任穷此时由陶铸——原中南局第一书记、当时仍是中央的第四号人物——引见来到北京,与林彪会谈。当他们不愿意承诺拥护林时,据说林想要逮捕他们,但被陶铸挫败。他安排三人于12月29日迅速离开了首都,之后,他自己也跑回了南方那个他过去掌权的老地方。

6. 该报告的出处令人生疑,且可能是虚构的文件。但是,它所讲的事情却是与在12月底放松了针对各省当权派的全面"文革"的行动是一致的。那时,《人民日报》的社论就号召红卫兵先上"工矿",再下农村。

抵 抗 派

7. 由此受到威胁而竭力要在各省做最后抵抗的那些人是地方上紧密团结的一帮人,他们彼此联系不多,却有着共同的政治命运。大多数受到攻击的官员的官职是得益于刘少奇和在十一中全会上已被撤职的邓小平。多年来,刘和邓已建立了在北京和各省的党组织机构,他们的落马致使一大批主要官员的地位岌岌可危。

8. 此外,竭力争取不被打倒的各地区、各省的官员显示出这些在远离权力中心的地区共同工作过的人们形成了相互忠诚。地方党政机关的日常运作几乎不可避免地会导致助长惯于彼此打交道和处理地方事务的、更多考虑自己利益的"当权派"。

9. 而且似乎有可能,多年来这些人已经逐渐地疏远中央的权威人士,即那些为达到目的不断施压的源头和那些不断让地方官员为北京所犯错误背黑锅的人。这些人得到了相当程度的民众支持，主要来自基于仍然存在的地理、经济、族群、语言及文化上的差异造成的多样性和地方主义。

各 省 还 击

10. 首都以外的地方当局用被中央当局一言以蔽之谴责为"经济主义"的政治武器对北京的进攻予以还击。这是诉诸狭隘的私利以期制造瘫痪性的混乱，同时通过向人们提供他们所需要的东西以赢得他们的支持。北京事实上发出过指示，授权地方当局采取某些行动。可是后来中央却指责地方当局用增加工资和分掉公共财物来"买通"工人，鼓励他们罢工及到首都诉苦。地方当局使用的其他招数还包括骗术——建立假的"造反派"组织及进行假"夺权"——和一种政治柔道，即对中央要求将工人置于要害位置的指令过度言听计从。这些管理或掌管机器的人们丢下工作而使重要设施运行失灵或完全关闭来遵从指示。

11. 所有这一切意味着一种消极抵抗，它造成中国许多地方都出现了濒临无序的状况。北京的宣传断言，"修正主义者"阴谋夺权正是这些麻烦的根源。但没证据显示反对势力从来就不是松散的联盟，或者说，各地区及省级的领导人不是为了保住他们的位置而制造出僵局。大多数省和地方的掌权者能够支撑到1月中旬以后，而如果军队已经答应站在中央政权一方，这种形势是不会存在的。同样清楚的是，如果人民解放军坚定地支持省和地方政权，来自中国各地的非法武装的肇事者就决不能够羞辱地方官员及干扰党政机关的运作。

军队袖手旁观

12. 北京于1月23日发布的命令人民解放军须积极支持毛派革命者的指示暗示，直到这时军队才被指使明确地介入这场斗争。北京没能在8～12月间使用军队对付各省的抵抗，可能是源于毛和林彪认定形势并没严重到要采取激烈行动的地步，或者还不到要使"文革"胜利结束的时候。在这段时间的早些时候，这种解释看起来还言之有理，但12月中旬以后，就难以自圆其说了。到本月末，首都以外的形势变得日益糟糕，到年初之际，已经成为自1949年以来政府遭到的最严重的国内安全危机。如果他们真是对人民解放军有把握的话，很难相信毛和林允许华东地区在12月底到1月中旬出现那样大规模的混乱持续不断的情况——特别是切断了重要的京沪铁路。

13. 没有迹象表明军队已不再是像过去一样并发挥作用的组织。已有证据显示，军队的指挥系统完好无损,人民解放军继续进行着正常的训练和军事行动任务。

14. ……① 1966 年 10 月下旬,驻北越的两个师左右人数的支援部队进行正常的轮换。11 月,海军部队在渤海湾进行了巡逻舰的演习。12 月下旬,一个师规模的工程兵部队进入越南。1 月份,两个防空兵炮兵师从中国开赴越南,这些部队中的一支部队来自满洲,他们从北到南跨越中国用了大约 30 天——这样的调动过去也要用这么多时间。发生了两次核试验,一次是在 10 月份,另一次是在 12 月份。并且 12 月在中国西部可能发射了两枚导弹。……②

15. 开始于 1 月初的毛派对主要的军队人物的攻击显示出军队并没有被用上,因为有一些主要的军事领导人反对用军事手段推翻那些与他们有瓜葛的外地的政治领导人,从而实现毛的激进计划希望达到的最后胜利。他们可能已当面要求毛通过缓和革命的进程及与对手达成妥协而解决危机。这件事发生于何时我们不得而知,但如果已经摊牌了,最可能是发生在年终之前不久。

贺龙的“阴谋”

16. 当刘志坚于 1 月 8 日遭到猛烈抨击时,对军队领导人的严厉批评就真的开始了。自 1958 年就担任人民解放军总政治部副主任的刘,是 1966 年后期成立的负责军队中的清洗任务的军队“文革”小组的头头。军队“文革”小组于 1 月 11 日重组,毛夫人被提名为它的“顾问”。

17. 《解放军报》1 月 12 日发表社论,声称新组成的军队“文革”小组将向军队内部走“资本主义道路”的“一小撮”当权派“猛烈开火”。这份军队报刊还重申了《人民日报》、《红旗》杂志于 1 月 11 日的断言,即由于最近发生的事情,“文革”已被“推向”了新的阶段,并提醒读者说军队是“无产阶级专政的支柱”——如作为控制国内形势的主要工具。按大字报的说法,林彪早些天也对“文革”小组讲了话,宣称国家已经处于“内战的状态”。

18. 军队的清洗机器重组多天后做出的指控,揭示出了军队领导层中反对派的范围和性质。1 月 15 日贴出的大字报指控一些重要的党和军队领导人已被牵连进了贺龙 1966 年 2 月策划的政变阴谋之中。贺在 1965 年取消军衔之前是元帅并且是中央军委委员。据说他是包括了总参谋部、海军、空军、北京军区和成都军区的“众多”军事领导人的小集团的头目,其中 19 人最终被点名批判。

19. 指责军中已出现某些阴谋的说法是可信的,而认为成都军区——西南局书记李井泉的根据地——的官员和地处要冲的北京军区受到牵连的说法说得过去。但指控的细节,特别是所举出的日期不大可能精确。这些指控可能最好看作是象征性的,它暴露了反对派,

---

① 原文此处约一行未解密。——译注
② 原文此处约两行未解密。——译注

却掩盖了真相。因此，看起来这些罪行实际上并不是"宫廷政变"，而对他们的指控可能已经生效了——也许是为了掩盖这样的事实，即毛派力量现正面临军队领导人的强烈反对，他们反对使用军队作为毛争取在各省赢得迅速的政治胜利的铁腕手段。

20. 陶铸12月29日最后一次露面后不久就受到大字报的攻击，他的下台再次反映出12月份的斗争已达到相当的程度。12月中旬前后，陶看起来已确实是8月后统治集团的第四号人物。当他调往中央后，陶保留了在他长期担任该局第一书记的中南局的权力基础。随后，他企图通过获取华东地区党的领导人的支持以扩大其权力基础。但华东局在接近两年的时间里都没有任命首脑，而可能是邓小平在下台前掌管着该局。11月下旬，大字报指控陶铸庇护多个省党委书记，包括李葆华——担任华东局第三书记和安徽省党委书记。陶因此有意阻挠削减北京以外权力中心的行动。12月底，他突然地、出人意料地被批判可能表明当问题发展到顶点时，他不顾一切地与军队和党内的反对派走到一起。

军队对清洗的反应

21. 打倒贺龙及其追随者显然并不标志着与军队当权派有关的事件已结束，即使刚刚建立起来的军队内的清洗机器也不被它的建立者认定是可靠的。在该机构重组的几天后，其两个成员——《解放军报》的两位编辑——就被撤掉了。军队清洗机构的行动以及对军队主要人物的攻击非但没有激发起新的"革命"热情，反而可能在事实上使军队的高级指挥官们——军队的将领和军区的高级官员——对其将来的地位更加担心而趋向犹豫观望。

22. 这些人中有不少与已受到攻击的军队领导人过去曾有过这样那样的牵扯，而即使是那些与已经显现出来的有潜在危险的事件没有关联的人，也一定会担心将来"革命"扩大可能会对他们秋后算账。在1月中旬以前，几乎各个省的地方政治领导人都已经成功地顶住了压力，并且几乎各个军区的指挥官都预见了他们可能会为毛派随后的胜利担起责任，尽管他们所做的一切都是基于其上级的旨意。

23. 可以想到，这种担忧强化了可能在将校级军官中已普遍存在对"文革"不屑一顾的情绪。我们没有确凿证据去证明人民解放军官兵们……的内心状态，但军队当权派倾向保守，且我们似乎可以推测，构成军队骨干的职业军人已经目睹了过火的革命造成的混乱，而易于接受使之停止的建议。

人民解放军面临抉择

24. 1月的第三个星期左右，军队遇到了最棘手的问题。1月23日发出的指示要求军队在支持亲毛势力上发挥积极作用。早前（军队）在斗争中"置于事外"的行为受到了指责，所有造成这种结果的命令都被撤销。前天,《人民日报》的一篇重要社论就把这一指示的要点直接点明了。它承认,毛最近遭受了一场"严重挫折",并沮丧地谈及加强暴力的可能性和在取得胜利之前的"曲折起伏"。其语气激烈,几乎是歇斯底里的,它为毛派的成功献出的对策就是:"夺权! 权力!! 更多的权力!!!"社论直截了当地宣称:"无权者一文不值。在所有要事中,拥有权力是重中之重!"

25. 在发出指示后不久,北京的广播电台就断定大批军队正被用于制服毛在各省的对手。但是,毛派声称已成功夺权却显示出事实上广泛的抵抗仍然持续着,而且军队并不能整齐划一执行新的指示。某些地区对新指示反应迅速,但在其他地区,抵抗行动和混乱持续了数周,这些都表明,军队——形势的关键——还在拖三阻四。

26. 作为抵抗运动非常激烈的西北局的党的首脑,刘澜涛据说在1月23日前后被西安的红卫兵"揪出来了",与他一齐被抓的还有17位同僚。有关这一事件的照片出现在2月8日北京的大字报中。西南局——另外一个抵制的温床——第一书记李井泉大约也在此时于成都被耻辱地游街示众。

27. 然而,2月初仍有报道说中国许多地方麻烦不断,特别是西藏和四川,那里的红卫兵抱怨——因为他们已干了数月——他们正受到军队镇压。

28. 这种差异难以令人满意地解释为是基于军队无力立即将中央的意愿强加给各省的领导人,或者军方没有得到明确的指示。因此,看起来军队表现欠佳反映出某些地区的重要指挥员是有意而为之。在正常情况下,对这种情况的处理是立即解职以及进行军法审判——有必要的话,从其他地区调来军队来完成任务。

29. 北京看起来已更改了命令,让"文革"降温以便使军队接受——这些保证能赢得军队的积极支持。西藏、内蒙古、新疆的一些指挥人员有了各自特别的安排——类似于20世纪30年代和军阀达成的妥协——但是整体上看起来军队的支持更像是努力达成了政治上的一致。

协 议 的 基 础

30. 这份协议的基础并没有得到详细说明,但是1月22～23日,周恩来在一次讲话中已经指出当中的要点。在那次讲话中,周呼吁在"文革"中采取更为审慎的步伐,要求结束红卫兵四处游荡、捣乱的活动,并采取一些步骤将对经济和管理机关的破坏减到最小——总之就是呼吁恢复常态。

31. ……①与1月22日《人民日报》刊登的暴力"夺权"社论和1月23日要求军队在"文革"中站在毛派"造反派"一边进行斗争的指示形成鲜明对比。他确实号召要组成如《人民日

---

① 原文此处约一行未解密。——译注

报》提出的"大联合",但他说必须"有计划"地行动。他声称,一个组织的夺权必须由该组织内部的"革命者"来进行,外来的主要力量只能作为"助手"。周特别把军队各单位和"那些正在进行战备的部门"联系起来,指出"如果夺权的问题产生了,它只能在内部进行,并且要与中央委员会指示的精神相一致"。

32. 周谈的第三个要点是在已经夺权的组织里的人——可能是指管理人员和技术员——一定要在革命者担任"监督员"的情况下继续从事他们的工作。周号召红卫兵返家并与"广大的人民群众一起"夺权。至于军队的作用,周声称,人民解放军会"绝对地支持与帮助"革命派,并"站在他们一边,一起共同战斗"。北京电台播出的《解放军报》1月25日的社论,强调军队须依靠政治信念而非武力来支持"革命造反派"。

33. 1月27日向军队发出的一条新指示为放慢"文革"节奏的说法提供了佐证。根据在北京看到的大字报,毛那天已命令所有的军区警惕"帝国主义和修正主义势力"。他还特别提到新疆和中国太平洋沿岸的军区。人们引用毛的话说,鉴于当前的军事形势,"'文革'时间表可能有一点延迟"。这一指示是以叶剑英的名义替中央军委发出的——这一机构自1960年起就已由林彪"负责"。

34. 1月28日,中央军事委员会发出了另一条关于在军队内开展"文革"的指示。据说在命令中提出不能逮捕和体罚士兵,"特别是指挥员",即使他们有可能被"嘲弄"。允许批判个人,但禁止"批评指挥部门"本身。暗示大多数高级官员不致受到影响可能反映出已成功地再次向人民解放军领导人作出了保证,这就增加了北京当局背后军队的分量。

军 队 插 手

35. 由于军队不再袖手旁观,各省的抵抗行动在1月份的最后一周开始瓦解。1月27日,安徽省省会的一则广播节目宣布,免除省委第一书记李葆华和另外四个地方党政人物的职务。李同时是无首领的华东局的第三书记,他大概也是陶铸的麾下。

36. 各省出现了以军队、党和"革命"分子三结合为基础的新型政府组织。这样的三结合形式首先于2月1日前后出现在黑龙江省,其次2月11日出现在福建省、第三个据称于2月14日出现在贵州省。有关所有这些新型组织的宣传广播都强调军队在使之建立起来的过程中的关键作用。在黑龙江省三结合班子的就职仪式上,人民解放军代表就是理所当然的发言人。在福建省,福建军区的高级职业军人韩先楚①以及省长兼党委书记魏金水是主要的发言。军人和"革命领导干部"——北京开始用来描述可接受的各省党的领导人的说法——发挥了主导作用,而"革命分子"则处于从属地位。

---

① 韩先楚,建国后历任第十三兵团副司令员、中国人民志愿军副司令员、志愿军第十九兵团司令员、中国人民解放军中南军区参谋长、中国人民解放军副总参谋长兼福州军区司令员、中共福建省委第一书记、中共中央军委常委等职。——译注

37. 大约在这时发出的命令似乎都是旨在制止军队参与"文革"风潮。2月8日所见到的一些权威的大字报报道了林彪的一道命令,即参与"交流革命经验"的士兵全部都要在2月20日前回到他们的岗位。林宣布将很快取消所有协调地方革命造反活动的"联络处"。① 这些命令得到了聂荣臻、叶剑英和萧华②的支持——这三人都是前几周还不时地受到大字报攻击的高级别军人。

38. ……③

39. 2月14日见于北京的一份大字报叙述了恢复内蒙古秩序的努力。据报道,2月6日,中央军事委员会和国务院联合指示,命令地方的党、军队和当地的"造反"单位停止武斗。大字报说已派出一架飞机到内蒙古首府运送三个方面的代表到北京去解决他们之间的冲突。

40. 军队的行为和他们所起的作用在一些细节上因地方而异。但是,整体局势表明,军队显示出巨大的内聚力并持保守的立场——与"造反"的革命派和制造麻烦的地方当局截然相反。人民解放军总体上表现出的在这场运动减缓及"文革"受到制约之前的收敛已开始得以加强。

与党当局和解

41. 使军队介入斗争的行动伴随着北京同时对党组织采取的政策变动,其标志就是1月30日《红旗》杂志的社论广播说,有经验的干部是"党的财富",并警告不要随意地攻击他们。这与最初将党内的坏分子称作"一小撮"的路线没有什么不同,然而,强调的重点却是与12月和1月初的公告大相径庭。

42. 这一转变也反映在后来几个看到的大字报中。据说周恩来于2月1日会见了23个"革命"派系的代表,并敦促恢复对犯了错误的党的干部允许改正错误的政策,使之不至于将来不再被任用。据说周还警告,错误地对待党的干部,特别是那些基层干部,将使"革命力量"脱离人民。2月9日,拉萨的一则广播援引《红旗》杂志1月31日由北京发表的社论,要求真正的"革命者"相信和任用党的领导人,即使是那些已被认定犯了错误的,只要他们不"反党",就应该相信和任用。那些随意给党的领导人贴上"走资派"标签的人受到了谴责。

43. 2月10日内蒙古省会的广播节目指责极左分子,说他们"热衷内战并支持毫无目的的争斗"。四天后,黑龙江的广播节目也有类似的表态,它批评说在1月31日该省新成立的革命委员会的"革命队伍"中,还有"极少数"拒绝与执行旧路线的党的领导人合作的人。广

① 原文此处约三行未解密。——译注
② 萧华,建国后历任人民解放军空军政治委员、人民解放军总政治部副主任、总干部部长、中共中央军委副秘书长、总政治部主任、中央军委常务委员等职。——译注
③ 原文此处约八行未解密。——译注

播节目直截了当地说持不同意见者就是"反革命"。

44. ……①党中央委员会于 2 月 12 日发出通知,训斥党组织向党员开火仅仅是"满足革命群众的要求"。通知详细规定只能由党处罚党的领导人,并说必须将这一通知下发到城乡所有政府和军事组织中。日本通讯员报道,他们事实上在 2 月 15 日已经看到北京刊登出这样的告示。

45. 各省广播节目很快就在地方层面开始反映出对待党组织的新方式。2 月 15 日,在由毛"造反派"于 1 月 29 日夺了权的山东省的港口城市青岛,广播电台猛烈抨击了那些指责"所有领导干部都犯下了镇压革命的罪行"的人。同一天,黑龙江省哈尔滨的电台也要求"对于领导干部必须给予忏悔的机会",并列出了各类可挽救的干部。

"三结合"的新动力

46. 2 月 17 日的《人民日报》社论和 2 月 18 日的《解放军报》社论均强调早前的通知,赞扬组成由旧路线党干部、军队和"革命"派"三结合"的政策。社论还声称这种形式已经在四个省和两个自治区实现了。显然,这种观念取代了建立新的革命"公社"作为管理机构的想法。2 月初之前,以 1871 年巴黎公社为样板的组织还被奉为招牌,并且在很多城市都大张旗鼓宣布成立"公社"。但是,2 月 19 日,党中央委员会要求省市不能在称谓上使用"公社"这个名称,已建立这类组织的地区要及时建立"革命委员会"。

47. 根据多份大字报的内容,大约在同一时间,北京多个领导人质疑巴黎公社能否为中国提供一个有用的借鉴。而数个月前,很多的讲话和文章都颂扬巴黎公社,并强调巴黎公社对中国情况是适用的。但这种组织的无政府主义的本质显然引起了北京领导人的担心,据大字报说,公安部长谢富治就说过,建立公社可能导致中央控制的削弱。

48. 在大约同一时间发出的多个打算结束混乱局面的指示中,2 月 19 日有关"公社"的指示是其中之一。这些指示要求"革命"力量解散那些没有得到中央委员会认可的组织,停止攻击党的官员,并在夺了权的组织中容纳重要的党的干部。据说周恩来在 2 月 17 日对红卫兵的谈话就反映了这种调子和意图。

49. 根据大字报叙述,周谴责"造反派"未经中央委员会批准而夺取政府部门权力。他特别提到在财政部、外交部和公安部这些组织中夺权是"不被认可的"。周怒批"造反派"在商业部长已得到周特邀处于"休息"之后,还企图逮捕他,声称这一行动就像是下了"反对党中央"的战书。

50. 周再次揭露"革命派"针对资深党政干部的过火行为。他说,让他们戴着尖顶帽游街示众是不能宽恕的,并接着宣称,如此"不文明的"做法,"即使对付彭真"也是没有必要的。

---

① 原文此处约一行未解密。——译注

周点名批评了三个强大而好斗的红卫兵组织,指出了他们贴遍全国的大字报"质量低"。他说,中央委员会完全不同意这些大字报。这番讲话连同周对不负责任指控的批评以及他认为应当"压缩"被批斗党干部名单的说法,意味着北京决定开始解散极端组织。

51. ……①

周恩来的角色

52. 关于周恩来在革命退却期间的行动和作用,还没有充分证据得出确信结论。然而他显然是哪里最忙就出现在哪里,而在 2 月转向更温和的路线,反映出周自去年 8 月起采取了相对保守的立场,这也表明他在中央已赢得主动权。

53. 周显然是那些遭受红卫兵"造反派"攻击的人的辩护者,并一再支持政府机构中作为他的权力基础的一部分的那些官员。他同样支持许多看来有麻烦的军事领导人。周虽然赞同"文革"的主要路线,但是比起林彪、江青、陈伯达②及其他毛派发言人,他的言辞更为温和。他多次强调保持生产的重要性,公开反对"过火行为",以及强调"治病救人"的必要性。

54. 看来,接二连三的事情将周置于重要位置,至少部分是因为其他人没有出面,并且周成功地争取保存了作为第二、三级管理机构的省、地方的权威。他们无疑是被毛派分子看作是沾染了修正主义的危险人物,但他们的技术和经验又使得他们在遏制无政府主义的趋势及处理诸如至关重要的春耕这样的实际问题上不可或缺。

55. 毛和林彪从一开始便已公开表示,要以激进方式以期达到根本上的巨大转变,而他们的表态导致中国政治中最激进分子手中的权力增大。这就使得在转向温和的问题上达成一致意见相当困难。周的意见可能得到了一批重要的军队领导人的支持,而他的劝服努力也可能反而更引起中央几乎一直就存在的对军队能否在任何情况下都忠诚的怀疑。毛似乎是在战术上被迫接受需要趋向温和,但他只能把它当作权宜之计。

继续趋向温和

56. 2 月下旬到 3 月上旬,"文革"形势继续缓和,秩序正在恢复。到 2 月份,大多数地方重新有了政府提供的基本服务,这些服务从上年 12 月起曾遭到严重干扰。红卫兵组织正逐渐受到限制,有的地方还被取缔了。

57. 2 月 22 日,周恩来在首都大专院校红卫兵群众大会上发表讲话,多次举出毛的权威

---

① 原文此处约八行未解密。——译注
② 陈伯达在建国后曾任中共中央宣传部副部长、中国科学院副院长及《红旗》杂志总编辑。"文革"中任"中央文化革命小组"组长、中共中央政治局常委。——译注

性，显然为的是努力地使不同的革命团体组合成一个更易于管理的机构。……①2 月 27 日，山东省省会的一个广播节目报道军队已"取缔"一个革命"造反派"团伙。……②

58. 3 月 6 日，北京广播电台对同意解散山东青岛市全市的"革命派"组织表示附和。3 月 2 日在青岛掌权的革命委员会已指示解散造反司令部，在工作组中组成造反派、军队和党干部的"三结合"。中央在其声明中承认，当工人隶属不同的革命组织时——通常是敌对的——混乱状况就会产生。

59. 使经济重新运转的努力开始奏效了，特别是在至关重要的农业部门。……③

60. ……④向军队下达的一条指示中说，在"干部已无法工作的地方"，军队要建立领导生产和安排耕作的单位。在其他地方，军队应"尽他们的最大能力"帮助劳动者。至少 6 个省的军队发言人按照指示，号令军队参加种植。2 月 27 日，北京广播了一篇《红旗》杂志的文章，勾画出了一幅军队在恢复秩序中的作用的蓝图。文章把无政府主义作为主要的危害——这是对毛派革命者含蓄的批判——还强调了生产的重要性。3 月 1 日广播了《人民日报》的一篇社论，再次强调团结，反对极端主义和无政府主义。

"造反派"恢复袭击

61. 让毛的"文革"戛然而止以及使中国回到某种正常状态的努力并不是没人反对的。……⑤

62. 同样是在 2 月 25 日，有大字报报道，在北京工人体育馆举行的红卫兵、工人、军队 10 万人的集会上，9 名第二层次的官员被示众和谴责。这是自 2 月中旬周恩来宣称毛谴责对敌人的"不文明"行为以来首次发生的干部当众受辱的事例。3 月 9 日，全北京的标语和大字报都谴责政治局农业专家谭震林。⑥

63. 谭是自"文革"在 1 月底开始减弱以来首个遭攻击的党的高级干部。攻击他的大字报的落款人是政府部门的"文革小组"，这表明针对他的斗争得到了高层的准许。谭被指控"欺骗"周恩来并企图消减"文革"对农村的影响。

64. 稳定"文革"问题引发中央重现冲突，其深度和严重性在 3 月 10 日《红旗》杂志的一篇主要社论中反映出来。社论抱怨在全国建立起来的新的革命派的管理机构中，激进的革命派没有发挥足够大的作用。社论警告，其中一些部门已经"和阶级敌人妥协"了，这些部门

---

① 原文此处约两行未解密。——译注
② 原文此处约四行未解密。——译注
③ 原文此处约七行未解密。——译注
④ 原文此处约一行未解密。——译注
⑤ 原文此处约三行未解密。——译注
⑥ 谭震林，建国后历任浙江省委书记、中共中央副秘书长兼中央书记处第一办公室主任、中央书记处书记、中共中央政治局委员、国务院副总理兼任农林办公室主任等职。——译注

允许太多的党干部,包括"一些还没有悔改的人"去帮助他们运作新组织。《红旗》杂志预言这会导致"新的不断反复的战斗,"隐隐约约地预示着可能又会出现对首都以外的残存的党组织发起攻击。

65. 在 3 月 11 日国家农业部举行的批斗会上,谭震林继续受到攻击。据所见的同一天的大字报说,过去高级官员为谭辩护的言论被撤掉了。几个月前,他曾不时地遭受大字报攻击,但在 1 月已受到周恩来和毛夫人的庇护。3 月 14 日,谭再次被游行的红卫兵、工人和军队等 10 万人批斗。批斗活动中,他被牵连到已倒台的党领导人刘少奇和邓小平,而且,示威活动的纪律性表明了活动已得到官方认可。

66. 3 月 15、16 日,又有两个副总理与谭震林一样成为批斗的靶子。这些天,大字报继续攻击财政部长李先念和主管国家计划的李富春①。像谭一样,他们两个都是政治局委员,而李富春同时也是常务委员会委员。他们两人都没有受到像谭那样的猛烈抨击,辩称他们是"毛的好学生"的大字报与那些批判他们的大字报都有出现。

67. 但是,事态的发展真是极其不妙的,可能是在拐弯抹角地攻击周恩来,因为这三个人都是他的亲密同事并在他的指导下工作。3 月 16 日,在北京出现了许多为周讲话的大字报,认为周"遵从毛主席定下的革命路线"——这一天,上海的《文汇报》——去年作为"文革"的先锋报纸——的一篇社论严厉指责那些说红卫兵"做得过火"的人,并坦率地说,红卫兵几乎没什么错误,谁批评红卫兵,谁就是反对"文革"。周可能已成为这篇社论的间接攻击目标,因为他在好几个场合都尖锐训斥红卫兵的过火行为。

68. 3 月 18 日,强大的红卫兵集团在北京贴出大字报,抨击和像新疆这样的战略边疆地区的领导人达成和解的努力。这些大字报贴满了整个城市,谴责新疆军区司令员和党委书记王恩茂,要求免除他的职务。据新疆的广播报道说,作为拥毛革命派的死对头的王,在 3 月 12 日已和毛、林彪会面,这或许是他走向妥协的举动。在广播报道中,王被形容为一个"好干部"。

中央委员会会议

69. 3 月 16 日,北京的大字报引述了激进的红卫兵女领导人、也是毛派重要成员的聂元梓的话,说是毛派集团的中央委员会和军事委员会正举行会议,并充满"战斗"的氛围。据大字报所说,这是自 1 月份的"造反"运动开展以来革命最重要的时期。她说,主要问题是谁掌权。

70. 大字报还引了另一位极为激进的红卫兵领导人蒯大富②的话,他把形势描述为"决

---

① 李富春,建国后历任政务院财政经济委员会副主任、重工业部部长、国家计划委员会主任等职。——译注
② 蒯大富,"文革"开始时为清华大学学生,清华造反派组织"井冈山"的头目,人称蒯司令。——译注

战前的平静"。流传于北京的主要红卫兵报纸声称，一股"反动逆流"正在政府中自上而下地流动——几乎可以肯定是指1月份以来正得到加强的对"文革"进行抑制的趋势。

71. 这些会议大概持续了一周，并且看起来这些会议与处于紧张与不和的早期阶段的1966年10月召开的中央委员会"工作会议"相似。……①手头上没有确切的信息可得出结论。但看来会议风波不断，且达成的决议是临时决定的暂时协议，这反映了北京权力中心不稳定的形势。

72. 据说4月1日左右的某个时间，周恩来告诉一个外国记者说，刘少奇出席了"3月中旬"的中央委员会并"七次被打成少数派"。周谈到他推迟了出国计划是因为"在接下来的两个月内中国将发生重大事件"。

临 时 路 线

73. 3月下旬和4月初的发展表明，在未来的数周内或者在几个月内，将会继续努力维持各省秩序，在破碎政府的残骸上新建管理机构，并进行必要的经济活动。

74. 2月，人民解放军已被安排组织春耕，3月18日他们又被指示支援工业生产。……②黑龙江省的工人听从了军队的指示回到了他们的工作岗位上。第二天，周在北京举行的农民大会上发表讲话，他仍采取一贯的温和路线，强调推进农业工作的重要性。他重申禁令，反对农忙时节在农村夺权。3月22日，周恩来在北京召开的工人和矿工会议上说，工业是经济的"主导因素"，并督促他们要和从事农活的农民竞赛，并要努力赶超他们。这次会议通过了一个决议，呼吁工人坚持8小时工作制，只在"业余时间"参加"文革"。

75. ……③3月19日，中央委员会发出指示，取消红卫兵外出串联的计划并"调整"4月的活动。3月25日，毛夫人和周恩来在北京中学红卫兵的集会上说，从那时起学生应当在校内"闹革命"。新近成立的红卫兵大会发表了一份决议，要求学生"从课堂"关注农村。

76. 3月19日和22日，周恩来担任群众组织大会的主讲人。会上主要议题强调要尽早成立革命委员会管理北京城。新型省政府机构典范——省革命委员会——在一周前已经出现在山西，3月23日在北京公布。该组织已接管并合并了早前由党政机关执行的工作，包括7个原省、市级的领导位置。高级别的军队政委似乎掌握实权。他主持了山西省人大会议并被选为委员会副主席。

---

① 原文此处约两行未解密。——译注
② 原文此处约两行未解密。——译注
③ 原文此处约两行未解密。——译注

"造反派"反攻

77. 有证据显示 2 月略微放缓的趋势仍然持续,同时,也有证据显示,激进的"造反派"已受指使要让革命重回热火朝天状态并再次奔腾向前。新一轮攻击再次发动起来,一个目标是已经声誉扫地的刘少奇,他曾是党内的第 2 号人物,也仍是名义上的国家主席;另一个目标是邓小平,严格来说他仍是党的书记处第一书记,但自 1966 年的八月全会以来已明显地丧失实权。

78. 自 12 月以来,两人都受到了大字报、红卫兵报和集会的猛烈抨击。3 月 30 日,他们还开始受到中央委员会的宣传工具《红旗》杂志、《人民日报》更为猛烈的攻击。官方新闻通讯社新华社大篇幅报道了集会和游行活动,在这些活动中,秩序井然的游行队伍高呼:"打倒刘邓!"

79. 迄今为止,对刘邓新一轮攻击主要发生在首都,并且大多数涉及的都只是高层主要人物。如果这些攻击是准备正式的公开活动以免除这些人的官职并把他们逐出党外的话,这似乎是有可能的,那么,这些攻击就会把他们作为党内在位的次级人物的后台老板——这些机构十多年里都是由刘邓配备人员并进行管理的,成为在政治上埋葬他们的前奏。

80. 打倒"刘邓帮"运动的更大、更直接的目的可能是为了重燃"文革"热情,使之在全国再度活跃起来并因此提升极端激进派的地位。在 2 月份革命退却时,迫于压力而明显减弱的激进的红卫兵集团再次活跃起来,而他们的领导人——像聂元梓和蒯大富那样的人——也再次增强了信心。3 月中旬之前有数周时间都没有他们的动静,他们却是一直在向高层人士发送判断的言辞,说哪些人应当"小心防范",哪些人如果悔改就可以原谅,哪些人则是不可救药的。

81. 同时发生的对与周恩来有关联的官员和军队高级领导人的继续攻击可能表明,这些人作为 2 月份的缓和政策的成功支持者,正在抵制回到 1 月底之前的那种"文革"引起的暴力和混乱状况。继续强调毛"追穷寇"的指示,也显示出北京的谨慎人士正在辩称"文革"已达到主要目的,现在应该更小心和更低调地行事。

前　　景

82. 不可能预测到北京的最新发展的近期结果,因为它不同于对几个月前伴随新的"峰回路转"的持续混乱形势的总体预测。共产党中国现被一个极小而分裂的领导集团控制,目前由三人操纵:毛在其中可能是起支配作用的——只要他愿意及身体许可,看起来不动声色的林彪和地位次一级但强有力并可能与林对立的周恩来。这两个人在条件允许时都可能独立地做出有利于他们的决定。

83. 目前,北京高层眼下的目标大概是从瘫痪的党政机关的残骸中新建管理机构。这项工作的进程时断时续,极其缓慢,这反映了冲突各方通过在新的政府机构的关键部门安排亲信以争取将来的优势地位。

84. 这样的形势是很不稳定的,而且可能导致中央的暴力冲突,那样就会引起内战。然而,1月到2月初,在军队的支持下,各省抵抗活动被制服,分歧也消减了,事情的进展使这样的情况不可能发生了,内战不会发生了。

85. 在动乱时期,军方总体上是倾向于稳定和统一的,尽管有迹象显示有些高层领导人支持省和地方政府反对北京,但没有证据说明全体官员或军队官兵动摇过对国家的忠诚,或有任何倾向于权力更替的情绪。在"文革"的全过程中,人民解放军仍是一个统一的、行使职能的组织。当军队介入时,它总体上是站在秩序和中央的权威一方的,并且从总体上说,当它对中央出现的分裂作出反应时,看来可能也会这样做。这在一定程度上反映中国已成为现代民族国家。

爱国主义的种子

86. 爱国主义的进程开始于一百年前西方对中国的入侵。19世纪后期的改革者推进了爱国运动,寻求填补因1911年中华帝国覆灭而留下的政治空缺的民族主义革命者为它添加了新的动力和方向。日本是一个催化剂,它起初是要证明亚洲国家能够和西方列强平起平坐,后来在日本试图征服中国期间,它集中体现为民族仇恨。

87. 利用蒋介石和国民党构建的物质基础,共产党人在1949年建立了一个新国家。其政治体制根本不同于之前中国存在过的任何政治体制。新体制下,曾经被孙中山先生失望地比喻为"一盘散沙"的人民在几十年的流血和激烈斗争后最终获得统一和民族意志。在这一过程中,毛和他的同伴们在前辈努力的基础上获得了丰收。

"新中国"

88. 共产党人建立了中国历史上第一个面向全民和直接影响人民生活的政府。帝国的统治总是专制的,北京是最终的权力中心,但政府的权力是由县一级的地方官——普通的中国人唯一能看到的官员——通过宗派及家族关系行使的。朝廷制订出总的政策,由近万名士大夫组成的官僚向下传达,并由拥有很大自主权的省一级官员进行解读。对大多数人来说,在大部分时间里,这一体制的效用能用一句民间谚语准确描述,那就是"山高皇帝远"。

89. 在共产党新的统治下,官僚制度延伸到村一级,并通过严密的指令环节将详细指示传递下去,同时也使北京知晓最基层的事件。通讯的发展从理论上说能够使村干部和毛本人用电话通话。在城市和郊区安装的闭路扬声器系统,使宣传能够从中央直接传达给群众。

90. 政府用简化字及其他方式进行了有力及有效的扫盲运动,并推进建立全国性的语言文字。这些也被用于向人民灌输马克思主义的意识形态,同时也促进了西方式民族主义的增长。

91. 伴随着新政府取得的经济和社会的成就,民族自豪感和公众对政府的认同得到进一步增强。经济状况的全面改善很大程度上是公众秩序重建和恢复的结果,这个结果又是民族团结价值的具体体现。中国虽没有成为丰饶之地,但起码没有大饥荒。早期由政府执行的社会改革是严厉的,但是摧毁了真正罪恶的东西——地主和高利贷者的压迫,传统家族制度的残余——整体上都受到人民的欢迎。由新政府提供的社会服务——如学校,医疗,法院,公共福利——虽按西方标准并不令人惊奇,但都较中国以往任何政府所做得要好和丰富。

92. 最后,基于全民义务兵役制的原则,共产党人组建了一支现代的全国性的军队,以取代曾为之赢得革命的主要是地方性的军队。这样的军队是强大而统一的队伍,特别是当它承担作为国家机器的使命时更是如此。

93. 蒋介石在所有这些方面都取得了进步,而如果不是遭到了日本的进攻,可能已经建立了一个统一的国家。可能共产党领导人将他们这方面的成功看作是一个最大的成就。相信政治上的团结是极为重要的——现在可能也为大多数中国人所接受——这种信念是能够使中国为保持统一达成基本共识的根源。

附录

各地方党组、军区和各省最近的发展情况

北方局

2、3 月份的大字报把第一书记李雪峰描述成"第三类"官员,即犯了严重错误但仍有机会担任较低级别职务的官员,不好说他是否还握有大权。在 10 月和 11 月(即在他担任北京市委第一书记时),李遭到了红卫兵大字报和示威的严重且持续的攻击。显然,在那一时期,李雪峰的副手吴德①取代了他在北京的工作。

从 11 月份以后就甚少听到有关李雪峰的消息,直到 1 月 31 日,一张大字报引用周恩来的话说,李正处于考察期,被派到天津去处理棘手的局势。3 月 18 日,李在天津的一个集会上所作的悔过声明清楚地表明了他的弱势地位。李说如果他"可以参与天津的有益工作并

---

① 吴德,建国后历任天津市市长、吉林省委第一书记兼吉林省军区政治委员、东北局书记处书记、北京市委第二书记兼市长、北京市革委会副主任、第一书记、市革委会主任、北京卫戍区第一政委、北京军区政委等职。——译注

改正他过去所犯的错误的话"，他将把这一切都归功于战无不胜的毛思想。然而，到了 3 月底，李再度深陷麻烦当中。

在反对刘少奇的官方运动开展后不久，李雪峰又遭到大字报的攻击。尽管李雪峰的名字尚未包含在红卫兵 1、2 月份所准备的黑名单当中，但 4 月 6 日在北京流传的一份包括 64 个刘少奇追随者的官方名单中有李的名字。

在 1 月和 2 月，许多报道详细披露了红卫兵各派别在北京市、河北其他城市及内蒙古省会城市的冲突。山西则是一派祥和。

北京军区（北京市、山西与河北）

北京军区司令员杨勇因在 1 月 19 日公开指责军队政治老板萧华而于 1 月 22 日受到了攻击。萧华在 1 月 21 日和 22 日得到了最高领导人的支持。1 月 31 日，陈伯达说杨勇有"极端严重"的问题。同一天，周恩来指责杨勇"阴谋造成混乱"。2 月 7 日的一份红卫兵报纸报道杨勇已经被革职。政委廖汉生在 1 月初就已经被指控与贺龙集团密谋军事政变。

内蒙古军区……①

北京市

2 月底，各种大字报把在 10 月或 11 月取代李雪峰的吴德描述成"较好"的干部。1 月中旬，吴德不断遭到红卫兵的批判并被他们短暂"扣留"过。然而，1 月 20 日，毛夫人坚决要求红卫兵释放吴德并让他恢复工作。3 月 2 日，北京的广播确认吴是"北京市政当局"的领导成员。

该广播回避说出吴所领导的主管部门，但有大字报说他仍领导着党委，只是那时该党委几乎是个无权的机构。1 月底的大字报指出，北京正在形成巴黎公社式的局面。然而，很快又有人引用毛和其他官员的话说公社这一想法还不成熟。2 月 11 日，北京公安局被置于北京卫戍部队的管辖之下，整个北京城处于军队的有效控制之中。

河北

根据一张红卫兵报纸所登载的一幅照片，10 月份才成为第一书记的刘子厚 1 月底即被抓去进行了耻辱性的游街。该报纸附载的新闻纪事指责刘造成了 1 月 21 日的"流血事件"。……②

据报道，在 1 月和 2 月期间，该省四个主要城市发生了敌对派系之间的冲突。在几起冲

---

① 原文此处约八行未解密。——译注
② 原文此处约两行未解密。——译注

突事件中,人民解放军被派去恢复秩序。2 月 18 日,一张大字报报道人民解放军已经控制了天津公安局。结果,在使用军事力量后,该省的事态似乎得到了解决。

内蒙古

乌兰夫,这个前名义上的军区司令、政委和第一书记被贴上"反革命"领导人的标签并被免掉了所有职务。……①也宣布内蒙古军区新的司令和政委将领导一个革命委员会筹备组,这表明党政机构不再掌管该省。

从 1966 年秋起,乌兰夫成了大字报的批评对象。……②

听从周恩来命令行动的人民解放军与武装的红卫兵在 2 月初发生的冲突促动了省的改组。由心怀不满的"造反派"张贴的描述人民解放军与红卫兵之间冲突的大字报,指责军队"镇压革命"。这些大字报看起来成了造反派企图影响此时正在进行的北京和内蒙古当局之间的谈判的组成部分。……③2 月 16 日,周恩来促成了发生冲突的党、军队和红卫兵派系之间实现"停火"。这种解决方式就像北京为新疆和西藏所做出的安排一样,显然是向着党和军队当局的。就在达成 2 月份协议的那个月,在 2 月上、中旬遭到红卫兵猛烈攻击的军区副政委刘昌随同其他几个地方军队领导一起成为该省的主要官员之一。……④

山西

1 月 12 日废除了党委和政府并代之以"革命委员会"。前第一书记卫恒显然没有留任领导职位。他和其他四个党的领导人在 2 月 5 日的太原集会上被批斗。除了卫恒,其他人会后都被拉去公开游街了。

新"革命委员会"的主任是前副省长刘格平。据说党在山西仍发挥着独特的作用,尽管11 个前书记中只有一个身居要职。山西"革命委员会"跟其他地方的不一样,它是由"中国共产党山西核心小组"和革命造反派共同执掌的。核心组的副主任是山西军分区的政委张日清。迄今为止,叫得出名字的其他成员还包括刘格平,前省委书记、现任太原市第一书记袁振⑤及官职显然不高的刘冠一,他以前担任的职务不详。刘冠一现在是核心组的总书记。

周恩来和"文革"官员王力⑥都把刘格平挑出来作为中国少数几个"好干部"之一。据王力讲,刘格平的主要优点在于他曾被刘少奇和邓小平压制过。刘格平曾担任宁夏的第一书记直到 1960 年他因"右倾"被革职并被委以山西副省长这个不太重要的职务。

北京方面声称,毛在山西的敌人在 1 月份被击败之前曾拼命挣扎,这种说法很可能完全

① 原文此处约一行未解密。——译注
② 原文此处约五行未解密。——译注
③ 原文此处约两行未解密。——译注
④ 原文此处约八行未解密。——译注
⑤ 原文拼音误写为 Ren Chen。袁振,建国后曾任湖北省委常委、宣传部长,时任山西省委书记处书记兼太原市委第一书记。——译注
⑥ 王力,"文革"开始时是中共中央"文革"小组成员,1967 年 8 月被中共中央隔离审查,并免去所担任的党内外职务。——译注

是捏造的。在前几个月,并没有报道说山西有什么动乱。山西人民解放军因在夺权中发挥了作用而受到了热烈赞扬,与1月底北京要求军队应在夺权中起关键作用相符。

东北局

据说这个地区曾多次被毛列为模范地区,其党政机构是中国在"文革"里受到破坏最少的机构。第一书记宋任穷作为主要的革命干部在2月初成立的黑龙江革命委员会的形成过程中发挥了主要作用,受到北京的表扬。上年10月,遭到红卫兵批评的宋任穷受到了周恩来的保护,他也是宋在北京的主要支持者。东北局12位书记中有三位出任了他们之前的职务,但似乎只是作为观察员而不是领导。……①张贴出来的大字报表明这个地区的混乱仅出现在1月份——即"文化大革命"最活跃的阶段——并且相对缓和。

沈阳军区(与东北局所辖地区相同)

司令员陈锡联在上一年秋天几次出现在主要集会上,并有可能已经与毛派势力为伍,尽管他在1967年没有露面。

黑龙江

前省委第一书记潘复生被任命为1月31日成立的"黑龙江省革命委员会"的主任,他是唯一在革命夺权中继续留用的省委第一书记。然而,潘的背景表明他是一个特例。1958年,他由于"右倾"错误被免掉了河南省第一书记的职务并调任北京一小职位,直到1966年春他出人意料地担任黑龙江省委第一书记。这一履历表明他已经失宠于刘、邓多年了;1966年他的复职也许是刘、邓权力已在削弱的一个信号。上年秋天,潘受到了周恩来的赞扬。

黑龙江军分区司令汪家道是新革命委员会的副主任。第二书记李范五与书记李剑白在1966年被革职了。其他九个书记从人们视线中消失了,到现在还说不准有几个是活着的。

……②1月底,哈尔滨的造反派声称遇到了"88红卫兵的红旗军"的顽强抵抗。"88红卫兵的红旗军"是当地的一个红卫兵集团,在上年8月和9月就曾击退造反派。然而,广播和大字报的报道都表明,到1月30日,造反派已经战胜了当地的抵抗。

吉林

第一书记情况不详。1966年6月,当时的第一书记吴德调职北京,第二书记赵林被提名代理第一书记。赵在9月2日后还没出现过,不过他并没有受到攻击,可能仍在该省保有权威的地位。1月中旬,一张大字报指控吴德在吉林任职期间企图建立"独立王国",这样的指控并没有再现在官方媒体或者红卫兵报纸上。2月初,北京电台报道说当地人民解放军部

---

① 原文此处约五词未解密。——译注
② 原文此处约一行未解密。——译注

队于 1 月底受命支持造反派在长春的活动。那时,据大字报的说法,造反派进行了四天的战斗以夺取对《吉林日报》、公安局及其他机构的控制权。吉林的革命夺权并没有得到宣布,但近日长春的广播指出一个"革命委员会"即将成立。

辽宁

辽宁省第一书记黄火青和第二书记兼省长黄欧东消失于人们视线已长达一年多了。黄火青在担任东北局党委书记时,曾于 1 月 6 日被抨击在辽宁"品行不端",1 月 21 日的大字报还要求免除黄欧东的职务。无论是官方媒体还是红卫兵权威报纸都没有再报道这些可能是孤立的攻击。

其他受到攻击的党的干部还有沈阳第一书记杨春甫,说他在 1 月初有"对抗活动",以及在 1 月 22 日的大连集会上被抓去游街的八个大连的党的干部。没有提到有革命干部(党内人士)活跃在辽宁。2 月 27 日,出席了沈阳集会的有被称为东北局书记的胡杰(Hu Chieh,译音),代表辽宁军分区的扬弃以及来自沈阳人民解放军单位的其他军人。

当地活动不多也许是由于地方权力斗争持续导致混乱。北京的广播和大字报说人民解放军部队已于 1 月底进行了对造反派有利的干预。2 月 15 日,北京的大字报指控人民解放军部队正在"镇压"大连地区的造反派红卫兵。……①广播报道港口的航运设施已经恢复正常。

辽宁军分区司令贺庆积②已有一年多没有被提起了。然而,任由"文革"前的军队官员完全消失,表明省级军事机构可能已经动摇了。

西北局

大字报上的照片……③和目击证人的叙述都证实,从 1966 年 8 月开始,第一书记刘澜涛就受到了红卫兵的猛烈攻击,大部分西北局的书记也被抓去游街示众。刘被北京的一个高层"文革"官员扣上了一顶"坏帽子",并有可能已经被解职了。1 月 23 日,刘澜涛和 42 个西北局及省级官员受到公开羞辱,并从那时起经常被拉到西安街头游街示众。11 个西北局书记中还没有一个得到北京认可为"好干部"。其中好像只有三人没有受到直接批评。在西安的西方人报道了 2 月底革命造反派占领了西北局和陕西省委办公室,然而,工人和学生之间的"武斗"仍在继续。

除了宁夏以外,从 12 月中旬起,这个地区就一直呈现出大张旗鼓的纷争场面。好斗的红卫兵在这里看起来比中国其他地区的红卫兵取得更大的成功。

兰州军区(甘肃、宁夏、陕西和青海)

2 月初,司令员张达志和政委冼恒汉因为镇压甘肃和兰州的造反活动而受到攻击。造

---

① 原文此处约一行未解密。——译注
② 贺庆积,建国后历任辽宁省军区司令员、军区党委副书记、书记等职。——译注
③ 原文此处约四词未解密。——译注

反派指控张和冼的儿子正领导着"反革命"组织。造反派还指责《甘肃日报》和兰州广播电台只不过是军队的喉舌。然而，张和冼都没有被包括在最近流传的"黑帮分子"名单中并可能仍在位。

新疆军区

司令兼党委第一书记王恩茂的情况将在下文的新疆部分予以讨论。

新疆

在遭受红卫兵持续攻击数月后，第一书记王恩茂看起来已于2月份与北京达成了一个不稳定的妥协。反王运动导致了12月份和次年1月份使庞大的新疆生产建设兵团陷入严重混乱中。然而，当据传王正在北京与周恩来形成共识的时候，新疆自1月底以来一直保持平静。在3、4月期间，新疆省广播电台好几次报道王出席乌鲁木齐的群众集会，并保有其所有旧职。这些广播说新疆局势已经在由周拟订并得到毛和林认可的12点指示的基础上实现稳定，由此证实了先前大字报关于王周共识的说法。红卫兵报纸报道说这个指示已于2月11日发布。

然而，王的职位似乎仍不稳固。北京的媒体没有报道王仍然在位，也没有重复乌鲁木齐电台关于王的活动的报道。在王重新在乌鲁木齐露面后，在北京仍有红卫兵对王的零星攻击。4月16日，用详尽材料攻击刘少奇的大字报也指责王恩茂和其他西北领导人在上年春天刘少奇出访巴基斯坦途中巡视新疆时与刘密谋。自3月中旬起，北京再现激进的氛围，这表明所有在2月份这个缓和时期达成的妥协，比如与王达成的妥协，现在均受到领导层中的好斗分子的质疑。

青海

第一书记杨植霖①和第二书记王昭与西北局所属地区的大多数其他党的高层领导遭遇了同样的命运。……②2月4日，西宁举行一个大型集会以公开指责这对搭档，3月3日，北京的一张大字报还批评了杨。没有提到其他党员受到攻击或者政治上活跃。……③广播指出该省从2月份起就由青海军区管治。……④

2月份，青海一个相当好斗的红卫兵组织遭到军队的镇压，但是3月底他们又恢复活动，这表明政治不稳定仍在继续。……⑤这个组织——名叫"八·一八红卫兵"并完全隶属于北京的第三战斗总部——控制了该省12月到次年1月期间的政治活动。但该组织的领导人于2月初被捕，2、3月期间青海省电台反复公开谴责该组织。……⑥4月7日，西宁的省广

---

① 原文拼音误写为 Wang Chih-lin。——译注
② 原文此处约一行未解密。——译注
③ 原文此处约五词未解密。——译注
④ 原文此处约六行未解密。——译注
⑤ 原文此处约一行未解密。——译注
⑥ 原文此处约两行半未解密。——译注

播电台赞扬该组织为青海"无产阶级革命队伍的栋梁"。

我们注意到从 1963 年起担任青海军区司令的刘贤权 4 月 15 日在西宁的积极表现,这是他自 10 月份以来首次露面。他在 2 月期间该省镇压造反活动中的作用无法知晓;他可能谨慎地躲在幕后,让部下执行命令。中央军委 4 月 6 日的指示把用武力镇压革命群众的副司令员赵永夫①列为反革命的样板。刘与北京保持着良好的立场。……②取代乌兰夫成为内蒙古军区司令。

陕西

第一书记霍士廉和第二书记赵守一于 1 月底和 2 月份在西安被抓去游街。赵在 9 月已遭到免职;霍现在无疑也下台了。有九名成员的书记处中至少有两个也被拉去游街了。目击者在 2 月底的叙述表明省级主要官员已被免职,"革命派"占据了所有行政职位。陕西军区司令胡炳云还看不出是否受到了攻击。目击者说人民解放军在西安看起来是采取中立立场,没有支持革命派(他们中的大多数看起来是学生),也不支持"反对派"(大多数由工人组成)。

"文化大革命"开始后,有许多关于西安骚乱的报道。"事件"的发生通常是由造反派对西北局、陕西省和西安市党委的攻击所造成的。1 月中旬,根据西安广播电台的报道,造反派夺取了对这三个党委的控制权。陕西并没有为北京承认为真正实现夺权的省份,它看起来没怎么受到最近缓和状况的影响。革命派的统治表明陕西有可能成为一个"问题"地区,即北京会在其他地方的文化革命结束后再处理它的问题。

甘肃

第一书记汪锋最近一次公开露面是在 1966 年 10 月 1 日,他看起来已在 11 月或 12 月成为支持毛的力量的牺牲品了。兰州一个学生在 12 月 10 日写……③道:甘肃党委受到攻击,第一书记已被取代。2 月 7 日,一份大字报证实取代汪锋的是前甘肃省委的一个书记胡继宗,还说胡是"陶铸在西北的定时炸弹"。

同一份大字报还指控甘肃省委串通省军分区司令和兰州军区官员,在 1 月底镇压了兰州附近的革命派。2 月 11 日,一份大字报指控甘肃省军区与党委"密谋"镇压造反派。兰州军区司令张达志和政委冼恒汉的儿子均被指责领导兰州和甘肃的反革命组织。当前,军方看起来已经控制该省。在 1967 年的广播中没有提及突出的军队或政治人物。

……④1 月初,兰州炼油厂举行了一个"整肃大会",石油部的一些高级官员被抓去游街并受到羞辱。1 月中旬,……⑤临近四川边界的作为向西藏输油的中继点被当地红卫兵"洗

---

① 赵永夫,时任青海军区副司令员、西宁驻军"联办"领导小组副组长。——译注
② 原文此处约一行半未解密。——译注
③ 原文此处约两词未解密。——译注
④ 原文此处约一行未解密。——译注
⑤ 原文此处约一行未解密。——译注

劫"了。大字报抨击说在1月底2月初兰州及其周围发生了一些事件。然而,大多数这些事件可能只涉及对基层官员的攻击,因为这时在该地区旅行的西方人并没有看到有任何骚乱,甚至没有看到有大型的群众集会。

宁夏

一个平静的不重要的地区。第一书记杨静仁最近一次露面是在10月1日的国庆节庆典上。自1月14日起省会银川的广播台就对本地新闻实行管制。1月初,……①一个群众集会已叫喊要批判省石油界一位未点名的人,大约在同一时间,兰州也召开了整肃大会。1月底,北京的一份大字报指出《宁夏日报》是造反派已经控制了的几份省报之一。

华东局

自从柯庆施在1965年4月去世后,第一书记一职就一直空缺。华东局六个书记中就有五个受到严厉批判;其中两个书记已被正式免职。1月份,甚至连两名轮值书记亦遭受攻击。

华东党组织显然遭受重创,其原因可能部分在于事实上邓小平于1966年8月在政治上倒台之前一直主管该局。其后,8月份被提升为常委的前中南党委书记陶铸,据说曾试图将其影响延伸至华东局。

在12月和次年1月,华东地区出现大范围的骚乱及一些流血斗争。受到攻击的党领导鼓动工人暴动和罢工,并设法干扰铁路服务和生产。……②该地区的许多地方出现数周的管理混乱。不过到2月份,该地区的秩序得到恢复。

济南军区(山东)

尽管政委谭启龙在2月4日被正式革职,但军区司令员杨得志还在3月1日的集会上发言,而且济南军区自身因在2月初山东夺权过程中所起的作用受到赞扬。

南京军区(江苏、上海市、安徽、浙江)

红卫兵的大字报批评这个军区,并间接批评军区司令员许世友,指责他在1月初没能及时支持毛派力量。直到1月底,这个地区的通讯和运输系统的运作仍不正常,这表明南京地区的部队在约束党的领导人不让他们组织抵抗方面工作不力。2月,一位文化革命高官为其最终在1月份恢复了秩序表扬了南京军区司令部,但是许本人的情况还不清楚。

福州军区(福建、江西)

司令员的身份尚不确定。政委兼福建省委第一书记叶飞上次是在1962年曾被确认为司

---

① 原文此处约一行未解密。——译注
② 原文此处约一行未解密。——译注

令员。该省显赫的军事将领韩先楚在 1965 年被任命为副总参谋长,并有可能已经取代了叶飞。此外,作为由革命派于 2 月 11 日在福州召开的"胜利"大会的主要发言人,韩是唯一被确认为"人民解放军在福建前线的可靠一员"的人。叶飞的情况不清楚。从 8 月到 12 月,他遭到了当地红卫兵的攻击,但北京的权威红卫兵报纸并没有关于他的报道。北京表扬了人民解放军在福建"三结合"中的主导作用,这表明该地区的军事当局得到中央领导层的支持。

山东

2 月初,就在省党政机关被宣布夺权之时,第一书记谭启龙被正式免职了。夺权的功劳给了这个现为山东党的主要官员的无名之辈王效禹①和济南军区司令。其他新出现的领导人的资料表明,名不见经传的政府官员正在新成立的山东革命委员会中担任主要角色。1 月份,有许多关于港口城市青岛发生冲突的报道,不过,山东其他地方甚少暴力迹象。

安徽

自从 8 月底对第一书记李葆华展开持续攻击后,1 月 26 日合肥广播电台宣布了李和其他四位高级领导人已被免职。李已包含在一份关于刘邓追随者和陶铸集团的半官方名单中。

1 月 26 日,省广播电台宣布了由造反派接管省党委和政府机关。北京从来没正式承认这一夺权。这可能是因为政府没有认可由谁领导该省。

军区高级领导人最近频繁亮相,表明人民解放军正治理着安徽省。然而,前安徽省中国共产党委员会的两名书记在 3 月底露面,很有可能在新的省政府中担任职务。

江苏

该省领导人还没有受到攻击,从 1 月份这个省发生的大量暴行及混乱情况来看,这是令人费解的。第一书记江渭清在 1966 年全年都是活跃的。在这一年的头三个月里,他出席了七次军队会议,这表明他与当地人民解放军部队是站在一起的。甚至在 12 月底大多数第一书记都已从公众视线消失时,江还在江苏省以官员身份两次露面。江是少数几个没有被与刘邓或者陶铸集团联系在一起的省领导人之一。

1 月初,大字报报道南京成了"造反派"和"保皇派"之间暴力冲突的场所。关于事件可能有夸大的说法是有 54 人死亡,900 人受伤,多达 1 万人卷入激烈斗争。大字报的报道把暴力事件发生的责任归于不同的人。一种说法是,周恩来责令陶铸和江苏及华东局中国共产党委员会对此负责。另一份大字报声称上海的高层党官员促使工人到南京制造混乱。

1 月和 2 月,……②通讯和交通线路受到干扰——通往北京的铁路干线至少中断了三个

---

① 王效禹,建国后曾任山东省人民检察院副检察长、山东省革命委员会主任、中国人民解放军山东省军区第一政委、中共山东省军区委员会第一书记、山东省革命委员会党的核心领导小组组长。——译注
② 原文此处约一行未解密。——译注

星期……①，并且工业生产遭受损失。1月7日，南京广播电台停止播发当地新闻，直到2月18日该电台发布一则关于所谓的1月26日接管江苏广播电台的通告，封锁消息的做法才结束。不过，从那时起广播已恢复正常。自1月以后，省级官员中唯一公开露面的是江苏省军分区的领导人。因而，江苏省党的领导人的命运仍不清楚。

上海

自1月份取消党委后，第一书记陈丕显和市长曹荻秋均遭游街示众。2月期间仍有集会举行并公开指责陈和曹，说他们以所谓的经济利诱在上海"买得"工人的支持。②

在整个1月份，上海的夺权都被称作其他地区的模范，但是，2月期间，当管理混乱持续不断时，北京的热情减退了。2月5日，上海人民公社成立，北京的"中央文革小组"的两个成员张春桥③和姚文元④被派来领导该公社。然而，2月底，上海电台宣布"公社"之名已被改成上海革命委员会了。根据北京的命令，张和姚都成为重新命名后的组织的"首要成员"。

上海居民说该市从1966年8月到1967年2月就一直动乱不已，尽管其经济和社会秩序似乎还没有在哪个时候受到严重破坏。……⑤上海的示威运动与北京……⑥有良好组织和纪律的示威运动相对照显得混乱不堪。上海居民……⑦还说2月的街头审判和游街是令人恐惧的——尽管他们没有看到公然的暴行。

浙江

在当前动乱时期，该省是中国最为平静的省份之一。无论是第一书记江华还是省委均没有受到攻击。在浙江，没有关于造反派夺权的报道，而杭州电台则是1月底混乱的几周中全中国寥寥可数的几个继续播发当地新闻的电台之一。尽管江华从1966年9月起就没有公开露面，但他可能因仍受宠而复出。唯有军队领导人在最近两个月再次露面。

福建

整个1966年秋天，第一书记叶飞成了红卫兵严厉批判的对象，但是在最近几个月里并没有出现对他的大批判，而他在福建的情况也不清楚。叶的名字没有出现在刘邓和陶铸支持者黑名单上。

2月16日，北京报道福建在2月11日召开了暗示但没说明该是为了庆祝造反派夺权的

---

① 原文此处约一行半未解密。——译注
② 被称为"一月革命"的上海夺权行动成为"文革"期间全国夺权行动的起点，在全国引起了大混乱。
③ 张春桥，建国后历任《解放日报》社社长、上海市委常委、宣传部部长和市委候补书记等职。"文化大革命"期间历任"中央文革小组"副组长、中共上海市委第一书记、市革委会主任、南京军区第一政委、解放军总政治部主任、国务院副总理等职。——译注
④ 姚文元，时任中共中央文化革命领导小组成员、上海市革命委员会副主任、中共上海市委第二书记。——译注
⑤ 原文此处约两行未解密。——译注
⑥ 原文此处约一词未解密。——译注
⑦ 原文此处约一词未解密。——译注

"胜利集会"。省级主要官员或可能也是福州军区司令的韩先楚主持了这次集会。福建省长兼党委书记魏金水及八·二九造反派的代表也在集会上发了言。就在三天前,即 2 月 8 日,一则福州广播谴责了八·二九造反派发动对《福建日报》的攻击。……①攻击魏和八·二九组织背后的力量,他们既可能是那些失势的极左分子,也可能是叶飞卵翼下的党内人物。

4 月中旬后,福建的形势仍很难评估,这是因为自 2 月 13 日以来福建电台就甚少报道当地新闻。

江西

第一书记杨尚奎自 1965 年起就从人们的视线中消失了,他可能早在"文化大革命"最新阶段之前好久就被取而代之了。如果是这样的话,他的代替者从没得到公开确认。该省没有高级别的党的官员受到红卫兵的攻击。另一方面,自 1 月 26 日革命造反派夺权并取消党委后,没有人浮出水面。南昌电台报道了这次夺权,但像 1 月份其他几个省电台宣布的夺权一样,这次夺权还没有得到北京的承认。最近关于谁将可能成为新领导人的广播名单中仅包括不甚重要的军队、党及政府官员。

……②1 月份的广播和大字报都声称,负隅顽抗的党的官员已组织了一支 20 万人的"农民红色民兵"以攻击拥毛派,但是这样一个集团是否存在尚未得到证实。

中南局

陶铸在 1966 年 8 月进入以毛和林为中心的领导人内部圈子之前,已经在他所领导的这一地区发展起一批强大的追随者。结果,当陶在 12 月底失宠之时,他在该局的代替者以及此地区五个省中的四个省委第一书记一起受到牵连。(河南这时显然还没有第一书记)。所有陶铸的追随者都出现在 1、2 月份北京发布的半官方的黑名单中。

12 月底,新任中南局第一书记王任重受到毛夫人和其他领导人的指责。1 月 4 日,她叫来自广州的一帮红卫兵回去逮捕王,但他们是否成功就不得而知了,因为从那时起就没有听到任何有关那个地方的消息。

尽管从 12 月起中南地区似乎发生过一场较大的政治斗争,但据报道该地区没什么混乱。也许主要的军队司令员们从一开始就支持毛和林以阻止政治领导人的反抗企图。据报道说广东、河南和湖南均有一些冲突,但整个地区的运输服务的运转甚少中断。

武汉军区(湖北、河南)

司令员陈再道尚未受到攻击,并似乎仍忠于毛和林。3 月 2 日,陈在官方活动中露面,并向人民解放军干部作了关于要求他们参加春季植树造林的讲话。

---

① 原文此处约三行未解密。——译注
② 原文此处约七行半未解密。——译注

广州军区（广东、广西、湖南）

司令员黄永胜自 1966 年 12 月 12 日以来就没露面了，有大字报攻击他的指挥而使他受到牵连。黄虽然长期与林彪有瓜葛，但 1963 年他作为陶铸的部下获得提拔可能导致毛派不信任他。

河南

自 8 月以来就在北京的省委第一书记刘建勋，于 3 月 4 日被确认为北京市委的一个"首要成员"。刘在河南的代替者还没有宣布。

上年，河南显得颇为平静。2 月底和 3 月初，大字报报道了人民解放军与造反派之间的冲突。然而，这些纷争似乎只是涉及受命于北京的当地军事机构摧毁难以控制的红卫兵集团的尝试。尽管这些集团在大字报上严厉指控河南军区①司令员张树芝对他们的镇压，但他还是在 3 月初出现，并且从那时起军方已治理着该省。

湖北

第一书记王任重同时兼任中南局第一书记。如上所述，他在 12 月底与其前任上司陶铸一起落马。湖北第二书记张体学也受到严厉攻击。

最近几个星期，军区领导人已开始管理该省。自 3 月初起，湖北军区已就植树造林与春耕和中学开学等问题发布指示。尽管官方仍没宣布治理该省的新单位，但估计是听命于北京的人民解放军已经完全控制了局势。

湖南

如同湖北一样，第一书记张平化和第二书记王延春均因与陶铸有关联而受到严厉批判。张和王均包含在陶铸追随者的黑名单中。

当地广播没有确认这个省的新领导人；军队现在担当着管理该省事务的角色。

广西

2 月，一份红卫兵报纸发布的关于陶铸的追随者的黑名单里包括了第一书记韦国清，但他的名字并没有出现在其他此类名单中，而且也没有见到对韦的详尽指责。

1 月底，南宁电台宣布了未得到北京首肯的造反派夺权。自 1 月起，只有次要的军官公开露过面，这表明北京领导人尚未就广西的新领导人作出决定。

广东

第一书记赵紫阳和大多数高级别的党政领导人自从陶铸倒台后都受到严重的攻击。他

---

① 原文如此，从上下文推测应为河南省军分区。——译注

们还没有被正式免职,但到 3 月中旬人民解放军已接管了许多政府和警察的职能,且根据在广州的一个西方通讯员的报道,广州和广东的党委的职能也被接管了。

大字报关于赵紫阳的报道表明赵拼命巴结革命力量以获得幸存。之后的报道指出赵在 1 月 20 日游街受辱,大字报还嘲讽地声称是赵自己策划了这一幕以显示他的凄凉①却是徒劳之举。到 2 月 11 日,已成了一个可怜人儿的赵,在一帮红卫兵面前申辩说自己最近没能与北京的中央委员会取得联系,因此并不知道该怎么回答红卫兵的要求。

最近几个月关于广州骚乱的大多数报道均来自香港不甚可靠的消息源。游客的和可靠的报道均显示出,除了示威活动和管理混乱的情况之外,这个城市相对而言甚少暴力行为。

西南局

第一书记李井泉自"文化大革命"开始后就遭受到严厉且沉重的攻击,几乎可以肯定已被打倒了。12 月 18 日,毛夫人在一次讲话中批评李在北京从事"间谍活动";1 月 18 日,周恩来说李在北京西部地区"操控部门"的"帮派头目"已经被捕了;3 月 14 日,北京的一份大字报指控李操纵重庆市委导致最近一位革命作家的死亡。此外,许多大字报和红卫兵报纸自 12 月底起就将李与阴谋家贺龙及刘邓帮联系在一起。2 月 10 日,北京的大字报照片表明大概在 1 月中旬李和西南局其他官员被成都和四川的红卫兵抓去游街。

其他已受到攻击的西南局官员有李大章和廖志高②两位书记(两人均来自四川)。李大章大致与李井泉同时在成都游街;廖可能也遭遇同样命运。

成都军区(与四川所辖地区相同)

司令员黄新廷和第一政委李井泉、第二政委郭林祥均出现在 1 月中旬北京流传的"贺龙密谋集团"的名单上。1 月 27 日的一张红卫兵报纸说黄和郭都已被"免职"了。成都军区的副司令员韦杰和钱春华③、李文清④在 2 月受到较轻的批判,这情况表明他们都只执行北京的命令。2 月 12 日北京的一张大字报指控人民解放军部队在 2 月 11 日逮捕了成都的造反派示威者;这些示威者袭击了军区司令部。另一张 2 月 25 日的大字报指控韦杰和李文清在四川"镇压"造反活动,这意味着在那个时候韦和李仍握有权力。3 月 11 日,成都电台播放了一则说"成都军区副司令"韦杰已加入劳工和农民的春耕工作的宣传短片;3 月 5 日的一则广播指出朱玉庭⑤仍旧担任成都军区的参谋长。

---

① 原文 adject 应为 abject 之误。——译注
② 廖志高,建国后曾任中共西康省委书记、西康省人民政府主席、西康省省长、中共四川省委第三书记、第一书记、四川省第三届政协主席、中共中央西南局书记处书记等。——译注
③ 钱春华,建国后曾任中南军政大学卫生部政治委员、政治部教育部部长、第四高级步兵学校训练部副部长、汉口高级步兵学校政治部副主任、主任,时任成都军区政治部副主任。——译注
④ 李文清,建国后曾任川北军区副司令员、四川军区副司令员、成都军区副司令员等职。——译注
⑤ 朱玉庭,建国后曾任川西军区温江军分区司令员、川西公安总队总队长、四川省军区兵役局局长、成都军区副参谋长兼动员处处长等职。——译注

昆明军区（云南、贵州）

1月20日的一张大字报把司令员秦基伟列入贺龙密谋政变者名单中。

西藏军区

司令员兼西藏党委第一书记张国华在遭受红卫兵的攻击数月之后于2月份设法获得北京的支持。……①上年11月初由北京派来的好斗的红卫兵发动了一场为罢黜张和西藏军区其他官员的暴力运动。2月初，该运动以彻底失败告终。任何时候张都未曾深陷严重的困境中，军队也没有出现无法控制局势的情况。

……②2月9日，西藏军区开始逮捕红卫兵领导人及其追随者，并于第二天发布了戒严令，还援引周恩来颁布的命令，收缴了红卫兵和其他"革命"组织的武器及其他东西。……③2月20日，中央委员会命令西藏的红卫兵"与西藏军区官员和革命组织合作"。到3月6日，人们注意到，北京的造反派红卫兵撤离并关闭了他们的"联络站"。

3月5日，西藏军区副司令陈明义和党委第二书记杨东生主持了一个标志着西藏"无产阶级革命""胜利"的集会。然而，陈的广播发言没有提到第一书记兼司令员张国华。……④2月15日，中央委员会就已命令张到北京"休息一段时间"，这将使他在据传周恩来与新疆军区司令员兼第一书记王恩茂及内蒙古军区司令员兼第一书记乌兰夫举行"解决问题的谈话"期间呆在北京。

张的幕僚在"文化大革命"中几乎毫发未损地幸存了下来。副参谋长石伴樵好像曾在红卫兵运动的早期阶段中支持过北京红卫兵集团，可能已出局了。西藏本地人阿沛·阿旺晋美作为西藏的主席兼副司令已受到红卫兵的批判，现在的状况不详。

西藏

第一书记兼西藏军区司令员张国华现在看上去获得了北京的支持。自从10月1日拉萨的国庆节庆典后，张国华还没有公开露面；然而，据称4月3日他已在拉萨。3月5日杨东生……⑤出现在一个集会上；杨只是最后作为一个书记被提及。一些不那么重要的书记可能已成为张的牺牲品；这也许是平息造反派要求的一个努力，也是对北京的让步。1月22日一张大字报指责张国华免去了党书记周仁山⑥和任明道⑦、郭锡兰⑧的职务。

---

① 原文此处约两行半未解密。——译注
② 原文此处约五行半未解密。——译注
③ 原文此处约五行半未解密。——译注
④ 原文此处约三行未解密。——译注
⑤ 原文此处约一行未解密。——译注
⑥ 周仁山，建国后曾任中共青海省委副书记、青海省第二届政协副主席、中共西藏工委副书记、西藏自治区区委书记、西藏自治区人民政府第一副主席、自治区第一届政协副主席等职。以下原文约有十一行半未解密。——译注
⑦ 任明道，建国后曾任中共茂县地委书记、阿坝藏族自治州州委第一书记、西藏自治区区委书记处书记等职。——译注
⑧ 郭锡兰，建国后曾任中共西昌地委书记、西藏工委副书记、西藏自治区区委书记、西藏自治区人民政府第一副主席等职。——译注

……①在 11 月底到次年 1 月底期间,一支明显不超过两百人的红卫兵"战斗队"在西藏边远地区挑起许多事端。这些事端包括煽动暴乱,对基层官员的人身攻击,以及破坏文化、宗教器具。几乎所有的事端都是因西藏当地的红卫兵的抱怨才浮出水面,他们中许多人可能不得不容忍西藏人的敌对反应。然而,这些抱怨无论如何都不能反映混乱状况严重到要授令军队干预。

1 月中旬,拉萨的红卫兵造反派的活动显然已达到用军队去制止暴动的程度。各对立的红卫兵派系为争夺各级政府机关发生火拼,导致激烈冲突——每天的对抗游行,街头战斗及袭击其他红卫兵总部。这种情况持续到 2 月初,看起来北京给西藏军区发布了指示,要求遏止红卫兵,恢复秩序。红卫兵领导人及其追随者被逮捕,实施军事管制,军队控制了主要的城市区域。

到 3 月 5 日,该地区的秩序已明显恢复,拉萨举行了一个大型集会以庆祝三结合的出现及西藏"文化大革命"取得"胜利"。……②到 3 月 7 日,局势恢复正常。……③

四川

第一书记廖志高已受到严重的攻击,并有可能已于 1 月中旬与李井泉及其他官员一起被抓去游街了。党委书记李大章和副省长张呼晨④这时也在游街之列。到目前为止,已知的党的高级干部没有人还活跃着的。军官(来自成都军区)管理着该省事务。副司令韦杰和副参谋长朱玉庭及另外两个成都军区的官员是 1 月初以来人们注意到的活跃于该省的仅有几名官员。

……⑤12 月和次年 1 月,造反派在重庆十分活跃,而在 1、2 月他们至少活跃在一个偏远地区。自 1 月中旬某军分区司令平息一个边远城区由造反派煽动的打斗事件以来,还没有发现造反派的其他动向。除了照例通知春耕等之外,成都的电台继续禁播当地活动。

贵州

在上年 10 月就受到了红卫兵攻击的第一书记贾启允可能已经被清洗了;他肯定没在该省担任要职了。1 月 25 日,贵州省委被取消,取而代之的是由一名军人和一个不起眼的政府官员领导的"贵州省革命委员会"。这是一个由军人治理的省份。唯一公开加入新委员会的高级别的党内人士是前省党委书记、省长李立。其他成员包括贵州军区司令、政委及一些低级别的军人。军区副政委李再含担任革委会的主任。副主任是过去担任省物资局副职的张明。

---

① 原文此处约四行半未解密。——译注
② 原文此处约四行未解密。——译注
③ 原文此处约三行未解密。——译注
④ 张呼晨,建国后曾任成都军管会财政处处长、川西行署财政厅厅长、四川省财政厅厅长、四川省人民政府财办主任、四川省人民政府副省长等职。——译注
⑤ 原文此处约一行未解密。——译注

这个省相对而言免受造反派煽动的混乱之害,尽管该省在3月份好像出现过不寻常的铁路运输问题。……①1月20日,贵州军区的部队接管了贵阳广播电台,并且根据当时的报道他们可能还为对省新闻界和公安局实行革命接管提供了帮助。从那时起,军队看上去已牢牢控制了该省。尽管它被北京称为革命派夺权的榜样,但军官的主导作用占了上风,明目张胆地对抗北京推崇的革命派、党的干部和军人都起重要作用的三结合模式。

云南

第一书记阎红彦在1月8日去世,可能是死于红卫兵之手。周恩来粉饰了该事件,断言阎是自杀身亡。2月2日的一张大字报宣布省和市(昆明)的党委都在1月26日被夺权了;然而,北京尚未承认该省的革命派夺权,并且无论是昆明电台还是北京电台均未报道有党的高级官员被誉为"革命干部"。一则3月27日昆明电台的广播指出,来自贵州省革命委员会的革命派担任"顾问",与来自昆明军区和云南军分区的"领导干部"一起,帮助云南革命派解决组成三结合和组建革命组织的"问题"。

如同贵州和四川一样,军官也正管理着该省事务。云南军分区副司令黎明和副政委黎锡福及其他较低级别的军官,是自1月以来得到确认的仅有几个政治上活跃的人。

DDRS, CK3 100168853 – CK3 100168920

叶健仪、吴少杰译,何慧校

---

① 原文此处约一行未解密。——译注

中情局关于中国"文革"的国家情报评估

（1967 年 5 月 25 日）

NIE 13－7－67

机　密

中国的"文化大革命"

（1967 年 5 月 25 日）

结　　论

1. 中国的政治危机持续，还看不到结束的迹象。在几种可能的结果中，没有一种是最突出的。但无论它最终如何解决，伟大的无产阶级"文化大革命"已经对最高领导层及党造成了巨大损害，已经深刻地改变了中国内部的权力结构，已经极大地扰乱了中国社会各阶层人们的生活，已经释放出新的不稳定的力量，已经促使中国在世界上更加孤立。

2. 我们还没有证据证明"文化大革命"已经严重地影响到人民解放军的军事能力，或影响到中国发展先进武器的计划。但人民解放军正在承担越来越多的非军事任务，并且如果这种趋势长久地继续下去的话，几乎肯定会影响其军事能力。

3. 只要毛保有足够的权力和热情去推行他更新党的计划，并向真实的和想象中对他的主义和政策产生威胁的人和事开战，那么，不稳定与混乱的局面就可能持续下去。毛可能误判他的权力地位而走得太远。他现在极其依赖军队的支持；太热切地努力约束已经武装起来了的队伍，可能造成反毛的政变，甚至使国家支离破碎及发生内战。但这些是极端的情况，我们认为更有可能的是，尽管"文化大革命"造成了导致分裂的影响，但保持国家统一的基本趋势会持续下去。

4. 在毛之外，"文化大革命"已经更有可能使继承人的问题变得一团糟，并引起争斗。军方可能会起决定性的作用，但林并不一定是他们的候选人。包括周恩来、一些军队领导人，甚至一些现在倒霉的党内人士的集体，可能会形成。无论如何，我们相信，毛的许多信条和实践将可能会被撇开，这可能是一个渐进的过程，然而，如果毛的主张在持续几个月或几年中使没有解决的内部和外部的问题恶化的话，这一进程就会更快地到来。

5. 政治危机已经把领导层的精力和注意力集中放到了国内事务上，并且至少是暂时地损害到了中国在国外的威望。可是，在这样的情况下，中国也保持了相对积极的对外政策，尽管它在国际共产主义事业中变得更强硬了。在大多数方面，北京仍保持着"文化大革命"

前已经形成的稳定的政策。只要毛派掌权，北京不可能在其对外政策的总路线上做出任何重大改变。在短期内的任何情况下，无松动的与美苏为敌可能仍会在中国对外政策中占优先地位。然而，从长远来说，如果国内出现温和发展的方向性的改变，如果真的发生的话，也有可能为重新估价对外政策，以及也许会为注入更加温和的因素创造有利条件。

讨　　论

1. 就在两年前，共产党中国的好运似乎还在上升。国内方面，经济在从大跃进的灾难及与苏联关系破裂中恢复过来。中国的科学家已经探索出了他们的第一个核装置。甚至对于年事渐高的毛的继承人问题，似乎也因偏向刘少奇和一个团结的领导集体而得到了解决。外部方面，中国在与苏联的争议中取得进展：主要敌人赫鲁晓夫已经不体面地下台了，亚洲的一些共产党倒向中国阵营，欧洲、拉丁美洲和非洲其他形形色色的共产党人也对中国给予了支持和同情。在越南，越共的成功支持了毛早期的武装解放的路线。雅加达的发展趋势也预示着共产主义的成功将会席卷整个东南亚。

2. 现在，中国的情形极大改变了。它的领导层处于破败的情况，国家元首及党的总书记被指控为背叛而颜面尽失。战争年代的革命英雄也名誉扫地。在国外大有希望的形势也变了味，一些外国朋友也疏远了。中国几乎孤立了。1967 年初有几周，出现了严重和广泛的混乱，伟大的无产阶级"文化大革命"已经将中国拖入到了这个政权 17 年历史上最大的政治危机之中。

一、"文化大革命"的原因

3. 回顾过去，政治领导层的这种紧张，似乎可能是在"大跃进"失败之后，及从这一政策不光彩地后退的那几年里逐渐形成的。一定程度的稳定和秩序是达到了，但这是以抛弃毛的很多计划为代价的。这期间，尽管各种政治和意识形态的运动接二连三，但毛显然退却了。有可能是毛的政治权力部分地受到限制，他的主动性减弱了。也有可能是如一些大字报所揭示的，他的一些下级官员并不经常向他汇报，因此有一些决定是在他的控制之外做出的。这可能使毛要寻找办法，重新确立他在全国的权威和主张。

4. 毛近乎迷信动员群众和向群众灌输他的学说可以做到一切。"大跃进"和作为"文化大革命"前奏的社会主义教育运动①的背后，就是这种思想。他的方法是，强调灌输意识形态以及政治发展中斗争的不可避免性。确实，他全神贯注于"矛盾"，可能导致他夸大资本主义和资产阶级在中国还存在的危险。因此，他坚持用"不断革命"来作为与在他看来是来自

---

① 1963 年开展的社会主义教育运动，亦是"清政治、清经济、清组织、清思想"的"四清"运动。——译注

右派的持续性威胁进行战斗的手段。领导层中的其他人显然相信,这些事情能够并应该服从于不断推进建设现代中国的事业的利益。

5. 总而言之,毛对政治形势的不满已经日益增长。我们从他与外宾的谈话中得知,他正为中国的未来思虑。他指出,他担心自己已没有多少时间来完成他的革命。他表达了对没有经历过革命的年轻一代的特别关切。而且他越来越忧心,苏联式修正主义可能影响中国,特别是在他死后更会如此。"文化大革命"中突出的许多主题,在中国与苏联的论战中,特别是在 1964 年中期已经引人注目地表达出来了。

6. 正是在这种潜在的紧张状态中提出新政策必定在北京的高层决策者中加剧分歧。越南战争及与美国发生战争的威胁也是这样的问题,特别是越南战争。与这些问题相关的,是与苏联在越南的联合行动的问题。还有第三个五年计划的实际问题。也许关于印度尼西亚的争论又增加了这种紧张。毛的疑心病可能导致他把政策上的分歧当成不忠。但无论如何,到 1965 年 11 月,毛显然已经决定向他的对手采取行动。尚不清楚是否这些政策分歧就是原因,或只是发动攻击的借口,但毛在大跃进之后的早前某个时候已经决定,一旦要推行他的总路线,党内的反对派就必须被清除。

7. 一个潜在的问题必定是关于毛的继任者的问题。几年来已广为人知的是,毛指定了刘少奇为接班人。但当毛对党的机构越来越不信任时,他开始加强人民解放军作为正统性的典范,并提升军队领导人林彪元帅的名声。这种情况加剧了争斗,特别是在去年 8 月中央委员会全体会议确定林彪为继承人变得明朗化以后。那些身家性命系于刘氏的人正在努力挣扎,避免他的倒台而求生,而那些在林周围的人,可能正试图利用他的新承诺而获益。结果,政治气氛更紧张、更复杂了。不仅是领导人要保住他们的政治生涯,而且我们推断,他们还无处不在地找机会羞辱或消灭对手。对令人难以置信的犯罪者的奇怪指控显示出,很多攻击是专门针对老一代人的。我们不能完全不理会一再提到的 1968 年 2 月的未遂"政变"。那时,毛可能对他解释为篡权的企图采取了行动。或者更有可能的是,那些在 1965 年秋发动的运动中受到威胁的领导人,采取了对抗毛的防御性措施。

8. "文化大革命"已经经历了几个阶段。当它首先在 1966 年春公开进行时,仅限于打倒知识分子及党的宣传和文化机关。到 6 月份,它使权力颇大的彭真和他领导的北京市党组织成为主要牺牲品。到 8 月份,毛与林彪的势力在中央委员会内的较量中获胜。尽管结果是刘少奇和邓小平被降职,但党内的反对派看起来已经扩大到了各省。红卫兵此时被解开绳索,冲到攻击党的机构的前沿。这当然不会很快有结果,到 10 月、11 月,红卫兵运动的极端性减缓。12 月,当革命派的组织被放松了限制到至今仍不许可的工厂、农村闹革命时,出现了新的升级,尽管它对工厂和农村的影响还不大。到今年 1 月,革命达到高潮,可能是在部分人民解放军的帮助下,党的领导被大规模地罢免,无序、混乱以及抵抗在增长。

9. 当人民解放军被调进来恢复秩序时,主要的退却就出现了。在这一过程中,出于稳定的考虑,红卫兵和"革命的"组织被压制。在随后的潮流逆转的形势下,连毛夫人也批评年轻的革命者"无法无天"。党的干部被暂时放缓攻击,有些人被安排到领导岗位上。但对大多数人来说，这种缓解没有持续下去。3月份，一些在2月份曾受到批评的红卫兵组织又开始发动有限的、更有控制的行动，而政府高级官员再次受到猛烈冲击。

10. 形势仍然是极不稳定的。最高领导层没有稳固，清洗仍在进行，甚至可能在人民解放军内部加剧；对于革命的步伐和方向的争议也在继续。政权机关及政治体制的形成还在酝酿之中。毛的革命追随者看起来因校园内的争权夺利而困住了，混乱仍在持续。在全国恢复政权机关对于毛派来说是一个严重的问题。而毛的精神状况和身体健康状况不能确定。

11. 在一定程度上，"文化大革命"代表着毛及其支持者决定中国未来的不懈努力，而他们充其量获得了得不偿失的胜利。毛已经成功地撕掉了官僚机构。但问题是他是否能找到经验丰富又能干的人，他们还是忠诚的毛派，既反对旧的党的机器，又能取而代之，或者建立一个平行的权力机构。年轻的活动家们已经尝到了革命的滋味，但到目前为止，他们还没有获得真正的权力。确实，包括人民解放军和仍在官僚机构中的人，作为更传统的力量似乎已证明是必不可少的。没有他们，中国可能已经解体并陷入混乱之中。因此，在18个多月的革命动乱之后，毛要达到最终目标还有一段长路要走。

二、"文化大革命"对制度和社会的主要影响

（一）对领导层的后果

12. 党内清洗已经严重地瓦解了最高领导层。在中央委员会中，只有不到三分之一的委员尚有地位。1966年8月组成的政治局的25个委员中，只有7个仍清楚地处于有利地位，6个看起来已被清洗了，剩下的都受到不同程度的攻击。这些行动还没有清晰的轮廓。强硬路线的"左派"和所谓忠诚的毛派都下台了，而一些被认为是更温和的人留了下来。一轮清洗的受益者又变成了下一次的牺牲品。在某些情况下，好几年前被清洗的领导人已经官复原职并走上重要岗位。

13. 无论如何，毛已经将过去十几年里治理中国的很多有经验的指挥人员除掉了。他现在依靠的是以林彪和周恩来为首的不和谐的小集团，还包括毛的妻子、他的笔杆子陈伯达，以及长期与秘密警察有瓜葛的党的书记康生①。除了这个坚固的核心外，还有一个不稳定的外围集团，并且在坚硬的核心中也可能有分裂和敌对。

14. 毛不仅展示了他打倒声名显赫领导人的能力，而且展现出了无论地位多高，与他过去的关系如何，他都能把他们打倒的意志。在这样的情况下，没有人能确保自己的将来，包括周恩来和林彪。在各级岗位上的人们一定怕担责任或创新。身为领导的人可能处在一个为了个人当前的生存而互相极其猜疑的气氛下。这种形势对于国家层面的决策过程一定会

---

① 康生，建国后历任中共中央书记处书记、全国政协副主席、全国人大常委会副委员长、中央理论小组组长，中央"文革"小组顾问、中央组织宣传组组长等职。——译注

起极大的负面作用。不仅是很多很有经验的官员现在名誉扫地,而且那些留下来的人也会发现,在"文化大革命"造成的紧张和猜疑之中,很难在关键的经济、军事和外交政策上进行有目的的讨论。

(二) 对党的结构的损害

15. 毛发动对党的攻击可能不仅是要降低它的作用,至少是暂时的降低,而且是要重建它的领导。可是,反对派的强硬和顽固可能迫使毛把运动扩大到超出他最初设想的范围,并通过发动党外人士的群众运动来对付反对派。即使那些在清洗中被宽大处理的党的干部,也因为批评和自我批评而受到羞辱,结果是在整个政府机关中党的指挥混乱,士气低落,权威削弱。

16. 毛有可能想使党的机关恢复昔日的权威。这会是一个漫长而困难的过程,特别是如果中央的权威本身不够强大及团结的话更是如此。目前党的机关遭到破坏而必须要解决因毛对无条件服从党的权威的批评所造成的问题。随着他的权力的主要支撑之一受损并招致党内领导人的敌意,毛自己不得不更依靠军队。

(三) 军队卷入

17. 人民解放军现在在北京乃至全国起着重要的、或许是决定性的作用。在政治战线上,它在现正建立的临时行政机构中处于主导位置。①而且它已经被指定在全国的经济和公共安全活动中发挥管理和控制的作用。因此到目前为止,人民解放军的主要行动是恢复秩序和保持稳定。但由于承担了党的作为管理机关的大部分功能,人民解放军大大加强了它已经很强有力的地位。

18. 可是,最近几个月的混乱也引起了人们对于人民解放军高层领导一致性的怀疑。已经在高层出现了帮派并且对重要的军队人物进行了清洗。尽管其人数不能与党的损失相提并论,但总数可能也是很大的。一些军队领导人可能由于与蒙羞的党内人物关系密切而被牵连,另一些人则是在军队内部反对"文化大革命",还有一些人可能不愿意看到人民解放军被用于政治斗争。因此,人民解放军至今已经对北京的指令和权威有了很大的反应。

19. 继续对军队领导人起决定性作用的因素是一个老问题,即强调政治灌输是否要以减少业务训练为代价。也可能是更大范围的问题存在着争论,如美国军队大规模地介入越南战争就可能引起关于与美国开战的可能性以及中国的反应的争议。在这种情况下,是否采取与苏联的"联合行动"几乎肯定会在人民解放军和高层政治领导人中引起争议。无论是什么问题,人民解放军已经表明它不会受到给政府带来麻烦的政策分歧的影响。尽管这不完全是"文化大革命"的作用,但运动造成的混乱使问题浮出水面,并凸显了政策分歧。

20. 我们没有证据显示,"文化大革命"对人民解放军的军事能力或中国的先进武器计

① 原注:这些机构是"三结合"的形式,即由军队人员、革命群众的代表和被认为是革命派的党政干部组成。

划有重大影响,但人民解放军承担了越来越多的非战斗任务,并且一旦这种趋势长时间持续的话,那几乎可以肯定会影响它的战斗能力。

(四) 经济的代价①

21. 尽管"文化大革命"发出的是激进的调子,但政府的经济政策总体上仍是温和的。这可能至少部分反映了对于工农业生产受到严重干扰会对国家产生危险的现实评估。因此,直到1966年底,"文化大革命"才被引入到农村和工厂。混乱立即就出现了并对很多方面产生影响。工人离开了岗位;铁路运输中断;农民要求更多的粮食,并且当工人们要求有更多的收益时,生产受到干扰。这些只是部分的自发的反应。而另外,很多地方党当局由于担心他们自己的位置,坐视不理,鼓励工人、农民提出要求,只希望混乱蔓延而迫使北京退回去。

22. 一段时间以来,北京试图既保持生产又有高水平的革命活动。但到1月下旬,对生产的严重扰乱使北京做出了调整的回应。正如所期待的那样,周恩来为温和的政策代言,表态说激进行动的风险不仅对经济而且对其他方面都不可避免地会产生影响。尽管这种观点自激进派上次复苏时就有了,但经济仍然受到保护而没有移向极端的政策。

23. 军队已用于恢复秩序以及传送经济指令,特别是在那些党已经失去了控制的地区更是如此。这样做是否可取尚待验证。当军队有力量全面地保持秩序及自上而下地加强统治时,如果人民解放军突然展现出有能力管理越来越多样化的经济,那将是令人吃惊的。尽管如此,看起来几乎不太可能出现人民解放军取代地方当局,即使后者在管理生产方面不起作用。根据迄今收到的报告,军队发挥得多的是宣传作用。在那些进行了协作或管理工作的地方,军队却因缺乏灵活性及没有经验而制造了摩擦。

24. 我们不能估算出去年冬季发生的较为有限的干扰有多大损失,也算不出经济方面不确定或不熟练的管理及运作有多少持续有害的影响,但它们肯定是重大的。交通、通讯、食物分配以及对外贸易都在短期内受到负面影响。工农业可能受到更严重的影响,工业在1966年最后一季度和1967年第一季度可能极少或几乎完全没有增长。而农业方面,去冬今春对农业的干扰可能已经影响了生产计划和春季农田工作。

25. 当政府现在正以审慎态度维护经济时,也还在谴责刘少奇过去的那一套。……②因此我们不能确定现在经济政策上的节制会不会受到毛进一步更严厉的攻击。周显然是在毛的同意下采取措施,削弱经济政策的激进化。但只要毛还活着,这种可能性始终是一个严重的威胁。如果毛决定使生产像大跃进那样猛增,我们预计会出现经济上的迅速恶化。

(五) 对外贸易

26. 对外政策问题可能在领导层的分歧中起着作用。把刘少奇和他的追随者与亲苏

① 原注:关于中国经济前景的全文参见 NIE13－5－67,"中国经济概况"。
② 原文此处约一行未解密。——译注

的、拥护资本主义和投降主义的政策联系在一起作为他的罪名显然是荒谬的。即使是这样,可能还是受到了坚持毛的基本路线的高层的批评,这导致中国失去了苏联的军事、技术和经济援助。到1966年初,中国希望在世界革命运动中起领导作用的努力正在失败,随之而来的是中国的声誉受损,特别是在印度尼西亚问题上的失败更是如此。但最要紧的是,毛派的路线此时已经使中国的朋友或盟友所剩无几,而此时由于美国日益介入越南事务,中国处于自1950年以来最危险的境地。

27. 政治危机使领导层把精力和注意力集中到国内事务上。在这种情况下,中国保持了相对积极的对外政策,尽管它在国际共产主义的事务中更加强硬了。总的来说,它的行动倾向于保持"文化大革命"开始前已经确定的立场和政策。中国对共产主义世界的更强硬政策已使得苏联因中国付出的代价而在世界共产主义运动中大大加分。即使在亚洲的共产党国家中,中国也失去了朋友。在世界上的其他地方,红卫兵的过激行为严重损害了中国的形象,并使其已经下降了的声誉又受影响。

28. 对于北越人来说,"文化大革命"已经造成了紧张及对中国是否可靠的怀疑。而且,北京反苏的强烈情绪必定使河内因位于由两个争吵不休的盟国维持的长长的供应线末端而处境不妙。我们不能很肯定"文化大革命"如何影响了中国对越南的政策,但几乎可以肯定他们将继续支持河内打持久战。

29. 既然毛派控制了局面,北京不可能在其对外政策总路线上做出任何重大改变,尽管它越来越孤立且成果不多。事实上,"文化大革命"是要努力让革命的接班人和国内的正统派保持继续执行过去七八年来实行的对外政策。这一政策就是不懈地和不妥协地争取在国际共产主义阵营中超群出众,在亚非世界中处于领导地位,与美苏为敌,以及有选择地与世界上的其他国家和平共处。

(六) 对社会的总影响

30. 即使在"文化大革命"以前,中国人民也对群众运动及无休止的意识形态教育带来的一再重复的负担表现出越来越不以为然了。现在,毛及其思想的极端化是对人们的信仰的嘲弄,使用恐怖手段对付令人尊敬的老干部,使大多数人感到震惊和厌恶。知识分子首先受到红卫兵的冲击,政府官员之后被拉了进来,大部分的城市人口都以不同方式卷入其中。而住在中国农村的六亿人,相对来说没有怎么受到革命行动的影响,因为这一运动主要是在城市。但是,在中国几乎没有人不知道毛对他长期信任的领导人发难;至少在某种程度上农民对于领导层的智慧和效率的信心一定会受损。

31. 1月份的证据显示,一旦工人和农民认识到他们被鼓励去攻击当权者,运动很快会恶化而变成丧失原则与秩序。不安全、混乱、不尊重权威的快速蔓延,必定会在北京引起很多人震动,即使不是毛和他最热切的支持者。总之,北京迅速地退却,并在这个节骨眼上,人民解放军被召唤进入了这一场景中。

32. 另一个可能构成持续问题的人群是学生。"造反夺权"的狂热可能已经暂时地分散了学生们的注意，而如果或当事情平息下来，他们就会发现他们已被抛开并且失去了受教育和就业的机会。这将会增加这个群体的失落。……①也许同样重要的是，学校里长时间的混乱正导致中国在努力克服训练有素的人力短缺方面滑向落后。它对于中国工业及军事方面的研发来说，在较长时间才会显现出严重后果。

三、结　果

33. 国内政治与政策：前景是既然毛的健康允许他进行积极的领导，当他周围的一些人试图放慢步伐并减缓破坏时，他还会保持高度的紧张。尽管毛是专制的，但他对于与他相关的问题的反应还是有足够的政治灵活性，并且也受到那些得到他器重的同事们的影响。作为"文化大革命"的创造者和主要推动者，他一定感到这场运动远未结束。因此，在更激进的新动作与巩固或退却的时间之间，可能还会出现持续的波动。我们不能精确地预测其策略及高层中谁会成为牺牲品，但我们完全相信，既然毛有能力掌控政局，中国的形势可能会是紧张及注定不稳的。

34. 尽管过去一年半的事情已经导致中国的政治不稳定达到了惊人的程度，我们也不相信可能会有像内战或地方割据这样急剧发展的形势。但是我们感到，如果毛及其追随者试图像对党内人士那样用严厉的手法清洗军队的话，那就很有机会面临反对和抵抗。这就可能导致地区性的联盟而使中央失去控制或者发生军事政变。

35. 一旦毛的健康状况下降，目前在毛领导之下持续不稳定的局面就会更加明显，并出现长时间的领导人空位期。难以估计毛的健康状况的前景。显然，在73岁时他的健康已经突然变差了。如果他像列宁那样苟延残喘，那么帮派主义就几乎肯定会滋长，因为每一个领导人都要寻求通过适当的联盟来保住自己的位置。政变的可能性是存在的，它的发生取决于毛会不会不经过斗争而被搞掉。如果有领导人试图在毛健康不佳的时候弃之不顾，而他还能重新有足够的生命力予以反击，那么极其严峻的形势就会出现。如果这样的时期拖得比较长，那么其结果就是北京对于全中国的权威将会下降。

36. 如果毛不久后去世，我们仍然预计接班的问题会混乱和争吵不休。林彪是选定的继承人，但他将面临严峻考验。我们不相信他有在毛死后可能发生的艰难、激烈的权力斗争中存活下来的政治敏锐和身体耐力。他的机会在于是否能在很大程度上得到人民解放军的政治支持，特别是如果那时党仍然处于弱势状态。可是，最近发生的事显示，基于人事较量和政治冲突的帮派主义也像在其他地方一样在军队中发生了。

37. 也是在近期，周恩来是一个值得重视的人物。他的耐力和能力众所周知。目前相对于任何其他领导人，周似乎有才华和技巧去利用权力杠杆，并使国家朝向温和的政策。但是，他也可能不得不指望人民解放军的政治支持。确实，他迄今为止能生存下来，有可能反

---

① 原文此处约一行未解密。——译注

映出的是周及他的政府部门的官员与一些军队领导人之间的一种工作安排。周看起来身体健康,尽管他已 69 岁,但去年他还是承受了长时间的工作天数以及不断的压力。

38. 也有可能在毛的长期统治之后,政治和军事领导人倾向于集体领导发挥更大的作用,如果毛的过火行为持续一段时间的话,这种趋势的可能性就会加强。总之,会出现相当多的政治斗争,且几乎没有哪一个领导人会像毛所做的那样独揽权力并有巨大的影响力。

39. 当然,毛之后的领导人的构成会对中国各项政策的方向产生重大影响。可是,一旦毛离开了政治舞台,我们相信毛主义的很多教条和实践都可能随之而亡,这不仅是因为它们在"文化大革命"中声名扫地,而且因为它们不适应社会和经济发展的日益明显的现实。确实,"文化大革命"的必要性的事实说明,永久保持毛的革命,很大程度靠的是他本人。即使林彪获得了权力,我们预计仍然会出现一场远离毛派极端的国内政策的运动。我们不能说这个过程会发展得多快或多远,而在近期可能会逐渐展开。如果毛活得长些日子,那么这一过程可能会快得多,特别是如果未能解决的内外问题在几年中加剧的话更会如此。

40. 如果党在这一变动的时刻仍然软弱无力,军队可能就会在决策方面发挥强有力的作用。在我们看来,人民解放军中可能有一群谨慎的人,他们会倾向于与温和的政治领导人找到共识。我们也不排除争夺继承权的结果是在中国制造出一个军人政府的可能性。

41. 经济上的约束将对中国的政治构成限制。自"大跃进"以来,北京已经采用了和缓的政策以恢复生活水平,以及为更新经济发展而组织资源。这些政策的持续可能将保证适度的经济增长。大多数中国人对政府的评判将有赖于其提供给他们的基本的衣、食、住需要的能力。

42. 追求野心勃勃的经济目标的激进政策是不能长久保持的,除非面对人口压力之下他们减少或干预人口的增长。毛强调政治动机而不用物质刺激的"大跃进"手段已经声誉扫地。很多中国领导人可能感到他们在 50 年代推行的更为平衡的方式是一个更好的模式,或者甚至 1953～1957 年推行的第一个五年计划的斯大林模式实际效果也不错。毛的继任者采取修正派的经济政策的机会受到经济压力的影响,而促使他们在中国全社会推行紧缩和管束的强硬路线。我们确信,任何可能的继任者都将以马克思列宁主义为基本方针,即使是受到军队领导人强烈影响也是如此。但实际的政策将可能反映出日益增长的中国文化和中国环境的影响。它与在西方发展起来的社会主义的相似性将几乎肯定会随着时间的推移而消失。

43. 中国在世界上的作用:对于中国的政治危机的各种不同的解决方案组合,对中国在世界上的作用并无帮助,却会有影响。但我们不能有把握地预计其国内形势的发展会怎样影响对外事务。共产党中国的继承人之争还没有先例。可以比照斯大林时期的情形,但可能会误导。当毛还在掌控一切时,很多事情只能靠不确实的猜测。最后,世界在发生变化并制造出新的形势和问题。

44. 如果继承人之争延续下去,它就会成为国内事务的中心,甚至会超过其在"文化大革命"期间的受关注程度。因此,在一段时期内,中国无休止地与美苏为敌,同时对世界上的其他国家采取灵活的政策可能会是主要的趋势。

45. 此外，我们最能估计到的是，国家内部力量的变化可能但不是必然会影响到国际政策导向；亦即是一个更温和的国内政策可能会伴随着外部紧张的放松，以及有一些减少中国孤立的举动。可是，毛的最后阶段与继任者也可能与中国的战略能力增加相一致，那我们很不确定中国领导人期望如何处理这样的情况。我们现在只能估计各种政治的、经济的、军事的因素的总和以及国际形势的发展会制造压力，迫使中国调整其目标和资源，像毛所定义及阐释的，去适应世界政治的现实。

National Intelligence Council，*Tracking the Dragon：National Intelligence Estimates on China During the Era of Mao*，*1948 - 1976*，October 2004，pp. 457 - 472

何慧译、校

中情局关于"文革"对中国
外贸影响的情报备忘录

（1967 年 6 月 2 日）

机 密

"文化大革命"对共产党中国对外贸易的影响

（1967 年 6 月 2 日）

概　　述

共产党中国的"文化大革命"还没有对其对外贸易的规模和形态产生明显的影响。1966 年，与国内经济总体上的恢复相一致，外贸的总额上升了 12％，达到 42 亿。中国向自由世界的贸易伙伴的明确转移还在继续，自由世界在中国对外贸易中的比重上升到 73％。"文化大革命"对外贸的一个重要的影响，就是在 1966 年的最后四个月中，海外汇款急剧削减。

到 1967 年，"文化大革命"对于贸易的影响还仅限于汇款，以及可能使化工和纺织品的出口供应紧张。1967 年，中国与自由世界七个主要的贸易伙伴的贸易较早完成盈利，表明中国对这些国家的出口增长了非常可观的 10％。可是，如果"文化大革命"以现有的步伐继续下去的话，将会逐渐削弱中国的出口能力，增加对粮食的进口需求，总体上，会增加从自由世界进口和信贷。

背　　景

1. "文化大革命"于 1965 年后期公开爆发，到 1966 年 8 月，随着武装的红卫兵的出现，开始蔓延到经济领域，并且到 1966 年 12 月，正式扩大到工厂和农村。政府当局几乎是立即就去修补已出现的过火行为，但尽管号召"抓革命、促生产"，到 1967 年，持续的政治混乱还是影响到了经济的正常运转。

2. "文化大革命"对于中国经济的影响，首先显现在 1966 年最后一季度，此时工业生产开始逐步下滑。这种下滑一直持续到 1967 年上半年。农业也受到干扰，尽管其受害的程度要在来年的春播夏收之后才能做出评估。

3. "文化大革命"对于外贸的很多影响，要在整个经济受到影响，如出口工业的能力逐渐下降之后，才看得出来。"文化大革命"的即时影响，是对外贸易计划上的混乱，以及延迟商谈购买外国的机械和食品。不过，这些影响当然不会在现在的外贸数据中反映出来，因为这些数据反映的是已经完成装船运输的货物，而不是询盘和已签了合同将要发运的货物情况。"文化大革命"对外贸的第三个影响——贸易的构成与地区分布——也要过一段时间才能反映出来。

1966 年的贸易跃升

4. 如表一①所示，共产党中国的外贸在 1966 年估计上升了 12％，相比 1965 年的 38 亿而言达到了 42 亿。这是紧随着前两年剧烈增长（平均 18％）之后的实质性增长，反映出中国经济正在从近乎于灾难性的"大跃进"中恢复过来。当然，1966 年的全年数据，掩盖了其最后一个季度发生的困难，然而，所有与外贸活动相关的证据支持我们的结论，那就是这个时期的"文化大革命"没有严重干扰中国共产党的对外贸易。

继续转向自由世界

5. 中国与自由世界的贸易估计在 1966 年上升了 18％，而与共产党国家的贸易则下降了 4％。结果，自由世界在中国外贸中的比重达到 73％。日本加强了它作为中国主要贸易伙伴之首的地位，现在占中国全部对外贸易的七分之一。香港取代苏联处于第二位，尽管实际上香港的贸易是单向贸易，即从中国进口货物（表二②显示中国在 1965～1966 年间与主要贸易伙伴的贸易情况）。

6. 在西欧国家中，西德和法国在 1966 年超过英国，成为中国进口商品的主要国家。这一年中，中国与南亚、东南亚及中东地区的贸易略有增长，而与拉丁美洲国家的贸易基本上没有变化。在 1965 年的急剧上升之后，中国与非洲国家的贸易在 1966 年有所下降，这显然是因为中国在那个地区的对外政策受到挫折。中苏贸易下降了 23％，达到 1950 年以来的最低点。中国向北越运送的物资在 1966 年上升到 9 500 万美元，相比而言，1965 年只有 7 000 万美元。

粮食进口下降，机械类进口上升

7. 中国的粮食进口从 620 万吨下降到 1966 年的大约 580 万吨，相比之下，中国增加了机械、化肥和钢铁成品的进口。从日本、西欧进口的机械、设备、科学仪器大幅增加，这些产

---

① 表一略去。——译注
② 表二略去。——译注

品对于中国的武器现代化项目起着主要作用。①

农业出口上升

8. 1966 年,中国的食品和各种初级农产品的销售显著增加。其他类别的出口小于粮食。1966 年的纺织品出口由于对苏联的销售减少而可能继续下滑。表三②。

海外汇款减少

9. 1966 年值得注意的关于"文化大革命"对于收支平衡的唯一直接影响是 1966 年最后四个月海外汇款的急剧下降。其结果是与 1965 年的 6 000 万美元汇款相比,这一年估计只有 4 800 万美元。另一个因素是与自由世界的贸易平衡问题,即从 1965 年的赤字到 1966 年略有盈余。而中国对共产党国家的贸易盈余则下降,主要原因是中国对苏联的贸易收支由 1965 年的顺差,到 1966 年陡然变为了逆差。

信　贷　情　况

10. 由于中国保守的政策和不愿意依赖外国的支持,迄今所有信贷都是短期的。结果,中国不得不每年都要面对大量还贷的问题,而且在 1966 年当一大笔粮食贷款到期时,支出可能等于或超过收入。十年或更久的分期付款的长期信贷对中国更有利。但是,中国领导人对长期支付有一种现实的担心,特别是担心这可能使中国在近期对西方的粮食产生依赖。如果中国改变这种状况而寻求长期贷款,西欧国家和日本可能可以贷款给中国。"文化大革命"显然并没有破坏中国获得长期贷款的能力,但自由世界国家无可否认地还没有真正把向中国提供大量贷款的想法付诸实践。

1967 年的贸易发展

11. 1967 年较早完成盈利,主要体现在中国与七个贸易伙伴国的贸易占了 1966 年中国对

---

① 原注:更多情况参见:CIA/RR IM67 - 21,"中国先进武器项目的进口构成",1967 年 5 月。以下原文有一个关于 1965～1966 年中国进口商品构成的图表,但它是估计的数据,从略。——译注
② 表三略去。——译注

自由世界出口的61％,进口的54％。如表四①所示,与1966年同期相比,中国从这些国家的进口下降了2％,而出口增加了10％,尽管从这些不完全的数据中不能得出广泛性的结论,但"文化大革命"显然对于1967年第一季度中国与自由世界主要的贸易伙伴之间的贸易只有轻微的影响。

12. 1966年下半年和1967年头四个月签订的贸易协定,没有显示出中国1967年的贸易会出现实质性的变化,并且尽管1月份和2月份出现了一些困难,但中国与西方国家的商人们签订的合同,现在正在按正常的步伐执行。在1967年4月广州出口商品交易会上签订的合同看起来已经达到了往年的水平。最近在香港出现的混乱,迄今也没有对中国大陆的经济造成相应的影响;不过,1967年头两个月通过香港的海外汇款仍处于消沉状况。

13. 尽管如此,有迹象显示,中国共产党的供出口的化工和纺织品的生产可能会越来越有问题。4月份,中国化工进出口公司据报已经通知客户,所有的可以生产出来的产品在1967年上半年已经售完,并通知客商,只接受7月份以后发运的额外订单。5月初,中国纺织品进出口公司也要求它的客户接受与现存合同相违的发运安排,或者推迟交货的最后限期。化工产品和纺织品的供应紧张显示这些商品的生产已经有所下降。

1967年贸易的构成情况

14. 1967年,自由世界在中国贸易中所占比重可能会有轻微增长,因为中国与西欧国家的贸易在增长,而中苏贸易进一步下降。中日贸易可能不会像过去几年那样持续快速增长,因为日本市场不能平稳地吸纳更多的中国商品。

15. 1967年中国贸易的构成与1966年相比预计不会有实质性的变化。与1966年同期相比,头六个月的粮食合同轻微下降。1967年的化肥合同额比1966年购买的化肥多了50％,然而,精明的中国人与西欧和日本的制造商讨价还价的结果,使这些化肥合同的价值只比1966年进口的估计价值1.8亿美元略高。1966年签下的在1967年及之后交货的整个工厂和投资设备方面的订单比前两年少得多。与DEMAG钢铁联合体的谈判在1966年下半年搁置了,直到1967年4月仍然没有重开。可是,1967年的机械设备进口预计将在1965年订单的基础上增加,并超过1966年的水平。较早前与日本签的合同以及与一些西欧国家贸易中较早完成盈利表明,1967年中国农业的出口增长可能会减慢。

不会有立即出现的经济危机

16. 现在几乎没有证据显示,这场运动在中国共产党的经济领域会向前推进,而一些迹

---

① 表四略去。——译注

象表明经济效能会逐渐下降。4、5 月间,与"文化大革命"相关的政治混乱持续干扰了中国经济的正常运转。1967 年初,严重扰乱经济的过激的革命已经接近尾声,但工业和交通运输方面管理的混乱和零星的干扰仍持续阻碍经济。即使 1966 年第四季度和今年第一季度工业生产下降引人关注,并可能至少会持续到 1967 年年中,但还没有迹象显示,有立即出现经济危机的危险。"文化大革命"看起来对 1966 年的农业影响不大,对 1967 年的农业是否会有影响,也要等到夏初收获时才能做出评判。

前 景

17. 看起来"文化大革命"近期发展的情况有三种总趋势。如果"文化大革命"加剧并导致像 1967 年 1 月那样过度的长期混乱,其对外贸的影响将立即显现出来。用于出口的中国商品的生产和发运将急剧下降,而到达中国港口的进口货物,只能缓慢地到达收货人手中。主要基于 1967 年 1 月的经验,目前中国领导人看起来不愿意允许"文化大革命"这样加剧。

18. 如果领导层决定不再像现在这样以"文化大革命"为优先,而是回到 1961～1965 年那样务实的政策,就可能不会对外贸状况造成明显影响。实际上,无论是去年与今年之交的过火行为,还是从那时起出现的经济转向,都不足以干扰中国对外贸易的形态。然而,我们认为,毛泽东将不可能接受这样一种政策转变所暗含的对于他个人观点的否定。

19. 第三种情况存在于目前经济趋势的持续状况中。看起来经济总体上缺乏动力,出现了工业生产逐渐下降的预警信号,农业生产方面的问题,也出现了微弱的信号,好的信号是,行政干预经济的活动还没有无孔不入。政府当局没有表现出想要采取措施解决这些问题,并且在近期可能发生逐步的、几乎察觉不到的经济衰退。在这些条件下,随着增加出口能力增长,中国的现存问题将加剧,工业生产,也许还有农业生产,都会下降到前几年的水平以下。中国出口所引起的矛盾,将导致中国减少从自由世界进口机器和设备。如果农业生产发生严重衰退,自由世界的粮食和化肥将成为中国进口的主要产品。尽管如此,这些"文化大革命"对于外贸的假定的影响可能只会逐步地表现出来,也许是一年或几年以后才能看得出来。

DDRS, CK 3100124001－CK 3100124021

何慧译、校

中情局关于"文革"波及香港的情报备忘录

(1967 年 7 月 11 日)

Intelligence Memorandum 1366/67

机 密

香 港 局 势

(1967 年 7 月 11 日)

概　　要

在 7 月 8 日的边界冲突中,有五名警察在与一小股共产党民兵武装的交火中丧生,这清楚地表明,中国当局企图使香港问题保持热度。然而,迄今北京官方对此事的处理并不表明中共要在此时与英国摊牌。在未来几周或许会有更多的麻烦。这个殖民地的骚乱和暴力示威游行几乎肯定还会出现,或许还会有新的边界冲突事件发生。考虑到由于"文化大革命"最新阶段而出现的中国共产党领导层的混乱,首都、各省以及香港共产党机构内部的压力,香港的暴动可能会失控并演变成直接挑战香港殖民地的地位。然而,过去几个月发生的事件表明,北京当局正在实施一个较长的计划安排,蓄意侵蚀香港当局的地位,并准备在当地共产党组织的努力下,在大约一年内取得对香港事实上的控制权——如去年冬天控制澳门的那种方式。英国当局至今立场坚定,香港当局的措施行之有效,并且殖民地大众表现出缺乏"革命"热情,这些都不可能鼓励北京加快行动。可以预料,中共将会继续——并且或许还会增加——对香港当地反对势力的支持,但可能会抑制那些有卷入战争危险的行动,以及使香港陷入混乱以至于达到使北京失去至关重要的外贸收入的程度的举动——在 1966 年,中国全部外贸收入的三分之一来自香港。

背　　景

1. 香港目前的困境可以追溯到今年年初共产党开始的对殖民地策略的改变。在此之前,香港的共产党组织相对谨慎。1967 年 1 月份,一名一个月前刚从中国访问归来的(香港共产党的)高级官员发出的指示改变了方针。他要求激化劳资争端,以便于向工人灌输"毛泽东思想",并且特别强调新计划的目标是进一步的"反英斗争"。

2. 暮冬初春时节,产业工人的骚动增加,但英国当局避免介入争端及通过劳资协商来解决问题而不惹麻烦。然而在 5 月 6 日,一个工厂罢工中出现的暴力要求警察介入。共产党的报纸——首先是香港的之后是大陆的——做出反应,指责香港政府"残暴",并要求惩罚相关责任人。

3. 紧接着起初宣传攻势的是始于 5 月 11 日的由共产党发起的为期三天的骚乱。5 月 15 日,北京正式表态,向英国驻华临时代办发出一份外交部的声明,要求释放在香港被捕的工人,处罚那些对被捕事件负责的人员,作出道歉,给予赔偿,并要求承诺避免将来类似事件的发生。针对在华的英国外交人员的滋扰活动也在这一时期开始了。大规模的游行抗议活动在英国大使馆外举行。在上海的英国领事馆被迫关闭,领事馆的官员被红卫兵粗暴对待。

骚 乱 的 缘 由

4. 殖民地 5 月 6 日的罢工中的暴力事件及之后的骚乱,到底是由当地共产党组织发动的还是由北京特意安排的,还不清楚。然而,在 5 月 6 日事件发生之后,延迟了 9 天,直到 5 月 15 日外交部才发表声明,表明这场运动肇始于香港。当地政治组织的领导人在相当大的压力下感到,应展示他们的战斗力——鉴于当前"文化大革命"的要求——并认为基于要求在劳工骚动中采取更加严厉立场的总方针,发动一场较大运动的时机已经成熟。

5. 有可能是当地的领导人高估了他们自己的能力,低估了英国人承受压力的能力,以及向北京提供了乐观的景象,以确保北京当局的认同,并使中共政权直接卷入以支持他们的计划。在首都的外交部官员几个月来承受极端重压因而倾向于把"政治挂帅"置于他们正常的谨慎之上。

英国的反应及效果

6. 毫无疑问,在中国外交部声明的鼓励下,香港共产党组织发起了一系列"红卫兵"式的游行示威,并且怂恿旨在破坏公共设施、制造更大混乱的罢工。香港政府基于北京没有意图夺占殖民地的判断认为,在这种形势下,拒绝让步可以得到更多而损失更少。伦敦拒绝回应中国外交部的要求,并且发表声明表示支持香港当局。香港警方毫不软弱,并用最少的警力控制了大局。

7. 当地共产党恐吓英国的努力失败后,他们的士气开始消沉,其中一些人表达出对来自北京的支持的失望。……①5 月 23 日,一些香港共产党组织的高级官员表现出了不断增

---

① 原文此处约三词未解密。——译注

长的悲观情绪。他们把英国政府坚定的立场，归咎于其"明智"的判断，即那时中国不愿接管香港。据报道，他们认为北京并非完全同意当地共产党组织"加剧"对抗的努力，并且私下里承认，英国随后压制游行示威而没有发生伤亡事件的政策是明智的——与葡萄牙政府在澳门所犯的错误相比而言。

8. 到了5月底，殖民地已经恢复平静，尽管还有由当地共产党发起，北京通过前线组织提供部分资助的零星罢工活动。在这一点上，香港的共产党领导人开始宣称反英斗争将持续长达两年。这种形势几乎贯穿整个6月份。6月24日进行"总罢工"。努力终归失败。号召总罢工已经是"一厢情愿的想法"，因为大众很难被动员起来了。……①

北 京 的 行 动

9. 此时共产党中国做出诸多姿态以支持香港的共产党人，但所做的仅仅是象征性的鼓励。6月25日，也就是总罢工流产后的第二天，北京中止了对香港的淡水供应。这非常明显是试图困扰英国人，并且提醒他们对中国大陆淡水供应的依赖。然而，中国当局是在现存协议下已经按照合同提供了所有的淡水之后做出的举动，并且在每年的这一时期，殖民地的淡水供应形势通常并不紧张。在10月份之前，北京没有义务向香港提供更多的淡水，并且忽视了英国的要求——有可能是试图探测中国当局的意图——在此时增加淡水供应。

10. 6月26日，中国外交部约见英国临时代办，交给他一份照会，抗议英国飞机飞越中国领空，指责英国人在镇压香港大罢工中的"血腥暴行"。中国的照会再一次要求立即满足5月15日声明中的要求，但没有时间限定。代办报告说与中国外交部官员的会面进行得"非常低调"，并且评论说照会显然主要是企图转移人们对大罢工失败的关注。

11. 香港的共产党人号召于6月29日进行为期4天的"食物罢工"（food strike）。北京当局予以合作，禁止装运肉食及其他食品的船只从大陆进入殖民地。罢工没有什么效果——85％的商家在四天之后就回来营业了——在7月3日罢工失败后，食品禁运也终结了。长时间的持续禁运会使殖民地中占大多数的中国人生活困苦，而北京显然并不希望这样——也不想失去其中所赚取的外贸收入——像由当地共产党组织进行的无效的努力曾表明的那样。

目前中国当局的态度

12. 中共或许认识到他们已经涉足太深，以至于不能完全从香港问题中脱身，并且北京

---

① 原文本段两处未解密。——译注

当局认为,提供足够的政治的、经济的支持以维持目前程度的压力及纷扰是必要的。然而,看起来中共的行动可能主要取决于香港共产党组织获得当地大众支持的程度。7月5日《人民日报》的一篇社论强调了当地共产党组织在继续进行斗争中的地位。社论说"工人的罢工"是当前反英斗争的基本武器,并且宣称香港工人作为"主力军",必须做好团结身后大众的工作。

最近发生的事件

13. 如果7月8日发生于香港新界沙头角一边境村庄的冲突是由北京当局授意的,就应该解读为保持压力及鼓励当地共产党组织的行动。这个村庄跨越边界——边界沿着村庄一条大街而定——且是可以不断骚扰对方,打了就跑的绝佳地点。7月8日,一群示威者,其中一些已被武装,跨越了边界。试图阻止他们的警察遭到枪击。在这次力量悬殊的交火中,五名警察被打死,超过11名警察受伤——警察用左轮手枪和卡宾枪对抗共产党武装分子手中的步兵武器。

14. 这个事件几乎可以肯定是有预谋的,并且事实上五名中国军官在冲突发生的前两天跟随一小股示威队伍侦察了这个地区,这表明共产党人策划了这次交火事件。在冲突进行的四个小时期间,中国军队的一个营逐渐向边界调动。……①随后获取的信息更让人相信,沙头角交火事件是由当地激进分子或者别有用心的地方派别策划实施的。北京当局或许只是在事后才知悉。香港的共产党高层显然大吃一惊,如果这次交火事件是计划中的一个中心组成部分,他们很有可能已被提前告知。

15. 7月9日,英国代办向中国外交部提出抗议,并在同外交部副部长罗贵波交涉中得到这么一个印象:中国对这件事情毫不知情。当代办援引香港的共产党报纸承认说中国民兵已经越过边界并向香港警察开火的报道时,罗面色尴尬。代办报告说,在整个会见过程中,罗局促不安,而他相信中国当局完全意识到事件的严重性并处于守势。

16. 在任何情况下,北京官方对冲突的态度看不出其对此事的真实意图。7月9日,中国外交部在向英国代办递交的照会中谴责香港当局,要求英国道歉、惩处相关责任人、赔偿,并且保证类似事件不再发生。这个声明没有像较早前中国关于香港问题的声明那样字句严厉,没有包含报复的威胁,也没有设定答复北京要求的最后期限。

17. 7月9日,香港的共产党狂热分子煽动起了一场骚乱,一名警察和一些示威者被打死。将来更多同样的事件还可能发生。据报道,共产党控制的该殖民地的学校计划在暑假组织学生参加反英活动。然而,北京当局此时似乎还不太愿意更多地支持这种伴随着一再发生在边界线上骚动的活动。中国提升对香港的军事威胁将有卷入战争的危险,导致与美

① 原文此处约三行未解密。——译注

国的冲突。北京所采取的经济制裁——切断淡水供应，停止食品货运——将会进一步损害共产党在香港民众心目中的地位，并且导致与殖民地进行贸易而得的至关重要的外贸收入的丧失。

中国的财政利益

18. 香港是共产党中国最大的单一出口市场，也是中国最重要的单一外汇来源地。去年中共在香港贸易中收入 5.5 亿美元，大约占当年中国全部外贸收入的三分之一。中国从香港获得的外贸收入增长很快，在过去五年里几乎增长了两倍，并且现在仍在增长。如果北京接管这个殖民地，这一切几乎都将失去。而如果中共采取无所裨益的行动，其重要的外汇收入比例也将告吹，其结果是使香港瘫痪。一些与殖民地的直接贸易还将继续，但是外汇收入的市场将会显著地衰落，这将是对北京的一个沉重打击。中国不得不从国外进口各种专门的科技设备以及普通机器和化肥。过去六年以来，主要的花费都用在购买谷物以满足中国膨胀的人口需求。北京在 1966 年花了 3.75 亿美元的外汇购买谷物。

DDRS，CK 3100124133 - CK 3100124143

代国庆译，何慧校

中情局关于中国大陆局势对
香港影响的情报备忘录

（1967 年 8 月 25 日）

Intelligence Memorandum 1383/67

香 港 展 望

（1967 年 8 月 25 日）

概　　论①

中共在香港局势上对英国重新施压产生了新问题，即关于这个殖民地的当下与长期前景。北京日益动乱的局面与全中国持续的"革命"混乱使得对中国的行为做出自信的预言较以往更加困难。

然而，过去三个月来中国的行为使我们得出结论，即中国当局从一开始就打算把香港问题炒热，继续支持在香港的异议人士。我们也认定，北京开展了一项运动，该运动旨在逐步侵蚀香港当局的地位，并因而为本地的共产党人的新企图奠基，他们企图在大约一年后实际掌控香港。我们相信与此同时，中共将避免使反殖民地的行动卷入战争之险或甚至人员迁移，这将严重扰乱香港以至于其停业，并从而断绝了北京的重要外汇基地。

最近的中共行动似乎证实了这种分析，在一系列英国对中国要求的羞辱性断然拒绝后，中国向英国递交了最后通牒，袭击了在北京的英国大使馆。这些行动可能部分地出于回应在香港的共产党领导人的压力，这些受到严格压制的共产党人要求北京对他们的运动给予更大支持。虽然洗劫大使馆的确实现了北京向英国发出的威胁，但这种"严重后果"的威胁却不包含严重的危险。

香港的共产党人可能受到这些行动的鼓舞，能够指望他们提升制造混乱的成效。然而，最近中共的行为与宣传暗示北京此时不打算走得太远，以免超过那种支持当地共产党机构的已有行动。

中共打算越界攻击似乎是不可能的，但存在两种来自中国大陆的可能行动，这将给香港当局造成非常困难的局面。红卫兵的激进暴徒们要么自己行动，要么听命于北京，能够尝试着对这块殖民地发起一次侵略行动，然而，廓尔喀部队似乎能遏制这一行动。如果毗邻的广

---

① 原注：该备忘录由中情局独家撰写，它由当前情报办公室准备，得到经济研究办公室与国家评估办公室的协助。

东省的军事权力机构垮掉，并且大量中国难民逃入这块自由殖民地，那么就会出现更严峻的困难。

英国人已显示了他们自己有能力对付香港本地的共产党恐怖主义与暴力，不过这个殖民地的长期前景却相当难以预料。商业信心已经动摇，资本开始外流，除非这个殖民地恢复和平，无论多么不易，否则将出现经济增长率急速下滑与失业增加的趋势，这种情况将为共产党人提供新的机会，而这可能是他们正在追求的。然而，北京领导层的变动与随之而来的中共政策调整将可能减少一支力量，并允许殖民地弥补它已遭受的一些损失，这支力量就是香港共产党捣乱潜力的后盾。

最 近 的 背 景

8月22日的英国驻京大使馆被焚事件发生在一个时期的末端，在此期间，北京可能因香港的共产党机关无法撼动港英当局的地位而变得愈加灰心丧气。在7月8日的沙头角事件后的一段时期，殖民政府对共产党制造大规模混乱的行动发起了一次有力反击。

7月12日，首次动用军队来支持警察开展一次成功的突袭，这次突袭清除了一个左翼工会的总部，该总部作为有组织骚乱的一个指挥点已折磨了殖民地近一周时间。当地共产党组织的士气严重动摇，不仅是由于这次突袭，而且是由于对其他控制中心①所展开的后续行动，这些行动监禁了许多共产党领袖。

暴力事件与大规模骚乱的次数下降，到7月底，尽管仍有针对警察与公共交通业的零星恐怖主义袭击，似乎当局在处理共产党机关问题最难的阶段上进展顺利。一次食品业的罢工被取消，针对港口设施的罢工变得愈加无效。

在此阶段的始终，北京的宣传机关虽然鼓励当地的共产党人继续开展他们反对"压迫"的斗争，但是它继续强调斗争的重任将不得不由殖民地"同胞"承担。当三名新华社驻港代表在7月中旬被逮捕后，中共强烈抗议，并在英国驻北京的大使馆门前举行了小规模的示威，但没有采取进一步的行动。

8月初发生了新的小规模边界事件，但这些事件的发生似乎不是来自北京的命令，甚至不是来自省权力机关的命令。守卫边界的中国军队在许多场合下介入以防广东大乱，其中最严重的一次发生在8月11日，那天一群红卫兵流氓越界袭击了驻在文锦渡的警察署。红卫兵解除了警察署的武装，强迫一名英国警官签署了一份协议，该协议要求拆除边界附近的带刺铁丝网，并向一位宣称受损的当地农民赔偿。②

---

① 共产党组织骚乱的指挥点。——译注
② 1967年8月10日下午，广东省宝安县文锦渡搬运工人与港英文锦渡当局发生冲突，晚上工人们缴获了准备开枪的英军和警察的枪，迫使港英大埔理民府官员鲍富达等人认罪，写下"认罪保证书"，次日凌晨将鲍富达等人释放。——译注

次日,英国沉着地断然拒绝了该"协定",理由是该协定是在强迫下签订的,并着手关闭边界,而火车通行的罗湖除外。这招来了中国外交部于 8 月 14 日递交的一份抗议照会,但英国拒绝接受,不过他们后来解除了边界的多数通关点的限制。

3 天后,即 8 月 17 日,香港当局关闭了三家重要的亲共报纸,逮捕了主要员工,这些报纸一直出版煽动性的社论,这似乎是北京忍无可忍的最后一事。中共的威望已深深卷入,意味深长的是,他们无法影响局势已被多次证实。在这些情况下,北京显然决定必须采取一些行动,8 月 20 日,中国外交部向英国代办递交了一份威胁性的照会,要求在 48 小时内解除对报纸的禁令并释放被捕的记者。

英国马上拒绝了该照会,香港政府开始审讯亲共的新闻记者。当其"最后通牒"设定的最后期限过去后,北京的反应是派遣一群红卫兵暴徒洗劫并焚烧了英国使馆。这次暴行是自义和团运动以来针对一家外国使馆的最严重行动,它可能被中共视为卷入了小的风险,确信会成功。该事件似乎意在胁迫港英当局,满足在照会中所威胁的"严重后果"将降临英国的要求,增强香港共产党机关日渐低落的士气。

在最近的将来

香港的共产党领导人可能会被这种新迹象所鼓舞,即北京乐意支持他们。一位在香港的共产党发言人已威胁要增加恐怖主义活动,在 8 月 22 日的一次新闻发布会上,他宣布"解放香港已经开始",然而,他的宣言似乎不过是一份自负的宣传声明而已。中共可以通过举行新的边界示威来加大对香港当局的压力,类似的这种示威已举行过多次,但他们此时可能不会超过这一行动。

8 月 20 日,北京播送了一篇威吓性的《人民日报》社论,那天也是递交"最后通牒"的日子,社论宣称香港是中国领土,宣布殖民地的"同胞"一直有"他们祖国的强大支持"。然而在论述香港回归大陆时,社论只说香港"总是"处于英国统治下是不可思议的,宣布"帝国主义的血债""迟早"是要清算的。北京的宣传机关依旧坚持香港的当地共产党领导人在反对英国的斗争中必须主要依靠他们自己的资源。新华社 8 月 22 日的一篇关于攻击英国人的报道就带着这种基调,暗示对英国的"英勇斗争"将在很大程度上依靠"香港爱国同胞"的"坚定不移",他们有中华人民共和国的"支持"。

虽然来自大陆的一次越界军事攻击因而看来不可能,但存在两种可能的行动,它们将使英国在香港的局势变得异常困难。很可能狂热的红卫兵激进分子以援助其香港同胞的"志愿者"为幌子,在边境尝试一次协同进攻。在中国现在盛行的情况下,这样一次聚众滋事可能不受北京的指挥,而很可能在毛的"对开展革命有利"的含糊其词的政令下进行。

这样的一次袭击能够被现在驻扎于边界的香港一侧的廓尔喀部队击退。防务准备目前已进行了一段时间,当局认为他们能够遏制这种侵略活动。如果出现这种冲突,香港的华人可能会普遍地支持英国，既然甚至左翼人士似乎也对红卫兵的暴行胆战心惊。

如果发生了一次来自广东的突发、大规模的移民越界事件，这将出现一个需要处理的更棘手的问题。广东的局势现在非常动荡，据报道混乱与骚动在不断增加。如果那里的军事权力机关完全崩溃，很可能大量的难民将涌向香港，北京当局甚至可能会鼓动这样的一次移民行动。

1962年春，要么是出于对北京想法的一次误解，要么是出于广东权力机关的崩溃，就出现了这么一次大陆华人大规模流入香港的事件。如果投奔香港自由氛围的中国人超过18万，殖民地将很难安置他们，而1962年就逃到香港18万人，这可能大大超过了当局处理局势的能力。

只要没有上述这两种局面，对殖民地的眼下威胁似乎是当地共产党重新发起的骚扰治安部队与恐吓民众的活动。共产党人可能希望通过这些策略来为他们赢得心甘情愿的支持，或强行取得对他们活动的默许。虽然香港当局已显示了他们能对付这些战术，但现在没有迹象显示英国愿意放弃原主张。

长 期 的 前 景

然而，该殖民地的长期前景充其量也是不可预知的。至今香港的经济尚未遭受严重的短期损失，主要的制造业没有被中断并继续赢利、提供就业。转口贸易可能有一定程度的下降，但仍保持着巨大的规模。旅游业为香港提供了三分之一非贸易外汇收入，虽然该业暂时多少有一点缩减，但香港的高级饭店仍很难预定。

尽管这是一幅"生意（差不多）依旧"的景象，殖民地繁荣的基础——本地商界对香港未来的信心与外部企业家在香港投资的意愿——可能正在开裂。香港的商人们是一类坚强者，许多人是来自前共产党中国的"难民"，他们及时逃出来，拥有足够重新创业的资本。他们承认香港难以承受中共的压力——包括完全占领——而且他们多数从未按照一个延伸到未来五年以外的时间表来计划投资。当这些人在经过共产党三个月的折磨后预测未来时，他们所见的是一次反政府的长期运动的前景——连续的劳工骚动、恐怖主义、不停地破坏治安，使香港无法维持。其后果是，只要好战的毛主义者正在扰乱大陆，他们就会看到可能吞噬自身的一次政治爆炸的威胁。

有迹象显示香港商界的信心已严重动摇，也许这不过是舆论导向的标志。如果一种悲观的趋势在发展，随着时间的推移，其后果将意味着该殖民地的停滞乃至破产。香港的局势如此严峻，以至于经济必须保持强劲增长否则就面临崩溃。几乎持续的繁荣已延续了将近20年，这主要依赖外国资本家，首要的是华侨在这块殖民地投资的意愿。随着殖民地的繁荣，外部的新资本被吸引进来，而加速经济增长率的资本依然很多。

外部的资本在维持这个循环中变得日益重要，但外来投资者把钱投入香港的意愿强烈地受他们对当地态势看法的影响。当地部分商业领袖的悲观导致外人日益谨慎,香港当前的不安症状已经产生了这种结果,已出现一股来自香港的资金,而对小商人的银行贷款已愈加紧缩。报道说一些富有的华商断定繁荣已经结束,他们正打算清算其资产。部分地出于对此种局面的回应,美日投资者现在对在香港进一步投资表示了严重的质疑,他们近年来主要负责发展新工业。

真正的危险是如果在接下来的六个多月内不能恢复稳定与商业信心,一次长期的衰退可能就会出现。随着时间的推移,新投资的缺乏与经济增长速度的减缓将导致失业增加,这将给共产党人提供新的机会,或许为他们提供急需的当地支持。那是,罢工以及经济与政治利益上的要求可能会比他们在过去几个月里所做的更成功,而这将进一步打击商界的信心。这可能就是共产党指望的结果——不是通过军事手段从外部接管香港,而是通过内部的持续侵蚀,这种内部侵蚀将使当地的共产党人支配香港,导致类似澳门的一种局势。

……①

最后,只要毛主义的盲信者继续以毛泽东思想的当前解释进行文字游戏,对这块殖民地的持续压力就可预知。然而,如果新的领导人在北京掌权,转向更温和与实用的计划以努力恢复大陆的内部稳定,支持香港共产党运动的力量可能就会减轻。平静将会恢复,已遭受了一次打击的香港将缓慢地复苏,香港将习惯于一种缺乏安全感的和平,这和平中带有一种稍稍萧条了的繁荣。

DDRS, CK 3100433437 – CK 3100433447

张民军译、校

---

① 原文此处两段未解密。——译注

中情局关于周恩来与"文革"的特别报告

（1967 年 9 月 8 日）

SC 00786/67A

机 密

周恩来与"文化大革命"

（1967 年 9 月 8 日）

自 1966 年 8 月以来，周恩来总理已成为统治北京的政治三人组中的关键一员，他在此期间的表现表明了他是仍在中国政治顶层的唯一明智的人。经过多年残酷的斗争和巧妙的妥协，他已身居要职。周恩来比其他中国领导人有更多关于外部世界的经历。从气质来看，与其说他是一位理论家，还不如说他是一个管理者，他是一个老练、儒雅的实用主义者，他已在 40 多年的为中共效力中证明了他的能力和耐力。

在整个"文革"期间，所有政府宣传都描述了周忠实地支持和始终执行有利于毛泽东和林彪的事情。然而，事实上周恩来不断地努力缓和他的上级所下达的极端政策，有时候他似乎做的是两码事。尽管他没有完全跟随毛派的步伐，但周还是作为领导集团最积极的成员公开出现，甚至担负起作为国家元首的某些礼仪责任。由于他行事周全，左右逢源，且拥有无与伦比的政治技巧，周——在权力结构高层的所有人中——最有前景继续掌权。

周恩来的性格和背景

自 1966 年 8 月以来，周恩来已被确认为中国的第三号人物，这个排行他已经保持了多年。在去年秋天的八次群众集会和今年所有领导人出席的类似场合中，他一直是仅位列于毛和他的法定继承人林彪之后。周之所以引人注目，很大部分源于他身处中国庞大政府机构中的高位，并且是政府政策的主要发言人。作为总理，周执行的政策是由政府内部会议决定的，在这些会上他说话是很有分量的。

周处理问题一贯实际的态度是非常出名的。例如苏联的官员就说过，与其他中国领导人相比，他们更愿意与周打交道，因为他们认为他更灵活和更机智。他展现出了抓住问题要领和化解危机的异乎寻常的高超技巧。他在党内政治丛林中生存的能力堪比米高扬。他多次受命进行审慎的谈判，以及对难堪的政策倒退做出合理解释。在他的许多北京同僚保持强硬并时常招致极端措施之时，周几乎总是能作为替补队员浮现出来。

在中国国内,周是一个很受尊敬和欢迎的人物,对于外国人来说,他长期是北京最好的推销员。早些年,很多具有不同政治信仰的外国客人离开北京时都对周恩来的机智印象深刻,并被他的个人魅力吸引。他在西方世界的经历使他比中国共产党的其他领导人拥有更广阔和国际性的见解。情愿的话,周可以是友好的,和蔼可亲的和随意的,偶尔他也不介意享受一杯烈酒——人情味的表现,这是他那些死板的同僚们所不敢做的。

在与毛随行的人中,他总是显得有点特立独行。他生于中国东部的一个富裕的官宦人家并受到儒学传统的熏陶——与中国共产党的其他领导人相比,他们中的大部分人出身都比较卑微。周 15 岁进入了天津一所由美国传教士资助的中学①,1917 年毕业后,他去了日本留学,后来又去了德国和法国——他在那里的煤矿和工厂里做过工人。在法国,他结识了一些人,这些人日后也位列于中国共产党(CCP)的高层。

回国后,周参加了爱国学生运动——与他未来的妻子一起——两人在 1919~1920 年间于天津双双入狱。1925~1926 年是国民党(KMD)与共产党达成谅解的时期,周担任了黄埔军校这所中国的西点军校的政治部主任。后来他成为一个能干的军队司令官。20 世纪 30 年代初,他支持毛泽东的两个对手掌握共产党的领导权,一直到毛在长征早期召开的遵义会议上取得了党的领导权后,他才加入了毛泽东的阵营。在余下的苦难历程中,周证明了他对毛来说是有用的,并在流亡延安期间担任重要角色。

在战争年代,周负责在重庆与美国人的联络工作,1945~1946 年,他作为共产党的主要谈判代表应付国民党和美国。1949~1950 年,他在艰难交涉中所起的主导作用致使中苏最终达成《中苏共同防御协约》。②在 1953~1954 年导致朝鲜和越南问题纠纷解决的谈判中,周也是中方的中心人物。③

在所有这些谈判中,周显示出他的坚定、谨慎和耐心。在 1955 年于万隆举行的亚非会议上,他以卓越的表现获得可能是他在国际公共关系方面最重大的成功。然而,在理智与务实的光鲜外表之下,周可能与他的同事一样残酷无情。这已通过他在如此靠近中共权力顶峰的并不稳固的位置上供职 30 年而幸存下来得到充分证明。自 1949 年建国以来,周恩来一直是中国的总理,同时担任外交部长直到 1958 年。④

周恩来的官方职位

周多年来的高强度公务日程安排,足以让比他年轻的人筋疲力尽;一个典型的工作日是

---

① 即南开中学。——译注
② 即《中苏友好互助同盟条约》。——译注
③ 即朝鲜停战谈判和日内瓦会议上关于印度支那问题的谈判。——译注
④ 以下是一幅插图,从略。插图说明:1967 年 4 月 23 日,中国共产党的第二号和第三号人物林彪和周恩来,挥动着他们的《毛主席语录》小红本,带领着"文革"干部走上主席台,纪念毛主席《在延安文艺座谈会上的讲话》发表 25 周年。——译注

从早上十一点开始一直到第二天凌晨两三点。这些事务包括频繁出席礼仪活动，管理中国庞大政府机构的日益增多的琐事，以及在"文革"中担起公共事务方面的主要任务（无疑是幕后的）。而且，在"文革"的过程中，由于其他人不到位，他还要承担额外的责任，因为他是掌权的三巨头中唯一有足够精力应付庞大的政府机构日常事务的人。

这些活动的明显重要性使观察家判断他的政治声望在提高。5月1日的时候，据说中国驻巴黎的一个外交官告诉那里的一个中国留学生，是周而不是林最终将是毛的继承人。这可能反映了中国外交部门中广为流传的观点，带有主观臆测的成分。早在10月份，中国在海外的官员也表达了类似的观点。但北京的英国外交家判断，尽管周的同道人持续受到攻击，但总理还是以相当大的信心和不断的努力，促使在"文革"引起的社会动乱中保持社会秩序。

周作为掌权的三巨头中的第三号人物这一正式排位，在无数次对领导层聚会的宣传中得到加强。在过去的几个月中，他出现在每一次精英的内部会议上，在毛和林出席会议时，他总是仅次于后（这是1966年8月形成的惯例），在他们缺席时位居第一。最近几个月，在林没有与毛一起公开露面时，周与他比肩而立——最近的一次是在6月25日的集会上。

周看来还要起到一些其他的正式作用。在最近的中东危机期间，当北京表明支持阿拉伯国家时，周总理不仅是国家和政府的发言人，而且还接待阿拉伯领导人的信使。5月27日，外交部长陈毅"代表周恩来"接待了六个阿拉伯国家和巴勒斯坦解放组织的外交代表。6月20～24日，赞比亚总统卡翁达对中国进行国事访问期间，周又以政府首脑和国家元首的身份出面，就像卡翁达一样。他迎接、宴请卡翁达，与他举行高峰会谈，在这些场合发表讲话，并主持签订了贸易协定。由于北京无意找人替代被贬黜的刘少奇，在北京的外国外交官们已把周当作是北京的国家元首，给他增添了更耗时的工作。

如果这还不够，1月以来的几份报道称，周已承担了他在国务院的下属官员的部分日常行政管理事务，这些官员正备受"文革"判官的责难。在4月30日一份重要的未公开讲话中，周声称他已承担起外交、财贸、农林这些国家机关的直接管理，因而暂时代替了被围攻的陈毅、李先念和谭震林。

周在"文革"中的地位

除了他的全职正式职能外，周在大字报中被描绘成在尽"文革"首席执行官的义务，下令采取军事行动，劝说革命造反派接受引导，制定政策，调解各派系之间的争斗——所有这些都遵从了毛和林的政策。在扮演"文革"解困能手的角色中，周就亲自会见了众多的来自各省的代表，并且签署了一些中央委员会支持或批评各省领导人的决定或指示。

周的政策讲话一直是相当支持更理智的选择，如用三结合班子结束纷争，恢复秩序，呼吁今年夏天重开学校，让躁动的年轻人回到校园，以及表态说中央委员会已同意实行稳健的经济政策以保护工农业生产。他的公开和私下的讲话都常常被看成是"文革"政策的主要表态。

1967 年 1 月,在省一级党组织倒台后,周的任务正是努力使大部分省的政府机构保持完好,使那些地方的毛派分子的"革命"政府成不了气候。然而,在 4 月份,当他所做的一些安排被毛派好斗分子驳斥并被中央委员会推翻时,他对付主要是地方的军事指挥官的新领导人的权威被削弱了。同时,在 5 月和 6 月,激进的毛派领导人康生、陈伯达和毛夫人第一次开始公开联合介入到一些省一级的问题。

然而,周在省一级的事务中依然十分活跃。4 月,他乘飞机去广州,为曾被毛派分子批评为支持"保守"集团的广州军区的领导人撑腰。当骚动在广东和湖南蔓延时——两省都在广州军区的管辖下——周恩来亲自过问。7 月底,他命令第 47 军脱离湖南军分区接管湖南,8 月,他几次签发指令给广州的红卫兵组织和当地军事当局,试图遏制暴力的扩大,但没有成功。4 月份之后,周最引人注目的解困行动,是安排释放了两位被当地的军事司令扣留在武汉的高级官员。

对 周 的 攻 击

在"文革"的头几个月,毛派领导人和红卫兵没有对周和他的政府机构里的工作人员下手,因为他们正集中火力反对党务机关的领导人。然而,10 月在北京召开的高层紧急会议后不久,红卫兵组织就发起了一场主要针对副总理和政府部级官员的猛攻。在 10 月底和 11月初期间,红卫兵闯入政府大楼,招摇过市,且许多官员受到虐待——至少有一位部长死在他们手上——并在首都遍贴周恩来提携起来的人的大字报。周自己没有成为主要目标,但对他的个人权力基础的突然袭击强烈地显示出,在 10 月的会议中他与毛派领导人起了冲突。

对政府的攻击与对政党的攻击截然不同的是,在 1 月的头两个星期就更换了官员,但当周以及之后也出来表态的毛夫人和"文革小组"的头头陈伯达在红卫兵的集会上强烈地要求保护副总理免受攻击时,又迅速平息了;毛夫人和陈也利用这个场合表扬了周。这段小插曲再次表明周已招惹了毛派,但他经受住了风暴,因为他们相信需要他来保持国家不散架。周几乎可以肯定是 1 月底和 2 月份政府推出的较温和政策的设计者,这一期间他的权威看来特别大。

然而,到了 3 月,毛派意识到他们所投身的"文革"已失去了动力,而决定不计代价,再开大油门。在 3 月的头两个星期,政治局常委会的几次据说激烈争吵的会议做出的决定,很快就带来了红卫兵通过大字报和集会对主要与周的名字相连的政策和为他做事的人进行猛烈及持续的攻击。

在早期阶段,毛派避免直接攻击周本人,但对周的职位的隐蔽威胁的存在,一直反映在他对暗地里的攻击未雨绸缪上。3月18日，一张由有势力的北京航空学院红卫兵张贴的大字报声称，周"是毛主席的亲密战友……炮打周恩来，就是炮打无产阶级司令部，就是反革命"。类似的辩护时常出现在主要的红卫兵报纸上。

5月31日的大字报报道了影响更大的辩护。根据它的说法，陈伯达和"文革"的其他三个高级领导人会见了红卫兵代表和批评周的人，并告诉他们不要抨击周。陈伯达说，"周在国内外都受到尊敬……他是执行毛主席和林副主席政策的可信赖的人。任何人都不允许挑剔他。"

周对同盟的维护

周已多次公开为数月来备受零星批评的同事们辩护，这无疑激怒了他的对手。

例如，5月20日，他在一个会议上说，叶剑英元帅是忠诚于毛的，"绝大部分是好的"，直到1966年，他都出色地贯彻了毛的意旨。今年初，他在四川和青海犯错（据说那时他支持中国人民解放军镇压造反派的暴乱），只是因为他受到基层组织报告的误导。此外，6月11日，周公开为财政部长李先念辩护，就像他4月6日已经做的那样。

然而，周为其冒最大政治风险的官员是外交部长陈毅。依据6月12日红卫兵在北京第二外国语学院发出的小册子，周主持了1月24日的万人集会，陈毅在会上作了公开的自我批评。周立即把这个自我贬低说成是"非常好"，显然试图用这种方法结束针对陈毅的恶意的公开行动。当3月和4月更猛烈的运动又重新开始时，周再次挺身维护。

接下来，周三次降服了来自北京外国语学院和其他与外交事务有关的单位的红卫兵"造反派"——两次是在失控的民众"侵犯"外交部大楼之后。周严厉地指责了红卫兵闯入政府机关的行径，拒绝他们罢免陈毅和其他官员的要求，并说他们"不是政治局，不要试图给我施压。那是行不通的"。

最近，根据造反派在专管导弹生产的七机部大楼前张贴的消息，周6月1日接见了一批造反派，批评了来自七机部的造反派对直到最近才全面负责先进武器研发的聂荣臻的攻击。然后周利用这个机会，通过反驳这帮人在所有大字报上的批评，扩大了对军委所有副主席和副总理及政治局常委的保护。

周和武汉事件

7月期间，毛派加速"文革"的新努力导致了武汉军分区司令公开对抗北京的姿态，周被深深地卷入到从未有过的复杂局面中。

7月中旬前，发起了另一次针对名誉扫地的刘少奇的围攻。官方广播解释，这是必要的,因为刘在社会的近乎每一个领域——包括军队——都有"亲信",他们必须被打倒。同时,红卫兵获得了新的鼓励,继续进行他们那毁灭性的革命运动。简言之,在早期的围攻中逃过一劫的中央和地方官员面临新一轮人身威胁——身处可能发展为灾难性动乱的不断扩大的混乱和暴力中。

武汉军区司令以扣押和羞辱北京派出的两名重要干部作回应。这可能是反对"文革"的姿态,而不是企图举起造反的旗帜。然而,这是前所未有的最严重的一种挑战,并可能标志着中国的国内政治斗争过程中明确的转折点。

强大的中央权威和团结的领导集团会马上作出反应,罢免违抗上级的官员,以儆效尤。北京没有这样做。两个多星期过后,才宣布武汉军区司令被免职,而没有公布是否对他进行进一步惩罚。这些状况显示,不能及时、"果断"地解决武汉形势的原因,源自要承受其他重要军区领导人的压力。

周在两名被扣押官员的获释上显然颇费周折,且在毛派与军方之间协商解决办法中扮演着即使不是首要的也是主要的角色。在这个问题上,他是支持毛和林的,但他可能同时试图保持与那些反对他们的人的联系和影响。交涉的结果是和解——所有有关的派别都不满意——紧接下来是新的更充满暴力的斗争阶段。

周现在的处境和前景

周恩来的顽强、谨慎和愿意在该出手时就出手,对他应付从一开始就成为"文革"一部分的险恶的内部斗争有很大帮助。在这整个官方鼓励的暴力和混乱期间,周始终是温和派的发言人。他多次保护政府部门和军队中当权的那些与他抱有共识的下属和盟友。

周偶尔表现出与"文革"的某些方面不协调时,又能保住其接近政治最高层级的位置的能力,既反映了他的机敏,又说明事实上和任何官员一样,今天的中国也不能少了他们。由于他与"文革"最严重的暴行没有牵连,周可能是仍能与目前争夺最高权力的各集团说得上话的唯一高级别的官员。要是能阻止中央政权垮台以及陷入使共产党政府完全毁灭的内战,周预期可以登上或接近政治最高层的位置,这一点最终会从目前的混乱中浮现出来。

DDRS,CK 3100124079 - CK 3100124088

汤婉华译,何慧校

中情局关于中国局势和前景的国家情报评估

（1968 年 5 月 23 日）

NIE 13－9－68

共产党中国的短期前景

（1968 年 5 月 23 日）

问　　题

对下一年度期间中国的主要趋势与前景加以评估。

结　　论

一、共产党中国的内部局势依旧非常混乱，前景不可预测。虽然失序、混乱与骚动仍在继续，但自去年夏天的高潮以来情况已有所缓和。然而，那些被无产阶级"文化大革命"疏远的阶层已经形成，"文革"在政治控制、社会纪律与经济发展方面的代价远远超过其收获。虽然毛在粉碎旧的党组织内的高层反对派方面取得成功，但从更广阔的视角来看，他的文化革命是一次失败，我们相信它将逐步停止。

二、毛似乎仍旧是中心人物与基本政策的发起者。毛与政权正式承诺要为行政与政治管理重建一套新体制。总而言之，我们认为趋势将是恢复几分稳定，其部分原因出于北京温和派的影响日益增加，但在各个层面仍将出现突然的波折、偶发的危机、失序与混乱，这些将反映派系与领导人之间在政策与策略上的强烈分歧。

三、军方在来年仍将是北京最可靠的工具。作为具有一个全国性指挥与控制系统的唯一凝聚力量，军方将不得不承担各种管理与控制职能，政治的、经济的与社会的重建活动规模可能要求人民解放军在未来的几年里大力支持。军方在政治生活中的支配地位将成为制度，特别是如果政治重建陷入暴力与混乱的话，就需要解放军的镇压力量。这种增强政治角色的必然结果是人民解放军偏离了正常的军事日常工作，其军事准备状态就会随之削弱。

四、作为"文化革命"的一个直接后果，它对经济的破坏包括降低了工业生产、耽搁了现代化与经济增长，恶化了劳工问题、在技术专家培训方面的退步，以及在新的经济政策与计划设计中的一般疏漏。拖长了的政治动乱对经济的累积损害不会轻易或很快恢复。无论

1968 年的政治路线如何,农业产量不可能再现去年的好收成,而去年的收成则得益于异常的好天气。在任何经济扩张前景展开之前,中国在 1968 年充其量只希望恢复经济的稳定与平衡。的确存在一种可能,即粮食减产加上征购与分配的问题将在 1969 年之前引发一次严重的缺粮,反之,这可能会产生严重的政治反响。

五、"红卫兵外交"让北京在去年与共产党及非共产党政权的关系付出代价。然而,自去年夏天以来,政权已采取步骤来减小国内事务对外交关系剧烈与挑衅性的影响。大体上,文化革命并未改变中国对外政策的总路线,它依旧保持着语气上的革命性与行动上的小心谨慎,对内部事务的全神贯注可能把对外关注归入一个次要任务。

六、在任何有关中国未来的评估中,一个主要的不确定因素是毛的去世问题。过去两年的事态使如下的推测更有可能,即毛的去世将开创一个激烈并可能拖延的时期,在此期间,政策分歧与权力野心将继续推动一场领导层的斗争。毛的遗产可能是一个被折磨得筋疲力尽的党、一套混乱的官僚体制、一个分崩离析与备受煎熬的领导层。在我们看来,最终的结果将是加速废弃毛的教条与政策。

讨　　论

一、背　　景

无产阶级"文化大革命"正步入它的第三年,它已对中国社会生活的各方面、国家的内外政策及其可能的未来产生了深远的影响。革命的进程异常飘忽不定,而且,各种波折背后的原因经常是含糊不清的。①

尽管有政策与革命行动方面的波折,整个去年夏天的大趋势似乎是当维持秩序的传统力量被削弱时,注定要出现越来越多的暴力与骚乱。这种状况在去年 8 月前进入高潮,各种革命团体间的武斗达到顶峰,国内混乱达到危险的程度。人民解放军在尖锐的政治抨击下亮相,政治策划暗示在最高领导层内关于文化革命的前途出现了一次危机。

在 9 月初,北京突然转变了路线,再次要求在实际中执行温和的指示。对解放军的抨击遭到批判,军队被最终授权使用有限的力量来追缴在夏天被抢走的武器。革命的暴行遭到谴责,一些政治领导人因极左主义的指控而遭清洗。稳定变成了官方计划:北京再次呼吁,即要求由红卫兵、解放军领导人与值得信赖的党员干部结成的联盟作为组建新的"革命委员会"的先决条件,革委会将在各省承担行政责任。它重申其政策,即党的干部要复职,派系斗争要制止,学生要复课,革命团体的全国性合作要限制。到年底,北京宣布文化革命取得了

---

① 原注:对"文化大革命"起源的讨论在 NIE 13－7－67,即《中国的"文化大革命"》,1967 年 5 月 25 日,机密,该报告的第 3～7 段似乎依旧有效。

"决定性的"胜利。有迹象显示将要召集一次党代会让这些变化合法化。简而言之，看来"破"的阶段已告结束而"立"的阶段已经开始。

但事实远非如此。"联盟"常常加深了创伤而非愈合伤口，革命青年抱怨他们的声望失落，当他们尚受官方宠爱之时，他们依然是动荡局势中的一支爆炸性力量。暴力尚未结束，严重的武斗继续在一些疏落的城市爆发。军队在国家的大部分地区依旧是唯一的有效控制工具。新的革委会已在巨大的困难下成立，新秩序正建立于一系列反复无常的妥协之上。

二、当前局势的因素

（一）毛及其追随者

对中国未来道路的任何评估一定要从毛泽东的处境与态度开始。尽管他的健康与智能出于不确定状态，他似乎仍是中心人物与基本政策的发起者。文化革命已反映了毛关注党的官僚主义与社会中出现的问题，他还感兴趣的是重申他在党内的权威，再次普遍地在全国灌输革命热情。

毛显然感到党不可能被改造，但在新秩序建立前，不得不对党实施恐怖统治并粉碎它。档案因而深刻地暗示毛依然坚定地献身于这个主张，即认为中国革命只有通过"群众"直接参加"革命行动"才能保持活力。而且，从毛的立场看，过去的两年已取得一些显著的成果。他与其同伙已粉碎了20世纪60年代初他所面临的高层反抗，而且他已让年轻一代直接参与政治生活与革命，但这些成果在建立一个新的革命秩序中尚需巩固，目前最主要的任务就是建立新的革命秩序。

迄今，毛在推动文化革命的进程中已展示了巨大的战术灵活性，但他的调整余地因几方面的原因已逐渐收缩。社会秩序与经济不能长期容忍一种政治真空与混乱的管理，它们要求给文化革命设置一个时间限制。而且，毛并未得到他所有同事的全心全意支持，尽管几乎无人胆敢直接顶撞毛，但一定会有人尝试着让他偏离其更激进的计划，有些人可能在极力限制那些因文化革命而迅速蹿升到高层的领导人的权力与影响。既然革命的一个主要想法是激发"群众"，毛自己的计划可能并不非常确定。因此，在各种关头，崭新的以及无法预料的局面已经出现，它们决定了后退还是前进。随着每一个激进阶段都带来更大的损害，那些被毛的策略与政策疏远的群体已经形成。

只要毛当权，一个与他更加激进的政策联系在一起的集团就有希望在最高领导层内保持一个强大的地位。这些人几乎必定会继续鼓励毛推行其更加革命的想法，他们也会反对更温和的集团与政策，这些似乎威胁他们的地位，他们也会像过去发生的那样转向彼此争斗。这种对抗很可能被展开，特别是在关于接毛的班的看法上更有可能发生争斗。

林彪的地位是文化革命的重大不解之谜之一。他以毛的名义发布指示，并且公开宣布他是毛的"最好学生"与选定的接班人。围绕林的各种各样的崇拜已经形成，他似乎按毛的传统行事，很少公开露面与正式发表意见。显然，他超然于日常斗争之外，在这种情况下，就很难有把握地确定其实际角色或其政治影响的程度。

(二) 反对派的本质

作为毛与文化革命的反对派并未被明确地加以界定,而且缺乏凝聚力或中心方向。尽管有针对毛的密谋的各种指控,但是尚未出现我们意识到的废黜毛的直接努力。领导层回应毛的清洗不是通过公开的反抗,相反却通过灵活机动来求生,这包括逃避、消极反抗、指示的受挫以及极力保护既得利益。这种防御性的反应在上层梯队中是非常危险的,那里的清洗是剧烈的;但在省级及其以下的官员中,尽管有无数次的清洗,这种形式的反抗还是相对有效的,这在很大程度上应归于混乱,随着"文革"对社会秩序的逐步瓦解,混乱在蔓延。

抵制"文革"的主要结果之一是在最高领导层中发展起来两翼,一方面是那些既得利益的集团与领导人,他们的主要关注是维持秩序、稳定与国家安全,另一方面是那些负责操纵革命的人。在更温和的力量中有解放军、政府官僚与大多数党的"老战士",也许他们还没有形成一个持久的派别,只是一个与"文革"集团相竞争的相当松散的联盟,后者是在陈伯达、康生与毛夫人的领导下。

作为北京统治集团的第三号人物,周恩来在"文革"中扮演了一个重要角色。他继续在复杂的政治冲突中纵横捭阖,卷入斗争而又设法超然度外,在侍候毛的同时缓和毛派政策过于极端的后果。作为国务院总理,周多年来一直负责管理中国的经济、军事与政府的官僚机构。他因而是我们逐步认定的中国温和的利益集团的代言人,同样,我们把他视为该集团象征性的而非实际的领袖。

有诸多的迹象显示领导层在政策、目标与策略方面存在巨大的分歧,虽然也可能有共同关注的领域,这些分歧反映了对抗性的利益集团的不和与出于个人利益的政治混战。而且,在一种怪异的局势下,冲突不可避免,这就是一个在朝的政权试图领导一场革命而同时不摧毁国家与自身。这些冲突造成了政策的波折与北京不时流行的不确定氛围,自1967年9月以来,致力于现代化的集团似乎在权力及其对革命进程的影响上取得了重大收获,然而在近来,反右倾运动已显示"文革"集团绝非失势。

总之,我们相信领导层在政策问题上发生了分裂,而且对权力虎视眈眈的派系的存在又过度损害了它。只要毛还在负责这个领导层,它将继续保持表面的团结,但是从眼下来说,特别是在后毛时代,分裂将是一个潜在的巨大不稳定因素。

(三) 权力的工具

中国的制度结构已遭到严重破坏,原来通过党实行的有效控制已被严重削弱。北京显然不再完全一致,它的制度也不再是永恒不变与坚不可摧的。权威与纪律已相应地遭殃,通过支持"造反有理"的口号,毛在削弱控制机制方面已走得太远了。

党的机关。中共并未被抛弃,毛主义者声称要对它进行重组与净化。然而,中共的组织结构已被瓦解,威望严重受损,权威实际上已被破坏,其前途因而暗淡。从北京到县的党的各级精英已被从"老战士"中揪出来,这批人有 200 万,其中的 10％是在 1948 年前入党的党员。这批精英的地位建立在资历、对 1949 年前苦难的共享、及其对毛与党的毫不动摇的忠诚之上,但这个精英集团已对其根本既迷惑不解又摇摆不定,这首先是毛对其价值的否定,其次是毛对年轻造反派的支持,这些造反派怀疑"老战士"统治中国的资格与适当性。

党的高层领导人在 1966 年已被清洗,对党的全面进攻则始于 1967 年初,其时红卫兵被命令"夺权"与"揪出当权派"。结果,在每一个组织与单位中,一名或更多的"老战士"官员被挑出来批判、示众、在许多情形下遭到清洗。这种仪式象征了党与"老战士"对毛与造反派的服从,但它也瘫痪了党的运转。党的书记处的职责被中止,党的六个大区局正被绕开,也可能已被解散;省级党委正被新的革委会取代。

对党的抨击造成干部士气低落而且十分困惑。在造反派开展政治迫害期间,不论他们与被罢免的党的领导人的联系是多么普通,也已成为怀疑与批判的根据。他们的自卫性行动被解释为反对毛,组织他们自己的红卫兵的尝试已引人注目地促成了广泛的派系斗争。党的工作人员与他们在当地军事组织中的搭档的长期工作关系偶尔会使他们共同努力,以抵制红卫兵的侵扰。在下层干部中,当混乱的指令与矛盾的政策把他们置于暴露与危险的境地时,中途退出者已成为普遍现象。

政府结构。许多有经验的官僚也被怀疑、被开除,当以前高效的官僚系统面对充其量是糊涂的命令而优柔寡断时,它正清晰地显现了紧张的迹象。在省与地方层面上,政府运行已严重受制于行政的混乱。在中央,政府部门继续工作,但红卫兵的破坏显然干扰了其正常业务。政府部长们遭到批斗,其中许多人对清洗无动于衷,甚至周恩来也不能保护政府的所有关键人员。结果出现了管理混乱,特别是在省一级混乱更严重,他们已要求军队介入。

军队。最初看来,好像解放军只是稍稍卷入了"文革"。不过,军事领导层没有逃脱清洗,尽管"文革"的彻底破坏性力量也通常置身于解放军的内部工作之外。大多数的损失是在政委系统,但司令员们也被解职。随着党与政府的权威下降,作为拥有一个全国性的指挥与控制系统的唯一凝聚力量,解放军被引入来维持稳定与秩序,它被委以遍及中国的各式管理与控制职责。

考虑到这个主要角色,解放军发现自身已深深卷入地方政治与高层争论。它的问题连同这些新奇的任务,已被来自中央的含糊且常常矛盾的指示搞得异常错综复杂。在许多情况下,解放军鼓励并支持"保守的"红卫兵,然而最通常的反应是在政治争论中担当一个中立的角色,并且专心于制止暴力。然而,即使如此,解放军也常常不能保持中立或作为武斗派系间的一位调解者。由于这些对比明显的回应,各级的解放军在各种场合出现分裂,虽然经常受到北京领导层的赞扬,但军队的困难角色使得它几次遭到"文革"小组的斗士们的抨击。

造反派。红卫兵与稍后组织的更成熟的"造反"团体的角色随"文革"的盛衰而波动。作为一支向党首先发难的突击队,年轻的造反派们对毛是有用的。1966 年的红卫兵大会展示了毛操纵"群众"的独特能力的潜能,对毛的感召力的回应是迅速的、狂热的,这种回应是对实际或潜在的反对派的一个有效警告。最近,随着意识形态的狂热普遍深入全体居民,它在造反派中已经衰退。越来越多的证据显示,持续的派系暴力应更多地归咎于代表"富人"与"穷人"的组织间的斗争而非意识形态动机,这些富人与穷人体现在权力、地位与物质优势方面。

作为红卫兵及其他造反组织的顶级控制工具,"文革小组"也是不稳定的。这个最初由17人组成的小组已被大规模地清洗了,然而,最高领导——陈伯达、康生与毛夫人——保持着他们的显著职位,可能除了康生,他们的升迁与存活在很大程度上要归功于他们与毛的密切关系。他们在继续"革命"上的既得利益无疑反映在他们给毛的建议及其对红卫兵造反派的指导上。

新的权力结构。自1967年初以来,北京就一直在努力组建一个新的权力机关,它要整合党员干部、解放军与"革命群众"。中央已正式宣布每个省市要由一个革命委员会来管理,革委会建立在这些力量的"三结合"基础之上,第一个革委会于1967年1月31日在黑龙江省成立。去年的进展缓慢而且飘忽不定,但最近几个月的步伐在加快,只有少数的重要行政领域尚待建立新的革委会。

这些革委会的未来角色与权力相当不确定,特别是根据一项重建党的政策。革委会已被描述为只是"临时性的",然而关于重组省级政府的事却只字未提。总之,无论如何,政权已指出它希望在1968年完成重组过程。

为省市组建一个新的管理机关的过程已加深了派别活动,而派别活动正是它意欲阻止的。对抗的红卫兵组织已在抵制与从前的敌人合并,以前的党员干部与红卫兵的关系仍旧非常紧张,解放军被迫执行其含糊其词的命令。即使暴力总体上已经缓和,激烈的政治暗斗与紧张状态还在继续。实际上,在新的革委会逐步获得团结与管理效率之前,或者在党为了重申权威而对自身进行充分重组之前,继续管制将是对解放军的一项要求。

(四) 社会秩序

除了与"文革"的政治活动直接相关的暴力外,中国的社会秩序与纪律已普遍下降。我们不能确定现在的非法活动(黑市交易、贿赂行为、牟取暴利、小偷小摸、暴力解决宿怨)有多么猖獗,但政权在从前压制这些活动的效率已明显下降。而且,被迁到农村地区的过剩城市人口已流回城市,这些人在城市竭力存活,常常是非法的。同样,学生抵制当局要他们返回学校的命令,而且他们以毛的名义这样行事。就工人而言,他们已趁乱奋力争得了更大的物质利益与更好的工作条件。除非这些导向非法的个人与集体活动的趋势能被很快遏止,否则他们可能将对中国的共产党体制的未来产生深远的含意。

通过宣传与无孔不入的党形成的心理威压不再是有效的控制,解放军缺乏控制社会的人员与组织,而党正是通过这两者实现对社会的控制。在一个党的控制机制的等同机制得以重建之前,政权将不得不接受一个在诸多领域减少存在的现实,而重建机制则需要数年的光景。革命过激派已造成了动荡,夺权的邀请已鼓励有力地尝试着解决问题,因而零星的暴力在1968年可能会继续发生。即使有清晰与准确的命令,解放军仍需要时间来控制局面,当然也无法消除潜在的紧张状态。最终，北京可能不得不作出选择，要么更大规模地使用军事力量来维持秩序，要么采用诸如物质刺激等更灵活的方式。

（五）经济

尽管毛关于经济发展的激进观点，经济政策并未屈从于"文革"的极端派。即使许多现行的政策被归于被贬的刘少奇，我们既未看到严重偏离了在农村地区允许自留地与自由市场的相对宽容的路线，也未见到严重背离在工业上相对保守的政策。因此，尽管在言辞上不停赞成毛的观点并驳斥那些归咎于刘的看法，实际的政策相对不受影响。关于第三个五年计划（1966～1970）的制订不再被提起，而且几乎一定是一个有名无实的问题。

无序与混乱对1967年的经济产生了负面影响。工业上的生产损失已反映在建设缩减、库存下降与外贸萧条，交通的中断与煤炭的短缺尤其影响整个经济。另一方面，由于异乎寻常的好天气，农业却是一个亮点，这支撑了消费，因而消除了严重的身体困苦。

在城市的劳动力中，随着工业生产的下降与适龄工作的人口在增加，失业与非充分就业的人数在过去18月内暴涨。同时，当局一直在提倡节约，一直在努力削减工资与额外福利。这些发展结果，加上"文革"的大混乱与派别活动，已导致工人集团间的严重冲突，引起对生活水平及就业机会的普遍不满。当局已答应在"文革"的后期重新检查整个工资问题，然而就眼前而言，不能期望救济，普遍的不满可能会上升。

最后，经济对受过很好培训的专家的需求已严重受制于大学的关闭，这已将近两年。对知识分子批判的强烈憎恨将使恢复有效的高等教育变得很困难，毫无疑问，如果课程按所提议的路线来调整的话，那么教育质量会进一步严重下滑，这条拟议中的路线就是支持毛主义者的教条，消除外国的影响。初高中的关闭对职业技能方面的影响不太严重，因为这些学校已毕业的学生要比现代经济所能吸收的学生多。

（六）军事能力

军队对"文革"活动的所承担的沉重义务已差不多中断了解放军的训练任务，虽然更加难以证明的是这也可能干扰军队的士气与效力，不过很可能如此。当局现在面临的重建活动的范围似乎可能要求解放军在未来给予更大的支持，这些重建涉及政治、经济与社会领域，结果，军方不可能获得它在作战准备损失上的补偿。纯粹的政治与管理任务的负担将不可避免地影响其履行军事职责，不过，如果出现针对中国的军事威胁，解放军可能会表现出色。[①]

在整个"文革"期间，现代武器领域的建设、导弹试射与核试验在继续进行。但有充分的证据显示政治混乱已波及到指导与实施先进武器计划的组织。在1968年1月的一次讲话

---

① 原注：关于军事准备的一份更详细的讨论将在随后的 NIE 13-3-68《共产党中国的总目标与防空部队》中继续展开。

中,周恩来对在军事工业中派别冲突所造成的损失感到痛心,他提到了在负责导弹的某部所出现的拖延的政治斗争与设备损害。我们没有关于这些破坏可能有多么严重的确切信息,不过似乎可能的是资源分配与政策指导在"文革"的暴行中一定受损。

三、前　景

(一) 对内政策

当然,有许多重要的不确定因素在影响着对中国未来道路的任何评估,也会发生无法预料的事情,例如去年发生在武汉的绑架事件①或者诸如毛、林或周等一些关键人物的去世。存在于对抗性的利益集团间的个人憎恶与紧张关系业已加剧,这种憎恶与紧张可能会发展到某种程度,即阻止对重大问题的和平解决。在党的重建过程中,冲突几乎一定会继续下去,还会出现军方领导层与文官领导层在相对势力上的紧张状况,诸如越南战争等外部事件可能会改变北京的态度。普遍的幻灭与经济崩溃可能让尽早恢复社会稳定成为泡影,特别是如果农业产量在 1968 年急剧下滑,将使现在的领导层进一步名声扫地。

毛不太可能永远满意于政治生活的总体稳定,这种稳定是以他的革命计划为代价获得的。他可能试图继续坚持这些计划,以实现中国社会与政治的进一步改变,纵然他对无政府状态与经济混乱有一些了解。他很可能对后退起了疑心,而且很可能赞成革命努力的周期性高潮。如果他认为反应不正确或不充分,他可能尝试进一步的清洗。毛的这种根本态度在很大的程度上要为持续的动乱负责,而且要继续负责下去。只要对毛在如何继续"斗争"上的态度存有疑问,那么在领导层特别是在年轻的造反派中就会出现这样的人,他们将被鼓励以毛的名义继续其破坏活动。他们将会这么做,一部分出于相信这是实际上想让他们干的事情,而不顾相反的官方法令;另一部分出于保护或提高其权位之考虑。

因此,中国的前景充其量也不过是不确定的。(我们要)在资料的基础上审慎地考虑到一些急转弯与意外之事,但趋势似乎对毛主义的极端派不利。即使中国已显示出对长期动乱的非凡忍耐力,北京也似乎逐渐认识到该是减少"文革"损失、巩固有限成果的时候了。

总而言之,我们认为趋势将是恢复稳定。其部分原因是对造反的抵制于去年夏天达到危险的程度并预示着军队与造反派间的一场对抗,这也反映了在北京温和势力的政治影响在增大。更具决定性的是,毛本人可能同意走向现代化的动议,因为他自己希望在打碎党的旧机关的基础上重建一个新秩序。

就像"大跃进"从未被正式质疑一样,"文革"同样也不会被否定,但在胜利声明的幌子下,"文革"中过于激进与破坏性的部分可能会被抛弃。这并不意味着局势将立即转入正常,可能在一段时间内还会极其混乱。可能有时会发生武斗,在一些地区也会很激烈,北京的政

①　1967 年 7 月 20 日发生在武汉的"七二〇事件"。武汉一派群众组织因质问、批判中央"文革"成员王力支一派、压一派的阴谋活动,被污蔑为"反革命事件"。——译注

治攻防游戏将继续上演。

我们相信一个新的组织架构将逐步形成,虽然其最终结构与力量对比尚无法预测,毛至少打算这个新架构应反映革命新一辈的势力。"文革小组"将要努力在党建过程以及革委会中确立造反派的影响,然而,迄今资料暗示解放军与党的干部或许会成为最重要的力量。因此,党的重建与革委会权力的演变很可能是继续斗争的根源,虽然这种斗争形式可能不会像过去两年那样激烈。

军队至少在来年仍将是北京最可靠的控制工具。解放军将承担起政治重组的重任,军方在政治生活中的支配地位可能被制度化,特别是如果政治重组陷入暴力与混乱的泥淖,或者经济与社会问题要求解放军的压制力量的话。

受困于诸多问题的中国至多能希望在 1968 年恢复经济的稳定与平衡,还谈不上任何发展的前景。甚至该希望也是基于一个不确定的假设,即中国在每一次持续的政治冲突后能恢复有效的经济优先权与纪律。例如,北京将不得不重新加强对粮食配给、工资与人口流动的有效管制。鉴于今年直到目前在经济稳定上的进展有限,1968 年全年的经济表现将继续下滑。

无论如何,与去年的丰收相比,农业生产很可能要下滑。天气状况不可能像 1967 年那么喜人,化肥的供应将被缩减,灌溉系统管理不善的影响将被感知,缺乏严格的行政控制可能会导致粮食征购与分配中的严重问题。因此,在 1969 年前,很可能会发生具有重大政治后果的严重缺粮问题。至少,1968 年的农业产量可能要大幅下降,下降到足以抑制 1969 年经济增长的程度。

有各种迹象显示毛把自"大跃进"失败以来实行的经济政策视为修正主义,修正主义者们过多地依赖物资刺激与纪律,而几乎很少依靠毛泽东思想的启发与创造性力量。毛相信只有通过释放中国大众的潜能,才能克服中国的经济问题,大概"文革"部分地被当作毛在经济政策领域采取某些剧烈举动前的一次准备。

假若如此,应对任何这种举动的形式似乎都不成熟。在当前的混乱与缺乏一个有效的管理与控制机构的情况下,尝试另一次"大跃进"式的试验将遭致一次经济与社会危机。北京将忙于恢复经济的秩序与平衡,它也缺乏可投资的资源来发起一个重要的长期发展计划。我们因此得出结论,今年在经济政策中不可能有大的动作。

(二) 对外政策

"红卫兵外交"让北京在 1967 年付出沉重的代价,中国外交人员在国外专横地宣传毛的革命教条,同时却在国内鼓励仇外。这种好斗的态度在诸如缅甸、柬埔寨、尼泊尔与锡兰等中立的亚洲国家中制造了严重的问题,中国在建国初期就与这些国家建立了很好的关系,驻在北京的外交代表们受到暴徒狂热举动的威胁,英国人、法国人、捷克人、俄国人、蒙古人、日本人、印度人和印尼人在北京受到身体上的虐待;外交场所遭到侵袭,一些受到洗劫,8 月,至少有四天,外交部长陈毅被"文革"捧起的极左分子中的一员所取代。

激烈阶段是相对短暂的,自八月的暴行以来,盛行一种更平和的态度,但对缅甸、泰国、马来亚、菲律宾、印度与印尼的口头声讨在继续。至少只要毛及其总路线支配中国,这种支持叛乱的更严厉的革命政策将会继续,甚至在那些与北京有外交关系的国家里也支持叛乱。虽然全神贯注于国内事务将使北京在1968年不可能在境外发动任何大的颠覆活动,但我们预料北京会继续对泰国、缅甸与印度的叛乱分子予以低水平的援助,这种援助将与北京在这些地区的过去活动相一致,在这里与美国对抗的危险极小。

越南仍旧是北京最攸关的利害所在。甚至在"文革"的高潮中,中国继续给河内军事与经济援助,容忍几乎是公开的政治分歧,努力把越南的发展描绘为毛战略的成功。但是,北京在越南与其在远东的其他地区一样,一直小心谨慎以免冒与美国军事对抗的危险。

在最近的将来,北京的目的将是让河内朝北京希望的方向前进,美国被击败或撤出越南将是一个重大的外交政策胜利。为此,北京将继续敦促河内在一场拖延了的战争中坚持下去,而中国不必公开参战。

在战争的现阶段,北京强烈反对的观点是关于越南问题的认真谈判。它大概会逼迫河内在与美国的谈判中尽量保持死板与不妥协,虽然如此,它大概也不会采取诸如削减对河内援助之类的强制性措施。北京在河内缺乏足够的影响以阻止有关和解的全面谈判,如果河内接受停火,北京虽然不赞同,但也会不得不接受河内的决定。

在中国外交政策的其他焦点上,与苏联的关系仍保持在冰冻状态。北京痴迷的反苏路线排除了共产党国家为了越南而"统一行动",也是北京失去了从前友好的共产党的支持。结果是加剧了中国的孤立,加之"文革"的激进创新,这几乎在所有战线上都损害了北京的威望。

只要毛活着,我们看不到中苏关系有妥协的希望。苏联在沿中国北部边界集结军事力量,这是在强调自1960年以来中苏冲突已走得多么远。中国一定对这种力量炫耀很敏感,也一定对苏联在沿边界的少数民族人口中进行颠覆的潜力非常敏感,但我们相信北京将小心谨慎,以免在边疆地区出现军事紧张的危险,而且北京大概不会在边界的中国一侧采取一次相匹敌的军事结集。

四、在毛泽东之后

如果毛在明年左右去世,接班问题很可能是混乱不堪与争吵不休的。林彪虽然接到了作为接班人的明确授权,但我们相信他巩固其地位的前景相当不稳定。最初,林可能以委员会主席的身份接管政权,而周恩来则出任最高行政长官。在一个过渡阶段,周的独特能力可能会暂时收拾一下局面,但领导层的各种态度与步骤——只是部分地被毛的独断统治所压制——很快将涌现。我们预见会出现一个激烈而且可能拖长了的阶段,在此期间,基本政策问题将激起一场猛烈的领导层斗争。当领导人在新的权力结构中竞逐时,各种人物将起起落落、宦海沉浮。在此阶段,我们不能断定领导层如何被选出,而更多地依赖于在政治秩序重建的过程中形成的均势。现在的趋势暗示军方可能会在毛泽东之后的中国扮演中心角色。

对毛泽东主义的评判已在流行，而这将深刻影响毛之后的未来中国政策的方向。毛的遗产很可能是一个被削弱了的党、一个混乱的官僚机构、一个分崩离析备受折磨的领导层，派别活动与斗争已取代了这个政权之前特有的纪律与团结。毛复活革命热情的冲动产生了适得其反的效果，大概毛会进行调整，以恢复一些中共原有的前进动力，但我们怀疑他的特别计划将在他死后会继续长期存在。他打破过去禁锢的运动或许将取得一些有限的成功，但中国的文化与传统已经在修改毛的共产主义，甚至在毛试图移风易俗之际。极其重要的是，毛的许多革命教条正在被发现与现代世界中的中国问题毫不相关，虽然摒弃他的教条在更广的意义上并不是必然要抛弃共产主义，但这种摈弃可能会在他的去世过程中加速。

National Intelligence Council，Tracking the Dragon National Intelligence Estimates on China during the Era of Mao，1948‐1976，2004，pp. 507‐524

张民军译、校

中情局关于中国社会秩序混乱的特别报告

（1968 年 7 月 19 日）

无序在共产党中国的蔓延

（1968 年 7 月 19 日）

在过去的两年里，"文化大革命"已经极大地毁坏了"专政的工具"——党、警察系统和宣传机器。党和警察系统已在全国范围内陷入混乱，在有些地区已完全撤销了。受命填补空缺的军队已经证明不能胜任这项工作，因为军队的人数太少，又缺乏以前由成千上万的党和警察干部所做的那种公共安全工作方面的经验，也没有得到北京的明确支持。结果，无法无天的行为和国内秩序的混乱达到了 1949 年以来任何时候都无法相比的程度。在处理一些较轻微的犯罪、黑市交易、卖淫及其他"资产阶级陋习"方面的成就已经荡然无存。事实上，试图"强化"人们的革命热情的主要结果，却是使前共产化时代的社会罪恶有了新的增长。地方当局采取了各种应急措施以应对这些问题，但进展甚微。北京的领导人在采取行动方面达成共识之前，特别是考虑到不受约束的红卫兵是麻烦的根源，看不到形势改善的任何前景。即使到那时，要建立行之有效的管理机构也要花相当一段时间。

党和警察控制的崩溃

自毛在 1966 年 8 月发出号召打倒"走资本主义道路的当权派"以来，党及其各级组织的复杂网络作为一个切实可行的统治力量实际上已经被干掉了。在红卫兵攻击的压力下，到 1966 年 1 月，省一级的大部分党的官员被解除了权力，再不能行使职权。过去负责向基层传达和推行政策决定的党委会的有组织的网络现在显然已经失效了。

宣传系统也失去了作为劝说和控制机关的大部分的能力，这主要是因为宣传部门的话语再也得不到强有力和团结的党的机构的支持。而且，在过去的一年半中，各省的广播电台和报纸报道越来越遭到质疑，并在很多情况下看起来只代表在某个特定的省夺了权的那一派领导人的路线。

在全中国进行执法的系统就是人们熟悉的"公、检、法"，即公安局、检察院和人民法院的简称，它们作为之前党的机构的工具已经正式被北京的领导人谴责。1966 年 12 月，毛夫人批评执法部门过去与那些声名扫地的党的领导人关系密切。1968 年 12 月，公安部长谢富治也抱怨大多数公安人员支持保守派，极少人支持革命的红卫兵派系。他承认，在 1966 年"可能所有的"公检法单位尽力保护了当地党的官员而镇压好斗的红卫兵，最后，谢说，站在毛主席指引的路线上，公检法应该被"彻底打碎"。实际上，各地公安局的情况大不一样，但是全都受到削弱，有些已经关闭了。现在特有的公安机关是由人民解放军控制并部分地由士兵充任其职。

军 人 接 管

为了填补因党和警察机关瘫痪而出现的真空，北京的领导人要求人民解放军成为唯一行使完全职能的机构。1967 年 2 月，军官们受命接管各省的行政部门，之后又接管了执法部门。所谓的"军管会"被建立起来，取代已不起作用的党委，并且常常是由职业军人而不是军队的政工干部担任首脑。一些军人被派去取代在工业和农业中的党的部门；其他军人则取得了公安人员的一些权力，并负责中国城镇的公安工作。

过去一年里，军队的工作并没有给人们留下深刻印象。军队很难防止更高层次的混乱，也几乎没有在走向国内秩序重建方面有进展。

军队没能结束派系斗争，因为北京的军方领导人没有给予军队明确指示，采取行动对付违法者。要为在大街上和工厂、学校里的暴力事件负责的不受约束的红卫兵继续得到北京包括毛本人在内的领导人的呵护。在整个"文化大革命"中，这些领导人一直热衷于迫使军队在派系斗争中保持中立。这一政策为大量的冲突事件埋下了祸根，在这些冲突中军队袖手旁观，没有对冲突各派采取任何惩治行动。

由于规模所限，军队系统在新分派的政治任务中没有表现出很有成效。到 1965 年，共产党有 2 000 万党员。即便按照最新的估计，军队至多不过 300 万。而且，军队系统不是组织来承担大量的民事责任的，而去年由于党员干部不能履职，这些任务落到军队身上，而军人在这个方面毫无经验。

即使在那些革委会已经被北京支持作为替代军管会和革委会筹备组的地方，其领导人——通常是先前负责省里工作的同一批军官——也没有被明确地授权去阻止混乱和无序的状态。事实上，在革委会建立之后，很多省的严重的派系斗争仍在继续。这显示出各派系之间的实质上敌对只是被掩盖了，而不是得到了解决。而且，革委会内部的斗争和分歧的持续也支持了我们的结论，即政治领导人自身之间的冲突并没有解决。

无法无天及国内混乱的蔓延

国家"专政机器"的崩溃和人民解放军不能填补空缺的结果，就是无法无天和混乱已经蔓延到全国。过去三个月中，公众中越来越多人去做违法的事情。社会秩序的这种下滑与该地区严重的派系斗争有直接的关系。黑市交易、赌博、少年犯罪、其他轻微犯罪及卖淫在去年出现麻烦的地方都滋长起来。

"文化大革命"中具讽刺意味的一件事是在试图用革命热情进一步"锻炼"和影响中国人民时,实际上是重新打开了潘多拉盒子,让那些在共产党取得政权之前中国社会中的种种罪恶又沉渣泛起。1966 年以前,党在控制犯罪蔓延方面取得了巨大成功。而自"文化大革命"来临及随之而来党和警察控制网络被横扫之后,这些社会弊病再次出现了。

关于整个中国无法无天的程度和特征还无法获取精确的情报,最广泛和独特的报告来自于前往华南沿海的福建、广东、广西三个省区访问的旅行者。目前三种类型的政府组织在这一地区都有。福建是军管会,在广西起作用的——尚未令人满意——是革命委员会筹备组,而广东自 1 月份以来是羽翼丰满的省革命委员会。由此可以推测,这一地区的公共安全问题以及采取的相应办法,对于其他地区来说是有代表性的。当关于中国其他地区的报告拿来时,也可以看出,这个国家的其余地区的形势与我们在东南地区观察到的情况不会有太大差别。

黑 市 交 易

黑市交易是警察当局削弱之后立即就会冒出来。对于浙江、福建、广东各省的城市居民来说,由"文化大革命"带来的社会秩序的恶化,使黑市活动的扩展变得容易了。自 1957 年以来一直做小贩的一个广东汕头人,在"文化大革命"以前,他的经营活动一直受到公安局和市场管理委员会官员的严格控制。但从 1967 年以来,小贩已经能够公开进行他的业务,而不会受到看起来更关注"文化大革命"事务的地方官员的干扰。另外,巡逻汕头地区的军队也不干预,大概他们是北方人,还不熟悉当地黑市的情况。……①

在中国的很多地方,由于不再能够通过正常的渠道获取所需的基本商品,黑市交易迅速成长。武斗已经干扰了全国工厂和农村日常的生产。以浙江温州为例,由于武斗造成当地工厂不能生产而出现商品短缺。各个地区的人们都抱怨在国营市场上买不到食品、衣服、药品、医疗用品、食用油、糖、肥皂、香烟和火柴。这些商品的黑市价格无疑在各地都不同,汕头大部分商品的黑市价格要比正常情况高出 50％。……②

小偷小摸行为再现

1966 年以前,在中国的外国游客经常详细地讲述中国人民千方百计地将顾客遗忘的物

---

① 原文本段三处未解密。——译注
② 原文本段三处未解密。——译注

品归还失主的故事。游客们述说他们是如何将值钱的东西遗忘在酒店又能完好无损地找回来。相比之下，现在外国游客经常讲，他们在城市街头光天化日之下被人抢，抢劫他们的是粗暴的红卫兵，或钻现存的违法不纠的空子而获利的投机分子。在很多城市，大部分人看起来晚上都担心遭劫或被打而闭门不出。

小偷小摸已经成为广州特别广为蔓延的问题，在其他大城市也很明显。在过去两年里，到广州的游客经常说起金钱、手表及其他贵重物品遭劫的事情。5月初，一位途经上海的女士说，在上海火车站拥挤的人群中有很多扒手。

赌博成为人们喜爱的消遣

"文化大革命"导致大量工厂关门，农业放慢。结果，中国很多地区的工人和农民现在有很多空余时间。……①旅游者的报告指出，很多没有卷入政治运动的中国人转向赌博这种革命前的消遣方式。学生、农民、工人都把空余时间花到赌博上去碰运气。5月初，一位到访广东兴宁的游客发现，农民花在赌博上的时间多于干活。一位来自汕头的难民说，2月份，赌博已经在城市里公开进行，在军区司令部外都可以看见人们用牌和骰子赌钱。这个地区的军队哨兵也没有试图去制止这些活动。

在有些地区，这些活动还是有组织的。按照一位游客的说法，在宁波的车靖（Cheking，译音）就有由干部和生产队的领导设立的赌博场所，赌资是人民币和粮票。许多农民失去了他们一生的积蓄，而被迫"跑到上海去乞讨及犯罪"。宁波地区的公社领导人据说已经意识到了这些问题却不敢干预。他们把情况报告给军事当局，但每次当军队派人去调查时都发现这些赌博场所已关闭了。

同样的场所在麻烦不少的福建省也明显存在。泉州的私人赌馆突然增多，并从傍晚至深夜营业。无课可上结果是无法学习的学生也转到赌博上。不少学生的健康很快变坏，"他们除了吃饭、睡觉和打牌之外，无所事事"。……②

青 少 年 犯 罪

"文化大革命"的一个结果是在中国的主要城市中青少年犯罪成为严重的问题。除了红卫兵派系中的年轻人可以堂而皇之地捣乱外，其他年轻人也在目前混乱的情况下恣意妄为。很多结束学业下乡的年轻人在去年返城了。1967年10月8日，中央委员会的一份指示要求

---

① 原文此处约两词未解密。——译注
② 原文本段两处未解密。——译注

"知识青年"留在农村帮助秋收。然而,在很多情况下,年轻人并不理会这一指示,拒绝回到原来下乡的地方,并向城里的干部申诉。

在广州,"插队青年"组织宣称,它的成员战斗到死也不再下乡。最近,上海当局的广播电台呼吁在上海的返城知青回到像新疆这样的原下乡地,但青年人也几乎不予理睬,并继续躲避被捉回去。尽管有些年轻人看起来是靠亲属生活,但更多的人显然是靠小偷小摸、黑市交易以及其他违法活动为生。

卖　　淫

自 1968 年初以来,卖淫开始增多,特别是在中国的港口城市更是如此。上海、汕头和广州的情况显示,地方当局再次对这些活动理都不理,而在"文化大革命"前,这些事情是要受法律制裁的。共产党人曾花大力气惩治卖淫,因为他们认为这是由"资产阶级"的国民党造成的损害中国形象的不可容忍的污点。3 月底去过汕头的一位游客发现,那里卖淫之风日盛。他说,在城市的主要公园里就有公开的开场活动。广州、汕头一直交替作为生活水平下降之首,同时这两个城市里卖淫的很多。……①

人　口　迁　徙

"文化大革命"最严重的影响之一是城市人口的大迁徙。几乎每个省的大城市都发生了街头武斗和纵火事件,甚至严重到造成难民问题。

1967 年春,当郑州当地的人民解放军当局与北京红卫兵派来的人发生冲突时,大量居民涌出河南省。1967 年 6 月,同样的逃离情况发生,当时南京的居民为了避免卷入武斗而纷纷离开这座城市。7 月,中国中部的武汉三镇出现大规模暴乱,大批居民逃到安全地方避难。

秋初,广州是红卫兵不受控制的暴力活动的中心,很多当地居民离开家,去到条件很差的周边乡村。1967 年 11 月至 1968 年 2 月底,福建的很多地区——特别是厦门——也处于红卫兵围攻之下,居民们逃亡到周边省份。4 月份以来,广西的城市梧州、南宁、柳州也陷入严重的武斗中。

成千上万人的迁移引起了很多问题。很多人为了在新的地区生活下去,被迫进行违法乱纪的活动。例如,自 6 月初以来,广州的暴力活动中一个主要的新的因素,就是出现了成千上万来自广西的难民,他们中的不少人卷入了抢夺、偷窃及黑市交易中。在广东高要,大

---

① 原文本段两处未解密。——译注

批难民于 6 月 1 日偷盗军队的枪支，并发生了导致 20 个难民死亡的严重火并。

试图抑制无法无天的局势

一直以来，控制着革委会和军管会的军事当局都在试图解决日益增长的违法和混乱。他们的大多数努力收效甚微，因为他们对于那些主要的肇事者，即不受约束的红卫兵，不能采取严厉的行动。3 月下旬，各省当局为消除混乱、恢复秩序开始了几项大的尝试，但效果不大。这些措施包括公审、扣发津贴、发动新的群众运动、组织非正式的平民纠察队，以及鼓励居民邻里之间组织自己的治安队。

公　审

1968 年初，控制警察系统的军事当局为抑制所在地区无所约束的红卫兵及其他违法者，对当地的犯罪分子进行公审，这些被公审的人被定为"反革命罪犯、抢劫犯、杀人犯、投机倒把犯、少年犯以及'文化大革命'的敌人"。官方广播电台和红卫兵的报道指出，至少在 11 个省有这样的公审。

自 1 月份以来，上海一直有不少高度公开化的公审。在 4 月 10 日进行了对"挪用公款者、小偷和抢劫者"的公审后，在同一地点又宣判了"反革命的牟取暴利者"；另有九人被判 7 年至终身监禁。4 月 27 日，又有七个更严重的"变节分子和积极的反'文化大革命'分子"被公审，并立即执行死刑。5 月中旬，一位在上海旅行的妇女观察到公审了 40 个罪犯。10 个人被判为"间谍"而被处死，其他人则被监禁及"劳改"。

在其他地区也有关于公审的类似报告。当 1 月下旬在北京出现新的暴力活动时，负责公安部门运作的军事当局在电视上公开宣判了 11 个人，他们的罪名是杀人、合谋杀人和散发反革命的传单。

在广州也有一批违法分子被处置的事例。5 月 8 日，五个被控杀人、强奸、抢劫、抢夺武器及袭击士兵罪名的犯人被戴上牌子游街示众。公审之后，这些犯人被处决。

看起来公审在抑制违法乱纪、支持各省当局恢复法律和秩序方面是特别成功的。可是，红卫兵继续受到北京的激进派领导人的庇护，而地方当局似乎不可能敢对很多真正的麻烦制造者采取行动。结果，作为严重混乱的主要来源的坚硬核心的红卫兵毫发无损。

公审的结果使那些轻度违法者暂时停止活动，但大多数报告指出，由于军队没有后续行动，轻度违法者又很快进行非法活动。在某些地区，黑市交易者、小偷及其他轻微犯罪的人被军警抓捕后，仅仅是斥责、游街，然后就放人了。这种处罚上的不一致无疑鼓励很多违法者继续从事非法活动。

扣 发 津 贴

……①控制了福建、广东、山西等省份的军事当局在某些情况下，扣发了学生的津贴和工人的工资。这一行动部分可能是"文化大革命"造成经济混乱而使资金匮乏的结果。此外，当局扣发津贴和工资看起来也是一种手段，用来制止学校和工厂的武斗，以及迫使武斗的帮派团结。

在有些地区，地方当局可能扣发了津贴，这与北京的指示相违。1968年1月18日，中央委员会指示，拨给学生的津贴继续按现行的规定办理。对于那些经济项目得到支持的省份，如果采取与中央指示不符的政策，这些经济项目就会取消。没有证据显示地方当局听从了这一指示。

……②在山西阳泉（Yang Chun），由于这所学校的两派拒绝联合，上级当局不发给工资。5月份，福州也有类似的报告，显示出自4月份以来，在某些工厂和学校，如果没有两派盖在证明上的正式印章，就不会给发钱的证明。

全国领不到津贴和工资的工人、学生的反应，可能与6月中旬广州一群工人的情况相似。6月18日，当管理者通知又一个月不发工资时，广州河南地区③电筒厂的工人做出了强烈反应。在求见工厂管理人员遭到拒绝后，工人们损坏或毁坏了厂房里的大部分机器。军队最终不得不前来制止这场混乱，并逮捕了参加的人员。

没有证据显示扣发津贴迫使很多地区的派系斗争结束。反而似乎只是增加了当地人民与当局之间的对抗，成为增长的违法事件的又一源泉。缺钱事实上也迫使一些原本守法的人去犯罪。

这些行为中最绝望的行为之一就是卖儿卖女，最近在福建就有这样的报道。5月11日，在福清，情况如此糟糕以至于农民不得不卖掉年幼的孩子换钱买食物。另一个福清居民"面临即将饿死"的情况没有别的选择，只好把小儿子以折算为45美元的价格卖掉。……④

十二级台风运动

4、5月间，一些省份的军事当局发动了另一场被称为"十二级台风"的反对违法行为的

---

① 原文此处约一行未解密。——译注
② 原文此处约一行未解密。——译注
③ 指广州珠江南岸地区。——译注
④ 原文本段两处未解密。——译注

运动。这一运动首先于4月中旬在广东出现；之后，相继出现在广西、湖北、江苏、上海，以及估计还有其他一些省份。关于"十二级台风"的最好的报告来自访问广东地区并讲述这一地区情况的游客。

当地的人民解放军官员主要负责推行这项活动。不清楚前公安局官员起了什么作用。尽管很多人已被正式撤职及调离了岗位，但有些公安人员可能在最近由军方发起的"十二级台风"运动中的工人和学生纠察队中起领头作用。

运动的主要目标是针对当地的犯罪，如黑市交易者、乞讨者、赌徒、卖淫者以及其他"阶级敌人"。更加不受约束的红卫兵并没有包括在"不法分子"的范围内。因此混乱的主要源头仍然继续在军事当局和法制部门的视线之外。

可是，来自广州的一些报告显示，地方官员利用"十二级台风"运动镇压了一些政治派别。在5月初有广州出口商品交易会的客商参加的会议上，广州革委会领导人宣布，这场运动针对六个类别的人员。不仅包括黑市交易者和其他普通的罪犯，也包括"右派分子"和批评毛或者是广州革委会的人。

广州激进的红卫兵组织对这一运动的反应显示出，地方当局可能已经威胁要把激进派别归到上述类别中。5月下旬，作为该运动的一个组成部分，激进组织"八一战斗队"的一些成员在运动中被捕，但是显然很快被释放。同时，"红旗"派的成员指责，只有他们的对手——保守的"东风党"被指定在这场运动中起主导作用。

5月份，广州居民说，"台风"在减少市里的黑市交易和赌博方面取得了部分成功。但自6月初以来，由于该省两个主要的红卫兵派别重新开始武斗，这一运动实际上暂停了。

在那些得到北京支持的这个或那个帮派出面的地区，基本解决了派系斗争问题。地方官员在清除轻微犯罪分子方面看起来更成功。这样的一个例子是在广东的港口城市汕头。1月份和2月份，黑市交易、赌博、卖淫以及其他违法活动十分猖獗。到3月下旬，汕头的军事当局发起了"十二级台风"运动，据游客说自那时起比较有成效。到4月下旬，3 000多个黑市交易者、小流氓及抢劫犯被抓捕，抢劫和小偷小摸的现象有所下降。

对于在这次运动中抓捕的人的处罚总的来说不重。在多数情况下，对被抓捕的人在市里游街、公开批评和羞辱一番，然后就释放了。更严重的罪犯则被判处"劳改"。汕头的居民反映当地的罪犯被送到广东梅县的一个劳改营。类似对当地罪犯的"劳改"判决也出现在海南岛和广东的其他城市。

纠 察 队

自4月初以来，军事当局组织了由工人和学生组成的被称为"纠察队"的非正式机构，用以支持他们恢复秩序和控制非法行为。在一些省份，这一组织已经用于支持推行"十二级台风"运动。

上海、广东、江西、湖北、安徽、河南、江苏以及内蒙古的广播电台都有报道说,这些地区也出现了纠察队,履行类似过去由公安人员做的例行的警务工作。这种新机构的产生进一步反映出公共安全系统日渐衰微。

电台还说这些新的安全部门是由各省市革委会领导人支持的工人和学生组成的。可能是由于他们的经历和训练,一些前公安人员在组织和指导这些新部门方面起了部分作用。按照广州电台5月8日的报道,纠察队划分为营、连、排和班——与公安部门的组织结构相同。

主要由临时工组成的纠察队组织并不良好,在各地恢复秩序的工作中也没有给人们留下什么印象。关于他们的行动的报道显示,他们主要起从事较低层警务工作的作用。5月份,广东的纠察队负责像没收偷来的自行车、疏导交通以及广交会的保卫这样的工作。

自6月份以来,纠察队正式的公开活动减少了,可能是反映出官方意识到他们并不称职,而且可能卷入到派系斗争中。5月中旬,广州的激进组织"红旗"的年轻人在大字报上宣布,他们将退出纠察队,因为那是不可接受的"广东掌权者"的党派工具。广州的居民说,5月下旬发生了不少事情,即纠察队在执行诸如推倒海报及驱散打斗的任务时,遭到激进的红卫兵帮派的攻击。纠察队的权威无疑因其陷入红卫兵的派系斗争而受到削弱。

治　安　队

作为最后一招,人民解放军有时要求发生麻烦的重点地区的居民组织起来保护自己。因此,1967年夏武汉武斗的高峰时,居民组织了治安队,封锁了这个城市的某些地区以不受派系冲突的滋扰。在广州,派系武斗的高峰时也出现了类似的团体,如在1967年秋及最近的1968年5、6月份。广州的居民说,5月下旬,当地的街道居委会就组织了治安队夜间巡逻,防止盗抢活动渗入某些地区。6月中旬,互相保护的街道居委会据说已组织年轻人夜间巡逻,并对即将发生的麻烦发出警告。

效　果　与　前　景

尽管有了公审、"十二级台风"运动以及平民纠察队,军队想结束中国城市中的混乱及非法活动的努力,总的来说效果不大。每当新一波派系武斗出现,就又造成回复到国内的混乱状态。从这一点来说,只要激烈的政治较量——全国的和地方的——不解决,在中国似乎不可能恢复社会秩序。既然红卫兵还在继续得到北京领导人的保护,管制中国的军事官员不能在恢复秩序方面有重大进展。

即使北京断绝了对红卫兵的支持,并授权军队治理中国而结束因"文化大革命"而造成的混乱,要很快恢复秩序也困难。过去两年里,蔑视权威受到官方的鼓励和表彰,既有的行为和生活形态规范遭到破坏,这些可能会有长期影响。而且,尽管十分明显的暴力和犯罪可以用武力方法予以制止,但更诡异的违法行为和躲避指令还会继续下去。建立一个新的发号施令及治理国家的机构,以取代现在被人唾弃的"专政机关",可能需要一个相当长的时间。然而,目前北京的领导人没有显示出他们准备采取行动,因此,短期内的将来的前景是无序和混乱会持续,可能还会扩大。……①

DDRS, CK 3100015270 - CK 3100015284

何慧译、校

---

① 原文此处约一行未解密。——译注

中情局关于中国领导层内部矛盾的特别报告

（1968 年 9 月 20 日）

SC 00788/68A

机 密

毛泽东和他的同事：不稳定的同盟

（1968 年 9 月 20 日）

中国权力结构的高层——七人核心集团——已呈现出一副几乎不变的公众面孔达 18 个月。这种外表上的稳定已经维持住了，而剧烈的社会动乱，血腥的派系争斗，一些全国性政策的转变以及二线领导层中六七个人在政治上的破坏仍然存在。政府的官方言论有意将七人描绘成统一的团队。自 1967 年 1 月起，他们出现在同样的场合，说着很多相同的宣传性的陈词滥调，并小心翼翼地在公众场合采取一致的行动。

然而，表面现象是误导人的。当今的核心集团并不是外界所感到的政府头 16 年里辅助毛的那些人组成的队伍。现在权力中心的成员是迥然不同的一帮人，而不是天然的或意气相投的同盟。

考虑到在中国发展起来的严重的内部紧张关系，看起来领导集团高层不大可能维持得住它表面的团结。新一轮的清洗也许快要到来了，而这次可能会触及核心集团。

造成不和的因素

现在的领导集团是在清洗党的坚定分子——刘少奇、邓小平、彭真和陶铸——的过程中发展起来的，1966 年时它已经动摇了前政治局常委会的基础。除毛外，现在的核心集团包括国防部长林彪，地位稳定的总理周恩来，党的理论家陈伯达，秘密警察专家康生，经济规划制订者李富春和毛的妻子江青。

周和林作为除毛外的 1966 年以前常务委员会唯一的幸存者，多年来都是毛的内部会议的成员，这一点从 1945～1965 年间几乎没有什么变化。李富春在 1966 年的第 11 次政治局会议上从政治局委员提升为常委。陈伯达和康生此前只是政治局候补委员。江青从几乎默默无闻到出任她丈夫身边的显要职务。

我们常常难以判断各个领导人的立场在哪儿，难以发现他们同意或反对关于"文革"的主要目标的程度。然而，从大量的间接证据来看，权力的最核心显然存在着根本分歧。事实上，这七人为首的团队是几个人不稳定的组合——各有个人野心和不同的政策立场——如果"文革"的推力足够强大，这个组合预计会分裂。

尽管官方宣传媒体对于主要人物间的分歧态度的报道是相当隐晦的，但从受限较少的红卫兵报纸翻印的发言和声明中可以看出各人及其基本态度的不同。在某些情况下，敌意已显露出来了。

然而，中央的敌对更多地显现出来，表明关键政策已发生了转变，而统治集团的第二阶层中处于不同派系的各人的命运相应地也发生了变化。虽然没有出现1966年大清洗时那么多的事情，但"文革"继续使一些次级的官员在政治上淹没。这些新的受害者被视为与统治集团内的某一派有紧密关联，他们各自的命运反映了内部的紧张关系，并为这些派别政治影响力的转变提供了分量。

在过去18个月的"文革"中相互竞争的势力的沉浮，从某种程度上显露了中央的半隐蔽的斗争。尽管舞台上的大部分表演都以次要人物为中心，但这往往表明了幕后有主谋。

对西方的观察者来说，自1966年红卫兵拆除党政机关的动乱以来，"文革"可以界限分明地划为四个阶段：（1）1967年3月到8月，进行攻击政府和军队的官僚体制的激进行动；（2）1967年8月到1968年3月，温和派占了上风；（3）1968年3月到6月，激进行动复苏；（4）1968年7月至今，向右转。每一个阶段都是由宣传路线的转变开启的，除了最近以外的其他每个阶段都涉及对次级官员这一特定团体的政治冲击。

激进攻击，1967年3～8月

在这个时期的第一阶段，领导集团中的激进分子发起了针对权力机构，主要是政府和军队掌权者的运动，这些官员阻碍或拖延"文革"的进程，是出于对经济稳定、现状及他们自身的政治生存的基本利益的考虑。尽管这场激进运动最终夭折了，但正是在这场运动之后出现了对经济、社会和政治组织的重大损害，并导致了毛怀疑军队的可靠性。

有关这场运动的公开的证据在好斗的红卫兵的大字报和集会中被大量发现，他们在1967年1月将愤怒指向两个领导集团，主要针对次级领导人，两个集团都与温和派有关联。其中一组由石油部长和五个副总理组成，几乎一致地被视为周恩来支持的推行务实政策的人，他们是李富春，外交部长陈毅，财政部长李先念，农业专家谭震林，全国的警察首脑谢富治。第二组主要是军方的，徐向前[①]和叶剑英——两个都是过去军队的英雄和军委委员——及国家科技规划的领导人聂荣臻，他也是军委委员和副总理。来自红卫兵叛乱者的零碎的证据显示这些攻击是精心安排的，至少部分是由核心集团的激进领导人——江青、康

---

① 徐向前，建国后历任人民解放军总参谋长、人民革命军事委员会副主席、国防委员会副主席、全国人大常委会副委员长、中共中央军委副主席等职。——译注

生和陈伯达——指挥的。

周对两种倾向的苗头以公开地强力支持那些受攻击的人作为回应,在一定程度上他是要冒政治风险的。结果,李富春和谢富治毫发无损地逃离了苦难,对其他人的攻击也减弱了。5月,他们又开始攻击,那些反对外交部长陈毅和农业专家谭震林的人变得特别凶恶。这次由红卫兵发起的攻击,在1967年9月初突然结束。在春季和初夏时期,周显然没有足够强大的力量维护他们,而受红卫兵攻击的人物在公共场合逐渐变得没么活跃了,通常只出现在礼仪场合。一些人被免职或暂停职务。谭震林在夏天倒台蒙羞。这对周恩来来说是一次沉重的打击,这次他无疑处于守势。

去年秋天和冬天的宣传谴责了1967年初攻击政府和军队官员的"极左派"极端分子——五·一六兵团。特别是这些由中央"文革"小组成员领导的左派分子,被指控竭力推行一项长远的计划,以攻击周总理的下属和同盟,最终打倒周本人。

随后,在1968年3月代总参谋长杨成武失势的时期,宣传家与中央"文革"小组勾结,把1967年2月到3月这一时期定为"文革"的"第三波"。他们指控谭震林——这一时期他们唯一能打倒的目标——是所谓的"与当前决定背道而驰的二月逆流"的幕后主使,如声称要让先前清洗中的受害者恢复原职。然而,谭是这一时期政治局唯一一个彻底的受害者,而左派分子对他的政治命运的终结的处理,显示出激进分子把夭折的运动看作是一项未完成的事业的重要部分。

转向节制,1967年9月

政府政策以及"文革"中次级官员命运的最明显的转变发生在去年秋天节制占优势的时期。反对革命暴力及支持有序的经济活动的指示——由周恩来及他周围的人如国家公安队伍头目谢富治公开推动数月但不成功——突然得到重申和实施。但最惊人的是,中央"文革"小组的三个年轻的二线领导人——王力、关锋、穆欣①——在9月初失势。他们都被证明是激进分子,并与陈伯达、康生和江青有紧密联系。

对非法的反周的极端左派分子集团五·一六兵团的指控,在接下来的六个月里使情况变得日益详细和清晰,指控认定三人都是企图铲除周的政府官僚的主脑,并险恶地暗示在统治集团的某个地方有一个更重要的保护者原封不动地隐藏着。当第四个中央"文革"小组的成员戚本禹②在1月被清洗后,他马上以同样的罪名被指控。

此时,当激进的派别遭受了"文革"的第一次重创时,在半年前出现的节制目标逐渐地被

---

① 关锋,建国后历任中共山东分局宣传部理论处处长、山东政治学校校长、中央党校第四中级党校副校长,时任"中央文革小组"成员。——译注
② 戚本禹,"文革"开始后历任"中央文革小组"成员、中央办公厅秘书局副局长、《红旗》杂志副总编辑、中共中央办公厅代主任、毛泽东和江青的秘书等职。——译注

重申。这个过程在 1967 年 11 月外交部长陈毅明显地完全复职和相对来说不那么重要的石油部长余秋里进入次级领导层并公开亮相时达到顶点——这无疑是政府最高领导层力量对比改变的象征。

四个年轻激进分子的免职一直被官方称为"文革"的"第四波"。这个阶段看起来是一波，这一时期核心集团的激进成员受到了一些限制，周恩来、他的下属和同盟的军方领导人处于优势。像其他几次退却时期那样，这次也得到了毛正式的支持，据说是他重建党的"伟大战略计划"的一部分。然而这次退却是暂时的，表明毛以怀疑的目光看待它。

激进分子复苏，1968 年 3 月

"第五波"是由 3 月 8 日到 24 日之间某个时候北京幕后的斗争突然引出的，那时的代总参谋长杨成武、空军政委和北京卫戍区司令被宣布免职。后来的红卫兵文件详述了 3 月 24 日到 25 日晚的一场激烈争吵的会议，在会上，林彪、江青、陈伯达和康生特别指控他们三人企图逮捕"文革"小组的未披露姓名的人员，要罢免空军司令吴法宪和北京市革命委员会主任谢富治，并策划开除几个重要军区的司令员。据说他们主要受到江青的亲自干涉而受挫。会上的这些领导人给了她溢美之词。

尽管杨和其同僚的革职肯定是"文革"的重要转折点之一，对主角的命运来说是急剧的转变——这是激进派的发言人承认的——但是并不清楚是谁干的和反对谁。所有这些人都是林彪任命的，但林看起来并没有因为他们突然失宠而受伤害。然而，在他们的政治生涯结束后，周的国务院的主要成员立即又受到小字报的攻击，并在人们的视线中消失了几个星期。

然而，取代下台的军方领导人的黄永胜、温玉成①比他们的前任更可以被称为"保守派"。周恩来支持时任广州军区司令员的黄，温是黄在那里的下属，周并不接受那里的激进红卫兵对其在 1967 年镇压他们的指控。

因此，看起来"文革"在 3 月又一次突然转向左，导致形势是两个主要领导派系之间的僵持局面。宣传明显地变得更左和更具煽动性，红卫兵在各省再次掀起狂潮。一些温和政策的路线被封堵，另一些则被岔开。然而，与此同时对温和人物的重新攻击——除了对国家科技规划的领导聂荣臻以外，在没有后续行动的情况下很快就消失了，这些温和的行动作为由老一辈军队和党的人物领导的省革命委员会以良好的步伐前进，直到五月底。

这时，"文革"到达了另一个关键时刻。5 月和 6 月，激烈的派系斗争迅速升级，特别是在福建、广西、云南、西藏和新疆那些还没建立起新型政府的地方。这些地区的省革命委员会的组建搁置下来。在几个星期的时间里，经广西运向越南的军事运输被暴力中断了，暴力在

---

① 温玉成，时任副总参谋长兼北京卫戍区司令员。——译注

某些地区造成了相当程度的破坏——像广西、广东和福建——这些破坏跟 1967 年夏天红卫兵造成的最严重的混乱一样严重。

向右转，1968 年 7 月至今

6 月份，据说周恩来努力介入广西的局面以结束武斗，但他的努力没有成功。然而，在 7 月，北京开始发出以毛泽东的名义约束红卫兵的指示，重开铁路线，不仅是在广西而且是在所有的省都授权实行严厉的军管。这些指示最终见了效。

到了 8 月，军队制止了大部分地区的武斗，这是自 1967 年 2 月以来第一次被授权压制无法无天的红卫兵。7 月和 8 月期间，军队逮捕了大量激进红卫兵的领导，处决了一些人，占据了他们的指挥部，让与激进派对立的保守派红卫兵帮助恢复秩序。红卫兵的普通成员受到威胁，一些省的红卫兵组织被强行解散。显然，这些行动严重地损害了北京激进领导派别的利益。

而且重建政治秩序的进程继续。预计是在北京的军事和温和势力的强大的支持下，云南在 8 月 13 日建立了它的省革命委员会，福建和广西在几星期内也接着建立了省革委会。最后的革命委员会——在西藏和新疆的——在 9 月的第一个星期建立了。

在主要的意识形态公告上，"工人"被授权领导"一切"。在共产主义者的术语里，"工人阶级"是对行使权力的那些人的一种委婉说法，在这里显然是指在中央领导的较温和集团的支持下在 1967 年后期和 1968 年陆续建立起来的"保守的"省领导层。红卫兵运动是北京的"中央文革小组"领导人的一个重要的权力基地，这些公告明显地敲响了它的丧钟。另一个保守的军事人物，新的副总参谋长和北京卫戍区司令温玉成开始出现在 8 月 11 日的 15 个领导精英的名单上。

面对这次同心协力转向法律和秩序，核心集团继续一起出现，就像任何事情都没有改变一样。然而，两年的动乱后，无可怀疑这种表面的团结之下隐藏着激烈的争权夺利。这场斗争造成的紧张状态去年至少有两次几乎把核心集团撕得支离破碎，而两派的很多重要的二线人物在角逐中落败。当今中国的权力顶峰上没有安全可言，是否有救也许只在毛本人。一场新的，残酷的清洗看来将要到来，而这次可能会触及核心集团。

附录一

中国当前的领导精英

下表中前七人组成的核心集团，自 1967 年 1 月以来都没有改变。后七人在 1968 年 3

月的最近一次清洗后担任他们现在的职位,而温是在 1968 年 8 月才加入的。这些新增的官员与核心集团一起出现在所有重要的公开的大型活动中,估计也在内部会议中发挥着相当大的影响。

毛泽东　中共中央政治局常委会主席

林　彪　中共中央政治局常委会副主席;国防部长;中央军委第一副主席

周恩来　中共中央政治局常委;总理

陈伯达　中共中央政治局常委;"中央文革小组"组长

康　生　中共中央政治局常委;"中央文革小组"顾问

李富春　中共中央政治局常委;副总理

江　青　"中央文革小组"第一副组长

张春桥　"中央文革小组"副组长

姚文元　"中央文革小组"成员

谢富治　中央军委委员;公安部长;北京市革命委员会主任

黄永胜　中央军委委员;总参谋长

吴法宪　中央军委委员;副总参某长;空军司令员

叶　群　人民解放军"中央文革小组"成员;林彪的妻子

汪东兴　公安部副部长

温玉成　副总参谋长;北京卫戍区司令

附录二

几位主要领导人简介

毛泽东: 毛泽东主席是中国共产主义日益年迈的、病态的和神化了的人物,他遁入一知半解的马克思主义和偏执的怀疑是中国虚无主义的戏剧性事件——"文革"——的关键。如果不是全部也是大部分的表面资料都含糊地述说了这些政策——包括左倾和右倾——引起的过去两年的狂暴动乱。三十年来,毛显然一直是中国共产主义运动的支配人物。现在在其步入第 75 个年头时,鉴于毛有心血管病史,其身体健康状况值得怀疑。他已经多年没在公众场合发言了,但简要而含糊的"指示"会定期以他的名义签发,这些"指示"往往被敌对的政治势力所利用。与其他所有重要领导人不同,尽管他的能力衰退,但毛仍能保持他的领袖气质,并在"文革"过程中免受直接公开的批评。

林彪:林彪副主席自 1959 年开始掌管军队,当先前选好的继承人刘少奇在 1966 年含冤倒台后,林一跃成为毛的皇太子。通过掌握中国政治权力的重要工具,他被推上了权力的宝座,由于支持造成极端混乱的毛的"文化大革命",林也会失去很多老一辈军队司令的忠诚。1968 年 3 月,他提携的后进——杨代总参谋长——的政治蒙羞并没有玷污他的个人形象,而夏天期间一些不确定的迹象表明他的地位可能在削弱。

周恩来:周恩来总理是社会秩序、稳定、国家安全和经济发展的主要拥护者,他时常拼命努力地把足够大的既定压力集团联盟结合起来,挑战或限制"文革"中更极端的活动。这个角色很自然地落到了多年负责管理中国庞大政府机构的人身上,然而,周自保的本能和政治妥协使他在"文革"的关键时刻保持沉默。

康生:阴险、仇外的前秘密警察头目康生,从一开始便成为了"中央文革小组"的"顾问"。这个头衔和他公开的和私下的极端声明把康描绘成是在"文革"破坏性的激进行动幕后的一个主要推动者。

陈伯达:作为毛长期的笔杆子、宣传家、理论家的阴郁的陈伯达,自从 1966 年秋天"文革小组"成立就是组长。仅因为与毛的密切关系而获得了政治声望的陈,逐渐站到了中央争议各派的激进派一边。

李富春:作为政治局常委的第六位成员,李富春在"文革"中仅发挥了有限的作用。他是以官僚机构管理者的主要象征出现的,他的实用主义观点由周恩来讲了出来。

江青:最后但并不是最不重要的是毛的妻子江青,虽然她不是政治局常委会的正式成员(甚至不是中央委员),但她作为"中央文革小组"的领导和造反派的最直言不讳的发言人,发挥了与这个头衔相当的影响。

附录三

北京关于"文革"阶段的官方说法

在 1968 年 3 月 24 日和 27 日的讲话中,林彪、陈伯达和其他人详细说明了"文革"已有"五波"①及主要的被清洗者,列表如下。这些"波"与美国观察家所界定的阶段不一样,但列表表明了中国的发言人明白这些阶段的政治本质,就这方面而言,跟我们的并没有很大区别(斜体部分的信息由 OIC 提供)。

(1) 1965 年 11 月至 1966 年 6 月
攻击所谓党内的反毛分子

彭真:政治局委员
罗瑞卿:军队总参谋长
陆定一:宣传部长

---

① 原注:第六波显然开始于 1968 年 7 月,出现新的向右转和对激进的红卫兵加紧压制的迹象。到 9 月初还未显现出有哪个主要的受害者。

杨尚昆①：毛泽东的助理

（2）1966 年 8～12 月

攻击整个党组织的机关

刘少奇：确定的接班人

邓小平：党的总书记

陶　铸：华南地区党的首脑

（3）1967 年 2～3 月

对"右派"的清洗

谭震林：政治局委员，"二月逆流"的领

导人；实际上直到 1967 年 8 月才被干掉

（4）1967 年 8 月～1968 年 1 月

对"极左分子"的清洗；温和派的反击

王　力：中央"文革"小组成员

关　锋：中央"文革"小组成员

戚本禹：中央"文革"小组成员

（5）1968 年 3 月

对"右派"的新一轮清洗；对第四波的激进反应

杨成武：代总参谋长

余立金：空军政委

傅崇碧：北京卫戍区司令

DDRS, CK 3100127335 – CK 3100127346

汤婉华译，何慧校

---

① 杨尚昆，1965 年 11 月前任中共中央办公厅主任，1966 年 5 月时是中共中央书记处候补书记。——译注

中情局关于中国政治安全体制的情报报告

（1969 年 11 月 28 日）

RSS 0037/69

情报报告：中共：政治安全体制
第二卷　破坏与重建，1965～1969 年
题目代号：POLO－37 号

（1969 年 11 月 28 日）

致收讫者备忘录：

　　这是本部门关于共产党中国政治安全体制的运程、作用及结构变化的研究报告的第二卷。1969 年 2 月 20 日发布的题目代号为 POLO35 的是第一卷，概述了其政治安全体制从它 20 世纪 20 年代草创到"文化大革命"开始之前的 1965 年的历程。本卷试图追踪 1965 年秋到 1969 年 4 月党的"九大"之间的情况。与第一卷相同，这一卷也是用详细分析的编年体形式编写，并发给各部门对此感兴趣的分析人员传阅，供他们了解现在的政治安全体制的大致要点。我们对这一主题的了解还有很多空白之处，这些问题只能基于历史上的先例，零星的报告，以及显而易见的目前形势的需要来进行判断和填补。

约翰·克里·金
DD/I 特别研究组组长

一、1965 年秋的政治安全体制

　　处于"文化大革命"边缘的 1965 年 9 月，共产党中国整个的政治安全体制已不为毛所喜欢，因而陷入深深的麻烦之中。自 1962 年以来，由于毛对党的体制整体上越来越不满意，政治安全体制也在人事上、组织上进行了多次变动，以削弱其他领导人利用体制反对毛的能力。减缓这一体制作为党的工具的趋势，以 1964～1965 年为突出标志，当时毛已经不信任同时身为政治安全体制中的掌权者或关键人物的党的领导人——如邓小平、罗瑞卿——并在其中安插了他个人属意的安全机制。显然，到了 1965 年夏，毛也不再信任彭真了，彭较早时曾是"文化大革命"最早的特殊机构——调查受监控的文化领导人的五人小组的头头。到 1965 年 9 月，毛至少已经决定清洗党及其安全机关，如果必要的话，两者都要打碎。

　　自 1965 年 9 月起，长期掌管政治安全机关的党的书记处已处于巨大的危险之中。自 1962 年通过安插康生而受到削弱后，书记处总书记（邓小平）就受到监视，它的次级领导人

（彭真）已经被标明会受到清洗，并且其他干部也受到监视，或已经被作为了清洗对象。由于向他们指定了直接听从毛的官员——如康生——很多平时听从政治安全机构的人完全失态或不起作用了。

实质上是由书记处掌管的中共中央办公厅，长久以来在政治安全工作方面起着关键作用，如作为中央委员会各项记录的监管人，保管包括如逐字记录党的会议以及党的领导人的人事记录（关于调查和清洗的原始材料）这样敏感的文件，它是负责党的领导人的保卫工作的部门，可能还是向政治安全机关指派干部的部门。自1965年9月起，作为毛派与反毛的最初行动的结果，它显然正在被激烈地重组；它的负责人杨尚昆显然被安排到局部性的岗位，而他的副手最近多次更换，而杨及其他最近的或当前的官员（包括刘少奇的夫人）都受到了监视。它的另外两个辅助的实体的情况也是如此，这两个机构一是中共中央直属机关党委（它主要管辖中央各个机关的党委，并有权下令及实施对其中的任何人进行调查）；二是国家档案办公室，这两个机构的负责人通常来自中央办公厅。

中央社会部作为负责调查党的领导人是否忠诚的主要和最有力的机构，长久以来在政治安全工作中一直以来处于中心地位。但是，到1965年9月，这个部——在近年来更多地被称为政治安全部或者就是安全部——已经几乎完全不管事了。尽管不能确定邓小平和罗瑞卿是否是这个部最近的领导人（有一些新的片断的证据——自撰写第一卷报告以来——显示出，罗瑞卿掌管的党的"安全"部在1963~1965年这段时期的某个时候还存在），但是邓已处于被监视之中，罗已被注明受到清洗，其他的老的一批官员有的被重新指派了岗位，有的消失了，而毛显然现在还没有打算在某个时候利用这个机构。两个敏感部门——组织部和总政治部——的政治安全局，过去是与中央社会部（或与之对应的机构）一起进行调查党员的工作，这在1965年9月时众所周知是存在的，但其主管人员显然已经变更了，而不清楚它是否仍需要听从任何中央机关（如中央社会部）。①

从1955年起就负责考察党员的原则问题（如服从）的中央监察委员会也已经在1962年重组并扩大。由于在忠诚与服从之间难有清晰的区分，它的工作范围转移到中央社会部或其对应机构所属的工作领域。但是，监察委员会及全中国各地党委附属的相应机构在1964年时都已被下令靠边站了。自1965年9月起，它们已经毫无生气。一些监察委员会的官员也处于被监视之中。

公安部是政治安全体制中最显而易见的组成部分，长久以来一直是调查和逮捕党员的一个不可或缺的机关，但它一开始就主要是与非党群众相关。自1965年9月起，它仍然活跃着，公安部长仍然受宠，但它也在进行重组，一些副部长也受到监视。所以，可能其他两个公共安全体制中的主要部门——检察院和最高法院的领导人也是如此。

---

① 原注：总政治部可能已经变得完全听命于林彪领导之下的中央军委（MAC）。它很快就被确定为中央军委的一个部门，而不是中央委员会的一个部门。多年以来，军委对于军队当权者一直有很大的权威——即据说彭德怀曾抱怨因为军委握有"所有实权"所以他这个国防部长是空的，——但是军委之前与党的其他机构在军队的政治安全机制方面是共同拥有权威的。

自 1965 年 9 月起,在近年来建立或重新运转作为补充和备选的政治安全体制的构成(上面主要谈到的)中,最重要的是"政治研究室"、彭真的特别"五人小组"和(政府部门的)中央机关政治部。陈伯达主持的"政治研究室"显然是用于实施"研究"(调查)以支持毛所喜欢的政策变化,以及因此也被用于调查那些推行现行政策的人,这一机构仍然得宠。可是,下一级的一些研究室的领导人——那些附属于不受宠的党委如北京市委——就处于被监视之中。彭真的小组设立于 1965 年 1 月前后,当时是作为党的体制之外的特别机关,调查那些处于被监视状态的"文化"干部,到 1965 年 9 月时它仍然存在,但已被康生——"五人小组"的成员之一——的风头压过,显然,它在毛的眼里已经不名一文了。中央机关政治部建立于1964～1965 年,目的是指导在经济机关中设立政工部的工作。从 1965 年 9 月起,这个机构十分活跃,并继续向毛提供选择,由中央监察委员会考察党员的行为。但是,这些部门的当家人也是已经失宠的彭真,而它的一些部门的主管也可能已处于被监视之中。

到 1965 年 9 月,政治安全体制各机关中唯一安全的领导人是为毛本人工作的人——作为毛实际上存在的在体制内部的机构。毛个人的机构包括:书记处的康生,中央办公厅的汪东兴[①];原中央社会部或相应机关保留下来的罗青长和杨奇清(罗是由中央社会部指派给周恩来的秘书);中央监察委员会的张云逸[②]和(或)萧华;也得到汪和杨支持的公安部的谢富治和于桑[③];政治研究室的陈伯达;"五人小组"中再次出现的康生;可能接替彭真作为中央机关政治部主任的人(从未确认),以及无所依属、漂浮不定、加倍危险人物:毛的妻子江青。

二、1965～1966 年冬,第一次动荡:对政治安全体制领导人的清洗

在 1965 年 9 月的一次党的会议上,"文化大革命"非正式地开始了。在这次会上,毛指责一位剧作家在其较早的作品中含蓄地批评了毛的政策。毛要求进行调查,并再次(上次是在 1964 年)指出,党的机关内存在"修正主义"。毛的行动是向彭真发难,因为他的"五人小组"自 1964 年起已经被指调查和监督"文化"部门不力,而这对于党的机关中第一线的领导人刘少奇和邓小平则是不祥的预兆。

1965 年 11 月初,毛采取了另一个步骤,即在上海的媒体上——通过毛夫人——由姚文元炮制了一篇反击剧作家的批评的文章。那些显然从一开始就介入——并知道一场大规模的党内清洗就在前面——的人是已经取代刘少奇而获毛青睐的林彪、长期作为第三号领导

---

①　汪东兴,建国后历任政务院秘书厅副局长、中共中央办公厅局长、公安部副部长、中共江西省委常委、江西省副省长、公安部副部长兼中央警卫局局长等职。——译注
②　张云逸,建国后历任中共广西省委书记、广西省人民政府主席、广西军区司令员兼政治委员、中南行政委员会副主席、中共中央监察委员会副书记等职。——译注
③　于桑,建国后历任西北军政委员会公安部办公室主任、西南军政委员会公安部处长、西南军政委员会公安局副局长、重庆市公安局局长、中共中央办公厅警卫局副局长、公安部三局局长、公安部副部长等职。——译注

人的周恩来总理、毛的妻子江青、毛长期的笔杆子陈伯达，以及毛的私人安全班子中可能是头头的康生。

清洗开始于 1965 年 11 月下旬，标志是逮捕人民解放军总参谋长罗瑞卿和中央委员会办公厅主任杨尚昆。[①] 与此同时，毛离开了北京，也许是他感到要到进一步的清洗开始后才会安全。他此次去华东显然带上了至少一个安全专家——他的老卫兵江东兴（他也替代杨尚昆成为毛与中央机关保持联系的人），毛可能还带了两个人：公安部的杨奇清和徐子荣[②]，徐与汪一样，曾经是或已经是中央办公厅的官员，也与杨一样曾经是或已经是政治安全机关、中央社会部或它的相应机构的核心机关里的领头人物。

罗和杨的被捕在整个党的机构，特别是政治安全机关中引起震动，因为他们在 20 多年里一直是这一部门中的关键人物。对于他们工作过以及与他们有亲密联系、或由他们一手提拔起来的人的那些部门来说，震动当然是最大的。这些部门是党的书记处（罗和杨被捕时仍是书记处书记）、办公厅及其辅助机关、中央社会部的无论什么形式的后继者、组织部和总政治部的政治安全部门以及公安部。有理由相信，组成政治安全体制的这些部门中的几个关键人物（后面会谈到）在罗和杨被捕后也很快被捕了。

1966 年 1 月，在"文化大革命"正式开始以前，毛已着手建设一个"文化大革命"的特别机关——以取代彭真的"五人小组"。他把陈伯达、康生（唯一仍然得宠的党的书记）、江青和艾思奇[③]（死于 3 月份的理论家）召集到一起，除艾以外的这个小组，很快成为中央文化革命小组的核心，成为清洗的主要工具以及——到 1966 年底为止——事实上的书记处。

同月（1966 年 1 月），人民解放军政治工作会议完全清楚地表明，至少是对解放军的小规模的另一次清洗即将来临。会议报告尖锐地批评"高级干部"没有尽力学习毛的思想。总政治部主任萧华明确地批评了那种人民解放军应该由"军队的党"——如军队自己的党委系统——控制，而不是由"整个党"控制的思想。具有讽刺意味的是，正如已证明的那样，人民解放军的党委系统尽管也受到不利的影响，但比"整个党"生存得更好。

在之后的一个月里，毛、林彪、毛夫人开始了旨在组建一个引导军队中的清洗的类似"中央文革小组"的组织。在毛的指示下，毛夫人发起了一次关于军队中的"文化"状况的讨论会，发现军队中也不能避免"阶级斗争"，并在林彪的授意下写出一份报告。几个月以后，继

---

① 原注：对罗的主要指控是说他反对毛的建军路线（强调政治灌输和生产劳动者），包括对中苏关系持不同看法而出现的对抗；次要的指控是罗试图以林彪受损而获得权力，以及反对在人民解放军中开展"文化大革命"（清洗）。对杨的主要指控是，利用职务之便——看管敏感材料——帮助毛的国内外敌人（如给俄国人和毛的国内对手用于制造案件的材料）。并没有独立的材料显示两人之间有"共谋"。这两个案件引人注目的共同特征是，两人都处于阻碍毛已决定要推行的进一步党内清洗的位置。无论是作为（已知的）中央办公厅主任，还是作为（可能）书记处级别的政治安全机关的负责人，作为（另一种可能）中央社会部后继者的党的头头，或者（又是一种可能性）总政治部的政治安全局的主管或头头，对毛来说，罗都是非常危险的。而杨作为（已知的）参谋部中央委员会主任，或是（很有可能的）作为政治安全体制中的某个部门的书记处级别的主管，对毛的危险也不小。毛后来说就是看到了罗是清洗的一个障碍。当罗被清洗时，他的政治安全职位并不为人们所知，红卫兵的报纸引萧华赞扬罗的话："政治部最好的主管"——这也许既是指中央的政治安全部，也是指（萧华为首的）总政治部的政治安全局，或许是指最迟到 1965 年时候的情况。
② 徐子荣，建国后曾任公安部办公厅主任、副部长、国务院内务办公室副主任。——译注
③ 艾思奇，建国后历任中共中央高级党校哲学教研室主任、副校长、中国哲学会副会长、中国科学院哲学社会科学部学部委员等职。——译注

"中央文革小组"之后,成立了基本上由毛夫人掌控的解放军全军文化革命小组。

同月(1966年2月),彭真发表了一份关于"文化大革命"的报告——可能是在毛缺席时由刘少奇同意的——将阶级斗争以及对其他右派作家的攻击最小化。尚不清楚彭是否认为他能以这样的方法改变毛的主张,或者是觉得党的体制能动员到必要的支持而击败毛。之后不久,毛表达了对这份报告和彭的不快,并已经促使"四人小组"采取行动取代彭的"五人小组",以此警告彭,他可能想出了新的办法去引导"文化大革命"。

3月下旬,彭真和陆定一——宣传部长及彭的"五人小组"成员——被捕(是在被解除职务及在室内被捕的)。① 在4月中旬之前,周恩来以及地位日益显赫的"中央文革小组"的领导人陈伯达和康生,召集现存的党的书记处传达毛的"指示"。陈和康都谈到了彭的"罪行",可能也谈到了陆。在5月4日召开的政治局扩大会议上,所有对这四个大名鼎鼎的人物的攻击引起了清洗中的首次风潮——彭和陆二人都是政治局委员,罗瑞卿和杨尚昆都是中央委员会委员——"完全"揭开了"文化大革命"的盖子。

很多政治安全体制里的关键人物在这第一次的风潮中消失了,之后就受到指控,至少其中的一些人几乎可以肯定是在这段时间被捕了。这些人都是不被外界所了解的,如罗和彭,但这些担任着敏感和重要职务的人,多年以来已被中国的党员和观察中国的人们所熟悉。他们还包括:中央办公厅中仅次于杨的龚子荣②;可能是办公厅第三号人物的田家英③;长期担任办公厅及中央社会部(或其相应机构)高官的徐子荣,他还曾被毛带到杭州的指挥中心,或被派到那里去执行特别任务,并且他后来被指责为在1966年2月对那个指挥中心进行非法"查看";办公厅工作人员及目前是国家档案局局长的曾山④,他可能也是中央直属机关党委的头头;国防部办公厅主任萧向荣,他可能与罗与杨有密切的工作关系;还有王从吾和刘锡五(自1964年以后不见出来)⑤,这二人是中央监察委员会五位书记中的两位;吴冷西⑥和许立群⑦是彭的"五人小组"中的另外两个人,他们也都是(陆定一手下的)宣传部的副部长;总政治部的梁必业,可能还有史进前(史在1966年遭谴责之前从未公开露过面)。除了中央社会部的徐子荣、汪金祥⑧和刘锡五之外,还有长期在中央社会部任要职的冯基平⑨及冯轩(Feng Hsuan,译音);除了公安部的徐子荣和汪金祥以外,还有副部长级的凌云和刘复之。⑩

---

① 原注:这是在刘少奇前往亚洲各国访问,不在国内的时候发生的。刘由汪东兴护送(卫兵),汪是毛的人。
② 龚子荣时任中共中央办公厅主任。——译注
③ 田家英,建国后曾任毛泽东秘书、国家主席办公厅、中共中央政治研究室、中共中央办公厅副主任。——译注
④ 曾山,建国后曾任华东军政委员会副主席兼华东财经委员会主任、国务院商业部部长、中共中央交通工作部部长、国务院内务部部长等职。——译注
⑤ 王从吾,建国后历任中共中央纪律检查委员会副书记、中央组织部副部长、中共中央华北局第二副书记、中央监察委员会副书记等职。——译注
⑥ 吴冷西,时任人民日报总编辑兼新华社社长,也是"中央文革小组"的组员之一。——译注
⑦ 许立群,时任中宣部副部长。——译注
⑧ 汪金祥,建国后历任东北人民政府公安部部长兼东北人民检察院检察长、东北公安部队司令员兼政委、中共中央东北局常委、东北行政委员会副主席、公安部副部长、部长等职。——译注
⑨ 冯基平,建国后历任北京市委副书记、副市长、兼市公安局第一副局长等职。1963年调陕西省委工作。——译注
⑩ 原文有注,未解密。——译注

因此，到"文化大革命"正式开始之前的 4 月底，党的机构，特别是政治安全机关已经受到重创。书记处仍在起作用，但在邓小平领导之下的书记处可能已经被注上了清洗的符号。办公厅已经失去了它几乎全部最高领导人，现在可能是由汪东兴管事，由童小鹏①（**不是邓小平**）作为助手，他从前是总理办公室主任，可能还是中央社会部的官员，1966 年下半年被任命为该办公厅副主任。这几年来，中央社会部的大部分高层领导人都已被捕——也许还有与中央社会部有密切的工作关系的中央各部委的政治安全机关的未知名的主任们；这些中央部委本身也受到威胁。中央监察委员会的领导层被分成了两半：尽管它的下属委员会（或主管班子）继续存在，但自 1964 年以来，几乎没有人表现积极，他们后来也被指控从一开始就抗拒"文化大革命"——换句话说是他们同情其所属的党委的领导人。公安部大部分副部长已经倒台了，公安系统的辅助机关（如检察院和法院）也受到威胁；全国公安系统的三个方面的机关与监察委员会一样，后来也被指控从一开始就与这些部门的领导人是站在一起的。最终，彭真的"五人小组"被非正式地清除了，它的大部分成员面临其他特别小组的裁决，这些小组是专门召集起来各自向上级部门汇报的。

到 1966 年 4 月，仍在运转的政治安全系统的中央机关，包括邓小平主管的党的书记处的剩余部分、中央办公厅的新领导人、党的组织部和总政治部的主任、中央机关政治部（指政府部门）的协调人和主任、公安部长和两、三个副部长，以及聚集起来处理已被捕的党的领导人的案子的专门的"工作组"。

在这些机关中，书记处和组织部可能已处于瘫痪状态，没有毛的指示，它是不敢有动作的，而这两个机构剩下来的领导人很快也被清洗了。② 其他机构也不敢在没有指令的情况下有所作为，但他们至少还能得到指示。总政治部是积极的，萧华颇为得宠。中央机关政治部的协调人和他们的大多数主任仍未清晰地出现，但至少这些部门中的某些人还是活跃的（此时有 1 人是外交部的），在其他事情中，1966 年初，各省的政治处也在开展对党员的调查，这与早些时候由监察委员会搞的调查针对的是同一类型的人。③ 谢富治仍然活跃并得宠，伴随他的是与多年的恩公邓小平撇清关系的显著业绩，他在北京的公安部系统也被用于抓捕党的领导人。

这些政治安全机关中最有趣的是特别"工作组"，之前也有大量的这种东西，如 50 年代中期成立的指导镇压反革命运动的"五人小组"，当然还有 1964～1966 年彭真的"五人小

---

① 童小鹏，建国后历任中共中央统战部副秘书长、秘书长、国务院总理办公室主任、国务院副秘书长、中共中央办公厅副主任等职。——译注
② 原注：组织部长安子文也处于大麻烦之中。他至少长期与第一阶段被捕的四个人中的三个（彭真、罗瑞卿和杨尚昆）有密切的工作关系；他也与整个政治安全体制有密切的工作关系。红卫兵的材料中说，有证据显示出他与杨尚昆一起主持了对一些党员的调查，并且他曾担任过一段时期（可能还在担任）与中央社会部密切合作的组织部的政治安全局的领导。而且，据说他在 1965 年秋——最后的阻挡时刻——努力争取让杨担任地区的职务（因此而不受纷扰）。
③ 原注：这项工作不同于各省党委政法部的工作。后者显然是负责公共安全机制中所有三个方面的运作，针对的是非党群众。

组"。最新的版本是所谓的蓝带陪审团系统①,它由被告人的同级别的人组成,它有时候直接就做出裁决("有罪"),但它必须要考虑所有呈上法庭的"批判"那些被捕或被指控的人的证据,还要依据诱出的新证据控罪,并且它在最后的判决中可能还会有些发言权。② 换句话说,他们做的很多事情是过去中央社会部所做的,尽管它不是一个综合性的部门。这些工作组的工作方面的综合与协调,可能是由尚未宣布的由陈伯达、康生、毛夫人领导的"中央文革小组"、中央军委的某些机关,以及实际上由康生、谢富治和汪东兴以及在"文化大革命"的准备阶段冒出来的政治安全专家组成的政治安全处一起来做的。所有这三个组织当然都是向政治局常委会负责的。

三、1966 年 5～10 月,第二次动荡:
新政治安全机关的形成

5 月 16 日,由毛主持的中央委员会工作会议确定了打倒彭真,并清楚表明大规模的党内清洗即将来临。它还确定,人民解放军也一样要清洗。

"五·一六"通知上说,"目前的斗争"是要贯彻执行毛的"文化大革命"路线,却没有清楚地说明毛的路线是什么(不提供清楚的指导就是要继续保持"文化大革命"的状态。)这份通知下发给各级党委——刘、邓领导之下的常规的党的机关——的任务是执行毛的路线,但它提前下的结论是,他们并不能做到这一点("大多数党委……非常缺乏理解……并且他们的领导层远不能谨慎有效")。这一通知事实上确定,毛打算继续用特殊手段来推行"文化大革命",它正式废除了彭真的"五人小组",而建立起另一个特别的小组,即"中央文革小组"。

新的"中央文革小组"是围绕三个人——与毛有特别密切联系的——建立起来的,毛于 1 月份把他们作为非正式的"文化大革命"顾问召集到一起。组长是陈伯达,第一副组长是毛夫人,"顾问"是康生。很快确认了第二顾问——党的中南局第一书记陶铸,他于 6 月 1 日调到北京,取代陆定一担任宣传部部长。另外三个副组长——位列毛夫人之后的——也很快确定,一是上海党的书记张春桥,他在去年 11 月的文艺改革及批判吴晗中与毛夫人有密切合作;二是总政治部萧华留下来的副手中最重要的一个人刘志坚,他也是"全军中央文革小组"的第一个组长;三是陶铸在中南局的副手王任重,他似乎长久以来与毛的个人关系比较密切。很快被确认为"中央文革小组"成员(非官员)的有去年 11 月批吴晗文章的主要作者姚文元,《红旗》杂志编辑王力,另一个作者关锋,年轻的编辑穆欣,以及另一个与毛夫人有过密切工作关系的记者威本禹。另外还有一些可能从一开始就是其成员——数月之后才确认

① 原文是 Blue-ribbon jury,即蓝缕带陪审团,也叫专设陪审团,通常由受过高等教育、有经济实力的陪审员组成,此处是指当时组成的一些特别机构。——译注
② 原注:例如:据可靠报告,考察罗瑞卿的人就有叶剑英、谢富治、萧华、杨成武和刘志坚,他们都是同一个级别的人民解放军官员,也是中央军委的成员。红卫兵的材料断定,安子文是这个团体中最初的成员,并试图保护罗,这简直是做了蠢事。

为"中央文革小组"下属小组的主任——他就是中央办公厅和公安部系统的汪东兴,他也是毛的老卫兵。

新的"中央文革小组"完全是毛个人的小组织,但它还不是事实上的书记处;在6月和7月下一阶段的"文化大革命"中,常规的党的书记处将会起领导的作用("中央文革小组"实际上要到7月份才浮出水面),并且据说书记处显然在事实上的总书记陶铸的领导下,1966年全年一直在继续指导全党的日常工作。"中央文革小组"也没有打算取代那些指导军队和政府部门工作的机构;中央军委和它的下属机关继续控制着人民解放军,政府的工作继续由周恩来总理分派给中央各部委的职能专家掌管,而他们又反过来受到书记处各位书记的管辖(总是这样的)。"中央文革小组"在它最初的几个月中,确实像它的名字所暗示的:是负责指导"文化大革命"的一个专门的小组织。

5月下旬和7月初,文教机构的党委(即这些机构中常有的党的体制)受到革命教师和学生的攻击与羞辱,这几乎可以肯定是毛授意"中央文革小组"的人煽动的。刘、邓领导下的党中央机关之后派出工作组(以前曾用于群众运动)到校园里去恢复党的领导。革命派也被煽动起来攻击工作组,在7月中旬毛亲自批评工作组的行动后,工作组很快结束并撤走了,派出和指导工作组的党的机构名誉扫地。8月5日,毛告诉好斗分子向前走,"炮打司令部"——把矛头指向党的机构本身。

8月的头两周,中央委员会开会,同意了毛对"文化大革命"的设计以及毛对高层官员的重新安排。(有相当一部分人——甚至是多数人——是持反对意见的,但出席会议的人民解放军及红卫兵单位的支持使他们的意见根本无人理会)。在这次会议期间,中央委员会提出了一项十六点决议,它——类似毛8月5日的大字报——鼓动年轻的革命派攻击全中国的党的领导人,并确定他们将由新的机构,即特别的"文化革命"的实体来指导。所提出的目标是——到目前仍是——打倒那些"走资本主义道路的当权派"(即不忠诚的毛主义者),要批判和抵制资产阶级思想(任何反毛思想的形式),以及要按毛的路线激烈地重组中国社会的结构。[①] 革命也要在人民解放军中进行,但是在中央军委和总政治部的指导之下。[②] 会议结束时,北京宣布了这些新的安排。

这些事情中最重要的当然是降刘少奇和邓小平的职(清洗),并命名林彪为唯一的副主席,而因此委任他为毛的接班人。另一个重要变化是使陶铸、陈伯达和康生进入政治局常委,位列毛、林、周之后的第四、五、七(邓在名义上是第六)。毛夫人此时也成了中常委中事实上的成员。

自从5月份以来,红卫兵已经在"中央文革小组"的指使下(暗中)有了发展,到了8月中

---

① 原注:这个8月8日的决议把党的干部分为:好的和较好的(两类合在一起,是大多数);犯了严重错误但能够重新做人的;以及"一小撮"蓄意恶毒"反党、反社会主义"(反毛)的、必须要被揭露和清洗的分子(尽管也会给他们"悔悟"的机会)。

② 原注:在同一时期,林彪提出了对于军队清洗的进一步的指示。对所有人民解放军干部的要求——显然是很难使用的尺度——是他们是否支持毛,是否政治优先,是否有革命热情。他主要是把这一任务下达给中央军委,特别是杨成武辖下的总政治部(萧华)。

旬,他们首次亮相。8月下旬,他们爆发了,开始了对党的机关的"炮轰",并不顾一切地肆意妄为。当有了毛和林的总指示后,很快就清楚了,他们继续得到指导的主要源头是周恩来——比较审慎的声音——和"中央文革小组"的官员。①

在全国铺开的红卫兵,显然有一套标准的行动程序:他们要求重组(清洗)各地的党委,并且当地党的领导人被削弱而破败时,红卫兵就对他们进行人身攻击。通常地方领导人也组织和支持他们自己的红卫兵,对这些攻击进行有效抵抗。除了这些冲突外,红卫兵团体内部的毛派红卫兵组织之间——特别受宠的北京的红卫兵、去过北京的地方的红卫兵,以及没有去过北京的地方红卫兵——以及红卫兵组织内部也发生了很多冲突。开始于这年秋初,惊异于对手抵抗的毛和林,做出了战略退却,以便重组红卫兵,开展另一波的突袭。

与此同时,盼望着对人民解放军进行清洗的毛,在9月或前后建立了单独管军队的"中央文革小组",它的第一任组长是总政治部副主任刘志坚,他同时也是"中央文革小组"中的高级军事人物。……②

10月,中央委员会举行了另一次工作会议,这次会议是谴责刘、邓,并听取他们的自我批评(因不满意而未被接受),也听取了毛和林关于如何对付其余的反对派和党的干部如何挽救自己的重要讲话。两位最高领导人警告召集来的这些各地区和各省的领导人——显然被认为是主要的反对派——红卫兵将要再次猛烈地敲打他们,他们必须努力"通过考验"。《红旗》杂志很快就公开说,对他们进行的"考验"就是:自我贬低、自我批评(包括谴责他人)、改正错误(即对好斗分子的进攻),以及支持革命群众(即要打倒他们的人)。"考验"当然也是毛判断这些官员是否忠于他。

到1966年秋,开展"文化大革命"成为党的中心工作(几乎是排斥了其他工作),清党成了革命的主要内容,新的政治安全机关处于重组的中央机关的核心之中,它受政治局常委会的领导,这些领导同时也是它的成员。

党的最高层是毛和林彪,现在他们和作为他们的主要执行者的周恩来一起(有时有不同的侧重)对党的事务提供"第一线"的指示和管理。在他们之下是政治局常委会的其他工作人员,排序是陶铸、陈伯达和康生。办公厅现在是政治局常委会的办公厅,与原中共中央办公厅职能相同,但是全新的领导班子。……③

尽管"中央文革小组"现在是政治局常委会之下最重要的党的机关,但党的日常工作显然还是在党的书记处指导下继续开展,如前所述,8月中旬以后(从邓小平倒台开始),书记处很可能是在陶铸的领导之下,从那时起到他倒台为止,他还是事实上的总书记和党内第四号领导人。书记处各位书记的分工,总的来说似乎是清楚的,但他们所分管的党的各个部门则呈现出一种混杂的图景,可能是明确的,也可能不明确。例如,陶本人(及他提拔的年轻人

---

① 原注:例如,周在9月份解释毛的"炮打司令部"的文告,告诉红卫兵那不是一定要完全摧毁党的机制,甚至一些(不少)第一书记也是可以接受的。几个发言人还让红卫兵自己去"调查"并把好的挑出来。
② 原文此处约四行未解密。——译注
③ 原文此处约两行未解密。——译注

张平化）管辖下的宣传部，显得与过去一样很活跃，而组织部——同样由陶本人掌管——如过去一样看起来并不活跃，但它本来也可以是很活跃的。这些部门中的某些部门是由刘、邓提拔起来的人充任，因此这些人而不是这些机关也是清洗的目标。

声誉尚好的军委仍是党的中央军事机关，并掌管着在人民解放军中进行的清洗，由总政部（现只隶属于中央军委）和"全军中央文革小组"实施。但这幅图画给人严重误导，因为可能毛夫人是"全军中央文革小组"的"顾问"以及从一开始就是有效的领导人；如已证明的那样，她与几乎所有军委、总政治部和军队"中央文革小组"的成员有冲突——而她都打败了他们。

周恩来仍保有对政府部门的权威，但这一权威也越来越不稳固。在"发动"工人闹革命的时期，政府部门的很多工作由政治机关掌控，而且政府机关也受到红卫兵的猛烈冲击。①

曾经是调查党的领导人的忠诚度和党员的原则性的党的主要机构——首先是中央社会部或政治安全部或安全部，其次是中央监察委员会及其下属机构——现在全都不起作用了。前者甚至在名义上也不存在了，而后者只是名义上存在着；监察委员会完全瘫痪了，后来还被指为没有支持对党委及其自身的清洗。第三个是中央委员会直属机关党委，这段时期没有被提到。

然而，如前所述，似乎事实上有一个政治安全处——由政治安全专家康生、谢富治和汪东兴组成，直接向毛和林汇报。② 这个处大概与其他新的政治安全机关有密切的工作关系，并掌管了由常规的安全体制保留下来的那些工作。

三个关键的中央机关——"中央文革小组"，中央军委和政治安全处——中的每一个，估计在确定参与审查被逮捕的党的领导人的特别"工作组"的人选方面都有发言权，也有权考察那些在审查中诱出的新材料——这些材料往往导致新的抓捕和保持这套机制运行。另外的信息当然是来自于"中央文革小组"及"全军中央文革小组"的下属部门，来自各政治部，来自其他党的部门、党委、军队和政府机关的那些听从指示的、或因此试图通过谴责别人而保护自己的人。

似乎有理由相信，因为之前已经发生的情况，最后的判断已大致出来了，尽管在"文化大革命"的歇斯底里中，有很多判断是与过去相反的。那就是说，对低层人士的最终裁决由中层机关做出，对中层人士的裁决由如中央"文革"小组和中央军委及政治安全处（也许是与特别的"工作组"中一起行动的）这样的机关做出，而对最高层领导人的裁决只能由毛和林做出。

除了邓小平以外，只有少数旧的政治安全体制中的人物在这段时间被清洗。在"文化大

---

① 原注：也许在政府机关中，政治部门实际上取代了党委系统，因为党委的头头们通常都受到了攻击。

② 原注："处"（directorate）这个词是主观上设定的（因为缺乏更合适的词），主要是为了强调这个作为一个团体而存在的集体——区别于它的各位臆测的成员在其他已知的党的机关的行为——仅是一种猜测而已。这些猜测基于以下几点：（1）我们推测，这些在"文化大革命"早期存活下来的极少数的政治安全专家之所以这样做，是因为他们（或他们中的大多数人）在"革命"开始之前就一直是为毛个人工作的；（2）我们相信毛希望有某个机关能协调政治安全工作，正如他以前总是这样的；（3）像过去的中央社会部一样，作为党的体制中的最高端的政治安全机构，关于这个政治安全小组的零星报告总会有各种名目；（4）综合红卫兵报告中关于康生、谢富治和汪东兴（推测的机构中的关键人物）与政治安全工作及其相互关系的材料，似乎他们在某些时候是在一起工作的。康和汪是铁杆毛派，而谢似乎有所不同。

革命"初期生存下来的书记处的成员,以及在第二阶级早期补充到书记处任书记的人中,只有康生是安全**专家**(其他人在这方面微不足道),而他仍然活跃并极其受宠。在办公厅的人中,原副主任李颉伯在这段时间的末期做了最后的亮相(在天津),之后很快被抓起来了。在监察委员会中,两个生存下来的书记张云逸和萧华这段时间也还活跃着,尽管是起了别的作用。在政治研究室的人中,唯一被人们熟知的存活者是陈伯达,他已被"中央文革小组"所吸纳,估计起着他的作用。在中央各部党委的主任中,组织部的安子文①和李楚离②在整个这个阶段(仅仅是)暂时挂着;总政治部的萧华和刘志坚这段时间都很活跃(尽管刘很快倒台),而总政治部的政治安全局局长史进前很快倒台,或也已经倒台了;而统战部的徐冰③这个阶段也被挂着。公安部长谢富治是新团队的关键人物,至少还有两个幸存下来的副手(汪东兴和于桑),以及其他至少在这个阶段担任其副职的人。同样情况的还有检察院的张鼎丞④,而人民法院的吴德峰⑤在8月份有最后亮相。

四、1966 年 11 月至 1967 年 4 月,第三次动荡:人民解放军领导人被清洗及公安体制的崩溃

11月初,林彪号召群众(不只是红卫兵学生)攻击各级党和政府,同时"工人革命造反"司令部⑥在上海建立——这是在继续抵制毛的新团队的党、政府和经济部门较早进行"夺权"的一种新的组织形式。12月初,"中央文革小组"的12点指示,把工人阶级说成是"文化大革命"的"领导力量",把革命扩大到工厂、矿山,并号召工人们建立自己的群众组织,必要时由红卫兵补充。

12月份,据说在毛缺席的情况下,毛夫人看起来在指导"文化大革命",她确实很卖力地做了。在12月中旬的一个煽动性的讲话中,她(1)以攻击中央军委中仅次于林彪的贺龙,开始了对军队高层领导人的清洗;(2)指出几个第二层次的党的领导人(包括"中央文革小组"的一个副组长),让红卫兵去攻击,这是已知的首次明确提出攻击目标的例子;(3)把政府的公共安全体制(从属于公安部的机关以及检察院、最高法院)说成是一帮"资产阶级"的机关,并号召激进的红卫兵用武力"接管它们";(4)在批评红卫兵的过火行为时,号召解散红卫兵的"纠察队"这个唯一要防止过激的机构。

---

① 安子文,建国后历任中央人民政府人事部部长、政务院监察委员会委员,时任中共中央组织部部长等职。——译注
② 李楚离,建国后历任中共广东省委副书记兼组织部部长、广西自治区总工会筹备委员会主任,时任中央组织部副部长兼干部处处长。
③ 徐冰,建国后历任北京市副市长、中共中央统战部第一副部长、部长等职。——译注
④ 张鼎丞,建国后历任中共福建省委书记兼省人民政府主席、省军区政治委员、中共中央华东局第四书记、华东军政委员会主席、中共中央组织部第一副部长、华东行政委员会副主席兼政法委员会主任、最高人民检察院检察长等职。——译注
⑤ 吴德峰,建国后历任中共武汉市委第一副书记、武汉市市长、中南军区党委政法委员会秘书长、副主任、国务院第一办公室主任、最高人民法院副院长等职。——译注
⑥ 1966年11月9日,上海市的一部分工人召开了"上海市工人革命造反总司令部"(后来被简称为"工总司")的成立大会,叫嚣向上海市委夺权。——译注

在毛夫人的讲话之后，贺龙及其他一些中央军事部门及地方军区的高级别的官员很快被打倒了。其中一个是政治安全体制中的关键人物：北京卫戍部队司令杨勇。对于这些官员所谓长期密谋夺权的指控是不可信的，但所有人在他们自己负责的领域内，显然都抵制了"文化大革命"的冲击。

毛夫人在其讲话中豁免了公安部长谢富治和他的部（即他在北京的中心办公室），不在她对公共安全体制总的谴责之内，并特别提出，把那些由红卫兵抓捕的人交给公安部（而不是它们下属机关）处理。然而她讲话的煽动性鼓励了红卫兵摧毁全国的公共安全体制。① 除此之外，毛夫人的讲话引发了对所有尚存的基层党和政府"夺权"的运动。

到12月下旬，自8月以来事实上是党的总书记的陶铸显然也要倒台了——这是毛的新团队中第一个倒台的人。有可信的证据显示，陶的罪状——至少是这样指控的——是试图"限制"在党内进行"文化大革命"的"范围"（清洗的规模），特别是在他过去所在的中南局。从这时起党的书记处事实上似乎就是"中央文革小组"了。②

1月初，毛夫人指责"全军文革小组"组长刘志坚，该小组是旨在对军队进行清洗的主要工具。据信刘志坚被指抵制如12月开展的那样大规模的清洗。之后很快，中央军委发出通知，重组"全军文革小组"，由军委的高级官员（不像刘）和职业军人徐向前领导，他的主要副手是总政治部主任萧华和代总参谋长杨成武，他们曾负责在前一阶段监管刘志坚的工作。重组后的小组中，次一级的人物是副总参谋长王新亭，他曾经也是邓小平提拔起来的人，还有总政治部的其他官员，以及林彪的妻子叶群。重组后的"全军文革小组"，将在中央军委和"中央文革小组"的"直接领导"之下开展工作，并首次从属于后者。毛夫人仍是其占主要地位的人物。

进入1月份，继续号召"夺权"导致对全中国党和政府机关的武力攻击。这些机关失控，又反过来导致无政府状态和混乱，因为那些夺取了权印的人，事实上没有能力使他们取得的机构发挥任何作用。于是1月21日，毛亲自指示林彪，命令人民解放军采取行动"支左"——意即毛把他们看作是真正的左派。③ 但他并没有给予人民解放军多大的帮助以断定哪个组织是真正的左派。实际上，人民解放军总体来说是去恢复秩序，并事实上成为了左派名义的管理机关。那些把人民解放军的决定当作是他们自己的决定的群众组织是真正的

① 原注：如其他人已注意到的，谢以毁灭他所在的体制而换取了他自己的政治生存。他后来被引述"承认"1966年"几乎所有"公安人员都试图保护当地的党的官员并镇压红卫兵。毛派对此行为的愤怒体现在了1月13日（中央委员会）威胁要惩罚公安机关自身的关于公安工作的指示中。这一指示发布时是要解放军取得对公安部门的控制，它重申早已给解放军的指示，如任何书写的或口头上对毛和林彪的批评都是反革命的行为。预见到此后采取措施的其他人，如革命群众组织和他们的代表，不能受到袭击或扣押。毛夫人此时再次谈到谢富治，他所在的部及他的人正受到红卫兵的猛烈攻击，这次她更坦白地说，谢是忠诚的，但"软弱"。

② 原注：如毛夫人所指出的，中央"文革"是政治局常委会的"秘书组"，常委是由毛、林、周和两个（或许是三个）"文革"小组的有级别的人组成，还有一个领导人（李富春）后来也倒台了。更准确地说，"中央文革小组"（她说）向毛"提出看法"，林和周"考虑"。尽管陈伯达是"中央文革小组"的组长，但正是康生——这些人中唯一在之前有过党的书记处工作的经验——据说取代了陶铸，成为事实上的总书记。

③ 1967年1月23日，根据毛泽东的指示，中共中央、国务院、中央军委和"中央文革小组"作出《关于人民解放军坚决支持革命左派群众的决定》，3月19日，中央军委作出《关于集中力量执行支左、支农、支工、军管、军训任务的决定》，派军队到各地执行"三支两军"，以稳定混乱的局势。——译注

左派,而那些拒绝接受真正属于军队权限的组织,则被严厉压制。("中央文革小组"后来反转了一些这样的决定。)那些愿意与军队合作的人,受到良好对待。作为恢复秩序的努力的一部分,人民解放军很快转到因"夺权"而被非法攫夺的公安机关。①

1月底,由毛作为军委主席签发的指示,为军队自身进行"文化大革命"转变了腔调——显然,当毛的新班子依赖军队去恢复和保持秩序时,不要使解放军受到进一步的干扰更为有利。中央军委的指示要求限制在较高的层次搞革命行动(如不再"逼供"),并且它实际上也免于陷入政治派系的斗争中。

与此同时(1月底),北京号召组成由人民解放军官兵、党的干部及群众组织的代表构成的"革命委员会"作为临时的各级权力机关,这是要取代已经被破坏了的常规的党委和政府机关。尽管人民解放军人员早期阶段在大多数的革命委员会中处于主导地位,但北京的报道还是强调其他两个方面的人员所起的同等重要的作用,以及党这方面应起主要作用,如果还有的话。(到3月份,《红旗》杂志拟把党这方面的组成部分称为"核心"。)

1967年2月期间,在官方强烈要求人民解放军努力恢复秩序的气氛中,②据称由谭震林掀起了一股"逆流",谭是书记处的农业专家以及政府的农业部门的主管。谭后来成为所有政府官员的标志性人物——就像党的体制中的陶铸及军队中被清洗的领导人一样——他们都希望减小清洗的规模。3月份,几位高层的政府官员(大多是经济方面的专家,有些是政治局委员)受到严厉批评,据说是由"中央文革小组"授意的;后来再次认定"逆流"是要推翻"中央文革小组"。政府的主要官员周恩来首次(3月)就"逆流"表态,站在毛的新班子的其他人一边,号召群众予以回击(周也许是在自保)。

同月(3月),毛和林再次审视"文化大革命"的状况,对之感到不满。虽然恢复了秩序,但新的"革委会"总的来说不够左,人民解放军太热衷于对付群众组织——特别是(必要的)反对其中最好斗的人,而这些人中有些是特别受"中央文革小组"青睐的。至于革委会,人民解放军奉命通过军管会暂时行使(继续行使)权力,直到真正毛派的革命委员会能聚集起来。对于群众组织,林本人在3月30日的讲话中,告诉人民解放军的领导人,他们从今往后将限制使用胁迫手段对付群众组织,人民解放军各单位也不允许擅自采取自发的行动。中央军委的十点指示很快禁止人民解放军向群众组织开枪,逮捕群众,或在没有中央军委授权的情况下把群众组织划为反革命。

随着这样第二次左转,毛的班子也改变了军队"文革小组"的领导层。4月中旬,据说毛夫人"炒掉"了徐向前,而把领导权交给了他的两个副手萧华、杨成武(这两人都逃过了两次

---

① 原注:北京公安局自身——内部有两派红卫兵组织争相"夺权"——在2月初就实行军管,之后,红卫兵被告知远离公安机关。年轻的革命者们对于重组后的政治安全体制也是一个威胁。2月中旬,中央委员会的指示揭示出,一批党的机密文件和档案失窃,并采取措施保护这些东西。(例如:把它们转给军方控制,只交给过去清白的人监管,并且禁止任何人在没有上级授权的情况下接触如密码文字文件这样的秘密材料)。

② 原注:此时林彪明确支持这些努力。在指出他可能将是毛的"革命接班人"的陈词滥调中,他说道:"用我习惯的语言来说,我会把政治权力定义为镇压的权力。"

"右派"错误）以及谢富治。就在这个时候,这三个人和粟裕①据说增补到了中央军委中,尽管老师们还是名义上的军委委员,但这些年轻人与林彪一起,成为毛司令部的军事领导人。而谢和粟都不是最核心的毛派。

与此同时（1967年4月）,北京发动了新一阶段的"文化大革命",集中对刘少奇进行"批判和划清界限"——即所有反毛的思想和实践现在都以刘为主要标志。与此相关的——用刘作为否定的靶子——就是在中国的每一个组织中进行"斗、批、改"的群众运动（勉强解释为:由别人批评、自我批评以及转变）。与其他组织一样,革命的群众组织也要使他们的活动服从这一要求。然而,林彪3月底的讲话、再次抑制人民解放军的4月初的指示,以及毛本人对一些解放军将领的批评,合起来鼓励了群众组织在几个月之后出现史无前例的暴力活动。

自1967年4月起,"文化大革命"期间形成的政治安全机关仍然处于党的体制的中心位置。传统的体制——总书记、掌管政府部门各方面的书记,以及各大区及省党的机构——总体上说似乎是已经全部出局了。虽然据说康生是实际上的总书记,但他显然是在中央"文革"小组之外也大行其职,他发出的涉及广泛的指示,过去是由书记处签发的。几乎所有其他的书记都受到红卫兵的攻击,几乎所有知名的中央各部委的头头情况也是如此。有一个例外,就是接替陶铸作为宣传部部长的王力,也是在他作为成员的"中央文革小组"之外有施政权,而他不过是作为"中央文革小组"的"秘书"在向所属的宣传部门发号施令。（中央各部掌管的政府部门本身相对来说已不再运行;有不少证据显示,1967年初这些机关就出现了混乱,继而处于瘫痪状态。）而当各地区和省的机关以及监察委员会名义上还存在的时候,周恩来此时评价说他们"实际上已经分崩离析"是话中有话。

到1967年4月,中央机关继续由毛、林、周,以及中央"文革"幸存下来的领导人陈伯达、康生,以及毛夫人掌管。这五六个人（毛夫人的正式职位是不确定的）继续组成政治局常委。② 汪东兴为首的办公厅继续作为"中央委员会"的执行机关,也即意味着,这一机构仍继续在政治安全方面起着重要作用。"中央文革小组"是实际上的书记处,其最重要的"书记"——除陈、康、毛夫人之外——还有张春桥、姚文元、汪东兴、王力、关锋和威本禹。为了取代地方党的机构,据说"中央文革小组"的这些人划分了各自负责的地区,每人对中国的一个部分负主要责任。

林彪为首的军事委员会继续指导着军队,尽管其活跃的官员实际上与政治安全机关的主管是同一批人:"全军中央文革小组"的萧华、杨成武及谢富治。萧华也是总政治部的。全部的政治安全决议都以中央军委的名义发布,例如,改组全军中央"文革"本身和命令审判之前单独囚禁一位被控阴谋反对上司的省军区副司令员（据说这位副司令员后来是被枪决了,还据说这是1968年被执刑的唯一重要的人物）。中央军委显然还没有建立起一个"支左"的中央小组,去处理人民解放军与革命的群众组织的关系,尽管各省的个别军人据说已

---

① 粟裕,建国后历任中国人民革命军事委员会副总参谋长、中国人民解放军总参谋长、国防部副部长、军事科学院副院长、第一政治委员等职。——译注
② 原注:李富春名义上仍是政治局常委,但与其他人相比,似乎没有相同的地位。

经开始了这项工作。

我们勉强设想——也就是说,除了"中央文革小组"和中央军委之外,它们本身还有其他考虑——到 1967 年 4 月,政治安全体制由以下几项组成:

(1) 康生、谢富治和汪东兴领导的事实上的政治安全处,他们涉及了安全体制各方面的工作;

(2) 中共中央办公厅,也较多地涉及了其他部分的这方面的工作;

(3) "全军中央文革小组"及总政治部的政治安全局(或相应机构),属于这条线的;

(4) 调查被捕的党的干部及获取相关信息的特别"工作组";

(5) 由这些中央机关组成或任命官员组成的其他临时团队,他们主要进行对受到怀疑而还未逮捕的党和军队领导人的调查,或者派去收集那些已经被捕的人的另外的材料;[①]

(6) 新出现的"革命委员会"的保卫部(有的又称为"无产阶级专政委员会"),它似乎是负责革委会内部的政治安全工作,也负责之外的公共安全工作;也许还有一个机关;

(7) 一些中央的部据推测也是未经确认的协作者,它们主要通过其属下的政治办公室指导政府机关(主要是经济部门)的政治工作,并考核政府官员的行为——尽管有些甚至大多数政治办公室与过去的党的机构有关系密切,并已经停止了发挥作用。

传统上的公共安全体制已不再是现在的场景中的一部分了。公安部还在北京,不过是个躯壳而已,它的属下机构已经被人民被解放军接管,检察院及法院也是一样。

1966 年秋还存在的大多数政治安全体制中的关键人物——那时他们中的多数人是得宠的——到 1967 年 4 月时已经被清洗了。当 1966 年春开始清洗时,预计针对的只是"一小撮"党的领导人,到 1967 年 4 月,在政治安全机构以及全部中央机关中,只有小部分被信任的领导人留了下来——还要变得更小的小部分。

这段时期最重大的损失当然是事实上的总书记陶铸,他还牵连了其他人和他一起倒台(见下面)。与政治安全工作有点关系的书记处的其他书记中,谭震林在 4 月底被打倒了,叶剑英(军委办事处的)也遭到猛烈攻击。

在现在并不活跃的与政治安全有关的中央部委中,组织部的安子文和李楚离从一开始就不得宠,两人都在这段时期被清洗了。[②] 工商政治部的谷牧[③]仅仅是持续了这个阶段,然后就消失了;统战部的徐冰显然在这个时期被清洗了(除了其他事情之外,说了林彪健康状况不佳,这倒是真的);这段时期新确立的对外事务政治部的张颖[④]在这个时期的末期可能

---

① 原注:一个已知的调查组是由"中央文革小组"较低级别的成员和地方军区政治部的"保卫部"(可能就是政治安全处)的高级别成员组成的;另一个是由中央办公厅的丁春(Ting Chun,译音)、地方军区的政委以及省军区的一位副司令员组成。

② 原注:组织部的政治安全司在组织部无所作为时也变得没声没息了。

③ 谷牧,建国后历任中共济南市委书记、济南市市长、济南警备区政治委员、中共上海市委宣传部部长、市委副书记、国家建委副主任、国务院第三办公室副主任、国家经委副主任、党组副书记、国务院工交政治部主任、国家建委主任、党组书记等职。——译注

④ 张颖,建国后历任中共天津市委宣传部理论处处长、中国剧协《剧本》月刊主编、《戏剧报》常务编委、外交部新闻司、西欧司副司长等职。——译注

也被清洗了。（宣传部随着陶铸和他的副手张平化的倒台而被中央"文革"吸收了。）

到1966年底，成为事实上的书记处的"中央文革小组"在这段时间失去了七个有级别的人物中的三个：高级顾问陶铸，他提拔起来的王任重及刘志坚（两人都是副组长）。

正如同书记处是整个党的机构的管理者一样，中央军委掌管着军队的政治安全机构，但由于贺龙被清洗，以及其他（各级别的）老帅聂荣臻、徐向前和叶剑英的衰落，中央军委已经完全变了样。后三位中没有一人被清洗，但都受到了攻击，并显然不受那些执掌着隶属于中央军委的政治安全机关的年轻人的欢迎而靠边站了。在这些机关中，全军中央"文革"小组在这段时期失去了两个头头，先是刘志坚（被清洗），之后是徐向前（靠边站）。总政部也失去了刘志坚和曾经是政治安全司司长的史进前，如果他还没有被清洗的话。北京①司令员杨勇——他指挥的是可以最快调动进行政治安全行动的部队——也在这段时期被清洗了。

至于已经被人民解放军接管的公共安全系统，在北京的不活跃的公安部的领导人都仍然得宠，但都是在其他岗位上。谢富治和汪东兴是处于这项工作中心的事实上的政治安全处的三个关键人物中的两位，他俩在这段时期还带进来两个以前的下属做副手，即杨奇清和于桑。（该处可以想象已经在这段时期被赋予官方地位，如于很快被确认为一个"重要部门"的官员。）但作为公共安全的辅助部门的最高法院和检察院的主要人物，这段时期都倒台了，杨秀峰②自杀，吴德峰和张鼎丞被清洗。

五、1967年5月至1968年2月：更大的重组——总政治部及"全军中央文革小组"解体，"支左"及政治工作组形成

5月份和6月初又有了呼吁秩序的声音。6月6日，中国共产党中央委员会发出指示，正式号召结束各类群众组织的进攻（袭击、破坏、抢掠、抓捕），由人民解放军负责维持秩序。但是这并没有授权人民解放军使用武力，而大规模的暴力事件当然还会持续下去。很快做出决定，派代表到中国各地，促使各个争斗不休的红卫兵派系协商。

"全军中央文革小组"（及政治安全处）的谢富治被选择领导第一批这样的巡回代表团，由"中央文革小组"的王力以及空军的政委（可能也是"全军中央文革小组"的成员）余立金③陪同；还包括一些群众组织的代表。这个团队似乎是很快在一些特别混乱的地区被确认的"中央委员会调查团"的雏形。在之后的非特定时期，毛泽东——据说是由杨成武、张春桥和汪东兴陪同——开始了在华东、华中几个省份的旅行。为了帮助谢完成他的使命，毛于7月

---

① 原文此处约一词未解密，从上下文判断应该是"卫戍区"。——译注
② 杨秀峰，建国后曾任高等教育部部长、教育部部长、河北省人民政府主席，最高人民法院院长。——译注
③ 余立金，建国后历任华东军政大学副政治委员兼政治部主任、中国人民解放军第三高级步兵学校校长兼政治委员、南京军区空军政治委员、中国人民解放军空军副政治委员兼南京军区空军政治委员、空军政治委员、中国民航总局第一政治委员、中国人民解放军空军第二政治委员等职。——译注

中旬号召各地争斗不休的群众组织和解。

　　几天以后,武汉最大的群众组织之一拒绝接受来自北京的对他们不利的施压(通过激进的毛派人物王力转达),他们还拒绝加入联盟,并在武汉一些军队和公安单位的支持下,殴打和绑架了谢的代表团的成员。武汉军区司令(陈再道)和政委——一定程度上能负责的——被召唤到北京,并在几周后被清洗了,一起的还有武汉司令部的一些较低级别的人物。

　　毛团队对武汉事件反应强烈。事件发生两天后,毛夫人发表了一个讲话,她在讲话中告诉群众组织,他们有权"保卫"自己。此后,一些群众组织被发给了武器,另一些被允许去"偷"——或实际上已经偷了——人民解放军的武器,而军队则仍然被禁止使用武力。毛夫人的讲话被用于给日益增长的对军队领导人和单位的攻击提供借口,群众组织之间的发生的争斗越来越多。

　　之后很快(7月底),其他的地方军区司令部的领导人——不管是受命还是他们主动的——汇集到北京。那时,《红旗》杂志号召"推翻"人民解放军中的"一小撮"坏人。这一号召的风格是清洗了四分之三的党的机关之前所用的语言,所以它实际上是撤销了1967年1月给予人民解放军的一再保证。8月9日,在对军队领导人——包括地方的领导人——的一次非常严厉的讲话中,林彪批评人民解放军过去在处理群众组织方面的错误,极力告诉他们,没有北京的命令,他们在这方面不能采取任何行动。他把"支左"的标准定义为看一个群众组织是否支持毛(而不是是否攻击人民解放军),并指示他们在处理群众组织的问题时,寻求周和"中央文革小组"的指导(这也是年轻的革命者的指导来源)。从这些讲话——毛夫人和林的讲话——的字面发出的信息,就是将会有更多的暴力事件。

　　与此同时——7月22日至8月中旬这段时间——毛的团队又对那些负责在军队中推行"文化大革命"和作为指导军队进行"文化大革命"的机构进行了激进的重组。这一过程比较混乱——例如,据说萧华在他被清洗的几天前还被命名为一个新机构的领导人之一——但是,当8月中旬尘埃落定之时,萧和其他人都出局了,总政治部被束之高阁,新的"支左"小组开始行动,全军中央"文革"小组有了新的领导人。

　　总政治部主任萧华(长期与林彪关系密切)被林本人严厉批评(在8月9日的讲话中)"犯了一个又一个错误"。① 之后很快,萧和他的两个尚在岗位的副手(傅钟②和徐立清③)被清洗了。此时总政治部靠边站了(它本来也只是一个傀儡)。④同时,一个新的名为"支左"小组的组织进入了人们的视线。

―――――――――――

① 原注:萧的案子是复杂的。他既被指犯了"右倾"错误(在武汉事件中反映出来),又有"极左"行动——即是指要对那些在阴谋反对受器重的军队司令官的新气氛中获利的各军区的政治官员的行为负责。例如,南京军区的两位政治干部后来因为组织群众进行反对许世友的游行而被清洗——按照一个未确认的红卫兵的报告的说法,毛采取了行动保护许。

② 傅钟,建国后曾任中国人民解放军总政治部副主任。后当选国防委员会委员、全国人民代表大会法制委员会委员。——译注

③ 徐立清,建国后历任中国人民解放军总干部部副部长、总政治部副主任、济南军区政治委员、成都军区第一政治委员等职。

④ 原注:此时总政治部的政治安全局估计也不起任何作用了。

总政治部的主要功能现在被分给了两个机构——全军中央"文革"小组和新的"支左"小组。人民解放军作为革命的**对象**——即是要清洗人民解放军——继续由全军中央"文革"小组负责，它在 1967 年初已经从总政治部那里取得了这个角色。但人民解放军作为革命的**工具**——特别是从人民解放军与群众组织的关系看——现在是与"支左"小组有关，而总政治部不能起任何作用了。

新的"支左"小组是在谢富治的领导之下的，他也是"全军中央文革小组"的主要官员之一（与萧华与杨成武一起）。在首次披露的这个五人中央小组的其他人中，包括萧华本人（已经被林彪和其他人攻击），以及从那以后的李天佑，他是与林彪长期有联系的副总参谋长以及萧华最近的副手之一；北京军区司令员或代司令员郑位三；取代了乌兰夫在内蒙古的职位的滕海清。新的小组据说立即开始了工作，指导组建所有军区和大军区的"支左"队伍。

新的"支左"机构的主要作用估计是帮助当地的人民解放军处理它们与革命的群众组织的关系，解释来自中央"支左"小组的指示，并协助军区执行。关于他们在之后数月的活动的不完整的报告，强调其宣传队的作用，是服从当地人民解放军军区党委的安排，并主要负责向群众组织做宣传鼓动工作。从一开始，它的另一个重要作用可能就是作为一个稳定的信息渠道——向中央的领导人——掌握各军队单位（主要是基层单位）对他们的政治使命的适应性的情况。"支左"单位像人们所知道的那样，要负责调查当地的形势。而地方的"支左"机构，也要安排基层的军队单位的去向，如到工厂。

也大概在这个时候，到 8 月中旬，全军中央"文革"小组重组了。这一行动使得谢富治得以抽身去抓新的"支左"运动，并取代萧华以及全军中央"文革"小组中正受到攻击的第二级别的人物（徐立清、谢镗忠①和李曼村②）。在 8 月中旬之前的某个时候，空军司令员吴法宪据说被指定为重组后的全军中央"文革"小组组长，其助手主要是在红卫兵猛烈攻击之中生存下来的总后勤部部长邱会作、海军政治部主任张秀川③，以及林彪的妻子叶群。杨成武此时已不在这个小组中，但是从他 9 月、10 月的报告中判断，他还——从军委的位置上——对全军中央"文革"及新的"支左"小组有管辖的责任。④

在重组"全军中央文革小组"的过程中，最有趣的也许就是显然没有把毛夫人再提名为它的顾问。她再也没有在"全军中央文革小组"中起过作用，也肯定不会进入几个月之后取代了"全军中央文革小组"的政治工作组中。毛夫人显然对 7 月底 8 月初的混乱局势加剧负有部分责任——想必是毛本人的判定——也许还有她的默许，因此她的地位悄然下滑。

---

① 谢镗忠，建国后历任中国人民解放军军政治部主任、军副政治委员、军政治委员、海南军区副政治委员、政治委员、广州军区政治部副主任、中国人民解放军总政治部群工部部长、文化部部长、武汉军区政治部主任。时任"全军文革小组"成员之一。——译注

② 李曼村，建国后历任中国人民解放军军副政治委员、第三政治干部学校、政治师范学校、第二政治学校校长兼政治委员、中国人民解放军总政治部宣传副部长、部长、军事学院政治部副主任、副政治委员等职。——译注

③ 张秀川，建国后历任解放军政治部主任、中国人民志愿军军政治委员、第三兵团政治部主任、总政治部组织部副部长、海军政治部主任、海军副政治委员、军政大学政治委员等职。时任"文革"军委办事组成员之一。——译注

④ 原注：不清楚这些机构如何划分他们对基层政治部的管辖权限，在总政治部靠边站以后，这些基层政治部并没有消失。这些部门——显然——是从属于中央军委于 1967～1968 年冬天设立的政治工作组。

作为对7月底8月份由群众组织引发的暴力事件急剧增加的回应,9月5日,毛的团队最终赋予了人民解放军可为有限的目标使用武器的权力。由中共中央、中央军委、"中央文革小组"和国务院联合发出指示——毛赞同——禁止抢夺武器,要求归还已经抢夺的武器,禁止扰乱交通运输,并授权人民解放军向那些拒绝交出武器、拒捕,或试图抢夺更多武器的人开火。但是这一指示并不是可用于全力恢复秩序的经久耐用的武器。

同一天(9月5日),毛夫人在对群众组织的讲话中,对给人民解放军造成威胁的7月底8月初的路线,说法与前大不相同。她收回了推翻人民解放军内"一小撮"和红卫兵组织武装自己的号召;还赞扬人民解放军并批评群众组织袭击人民解放军。

从8月和9月初的事件可以推导出这样的结论,即毛和林(以及中央"文革"小组的官员)完全想要推行另一次对人民解放军的大规模清洗,但被迫退却——被迫是指来自军队的领导人发出了强烈的抗议。这一观点与实际情况相吻合,也没有明显的不恰当。但是有充足的证据显示毛和林是想要推行对人民解放军的又一次大规模清洗;在1966~1967年冬的第一次清洗中,毛司令部的发言人点了一大批军队领导人的名,并且在那之后清洗了他们中的大多数人,而在1967年8月和9月初却没有重复这一目标。此外,在1967年9月采取了一系列针对人民解放军的安抚行动后,毛和林似乎是再次——正如1967年1月当他们下令开始行动时,又对在人民解放军中实行"文化大革命"采取了温和的态度——**承认他们依靠军队来**控制无序状况,并因此避免采取引起军队对抗的行动。这一承认可能也反映出毛及其他人在他们于国内的旅行中,在与周恩来及一些中央的军事领导人的良好商量中得出了结论。这最终可能也反映出与那些来北京的地方军队领导人的商议的结果,他们有理由说明,对于群众组织的偏袒和宽大,会使人民解放军无法组成和指导"革命委员会",并推行其他的建设性的活动。

在9月5日的指示和讲话之后,混乱的场面很快大幅度减少,到9月中旬,北京开始发表毛的"指示"(在他的大旅行之中)。群众组织也开始进行进一步"整改",为的是消除利己主义和帮派主义,不要再袭击人民解放军及抢夺武器以及加速组成"联盟"。人民解放军也进行了进一步的整顿,以改善它在处理与革命群众的关系时的表现。①组成各省"革命委员会"的进程要加快,目标是在1968年2月在全国完成。军队的报纸对毛对人民解放军的指示做出回应,告诫他们置身派系斗争之外,陈伯达还把毛的指示改用给年轻的革命者——批评他们的鲁莽,并说他们不适合领导革命。

在9月下旬这样的情况下,"中央文革小组"的三个二级人物被清洗了,他们都是作为鼓励群众组织采取过激行动的上司的替罪羊,也因为他们自己的攻击行为(反对其他人的政治

---

① 原注:陪同毛旅行的杨成武据说在9月20日的讲话中把毛的"指示"传递给中央军委,在这样做的过程中也表明了他在如"全军中央文革小组"及"支左小组"这样特殊的机构中的掌权者的角色。在很有把握地谈到全面的形势时,杨把部队分成适当地完成了支左任务的单位,犯了"错误"的单位,以及少数(师级或以下)反应迟钝而要进行处理的单位这几种类型。杨还断言,毛打算让所有的军区和军分区的领导人到北京接受思想教育,负责实施这一计划的是"中央文革小组"的领导人(陈伯达和康生)和"全军中央文革小组"及"支左小组"的主管人员(他特别提到他自己、吴法宪和邱会作)。

手段)。王力、关锋和穆欣都被指犯有两类"极左"错误,即挑动群众组织之间的武斗和鼓励这些组织攻击人民解放军的领导人以及抢夺对政府机关的控制权(只允许"掌管"政府机关)。①清洗显然是要表明北京决定阻止群众组织的各种进攻,并明确了将人民解放军置于在第二阶段需要重重依赖的地位的目标。

"中央文革小组"二线人物的倒台可以看作是对这个机构中某些制定基本政策的高层人士的批评,但所有这些人——除了毛夫人被从"全军中央文革小组"调开以外——显然都继续风生水起。就是在这个时候(9月份),据说毛指示"中央文革小组"的姚文元开始为党的"九大"做准备;并在下一两个月,又指示"中央文革小组"的另外两个核心人物康生②和张春桥重建党。换句话说,毛在保护"中央文革小组"——这个在"文化大革命"的"摧毁"阶段起中心作用的机关——并需要它在即将到来的"建设"阶段也能起中心作用。(然而,非激进的谢富治很快就作为另一个重要的党建工作的发言人浮现出来。)

到 1967 年 10 月,毛的很多最新"指示"被汇集为"文化大革命"的"伟大战略计划"。"文化大革命"(正式开始于 1966 年 5 月)原来是期望搞三年,在其后一阶段,工人和农民将成为"领导力量",而群众组织将"退居从属地位";"文化大革命"(到 1967 年秋)还没有接近尾声,但正在"更深入地"发展(事实上并不是);而当它不必担心"动荡"、"混乱"时,转得太快就"会翻车",所以当前的任务是形成联盟,继续揪敌人,稳定革委会,以及逐渐重建党。③

毛的团队很快就转到使群众组织受到控制上去。10 月初,"中央文革小组"的张春桥批评某些群众组织的行为,告诉工人他们现在是"主要力量",并应该像这样去做。10 月中旬,由国务院、中央军委和"中央文革小组"联合发出的文件,要求按照功能划分,重新组织群众团体——这样可以减小单个群众组织的规模和权力,而有助于减少暴力行动。一周后,谢富治告诉年轻的革命者停止行动。他说,重新建党的时刻已经到来,并证实将要召开党代会。他还证实由毛、林、周以及——低一级别的——陈伯达、康生和毛夫人组成的六人小组拥有"最高权力",并处于中央委员会及政治局之上。(毛夫人仍然是事实上的政治局常委会成员;她继续我行我素。)

整个 10 月份,在北京组织了一个集中的"学毛"班。出于缓和各个争斗的群众组织之间的矛盾及建立各省的"革命委员会"的目的,来自各地区、各省的群众组织的代表及人民解放军指挥员及党的干部来到北京参加这样的学习班。

---

① 原注:这些无耻之徒另外还被指鼓励和支持一个试图打倒周恩来的群众组织。有观察家相信,康生本人——尽管是谴责这个组织的人之一——是这个组织的主要后台,也就是说,康试图把周从党的第三号领导人的位置上赶走,但没能做到。而毛显然不相信这些,因为他是非常反对"两面派"的。

② 原注:康此时(9月下旬)表现出他自己对于说他和中央"文革"其他领导人——不止是被清洗的三个人——与人民解放军领导人争权夺利的指控很敏感。在接待人民解放军干部发表谈话时,康不点名地指责有人试图通过指责他与解放军为敌,并对人民解放军做没有必要的过多清洗,以及问这样的问题:"是否我们仍然需要"人民解放军,以此来破坏"中央文革小组"与人民解放军的关系。在同样情形下,周恩来嘲弄了那些总是在最高领导人中寻找分裂信号的人。但是,平民领导人和军事领导人之间的关系显然是紧张的,并且似乎在周所否认的最高领导人中也确实存在严重分歧。

③ 原注:有些党组织——如上海——从之后的一个月起(1967 年 11 月)开始了"整顿和重建";但总的来看,这一过程要到下一年春天或更晚些时候才会进行。

　　然而,毛的某些"指示"对于控制群众组织是适得其反的。这些继续警告要注意右倾危险的指示,被好斗的群众组织用来作为调整并重新恢复暴力活动及攻击当局的理由。11月初和中旬,毛夫人的讲话——是正式散发的——特别容易影响人们这样去理解。

　　到此时(11月末),毛已经在进一步实施"九大"的计划。据说他大概是听从姚文元的建议,由毛团队的人成功地取得操纵会议的权力,而且据说他还给了"中央文革小组"其他两个领导人协助这些工作的任务。康生将主要负责在大会前重新组建党,张春桥和姚文元则负责写党"纲"以及修改党章。

　　12月初,中共中央、中央军委、"中央文革小组"和国务院联合发出指示,要求在新的"革命委员会"中重建党的机构——中央以外的。但是到12月底,党建工作——或其他"建设性的活动"——显然因群众组织的无序与暴力活动而再次受阻。到此时,几乎每个省又都传出发生了严重的混乱。(红卫兵的报纸公开宣称"需要更多更大的乱子"。)

　　大约在此时——1967年底或1968年初——在毛夫人于8月份被调开后,由杨成武控制的"全军中央文革小组"解散,并由也是由杨控制的另一个特别的机构所取代。那就是中央军委的"政治工作组",也是人们熟知的"工作组"或"行动"组。①

　　实际上,这个时期在中央军委之下建立了三个小组,另两个是与人民解放军的文艺事业及出版有关的。与其前任一样,文艺机关是由毛夫人与戚本禹(很快被清洗了)来抓的;而军队的出版机关,是由陈伯达和姚文元取代去年9月被清洗的"中央文革小组"的二线人物而亲自抓。

　　但三个小组之中迄今最重要的是政治工作组。除了与其他两个小组一样,要负责让人民解放军及其机关深入贯彻毛思想外,它还负责调查军级以上领导人的政治可靠性——以此支持由中央军委或由林彪本人预设的判断。鉴于"支左小组"继续有责任调查军队各单位是否适合其政治作用及帮助挑选那些适合充当这些角色的人选,政治工作组从"全军中央文革小组"获得的权力,就是调查**领导人**及实施清洗。这显然也获得了——从"支左小组"和/或"全军中央文革小组"——对在人民解放军中仍保留的政治部网络的管辖权。②自那时起,"全军中央文革小组"从报纸上消失,再也没听说过。

　　到1968年初,与人民解放军有关的最重要的特别机关政治工作组是受中央军委的"行政部门"管辖的。换句话说,它不受命于"中央文革小组"——如"全军中央文革小组"曾经部分是这样——也不再听命于中央军委。(但其他情报显示,"中央文革小组"通过政治安全处也起着联合管辖的作用。)不清楚"行政部门"与中央军委常委会活跃的官员(引

---

① 原注:不可能准确地知道这个新的小组成立的时间,大概是在戚本禹倒台之前,他的最后一次亮相是在12月底,他被清洗的事情透露出来是在2月份。……(原文此处约二行未解密——译注。)有充分证据显示"全军中央文革小组"——处于中央军委层面的杨成武的管辖下——至少在1967年10月末还是活跃的,那时杨和"全军中央文革小组"的两个官员处理了陈再道和武汉军分区其他蒙羞的人物的事件,并向毛、林和其他领导人汇报了这个案子。

② 原注:然而,如何按照**政治灌输**工作进行的责任划分仍不清楚。"支左小组"和政治工作小组都在对人民解放军进行政治思想工作方面起着作用;"支左小组"从维护人民解放军的指挥利益的角度出发,在教育群众组织方面起着唯一或主要的作用。

人注意的谢富治、杨成武、粟裕和吴法宪）是否是同一批人，或者只是指中央军委的秘书长杨成武的办公室。无论是哪种情况，政治工作组的主要负责人都是杨，他也是1968年初一次会议上这个机构工作的发言人，杨也因此在继续他已经在整个"文化大革命"中所起过的督导作用。[①] 这个新机构的主管仍未确定，但从后来的材料看，可能是"全军中央文革小组"组长吴法宪。

1968年1月，北京重申来年的主要任务之一是"整顿党组织和加强党的建设"，当前要做的就是在所有单位中进行"斗、批、改"。这次清理运动已经再次或将再一次冲击毛的团队自身。2月中旬，有大字报公布清洗戚本禹，他是使毛团队陷入之前的麻烦及因造成最新一轮困难而受指责的极左错误的另一个替罪羊。更高层的领导人再次有理由承担责任，但毛从不会指责他自己，也不接受让他喜欢的人受指责。在这些最高层领导人中，通过让毛夫人指认戚受到清洗，并通过指责戚阴谋反对包括她在内的人而维护了她的面子。在这一点上，戚被指是试图在1967年打倒周恩来的革命群众组织的主要组织者。

到1968年2月，中共中央、书记处、中央各部委、中央监察委员会以及各地区的厅局全都"烂掉了"（用红卫兵报纸的话说），无法进行任何工作，并已经持续了一年多。"中央委员会"由于有政治局常委会，可以说还在。"中央文革小组"成了事实上的书记处，据说康生是事实上的总书记。因为指定由"中央文革小组"的官员（康、张、姚）负责重组党及准备党代会，"中央文革小组"显然是凌驾于中央军委之上的。中央军委继续控制着军队当权派，是唯一保留着党组织的领域，也就是或可能是"中央文革小组"的对手，通过"全军中央文革小组"进行的重组，把毛夫人排挤出"全军中央文革小组"、重组"支左小组"，以及由向军委负责的政治工作组取代"全军中央文革小组"的结果，它显然也从中受益。政治安全处可能以官方地位继续存在着，据说毛宣布，人民解放军的政治安全工作由康生（作为处长）和杨成武共同负责。但这个处在全中国没有像隶属于"中央文革小组"及军委那样规模和力量的机构；亦即是，当从属于"中央文革小组"的网络因其依附的党委的瓦解而减弱时，在革委会内又在形成听命于"中央文革小组"的其他机构；而中央军委在人民解放军中仍有党委系统，也有政治部网络；政治安全处看来只有对革委会中新涌现的安全部门有管辖权。所有这三个关键的中央机关——无法准确地区分它们的职责范围——在管理负责调查被捕的党的领导人的非常活跃的"工作组"的工作，以及在管理负责调查其他案子或为这些被捕者寻找新材料方面同样活跃的中央调查组的工作方面都起着作用。[②]三个机构的领导人在向革命的群众组织提供指导方面也起着重要作用，尽管"中央文革小组"显然继续发挥着最大的作用，而北京之外的党的机构也在革委会的"内核"（党的核心小组）的重建中浮现出来。

---

① 原注：有迹象显示，杨与毛夫人在1968年初的会议上有过节。杨在其谈话中暗示，政治工作组成员太少——从其他来源据说有9人——而任务太多；毛夫人——她在党内的级别比杨高——则马上回击说，如果他们是极佳的，有一些就足够了。

② 原注：我们注意到在有些——意即或许是全部——被捕的党的领导人的案子，逮捕需要康生和谢富治的"同意"，第三个需要同意的人是被捕者所任官职的最高主管人，如逮捕重要的政府部门的领导人要得到周恩来的同意。逮捕行动本身由人民解放军执行，然后（如由卫戍部队）羁押。这些逮捕不是通常意义上的监狱和刑罚，而是软禁。

公安机关仍掌握在人民解放军手中。身为政治安全处领导、中央军委官员以及公安部长三重职位的谢富治,有一段时期宣称,毛告诉他要"砸烂"公安体制,他于是决定要根除前任领导人(彭真、罗瑞卿、徐子荣)的残余影响,不能让过去的机制重建。据说毛告诉谢,公安干部的"大多数"都是"好的",但谢本人强调说,全国大部分公安机关都不是这样。呈现出混乱的局面:在有些地区,人民解放军对公安工作有直接控制,而在另一些地方,它通过"人民安全办公室"来开展工作,这个办公室主要由过去公安机关的没有大问题的干部充任。还有些地方,革命委员会(总的来说是以人民解放军领导人为主)通过他们的安全部门处理公安工作。据说这个时期有了第一种辅助性的机构——如"工人别动队","文攻武卫"的单位。[①]1968 年 2 月,谢富治在其讲话(及由潘复生同时的一次讲话)中的基本结论似乎是,当人民解放军总体上控制了旧的体制及其工作之时,也需要之前的公安人员进行工作,而公安机关也要在此基础上重建,尽管新机构中的大部分人员都是来自人民解放军。

1967 年 5 月至 1968 年 2 月间,逃过了 1967 年春的清洗的政治安全体制中的数量不多的领导人中的大多数,又受到清洗的打击,另一些在"文化大革命"期间形成的机关的主要人物也是如此。

正如上面所注意到的,"中央文革小组"失去了它的三个成员:王力、关锋和戚本禹,中央军委失去了萧华。总政治部同样也失掉了萧华和三个副主任并出局。"全军中央文革小组"(也是萧作为领导)也被清除,但它的领导人被重新任命到新的机关中。不活跃的监察委员会失去了它的两个生存下来的官员中的一个:钱瑛[②]。旧的中央社会部和公安部的关键人物杨奇清和于桑,尽管在 1967 年夏天(显然)由于得到特别的信任而保住了位子,之后两人还是消失了,没有关于他们的命运的只言片语(于在 1969 年 4 月的九大上重新出现并受宠,并被提名进入新的中央委员会),与罗瑞卿有长久关系并最近听说是二炮兵团(导弹部队)政委的李天焕也消失了,后来听说是被清洗了;但老资格的周兴重新在云南出现了。至此,一个强烈的印象是:毛和林能够信赖的中央领导人是一个小圈子,并且这个圈子还在进一步缩小。

六、1968 年春夏,混乱:政治安全机关的中央军委 一级领导人的清洗以及红卫兵的衰落

3 月的第一周,杨成武和另两位军队领导人——空军政委余立金和北京卫戍区司令傅崇碧——据说试图在"中央文革小组"的房子里逮捕"中央文革小组"的一些成员而被毛夫人英勇地阻止了这样做。无论这个事情的事实如何,它都是毛夫人和这个人(杨)之间的较量,

---

① 原注:像 1950~1952 年以及 1955 年进行的大规模审判一样,在 1967 年夏又出现了大规模审判"反革命"的情况——这些审判之后是警戒性的判刑。这些活动都是在军管会或公安机关的群众组织的帮助下进行的,并显然由人民解放军判决。1967 年秋以后,完全没有检察院和法院能起作用了。

② 钱瑛,建国后曾任国家监察部部长、国家监察部党组书记、内务部部长。——译注

杨在减少毛夫人在人民解放军的事务中的作用这一件事上获益最大。毛和林彪很快支持了毛夫人。

杨的案子仍然是很让人困惑的。至2月末，杨还是深得毛和林欢心的，当时林已确认杨为毛司令部中最重要及最敏感位置上的人物之一，而他似乎也比很多在他倒台之后还在的那些军队领导人更是毛派。

杨和他的同僚被指犯了"右派分子"攻击党的那一类错误，特别是阴谋反对中央及地方的其他军事领导人，如中央的谢富治、吴法宪，地方军区的黄永胜、许世友、陈锡联。可是，被控阴谋反对这些领导人——这与他进行的主管对所有高级官员的调查的政治安全工作的表现是有区别的——似乎是在他因其他原因倒台之后才设计出来的。其原因颇费思量。可能是上面提到的这些军队领导人阴谋反对**他**，合起来的力量大过他，或者，毛及毛夫人出于政治的原因，即"文化大革命"需要另一个"右派"威胁的高层人物的事例，又或者仅仅是个人方面的原因（如对毛夫人不敬）。总之，杨的对手通过表现得像毛夫人那样的真正的左派而从中获益。上面列举的五个人受到林和其他人赞扬为好同志（如其之前已经做过的），其中一人很快被任命取代杨成为总参谋长，而其中的两个地区的人也以好名声回到他们的军区；五个人都在一年后被提名进入政治局，尽管他们中似乎没有一个人是真正的毛派。

康生和毛夫人提出要揪杨的"幕后黑手"，但这一点很快被放弃，大概因为杨只有一个真正的上司，就是林本人。后来是草草地把聂荣臻——因杨的清洗而"有麻烦"——作为"幕后黑手"。

杨的职位被毛团队中的二线军事人物取代，这些职务是：中央军委常委、总参谋部代总参谋长及党委书记、新的人民解放军政治安全机关的主要负责人。他首先被取代的职务是总参谋长。3月末，林彪向人民解放军基层发布杨倒台的消息并通告：（1）毛任命黄永胜——曾与林关系密切但不是激进派的广州军区司令——为新的总参谋长；（2）任命温玉成——长期以来与黄关系密切，最近担任副总参谋长——为新的北京卫戍区司令员。在这次会上，林彪和周恩来对毛夫人表现出很大不同，后者可能对8月份把毛夫人从"全军中央文革小组"赶走感到高兴。

与此同时（3月末），报刊开始了全国性的反击"右倾翻案"的运动，这与1967年初进行的反"逆流"运动相似。一个特别的（及固有的）担心是各省新的"革命委员会"不完全是由毛派组成的，不执行毛思想的路线。在实施"清理阶级队伍"的号召及据说（毛同意的）关于清理和整顿党的指示中，整个1968年春，各省革委会清洗了新发现的"右派"。由于这些革委会因内部争权夺利而本身就很不稳固，所以完全不清楚那些被清洗的人是真正的右派分子，还是权利斗争的牺牲品。这段时期最显著的问题是革命群众组织之间日益增加的派系武斗，这些武斗受到新的气氛的鼓励，也是受到北京的宣传中持续强调需要革命斗争以及强调这些群众组织所起的重要作用的刺激。

1968年春，毛团队中的精英人物开始再次展示出他们是凌驾于党的政治局之上的实权派，即事实上的权力结构中最高等级的14个人。在这个等级中最顶尖的仍是毛、林、周三巨头。之下是"中央文革小组"的关键人物陈伯达、康生、毛夫人、张春桥和姚文元，以及不和谐地插在康与毛夫人之间的负责经济计划的李富春。再往下,是中央军委及其特殊机关的其他关键人物:谢富治、黄永胜、吴法宪和林彪的夫人。①最后一个人是中央办公厅的汪东兴。包括在这 14 人中但不属于一个小组的是政治安全处的三个关键人物:康、谢、汪。随着之后李富春以及温玉成倒台,精英名单完成,直至九大召开。

6 月 13 日,面对还在上升的暴力事件,中共中央发出结束广西的武斗的指示——命令群众组织停止武斗,交还所有抢夺的准备给越南的物资,并交还所有从人民解放军那里偷盗的武器。在这一指示没有起到任何作用之后,7 月 3 日,在毛授意下,由中共中央、国务院、中央军委、"中央文革小组"联合发出指示,通报最近在广西发生的引起混乱的大规模暴力事件,更详细地重申了 6 月 13 日的指示。那些违抗的人以及"首犯"将会被严厉对付。这一指示据说很快就运用到全国。

7 月末,毛、林彪和其他几个领导人在北京与革命群众组织的头头见面。据说毛对他们不服从指示表示了强烈不满,并表示那时及之后很快要在全国下令禁止武斗、袭击人民解放军以及各种损害人民和财产的犯罪活动。他警告说,那些继续不服从的人将会被严厉对待。据说林也就此做了支持同一路线的评论。

人民解放军立即积极按照毛的指示行动,镇压和解散了很多群众组织。8 月中旬,与一年前的预言相符的是,党和军队的报纸宣布,工人阶级作为"领导阶级"现在必须在"文化大革命"中发挥"领导作用"。紧接着,报纸告诉青年要以工人为师,并迎接新的"工农兵毛泽东思想宣传队"。这些宣传队那时正在大学里兴起,正力图控制群众组织,准备对各院系进行清洗,并按照毛的激进路线使教育革命化。"中央文革小组"的姚文元被选来强化这一点,他在一篇长文章中指出,工宣队将替代红卫兵作为先锋的群众组织。姚的文章及后来的宣传显示,这些工宣队正被告知不仅去控制——以及开展革命——学校,而且还有工厂、商店、文化单位、报纸、科研机关以及党和政府部门。这些工宣队——由大量工人和不露身份的少量人民解放军为执行者组成——被建立起来,由当地的"革命委员会"组织、指导和领导,有证据显示,他们也向当地军区所属的人民解放军的"支左"小组负责。革委会、工宣队和"支左"小组显然在共同教育群众组织及执行公共安全工作方面一起工作。

大约此时,中央的"支左小组"也在进行重组。据说吴法宪接替谢富治在做这项工作。如果是这样的话,吴就同时指导着中央军委以在人民解放军中进行"文化大革命"为目标和工具的特别机关——政治工作组和"支左小组"。因此,至 1968 年夏末,人民解放军的政治安全机构的关键人物就是黄永胜和吴法宪,黄是中央军委的"行政"或"执行"机关的头头,吴

---

① 原注:红卫兵的报纸很快——夏初——报道说,中央军委的"执行机关"(即"办事组")进行了"重组",这个机关掌管和评估与军事领导人有关的政治工作部门。列出的名字是:黄永胜、温玉成、吴法宪、李作鹏、邱会作、叶群和刘贤权。这是一个可信的名单,因为黄是总参谋长,可能会是中央军委秘书长,并因此成为"执行"机关或"办事"机关的头头,其他四个人(不是温和刘)则是由政治工作部取代的旧的全军中央"文革"小组的官员。有可能这个"执行"或"办事"机关是中央军委真正的常委会,但是,相悖的情况是,这个名单里没有谢富治和粟裕,此二人仍很得宠,而一些老师虽然不是很得宠,也仍是名义上的中央军委常委。在两种情况下,黄永胜已经取代杨成武成为向毛和林汇报军队领导人是否忠诚和可靠的主要人物,而中央的军事领导人还在设法把毛夫人赶出人民解放军的特别机关,尽管她仍是危险的,因为她处在中央"文革"小组的位置上以及较易接近毛。

也是这两个特别机关的主任,谢富治在其中央军委的位置上及从政治安全处的角度在一定程度上也有管辖权。

党报继续在夏末强调需要把"整党"作为"斗、批、改"推广到全国各地。到9月初,随着新疆和西藏革命委员会的成立,建立省一级革委会的过程完成了。在29个省级革委会中,大多数是由军队干部和/或政治官员支配(29个主任中,12个是军队干部,7个是政治官员,10个是普通市民)。在庆祝这一完成的集会上,受到高度赞扬的北京卫戍区司令温玉成被增添进入了精英名单中。

总之,到1968年9月,毛已进入了"文化大革命"的"建设"阶段。在早期,主要是"破坏"阶段,他的主要目的是要把控制局势的旧体制中各个方面的反对派搬开。他做到了这一点,尽管他的行为方式使得在每一个阶段都制造出了新的对手。现在,在后期,主要是"建设"阶段,他想逐渐以某种方式重建党的体制,之后用这一新体制去重建他一贯设想的中国社会——显然即是不停地政治说教、道德灌输、去除物质刺激以及以巨大规模动员群众——指望塑造新的、无私的中国人。

到1968年9月,常规的党的中央机关——中央委员会、政治局、书记处、中央各部委、监察委员会等等——在名义上继续存在着。但显然毛之下的旧的党的领导层已经被另一个团队所取代,即处于尚在位的旧的政治局成员之上的精英成员,而党的机构本身只是缓慢地重建。

这段时间没有再失去其领导人的"中央文革小组"仍是同样稳固的政治局常委会领导之下的事实上的书记处或最近似于它的机构。康生显然仍是事实上的总书记。这个时期,通过任命官员负责管理清洗及整顿基层党组织,以及负责重组党及筹备党代会,中央"文革"小组的重要性得到确认。

像中央机关一样,各地区和省的党的机关这段时期在名义上继续存在着。例如,中南局存活下来的机关——包括控制委员会(control commission)——据说至迟至1968年7月已被人民解放军接管,但真正的机关当然是革命委员会。正如前党的中央机关指导地区和省的机关一样,现在的"中央文革小组"也是向地方的革委会提供指导的主要来源,特别是对它们正在兴起的政治部来说更是如此。在整个这个时期,他们继续"整顿党的组织和恢复党的生活",开始建立党的核心小组以恢复"组织生活",并反过来确定以学习毛思想为主,与刘的路线决裂,进行自我批评,清洗坏分子。

这些革委会显然在组成工宣队方面起着主要作用。工宣队十分积极地按照上述指示去做——去到学校或其他各种组织中,控制并指导其工作,并协助公安工作。此外,政治部也开始出现在各省的革委会中,而且有时在简化机构的过程中成为三四个生存下来的机构之一。① 靠着他们或者也许是从属于他们的是新的安全部门。

在这段时间,因失去杨成武和(可能的)两位稍低级别的、与杨一起被清洗的成员而发生

---

① 原注:在很多情况下,这些政治部是由文化革命小组演变而来的。如中华人民共和国政治部(PRC Political Department)就定义其任务为"向各省所有革命组织提供政治、思想和教育工作方面的领导",这些组织包括群众组织。这些政治部可能也是工宣队的组织者。

了改变的中央军委,作为指导"文化大革命"的机关,其重要性仍不如"中央文革小组",但它仍保有对人民解放军的权威,仍然是权力结构中最重要组成部分。从属于中央军委的特别机关这段时间都很活跃。其中最重要的是政治工作小组及其下属小组,它控制着人民解放军的政治部,据说它从事着从它建立之日起就被赋予的工作——调查人民解放军领导人的忠诚度和可靠性,并向林彪和中央军委汇报。"支左小组"所进行的活动是支持当地人民解放军部队(对付群众组织,发动群众挖出叛徒、内奸及与人民解放军和当地革委会为敌的人,帮助革委会简化管理,到工厂去促进生产,组织毛思想学习班等等);他们最重要的活动可能还是调查人民解放军单位(通常是基层单位)是否适应其政治使命,据说他们也有权把调查扩大和深入到各方面。中央军委还负责——通过"支左小组"与革委会一起——工宣队的工作。

关于解放军中党委系统的情况尚不清晰——即是说中央军委是否是人民解放军中最高层次的党委并对这一个系统的机构有唯一的权威。它可能要与"中央文革小组"和/或政治安全处分享权威。至少有一个已知的事例,是在强有力的南京军区,中央"文革"小组的张春桥就是这个军区党委的头头。

中央军委最重要的责任——尽管要与其他中央机关分享——是公共安全工作。这段时间,公安工作的情形仍是迷乱的,但随着春季越来越多的混乱及现在号召"清理阶级队伍",似乎出现了变化,即北京正考虑需要迅速重建公安机关。至迟到1968年6月末,毛夫人及其他毛团队的发言人继续号召"砸烂"这些机关,但到7月份,变为强调需要加强所有的"专政"机关。春初,谢富治宣布,北京决定"对所有专政机关实行军管"——已经是这样了——显然这段时间人民解放军控制了公安工作。协助人民解放军的公安机关的形式很不一样。夏初,很多或大部分前公安人员在进行再教育的营地里,而大多数公安机关已成为了"前"公安机关。但是,出现了现在主要由人民解放军人员充任的"人民安全办公室"或"保护组"(protective group)这样的机构。自1967年以来,人民解放军部队——无论是通过军管会还是通过这些机构控制公安工作——在不少地方得到各种名目之下的辅助机构(以军队形式组成)的支持,其中,上海的"文攻武卫"就是一个样板。1968年夏,似乎在有意发展这些辅助机构,经常听到的"工人纠察队"就是由拥有小范围司法权的"群众专政委员会"(街道自发组成的治安队)支持的。这种机构在夏末随着工宣队的成立而得以强化,并从一开始就辅助推行公安工作。到9月份,随着全国各地革委会的形成,这些辅助机构都归属革委会,但工宣队仍服从于人民解放军。毛的团队似乎仍想在整顿公安干部的基础上重建公安机关,主要由解放军充任其职,并且现在以更紧迫的意识去重建。

预计第三个有力的中央机关——现在事实上或可能在一定时期是正式的政治安全处——仍然不如"中央文革小组"和中央军委重要。……①然而,红卫兵从其主使——康生、谢富治、汪东兴——那里得到的授意和活动显示,它对于其他特殊机关所做的几乎每一件事

① 原文此处约二十行未解密。——译注

都会去插手。它正诱人相信能在组成并指导考察被捕的党的领导人的非正式的特别"工作组"以及调查这些案子和其他案子的中央调查组方面起主要作用——这两种情况这段时间仍在进行。然而，大部分情报仍然显示，这些实体要听从三个主要的中央机关的指令——"中央文革小组"、中央军委及政治安全处——而三者之间的分权难以评估。红卫兵的片段材料也显示出，这个处可能已经完善了其处理那些遭殃的、或被监视的旧政治安全机构的领导人的案子的权威。在这一方面及与被捕的党的领导人有关的方面，这一群体与正式实施羁押的北京卫戍区有密切联系。

仍不能确认有一曾估计为第四的中央机关——与中央的政治部门协作的实体。也许是中央"文革"小组通过一个或几个旧的书记处留下来的仍然得宠的人（如李先念）处理了必要的协作。至少某些政治部及政府机关的政治工作办公室这个时候仍活跃着。但人民解放军干部仍在这些部门中占重要分量。处于混乱与严重麻烦之中的外交部的政治部，据说全部为由解放军干部组成的小组取代或它从属于这些机构，其他中央各部委的政治部的活动据说也被其他政治安全机关大大削弱了。

在旧的政治安全体制中能够这么久不出事的关键人物（极少）以及形成于"文化大革命"期间的新体制的领导人中，只有三个已知在这段时间被清洗了，三人在3月份一起倒台，他们是人民解放军政治安全机关的主要负责人杨成武、空军政委余立金，以及北京卫戍区司令员傅崇碧。据传遭殃的中央监察委员会中毛的人张云逸也没了消息，估计是被清洗了；但他会重新出现在1969年4月党的"九大"上，那时会再次被提名为中央委员。曾经是中央社会部官员，现在是周恩来的书记处官员的罗青长，被认为可能是"文化大革命"前夕那段时间毛的私人安全小组中的一员，但也好久没有消息了，却在1968年春以外交部副部长的身份重新得到重用；他还是"文化大革命"中极少数没有倒台的曾是中央社会部的官员之一（康生和另外的三个人是已知的其他人），他现在可能是调查部（收集外国情报）的头头，而据说于"文化大革命"前这个部门领导岗位上的其他人仍不见踪影，可能已经被清洗了。

七、1968年秋至1969年春，清理和重建：
党的基层组织的清洗和缓慢重建

林彪在国庆节（10月1日）的讲话中说，"中心任务"——即是在"九大"召开之前的今后六个月里毛团队首先要做的——就是在各个组织中推行各种形式的"斗、批、改"。林说，这意味着巩固和发展革命委员会，开展如"大规模批判及肃清"（刘少奇的思想路线）那样的相关任务，清理阶级队伍，重建党组织，以及使教育革命化。这些任务中最重要的——毛一年前已经敲响警钟——是清洗和重建，无论是分两个阶段还是同时进行。

支持林讲话的国庆联合社论强烈暗示，基层党组织的清洗要大规模地进行（而不只是"一小撮"），并号召所有"经得起考验"的无产阶级革命者参加，特别是在产业工人中招募新成员。这意味着大多数新成员将来自那些活跃的工宣队，而党的新领导人——"核心小组"

的主导人员——将主要来自已经在革委会中占据要津的人民解放军和党的干部。

10月中旬,《红旗》杂志提供了毛主席正式的最新"指示"。党必须甩掉"垃圾",并为保持激情而补充"新鲜血液"。("新鲜血液"再次定义为"出色的造反派",主要是工人,也包括已在各级领导岗位上的党员中的优秀者。)对于这种选拔程序,党的基本原则——就是由毛确认的——是"直接依靠革命群众",是要抛弃"盲目相信选举的形式主义"的原则。换句话说,毛团队已经得到群众授权,所以,党的机关——包括革委会中的党的核心小组——要像上述那样去做。

从10月13~31日,"中央委员会"召开了第十二次扩大的"全体会议",毛主持会议,他和林彪都作了不公布的"重要"讲话。可能不足中央委员会和候补委员人数的三分之一——存活下来的人——参加会议,但会议公报强调,"中央文革小组""全体"成员、许多革委会以及人民解放军的领导人出席了会议(即是党的新领导人)。这次毛派占上风的会议显示,毛的领导(他的路线、他的"伟大战略计划"以及他的系列"指示")和林的诠释是"完全正确的"。它还显示出已经为"九大"做了充分准备,并批准了关于"叛徒、内奸、工贼刘少奇的罪行"的报告,这一报告是由审查这一案子的专案组提交的。(刘被解除了所有职务并被开除出党,公报还表示要"继续清算他和他的帮凶"。)这次会议要求"粉碎"1967年初的"逆流"(对清洗的抵抗)以及1968年初的类似的右倾威胁,公报号召继续推行毛派主张的大规模的批评和划清界限的计划,精简行政机关,任用普通劳动者为干部,"清理阶级队伍",整党以及吸收"先进分子"入党,并对知识分子进行再教育。最后,会议草拟了党纲,把一些候补中央委员提拔成中央委员(如黄永胜)。

鉴于1956年的党纲没有提到毛及其思想,这次的党纲草案中明确提出,党要永远由"毛思想"指导。这一草案很快让人们明白,为什么党要与"盲目相信选举"决裂,也就是说,它指定林彪为毛的继承人(而不是贸然进行选举),并继续确定党的各级机关——包括中央委员会、政治局及常委会——都将由"磋商"和"选举"的联合程序"产生"(也就是意味着,由上面任命)。①将只有一个副主席,就存在给周恩来什么党内职务的问题。党的中央机关再次拥有处理党的"日常事务"的全权,也有权处理政府和军队的事务;因此它们再次成为权力结构中占支配地位的部分,而且更有可能的是,它能处理政府工作说明党的机关将取得更多的政府工作(而不是"指导"),而政府部门则会简化和弱化。当党仍然承诺实行"民主集中制"(下级机关服从上级)时,一个特别有趣情况是——理论上增大了红卫兵在党的机构内具有破坏性的违命犯上行为再次出现的可能性——允许那些不同意上级指示的党员,直接向主席及中央委员会申诉,而**不需要**(如以前那样)同时要服从。违犯原则的人受到的惩罚是警告、撤职、留党察看、开除出党,真正的坏分子就要被清洗;党的机关负责处理违反纪律的人和政治安全的案子——即是作为中央监察委员会和中央社会部的继任者——的权威还未确定。

---

① 原注:对于林彪来说,指定他为继承人违反了党纲草案,因为主席和副主席要由还未命名的中央委员会全体会议"产生"。

很快就看出来,在北京的毛的团队是想按部就班地推行重建党,而慢慢地吸收新人。它想在大规模吸收新人之前,清理"阶级队伍"、"整顿"党组织、稳定革委会,并组成核心小组。秋初已匆匆忙忙完成征召新人的革委会——或向北京呈现出这样的事实,如列举了征召的人,实际上是革委会领导人的朋友和支持者的名单——据说被北京下令停止和终结,其名单也无效。

听说在整党过程中起很大作用的姚文元在8月份说,"清理阶级队伍"将创造"整党的最好条件"。鉴于"整顿"是特指党内的清理,"清理阶级队伍"则是对整个社会的清理(包括党)。"清理"的目标据说是党内党外的敌特、叛徒、死硬的走资派、地主、富农、反革命、坏分子、右派——总的来看,目标包括常规的公共安全运动及基层党组织的清洗。尽管有来自城市和农村的人抱怨,经过那么多次的清理阶级队伍运动,有理由认为已经理清了,但全国的革委会仍组成小规模的"领导小组",再次组织由工人、农民和退伍军人组成的"调查组"。①这些好斗分子经常或总是得到人民解放军"支左小组"的支持,有证据显示,一些人民解放军"支左"人员进入了"领导小组"。"领导小组"的领导人据说是"亲自处理专案"——即可能是极少数的政治安全的大案,不忠的党员,或反对共产党官员的真正的敌特和搞阴谋的人。整个运动中,毛的最新"指示"提供了毛一直以来主张认真调查,不要抓太多人,可能的话进行教育改造,但也不能放掉坏人的不断的最新版本。可以得出结论,如过去常有的,最后的禁令是在操作层面的;虽然没有强硬的人物符合这一情况,但各省的情况显示,数以千计的人被杀或被逼自杀,而运动还在进行之中。

像1968年春前后开始展开的"清理阶级队伍"一样,党的"整顿"工作在10月份之后迅速展开。那些还没有这样做的党组织,被要求组成专为这项工作的"领导小组"。(如"清理"运动一样,人民解放军"支左"人员有时也是这些"领导小组"的成员。)领导小组被要求采取歧视性的清洗——用阶级分析的方法区分好人和坏人,仔细评估其罪行的程度,判断那些有罪的人是否真心改变态度。(那些为自己的罪行辩解的人将被清洗,但又说是大多数党员是好的。)

这是"开门"整顿,在整顿中,党员要进行自我批评,还要接受"群众"在场时别人的批评,以及另外由群众进行的批评。在进行这项整顿的过程中,"领导小组"得到人民解放军"支左"人员及驻在整顿单位(工厂、矿山等等)工宣队的支持。在整顿的后期,工宣队还包括通过参加这一过程而接受再教育的党员干部。关于这一过程的各种各样的描述显示,如北京所预想的,大多数党员被发现的"好的"。②

"领导小组"与"党的核心小组"之间的关系尚不清楚。在有些时候,两个小组是一致的。但是,在有些情况下,"领导小组"被定在省级以下,相当于或非常近似于革委会的常委会——估计它太大而不能作为"党的核心小组"。它大概通常或经常做的就是要巩固革委

---

① 原注:可能这些"领导小组",是通过革命委员会的政治和安全部门来工作的,但缺乏情报。调查组有权"考察"相信是由政治部门提名的工宣队。

② 原有注,未解密。——译注

会,并在整顿过程中挑选党的核心小组(因而适应不立即大规模征召新人的另两个要求)。换句话说,在进行党的机关及其辖区内的人员的整顿时,相对较大的"领导小组"也要对自身进行整顿。在增加一些"新血液"的时候,自身也会发生动摇,所以,相对较小的群体可以得到北京同意,作为党的核心小组。(如果是这样的话,可以想象其过程的残酷。)[①]

北京不会自动批准各省、市提出的党的核心小组,而有观察家相信,北京的中央领导层中不同利益甚至不同派别的人,他们在各省市地区的党、政、军领导的组成问题上也有分歧。可能有些中央机关——如中央军委——会施加压力要求有更多军方的代表,而其他机关——如中央"文革"——也会施压要求有更多群众组织的代表。不管这些工作是完成了还是延迟了,似乎毛和林彪他们本身在早些时候已经决定采用事实上非常接近那时的权力结构的新的党的机构,即军队指挥官和党的官员(通常是过去的党的干部)在党的核心小组中总体上处于支配地位,这与他们在革委会中占支配地位一样(还将继续占支配地位),来自旧的党的机关并接受过再教育的干部(不是现在的政治官员)将居于其次重要的地位;而工人和其他的"无产阶级革命派代表"处于可怜的第三的地位。不过,很多"无产阶级革命派"据说被包括在了这些核心小组中。

从1968年秋到1969年春整个这段时间,当进行着队伍清理、整党及缓慢输入新鲜血液时,毛的团队正在施加压力,推行大范围的激进的毛政策。如有人注意到的,这些计划旨在防止新中国倒退到修正主义,中国要基于——毛在1966年5月的一封信中所说——延安风格的自给自足的乡村基础:乡村的、简单的、高尚的、超政治化的和革命的。这些计划包括:把学生和城市无业者强行迁移到农村——大规模的,估计最终要达到4 000万人;送干部下乡,并对行政机关实行激烈精简;使教育简化和革命化;在农村实行组织上和政策上的改变,如加强集体原则,增大生产队规模,减少私人自留地和私人副业,建立新的供应系统,改造乡镇,重新强调分散和俭省,甚至更强调道德鼓励。这些计划中的某些是试验性的,但都证明毛团队想继续进行"文化大革命",直到新中国能体现毛的观点和路线。

到1969年3月末,在"九大"召开前夕,已经稳定了一年多的"中央文革小组"可能仍是重建过程中最重要的机关,很多观察家(包括这一个)预计它会在"九大"上或之后重新成为党的书记处。据信它在整个这段时间主要负责了清理和整党工作,并筹备党代会。与此密切相关的是,它还在同意(或不同意)各省市革命委员会竭力推举的党的核心小组的问题上有较大发言权。据信它会继续在指导这些委员会(特别是其政治部)方面起主要作用,有消息说它还会坚持,其成员按地区划分其负责的范围。但它显然不能放手做这些事情,在还会出现有关它的成员与党的其他领导人特别是中央军委的官员之间有分歧的报告、谣传、猜测等。

在1968年秋至1969年春这段时间,各省市的革委会继续保持显著的稳定。他们主要忙于清理、整顿及组成党的核心小组,在这个过程中,他们做了随大流的事情,但没有大的清

---

① 原有注,未解密。——译注

洗。（最近的一件事就是把王恩茂从新疆悄然搞掉了。）大多数这些人的倒台相信都是群众组织的代表搞的。这些革委会继续通过政治部或保卫部处理政治安全工作。政治部门似乎包括了过去的宣传部门的作用，一些工厂革委会中的"政治宣传队"应该是从属于这些政治部门的。他们可能与保卫部一起拥有对工宣队的权力（试比较考察工宣队的"调查组"）。公社的革委会在其生产队中有"革命生产委员会"，这些委员会反过来由农民充任"政治职责的岗位"。保卫部（或其下属部门）显然至少承担有关党员和一般民众方面的不太敏感的政治安全任务。革委会（通过其政治部）显然继续在组成和任命工宣队方面起着主要作用。负责保证在所有"斗、批、改"的任务中由工人阶级"领导"的工宣队，在"整顿"运动中非常积极，在指导公社和生产队的教育系统方面很活跃（已知的有工人和人民解放军参与的"农民宣传队"），在各种公安工作以及指导和控制革命群众组织方面也是如此。革委会通过工宣队与"支左"小组共同负责处理群众组织的问题。

　　与"中央文革小组"一样，在林彪、黄永胜领导之下的中央军委，在这段时间也保持了稳定，在其活跃的官员中，最重要的是谢富治、吴法宪、李作鹏、、邱会作和叶群。（黄，可能还有谢，继续主管政治工作组以及"支左小组"的工作，而其他四人显然都是这些小组的组长。）在挑选新的党的中央机关的人员、批准党的核心小组，以及指导革委会的工作方面，中央军委可能也起作用（即使不像中央"文革"那么重要）。继续控制着人民解放军的政治部门的政治工作组在继续调查军队领导人；"支左"小组继续协助这项工作，并非常积极地（帮助革委会）进行"清理阶级队伍"及总体上的公安工作。中央军委主要通过"支左小组"继续与革委会共同负责组成和指导工宣队，以及引导和控制群众组织。

　　由革委会和人民解放军联合指导的公安工作，显然仍然主要抓在人民解放军的手里。在有些地方，军管会直接控制着公安机关，而另一些地方，公安机关据说是直接向革委会负责（后一种情况估计是发展到后一阶段的情形）；但在两种情况下，这些"人民保卫小组"（People's security groups）也主要由人民解放军指导，并主要由人民解放军人员充任；共产党的和其他机构都知道，大部分前公安人员都下放去进行再教育了。即使他们中有少数人能回来充实其队伍，他们也仍是少数。据说少量的工人纠察队（亦称工农小组）的人，也被充实到解放军占优势而前公安人员不多的这些机构中，但是，工人纠察队主要是用于巡逻和站岗这些公安工作中的苦活累活。（据说很多纠察队还干不了，而迫使人民解放军派他们的人去做这些工作。）这些工人纠察队继续得到小规模的街道组织的帮助。这个时期，即使不是在它的早期，人民解放军显然接收了前公安部队单位，因为据说人民解放军单位执行的完全是以前由公安部队所做的事情，据信，这些部队是听命于军区的。

　　强有力的中央机关中的第三个及最不引人注目的那个——事实上的政治安全处——继续通过它的头头的活动（依其重要性排序为康生、谢富治和汪东兴）插手所有的政治安全工作，即使它不是像"中央文革小组"和中央军委那样是正式的委员会或小组。有片断的情报显示，"中央专案组"——类似调查和审判刘少奇那种——**可能**就是这个机构，而不是针对刘案的**特别**小组。而专案组继续为其他领导人的案子而设置，而且，如其头头正在致力于"深挖和特别调查"、收集证词和证据及盘问疑犯(很多情况下显然是已经断定有罪)。至少能断定,在这段时间,有一些调查组是从属于这些专案组的,而其他的则是独立运作的。有可能——但不能证实——政治安全处此时对专案组和政治安全调查组拥有主要的或甚至是完全的权威,而不是与"中央文革小组"和中央军委分享这一权力。关于基层政治安全体制的最新情况,看来就是革委会的安全部门。似乎是当党的核心组织发展后,其中的一位成员就被任命负责主管安全工作,并因此重建旧的中央社会部的基层机构。

在 1968 年秋到 1969 年春的这一段时期,政治安全机构的关键人物没有出现其命运的重大变化——这是自"文化大革命"开始以来首次在六个月内没有这种情况——或许是因为中央机构是一个整体。毛和林对他们在 1968 年春召集起来的团队抓得紧。

八、1969 年 4 月,党的"九大":政治安全 体制的领导人崭露头角

"文化大革命"期间形成的公安机关的这批官员在 1969 年 4 月党的"九大"上得到了合适的报偿。在 21 个被提名进入新的政治局的人中,11 个是政治安全机关的人;而提名为候补委员的则为四分之一。三人中有两人被挑选在政治局常委中与毛、林一起工作并处于党的机构的顶尖位置,他们都是两个最重要的政治安全机关的。显然,在"九大"之后,政治安全机构将在决定林彪是否能稳固他最终作为毛的继承人并执行毛的路线方面发挥关键性的作用。

北京的一份新闻公报宣布,党的"九大"——延迟了八年且其代表人数比预想的要少得多——在 4 月 1 日召开。公报说,"文化大革命"为会议成功做了"政治上、思想上和组织上的"准备。

毛主持了开幕式,并做了"极其重要的讲话"——可能是"团结"的需要。第一次全体会议通过了三项议程:林彪代表"中央委员会"(不到四分之一成员出席)作政治报告;修改党章及选举新的中央委员会。林在第一天做了"政治报告"——与刘少奇在 1956 年的"八大"上所作报告相对应。[①]依林的说法,他没有用自己的话来写,这份政治报告可能是由"中央文革小组"的一个或多个人,或由周(如报告所说的)为他写的;但它肯定是得到毛和林认可的。

林的报告一开始就用较长篇幅为"文化大革命"的理论基础进行辩护,特别是关于与"修正主义"作斗争的重要性,指出毛努力用"警告"来阻止修正主义,并最终找到了正确的方式(革命)来发动"群众"。他用老一套语言回顾了"文化大革命"中的斗争——有意思的是,在谈到文化和教育时他没有提到毛夫人。然后他重申要在全国党内党外的各种组织中继续进行"斗、批、改"——特指清洗和再进行政治灌输;这部分令人关注的主要是他又指出,"革命

---

① 原注:与 1956 年一样,党代会没有单独提出党的"纲领"。其纲领体现在政治报告中——宣布"战斗任务";但被称为"总纲领"的东西,好像是出现在党纲的开篇,它宣称要沿着毛的路线前进,并确定林为其接班人。

委员会"系统——省及省以下将以前平行的党政机关合而为一的结构——将继续下去。

林跟着强调，他决心"一丝不苟"地执行毛的政策，但他只是泛泛而论，没有详细说明。这些政策包括——"文化大革命"期间已经多次重申的——尽可能地使党和政府的干部恢复正常生活，并重新走上岗位；对承认错误的人宽大处理，而对那些不认错的人则要"严厉惩处"；"清理阶级队伍"（对社会及党的基层进行清洗已进行了大约一年，但在有些单位甚至还未开始）；用政治手段解决所有经济问题，以便带来"新的跃进"（不是再次进行大跃进）。他接着说，"文化大革命"取得了"胜利"，但强调这不是"最后的"胜利，前面还有很多斗争。

林然后谈到了党建的问题。他赞扬毛一贯正确的领导，并对任何还存在的毛及毛思想的反对派发出强烈警告，他引述毛所说的要进行清洗和重建，谴责刘少奇关于党建的"修正主义"（正统的）观念，他断言党的机关和党员"经受了大规模阶级斗争的考验"，但同时号召继续与修正主义做斗争，继续清洗不合适的人。他称赞修改后的党章，特别赞扬说它是记载了毛的思想（官方说法是"马克思主义、列宁主义、毛泽东思想"）永远作为党的思想理论基础。

林又谈到沿着相似的路线处理对外事务，固执地反美、反苏。在结束时，他号召团结起来，争取更大胜利，引用毛的话说，要迎接未来几十年的伟大斗争，并回应毛的号召，提出要不怕牺牲。

修改后的党章草案提交到第一次全体会议上（4月1日）。这个版本与10月会议上预备的版本的唯一重要区别是补充了人民解放军（也）必须接受党的领导。因此，主要的条文仍然是：不用选举，安排林彪作为毛的接班人；各级党的机关的领导人"通过民主评议产生"，而不是选举（新华社的英文稿把"产生"写成"选举"）。政治局常委会则是为了建立"必要的机关……以集中的方式，处理党、政府和军队日常的工作"。（到5月1日，北京准备再次谈及"中央委员会各部"，尽管什么也没有确定。较早已谈到统战部。）

4月14日，北京宣布在这一天召开了第二次全体会议，自4月2日林做报告及提出党章之后，进行了"分组讨论"。也"讨论"和"学习"了毛在开幕式上做的报告，这一报告显然回顾了党的历史，如在反对来自右倾和极左挑战时取得的胜利。特别值得注意的是，"逐句""讨论"了林彪的报告，"逐篇"讨论了党章。也提交和讨论了党的其他领导人（周恩来、陈伯达、康生和黄永胜）以及"群众"代表的讲话。可能还有由党的领导人进行的关于实施基本政策的真正的讨论。

4月14日的全体会议"一致"通过了林的报告和党章。这次会议还听取了毛的另一次"极其重要的"（这次用的是"鼓舞人心的"）讲话以及林的"重要讲话"。自1968年秋以来列入了精英名单中的那14人（且自1968年4月以来只有一人例外）——几乎所有的观察者都预见到了，这些人会成为新的政治局的核心——出现在主席台的第一排，后面是老的政治局中不那么重要的几个人。

虽然他们已经亮相了，但会议的最后程序，选举新的中央委员会，还要十天。程序——"民主评议"的过程——如下：会议代表提名候选人；会议主席团（包括权力结构中的很多事实上的领导人,他们要在中央委员会中被再产生出来)从所有代表中"集中收集意见"(这意味着对于那些毛的团队还没有决定的候选人,向代表们提出询问);主席团然后准备及分发名单草案;经过"全面评议之后",就会产生另一个名单;此时会举行"预备性的、秘密的无记名投票",就是预先排除掉一些名字;最后,由主席团做出一份"正式名单",提交大会去走个过场。在这样的"选举"之后,会议"胜利闭幕"。

新的中央委员会的 170 个委员(有投票权)和 109 个候补委员(无投票权)被以某种合理的方式分成省级的和中央的人物,其中有军队人物(他们又分成指挥员和政治官员)、旧的党政机关的人物,以及被看着是直接代表"群众"的显然不重要的人物(基层的或不知名的)。军队和省级的人物比过去所占的比例大。

在 279 人的名单中,没有让人特别惊奇的。也就是说,没有被清洗或蒙羞的党和军队的高级领导人包含在"反面典型"中,只有一些名字(如谭启龙)是来自那些有一段时间不曾露面而被认为是被清洗了的名单中。

4 月 28 日,新的中央委员会举行首次全体会议并"选举"了其官员,即它的政治局及政治局常委会。毛和林是中央委员会里仅有的官员——主席和副主席,这使他们与其他 23 位政治局委员及候补委员明显区分开来,他们不再按级别,而是按姓氏笔画排名。北京似乎在表明,有且只有两个最高级别的领导人,即毛和他的接班人——林,他们与第三位的周恩来有很大的距离。

除毛和林之外的 19 位政治局委员(有投票权的)中,有三位是在党内长期以来都不甚活跃的人物(内敛的朱德、瞎眼的刘伯承、老迈的董必武),第四位(叶剑英)在持续受到攻击之后,近年来也不活跃。

其余(除毛和林之外的)15 位政治局委员据信都是活跃的,其中 11 人是"文化大革命"期间建立起来的政治安全机关的官员:

(1)"中央文革小组"的陈伯达、康生、毛夫人、张春桥和姚文元;

(2)政治工作组及"支左小组"的黄永胜、吴法宪、邱会作、李作鹏及林彪的夫人(他们在中央军委的职务所起的作用除外);

(3)政治安全处的谢富治。①

另外四个政治局委员是:周恩来总理、他的亲密伙伴李先念(现在是政治局里唯一的经济专家)、南京军区司令员许世友和沈阳军区司令员陈锡联。

并不完全能因此说政治局就是由一个小群体,是政治安全专家的联盟或政治阴谋集团。没有证据显示,这 11 个人有时一起行动去反对党的其他的领导人。相反,有证据显示,这 11 个人在主要的忠诚度及与激进政策的联系方面有区别。

政治局的 21 个委员可以分成:

---

① 原注:政治安全处当然也通过康生起作用(如上述列出的其在"中央文革小组"的作用)。也通过汪东兴在政治局候补委员中起作用。

（1）毛团队：毛本人、他的妻子、他的继承人林彪、林彪之妻，以及"中央文革小组"中其他四个毛派激进分子陈伯达、康生、张春桥和姚文元；

（2）"军事"团队：中央军委及人民解放军政治安全机关的四个军政官员黄永胜、吴法宪、邱会作、李作鹏，以及两个军区司令员许世友、陈锡联。

（3）"不结盟"团队：周恩来、李先念、谢富治以及四个不活跃的领导人（朱德、刘伯承、董必武和叶剑英）。①

被提名为政治局委员（除林以外）的六个活跃的军人（他们都是首次）构成了一个特别的利益集团，这有可能提升有效反对毛派激进分子（包括林彪）的"军事"联盟。换言之，这些军人或军政人物可能会与政治局中的"不结盟"团队的人及政治局以外的其他军人达成共识，如果是这样的话，将形成一个可怕的反对力量。

这六人中的某些人与激进的群众组织关系很差，似乎他们自己也不是激进派，但所有这六个人显然都与林彪靠得很紧，有可能正是林把他们拉进了政治局。

如上面已经提到的，这六个人中的四个人是一种特殊类型的军人：是中央军委的官员并（与谢富治和林彪的妻子一起）在"文化大革命"中起着关键的政治作用，他们掌管和指导着作为总政治部的后继者的特殊机关。所有这四个人——总参谋长黄永胜、空军司令吴法宪、最近成为副总参谋长的邱会作，以及海军第一政委李作鹏——的经历非常相似。他们都与林彪有多年的密切关系，其中一人（黄）自30年代起，其他三人稍后一点，就以在林彪的军中担任政委而开始了他们的生涯。他们都是由林提名而取得了他们最近或现在于军队中的重要职位：黄是在或大约在1954年任广州军区司令（在林所担任的中南军区司令之下），并在1968年任总参谋长；吴在"文化大革命"前夕的1965年任空军主管；邱在1959年秋林成为国防部长之后担任了后勤主管；李在1967年"文化大革命"的剧痛中任海军政委。所有这四个人在1967年初都曾被红卫兵团体谴责——可能是由某些中央"文革"的官员授意；对前三人的攻击都因来自高层的言辞（包括对三人忠诚于毛和林的赞扬）而戛然中止，而对第四个人——即在处理红卫兵团体的问题上犯了"错误"的黄——的持续攻击也因强烈表达的对他的信任而中止，实际上的表现就是他被任命为总参谋长。至少有二人（吴和邱）是1967年秋地方和省一级军队领导人再灌输计划（"学毛班"）的指导人。所有这四人都在"文化大革命"的特别机构中担任要职：黄在1966年8月林授意清洗人民解放军的过程中是极少数的领导之一；李是1967年初海军的"中央文革小组"的副组长或组长；吴和邱在1967年8月前后全军中央"文革"重组时成了这个更大、更有力的机关的头头，这显然基于这样一种看法，即那些曾因错误指责而受害的人，在评价他人的可靠性时更可靠；1968年期间，黄已成为取代"全军中央文革小组"并与中央军委级别相同的新的政治工作小组和"支左小组"的主管，

---

① 原注：即将交班的政治局中的"温和派"团队——被认为与周恩来关系密切的团队——在1969年4月的"选举"中很可怜。周和李先念获重选，但外交部长陈毅，经济专家陈云（Chen Yun）和李富春，科委主任聂荣臻都落选了。他们中的大多数人近年或在最近几个月中都不活跃，但他们中仍有这么多人在选举中没有被重新提名（而另一些不活跃的领导人却被提名了）令人吃惊。

而吴显然也成为了政治工作小组的领导人和（后来）"支左小组"的头头。而到1968年，所有这四人都被指定进入重组后中央军委的"行政"或"执行"单位（可能相当于常委），这一机构掌管着中央军委所有的专门机关。

被指定作为政治局委员的两位军区司令，即南京军区的许世友和沈阳军区的陈锡联，似乎也得到林的赞赏。尽管两人都没有与林有过全部或大部分的共事经历（许在多年以前曾短暂地做过林的副手），但两人都是在林于1959年秋任国防部长时首次的几个动作中上任的，即任命许为国防部副部长（地方职位上的唯一一个），而陈则被任命为沈阳军区司令。两人也都是知晓1966年8月林要在军队进行清洗的小团体中的成员。与其他新增进入政治局的四位军队领导人一样，他俩也在1967年受到红卫兵团体的谴责（如黄一样犯了"错误"），他俩也都得到毛和林的发言人的极力辩护，也都去北京参加了"学毛班"（许可能实际上是与毛呆在一起），也都因为帮助揭露像杨成武（被作为右派分子而清洗的代总参谋长）那样的捣蛋鬼而受到赞许。

因此，假定毛的团队继续听命于毛（可靠的假定），而六个军队领导人将证明只听命于林（可能性判断），那么，似乎政治局将继续作为一个团队，可靠地听命于毛和林。也就是说，即使七个被认为是"不结盟"的政治局委员擅自投票反对毛和林，政治局也会继续听命于斯。

这并不是否认在政治局委员中有分裂的很大的潜在可能性——有证据见证了过去三年中毛身边的一些非军人的毛派激进分子和某些与林关系密切的军政人物之间的紧张和冲突。但是，似乎这样的冲突可能不会以在政治局的投票中出现分裂的形式出现，而是以这些领导人领导的党和军队的机关之间的冲突来表现。

总之，此时最重要的党的机关不是政治局，而是政治局常委会。政治局常委会在政治局休会期间（绝大多数时间）行使政治局的权力，并在事实上由它决定是否有必要召开政治局会议。党的体制的主要机关——"中央文革小组"、中央军委及政治安全处——都直接向常委会负责；常委会有权在它认为必要时建立和管制任何其他的党的机关。因此常委会控制了党的决定和党的体制。

由党的"九大""选"出来的常委会实际上是被重选的。自李富春落选后（1967年或1968年），一直是由同样的五个人组成政治局常委会：毛、林彪、周恩来、陈伯达和康生。[①]党的五位最高领导人中的四位——除周以外的所有人——都已经在"文化大革命"的过程中表明，他们是毛派激进分子的坚固核心，这与"文化大革命"中所有的过火行为相符。无论在基层是否有反对或抵制毛和林的各种力量联合的潜在性，最高一级党的事务的管理由毛派激进分子掌握的胜数是四比一。而且，鉴于这个团体中除林之外没有军人，三个主要的政治安全机关中的两个——"中央文革小组"及政治安全处——的主管是在他们手中。

预计从属于政治局常委的党的机构——从它的功能及各部门之间的关系看——与过去

---

① 原注：如前面所指出的，江青已经被认为是事实上的常委委员并仍然如此。但有趣的是，毛没有正式地把她添加进去，仍然有什么在限制着他的古怪行为。

的党的机构没有太大的不同，尽管其表面上看起来将会不同，并且中央和省级领导大多是新的。

预计中共中央办公厅会保留，并保持其最重要的功能，但现在是从属于政治局常委会的。也就是说，毛在毛夫人之下有一套他自己的办公室班子，林彪在林夫人之下也有一个他自己的办公室班子，但政治局常委会需要一个行政机关。如果政治局常委会想要使它之外最有力的机关——即任何新的书记处、中央军委及政治安全处——都向它自己负责，而不是通过书记处去对付他们中的两个的话，可以相信，这一点确实是真的。这也意味着，由常委会更好地控制党的文件和人事记录——为了政治斗争和清洗的原始材料——以及控制保护领导人不受暗杀或阴谋的保卫工作的部门。这一办公机构似乎状态良好，是由毛派坚硬核心中的汪东兴为首，并通过他在新的书记处及政治安全处的现职与这些机构一起开展有效的工作。

与预期相反的是，"九大"没有将"中央文革小组"改组为新的党的书记处，在"九大"期间只是提到中央"文革"而已。这可能是毛打算——与他的"精兵简政"一致——无需书记处而行使权力，如由一个机构既是政治局常委会又是书记处；就像1956年以前的书记处就是在1956年被再次交给政治局常委会的，所以，现在政治局常委会也可能同时起书记处的作用——由"中央文革小组"的两位头头和政治局常委会排列第四、五号的成员，来起邓小平和彭真过去作为书记处的两位高级官员的作用。自九大以来收到的消息——也有与消息灵通的中国人接触的人声称——做出的几乎准确的评判是，五人常委会将作为"集体制的书记处"控制政府以及党的机关（如旧的书记通过中央各部委去控制处一样），并且不设置总书记，但有一个成员（"可能是康生"）会负责内务（换句话说，那是事实上的总书记）。新的常委会将以这样的方式开始运作——对某些党的领导人来说，这有很大的好处，就是可以将毛夫人排除于党的体制的核心之外，就像她被排除于人民解放军的政治安全机关之外一样——但它也可能迟早会发现，有个分开的书记处是更理想的。我们都知道，1956年时，党确实有用政治局常委会来作为新的书记处，而现在政治局常委会又在事实上用"中央文革小组"来作为它的"书记队伍"（毛夫人的话），或在实际上已经成了书记处两年多了。

无论给这个新设立的书记处什么样的名目，它很可能就是一个政治书记处，区别于一个有权管辖中央军委或政治安全处的面面俱到的书记处。（旧的书记处显然没权管辖中央军委、"中央文革小组"也没有；旧的书记处确有权管辖大多数的政治安全机关。）跟过去一样，书记处的权威，用另外的话说，就是凌驾于中央各部之上的：尽管不是独有的，但它们将是有这种或那种优势的政治部门。[①]书记处当然会与中央军委及政治安全处有工作联络的关系，可能与后者的关系更多，即与从属于书记处的党的各部委的政治安全机关打交道。

至于中央军委，预计林彪不得不让中央军委唯一地服从政治局常委会。同样，预计他还

[①] 原注：预计书记处将可能会包括比已知的"中央文革小组"的官员更多的人，因为它所涉及的领域显然不是"中央文革小组"的官员所能胜任的。

会继续以事实上的主席统领中央军委,并通过他提携的人作为活跃的官员。自"九大"以来确认的仅有的副主席是叶剑英、陈毅、徐向前和聂荣臻,这几个人在"文化大革命"开始时就是副主席,叶在4月份被重新选入政治局,看起来是颇为得宠,但似乎不是很活跃;其他三位落选,未能进入政治局,且似乎都不甚活跃。强有力的人物是处在提名他们进入政治局的这些人之下的六位政治局常委(黄、谢、吴、邱、李和林夫人)。

中央军委可能只与新的书记处有一项工作关系,即如过去一样,通过一位中央军委的官员同时作为书记处的书记。但由于党从未允许人民解放军为其政治安全负起全责,中央军委与政治安全处之间就不止是一种工作关系(可能已经确实存在了。)①同时是政治安全处和中央军委的领导人的人民解放军官员之一(可能是谢富治)会同时向中央军委和政治安全处汇报工作。(人民解放军的政治安全方面的这种联合负责制——由中央军委和政治安全处——似乎是完全可能的,无论林彪是否喜欢;因为毛喜欢这种方式。)

预计政治安全处也会直接对政治局常委会负责,而不是从属于新的书记处。就像在政治局常委会中林彪代表着中央军委一样,康生代表着安全处。有可能这个安全处成为如北京在1969年"五一"节时提到的未确认的"中央委员会各部"中的一个而因此会从属于书记处,但似乎更有可能的是,从"文化大革命"前的几年中吸取了教训的毛和林彪,会想使这一机构处于比各部委更高级别的位置,并直接向他们自己负责。……②安全处可能将与任何新的书记处有密切的工作关系,因为康是安全处的高级官员,估计也会是新的书记处的头头。就像与中央军委的关系一样,如果在从属于书记处的党的各敏感部门中设有政治安全机关,那么安全处与他们就不仅仅是一般的工作关系了,但问题是康生能否同时身兼二职呢。至于安全处与中央军委的关系,毛、林和康(可能违背林的真实意愿)可能将重建总政治部的政治安全局,这一机关在过去与政治安全处相对应的机关有密切的工作关系——也就是说,他们要在两个特别集团中建立类似的机关,以取代总政治部。安全处也可能被赋予办公厅负责的人身安全保卫工作(侍卫),以及——曾经与办公厅共管——任命政治安全工作干部的全权。

至于这三个直接向政治局常委会负责的强有力的中央机关——即新的书记处,中央军委及安全处——似乎林彪可能想加强他在其中两个机构的地位。从准备接班的角度来说,他在某些方面已经超然于党代会之上了。毛之后,他将是无可争议的主席。他似乎在政治局中很强,因为提名进入的六个军人都是他信赖的人,并且政治局中的大多数其余的人,预计也会把他们对毛的拥护转给他,而不是转给其他领导人。同样,在政治局常委会中,他自己也会在毛死后成为其高级官员,而大多数其他人和他一样,是毛派激进分子。尽管如此,林可能也会算计着弄一个亲信进入政治局常委会及书记处,再弄一个这样的人进入政治安全处。

---

① 原注:这让人想起据说毛曾在1967年说过,人民解放军的政治安全,是由人民解放军政治安全机关的中央军委一级的负责人和康生共同负责。

② 原文此处约八行未解密。——译注

在相信是直接向政治局常委会负责的这些强有力的机关之下的机构当然是逐渐形成的。中央军委的下属机关是最完备的。在总政治部至迟于1968年初名义上仍然存在时，1967年8月之后，"全军中央文革小组"成为事实上的总政治部，并且反过头来又被政治工作组和"支左小组"所取代，这两个机构仍然兴盛。其关键人物显然就是作为中央军委一级的管理者和这些机构或其合并后的机构中的头头：黄永胜、谢富治和吴法宪。毛和林可能打算重组这一体制为总政治部（再次），由政治工作组中的一位官员担任政治部主任，另一位担任恢复后的政治安全局的主管，再一位负责政治教育工作，而"支左小组"的一位官员，作为新设立的负责评估和支持部队的政治任务的部门的头头。中央军委会努力保持对这个总政治部的控制，而不让新的书记处去染指以及由政治安全处去扩大它的作用。这需要人民解放军各单位所属的政治部不改变状态，但"支左小组"与工宣队和革委会调查组的关系需要厘清和规范化——因为他们在控制、宣传教育及调查工作方面似乎有相当交叉重叠的情况。

主要向新的书记处负责的机关将会合并——没有确认的"中央委员会各部委"。有一些部可能会与过去的部非常相似，尽管几乎全是新人。可能重新由书记处的某些成员掌控的这些部门，至少会包括——除已确认的统战部外——组织部（主要由康生掌控）、宣传部（可能是陈伯达掌权，但也可能是张春桥或姚文元）、中联部（与外国共产党联络），以及几个协调经济事务的部门（计划、农村工作、工业、金融和贸易等等）。预计政治安全处将在某些部门中设立政治安全局，类似于曾经有过的组织部的政治安全局。可以想象，新的书记处（如果不是康生当头头）将会抵制这种做法，并试图重新取得它曾经拥有的对政治安全体制的控制权。

形成于革委会中的党的核心小组，预计将继续主要向书记处负责，尽管属于军队的成员在向书记处负责的同时，也许有时还不得不向中央军委负责。在这些党的核心小组中，极少被确认能表现出一种固定的形式。在形成这些小组时可能就有严重的冲突，因为林想让靠近他本人的军人去控制这些小组。整个问题并不简单，因为缺乏有经验的党的干部，而事实上这些军人并不单单是"军事"人员，而是党的干部，通常是政治官员，在某些时候是全职党的干部，而多数情况下是既做政治工作又做军事工作。[①]当这些党的核心小组出现并等级分明时，就有可能实质性地区分"党"和"军"的代表，并按权威大小划出界限。此时再次出现新的书记处与中央军委之间发生冲突的潜在可能性。

革委会中的政治部，估计是通过党的核心小组向中央各部负责，也向工宣队负责，之后主要是向革委会负责。我们似乎可以怀疑毛是否真的打算或林同意，工宣队将"永远"保持对其所驻在的组织如学校的权威；还是革委会可能会设立起常规的机构。无论如何，如前所述，这些单位与涵盖广泛的"支左小组"及调查组之间的关系将会理清，以便他们不至于一个个都垮掉。

---

① 原注：在中国其实没有"军人"这种东西，即西方所指的不涉及政治的专职军人。即使是那些现为军队司令官的人（不是政委这种完全不同的类别）也从一开始就是完全政治化了的，多数人都有政委这样的经历，大多数同时在党内和军队中有高级别，很多人同时担任党、政、军的职务。

至于那些主要或部分向政治安全处负责的机关（包括北京卫戍区既向总参谋部负责，也向安全处负责），其中最重要的——处理被捕的党的领导人的"专案组"及收集这些人或其他案子的调查组——也不能肯定地说就是主要向政治安全处负责；中央军委和"中央文革小组"有同等的作用。然而，似乎可能这些"文化大革命"中的特别机关将会逐渐从属于政治安全处，他们迟早会作为安全处中评估和调查的机关被给予长久的状态，类似过去的中央社会部及其后继者的某些机关。有可能旧的中央社会部的政治安全局预计作为安全处的一个完全的部门将会恢复，……①它将会与安全处想要在像组织部及总政治部这些敏感部门恢复，并在其他部门设立的政治安全局密切合作——对党政军机关中的党员进行评估和调查。（如已经提到的，这一努力可能会遇到抵制）。预计革委会的安全部会通过由安全处提名党的核心小组成员、组成曾经得到中央社会部喜欢的相应的基层机构逐渐对中央的安全处负责。同样，革委会的调查组也会被纳入安全部门之中。

没有线索知道是否毛和林打算恢复中央监察委员会及其下属实体，来作为考察党员服从指示——或其他行为——的机关。但按常识推断，不会是这样的，至少迄今仍有这么多中央或省级的"文化大革命"的特殊机构在做着这些事情。随着这些机构的破裂和被吸收，旧的中央监察委员会可能复活为在党的核心小组成员控制之下的革委会的政治部的分支机构，掌管相关事务。

包括政治安全机构在内的新的党的体制，预计在重要方面会更像过去的机构，但也有所不同。最重要的区别大概是结构更简单；由政治局常委会，特别是由毛和林，对关键机关的控制更严；新的书记处比过去更少权威；作为平衡书记处的强有力中央军委的作用更大；政治安全机构的作用更大；如果（似乎很可能）每个部门都试图保持或促进它们对其他两者的权威，书记处、中央军委和政治安全机构之间发生冲突的潜在可能性更大。

九、前　　景

这份报告将在"九大"闭幕后的几个月内公布。在这段时期，关于党的关键的中央机关的情况，北京几乎什么风也没有透露出来。"中央文革小组"已经有数月没有被提到，显然也没有出现在9月初吊唁胡志明②的党的机关的名单中；但没有确定书记处或书记，也不知道是否——如预期的——"中央文革小组"的领导核心已经因其他方面的专家如军人补充到书记处而扩大了。中央军委是活跃的，并且有一段时间还特别强调——仍然没有解释——是毛而不是林是其主席；但没有确认林可以作为事实上的主席，通过他开展工作的副主席，也不清楚中央军委是否有常委会、哪些人会是常委会委员，黄永胜任总书记的行政或执行单位的其他官员最近也未确定。仍然无法证明政治安全处确实存在，并且它组成的情况——假

① 原文此处约四行未解密。——译注
② 胡志明，越南劳动党领袖。——译注

定是存在的话——也无法确认。由于这样的中心问题仍然不明，不能够对政治安全体制的整体做出可信的判断。待有更多的事实后，有必要准备这一系列中的第三份报告。

DDRS，CK 3100352785 – CK 3100352877

何慧译、校

第九编　中　苏　关　系

目　录

导　论

何　妍

本编共收录了40份美国解密档案文件,时间为1949～1969年,文件内容主要涉及美国对中苏关系的评估和预测。文件主要来源于三个情报部门:中央情报局、国务院情报和研究署以及美国驻外机构。有的直接是情报报告,如本编9-4文件,有的则是对已有多种情报来源的综合评估报告。对于这类的中情局报告,主要分两类:国家情报评估(NIE,National Intelligence Estimate)和特殊国家情报评估(SNIE,Special National Intelligence Estimate)。一般情况下,由于情报评估报告经过了对各种情报去粗取精、去伪存真的工作,因此其价值高于情报报告本身。情报评估报告是美国对外政策的重要参考资料,通过对美国对中苏关系认知的解读,可以从侧面了解美国政府在某一历史时期对中国国内及外交政策的掌握,美国如何看待中苏关系、中美关系的实质和走向,以及如何在此基础上确立其对华政策的制定。从这个角度来说,情报报告及情报评估报告对于再现冷战期间美国对外政策的形成、制定过程具有非常重要的参考价值。应该说明的是,研究者在使用这些情报报告和情报评估报告的过程中,需要特别注意如下几个问题:

第一,材料的真实性与可靠性。首先,美国的情报来源具有局限性。由于无法直接从中国获取情报,美国有关中国的情报来源主要是美国驻香港领事馆、与中国建立外交关系的第三国以及中国对外公开的报刊杂志和电台广播。因为无法获得第一手资料信息,在很大程度上制约了美国情报机构的分析和预测。其次,已经收集到的情报无法得到证实,因此情报官员对自己的判断也缺乏信心。例如,1950年初一份情报评估报告的作者承认,由于从各方面发来的情报"在条目、数量上增长很快,且内容丰富、来源多样",因此很多情报"不能被证实"、在"总体上不太可信"。① 最后,由于意识形态的原因,美国的情报分析人员在进行情报评估时,不可避免会带有某种选择性和倾向性。总之,研究者在直接引用这些解密文件的时候,需要小心谨慎,不能以为这些档案提供的材料和观点都是正确的。

第二,情报评估的建议或结论不等于美国实际上执行的对外政策。在很多报告的开头,就清楚地注明了文件的性质只是情报报告,而非政府的政策。关于这一点,也是档案使用者应该注意的。因为,中央情报局、国务院情报和研究署等重要情报机构所形成的文件,的确是美国核心决策层即国家安全委员会制定最终对外政策的有力依据和参考。但是,参考并不一定被最终采用。也就是说,这些上交给决策部门的报告,其建议有的会被采用,有的会被部分采用,有的则可能被束之高阁。此外,还必须认识到,这些情报评估报告当然有利于

---

① 见本编9-3文件。

研究者了解美国情报系统的功能和运作方式，以及美国决策部门对外部世界的认知程度，但外部信息只是美国制定对外政策的依据之一，在很多情况下，国内因素对美国外交决策起着更大的作用。

第三，判断档案价值的标准之一是原始档案的密级程度。按照保密要求，这些文件由低至高一般分为秘密、机密和绝密三个等级。总的说来，密级程度越高，其价值就越大。另外，在本专题收入的档案中，有少数文件的部分内容尚未解密，这些均在校注中有所说明。在使用这类档案时，特别是引用未解密部分前后的文件内容时，要避免断章取义。不过，美国档案有一个不断解密的过程，有些档案的内容开始没有完全解密，但以后会逐步扩大解密内容（当然个别也有缩小的情况）。就是说，在这里收录的少数档案中未解密的部分，将来很可能陆续得到解密，这也是需要研究者密切关注的。

本编根据冷战时期中苏关系的实际走向，将所选档案分为四部分，即中苏结盟期（1949～1953）、中苏蜜月期（1954～1957）、中苏分歧期（1958～1960）和中苏分裂期（1961～1969）。下面分别评介这四个时期所列档案的重点内容及其价值。

（一）中苏结盟期：1949～1953

1949年10月3日，即在中华人民共和国成立后的第三天，苏联即与中国建立了正式外交关系，并于次年2月14日，与中国签订了有效期为30年的《中苏友好同盟互助条约》，从而奠定了中苏同盟国的关系。对于苏联共产党与中国共产党之间的关系，美国在中共建党之初就开始密切关注。而对于共产主义阵营中最重要的两个大国苏联与中国的关系，美国的密切追踪更是贯穿中苏关系从结盟、蜜月到分裂的始终。在中苏结盟的初期，美国一方面观察苏联对中国的军事、政治和经济援助以及中苏关系的不断巩固和发展，同时也紧密注视中苏关系之中存在的隐患。在中苏结盟期，档案中体现出的美国对中苏关系所关注的问题主要如下：

第一，苏联对中国的援助。

中苏同盟建立不久，苏联便开始派遣大批顾问和技术人员到中国，从事军事和非军事各个领域的援助。[①] 关于军事领域的援助，在1950年，美国情报得知苏联的顾问和技术人员对陆军、海军和空军开始进行全方位的援助，因而预测苏联会帮助中共解放海南、台湾和西藏。唯一令他们稍感放心的是：苏联人暂时并没有直接参与战斗，而仅是在背后进行支援。另外，中央情报局紧密监视苏联对中国东北、华北、华东、华南等地的具体援助情况，虽然他们自己也不能确保情报数据完全准确，但是像诸如"近来有200多架苏联飞机到达东北以供中共空军使用"这样的情报信息引起了美国政府的警觉和重视。关于非军事领域的援助，美国搜集的情报涉及公共管理、警察、铁路、钢铁、矿山等各个方面。据他们估计，苏联的援助主要集中在华北和东北地区。[②] 总体而言，从报告中多处无法给出具体的数字信息看来，对于

① 参见沈志华：《苏联专家在中国（1948～1960）》，北京：中国国际广播出版社，2003年。
② 见本编9-3文件。

最初阶段苏联援华,美国掌握的情况并不十分准确。

第二,苏联发动重大敌对行动的可能性。

冷战期间美国情报评估的特点之一,是对爆发战争做各种可能性的推测。在朝鲜战争刚发生不久,美国便时刻担心苏联发动与美国直接正面交锋的重大敌对战争。而中苏结盟则加重了美国的这一猜忌。中情局在1950年估计,苏联正在积极准备对朝鲜战争之外的其他地区采取局部行动,尤其是在巴尔干和中国地区。总之,根据苏联军队、物资储备等准备的情况看,美国的预测之一是苏联极有可能发动一场与美国直接对峙的全面战争。①

第三,中国政权的稳定性。

1951年本编9-6文件是关于中国内部情况以及中苏关系的一份情报评估报告。它由中情局、国务院、陆军、海军、空军的情报机构联合参加并讨论而形成,文件分发的部门包括总统办公室、国家安全委员会、国家安全资源委员会、国务院、国防部长办公室、陆军部、海军部、空军部、核能源委员会、参谋长联席会议、联邦调查局、研究与发展委员会、军需委员会,由此可见这份报告的重要程度。这份文件首先对中国国内的局势是否稳定作出了判断,结论是:在当时情况下,对中国共产党政权构成主要威胁的力量尚不存在,也就是说,中国政权具有相当大的稳定性。然而,虽然美国对破坏中国政权稳定无计可施,但是却抓住了经济这条命脉。它洞悉中国城市经济比较农村经济而言,中国城市经济具有依赖对外贸易、集中于特定区域等弱点,因而断定西方通过经济禁运、海上封锁等手段可以削减中国的外贸交易量,造成城市失业和混乱,从而阻碍中国的工业发展,并引发严重的经济危机。美国政府凭借这一思维,在冷战伊始,便对中国实施了"遏制"政策,其中重要的手段之一便是经济封锁。而事实证明,经济遏制的确给中国经济发展造成了巨大的障碍,更为重要的是,在政治上也遏制了中国的自由独立性。由于经济遏制使中国在经济上不得不更加依赖苏联的援助,从而在政治上也被迫受制于苏联。在中国的对外政策问题上,美国预测中国将精力集中于驱逐西方在华力量、解决边界领土争端以及追求中国对远东共产主义运动的领导地位。美国较为准确的预见之一是,中国共产党会继续对越南独立进行支持,或对越盟进行公开支持;预见之二是在香港问题上,中国可能选择维持现状,利用香港问题作为英美关系的楔子,或通过香港保持中国的贸易畅通。

第四,美国对中苏关系的"楔子"政策。

中苏同盟形成后,美国想方设法促使中苏关系走向分裂,他们自称所运用的为"楔子"政策,即采取各种手段促使中苏关系加大分裂。该政策的手段之一是依靠舆论宣传,例如向中国人民宣传中国的政策使其始终从属于克里姆林宫,以此激化中国人对政府的不满。② 但是很显然,在中苏刚刚结盟的初期阶段,美国的"楔子"政策进展得并不顺利,尽管美国单方认为中苏双方刻意利用中苏友好协会等组织来巩固中苏人民之间并不牢固的友谊,但是它

① 见本编9-5文件。
② 见本编9-8文件。

也不得不承认中苏关系在此时没有任何破裂的可能性。① 由于本编选择的档案以情报评估报告为主，这些报告主要是美国对中苏关系的评估，而直接涉及美国对华、对苏政策的内容非常有限。因此，对于深入了解美国的"楔子"政策，更多的需要在其他专题的档案中寻找证据。

第五，中苏关系的特点及走势。

虽然美国认为在短时期内中苏关系不会分裂，但却非常敏锐地关注中苏关系中潜在的一些问题。1951年本编9-6文件，指出了中苏关系有可能出现问题的四个方面："(1) 对新疆、满洲②等中国边境领土的控制；(2) 对朝鲜的最终控制；(3) 苏联向中国共产党政府渗透并试图控制的努力；(4) 苏联不能满足共产党中国的经济、军事需要。"从其后中苏关系破裂的事实看，这些因素或多或少都构成了中苏关系裂痕不断扩大的诱因，也因此证实了美国情报评估具有预见性的一面。建立在这份报告基础上，1952年1月国务院情报研究所远东研究组提交了一份有关中苏关系性质的报告即本编9-12文件。报告以中国和苏联的卫星国作为对比，考察中国是否也以苏联卫星国的身份存在。通过分析，报告认为，尽管中国具备卫星国的诸多特点，但是有七条原因可以证明中国不同于卫星国：(1) 中共领导集团绝无仅有的稳定性和凝聚力；(2) 中共在战略和指导思想上的独立性，以及毛泽东对共产主义理论尤其是殖民地问题上做出的重要贡献；(3) 中国式的共产主义被列为亚洲国家的榜样；(4) 中国的影响力得到外国的尊重和认可；(5) 苏联承诺在1952年底大规模撤出伪满洲，并同意在内蒙古和新疆主权问题上向中国做出让步；(6) 在华苏联顾问和技术人员很显然要服从中共的控制，他们提出的是建议而非命令；(7) 尽管中国国内总体发展模式与苏联卫星国类似，但是目前仍以"殖民地人民的民主"理论为指导，这也加强了毛泽东的新民主主义理论。这个理论指出中国要经历一个与其他国家不同的向社会主义过渡的漫长时期。最终，对于中国到底是否应该被列为苏联卫星国，报告没有给出绝对的定论，而是认为中苏关系处于一种混合状态，中国既具有苏联卫星国的特点，同时又处于一种特殊地位，这种地位类似于苏联的合作者。紧接着，中情局又继续针对中苏关系的特点和未来发展方向进行了研究，1952年8月本编9-13文件分析了中苏团结的聚合因素，例如中苏共同的意识形态，中共在军事、经济上对苏联的依赖，美国对台湾、日本的援助和保护。关于影响中苏关系的分裂因素，除了之前指出的自古以来形成的新疆、蒙古和东北问题，中国对苏联控制的反感以及对苏联军事、经济援助的不满之外，这份报告还具体解释了中苏在远东例如朝鲜战争问题上产生的分歧。因为中国的利益主要局限于远东地区，而苏联的利益是全世界范围内的。由于中国急切实现在远东的目标，扩大在远东的影响力，因此对于苏联照顾全局而推迟远东行动就会失去耐心，从而在与苏联的关系上出现矛盾。最终报告认为，在短期内中苏团结会继续发展，但是同时，削弱中苏团结的诸多因素仍然存在。在中苏关系正式破裂之前，美国的情

---

① 见本编9-9、9-11文件。
② 指中国东北地区。

报评估报告一直具备这样一个特点:不断挖掘中苏关系出现问题的证据,分析中苏关系走向破裂的各种原因,但是在结论中始终没有做出中苏即将分裂的预测。

总之,通过对中苏结盟期间美国对中苏关系的观察、分析与预测的解读,一方面有助于了解美国情报信息机制的运作和逻辑,另一方面作为中苏"当事人"之外的第三者,美国对当时历史时期错综复杂的中苏关系的分析,可以给后来人提供一个第三维的视角,从而有利于更全面地认识中苏关系所经历的戏剧性变化的主导原因和事实发展的真相。

(二)中苏蜜月期:1954~1957

中苏结盟后,由于双方表面上共同的意识形态、共同的敌人、共同的利益等聚合因素的影响,很快进入了在外界看来"如胶似漆"的蜜月阶段。当然,这段时期同时也是转折阶段,是中苏正式撕破脸,公开其矛盾的前奏。而正是由于这段时期没有出现引发中苏矛盾的标志性事件,对于中苏蜜月期间中苏关系中已经存在或刚刚出现的导致分裂的因素,学者们更多着力于从抽象的角度来探讨,比如中苏之间世界战略的分歧、国家利益的冲突等等。那么,通过对美国解密文件的解读,有助于了解美国如何利用其掌握的情报来分析中苏关系的走向,从而为我们深入探讨中苏分裂的根本原因提供一些启示和借鉴。

第一,中苏联盟的基本特征。

这个问题可以承接1952年1月本编9-12文件中对于中苏同盟性质的探讨。这份报告最终得出的是一个混合性结论,即中国并不完全具备卫星国的特征,同时又与苏联保持合作伙伴的关系。很明显,中国若不等同于苏联的其他卫星国,则说明其具有相当的独立性和自主性,而这种独立自主,在美国看来,是中国"野心膨胀"、与苏联争夺权力的隐患。总而言之,美国认为中苏联盟不如卫星国与苏联关系那么牢固。为考察中苏联盟的稳定程度,上次报告是将中苏关系和卫星国与苏联关系进行横向对比,这次报告又将中苏关系与英美关系进行了纵向的对比。中苏同盟和英美同盟分别是冷战中资本主义与共产主义两大对峙集团的最重要同盟,因此这两个同盟关系的好坏,直接决定了两大阵营的发展和走向。美国认为,将中苏同盟与英美同盟对比,前者更为脆弱。主要有两个原因:(1)中苏两国缺少像英美两国那么强大的文化与传统的共性;(2)中苏之间漫长的边境线决定了领土问题上存在的争端。这两点分析具有一定的道理,但国务院在此时并没有意识到中苏在对战争、和平、革命等一系列理论问题上不一致的可能性,而反将意识形态的同一性作为中苏关系联系的强大纽带,这或许可以说明,美国对于中苏关系的根本弱点尚缺乏全面的认识。① 总之,美国认为与苏联和卫星国的关系以及英美关系相比,中苏关系更为脆弱,这种看法从后来的历史发展情况看,还是比较准确的。

第二,影响中苏关系分裂的因素。

关于影响中苏分裂的原因,国内外学者进行了多角度、多层次的探讨。在美国解密的文

---

① 见本编9-14文件。

件中，总体上没有超越这些学者所讨论的范畴。但是值得注意的是，这些评估报告主要是提前的预测或跟踪分析，其中提出的很多观点虽然未必完全正确，但是具有较大的开创性和启发性。同时，这些连续性的解密报告，可以让我们了解到美国对中苏关系进行评估的整个发展脉络，有利于我们对于情报评估报告进行再评估，分析冷战期间美国对中苏关系判断的准确性，从而深入反思这些判断对于美国的对苏政策和对华政策产生的影响和后果。根据美国的分析，在中苏蜜月期影响中苏团结的主要原因如下：

（1）毛泽东个人地位的崛起，要求苏联重新考虑它与中国之间的关系，同时进一步承认中国在亚洲事务和执行共产主义政策的决定权。换言之，毛的崛起与苏联在国际共产主义运动中独据的领导地位相矛盾。

（2）中国对苏联经济的依赖与苏联不能满足中国经济援助要求之间的矛盾，是自中苏结盟以来中苏关系中一直存在的问题。这在中苏结盟期有关中苏关系的分析中已有论述。在中苏蜜月期，这种矛盾体现得越发明显。随着经济建设的推行，中国对苏联制度、技术、设备等各方面的依赖日益加深。同时由于英美同盟集团对中国的贸易管制，促使中国对苏联的援助和支持更加依赖。面对这种情况，苏联的援助程度不但不能满足中国的经济发展需求，反而随意限定贸易规模和改变援助期限，这使中国人怒不可遏，对苏联怨恨越积越深。

（3）中苏两国在世界事务中的利益不同。如前所述，在美国看来，中国的利益中心在亚洲，并渴望恢复中国在亚洲传统大国的地位。而苏联的视角是整个世界，尤其对欧洲和中东问题具有同样浓厚的兴趣。因此在制定和实施总体的共产主义策略时，中苏之间不可避免地会产生分歧。

（4）苏联和中国都不愿意放弃对北朝鲜的"控制"，因此朝鲜问题在多方面可能引发中苏之间的不和。这些问题"可能产生于中国驻朝鲜的军队；也可能产生于中朝之间对有限的苏联援助的竞争；可能产生于中苏针对西方的不同战略选择；还可能产生于朝鲜内部亲华与亲苏派系的摩擦"。

（5）中苏两党对于控制日本共产党及影响日本政府，存在着一定的竞争关系。①

（6）新疆问题是中苏关系恶化的重要隐患。1954 年 9 月形成的《国务院情报和研究署远东研究局关于苏联在中国新疆行为的报告》详细阐述了苏联自 1934 年以来扶植盛世才，支持新疆叛乱和独立的整个历史过程。到新中国成立之后，由于中苏之间的结盟，苏联开始改变对新疆的策略，但是却始终坚持维持它在新疆的影响力和特殊地位。按美国的话来说，"1950 年末，新疆的'苏联势力范围'不再根据地理区域来界定。然而，这一'范围'由无数项无形、独享的特权组成"。② 总之，苏联在新疆的势力始终存在，并且有形无形地干预新疆事务，因此也构成了日后中苏关系走向破裂的根源之一。

---

① 见本编 9 - 14 文件。
② 见本编 9 - 15 文件。

（7）在波兰事件和匈牙利事件中，中国政府做出的反应成为中苏两国关系破裂的又一诱因。中国政府在波匈事件后公开发表的报道和声明，使美国认为，中国共产党的举动明显表示了它对莫斯科在波匈事件中不当处理的责怪。但是由于当时中苏关系总体上比较和谐，因此这件事并没有达到影响中苏意识形态分歧和关系破裂的程度。①

（8）在克什米尔争端问题上，中苏也存在分歧。苏联支持印度，而中国更倾向于支持巴基斯坦。同样的，美国承认中苏之间各种分歧的存在，但是在中苏蜜月期间，它并不认为这些分歧会导致两国争端或者制造和加剧双方的摩擦。然而，美国指出这种分歧体现了中苏在南亚地区政策上的根本性差异。②

第三，中苏关系仍然"铁板一块"。

美国驻香港总领事馆是中美建交之前美国获取中国情报的最重要的渠道之一。从本编 9-16 文件选取的 1955 年 3 月 28 日总领事馆发给美国国务院的电报中，可以侧面了解到，这个情报机构的职责是以搜集和汇报情报为主，而对于情报的分析，尚缺乏中央情报局这种专门的情报机构所具备的全面、缜密、深入的能力。香港总领事馆在关于 1954 年中苏关系的分析报告中，乐观地阐述了中苏友好关系的巩固和发展。这种友好关系体现在两国之间文化、教育、科技和交通等各个方面。另外，电报还认为，从日内瓦会议和十月联合公报中可以看出，苏联逐渐承认在国际领域的相当大范围内，中国与自己具有相等的地位。尽管在电报中也提到了中苏两党领导人交往的一些细节问题，诸如毛泽东没有出席在北京召开的斯大林逝世一周年纪念以及在苏联大使馆举办的十月革命庆典等活动，但是香港方面认为，这并不能充分证明中苏关系出现问题。相反，电报更突出强调了巩固中苏关系的事件，例如 1954 年 10 月苏联政府代表团应邀参加中国五周年国庆纪念活动。总之，在美国驻香港总领事馆看来，中苏之间至少在 1955 年之前不存在关系紧张迹象，中苏关系仍是"铁板一块"。

（三）中苏分歧期：1958～1960

学术界过去一般认为，1956 年 2 月苏联共产党第二十次代表大会之后和 1957 年 11 月的莫斯科会议已经暴露了中苏之间出现分歧的迹象。那么从 1958～1960 年在中苏之间发生的一系列事件中，中苏分歧开始从实质上向纵深发展。这些事件包括苏联"长波电台"和"联合舰队"的提议、中国的人民公社和"大跃进"、台湾海峡危机、中印边界冲突、赫鲁晓夫参加戴维营会谈、中苏在世界工联会议和布加勒斯特会议上的争吵、苏联专家突然全部撤离中国等等。

从本专题中苏分歧期所选取的 12 份档案文件来看，美国虽然对中苏关系的分裂因素进行过非常周密的分析，但是对于中苏关系是否可能在实质上发生分裂的判断似乎有些滞后。比如在本编 9-23、9-24、9-31 文件中，美国始终坚持认为，中苏关系在短期内出现分裂是不可能的。虽然这些报告列举和分析了中苏关系中存在的诸多分歧，但总体上认为中苏之

---

① 见本编 9-18 文件。
② 见本编 9-20 文件。

间更多地表现为一种巩固而亲密的合作关系。当然，美国的情报评估一向具有谨慎保守的特点，一方面可能由于他们不能保证情报来源的可靠性，另一方面的确由于中苏关系的变化非常复杂和微妙，让人难以捕捉其内在的变动。另外，由于美国的情报机构如中央情报局和国务院情报和研究署的情报分析官员相对固定，因此就某一方面问题所撰写的评估报告具有很强的连续性，这就给评估报告带来一些不可避免的缺点，比如观点不断重复，或者拘泥于一种思维模式，给人一种"陈词滥调"的感觉。为避免介绍这些报告中重复的观点，对于前面提到的主要观点不再重述。但是，美国对于中苏关系的分裂因素所作的一些独到分析，仍然具有十分重要的研究参考价值。

第一，对于影响中苏分裂的一些抽象原因的分析。

首先，中国地位的提升是导致中苏意识形态分歧的原因之一。美国分析了自1953年3月斯大林逝世后，中共在共产主义阵营中的地位明显提升的四方面原因：（1）毛泽东被公认的共产党领导人和理论家的身份，使其成为自斯大林之后国际共产主义运动中的第二位领袖人物，这种变化无形中给苏联领导人造成很大的压力；（2）苏联激进的政治清洗严重损害了它在国际共产主义运动中的威望，因此削弱了其领导的有效性；（3）苏共第二十次代表大会上发起的"非斯大林化"运动给苏联在国内外造成了不良影响，尤其是苏联领导人无法给出批判斯大林合理的解释和辩护；（4）北京帮助苏联摆脱"非斯大林化"运动陷入的困境以及在1956年波匈事件中的表现，使它在阵营中的影响进一步得到提升。美国认为，中国地位多方面的提升，促使它越来越想脱离苏联的控制，也使其自身感觉可以在意识形态上对苏联提出挑战，成为阵营中独立的意识形态中心。

其次，国际地位的差异导致中苏两国在共产主义总体战略上的矛盾。美国认为，苏联作为共产主义运动的领军人物，长久以来形成了世界范围内的联系和纽带。而中国作为一个新兴的国家，外交上主要处于孤立状态。因此，苏联更注重的是全局利益，而中国更关心自身安全和局部利益。因此中国认为应该首要解决的问题，往往在苏联看来不符合它的全局战略，这样难免造成二者的分歧。

再次，中苏领导人之间观点的差异也是两国关系不和谐的因素。对此问题美国人的逻辑是，由于中国是新生政权，因此领导人的观点更易激进。而相反，由于苏联政权比较稳固，经济发展平稳，不想破坏现有秩序，因此领导人更容易趋向于保守。这样，在讨论某些具体问题时，中苏领导人观点很难达成一致。

最后，中苏两国国内问题的差异也导致两者之间的意见分歧。美国认为，与苏联相比，中国具有更严重的国内问题。因此在建国伊始，中国便急于发展经济，却忽略了庞大的人口、有限的资源以及残余的反对力量等不良因素的束缚。苏联虽然也存在一定的国内问题，但是并没有达到中国"生与死的斗争"那种严重程度。以此为据，美国认为中国为了解决国内问题，比苏联更期待高度紧张的国际局势。①

① 见本编9-23文件。

这里值得注意的是,美国在分析中国地位的提升对中苏关系造成不利影响的几个原因时,基本是站在相同的角度上,即把苏联看作固定点,而把中国看作变化点。进一步说,在中苏分歧中,他们把苏联看作相对稳定的因素,而把中国看作相对波动的因素,认为中国方面是破坏中苏关系的主要动因。

第二,核武器问题与中苏分歧。①

在中苏分歧时期,美国越来越关注中国的核武器问题。同时,也把中国对获取核能力的野心看作中苏关系紧张的原因之一。当然,有关核武器以及与此相关的高度机密的军事情报方面,美国无法获得来自中国的准确消息,因此对于中国核武器的发展以及苏联的援助情况,更多的是依靠猜测。但是,美国比较合乎逻辑的推理是,赫鲁晓夫所支持的禁止核试验和裁军问题,与中国的意愿相抵触,因而构成中苏分裂的原因是非常可能的。② 从后来中苏双方披露的文件中,可以看出,苏联对中国核武器发展持冷漠的态度,而禁止核试验的压力又让中国有苦说不出,这些情况在一定程度上证明了美国情报官员的推断。

第三,人民公社与中苏分歧。③

自 1956～1957 年苏联的"非斯大林化"运动、波匈事件以及北京的"百花齐放"方针所引发的中苏之间一系列的意识形态分歧以来,美国把人民公社问题视为引起中苏分歧的最大动因。美国认为,作为激进的国内政策,中国的人民公社计划是"对已经确立的苏联经济政策和实践的一种严重偏离"。因此,公社计划遭到了苏联方面越来越强的负面回应。1958年 10 月 1 日中国的国庆日,苏联没有给予中国的人民公社计划一种正面的认可。11 月 12日,赫鲁晓夫在其提出的苏联新的七年计划中,首次对人民公社运动所推行的政策及其所反映的理论变化进行了隐含的驳斥。在美国人看来,赫鲁晓夫的报告反映了莫斯科从实践角度反对人民公社制度的核心内容。他以苏联在集体化运动中三项具体政策来间接地反驳人民公社的做法,这三项政策包括农业组织中集体农庄的作用、经济建设中激励机制的作用和货币经济的必要性。关于农业组织的性质,中国认为合作社或集体农庄只是一种过渡形式,它将最终让位于"全民所有制",即实质上的国家所有制。苏联虽然也把集体农庄视为向国家所有制转变的中间阶段,但是其主张的要点在于强化集体所有制。关于激励机制的作用,中国宣布把共产主义"各取所需"的分配原则部分地引入公社,而赫鲁晓夫在报告中强烈反对这种提法,他坚持马克思列宁主义所提出的按需分配必须在物质极大丰富的共产主义最高阶段才能实现。关于货币经济,赫鲁晓夫也坚持认为,在实现共产主义之前货币经济和经济管理中的成本核算是十分必要的,同时,他批判了公社政策中"乌托邦"的做法,认为没有

---

① 关于这方面的研究,参见戴超武:《中国核武器的发展与中苏关系的破裂(1954～1962)》(连载一),《当代中国史研究》2001 年第 3 期,第 76～85 页,第 5 期,第 62～72 页;沈志华:《援助与限制:1950 年代苏联与中国的核武器研制》,《历史研究》2004 年第 3 期,第 110～131 页。

② 见本编 9 - 23 文件。

③ 关于人民公社与中苏分裂关系的深入研究,可参阅沈志华:《苏联对"大跃进"和人民公社的反映及其结果——关于中苏分裂缘起的进一步思考》,沈志华、李丹慧:《战后中苏关系若干问题研究——来自中俄双方的档案文献》,北京:人民出版社 2006 年版,第 411～444 页。

对商品生产成本的深入全面分析,不对货币进行控制,就无法保证对经济的正常管理。值得注意的是,苏联不但在共产主义阵营内部反对公社制度,还向美国流露出对该制度的不满。1958年12月赫鲁晓夫会见美国参议院汉弗莱,以及1959年1月米高扬访美,苏联领导人都在公开讲话中表达了对人民公社的蔑视。其后,在1959年1月27日至2月5日的苏联第二十一次党代表大会上,赫鲁晓夫出乎意外地重申共产主义理论学说,这显然暗含着对中国公社制度的尖锐批评。他强调:"共产主义没有捷径,它必须经过一个'不能有意违反或超越的自然的历史过程'。""在实现向共产主义过渡的想法之前,必须实现高度的工业化和消费品的极大丰富。""为发展农业,集体农庄的农业组织形式'可以继续在长时期发挥作用'。"①总体来说,苏联对人民公社表现出来的不满和指责,美国观察和分析得比较透彻。然而,中国对苏联态度的回应,美国却没有及时准确地做出判断。在很大程度上,这可能是因为美国对中国方面的情报掌握得十分有限,主要信息只能参考《人民日报》、《红旗》杂志等中国媒体报刊的公开报道。所以,美国只从表面上看到中国对苏联确立并坚持的学说作出了让步,并认为这是由于莫斯科的领导地位发挥了作用。

第四,莫洛托夫与中苏分歧。

莫洛托夫在当时是苏联驻外蒙古大使,他曾是1957年6月策划撤销赫鲁晓夫第一书记职位的苏联"反党"集团的重要成员。据美国多方情报证实,莫洛托夫通过中国驻外蒙古大使馆与毛泽东保持着私人的联系,并且,中国一直暗中支持莫洛托夫。当莫斯科想调莫洛托夫到集团外任职时,美国情报官员根据多方信息来源断定,中国人曾设法为莫洛托夫活动,结果使海牙拒绝了苏联派莫洛托夫担任驻荷兰大使的提议。为此,美国情报机构甚至怀疑中国试图操纵苏联的"反党集团"。②

第五,1959年赫鲁晓夫访华与中苏分歧。

1959年9月30日至10月4日赫鲁晓夫的访华,加深了中苏分歧。但是一如既往的,美国仍然认为分歧没有促使中苏关系达到破裂的程度,而且对集团中其他关系和国际共产主义运动也不会产生不利影响。在中苏领导人的会谈中,双方都不避讳中苏分歧的存在,并且公开了他们之间的争论。赫鲁晓夫访华的结果没有以任何公告的形式发表,毛泽东在公开场合对此问题避而不谈,以及苏联于10月14日撤换苏联驻中国大使尤金等迹象,在美国人看来,都证明了中华人民共和国成立十周年的庆典加深了中苏分歧。③

第六,1960年苏联顾问和技术人员撤离中国与中苏分歧。

自1960年8月中旬以来,美国从新闻、外交和情报多方渠道印证,苏联顾问和技术人员大规模离开中国回到苏联。从这件事开始,美国才开始真正意识到中苏关系进入了"严重和公开的紧张状态"。美国探听到的消息是,7月28日苏联共产党高层作出了将所有苏联技术人员从中国撤离的决定。但是苏联的这一举动的动因是什么,美国情报部门并不能给出准

---

① 见本编9-24文件。
② 见本编9-24文件。
③ 见本编9-26文件。

确的答案。因此他们在报告中提供了三种可能的解释：第一种解释是苏联专家回国与中国留苏学生利用假期时间回国有关，因为这些学生可以取代在华苏联技术人员；第二种解释是苏联技术援助的最终目的是让中国走上科学独立发展的道路，因此撤回苏联专家的举动符合这个目标；第三种解释是苏联专家撤离是中苏分歧的表现，一方面苏联可能以撤离专家对中国施压，另一方面可能是中国驱逐苏联专家发泄对苏联的不满。从美国当时并不了解苏联顾问撤出中国的真实原因来看，也表明了当时美国掌握的关于中苏关系的信息情报的有限性。

（四）中苏分裂期：1961～1969

从1960年下半年起，苏联突然撤回全部在华专家，中苏关系开始进一步恶化，并逐渐走向分裂。在中苏结盟期、蜜月期和分歧期期间，美国评估报告中提过的中苏关系中的各种隐患越来越明显地暴露出来，中苏双方互相攻击的言论日渐加重。在此阶段，中央情报局通过手中掌握的日渐增多的情报，才开始较有把握地做出中苏关系已经走向破裂的判断。关于此期收录的8个文件，全部是中央情报局的情报报告和情报评估报告。其中价值较高的是本编9-33文件。这份报告对情报的分析全面、透彻，报告作者自信地认为该报告"做得很出色"，是一份"在各方面都取得了突破的情报"。其他文件也对中苏分歧起因进行了各个方面的分析，并列举了此期发生的影响中苏分裂的各个事件。纵观这些文件，除了9-33文件集中讨论的问题外，比较值得注意的还有以下几点：

第一，中苏分裂对中国和苏联分别造成的影响。

美国认为，中苏两党在分裂中都会遭到严重损失。但是相比而言，中苏分裂给中国造成的负面影响更大一些。苏联由于分裂要面对的问题包括：国内敌人乘虚而入；北京领导的亚洲共产党阵营吸引更多的发展中国家共产党的加入；国际共产主义运动中其他共产党对苏联领导层可能提出的更多挑战；中苏分裂对共产主义理念的打击等等。而中国将遇到的困难，包括被国内对手利用；与国际共运的其他共产党关系的破坏；其他共产党反对亲中国力量行动的增加；中国将失去军事保护伞；在陷入经济危机时紧急援助物资的减少等等。①美国情报分析人员断定，尽管分裂对中国的负面影响更大，但是北京并没有因此而屈服于苏联。相反，它更加不认可莫斯科是国际共产主义运动的唯一领导核心，开始对莫斯科在社会主义阵营内的权威进行挑战。"从1960年起，实际上已经没有中国不曾质疑过的学说，在国家关系领域内也几乎没有不涉及分歧的问题。"中国反对莫斯科的主要根据是苏共对在政治和意识形态方面对中国主权的干涉以及把自己的观点强加给国际共产主义运动。关于意识形态问题，美国认为它既是共产主义的财富又是负担，因为一方面"意识形态限定了共同的敌人，这样为中苏关系提供了最强的凝聚力"。但另一方面，意识形态也要求具有普遍的效力，需要对政策做出唯一的解释。而当中苏之间发生分歧时，中国不再承认苏联高高在上的

---

① 见本编9-34文件。

位置，坚持自己对意识形态的解释，于是，意识形态反而成为促使联盟瓦解的压力。[1]

第二，中苏分裂对北越的影响。

与其他共产党不同，北越在中苏分歧中"保持相当程度的独立性"，"一直避免采取偏袒任何一方的立场"。美国认为，这主要由于北越的主要重心在于追求国家利益，争取得到莫斯科和北京的双重支持，以达到最后收复南越的目标。所以，从根本上北越希望中苏减少分歧，达成一致。据美国观察，虽然北越表面上不偏袒任何一方，但是实际上可能更同情和支持中国的主张。由于河内希望保持自由行动的权力，因此可能反对莫斯科提出的"民主集中制"。而且，河内统一南北越与北京收复台湾统一中国的目的相同，因此它和北京一样反对"和平共处"和裁军。另外，北越与中国民族和文化的密切关系也被看作北越在中苏之间更倾向于前者的原因。但如果河内选择支持中国，又会使其失去最重要的苏联的经济、军事支援，由于这个原因，美国认为直到报告发表的1963年6月，北越不会改变在中苏分歧中的独立立场。[2]

第三，中苏边界的地理情况。

1964、1965年本编9-36、9-37文件是两篇很特别的情报报告。它们不仅介绍了新疆、东北两个地区的地理、人口、经济和政治情况，回顾了中苏（俄）自近代以来的边境争端的历史，并且考察了近期以来中苏边境的紧张状态。自1962年起中苏边境地区开始出现紧张气氛，以及第二年双方在新疆、东北等边境地区都加强了军事部署，这引起美国情报机构的高度注意。这两份报告就是在此背景下形成的。报告所提供的有关中苏边界的背景知识，不仅可以帮助美国对1969年中苏珍宝岛事件等一系列中苏边境冲突进行预测、跟踪和分析，同时，也为研究者提供了重要的参考资料。因此，这两个文件很值得研究者重视。

第四，中苏边界冲突前美国对中苏关系的展望。

在中苏分裂期，美国逐步认识到中苏关系缓和的可能性越来越小，并且认为在毛泽东任内几乎没有缓和的可能性。同时，美国根据情报得知，由于国内"文化大革命"的激进态度，导致北京以往的支持者例如日本共产党和北朝鲜共产党都开始调转方向，逐渐走向对北京的背离。另外，美国还预测，中苏之间发生边境冲突的机会和频率会越来越大，苏联经由中国向越南运输供应品的难度会不断增加，中苏互派外交使团的规模也会逐步减小。即使中苏关系出现缓和，至多也只能是改善国家之间的关系或减弱意识形态方面的斗争，但是两党之间关系很难实现缓和。最后，美国情报官员很有预见性地指出，在中国民族情绪上涨的情况下，中苏边境严重的争端可能一触即发。[3]

第五，1969年中苏边界冲突。

1969年3月，中苏在珍宝岛地区发生了严重的边境武装冲突事件。美国情报机构随后进行了跟踪观察，并进一步分析中苏关系的未来走向。他们看到，珍宝岛事件后，中国不仅

---

① 见本编9-24文件。
② 见本编9-35文件。
③ 见本编9-38文件。

把苏联视为敌人,而且在中国共产党第九次代表大会上将苏联列为与美国同等重要的第一号敌人。由此,美国情报分析家不无兴奋地预见,两到三年内中苏关系不会缓解,他们甚至更大胆地怀疑中苏战争可能在此期内爆发。①

综上所述,从1949~1969年这一段时间,中苏关系经历了同盟、蜜月、分歧、分裂这样几个发展阶段。中苏分裂的原因极为复杂,涉及到抽象原因和具体事件。在中苏关系没有发生实质性破裂的情况下,一些影响中苏团结的问题都不成为问题,而一旦中苏撕破脸,所有过去发生的不愉快都成为双方相互指责的口实。因此在中苏没有彻底公开破裂之前,任何对中苏关系前景的预测都不能保证其准确性。从本编收录的40件美国档案来看,美国情报机构对中苏关系发展的预测往往滞后于实际情况的发展。这主要由于美国的情报分析力图做到全面、谨慎,加之自身无法保证情报来源的准确性,导致报告中存在许多猜测和推理,从而造成了结论的不明晰。但是,从另一个角度说,因为美国是中苏两个当事人之外的旁观者,所以往往能够站在更高的角度观测和分析潜在于中苏关系中的根本问题,可以给中苏关系领域的研究者提供一些新的视角。综合而言,这批档案还是具备相当的使用价值的。不过,正如许多研究者已经注意到的,同一件档案文献或史料的使用价值,是根据研究对象的不同而发生变化的。如果研究美国情报机构及其作用,研究美国外交决策者的信息来源及对外部世界的认识,研究美国外交决策的程序等,这些材料是非常宝贵的第一手资料。但是,这批档案所反映的毕竟只是美国情报机构眼中的中苏关系,而并非真实的、客观的中苏关系。对于中苏关系领域的研究者来说,在使用这些文件时就要考虑到这种局限性了。

---

① 见本编 9-39 文件。

第一部分　中苏结盟期(1949～1953)

9 - 1

中情局关于中共外交政策与党派关系的备忘录

(1949 年 11 月 21 日)

备忘录：周恩来说美台联盟促使中苏联盟
中央情报局
华盛顿 25,D. C.
(1949 年 11 月 21 日)

备　忘　录

一、关于 1949 年 11 月 19 日我的备忘录,如下额外的情报已经于今日被接收(1949 年 11 月 21 日):

"周恩来 1949 年 10 月末在一次采访中阐明了中国共产党的外交政策:'中国共产党必须有同盟者,并且,如果蒋和反动派与美国勾结的话,共产党(中国)必须与苏联结盟。就美国而言,期望中国共产党与苏联分裂是一个梦想,但他们可以期望中国共产党不会一直反对美国。中国共产党在一个时期中不能承受两个敌人,但不能阻止他们拥有两个以上的朋友。'"

根据这个资料,周与其他中共领导人似乎对美国的经济、政治和社会现实一无所知;他们认为美国是一个被想要通过蒋介石剥削中国的华尔街百万富翁所剥削的奴役劳工的非常贫穷的国家。这些领导人没有途径接触相反的信息,因此他们认为现在没有必要与美国发展友好关系。周恩来会重视美国人的友谊,似乎怀疑美国比向他描述的更好。……①他很不愿意冒因为与美国(交往)而失去苏联友谊的危险,因为这个路线受到目前亲苏的中共派系的进一步束缚。

在政治协商会议期间,非共产党党派尤其在围绕基本的 60 点计划的草案讨论期间获得了重要的地位。非共产党党派在所有起草委员会中出现,能够在反对共产党的计划中产生重要的影响。

---

① 原文此处删去若干字。——编注

当联合政府成立时,非共产党党派获得某些内阁职位以对抗共产党。共产党对政治磋商采取的传统中国方式证明是脆弱的,例如威望给予"较年长的政治家",对非共产党党派采用退隐或自杀以及其他类似的策略进行威胁。而共产党从来没有放松保持较高地位的企图,与非共产党党派维持了一个联合战线,并认为他们现在处于一个在某些领域对共产党的政策产生影响的位置,并在其他领域的影响日益加强。

在非共产党党派中最主要的是中国民主建国会,其领导是黄炎培,他是新任副总理之一。实际上整个轻工业部由来自这个党派的人员构成,它在金融与经济委员会、国务院以及财政部副部长和劳动部副部长位置(这些或许是在金融和经济委员会中任职的人)上有重要地位。中国民主建国会由原来的全国各界救国联合会、中华职业教育社和一些在共产党中国中保持独立的工业家和银行家组成。中国民主建国会力图保持对金融和轻工业领域的控制,这个领域中共产党员没有可以胜任的人员,同时,中国民主建国会与其他非共产党党派保持密切合作,试图在中国共产党中建立一个亲西方集团。除了在最高层,中国共产党所面临的不胜任的突出表现——中国共产党痛苦地意识到的一种不胜任——中国民主建国会认为有相当大的机会,它将会成为真正的政治力量。

其他非共产党党派的成员仅仅是没有重要性或权力位置的挂名领导;但是,共产党常常在较大问题上征求他们的建议,听从他们的意见。中国民主建国会正在试图利用这些人。

二、这份报告的副本已经递交总统和国务卿。

希伦科特(R. H. Hillenkoetter)

海军少将

中情局局长

DDRS,CK 3100374854 - CK 3100374855

周莉萍译,何妍校

中情局关于毛泽东与斯大林签署条约的备忘录

（1950 年 1 月 4 日）

中央情报局

华盛顿 25，D. C.

（1950 年 1 月 4 日）

备　忘　录

作为情报送上如下这份有可靠来源的报告。对这份报告的评估是：这份报告的制定是被广东省政府的官员所用，这是真实的；条约中的专有名词不能判断。

"广东省副省长李章达宣布了 1949 年 12 月 23 日封闭会议中其他广东省官员的声明，以及毛泽东与斯大林于 1949 年 12 月 19 日在莫斯科签署条约的信息，内容如下：

一、1950 年初，苏联将为中共提供 50 架战斗机，并派遣被苏联扣留的日本海军人员和专家，帮助中共建立一支海军。苏联也将为中共军队提供重型装备。

二、苏联如果愿意的话可能将派遣人员监督中共军队，并参与军事行动计划。

三、中共将会在 1950 年初春入侵台湾。苏联承诺如果美国介入的话会支持中共。

四、中共必须无条件永久性地出租大连和其他尚未确认的港口给苏联，并允许苏联军队驻扎在远东省份和新疆。如果受到外国武装攻击，苏联有权使用所有中共控制下的机场。

五、苏联将派遣技术人员帮助中共进行矿产开采，建立兵工厂和造船厂，并提供必须的机器。作为交换，中共将向苏联提供铀、钨、锡、桐油和其他想要的物资。"

希伦科特

海军少将

中情局局长

DDRS，CK 3100374857

周莉萍译，何妍校

中情局关于目前苏联在中国的军事形势的报告

(1950 年 4 月 21 日)

关于目前苏联在华军事活动的报告

1949 年后半年之前大量有关苏联对华军事援助的报告很多都不能被证实,这些报告只能说明苏联对华的任何支持都是极为谨慎的。从那时起被分别采用的报告总体上不太可信。然而,这些报道在条目、数量上增长很快,内容丰富,来源多样,在细节上有相互证实之趋,共同说明苏联目前正在给予中国公开的建议支持和物质援助。从逻辑上看,这是苏联1949 年 10 月承认中华人民共和国以及 1950 年 2 月签署中苏条约的结果。

报道的性质

自 1950 年 1 月,有关苏联在华进行大范围军事活动的报告不断增加,单独来看这些报告可信度都不高。大部分报告显然是鱼龙混杂;有些报告受宣传蛊惑的影响,有些则完全是谣言或者是故意制造悬念,很多内容都夸大其词。美国的相关机构由于无法对报告进行调查,因此,除了少数由美国观察者目睹的情况外,也就不可能基于事实对报告做出恰当的评估。但是这些报告仍然引起了人们的注意。究其原因,不仅是因为出现了众多有关苏联活动的报告,让人觉得这些活动似乎可信,而且是因为这些报道不仅来自国民党人士还来自非国民党人士。

尽管苏联对华非军事援助在不断增长(见附录二),但有关军事援助的报道毕竟与此有很大的不同。诚然,苏联通过顾问和技术人员提供的援助主要体现在民间领域,诸如设施重建、工业恢复、卫生防疫等,但其中有些活动介于纯民间和类军事之间。这样造成的结果很可能是作为军事活动的报道实际上是有关民间的。

报道的意义

总体而言,这些报道表明,苏联的技术人员和顾问被安置在中共军队的各个部门,但是苏联人员还没有直接参与战斗行动。[①]

可以这样认为,苏联的力量集中在了中国共产党的空军上。据报告显示,不明数目的苏联空军顾问和技术人员正帮助中国大城市周边的机场恢复建设,很有可能苏联正在帮助训练和装备一支小型的战术空军,并可能出现在 1950 年春天的军事行动中。这支空军主要由战斗机组成,这些战斗机一部分是从国民党那里缴获的,一部分是苏联在旅顺港海军基地以及远东其他地方多余的飞机。从目前美国和苏联飞机的淘汰水平来看,这些飞机与国民党使用的飞机同样先进。在上海的防御中,这支部队首先将击败当前的国民党入侵者,其次是

---

① 原注:在一些个案的报道中已经牵扯到了俄国人员,但是无法证实。

形成对上海的保护网,应对空袭,接着中共的空军行动可能会扩展,覆盖台湾和华南地区。但还不能认为苏联人员直接参与了战斗。

此外据估计,苏联的顾问和技术人员将会援助陆军和海军,而原来提供给陆军的某些物质援助仍将继续。总之,苏联将会继续帮助中共解放海南、台湾和西藏。

除了对中共进行援助之外,苏联还可能会通过秘密协定:(1) 利用中共的空军基地在未来的几个月中实现在西太平洋的利益,从事监视活动,并把它们用于未来苏联的战事活动;(2) 在青岛和中国的其他港口,获得海军基地特权,以弥补其在大连及旅顺港现有地位之损失。

附录一

关于近期苏联在华军事活动的
报告实例(按地区分类)

东北

除了苏联由于合法占领而在旅顺港大连地区进行的军事活动外,自 1945 年起,就断断续续有报道说苏联在东北地区从事军事活动。来自多方面的大量报道表明,苏联正在后勤以及技术人员、顾问方面给予中共军队支持。而且,这样的援助正在扩大,越来越明显。

苏联在东北给予中共的空军援助值得考虑,代表性的报道有:(1) 长春和大连的中共空军学校出现苏联教官;(2) 近来有 200 多架苏联飞机到达东北以供中共空军使用;(3) 目前在 100 架苏联的飞机(包括轰炸机、雅克 9 和雅克 15)中,有些将会编入中共空军。尽管单独来看,这些报道价值较低,但总体来看,他们表明苏联很有可能在东北有空军活动。

还有报道表明苏联在提供培训和物质援助,以帮助中国发展海军,但关于苏联已经转变为中共破坏者的报道不能信以为真。

关于苏联在东北陆军的报道(有报道称有 30 万人)还无法证实也不可信。除了在旅顺港的海军基地,还没有可靠的证据证明苏联在东北有军队。

华北

大量的报道指出,苏联在中共军队的指挥层和作战单位进行了有效的渗透,还在华北开展了大范围的军事活动。据可靠消息,华北出现了苏联的军用飞机、技术人员以及飞行员,不断有报道称苏联在北京、天津及其周边也有空军活动,这些表明在北京和天津很可能有苏联的空军装备和少数空军人员。大量载有物资、航空汽油和零部件的货船经天津驶往南方,尽管这样的报道有些夸大其词,但也表明苏联一定数量的军事装备正在运抵华北。

尽管未证实,但可能是可靠的报道称,20 名苏联情报专家被分配到了半军事化的北平政权的对内安全机构——公安部。

华东

从目前来看，自1949年底收到的有关苏联在华军事行动的报告，最多的是和华东有关。从1950年1月收到的关于苏联军事活动的报告来看，苏联的军事活动在华东有相当的渗透。报道说，2月和3月有近1万名苏联军事人员（大部分是空军）和大量货船出现在了济南、青岛、南京、上海、无锡、杭州、宁波以及与浙江省舟山群岛毗连的其他地方。考虑到抄袭、夸大或者是其他的不准确因素，更现实的估计是，苏联在华东的军事人员大概接近1 000人。

试图证实目前已经到达，或者是预计将要到达的，和华东海空防御有关的苏联军事人员和军用物资的报道有：（1）在上海虹桥地区紧急命令为苏联空军人员提供洋房；（2）在杭州、玉山和衢县为苏联"客人"修整的军营；（3）在上海、南京、宁波以及沿浙江海岸线地区有苏联顾问和刚抵达的防空部队；（4）在上海、南京、济南、青岛、杭州和衢县的主要机场有建设和其他活动；（5）30名到达上海的工程师将在华东和华南建设雷达警报系统；（6）自2月中旬以来陆续有成箱的飞机部件、配件和航空汽油运抵上海的大场机场。

美国海军专员能够证实苏联在上海活动的某些报道：（1）亲眼目睹两个外国人参加了苏联在虹桥机场尚未开始工作的雷达部队；（2）靠近机场的地区已被苏联顾问占用；（3）一个防空弹壳碎片被确认为是苏联生产的。两份未证实的报告显示几架雅克飞机和在苏联受训的中共飞行员到达了济南。

苏联提供给中共军队其他援助的报告有：（1）苏联顾问和教官对浙江部分解放军部队进行考察、水陆两栖培训并给出操作建议；（2）大约200名苏联顾问帮助中国人民解放军第三野战军修建了木制登陆艇。苏联一名海军上将访问上海的报道说明可能存在海军援助。

尽管这些源源不断的报道价值不高，但是来自不同渠道的大量的报道在相当的程度上说明苏联在华东开展空军活动，而陆军和海军的活动则少一些。

华南和其他地区

尽管有一些报道称在华南和西北有苏联的军事活动，但可信度都很低。称苏联在四川、甘肃、陕西和广东有军事活动的报道，要么是从中国传来的谣言，要么和苏联的民航有关。

附录二

关于苏联非军事活动的报告

由于关于苏联在华军事活动的报告，可能或者事实上是与苏联非军事顾问和技术人员不断增加的情况有关，因此这里大体介绍一下苏联在华从事非军事活动的情况。报道称，苏联在中国许多大城市各类顾问和技术人员的总数超过了5 000人，而有一半以上的人从事的是非军事活动。

苏联在华有很多的顾问和技术人员,他们遍及各种非军事领域,比如公共管理、警察、铁路的维护和建设、钢铁、矿山以及其他的企业。苏联通过顾问和技术人员提供的援助主要在华北和东北地区。这样的援助活动目前正在增加并且越来越明显,而且还在向华东和其他一些地区扩展。

东北

除了和旅顺海军基地有关的苏联人员外,在东北和大连很可能有成百上千的苏联顾问,几千名列车员、操作人员和行政人员。苏联的技术人员帮助东北恢复和促进工业建设的报道有:(1)苏联在大连开办大量的培训学校,教授铁路的维护和修建以及培训机车工程师,同时也有关于苏联桥梁维修专家的被报道;(2)苏联的钢铁顾问在鞍山加速恢复钢的生产;(3)在东北电厂有苏联的顾问,但数量还不确定。很可能是完成小丰满(Hsiaofengment)水电站项目需要苏联的建议。苏联在哈尔滨电厂援助的报道表明,苏联派驻哈尔滨电厂的顾问正在上海就无法从苏联运抵装备问题进行协商;(4)中国媒体承认,苏联林业专家、防疫队、技术专家提供的援助涉及大连的不同工业领域,比如电力、玻璃、造船。其他的报道表明在奉天有苏联的化学工程师,考虑到抚顺的原油生产,这点是可信的。

苏联在许多的经济领域给出了建议,而行动上的援助则集中在了铁路和钢铁工业。

华北

像在东北一样,在华北,苏联在经济领域的建议和援助集中在通信和重工业上。一支由八名技术人员组成的队伍去年10月份就被派往太原的钢铁厂,根据中共的宣传,这支队伍正在教中国人如何把钢产量提高两倍。报道称苏联的工程师对于出色完成华北铁路桥的修建功不可没。大量铁路顾问出现在北京和其他一些地方的事实,很可能引发了关于苏联控制邮电部的报道。苏联的技术人员在很多渠道都有报道,包括北京的报纸和广播,称他们还在华北的许多其他的经济领域活动,比如通县(Tunghsien)电台、电影厂、北平和天津的"城市计划部门"、卫生部、农业部门、邮政系统以及纺织业。由苏联提供的恢复建设的物资显然已经被运往了华北,包括完整的汽车和铁路设备。5万吨油品(包括煤油、机油和航空汽油)于1949年夏通过油轮运往大连,其中大部分已经从天津运到了青岛。

还没有报道称苏联试图深入对中国党和政府的控制,苏联在这方面显得小心翼翼。然而,据估计苏联试图正把对华影响转为控制。据中共的报道称1949年11月,一名苏联的法律专家被派往北京政法大学。1月,来自中国的报道说,苏联顾问对于中共的秘密警察、司法部和邮电部实行了有效的控制。苏联的顾问和观察家至少很可能进驻了外交、公安、司法、重工业、铁路、邮电、劳动、文化、教育和宣传部门。但没有证据表明苏联顾问的建议是有约束力的。

华东

报道称在济南大约有200～300名俄国人，在青岛有一些苏联官员。一种说法称，四名苏联专家正在考察在泊山（Poshan）附近重建日本铝厂的可行性。

自2月中旬以来据多方面报道估计，在上海各种门类的苏联顾问约有1000～2000名。几个俄国小组上海的造船厂和电力公司进行了几次视察。早在1949年11月，就有报道称苏联顾问进驻上海公安，但还没有可靠情报获知其数量，据估计，他们执行的是经济和政治任务，而非军事。

来自南京和无锡的报道称，在华东的其他地方，苏联有些任务可能是永久性的，有些则是临时的，但是还没有确切的情报说明他们的活动意图。

华南

除了一名顾问和五名技术人员有铁路方面的任务外，苏联非军事人员在华南的活动尚不知晓。

其他地方

尽管在中国其他地方，关于苏联从事非军事活动的报道比较简单且数量有限，但有报道称苏联在汉口有一项任务。还有些报道表明在新疆、甘肃和陕西，苏联的地理学家、铁路规划专家和民航专家有活动。

Items 84－87，Fiche 19，ORE 19－50，pp. 1－6，National Archives，U. S. A.

樊百玉译，何妍校

中情局关于苏联向广州提供军事援助的报告

（1950 年 4 月 27 日）

中央情报局情报报告

国家： 中国

主题： 1. 苏联人员和设备到达广州

2. 广州的机场建设

地点

已获取……①

归还中央情报局图书馆（打印批注）

情报日期：1950 年 4 月初

这是未评估的情报

来源……②

一、通过广州-汉口铁路到达广州南站的苏联军用补给，经五辆卡车于1950 年 4 月 3 日夜间至 4 日凌晨运抵白云机场。100 个大箱子的给养包括苏联的……③和大炮，他们将在广州东部地区由苏联的炮手于 1950 年 4 月 9 日和 10 日试用。

二、1950 年 4 月初，大约有 20 名苏联技术人员和 30 多名的苏联炮手乘坐火车到达广州。士兵们配备了苏联的汤普生式冲锋枪，而技术人员则带有 45 个大箱子，12 英尺长、4 英尺宽，其中包括 30 架飞机的部件，它们被直接运往了天河（Tienho）机场。

三、白云机场由中共军队的一个团严加防守，以防行人靠近。300 名工人在修建飞机库，另一批人则在苏联工程师的管理下修建飞机库掩体。机场设有高射炮。

四、天河机场的维修工作已经完成，但 100 多名工人仍然在建设一种特殊类型的飞机库。中共军队的一个营在机场严加防守，机场的南部有四架高射炮、北部有三架。

CIA Research Reports China，Reel-1-0400，p. 1，National Archives，U. S. A.

樊百玉译，何妍校

---

① 原文此处删去若干字。——译注
② 原文此处删去若干字。——译注
③ 原文此处字迹模糊。——译注

中情局关于苏联有重大敌对行动准备的情报备忘录

（1950 年 8 月 25 日）

Intelligence Memorandum 323 – SRC
由中央情报局特别研究中心授权分发
1950 年苏联有重大敌对行动的准备

这份备忘录还没有与国务院、陆军、海军以及空军的情报机构进行协商。

情报备忘录第 323 – SRC

题目：1950 年苏联有重大敌对行动的准备

问题：考察苏联是否正准备于 1950 年开始或发起敌对行动的证据。

结　　论

1. 与苏联为朝鲜的进攻做准备的同时，苏联范围内的活动已经为 1950 年其他的局部行动做好了准备。这些准备在巴尔干和中国仍在进行之中。

2. 没有证据表明，开始新的局部行动的最终决定尚未完成，但是苏联已在多方面加速其战争准备计划，值得注意的是石油加工，工厂转产计划的完成，飞机制造、机场建造以及物质的储备。

3. 根据苏联军队已经就绪的战争准备看，这些特殊的准备强有力地表明苏联领导人在 1950 年剩余的时间里会进行一次实质性的全面战争冒险，要么从朝鲜事件开始，要么在新的地区开始一场行动。

4. 苏联在 1950 年还没有能力进行一场大规模原子弹轰炸战争；然而，预计苏联人当前能够部署 25 个核弹攻击美国大陆。

讨　　论

1. 苏联紧锣密鼓地为与美国可能的直接敌对作准备。这些准备从物质上增强了苏联进行或支持一种足够规模的军事行动，几乎获得所有大陆欧洲和近东，并侵扰和危及英国和美国的防御准备。

2. 在开展这种军事行动中,苏联将主要依靠其强大的、可随时出战的地面部队和战略空军。然而,其有限的战略空军潜力、潜艇力量及其破坏性的、秘密的军事行动能够削弱英国和美国的报复能力。

3. 大约从 1949 年 1 月起,一项广泛的军需产品的工业动员计划遍及苏联各地。这一计划中绝大多数预定转产的苏联各地工厂将于 1950 年 1 月完成转变。需要重大工业重新调整的设施转型将于 1950 年 9 月或 10 月完成。当前工业上加上已经建成的军事的和国内给养的大量储备足以支持一场重大行动。……①在某些外围地区,军用机场正加速完成;军事行动需要的给养已经运往前方地区。

4. 与朝鲜军事行动准备同时进行的是一场巴尔干的局部军事行动准备,它很可能是针对南斯拉夫的,并且似乎仍在继续。尤其是保加利亚,其次是阿尔巴尼亚,自 1950 年 4 月起就收到了大量的军事或准军事装备。

5. 共产党中国也收到了不断加速运送的军用型车辆、航空汽油和汽车用油。除了那些已在运输中补给之外,这些给养将运往朝鲜,以及运往中国的中部地区。

6. 1950 年,苏联只在经济领域或类似军事领域内的活动,相对而言,并没有表明正在为一场大战做准备。苏联的原子弹(25 颗)储备并不足够多,并且从整体上看,其核能项目不足以使苏联在 1950 年发动一场大规模的原子弹轰炸行动。然而,苏联人当前能部署估计 25 颗原子弹轰炸美国本土。最可行的部署方式包括 TU - 4 轰炸机(可能以美国的标志伪装)执行任务,以及通过商船秘密地运进关键港口。

DDRS, CK 3100081927 - CK 3100081930

王延庆译,何妍校

---

① 原文此处删去若干字。——译注

中情局关于中国政权稳定性、中苏关系的评估

（1951 年 1 月 17 日）

NIE－10

机 密

共 产 党 中 国

（1951 年 1 月 17 日）

分发注意事项：

1. 本资料将分发在前面封面页上指定的相应部门及部门中的个人，向他们提供信息以便执行公务，假如拟再分发其他需求部门则必须经下列人员批准：

（1）国务院负责情报的特别助理国务卿

（2）陆军部情报局情报助理参谋长

（3）海军部海军情报局局长

（4）空军部美国空军情报局局长

（5）原子能委员会情报处主任

（6）参谋长联席会议负责情报的副主席

（7）中央情报局负责向其他部门开展情报收集和分发工作的助理局长

2. 本资料可根据适当的安全条例，予以保留或焚烧，或者与中央情报局情报收集与分发办公室协调，退回到中央情报局。

分发部门（情报评估系列）：

总统办公室

国家安全委员会

国家安全资源委员会

国务院

国防部长办公室

陆军部

海军部

空军部

核能源委员会

参谋长联席会议

联邦调查局

研究与发展委员会

军需委员会

共 产 党 中 国

国务院、陆军、海军、空军的情报机构参加了这份评估的准备并且达成共识。这份文件建立在 1951 年 1 月 15 日的情报基础上。

问　题

评估中国共产主义政权的稳定性，与苏联的关系，及其可能对非共产主义世界采取的行动路线。

讨　论

中国共产主义政权的稳定性

1. 中国共产主义政权将可能在可以预见的将来保持对中国大陆的排他性控制。虽然毫无疑问会有很多对共产主义政权的不满存在，但与此同时，它也确实获得了一定程度上的支持或顺从，况且，它正在建立起日益强大的警察控制。目前尚未出现共产主义政权本身严重分裂的迹象。尤其，中国共产党已经获得了对这一政权的有效控制。没有迹象表明，当前反共产主义的努力会获得成功。根据目前我方获得的少量资料推测，大约有 70 万人，以地方盗匪和有组织的游击战等形式积极开展抵抗活动。但并无充分证据证明他们同台湾国民党政权的关系。也就是说，对台湾当局宣称的，他们中相当一部分会与台湾当局合作的说法，目前既不能证明也不能证伪。尽管这些力量没有互相协调、缺乏有效的高层领导而且到目前为止没有政治构建，但是他们正在制造大范围的混乱，而且正在阻碍中国共产党的发展计划。然而，当前情况下，这些抵抗力量难以形成对中国共产主义政权的一个主要威胁。

共产党中国的总体目标

2. 中国共产主义政权的主要目标是在中国所有领土范围内建立永久控制并在此基础上构建起共产主义的经济和社会秩序。中国共产主义分子旨在尽快将国民党以及西方力量驱逐出中国和解决毗邻的领土问题。在苏联的支持下，它会进一步追求世界共产主义（运动）的最终胜利以及中国对远东共产主义（运动）的领导。

中苏关系

3. 在与苏联进行紧密合作过程中，中国共产主义分子在政策和行动方面与苏联进行了明确的协调。北平和莫斯科之间定有防务条约。在当前情况下，他们在共同保卫两国政权安全、根除西方在亚洲的影响、推进国际共产主义的胜利等方面都有坚固的相互利益纽带。

4. 苏联当前对共产党中国的经济和军事支持使得中国具备了向其军事目标推进的能力。西方国家的反措施会使共产党中国更加依赖苏联，苏联可能能够或愿意提供这样的经济和军事支持。但所有这些措施很可能将导致共产党中国最终成为苏联的经济负担。

5. 北平和莫斯科在如下问题上存在着发生冲突的潜在可能：（1）对新疆、满洲等中国边境领土的控制；（2）对朝鲜的最终控制；（3）苏联向中国共产党政府渗透并试图控制的努力；（4）苏联不能满足共产党中国的经济、军事需要。但只要打击共产主义"共同敌人"的军事行动继续获得成功的话，中国的民族利益与苏联的帝国主义政策和战术之间的潜在冲突因素就不可能深入发展。

6. 如果相对于美国及其同盟国而言，苏联的力量骤然衰落，而同时中国共产主义政权确信它可以通过与美国及其同盟国达成某种调和继续保持对中国的控制的话，它可能会作出与苏联断绝合作关系的尝试。当然，在可预见的将来，这种局势不可能得到发展。

中国共产主义对美国安全利益的直接威胁

7. 中国共产主义分子采取的行动路线旨在破坏美国在远东地区的战略利益并降低，相对于中苏同盟而言，美国及其盟国在全球的权力地位。

8. 中国共产主义分子在朝鲜开展（军事）行动的规模及除按他们提出的条件外，决不寻求朝鲜问题的外交解决的态度表明，他们想把联合国军赶出朝鲜。为此他们已经投入了大批的精良部队，并准备还要增派武装力量。

9. 中国共产主义分子已经表明了夺取台湾以完成对中国领土的征服和去除国民党人的最后要塞的坚定决心。中国共产主义分子有对台湾发动一场两栖作战的能力。然而，只要美国第七舰队护卫台湾岛，中国共产主义分子就不可能发动进攻。

10. 目前，中国共产主义分子也有能力对印度支那进行有效的干涉。他们支持越南独立同盟①已经有一段时间。一旦存在越盟难以实现其军事目标，将法国人赶出印度支那，或者保大政府成功破坏了外界对越盟的支持的危险，中国共产主义分子几乎肯定会直接介入。即使他们不会公开介入印度支那，他们也可以并可能会增加对越盟的军事支持，以使法军难以维系。

11. 中国共产主义分子有能力在任何时候夺取香港。一旦他们确信，将香港留在英国手里没有任何好处并愿意接受与英国在领土问题上进行对抗所带来的后果的时候，他们就有可能这样做。同样的考虑也适用于澳门。在香港问题上，他们也可能选择维持现状，以利用香港问题作为英美关系的楔子，或通过香港保持中国的贸易畅通。

---

① 越南独立同盟会（Viet Nam Doc Lap Dong Minh Hoi），成立于1941年5月，是一个反对法国统治并展开抵抗斗争的组织。1943年末开始发动抗日游击战争。日本投降后，越盟的部队占领河内，宣布成立越南民主共和国。第一次印度支那战争即将近结束时，越盟由一个新组织"越联"（越南国民联合会）所代替。1951年老越盟的大多数领导成员加入了劳动党（即后来的越南共产党）。——编注

12. 中国共产主义分子还有进一步的能力进攻缅甸和在其他东南亚国家进行颠覆性活动。估计目前他们还不具备对日本实施军事进攻的能力。

13. 当前条件下，在继续抑制国内反抗力量的同时，中国共产主义分子可能具备在同一时间内，开展在朝鲜的军事行动、有效地干涉印度支那和西藏、进攻缅甸、夺取香港等行动的军事能力。

共产党中国的弱点

14. 共产党中国拥有有组织的大规模的地面部队，但幅员太广，而且针对大规模西方式的军事地面行动缺乏交通线。对于共产党中国来说，最为脆弱的负面因素如下：

（1）反抗力量的支持

通过为中国大陆现有的积极的反共产主义力量提供有效的通讯、军事装备和后勤支持来逐渐侵蚀中国共产主义分子的军事力量，同时，也可以削弱他们在其他地区开展行动的能力。即使在这样的情况下，中国共产主义政权也不可能被颠覆。除非这些反共产主义力量组织起来，制定政纲，有一个强有力的领导，作出行动计划，组织一场有效的反革命运动，才可能达到目的。

（2）利用国民党力量

台湾的国民党中国政府的军队大约有 42.8 万人。然而，在台湾当局领导下，不得不在相当程度上质疑其可靠性与有效性。但毫无疑问，假如美国对其进行训练和监督，军队的士气和战斗力便可大大提高。由美国提供充分的后勤支持，一大部分军队还可以登陆中国大陆。至于台湾当局能否动员大陆群众及大陆现有的游击力量对其行动进行支持和配合，则仍存在相当大的不确定性。但是，他们也许能够利用现存的对中国共产主义政权的不满。这样的行动将会在一段时间内牵制中国共产主义分子相当一部分的军事力量。

（3）经济战及有限军事行动

虽然中国的经济主要是农村经济并保持着一种自给自足的状态，但其城市经济则很大程度上依赖海外和沿海贸易，由于在特定区域比较集中这一特点，在面临炮轰或封锁时，其尤显脆弱。如果西方通过经济控制、禁运、海军封锁等手段削减共产党中国的对外贸易量，必将造成中国城市的失业和混乱，从而阻碍共产党中国的工业生产和发展以及带来严重的财政危机。除经济战手段外，假如西方对中国某些港口、铁路系统、工业生产及储备基地进行一场海空轰炸的话，将会重创共产党中国的持续作战能力，从而损害其政权维持内部控制的能力，并令人信服地使政权稳定性受到严重危害。

（4）联合国军继续在朝鲜开展军事行动

联合国军继续在朝鲜开展军事行动将最终导致对共产党中国的重大消耗，并将其一大部分精良部队牵制在朝鲜从而降低了它在其他地方发动战争的能力。这一措施还可能产生其他深远效果，例如削弱目前（中国人的）不可战胜的感觉，降低中国共产主义政权从军事胜利中赢得的声望，激发中国内部的反抗活动，促使与克里姆林宫关系紧张等。

（5）负面因素的作用

上列(1)(2)(3)(4)四种措施,假如结合运用,将会危及中国共产主义政权。然而,这些行动可能会招致苏联的反抗从而加剧全球战争爆发的危险。

DDRS,CK 3100168237 - CK 3100168242

周娜译,何妍校

国务院情报研究所关于
中苏条约及协定的报告

(1951 年 5 月 23 日)

OIR 5544

保 密

中苏条约及协定

(1951 年 5 月 23 日)

这是一份情报报告;任何内容不得作为美国或者政府政策的声明或者任何政策的建议来解释。

国务院
情报研究所远东研究组

这份报告所包含的最终的材料分析形成于 1951 年 5 月 23 日。

中苏条约和协议①

共产党中国与苏联之间正式决定关系的条约至少由一个"友好同盟互助条约"、七份公开协定和四份照会组成。该条约签订于 1950 年 2 月 4 日,非常类似于苏联与东欧国家之间的条约,显然是两国关系的总协议。

第一条 "缔约双方共同采取所有必要措施阻止侵略的重新开始和违反和平,以期制止日本或其他直接间接在侵略行为上与日本相勾结的任何国家之重新侵略与破坏和平。一旦缔约国任何一方受到日本或与日本同盟的国家之侵袭因而处于战争状态时,缔约国另一方即尽其全力给予军事及其他援助……"

第二条 "缔约国双方保证经过彼此同意与第二次世界大战时期其他同盟国于尽可能的短期内共同取得对日和约的缔结。"

第三条 "缔约国双方均不缔结反对对方的任何同盟,并不参加反对对方的任何集团及任何行动或措施。"

第四条 "缔约国双方根据巩固和平与普遍安全的利益,对有关中苏两国共同利益的一切重大国际问题,均将进行彼此协商。"

第五条 "缔约国双方保证以友好合作的精神,并遵照平等、互利、互相尊重国家主权与

---

① 原注:在正文中节引的几段来源于 1950 年 2 月 17 日《共产党情报局公报》中《为了永久的和平,为了人民的民主》的英文版(在布加勒斯特印行)。

领土完整及不干涉对方内政的原则,发展和巩固中苏两国之间的经济与文化关系,彼此给予一切可能的经济援助,并进行必要的经济合作。"

1950年2月14日至4月19日间签订的这七份公开的协定,基本上提出了共产党中国与苏联之间"发展和巩固经济关系"的具体措施。

(1)缔约国双方同意苏联政府将共同管理中国长春铁路的一切权利以及属于该路的全部财产无偿地移交中华人民共和国政府。此项移交一俟对日和约缔结后立即实现,但不迟于1952年末。

(2)苏联在五年内向共产党中国提供3亿美元。

(3)(4)(5)成立三个中苏联合公司:第一个公司开采新疆的石油资源;第二个开采新疆的有色金属矿藏;第三个则发展中国国内以及中苏之间的航空运输线。

(6)中苏贸易——包括一项基本的贸易协定、一项关于1950年间的货物交换的协定以及一份关于1950～1952年间苏联在它的贷款协定条款之下供应货物的协议书(No.2)。

(7)聘用苏联专家的条款。

被详细公开的只有协议(1)与协议(2)。1950年2月17日签订的一项中苏邮电协议与1951年3月14日签订的一项中苏关税协议似乎不包括在上述主要的协议中。

1950年2月14日,由共产党中国与苏联互换的四个照会是对条约和协议(1)和(2)要点的必要的或额外的补充。这四份照会分别使1945年的中苏条约失效;[①]保证"蒙古人民共和国"独立,并且中国共产党保证给予"共和国"外交上的承认;批准苏联向中国无偿移交由苏联经济组织从日本业主那里获得的满洲财产的决定;批准苏联向中国无偿移交所有北平的前军事营地的房屋。

在苏联与其他卫星国家协议的基础上,其余将被付诸实施的条款和条件具体化的军事协议也被接受了。但是,共产党中国或苏联当然都没有就这些条款的内容进行宣传。因而,在多大程度上实施该条约,只能通过公开的条约和协议中的经济条款资料以及更多地从文化和军事领域的推理证据中查明。

该条约和协议中的经济条款的实施情况已大量公开。1950年4月25日,中国长春铁路公司建立,迄今已经接管了以那个名字命名的铁路的管理权。[②]在1950年7～9月间,三家中苏联合公司——国民航空、石油和矿产开发——正式成立。根据1951年1月的一份声明,苏联根据上述最后的两份照会,在1950年8月把302处固定资产(包括47个工厂)返还给共产党中国。在文化领域,尽管没有公开协议,但是由中苏友好同盟资助的活动似乎正在遵循该条约的第5条。

然而,关键的问题是,与中苏条约与协议相联系的军事条款,可能受到中国共产党参与

---

① 原注:然而,只要中国长春铁路仍是联合经营,1945年协议中关于该铁路的某些条款就有效。

② 原注:这一步骤仅使现有的形势正常化。1951年4月25日,一个中国人还宣布解除主管该铁路日常运行的在任的苏联人总经理,但是这一转变还没有宣布。

朝鲜战争的影响。一方面,该条约第一条可能已经,至少在某种程度上实施了,苏联正向中国共产党人提供后勤支持。另一方面,通过继续作为"志愿军"向朝鲜提供中国军队,并避免正式宣布与美国进入正式战争状态,中国共产党人避免去刺激苏联彻底或公开支持他们在朝鲜的军队,正如第一条所列的那样。

但是,如有必要,中国与苏联的宣传已准备更大程度地借助条约。如同所谓的美国"入侵"满洲的威胁,美国"入侵"台湾是宣传的一贯主题。并且,不断强调日本"日益增长的威胁"。在这一联系中,北平于1月28日(在一次由莫斯科重播的声明中)警告说:

中国人民当然不能容忍美国重新武装那个国家(日本)。《中苏友好同盟互助条约》的基本目标之一是阻止日本的武装侵略。如果美国任意实施它重新武装日本的阴谋,强大的中国人民、苏联人民和其他亚洲国家人民不能坐视不管,紧张的局势将会在东方继续下去。

以相同的语调,中国共产党人也宣称美国正在朝鲜冲突中利用日本的军队,并训练台湾的国民党军队。苏联的宣传也发表了类似的声明。

尽管中国共产党人偶尔提到他们在朝鲜的部队是"中国人民军"(意指有组织的军团),但是总体而言他继续遵照这些部队是"志愿军"的谎言。例如,一个中国人民代表团在朝鲜前线进行一个半月的访问回国后,北平5月14日的广播报道说:

4月30日,该代表团访问了中国志愿军的领导机构……并报告了人民志愿军的辉煌战果……

该代表团还访问了靠近战争前线地区的中国志愿军和朝鲜人民战士。

中国人民志愿军因这个代表团的到来而非常高兴……无论他们走到哪里,代表团都受到保证赢得更大胜利的志愿军的热烈欢迎。

因而,尽管中国共产党人继续非正式地参与朝鲜战争,但是北平电台日益认定日本是美国在亚洲"侵略"的基地。谈到与日本提议的和平条约,北平电台于1951年1月30日称:

我们都知道,为了侵略中国和其他亚洲国家,美国帝国主义者不得不占领日本,并利用日本的战争军阀。

2月2日,周恩来在中苏条约签订一周年庆祝会的演讲中,说美国正在重新武装日本,"企图把日本的领土作为侵略基地,让日本人民充当炮灰,以便进一步加强其在远东的帝国主义冒险"。他谴责"帝国主义集团"不仅在朝鲜,也在台湾、中国大陆、法属印度支那和整个东南亚有阴谋。在5月8日针对日本的中国国际电台的广播中,北平电台警告说,美国和平计划将会使日本重新军事化：

为了挽救朝鲜侵略战争中的一系列失败，美帝国主义者现在正沿着重新武装日本的道路加速前进，以使日本军国主义复活作为他们在远东扩大侵略的一个组成部分……。为实现这个计划，他们为日本拟订了一份和平草案，使他们可以无限制地重新武装日本。

所有这些指控都与在朝鲜使用日本军队的具体认定联系在一起。例如，1月9日，北平称：

《人民日报》今天刊登了一幅日本士兵谷山佳央（Taniyama Yoshio）的照片，他是中国人民志愿军11月23日在朝鲜西线战场上抓获的俘虏。谷山佳央是已被中国人民志愿军消灭的美国第24师第3工兵支队侦察巡逻队的士兵。

中国共产党人以一种非常相似的语调，认定美国已经从它在日本的基地"侵略"了中国。一份典型的声明见于中国共产党驻联合国代表团团长伍修权为联合国政治委员会准备的一次演说稿。尽管这次演讲没有进行，但它的复本在纽约已于1950年12月16日向一次新闻发布会发放了。伍修权宣称：

无疑，美国政府采取了这样一种对日本政策（企图完成一项和平条约），目的在于把日本变成一个美国帝国主义在远东进行侵略战争的军事基地。而且，美国已经在利用这个基地和日本的战争军阀发动对中国大陆、台湾的武装侵略……

他继续说：

毋庸质疑，美国政府侵略台湾，企图使之成为美国帝国主义侵略中国大陆的跳板，它武装侵略朝鲜，同样想让朝鲜成为入侵中国大陆的跳板。

关于对日和约，北平5月8日广播报道的也是同样的主题：

该草案根本没有规定台湾为中国所有，这证明美国正预谋占领该岛。

因此，最近对美国"侵略"或威胁的指控出现在5月15日北平针对从朝鲜返回的代表团的广播中：

你们的胜利削弱了美帝国主义者征服朝鲜的计划，阻止了他们侵略中国以及进一步侵略亚洲与世界的狂妄计划。

O. S. S. /State Department Intelligence and Research Reports China and India 1950 –
1961 Supplement，Reel I，0637 – 0642. University Publications of America，INC，1979

王延庆译，何妍校

国务院关于中国亲苏宣传减少的分析与评估

(1951 年 8 月 10 日)

Special Guidance 98

机　密

国务院

负责公共事务的助理国务卿

外交信息政策官员

北平和莫斯科之间的摩擦

(1951 年 8 月 10 日)

一、背　　景

最近大部分国内媒体的新闻评论都注意到共产党中国对苏联及斯大林的颂扬性言论明显减少这一不容否认的事实。有些评论者把这一现象看作是北平和莫斯科摩擦加剧的信号,也有人将之视为中国共产主义分子领导人日渐增强的"铁托主义"倾向的证据。

我们一直要求媒体,尽量避免对中国产生"铁托主义"倾向的可能性进行推测。然而,我们的信息政策长期以来又在强调,中国共产主义分子的政策服务于苏联人而非中国人的利益。同时,我们提出证据突出表明中国共产主义分子对莫斯科的屈从正是许多中国人不满情绪的来源之一。

自 6 月底中国共产党建党 30 周年纪念的一系列讲话和文章开始,越来越明显地表明,中国共产主义分子的内部宣传已经不太像以前那样重视对莫斯科表示效忠,对苏联和斯大林的赞颂急剧减少,取而代之以对毛泽东的颂扬。中国共产主义"革命"被说成是"殖民地"和"半殖民地"国家的革命的"典范"。简言之,中国共产主义分子在民众面前,正在将自身扮成独特的中国式(以及亚洲式)革命的领袖。中国共产主义分子领导人认为这一诉诸中国人民自豪感的举动是必要的。而这一事实更加证明了他们对屈从于克里姆林宫这一义务的敏感。

二、目　　标

利用中国共产主义分子内部宣传重心的转移来达到如下目的:(1) 提醒中国人民,北平使中国的利益从属于克里姆林宫的政策并没有改变。(2) 加剧中国大众对此政策的不满。

三、措 施

1. 继续强调北平使中国的利益从属于扩张主义分子和克里姆林宫的侵略计划。可以引以下"事实"作为证据：只为服务于苏联利益,中国共产主义分子在朝鲜开展的徒劳无功的行动;中国共产主义分子继续加强军备对中国国内重建造成的损害;在马立克(Malik)同意后,中国共产主义分子才接受了联合国提出的,通过谈判和平解决朝鲜问题的动议;在某些重大事件的宣传上,北平总是按照克里姆林宫的口径,通常在克里姆林宫明确表达意见之后才展开宣传。

2. 当前对斯大林及其苏联宣传频率的降低,只是中国共产主义分子玩弄的伎俩。他们通过"爱国"宣传的烟幕试图在中国人民面前掩盖其仍旧是苏联卫星国的事实。

3. 北平诉诸这种手段的行为应该被解释为,中国大众对中国共产主义分子实施从属于莫斯科的政策普遍不满的证明。另外,我方还可继续藉此激化大众的不满情绪。应该宣明,正是日益激化的大众对中国对外政策的不满情绪迫使中国共产主义分子不得不对其先前更为积极的亲斯大林和亲苏宣传作低调处理。

4. 我们采取的措施应该特别注意表明,仅仅是调整宣传重心并不足以使中国人民确信服务于苏联帝国主义的需要即符合中华民族的最根本利益。

5. 配合我方的宣传口径,媒体应避免对中国亲苏宣传量降低一事,作出诸如预示着中苏分裂或中国共产主义分子领导人"铁托主义"倾向滋长等评论。这两种事态的发展是不可能的,至少近期内不可能。我们沿着其中任何一个口径宣传都只会抑制而非激化北平和莫斯科之间的摩擦,降低而不是提升大众对中国共产主义分子的政策的不满。

警 告

尽量避免引用南斯拉夫方面对莫斯科和北平关系的评论和推测资料,除非其符合我们所一直想要的说法。

National Archive, Special Guidance No. 98, pp. 1-3

周娜译,何妍校

国务院中国事务处关于美国挑拨
中苏关系产生的影响的备忘录

(1951 年 9 月 28 日)

秘 密

有关在苏联和中国之间插楔子进程

——J. K. 埃默森给腊斯克和珀金斯的备忘录

(1951 年 9 月 28 日)

没有什么证据显示我们正在推行的在苏联和共产党中国之间插楔子的政策有任何进展,这是事实,但后面所附的来自北京的讲话可以看出,中国人至少可能在掩饰对正在进行中的楔子政策的忧虑。

虽然我们不能赋予如所附讲话一类的声明太多的重要性,但我认为有趣的是,中共领导人发现,有必要如此强烈地声明支持中国与苏联更密切的关系。正如你们将注意到的,中苏友好协会副会长认为有必要"严肃地揭露和驳斥对苏联和中苏关系的造谣诽谤","克服中国人狭隘的民族主义"。他警告那些"对苏联和中苏关系的怀疑和顾虑",告诫中国人要"进一步巩固和发展中国人民对苏联的友谊"。

声明的后半部分表明,人们对中苏友好组织相当缺乏兴趣,因此它的领导人要想办法,督促中国百姓关心他们的苏联老大哥和保护者。

附录

在北京的讲话

来自美国国外广播新闻处(FBIS) 193 号

日期:1951 年 9 月 27 日

国外新闻编辑(FE):J. K. Emerson:jam

中国:共产党 1951 年 9 月 27 日

有关中苏友好协会的说明

北京,新华通讯社(NCNA),用中国字码发表在报刊,1951 年 9 月 23 日,0624 CMT-B

　　("对于中苏友好协会认识上的几个问题"，中苏友好协会总会副总干事赵仲池在中央人民广播电台的讲话)①

　　"同志们：

　　今天我想跟大家谈一谈对于中苏友好协会认识上的几个问题，特别是关于它的性质和基本任务的问题。

　　中苏友好协会总会是在前年10月5日成立的。在总会成立以前，像东北的大连、哈尔滨，个别地方已经建立了中苏友好协会组织，可是做为一个全国性的群众团体来说，还只有两年的历史。两年以来，中苏友好协会的工作有了很大的发展，目前全国各省除西康、西藏以外，都已正式建立了中苏友好协会的组织，个别地方正在积极筹备；此外全国大约有五分之三的县份也都建立了中苏友好协会的组织，会员已经有1 600万人以上。全国各地经常进行着中苏友好的宣传教育工作。因此我想，大家对这个组织是熟悉的。但是对于这个组织的一些基本问题，因为历史短，有一些人还是不大知道的。这里就向大家介绍一下：中苏友好协会基本上是一个什么样的组织和什么是它的主要任务。

　　第一，先讲一下这个组织的性质。

　　刘少奇会长在中苏友好协会总会成立大会的报告里边说，成立中苏友好协会"其目的就是要增进与巩固中苏两国人民的兄弟般的友谊和合作，促进中苏两大民族的一切智慧和经验的交流"。很明显的，增进与巩固中苏两国人民的兄弟般的友谊和合作及促进中苏两大民族的一切智慧和经验的交流，就必然会大大地加强了世界和平民主阵营的力量和有利于我国各方面的建设。因此，"中苏友好"是反映了全中国人民的意志和要求的。因此，中苏友好协会，也就应该是大家的组织，全中国人民的组织，而不是某些少数人的组织。按照中苏友好协会第一次全国工作会议的决议所指出的，凡一切享有公民权的中国人民，只要他赞成本会宗旨，愿意增进中苏友好、学习苏联的，不分党派、宗教信仰和性别都可以参加中苏友好协会为会员。从此我们也可以看出：中苏友好协会是一个极广泛的统一战线的群众组织，包括中国人民中的各民主阶级，各民族，具有各种信仰的人们，也不仅是这些人们中的代表人物，而应当是群众性的。所有这些人们，只要愿意增进中苏友好、学习苏联，都可以参加为这个组织的成员。

　　第二，那么，中苏友好协会的基本任务是什么呢？

　　中苏友好协会第一次全国工作会议的决议中曾经指出，它的基本任务"是以国际主义的精神教育广大群众，增进他们对苏联的认识，学习苏联的先进经验"，也就是说，它日常的主要工作，是对广大群众的宣传教育工作。这种宣传教育工作，是以中苏友好国际主义为内容的，是向我国人民广泛地介绍苏联在政治、经济、文化、社会生活以及其他各方面的情况，和他们在各方面的丰富知识和先进经验的。通过这些介绍，会使人们看到一种伟大美丽的远

---

① 参见1951年9月24日《人民日报》第三版。——译注

景,也就是人类最高理想的共产主义社会的远景。因此对我国人民的这种宣传教育,也是一种活的通过具体事物的共产主义的宣传教育。

这是一项伟大而艰巨的工作。为了进行这个工作,就要很好地了解和研究各地人民群众对于前边所说的一些有关问题的思想情况,就必须针对帝国主义、国民党残余匪帮及一切反苏破坏分子对苏联和在中苏友好问题上的造谣诽谤,进行严肃的揭露驳斥工作。我们不能忘记,帝国主义、国民党残余匪帮和他的走狗却是天天在诽谤苏联,挑拨离间我们中苏两国人民的友好团结。因为他们知道,中国人民对苏联的认识提高了,中苏两国人民的友好团结加强了,就使得全世界人民的团结有了更强固的基础,这样就会使帝国主义和它的走狗们垮台。

此外,为了要进行这项伟大而艰巨的工作,还必须努力克服在我国人民中间由于国民党反动派的欺骗煽惑所造成的狭隘民族主义思想。当然,所以产生这种狭隘民族主义思想,是和我国人民过去长期遭受到帝国主义侵略所处的历史条件有关的。但是毫无疑问的,因此而产生的一些对苏联和中苏友好的怀疑和顾虑,会影响到中苏两国人民的友好与合作,这是和国际主义不相容的。因此必须从科学社会主义的思想和苏联社会主义制度出发,结合着群众的思想,有系统地从根本上进行宣传解释,以便更加巩固和发展广大群众对苏联的友谊。

我们的宣传教育任务虽然是这样巨大,但我们决不该因此就对群众只进行一些抽象的、纲领或口号式的宣传教育,而是要通过各种各样形式,充分使用各种宣传工具,不论是文字的、口头的、图片的以及其他各种艺术形式的,使群众更容易接受,一步一步地提高群众,才能逐步地解决广大群众中的思想问题。

第三,上边我所讲的,就是中苏友好协会的性质和基本任务。但是到现在为止,这些基本问题还不是为大家所完全知道的。有时,倒是偶然可以碰到一些人们对这些问题还不大清楚,有的甚至还存在着误解。这种原因,一方面是由于中苏友好协会这个组织还是新成立的,历史并不太久;另一方面,也还由于中苏友好协会本身在这些问题上宣传解释的不够。这些模糊的认识和误解,通常碰到的有下边几种:

第一种是对这个组织的意义和任务认识不足。他们认为这个组织既是这样广泛,那么有和没有、加入和不加入就没有什么区别了。他们往往顾虑现在群众中组织已经很多,群众往往苦于开会太多,于是便认为不一定要成立这个组织或不一定要加入这个组织了。

这种认识是不对的。广大群众要求参加中苏友好协会,还是因为它的目的和宗旨,能够并且应当代表我国人民绝大多数的意志和要求。所以它的组织成员绝不应当限制在少数人当中或者限制在少数积极分子当中,这在前边我们已经谈过了。其次,群众中组织很多工作任务很多,这也是事实,但是应该肯定,中苏友好、认识苏联和学习苏联先进经验的宣传教育,也是我国人民不可少的任务。问题只是在这种具体情况下如何能更好地进行这种宣传教育工作,也就是如何使这些宣传教育任务和当时当地各个组织的中心任务结合的问题。许多地方中苏友好协会的经验已经证明,采取结合所在地所在组织的中心任务进行工作的方针,就很有效地进行了中苏友好协会的工作,同时也大大加强和推动了所在地所在组织的中心任务的进行。

　　除了上边所谈的以外，中苏友好协会的工作还应当充分利用群众业余活动的时间和休息时间来进行。这样也可以消除前面所说的一些顾虑，因为中苏友好协会的工作是通过各种形式，包括各种文化艺术活动的形式来进行的。过去的经验已经证明：有关中苏友好介绍苏联的电影、图片、画报、短剧以及其他等等，不但是群众学习中苏友好国际主义的很好的东西，而且也是群众业余活动文化娱乐活动中很好的东西，从各地中苏友好协会的工作中看，群众是非常欢迎这些宣传教育形式的。这样我们便可以充分利用群众业余活动时间和休息时间进行工作，使群众不知不觉地受到教育。当然除了这些以外，在群众中一些专门性的有关中苏友好的活动、会议等等也应该有，但是不应当过多，过多了就容易成为群众的一个负担。

　　第二种误解是看到中苏友好协会是一个统一战线的组织，就以为这个组织主要是进行统一战线工作。这是不正确的。根据这样的看法，认为中苏友好协会就可以不必成为群众性的组织，只罗致些各方面的代表人物，而日常工作只做些上层联络交际活动就够了。我们说，中苏友好协会是统一战线性质的，但它的成员不只是一些上层人物，它的组织必须是群众性的，它的基本工作必须是群众的宣传教育工作。

　　第三种误解是看到了中苏友好协会主要是进行宣传教育工作和文化艺术活动，就认为这个组织里面主要应当包括一些从事宣传教育文化艺术工作的人们，是知识分子，而不必吸收广大工农劳动人民了。

　　是的，在现在的中国，从事宣传教育文化科学艺术工作的人们主要是知识分子出身的，中苏友好协会应当很好地吸收团结这些人，并且使他们负担一定的实际责任，这是有很大意义的，绝不应当忽视。但也不能因此就得出结论说中苏友好协会只应当包括知识分子。如果这样，从事文化教育科学艺术工作的人们的工作也便失去了场所和对象。这种认识和上边说的中苏友好协会的群众性也是完全抵触的。

　　第四种是把中苏友好协会误解成一个娱乐性的团体，觉得中苏友好协会只是一个好玩的地方。有这种误解的人，多半是只从表面上看到中苏友好协会经常办一些文艺活动，举办一些与自己的工作和业务结合的文化性的福利事业。因此就对中苏友好协会发生一种不正确的了解，而把它的性质和基本任务模糊起来。但另一方面我们也应该指出来的，就是个别地方的中苏友好协会的工作缺少必要的政治内容，思想性还不够。这个缺点是必须注意克服的。另外我们也还要注意到，就是这种中苏友好国际主义的宣传教育工作必须是多方面的，避免不看对象千篇一律地用说教方式来进行工作，而必须根据一般群众的水平和具体思想情况采用适当的形式进行思想、政治工作，不然这些工作活动也就没有更大的意义了。

　　以上这些模糊的认识和误解虽然不是很普遍的，但也有它一定的代表性。我们应当澄清这些模糊的看法和误解，更重要的是一切中苏友好工作者和一切赞成中苏友好的人们，更多想办法从正面积极地向广大群众解释清楚有关中苏友好协会的一些基本问题，就是关于中苏友好协会的性质和它的基本任务的问题，使广大群众大量地参加到中苏友好协会和中苏友好的事业中来。"

摘　　要

　　捐款基金——为了迎接国庆节,中国东部的人民缴纳专款,捐献给朝鲜用来购买飞机和枪支。到 9 月 20 日止,各地区的老百姓捐款超过 3 460 亿元,24％为抵押品。从 9 月 8～20 日,已经支付了 1 000 亿元。中国东部地区缴纳的基金统计如下:上海,超过 1 800 亿;南京,99 亿;山东,530 亿;浙江,超过 120 亿;江苏南部,360 亿;福建,110 多亿;江苏北部,12 亿;安徽北部,210 亿;安徽南部,70 亿。

　　　　　　　　　　　　　　　　　　　　　　(上海,1951 年 9 月 26 日,2315 GMT - B)

　　GR59,Decimal File 1950 - 54,Folder 661. 93/9 - 2851,Box 2949,pp. 1 - 7,National Archives,U. S. A.

李锐译,何妍校

中情局关于远东地区对于苏联的
战略意义的评估报告

(1951 年 11 月 13 日)

NIE 43

机　密

国家情报评估：远东对苏联的战略重要性[①]

(1951 年 11 月 13 日)

问　　题

评估远东[②]对于苏联的目前和长期的战略重要性。

结　　论

1. 苏联从现今处于共产党控制下的远东地区获得大量实质性的军事和经济利益。这个广阔的地区为它向非共产主义的远东地区发动进攻并且对邻近区域实行进一步政治渗透提供了有价值的基地，而且也给苏联提供了纵深防御。另外，它还拥有大量潜在的人力资源以及战略原材料资源。

2. 共产党在目前所拥有的任何地区丧失控制都会被苏联视为对其威望的打击，尤其是失去满洲、华北和（或）朝鲜的最北部地区将被看成是对其安全的威胁。

3. 共产党的控制扩张到整个朝鲜将给苏联提供对日采取行动的最有利的基地，并且将使西方失去在东北亚大陆的最后一个立足点。

4. 共产党控制台湾不仅将消除反对共产党中国的最后一个据点和这个岛屿目前作为对大陆中国可能采取的军事行动基地的威胁，而且也会使西方失去沿海岛屿链，并加强共产

---

① 原注：为了进行评估，我们假设苏联和共产党中国将使它们在远东各地区战略重要性的评价上出现的分歧服从于实行反对西方这一共同目标。关于莫斯科和北平之间可能出现的分歧的评估正在准备中。

② 原注：在整篇文章中，"非共产主义的远东"这个词被用来指南朝鲜、日本、琉球群岛、台湾以及东南亚（菲律宾、印度支那、缅甸、泰国、马来亚和印度尼西亚）。"远东"这个词则包括上面所提到的那些地区以及共产党中国、北朝鲜和苏联远东地区（包括贝加尔湖及其以东的地区）。

党对其他岛屿基地采取行动的能力。

5. 在军事上，共产党的控制扩大到东南亚大陆目前的价值将是有限的。但从长远来看，共产党控制东南亚大陆，尤其是如果它的控制扩大到印度尼西亚和菲律宾的话，对苏联来说可能有巨大的军事重要性。

6. 从经济观点来看，控制东南亚对于共产党人来说有十分巨大的战略重要性，因为他们可以通过对印度和日本禁运粮食或者对日本和西方的工业化国家禁运战略性原材料来增加削弱西方的能力。除了总体战之外，这种禁运将产生最严重的后果，因为西方国家将发现它们很难采取全面的极端紧急措施。在总体战时期，一开始这种禁运对西方国家造成的损失可能不像第二次世界大战时期那么大；然而，在一场持久战这种禁运所造成的后果是不可估量的。

7. 东南亚的橡胶一直是苏联所需要的东西。对橡胶实行禁运可能会迫使苏联动用现在人们相信存在的储备。长时期实行这种禁运将对苏联造成严重的问题。另外，获得橡胶、锡、石油以及东南亚可能拥有的其他原料对于苏联进行一场持久战的能力来说十分重要，而且对于共产党的远东所进行的大规模工业建设来说甚至更加重要。

8. 在那些现今尚未处于共产党控制下的远东地区，对苏联来说，日本的战略重要性最大。日本对于共产党在远东的军事利益来说构成了最大的潜在威胁，它也是美国在西太平洋防线中的关键因素。另外，尽管日本严重缺乏粮食和原材料，但它仍然会极大地加强共产党的力量，因为它是远东唯一拥有大量工业设备和最大的受过训练的工人和管理者资源的国家。最后，就把该地区发展成一个强有力的、庞大的自给自足的权力复合体①而言，日本对于把当地的潜力变成现实来说也是一个不可或缺的因素。

9. 建立这样一个权力复合体的可能性也许是苏联长远计划中的一个重要因素。如果这样一个权力复合体能够建立起来，在战争时期它将极大地加强共产党人在远东进行一场持久的和大规模的军事行动的能力。另外，它也将极大地加强苏联突破美国的太平洋防线并且对美国和澳大利亚发动攻击的潜力。

10. 甚至在它安全地控制了远东所有地区之后，苏联在远东地区发展这样一个权力复合体时也将会遇到重要的但并非不可克服的政治和经济问题。在和平时期，发展这样一个权力复合体几乎可以肯定需要十年或更多的时间；战时，在建立这样一个权力复合体方面几乎不能获得任何成功。

11. 因此，在评价远东的战略重要性时，苏联可能更多地受到短期的而不是长期考虑的影响。在这一地区的任何部分扩张，除了会在物质上加强共产党人获得对整个地区控制权的能力之外，还会在东西方关系的框架中产生如下的后果：(1) 将加强苏联相对于西方的全球地位；(2) 危害美国在太平洋地区的防御；(3) 耗尽西方的资源；(4) 削弱西方加强在欧洲

---

① 原注："权力复合体"这个词指的是一个国家或者一个密切合作的国家团体，其政治、经济和军事力量能够在世界权力局势中发挥重要影响。

和中东的努力。

一、战略重要性中的地理因素

12. 远东远离在苏联西部和中部的主要的苏维埃权力中心。跨越如此遥远的距离在俄国的欧洲部分和亚洲部分之间提供唯一联系手段的只有一条铁路线、一条不足的商业海运线和跨越遥远距离的空中运输线。因此,贫乏的联系在目前限制了两个地区彼此向对方作出直接的贡献。

13. 贝加尔湖以西苏联的权力中心的安全不会轻易受到目前还在非共产党人控制下的远东地区的威胁。苏联的欧洲部分不会受到来自东方的地面入侵。苏联的那个部分中,在来自远东(贝加尔湖以东的地区)的轰炸面前最脆弱的地区可能只拥有苏联主要工业能力的15%(见地图三)。①

二、现在处于共产党人控制下的远东地区的战略重要性

14. 在克里姆林宫对该地区的战略评估中,维持并加强目前共产党在远东的地位可能是最重要的考虑。除了目前共产党控制的地区可能提供的任何积极的战略利益之外,在任何目前所控制的地区丧失共产党的控制都将会被苏联视为对其威信的打击,尤其是失去满洲、华北和(或)朝鲜的最北部将会被苏联视为对其安全的威胁。

苏联的远东部分和中国

15. 目前处于共产党控制下的地区给克里姆林宫提供了大量的和重要的战略利益。苏联的远东部分为它提供了对南朝鲜、日本、阿拉斯加和美国发动攻击的海空军基地。共产党中国除了能够为苏联的远东部分提供纵深防御之外,还拥有使远距离飞机能够打击日本、琉球群岛、台湾、菲律宾、马里亚纳群岛、东南亚大陆以及印度尼西亚群岛中除了最东边和南边地区之外所有领土的空军基地(见地图二)。② 中国漫长的海岸线也提供了潜在的海军基地——尤其是潜艇基地,这就可以扩大苏联在太平洋的海军行动。然而,从防御角度来看,由于中国共产党的海军力量有限,中国的海岸线也给苏联背上了巨大的包袱。共产党中国的庞大的和装备相当良好的陆军和空军现在是苏联驻远东军队的重要助手。在总体战的情况下,中国的庞大人口将给共产党人提供巨大的人力或士兵资源。然而,能够参军的人数将受到中国经济发展要求以及中国和苏联装备这些士兵的能力的限制。

16. 苏联的远东部分和共产党中国都拥有自然资源,尽管这些资源的大部分还没有得到充分的开发,但是,甚至现在它们已经对加强共产党人在远东的战争潜力起了重要作用。

---

① 地图三:远东东京和马尼拉空中距离。未附原图。——译注
② 地图二:远东广东和北京空中距离。未附原图。——译注

在苏联的远东部分和中国分布着大量的煤炭资源。在中国铁矿贮藏量非常丰富，在苏联的远东部分可能也是如此。中国已经提供了苏联所需要的锡、钨和钼的一大部分，而且在苏联的远东部分已经发现了镍矿和铜矿。这个地区也有丰富的木材资源。在苏联的远东部分和中国西北地区也有石油储藏。

朝鲜

17. 苏联认为，几乎可以肯定，至少在北朝鲜的大部分地区维持共产党的控制有着巨大的战略重要性。失去朝鲜的最北部地区将被共产党人视为既是安全的威胁，也是对苏联和中国威信的打击。另一方面，共产党控制全朝鲜则会给共产党人提供攻击日本的最有利的基地，而且也将给华北、满洲和苏联的远东部分提供纵深防御。

三、非共产主义地区的战略重要性

台湾

18. 目前政治上的考虑使台湾对于北平来说特别重要。控制这个岛屿也会给共产党人提供某些经济利益，但是台湾最大的重要性在于，它作为对大陆中国进行军事行动或者对共产党人的航运进行袭击的基地而对共产党人造成的威胁。共产党人控制台湾将不仅能消除这一威胁，而且也能切断西方的沿海岛屿链，并加强共产党人对像冲绳和菲律宾群岛那样的其他这类岛屿基地发动进攻的能力。

东南亚

19. 在军事上，共产党的控制扩大到东南亚大陆将会带来的直接利益是有限的。共产党控制东南亚大陆将给中国的南部侧翼提供纵深防御，但是目前共产党人利用东南亚大陆上极少的海空军基地的能力是有限的。另外，与该地区的基地之间的陆上和海上联系并不充足，而且在西方的攻击面前将十分脆弱。即使共产党人的控制扩大到了菲律宾和印度尼西亚，共产党人也几乎得不到什么直接的军事上的好处，因为无论在东南亚大陆还是各岛屿地区都没有大量受过训练的军事人员或值得一提的军火生产能力。保卫整个东南亚目前将面临巨大的困难，因为距离太远，苏联的海军和商船运输力量不足，而中国的海军和商船运输力量很小，要从目前中国和苏联的远东部分的资源中发展出强大的防御力量存在着障碍。然而，从长远来看，这些困难中有许多都是可以克服的，而且共产党对整个地区的控制将带来巨大的军事利益，因为这种控制可以为东南亚的交通线提供保护，并且能够为南太平洋和印度洋地区的进一步攻击提供前进基地。

20. 因此，在他们对东南亚的短期战略评估中，苏联人可能更多地受到通过不让西方进入该地区可能带来的好处而不是由此产生的直接军事利益的影响。目前，东南亚是西方主要的天然橡胶、锡和干椰肉产地，也是硬纤维、虫漆、铬和石油的第二大来源。它还是印度和日本的主要粮食来源。用不着打一场总体战，西方国家在缺乏东南亚供应的情况下就会面临最严重的问题，因为它们将发现很难采取必要的紧急对应措施。出于同样原因，丧失马来亚的美元收入对于英国来说将是一个沉重的打击,间接而言对美国也是如此。由此对战略原料和北约国家的收支平衡造成的失调将极大地减缓北约重新武装的步伐。在总体战时期,如果西方国家得不到东南亚的原材料,它们也将面临困难,尽管已经有了存储物资,在储存和开发替代品方面发展了新技术,并且能够得到替代的供应来源,最初的后果可能不像第二次世界大战时期那样严重。然而,在一场持久战中由此造成的后果是无法估量的。

21. 在一个倾向于西方的日本变得更加依赖东南亚的市场和原材料的时候,共产党人从控制该地区中可能获得的经济和政治利益会进一步增加。共产党人也可能利用他们对东南亚的统治来提高他们对于其他非共产主义地区进行交易的地位。例如,共产党人对东南亚的食品剩余和原材料的控制可能作为引导印度与共产主义世界更加密切地合作并且让西方放松出口管制的杠杆发挥作用。

22. 另一方面,东南亚能够对苏联的远东部分和中国的经济作出的直接的贡献将被这样的事实所限制:与苏联的远东和中国一样,东南亚是一个生产原材料和进口资本的地区。即便如此,东南亚的橡胶仍然是苏联长期需要的东西。无法获得那里的橡胶将迫使苏联动用现在我们认为确实存在的储备,而且如果这种情况持续下去,将会给苏联造成严重的问题。目前,苏联和共产党中国几乎没有从东南亚获得其他什么战略原料。现在,苏联对于进口锡的要求可以从共产党中国那里得到满足。另外,东南亚过剩的大米正常来说不是共产党中国和苏联的远东所急需的。然而,东南亚的橡胶、锡、石油,以及可能还有其他原料对于打算进行持久战的苏联来说将是十分重要的,而且对于共产党统治下的远东地区所进行的大规模工业发展来说甚至更为重要。

日本

23. 在非共产主义的远东地区中,在战略上日本对于苏联和共产党中国最为重要。日本对共产党在远东的军事利益构成了最大的潜在威胁。日本是联合国在朝鲜进行军事行动的首要基地。更重要的是,从在日本的现有军事基地出发,反共力量能够控制通向苏联的远东部分和华北的通道,并且能够对远东共产党控制地区中所有的重要工业和军事目标发动海空攻击。只要日本给美国提供军事基地,苏联从它的远东部分攻击美国的能力就会大为削弱。相反,在共产党的控制下,日本将对美国在西太平洋的地位造成最大的威胁。

24. 日本也拥有远东唯一重要的工业化经济和最大的熟练工人、技术人员和管理人员资源。它的钢产能力几乎是苏联的 25%,它有大量用于建造海军和商船的设备,而且,它可以及时地重建大量的飞机和军火工业。在苏联的远东部分、满洲和中国的工厂尽管与日本的工厂相比都很小,但是它们却构成了远东唯一的另一个重要的工业力量。

25. 一个共产主义的日本将在中国共产主义经济的发展中发挥关键作用,并且可以满足东南亚对于消费者和生产资料的需求。然而,利用日本的工厂实际上需要从中国进口铁矿、炼焦煤、锰、钨,并且从东南亚进口诸如大米、石油、锡和橡胶等其他原材料。

四、全面的地区性考虑

形成一个权力复合体的潜力

26. 把几乎所有的非共产主义远东地区并入共产党控制下将使苏联获得一个国家联合体,它从长远来看有潜力发展成一个在经济上很大程度地独立于西方和苏联中心地区的强有力的工业和军事基地,并且能够对世界强国的地位施加重要的影响。

27. 建立这样的一个权力复合体将极大地加强共产党人在远东维持大规模持久军事行动的能力。共产党控制这个地区将使西方无法获得当地的资源,也会大大增加苏联在全世界的威信。另外,这样一个复合体,通过大幅度提升苏联突破美国现有的太平洋防线并对美国和澳大利亚发动进攻的能力,也将对美国的力量造成额外的严重消耗。

28. 然而,即使共产党人能够在不挑起一场总体战的情况下确保对整个远东地区的控制,在获得这种控制权后,他们可能至少也需要 10 年时间才能在那里建立起这样的一个权力复合体。即使能够得到印度尼西亚石油的充分供应,该地区仍然可能在一定的时间内缺乏石油。在诸如棉花之类的某些原材料和极为特殊的工业设备上对西方、苏联的中心地区以及其他非共产主义地区的依赖不会很快结束。除了日本以外,这个地区缺乏技术人员和熟练的工业工人。最重要的是,由于日本在经济上对中国和东南亚的依赖,要想完全把该地区的潜力转化为现实就需要建立一支庞大的商船队,以及用来保卫漫长而又脆弱的大洋运输线的海军和空军力量(见地图一)。[①] 在和平时期,所有这些不足都是可以弥补的,但是只有在经过多年的努力之后才能实现。

29. 建立一个共产党控制下的远东权力复合体也使莫斯科在处理苏联、共产党中国以及一个共产主义的日本的关系方面面临着某些困难,尽管不是不可克服的问题。几乎可以肯定,一个共产主义的日本和共产党中国将会争夺在亚洲共产主义运动中的领导权以及对远东更落后地区的开发权。日本将成为共产主义的远东首要的工业基地这个事实,再加上日本现代管理一个"共荣圈"的经验,将会威胁中国的地位,并影响亚洲的共产主义运动。勾画或圈定势力范围的问题将使中苏和日苏关系变得紧张化。因此,在吞并远东的时候,苏联所面临的控制问题将比它在东欧小国中所面临的困难得多。遥远的距离,不足的通讯联系,以及庞大的人口对不发达的资源所施加的压力都将进一步使维持对该地区的有效控制并防止出现独立的共产主义运动的任务变得更加复杂。

30. 尽管存在着这些困难,苏联在它对远东地区的长远战略评估中仍然可能受到该地区发展成一个强大的、在很大程度上自给自足的权力复合体的潜力的影响。共产主义扩张到远东任何一个地区都将极大地加强共产党在该地区的力量和它控制整个地区的能力,从而就向着建立这样一个权力复合体迈出了一步。

---

① 地图一:远东可选择的海上航线和距离。未附原图。——译注

该地区在当前东西方关系的作用

31. 除了受到这些严格限于远东地区的考虑的影响之外,苏联在它对该地区的战略评估中可能还更多地受到该地区在当前的东西方关系框架中为苏联提供的加强其全球战略性地位的机会的影响。远东的环境对于克里姆林宫的分裂和削弱非共产主义世界的努力是非常有利的。在朝鲜和整个东南亚进行的战争,以及像《对日和约》和承认共产党中国这样的问题,都能够被用来削弱联合国作为维持世界和平工具的威信。这些问题能够被用来实现以下目标:(1)增加非共产主义世界的恐惧,使他们感到除非和苏联达成妥协,否则战争就不可避免;(2)在关于把美国的力量调往远东的问题上,在美国和它的西欧盟国之间制造冲突。

32. 此外,在远东十分普遍的民族主义、贫困和对西方的不信任为共产党人提供了宣传的机会,使他们不仅能够得到远东人民还能得到非共产主义世界其他地区人民的支持。这些情况使远东在面对通过政治战争的共产主义扩张、在消耗西方资源的运动中为克里姆林宫效劳、阻碍西方加强欧洲与中东的措施的行动时成为世界上最脆弱的地区之一。

Folder：PSF Intelligence File，NIE 43，Truman Library

金海译,何妍校

国务院情报研究所关于在
华苏联顾问情况的情报简报

（1951 年 12 月 11 日）

Intelligence Brief 1066

机　密

在共产党中国的苏联顾问

（1951 年 12 月 11 日）

最近在共产党中国发起的宣传攻势是为在那里的苏联顾问制造友好的气氛。这场运动的第一个阶段，是用非常夸张的词语宣传苏联技术人员对中国经济建设的贡献，鼓励中国工人对"苏联专家的热爱"。在第二个阶段，中苏友好协会吸收整个人民团体（最主要的是人民解放军）加入协会。列举中苏友好特别是在经济和文化领域的许多实例来做宣传。而毫无疑问这场运动第二个方面的目的，就是为了在传统排外的中国人当中宣传苏联文化扫除障碍。近期所作宣传的时机和实质表明，让苏联顾问得到更好的接待，以及发挥出中苏友好协会作为推行苏联技术"建议"渠道的所有潜能，是更为迫切和特殊的任务。

根据大量信息数据，包括许多亲眼所见，苏联顾问来华的人数已数以千计（估计达 2 万～3 万人），这股潮流甚至在 1949 年前就开始了。这使得苏联顾问逐渐成为北平政府重要的技术助手。从地域上讲，苏联技术人员大部分被分配在长江以北，很多集中在满洲地区；但自国庆节以来在新疆也有有关苏联技术人员的报告，据所知，苏联军事顾问将被派往中国东部和南部海岸以及印度支那边境。除少数几个地区的特例之外，苏联顾问分派如下：

1. 在大部分政府的各级经济部门里。

2. 除中小学之外的许多大学和院校。

3. 除较低一级的政府之外的省政府，以及大城市的市政府。

4. 在军事培训学校、航空基地、机场和港口。在其他军事部门苏联顾问的程度不太清楚，但他们很可能被派到所有装备了苏联武器的军队里。

5. 在文化圈里，苏联顾问似乎分布得更为广泛。

以至于达到例如现代工业、铁路、防空设施、空军、海军和坦克部队要依赖苏联的技术指导才能有效运转的程度；达到苏联顾问控制了苏联对中国援助的流程，以及重要的机密不能瞒着苏联顾问的程度，后者为苏联在共产党中国提供了一个行使职权的重要手段。除此之外，在北平的重要的苏联人物（包括军事助手、经济专家等等）可以参加北平政府的重要决策，特别是那些牵扯到苏联利益的决策，像朝鲜战争。苏联的将军们可能实际上在指挥着满洲里和新疆的某些军事设施,那里的苏联的利益和军事援助受到直接的关注。不过,更全面的评论,有关苏联顾问在中国扩大苏联控制方面的作用将留待 IR－5681 说明,那份报告将考虑到苏联所控制的卫星国形式的所有因素,因为它们可能被运用到中国的特殊环境中。

同时还应该强调,在中国的苏联顾问人数可能增加很快。广播里歌颂的苏联顾问,是至今为止很少提到的农业方面的技术人员。正如 1046 号情报简报(IB－1046)指出的,在实现中国共产党的军队现代化的计划里,似乎含有这样的意义,接受苏联顾问进入那些迄今尚未被渗透的作战步兵梯队里。选用有一定背景的苏联技术人员,中国人对苏联的影响和建议的整体态度,可能会影响到这一问题发展的最终效果,苏联顾问在中国的增长,会进一步影响北平发展其自身决策及抵制苏联政策潜移默化侵蚀的能力。

Intelligence Brief 1066，Murphy Papers，Box 31，pp. 1－2，National Archives，U. S. A

李锐译,何妍校

国务院情报研究所关于
中苏关系的情报分析报告

（1952 年 1 月 11 日）

机　密

共产党中国：苏联的卫星国还是小伙计？

（1952 年 1 月 11 日）

远东研究组

根据苏联控制下的欧亚大陆上的一般卫星国的六个主要标准①对共产党中国进行的考察表明，中国在四个重要方面可以和这些卫星国进行比较：

（1）从大多数重要的组织结构方面看，中国共产党的国家机构与苏联和卫星国类似。

（2）中国共产党国家机构的核心通过共同的意识形态、在信仰思想上接受苏联的领导地位以及在中国出现的苏联人员（然而，其中并不包括有苏联公民权的中国少数民族）与苏联政府保持密切的联系。

（3）中国共产党人与苏联的联系正在稳步地加强。它的贸易正在被逐步地纳入苏联的轨道。中苏友好同盟已经得到扩大，并被用来执行在中国人民中间"推销"苏联的庞大任务。苏联的顾问人数日益增加。中国共产党人在军队现代化和国家工业化方面依赖苏联。

（4）在满洲、内蒙古和新疆，苏联以与北平合作的形式掌握着进行控制的重要杠杆，反映了两国在当地影响力的不同。尽管这不能严格地和苏联对卫星国的控制相比，但是这些杠杆仍然构成了苏联向中国渗透的主要渠道。

然而，由此得出结论，认为共产党中国受到克里姆林宫对其一般卫星国同样方式的控制，则忽略了以下几个迹象：

（1）在过去 10 年里，中国共产党领导集团表现出了在苏联之外的共产党中间绝无仅有的稳定性和凝聚力；在过去 20 年中，它的中央委员会几乎没有发生什么变化，那里没有发生过清洗，这个领导集团团结在一起度过了内战的漫长经历。

（2）尽管中国共产党人承认了苏联在战略和思想上的领导地位，他们却并没有为此就

---

① 原注：这些标准，正如 IR - 5681 号文件在两个标题下所提出的：首先是苏维埃式统治机构的出现；其次是这种机构通过下列方式从属于苏联的意志：(1) 苏联公民在该卫星国中的出现；(2) 苏联政府和准政府组织的出现；(3) 在仪式上承认克里姆林宫在信仰思想上的统治地位；(4) 苏联对该卫星国的内政和外交政策进行监督；以及 (5) 以苏联的保护和批准作为实行领导的条件。这些常规的卫星国包括外蒙古、罗马尼亚、波兰、匈牙利、保加利亚、东德、阿尔巴尼亚、北朝鲜和捷克斯洛伐克。

像其他卫星国那样采取了盲从的形式。另外,整个共产主义世界都赞颂毛泽东对共产主义理论作出了重要贡献,尤其是在关于殖民地的问题上;毛泽东是近年来唯一受到如此赞颂的非苏联领导人。

（3）和这种对毛泽东个人地位的承认相关联,中国式的共产主义被认为是亚洲国家的榜样,并由此推测北平能够插手对其他亚洲国家共产党的战术指挥——尽管在这一点与莫斯科的确切关系尚不清楚,没有一个东欧或亚洲的卫星国能够享有这种权威。

（4）共产党中国实行了它施加影响的这种权力并且在外国获得了尊重,特别是在亚洲,这是那些一般卫星国所不能比拟的,虽然这可能也反映了中国传统的国际作用,不过它仍然把中国和苏联其他的被保护国区分开来。

（5）尽管苏联在中苏边界保留了重要的控制机构,它也承诺到 1952 年底将在许多方面都要撤出满洲,并且同意在内蒙古和新疆的主权问题上向中国做出某些让步。

（6）尽管在华的苏联顾问在技术问题上构成北平政府的一条重要臂膀,但是他们很明显要服从中国共产党人的控制,而且并不表现为那种自动将他们的"建议"等同于"命令"的分量的体系的一部分。

（7）中国共产党人的国内政策是以"殖民地人民的民主"这个理论为指导的,这个理论由苏联提出,很明显是承认共产党人在中国的胜利,这就加强了毛泽东在《新民主主义论》中提出的理论,这也表明共产党中国和东欧国家并不是同一类型的;中国落后的经济必然要经历一个长时间的向社会主义转型的时期;但是其发展的总体模式是和东欧国家相类似的。

在对这些标准的衡量中,那些把中国和欧亚其他卫星国区分开的特点表明,在苏联的体系中,共产党中国和那些常规的苏联被保护国的地位有所不同。这个仅仅建立在苏联控制标准基础上的结论,也得到了对中国独有特征和把中国共产党运动与其他在苏联支配下的国家进行比较研究的支持。那些可能被指望来阻碍通常的苏联渗透的中国的特点包括它的地理幅员、它的人口、中国人民的心理特征、不足的通讯联系、管理机构的规模、庞大而众多的少数民族的存在,以及政治稳定的基本环境。中国共产主义的历史就是一部苏联在这种复杂的环境中进行战略和战术干涉失败的记录,它开始于 1927 年国共合作的破裂,经过 1927～1930 年在中国城市中那些流产的密谋和起义,以及在 1931～1935 年间蒋介石"围剿"期间对中国共产党军事战略的错误指导,以一个在很大程度上独立于苏联的、曾经一度遭到否定的共产党领导人毛泽东夺取了政权而告终,他拥有自己的军队,一个忠诚的党,以及苏联之外的政治力量来源。

如果共产党中国实际上并不是苏联的一个一般卫星国,中苏关系可能向四个方向发展:

（1）共产党中国可能要经历一个将以它最终彻底陷入卫星国状态而告终的过程的早期阶段。

（2）尽管它表现得是按照自己的利益行事,然而北平政权,通过自愿依附于苏联,可能因此使自己完全受苏联政策的支配。

（3）虽然认识到了共产党中国具有独立的利益和能力的现实,但是仍然渴望保持对它的某种战术控制,克里姆林宫可能允许中国在苏联的轨道中占有某种有限的初级合作者的地位。

(4) 作为另一种选择,苏联也可能向共产党中国让步,给予它充分的初级合作者的地位,仅仅保留泛泛的战略指导权。

1. 变成一般卫星国状态的早期阶段

从对那些只是逐步被剥夺战术上回旋余地的东欧国家出发进行类推,我们可以认为,共产党中国仅仅处于将最终导致它陷入傀儡状态的过程的早期阶段。因此,通过苏联目前在中国和边境地区使用的手段,中国将逐步地却是无情地屈服于苏联的渗透之下,它所采取的任何行动都仅仅是形式上的而不是实质上的。

然而,有几个因素表明这个过程必然和那些卫星国家不同,而且它在中国推行的过程至少要比在那些卫星国家中慢得多:(1)中国的幅员和复杂性,中国共产党对于毛泽东的领导地位明显坚决地拥护,以及如果必要的话,北平在没有莫斯科的照看和保护下进行统治的能力。然而,随着对那些年迈的党的领导人的更替以及那些年轻的、无产阶级思想更加浓厚的城市党员的吸收,目前党的领导集团和老战士的构成将发生变化,那时莫斯科进行渗透的前景将有所改善。(2)莫斯科已经在承认毛泽东的理论能力和中国在亚洲的地位等方面做出了明显的让步。特别值得一提的是后者,由于地理和其他方面的原因,在亚洲的其他许多地方仅仅通过中国共产党的行动,莫斯科就能够获得最大的成果。(3)由于南斯拉夫的例子,斯大林几乎不可能冒在中国遭受同样的却是更大的失败的风险,那里的环境可能比南斯拉夫更加有利于一个独立的共产党领导集团的存在,而毛泽东也很难忽视斯大林在削弱铁托以及随后的将其他共产党国家彻底傀儡化的斗争中所包含的暗示。

2. 在不放弃中国国家利益的情况下自愿屈服

也可以假定北平的人们在推进世界共产主义利益方面会同意接受苏联的详细指令,并且相信这种指令是合理的,也是和中国的国家利益一致的。

但是,克里姆林宫从来没有表示过自己会仅仅满足于外国共产党的这样一种自愿屈服,特别是在这种屈服不能给它提供在该共产党中获得有效的权力地位的机会的时候。另外,从中国共产党人以前表现出的独立性和假定中国共产党了解苏联向卫星国渗透的目标来看,对于北平到底愿意在多大程度上接受向苏联自愿屈服的地位就只能进行猜测了。

3. 不同程度的初级合作

共产党中国也可能在苏联的体系中占有一个高于欧亚其他卫星国的特殊地位,这种地位由于对北平在国内外行动自由的严格限制可以被描述为受到削弱的初级合作者地位。除了中国的幅员规模和它在必要情况下的明显的自卫能力这些事实之外,中国共产党人出于下面两个原因也可能向莫斯科提出一定的要求:即他们在把中国带入共产主义集团方面所作出的贡献和他们为共产主义的扩张和削弱西方在亚洲其他地区的地位方面所提供的新机会。中国共产党在朝鲜战争中的作用,北平在思想信仰方面所被允许拥有的自由,尤其是北平作为亚洲其余地区榜样的作用——所有这些都加强了北平在苏联集团中的特殊地位的形象。所有证据表明,苏联承认北平的地位,而且它非常小心地不去触犯中国共产党人的感情。

然而,如果北平是一个初级合作者,那这种地位也是非常有限的。作为共产党人,他们也加入了世界其他地区那些在苏联和斯大林面前臣服的同伴们的行列。不管是否出于自愿,他们允许成千上万的苏联人员涌入中国并且大肆溢美苏联。由于缺少实质性的重工业,他们军队的装备和现代化都必须依赖苏联,他们的贸易越来越倾向于苏联集团。也许最重要的是,尽管莫斯科在法律上承认了中国在中苏边界地区的主权,但是目前苏联仍然在这些地区居于强有力的地位,这使它在和中国共产党人打交道方面拥有了相当重要的杠杆。

根据上述的分析,共产党中国和苏联的关系似乎是一种混合物。一方面,在某些问题上北平处于卫星国状态,但另一方面,无疑北平在苏联的计划中处于一种特殊地位,这种地位具有某些初级合作者的特点。很明显,这种关系最终将采取什么形式取决于在今后很长一段时间内继续起作用的许多因素,它们包括:

(1)战争与和平的总体前景。

(2)北平的地位对于苏联在其他(尤其在亚洲)共产党国家和共产党的控制权中所具有的意义。

(3)苏联和中国共产党保持某种利益的一致性,尤其是在与中苏边界地区的未来方面、共产主义在东亚的传播、现在和将来在东亚的军事行动相关联的问题上。

(4)中国长期政治和经济稳定的环境对中国共产党的领导地位产生的影响。

(5)苏联在中国渗透的程度。

(6)共产党中国为维持其经济和军事力量不得不依赖苏联集团的程度。

O. S. S. /State Department Intelligence and Research Reports China and India 1950 - 1961 Supplement, Reel I, 0713 - 0720. University Publications of America, INC, 1979

金海译,何妍校

中情局关于中苏关系的特点及其走势的评估

(1952 年 8 月 10 日)

机　密

中共政权与苏联的关系：当前的特点和未来可能的走向

(1952 年 8 月 10 日)

问　　题

评估目前共产党中国与苏联关系的特点和状态，并预测在今后两年中这种关系可能的发展方向。

结　　论

1. 北平政权接受了莫斯科在世界共产主义运动中的领导地位，并且在经济和军事上正变得越来越依赖苏联。然而，我们认为北平政权仍然保留了某些独立行动的能力，而且正处于能够对共产党远东政策的形成过程发挥影响的地位。

2. 我们认为，莫斯科将力图扩大并加强它对共产党中国的控制。但是，我们也认为，至少在这份评估所涉及的时期内，仅仅通过非军事手段，克里姆林宫是无法对共产党中国施加像它在东欧卫星国中所实行的那种程度的控制的。我们认为，几乎可以肯定的是，克里姆林宫将不会企图用军事力量来实现这种控制。

3. 从长远来看，由于苏联加强并扩大它对共产党中国的控制，苏联对共产党中国经济和军事援助问题的分歧，关于边界地区的不同观点，共产党中国企图控制和指导远东"解放运动"的努力，或者在与世界其他地区共产党的目标相关联的远东共产党的目标的重要性问题上的观点分歧等问题，中苏团结可能会受到削弱。

4. 我们认为，在这份评估所涉及的时期中，由于紧密的意识形态联系以及在追求共同目标——尤其是在把西方的影响从远东清除出去这一点上——中的持续相互合作，这些因素将更有价值。

5. 尽管北平政权无疑将继续企图获得国际上的合法承认，取得台湾，并且恢复与西方的贸易和商业往来，但我们认为，非共产主义国家向共产党中国做出的让步是不会削弱目前的中苏团结的。另外,正如我们以前所推测的,我们认为西方对共产党中国施加的压力,尽管会削弱它,但是在这份评估所涉及的时期内不会分裂中苏团结。①

讨　　论

一、介　　绍

6. 共产党中国和苏联向世界呈现出一条联合阵线。自从 1949 年中国共产党政权建立以来,没有任何可靠的迹象表明,它们中的任何一方在没取得另一方同意的情况下采取了任何重要的共同关心的行动路线。1950 年 2 月,中国共产党和苏联签署了为期 30 年的友好同盟互助条约,这一条约为当前两国间的关系提供了正式的基础。②

二、中苏关系的现状

(一) 苏联的共产主义与中国共产党

7. 与欧洲卫星国家的共产党不同,中国共产党是在几乎没有从苏军那里获得任何援助的情况下取得政权的。中国共产党声称这种成就是独立取得的,苏联在 1949 年北平政权成立之前的中国革命中仅仅享有意识形态和道义支持的声誉,这是有某些事实基础的,尽管他们低估了在 1945～1949 年苏联所提供的援助。

8. 世界上绝大多数共产党的领导集团都会经历经常性的和剧烈的变动,人们相信这种变动是莫斯科所指示的。比较而言,中国共产党的领导集团却表现出了独特的稳定性和持续性。这个领导集团无疑以它能够独立取得政权而自豪,并且认为它拥有独立行动的能力。

9. 中国共产党强调毛泽东作为一个共产党理论家,本身所具有的权威。这种观点部分地被莫斯科所接受,而且毛泽东在这方面所享有的威望远远超出了同时代的其他非苏联的共产党。然而,即使那些在威望上把毛泽东置于接近斯大林地位的中国人都承认自己效忠于莫斯科的领导人所坚持的马克思-列宁-斯大林主义。中国共产党领导人一再强调他们忠于斯大林主义,反对铁托主义的"民族自私性",他们也感激俄国领导人和十月革命所提供的刺激和榜样。因此,共同的意识形态就成为把中苏政权联系在一起的强大力量。北平和莫

---

① 原注:国务院情报处特别助理认为,关于西方行动对中苏团结可能产生的影响这个困难而又复杂的问题,需要比准备这份和以前的国家情报评估更加彻底的研究。因此他保留自己对于第五段是否正确的判断,仅仅指出,在这份评估所涉及的时期内,要对中苏团结进行重大削弱是不可能的。

② 原注:该条约的公开文本见附录一。在这份简短而梗要的条约中比较重要的条款包括:(1) 在缔约一方受到日本或与之结盟的任何一个国家的攻击并因此处于战争状态时,另一方将立刻用它所能动用的一切手段提供军事和其他方面的援助;(2) 在影响它们共同利益的所有重要国际问题上缔约双方将彼此进行协商;(3) 双方将按照平等、互利、互相尊重主权和领土完整以及互不干涉内政的原则发展和加强经济与文化交流。

斯科都把将西方影响从亚洲排斥出去并把共产党的控制扩大到整个该地区作为目标。它们都渴望传播共产主义的世界革命。

（二）苏联在共产党中国的其他影响

10. 在中国的各级党政机关中都驻有苏联的政治和经济"顾问"。我们并不认为这些顾问会直接下达命令，但是中国人愿意接受他们的建议，这些建议似乎是通过中国的中介人提出的。苏联顾问不仅进入了中国的党政机关以及一定的经济和安全机构，而且也被分配到特殊的工程、工业和文化项目中去。无论是这些顾问还是克里姆林宫，都没有对共产党中国的国内政策或者是这些政策的执行提出过批评，至少没有提出公开的批评。

11. 朝鲜战争极大地加强了共产党中国对苏联的经济依赖。西方国家在1951年7月实行更加严格的贸易管制促使共产党中国的贸易进一步倒向苏联集团。尽管共产党中国对苏联集团的经济依赖加强了苏联在共产党中国的影响，可是苏联并没有直接控制中国的经济，或是在中国大陆上经营任何工业（满洲和新疆除外）。

12. 朝鲜战争似乎是由中苏联合军事司令部指挥的。中国共产党人无疑受到苏联军事顾问的有力影响，在朝鲜战争中，可能没有一个重要决定是在未得到苏联批准的情况下做出的。

13. 除了那些缴获的装备以外，中国共产党军队在军队的重型装备上完全依赖于苏联，可以假定，苏联的大规模后勤支援进一步加强了莫斯科对中国军队的影响。中国共产党的空军在很大程度上是苏联的产物，它在装备和供应上完全依赖苏联。

（三）边界地区的局势

14. 在满洲，中国共产党政治和军事领导人的影响似乎超过了当地的苏联人员。经济政策也反映了北平的中央计划和指导。即使如此，苏联仍然通过其军事和经济顾问、它的情报活动、它对铁路线的监督以及它参与对旅顺海军基地的控制，从而在当地的经济和战略发展上施加了重大的影响。根据中苏之间的协议，[①]苏联对旅顺港的控制和对满洲铁路线的管理的介入将于1952年结束；然而，这种结束可能并不会很大地削弱苏联在满洲的影响。

15. 苏联顾问和苏联的商业企业在内蒙古有经济和政治影响，尤其是在与苏联交界的内蒙古东部地区。然而，北平至少拥有行政上的控制权，而且中国的影响力似乎正在增长。

16. 在新疆，北平已经驻扎了7万人的军队，并且似乎正在实施有效的行政控制。然而，出于地理上的原因，新疆的贸易主要是和苏联进行的，而且中国需要苏联的援助以开发当地的资源。苏联通过三家中苏公司以及在省政府中服务的苏联公民在当地施加巨大的影响。

17. 苏联在边界地区的影响，无论在政治上还是经济上，都是非常广泛的。同时很明显，中国共产党的政治和领土利益显然并没有由于苏联的扩张利益而牺牲。自从1950年以来的趋势似乎是中国共产党的行政控制正在加强。

---

① 原注：共产党中国和苏联之间就中国长春铁路、旅顺口和大连签订的协议公开文本见附录二。

三、当前中苏关系的特点

18. 在考虑了已有证据后,我们得出的结论是,北平政权——与欧洲卫星国不同——并没有受到克里姆林宫直接的和完全的控制。中苏合作是建立在如下基础上的,即中国共产党人接受莫斯科在世界共产主义运动中的领导地位,双方共同的意识形态,以及把西方的影响从远东排斥出去这个共同的目标。这种关系被它们对一个复活的非共产主义的日本和在西太平洋的美国的权力的共同敌视所进一步加强。而由于克里姆林宫对远东盟友的需要和共产党中国对于苏联在训练和装备其武装部队以及发展经济方面提供援助的需要,这种关系也得到极大加强。

19. 我们也认为,中国的面积和潜力、中国共产党的力量和凝聚力、中国传统的排外心理以及外国人在对中国实施控制时所面临的固有困难,都使得中国共产党人能够保持某些独立行动的能力,并且也有能力对共产党远东政策的制定施加影响。

20. 中国共产党政权似乎愿意——至少是暂时地——服从那些和苏联利益相矛盾的中国国家利益,掩盖它对于苏联以牺牲中国为代价进行扩张的恐惧,用争取把西方影响排斥出亚洲的联合的中苏政策取代它传统的以夷制夷的单边政策。中国共产党领导人可能认为,中苏的密切合作将保证中国的安全不受西方反抗行动的破坏,并且在不损害中国独立的情况下确保苏联的经济和军事援助。

21. 克里姆林宫似乎认可了共产党中国现在有追求它自身利益的决心和一定的能力。此外,克里姆林宫几乎肯定地已看出,在目前的这种关系中存在着利用共产党中国来削弱西方在亚洲地位的机会。另一方面,克里姆林宫也可能把当前这种关系视为通过颠覆、使共产党中国在经济和军事上依赖于苏联以及苏联在边界地区的压力等种种手段扩大它在共产党中国的支配地位的机会。另外,一个友好的共产党中国为苏联提供了纵深防御,构成了有价值的潜在的人力资源和其他资源,而且也是一个重要的政治和心理上的资产。

四、中苏关系的未来发展方向

22. 我们相信下列因素将趋向于确保在本评估所涉及的时期内中苏团结的继续发展:

(1) 共同意识形态的凝聚力可能继续把两个政权团结在一起。

(2) 共产党中国在军事和经济上对苏联的依赖将会进一步增加,至少只要朝鲜战争继续悬而未决就会如此。

(3) 持续的美国对台湾国民党政府的援助、《美日安保条约》以及经常存在的对美国针对共产党中国本身所采取的行动的担忧,将有助于把共产党中国和苏联拉在一起。

(4) 苏联和共产党中国目前似乎都不能在不损害它们自身目标的情况下使这种关系发生对自己有利的改变。中国共产党单方面改变这种关系或者脱离苏联集团的努力,将导致苏联撤回对它的经济和军事援助,并且在中国共产党和武装部队内部造成严重分歧。这可能导致与苏联的武装冲突。同时，克里姆林宫把共产党中国降低到欧洲卫星国那种地位的努力则可能导致与共产党中国的武装冲突，并可能在国际共产主义运动中造成分裂和混乱。

23．另一方面，下列因素可能迟早会削弱中苏团结：

（1）在新疆、蒙古以及满洲问题上，中苏关系的历史中充满了冲突。上个世纪，在那些地区俄国几乎不间断地侵蚀中国的利益。1950年的中苏条约暂时结束了这种边界纠纷。然而，很难相信，这种由来已久的冲突已经被一劳永逸地解决了。我们认为，它们很可能会以这种或那种形式再次出现，而在评估未来中苏关系可能的发展方向时必须考虑到这一点。

（2）在对远东其他国家的"解放"运动提供援助和建议时，北平可能企图扩大它自己的势力范围。中国有希望成为远东头号强国的传统野心，而且有证据表明中国共产党在其他远东"解放"运动中的作用正在加强，但是尚未最终定型。

（3）目前，中国的利益主要还局限于远东；克里姆林宫的利益则是世界范围的。因此，中国共产党人可能认为实现远东目标更为紧迫，并且他们比可能由于世界其他地区的局势而推迟在远东的行动的苏联人更缺乏耐心。中国共产党人可能对苏联提出与长远的苏联全球利益相矛盾的要求，或甚至采取这样的行动。这也可适用于成为两个政权产生摩擦的潜在紧张根源的朝鲜战争。

（4）中国共产党的工业化和军事现代化计划越来越依赖于苏联的物资和技术援助。由于苏联不能或不愿提供重要设备，两国之间可能会出现紧张关系。苏联在提供援助时所提出的条件可能会侵犯中国的民族自尊心。

（5）我们认为，克里姆林宫的最终目标是建立一个由莫斯科支配的共产主义世界。然而，我们不认为，共产党中国的领导人会接受苏联对中国的完全控制。中国的未来领导人是否会这么做还是一个问题，如果他们不会这么做，严重的利益冲突就是确定无疑的了。

24．我们相信，莫斯科将力图扩大和加强它对共产党中国的控制。然而，我们相信，至少在这份评估所涉及的时期内，仅仅通过非军事手段，克里姆林宫不可能对共产党中国实施类似于它在欧洲卫星国那样的控制。我们相信，几乎可以肯定的是，克里姆林宫不会企图通过军事手段实现这种控制。对中国的军事征服将会是一个漫长的、困难的和代价高昂的过程。

25．我们相信，在本评估所涉及的时期内，那些倾向于可能分裂苏联和共产党中国的因素被密切的意识形态联系以及双方在追求共同目标——特别是把西方影响从远东排斥出去——时的持久合作所掩盖。

26．尽管北平政权无疑将继续企图获得国际上的合法承认，取得台湾，并且恢复与西方的贸易和商业往来，但是我们并不认为非共产党国家对共产党中国做出的让步能够削弱目前的中苏团结。另外，正如我们以前所指出的那样，我们相信西方对共产党中国施加的压力在削弱它的同时，在本评估所涉及的时期内是无法分裂中苏团结的。①

---

① 原注：国务院情报处特别助理认为，关于西方行动对中苏团结可能产生的影响这个困难而又复杂的问题需要比准备这份和以前的国家情报评估时所进行的更加彻底的研究。因此他保留自己对于第二十六段是否正确的判断，仅仅指出，在这份评估所涉及的时期内，要对中苏团结进行重大削弱是不可能的。

附录一

中华人民共和国和苏联友好同盟和互助条约[①]

　　中华人民共和国中央人民政府与苏维埃社会主义共和国联盟最高苏维埃主席团具有决心以加强中华人民共和国与苏维埃社会主义共和国联盟之间的友好与合作,共同防止日本帝国主义之再起及日本或其他用任何形式在侵略行为上与日本相勾结的国家之重新侵略,亟愿依据联合国组织的目标和原则,巩固远东和世界的持久和平与普遍安全;并深信中华人民共和国与苏维埃社会主义共和国联盟之间的亲善邦交与友谊巩固是与中苏两国人民的根本利益相符合的;为此目的,决定缔结本条约,并各派全权代表如左:

　　中华人民共和国中央人民政府特派中国政务院总理兼外交部部长周恩来;

　　苏维埃社会主义共和国联盟最高苏维埃主席团特派苏联外交部部长安得列·扬努阿勒耶维赤·维辛斯基。

　　两全权代表互相校阅全权证书,认为妥善后,同意下述各条:

　　第一条　缔约国双方保证共同尽力采取一切必要的措施,以期制止日本或其他直接间接在侵略行为上与日本相勾结的任何国家之重新侵略与破坏和平。一旦缔约国任何一方受到日本或与日本同盟的国家之侵袭,因而处于战争状态时,缔约国另一方即尽其全力给予军事及其他援助。

　　双方并宣布,愿以忠诚的合作精神,参加所有以确保世界和平与安全为目的之国际活动,并为此目的之迅速实现充分贡献其力量。

　　第二条　缔约国双方保证经过彼此同意与第二次世界战争时期其他同盟国于尽可能的短期内共同取得对日和约的缔结。

　　第三条　缔约国双方均不缔结反对对方的任何同盟,并不参加反对对方的任何集团及任何行动或措施。

　　第四条　缔约国双方根据巩固和平与普遍安全的利益,对有关中苏两国共同利益的一切重大国际问题,均将进行彼此协商。

　　第五条　缔约国双方保证以友好合作的精神,并遵照平等、互利、互相尊重国家主权与领土完整及不干涉堆放内政的原则,发展和巩固中苏两国之间的经济和文化关系,彼此给予一切可能的经济援助,并进行必要的经济合作。

　　第六条　本条约经双方批准后立即生效,批准书在北京互换。

　　本条约有效期为 30 年,如在期满前一年未有缔约国任何一方表示愿予废除时则将延长

[①] 该条约译文录自国际关系学院编:《现代国际关系史参考资料(1950～1953)》(上),北京:人民教育出版社 1960 年版,第9～11页。——译注

5年，并依此法顺延之。

1950年2月14日订于莫斯科，共两份，每份均以中文与俄文书就，两种文字的条文均有同等效力。

中华人民共和国中央人民政府全权代表

周恩来（签名）

苏维埃社会主义共和国联盟最高苏维埃主席团全权代表

安·扬·维辛斯基（签名）

附录二

中华人民共和国和苏维埃社会主义共和国联盟关于中国长春铁路、旅顺口及大连的协定[①]

中华人民共和国中央人民政府与苏维埃社会主义共和国联盟最高苏维埃主席团确认自1945年以来远东形势起了根本的变化，即：帝国主义的日本遭受了失败，反动的国民党政府已被推翻，中国成为人民民主的共和国，成立了新的人民政府；这新的人民政府统一了全中国，推行了与苏联友好合作的政策，并证明了自己能够坚持中国国家的独立自主与领土完整，民族的荣誉及人民的尊严。

中华人民共和国中央人民政府与苏维埃社会主义共和国联盟最高苏维埃主席团认为这种新的情况提供了从新处理中国长春铁路、旅顺口及大连诸问题的可能性。

中华人民共和国中央人民政府与苏维埃社会主义共和国联盟最高苏维埃主席团根据这些新的情况，决定缔结关于中国长春铁路、旅顺口及大连的本协定：

第一条　缔约国双方同意苏联政府将共同管理中国长春铁路的一切权利以及属于该路的全部财产无偿地移交中华人民共和国政府。此项移交一俟对日和约缔结后立即实现，但不迟于1952年末。

在移交前，中苏共同管理中国长春铁路的现状不变。惟中苏双方代表所担任的职务（如铁路局长、理事会主席等职），自本协定生效后改为按期轮换制。

关于实行移交的具体办法，将由缔约国双方政府协议定之。

第二条　缔约国双方同意一俟对日和约缔结后，但不迟于1952年末，苏联军队即自共同使用的旅顺口海军根据地撤退，并将该地区的设备移交中华人民共和国政府，而由中华人民共和国政府偿付苏联自1945年起对上述设备之恢复与建设的费用。

---

① 该条约译文录自国际关系学院编：《现代国际关系史参考资料（1950～1953）》（上），人民教育出版社1960年版，第11～13页。——译注

在苏军撤退及移交上述设备前的时期,中苏两国政府派出同等数目的军事代表组织中苏联合的军事委员会,双方按期轮流担任主席,管理旅顺口地区的军事事宜;其具体办法由中苏联合的军事委员会于本协定生效后三个月内议定,并于双方政府批准后实施之。该地区的民事行政,应直属中华人民共和国政府管辖。在苏军撤退前,旅顺口地区的苏军驻扎范围,照现存的界线不变。

一旦缔约国任何一方受到日本或其他与日本相勾结的任何国家之侵略而被卷入军事行动时,经中华人民共和国政府提议及苏联政府同意,中苏两国可共同使用旅顺口海军基地,以利共同对侵略者作战。

第三条　缔约国双方同意在对日和约缔结后,必须处理大连港问题。至于大连的行政,则完全直属中华人民共和国政府管辖。

现时大量所有财产凡为苏联方面临时代管或苏联方面租用者,应由中华人民共和国政府接收。为进行上述财产接收事宜,中苏两国政府各派代表3人组织联合委员会,于本协定生效后3个月内拟定财产移交之具体办法,此项办法俟联合委员会建议经双方政府批准后于1950年内完成之。

第四条　本协定自批准之日生效,批准书在北京互换。

1950年2月14日订于莫斯科,共两份,每份以中文与俄文书就,两种文字的条文均有同等效力。

中华人民共和国中央人民政府全权代表

周恩来(签名)

苏维埃社会主义共和国联盟最高苏维埃主席团全权代表

安·扬·维辛斯基(签名)

DDRS，CK 3100174684 - CK 3100174697

金海译,何妍校

第二部分　中苏蜜月期(1954～1957)

9-14

国务院欧洲事务局关于
中苏关系及其分歧的报告

（1954 年 4 月 6 日）

秘　密

中苏关系及中苏间潜在的分歧
——1954 年 4 月日内瓦会议背景材料

这个附件是由国务院欧洲事务局东欧事务处的布雷克（Blake）先生准备的，并反映了 CA、PRF 和 PRS 文件的评论。

另见文件《在日内瓦发现共产主义阵营的弱点》（GKI D-5）。

沃尔特·特鲁克（Walter Trulock）

S/S-O

中苏关系及中苏之间潜在的分歧

中苏联盟的基本特征

1. 中苏关系的总体特征，可以与英美关系相比较。对于军事安全的突出考虑使两国之间的联盟得以巩固。同样，两国还有强有力的贸易和政治关系纽带。尽管目前中国在这个联盟中处于次要地位，但是它作为一个独立大国的地理位置及资源非常重要，以至于苏联不得不作出相当大的让步，至少尊重它处理内部事务的独立性以及它在亚洲共产主义计划中发挥重要作用的权力。

2. 同样，中苏关系与英美关系相比也有着重大差别。意识形态方面的狂热性是北平对莫斯科充满敬意的一个重要原因，但是中苏两国间却缺少如英美两国间那样强大的文化与传统的共性。共产党中国与苏联之间存在一条漫长的边境线，这是两国之间关系的一个重要因素，而美英两国间并非如此。尽管中苏两国关系与中美两国关系一样，当前有着巨大的共同利益，但是从长远来看，北平与莫斯科之间要面临更大的潜在冲突。

毛泽东的崛起引起苏联政策调整

3. 共产党中国作为亚洲一支主要力量的崛起（这当然是从军事角度来审视它）要求苏联大幅度地调整自己的思维。这个共产党国家并不是主要靠苏联军事力量获取和巩固政权的；这是共产党历史上的第二次。第一次是南斯拉夫。苏联领导人当然要重视铁托同苏联关系破裂给中国造成的影响。

4. 苏联无力对北平政府实施通常的卫星国般的组织控制，这就可能使斯大林先前设定的目标面临两个不协调的因素。其一，中国辽阔的领土和众多的人口使得它不可能被其他国家直接控制和操纵；其二，东亚未来可能取得共产主义胜利的地区将在地理位置上远离苏联的军事控制区域。

5. 因此，苏联被迫重新考虑它与共产党中国的关系。因为中共领导人提出了相应的要求，所以无法确定苏联的态度到底有怎样的主动变化。这种要求有的是在朝鲜战争中提出来的，有的直到斯大林去世、毛泽东的威信相应提高的时候才提出来。然而，这些因素明显对苏联的对华态度以及中国共产党的自信心有重要影响。就像从前沙俄政府一样，苏联政府如今已经认识到它同共产党中国的关系是其远东政策的核心，对于中国在亚洲事务中的决定权以及执行共产主义政策的权力，苏联也明确给予进一步的承认。

苏联的影响与权势对共产党中国的作用

6. 当然，中国共产党人独立的权力基础以及苏联对中国的"大国"地位的承认，使得苏联不可能按照通常的卫星国模式对中国加以控制。为了两国之间的相互利益以及经济和军事的相互依存，苏联必须让中国继续忠诚于自己。苏联很少有机会对中国共产党的政策实行直接控制。苏联顾问可能向莫斯科提供一些有关共产党中国的情报，但是他们不得不在一定程度上服从中国的总体政策。由于苏联在对共产党中国的贸易与技术援助方面几乎居垄断地位，因此它能够对中国共产党的工业化项目形成影响，而工业化正是目前阶段北平政府最关心的一个方面。苏联对华的军事援助使莫斯科在北平政府的军事现代化与军事计划方面具有一定的发言权。但是，苏联对中国共产党内部事务的干预还保持在最低水平。不管怎样，苏联作为世界一极"阵营"的领导，一定希望北平政府坚持苏联外交政策的普遍原则。

潜在的分歧：苏联对中国经济的援助

7. 苏联对共产党中国在工业与技术援助方面的要求所做出的回应，看来是中苏之间最有可能发生重大分歧的领域。对于共产党中国来说，苏联的设备和服务是它实现最重要的国家目标——建立一个现代化工业国家——所必不可少的重要因素。

8. 北平政府正在全力以赴地推行它的经济建设项目。因此，它肯定想促使苏联按照中国人所能够接受的最快的速度来提供机器设备和服务。苏联的这些设备和服务必须用现金或者中国的原材料来进行偿付。但是无论是现金还是原材料，都是通过压缩中国老百姓的食品消费、降低他们的生活标准来得到的。有证据表明，由于苏联政府不愿意在利益方面进行让步以满足共产党中国的需求，共产党中国已经被迫对它的第一个五年计划的数字进行了重大调整。

9. 盟国对共产党中国实行贸易控制使中国更加彻底地依赖苏联。盟国试图通过加剧莫斯科的困难和北平的不满来诱导北平向西方或者日本寻找替代资源。然而，随着贸易体系中越来越多的俄罗斯技术、术语、标准、零部件、制度框架被中国接受，中国就越来越难以转向寻求其他的资源。另外，在目前的环境下，苏联设备资源的可靠性也为中国共产党提供了一定程度的保障。

10. 共产党中国对苏联商品和服务的依赖，中国贸易在苏联系统中的"体制化"，以及中国经济被整合到共产主义阵营经济之中，这几个方面都使苏联得到了极大的好处。同时，这种好处又被经济的消耗、中国人的任性与恶意在一定程度上抵消了。而这种任性与恶意正是由于莫斯科贸易的限制和缺陷所引起的。苏联能够更随心所欲地制定它的贸易规模和期限，这一点反过来限制了它用经济"援助"来影响中国共产党的政策。

有关世界事务的观点

11. 虽然苏联领导人继承了一种革命传统，由此他们会毫不犹豫地实行他们的扩张目标；但是，他们在国际环境中最重要的目的还是维护已获得的领袖地位，这就与中国共产党人处于"正在崛起"的激进心态有所区别。除了鲁莽轻率的革命热情之外，中国共产党人还有一种强烈的愿望——想要在亚洲恢复中国的传统大国地位。这并不意味着北平政府对威胁自身安全的因素不敏感。更确切地说，这只能表明共产党中国的野心在亚洲地区，这种野心包括规避安全风险，可能比苏联在亚洲的野心还要更大一些。

12. 地理位置的迥异也使得苏联与共产党中国对世界事务的观点有所差别。中苏联盟以及喜马拉雅山脉减少了中国受到来自太平洋沿岸以及东南亚的国家安全威胁的危险。另一方面，苏联在欧洲和中东地区得到了同样的好处，甚至所获利益更多。从伊朗到芬兰一线，苏联既具有扩大其民族影响的机遇；又面临着对其工业和军事力量的更为严重的威胁（空中威胁主要来自极地对岸）。由于这些原因，苏联对欧洲和中东事务同它对亚洲问题一样具有浓厚的兴趣。而中国共产党却不同，它不需要直接关注欧洲和中东问题，除非参与这些问题的解决有助于提高它作为世界大国的地位。

中国共产党势力范围的发展

13. 最近，苏联鼓吹中国是"亚洲大国"，这就表明苏联承认中国在用军事力量保护亚洲势力范围方面具有首要责任。同样，苏联还承认中国在远东共产主义势力范围的经济政策方面具有发言权。但是，莫斯科是否将北平的外向型力量视作共产主义力量，是否认为这种外向型力量能完全按照苏联的意愿来对抗亚洲的自由国家，这些仍是不能确定的问题。

14. 最近的一些事情表明，北平政府已成为亚洲共产主义活动的中心。直到目前为此，中苏两国还没有公开摩擦，但是两国都清楚，在未来某个时候，两国在亚洲的政治和经济利益可能发生分歧，它们无法阻止这一点。苏联与共产党中国在东南亚发生冲突的可能性不大。因为中国在这一地区的战略和传统利益占主导，很明显，苏联领导人也倾向于让中国共产党在该地区占据核心地位。就对共产主义运动进行直接控制或者对当地政府施加影响而言,苏联在东南亚从来不曾有一个牢固的据点。苏联可能认为东南亚本土倾向于扩张共产主义的力量不会赞成北平对其进行直接控制。因此,很少有迹象表明,莫斯科担心其声音被完全排斥在东南亚事务之外。

15. 正如苏联将东欧视为它的势力范围一样,共产党中国很有可能将东南亚看作是自己最有希望开辟、也最适合开辟为势力范围的地区。在这一地区刚刚发生清除白人影响的事件之后,共产党中国就提出了东方的概念来针对白人影响,这使得共产党中国又获得了更多的好处。这一概念的提出之所以能够获得成功,是因为中国庞大的人口、威望及其在亚洲的影响力,而不是因为它这一施压可能会导致西方的进一步撤退。然而,对于苏联而言,任何反对白人的运动都有可能发展为亚洲反对俄罗斯帝国主义的运动,还有可能唤起亚洲人在共产主义运动中的分离主义倾向,或者还有可能导致亚洲的共产主义领导权被中国人掌握;这几种可能性将导致的后果超出了苏联通过进一步共产主义扩张能得到的好处。

朝鲜

16. 在朝鲜战争中,莫斯科政府和北平政府都对北朝鲜政权的军事和政治安全十分关注,这种共同关注使它们进行了一场军事合作,并分别采取了应付这次紧急情况的应急措施。莫斯科与北平的共同利益无疑将让它们在北朝鲜重建以及同西方的政治谈判中继续合作。这一时期的经济负担将主要由苏联承担,因为中国援助别国的潜力不足,并且它自己的国内需求迫切。

17. 然而,中苏在北朝鲜的大规模合作并不能掩盖两国利益的潜在冲突。苏联可能试图维持或重建它在北朝鲜的无可争议的优势地位,而中国共产党则可能并不愿意放弃它在东北亚新获取的地位;因此两者间可能会发生冲突。中国在战争与国际制裁中付出了沉重的代价;并且多个世纪以来中国对朝鲜具有传统影响;在朝鲜出现政治僵局、只能实现不稳定的和平的情况下,尤其需要中国共产党继续履行军事义务来保卫朝鲜。这就使北平政府不可能心甘情愿地放弃它在北朝鲜的影响。同样,莫斯科也不可能放弃它对北朝鲜的控制,除非有巨大的压力迫使它放弃。

18. 由此看来,即使莫斯科与北平之间达成一个最大限度的战略协议,中苏在北朝鲜的关系最多不过一种相互妥协的关系、一种不安定的共管状态。中苏关系中的问题可能产生于中国驻北朝鲜的军队;也可能产生于中朝之间对有限的苏联援助的竞争;可能产生于中苏针对西方的不同战略选择;还可能产生于北朝鲜内部亲华与亲苏派系的摩擦。

日本

19. 当前,苏联和共产党中国在遏制日本的扩张主义、获得日本的生产设备和原材料、阻止日本与西方国家结成巩固的联盟方面有共同的利益。然而,未来两者的利益关系如何,目前尚不能确定,尤其是如果日本共产党或者其他愿意与共产主义阵营合作的左翼政党执掌日本政权,就更难确定了。因为对日本共产党的控制以及对其可能掌握的日本政府的控制,将成为共产主义阵营内部实现国际力量平衡的一个重要因素,甚至是至关重要的因素。

有迹象表明,中苏两国甚至目前就已经开始为这种可能性做准备了。

中国的边疆地区

20. 苏联以及以前的俄罗斯帝国长期以来就有意对中国的边疆地区进行渗透和控制。比如在新疆、蒙古、满洲,甚至对西藏都有较小程度的渗透和控制。尽管苏联在20年代和30年代采取了相当具有进攻性的行动,但是最终只有外蒙古完全被苏联控制。目前,苏联公开承认中国共产党对新疆、满洲、西藏享有完全的主权。自从1949年以来,尽管满洲地区吸纳了大量的苏联技术人员和专家,但是中国人对满洲的控制看来还是相当完整的。对于中国和苏联两国而言,满洲的原材料、工业生产能力以及战略地位都是非常重要的,绝不能等闲视之。在新疆此类资料证据缺乏,但有迹象表明,苏联在这一地区的影响没有能够进一步地扩张,而北平政府比原来的国民政府采取了更有效的控制措施。在中苏关系的恶化过程中,新疆有可能重新成为一个摩擦点。中国共产党至少从表面上看对这些地区进行着政治控制。目前在这个问题上的情报还很缺乏。

MF 2527253-0971,Main Library of the University of Hong Kong

贺艳青译,何妍校

国务院情报研究所关于
苏联在中国新疆行为的报告

（1954 年 9 月 14 日）

IR 6365.2

机　密

苏联在中国边境的帝国主义表现：新疆的事实

这是一份情报报告，不是政府政策的陈述。

摘　　要

　　新疆是中国的一个重要的边境地区，而苏联已经对它实施了领土扩张策略。不过，苏联侵占新疆的计划一直没有取得很大的成功。这不是因为苏联对新疆缺乏兴趣或者是对此努力不够。事实上，苏联在新疆扩大权势的行动逐渐公开化，已经很少找各种借口来欲盖弥彰了。

　　由于中国统治的问题，新疆本地出现社会动荡。苏联自 1934 年起对这个穆斯林占主导地位的地区进行积极干预。到 1949 年，干预取得最大程度的效果。同年，克里姆林宫承认中共在新疆的势力，自愿减少了干预。但是，苏联在新疆仍然持有相当大的影响。

　　（1）1934 年，克里姆林宫派出苏联军队支持盛世才。[①] 盛世才是一个颇有野心的中国军阀。当时，武装的穆斯林非正规军队正在威胁他的权威。显然，克里姆林宫想在维持盛世才自治权力的同时，寻求建立一个针对日本的缓冲区，另外还能够让苏联获得新疆的矿产资源，并且要有利于苏联对新疆的逐步渗透。

　　（2）1942 年，盛世才请求重庆方面的支持，他想趁苏联在第二次世界大战处于危机状态，彻底消除苏联的势力。1943 年，重庆政府的军队开始进驻新疆。随后，苏联的势力从表面上绝大部分撤出了新疆，克里姆林宫还关闭了苏联与新疆的边境贸易，使新疆地区陷入经济困境。

　　（3）然而，苏联撤离后，苏联代理人为穆斯林造反者提供武器，煽动他们公开反对中国人。这一叛乱从 1944 年 11 月持续到 1945 年 9 月，在关键时刻还可能得到了苏联军队的支

---

① 盛世才（1892～1970），字晋庸，原名振甲，字德三。国民党陆军中将加上将衔。1933 年以后分别任新疆边防督办、新疆省政府主席、新疆警备司令、国民党中央训练团新疆分团团长，成为新疆的军政首脑，人称"新疆王"，称霸新疆达 12 年之久。1944 年 9 月 11 日离开新疆。——编注

持。因此，有着丰富矿产资源的新疆西北许多地区脱离中国当局，并入"东土耳其斯坦共和国"。1945年9月后，克里姆林宫坚持一项政策：削弱但不完全摧毁中国政府在新疆的权利。一方面承认中国在叛乱地区拥有主权，另一方面又帮助穆斯林造反派维持事实上的独立；继续拒绝承认中国控制下的新疆地区对它自身经济稳定具有至关重要的作用，又重新开始开采新疆西北地区的矿产资源。

（4）1949年初期，随着中国共产党胜利的逐步到来，克里姆林宫直到最后一刻都在努力使莫斯科政府所篡夺的新疆特权得到国民政府的正式认可。尽管这一努力失败了，克里姆林宫将目光投向了新的北平政府，希望解决苏联在新疆的特权问题。后来，中共准许苏联开采新疆的矿产资源，但只限于中苏联合开采，而苏联默许中共肃清当地的叛乱。

过去20年间，苏联侵略新疆政策最值得注意的有以下几个方面：

（1）1934年和1944～1945年，苏联曾两次使用武器和军队，确保排除中国中央政府对新疆的某些关键地区的统治。

（2）但是，1934年和1949年，克里姆林宫也曾两次避免使用武力，不同中国当局争夺对新疆的重新统治。

（3）与苏联在东欧的政策相比，克里姆林宫显然不太确定是否有必要采取紧急行动，保证"东土耳其斯坦共和国"的领导权落入可信赖的当地共产主义者的手中，并按照共产主义的原则来加强团结。只要穆斯林起义者没有干涉苏联开采新疆的矿产资源，苏联的主要利益就似乎得到了满足。

（4）在选择新疆的政策代理人时，克里姆林宫出尔反尔的表现十分突出。1934年，它宁愿选择一个中国军阀作为代理人，而不理会"受压迫"的穆斯林群众。然而到了1944年，苏联却向穆斯林提供武器来同中国人作战。

（5）除了有助于实现苏联国家利益的要求可以得到满足外，苏联支持的叛军领导人所提出的要求都受到严格控制。

（6）苏联领导者虽然承认中国对起义者控制地区拥有主权，但他们自己在背地里对起义政府实施控制。

一、1944年11月暴动的背景

众所周知，新疆，或者被称为中国土耳其斯坦和东土耳其斯坦，位于今天共产党中国的最西北地区。新疆面积辽阔，相当于美国面积的五分之一，包括极其多样的地理特征（例如：几座2万英尺高的山，许多沙漠和半干旱地区）。新疆提供人类居住条件的能力有限；据估计，仅有400多万人居住，总人口密度为每平方英里大约10人。然而，自基督教早期开始，新疆一直吸引着外来政治权力中心的关注。在古代，新疆之所以受重视，是因为其地理位置横跨中国与近东的主要贸易通道。在现代，新疆主要被中国和俄国争夺，是因为它拥有作为防御缓冲区和矿产资源储藏地的价值。

由苏联支持的新疆 1944 年 11 月暴动还有另一原因——新疆复杂的社会特征,这是新疆的地区特点。新疆有八个民族居住,其宗教、生活方式、语言和种族各不相同。较大的民族有:突厥族(维吾尔族)、乌孜别克族、塔塔尔族和塔兰奇族占人口的 77%;哈萨克族和吉尔吉斯族占 12%;汉族占 6%;东干族(Tungkans)、蒙古族、白俄罗斯族、满族、锡伯族(Hsipos)、索伦族和塔吉克族占 5%。在 20 世纪,无论新疆是否处于中央政府的直接控制下,在新疆担任文职、军职和商业领导的大都是汉族人。可是,汉族统治下的绝大多数(89.3%)是穆斯林和非汉族人(维吾尔族、乌孜别克族、塔兰奇族、哈萨克族、吉尔吉斯族和塔吉克族)。事实证明,对于汉族人而言,这些少数民族中以游牧的哈萨克族最难以对付;但是,在绿洲定居的维吾尔族也从没有停止对汉族进行暴力攻击。回族处境非常矛盾,这是因为他们是信仰伊斯兰教的汉族人,既没有完全被汉族认同,也没有被非汉族的穆斯林接受。白俄罗斯群体大部分由来自布尔什维克革命的难民组成。由于白俄罗斯族人的军事才能和相对较高的教育水平,在 1949 年中国共产党接管新疆之前,他们的影响远远超出他们的人口规模。

不同族裔构成的新疆人长期渴望某种形式的真正自治,以捍卫其宗教信仰和生活方式免遭歪曲或毁灭,并摆脱中国政府的沉重苛税和粗暴统治。仅仅凭借……①

……在大量苏联飞机的援助下,盛世才迅速打败了马仲英②的部队。1934 年 7 月,在新疆局势尚未明朗的情况下,马仲英离开新疆边界去了苏联。

正如苏联同外蒙古的关系一样,苏联领导人与盛世才进行交往,最为迫切的原因是要控制日本势力在苏联边界扩张的威胁,其次的目的使苏联拥有可供开发的新资源。在外蒙古,为了达成这些目的,克里姆林宫开始支持当地非汉族居民组建名义上自治的政府,③然后逐步重新组建政府,使其服从莫斯科的意志,从而成功排挤同苏联进行竞争的他国势力(中国和日本)。

然而在新疆,克里姆林宫显然是不愿意或者不能够重复这一举动。其原因我们只能推测:他们逐渐认识到提倡国际共同安全(针对苏联潜在的两个敌人——德国和日本)的好处,其明显标志是苏联于 1934 年 9 月加入了国际联盟;④鉴于这是酝酿一个非常重大的政策,他们不希望同中国政府或其他可能成为潜在盟友的政府之间出现无益的对立;盛世才的人品;相当规模的中国军队和富有经验的行政官员驻扎在新疆。⑤ 因而,苏联避免使用由当

① 此处原文缺少一页。译者以为,此页应该是描述在盛世才同金树仁、马仲英争夺新疆政权过程中苏联军队对盛世才的支持。——译注
② 马仲英(Ma Chung-ying,约 1908~1937),原名马步英,甘肃临夏人,回族军阀。最初占据甘肃肃州(酒泉),1933 年率军攻占新疆东部,在与盛世才的争夺中失败逃亡南疆,最终结局不详。——编注
③ 原注:1954 年 11 月 5 日,也就是红军夺取蒙古首都四个月后,苏联政府同"蒙古人民政府"签订协议,承认该政权为"蒙古唯一合法的政府",并准备与之交换"全权代表"。
④ 国际联盟(League of nations),简称国联,是第一次世界大战后组成的国际组织。其宗旨是减少武器数、平息国际纠纷。但国际联盟并不能有效阻止法西斯的侵略。第二次世界大战后国联解体,被联合国所取代。——编注
⑤ 原注:与此对照的是,1921 年在外蒙古已几乎没有中国军队,因为他们被温根·斯特恩贝格(Ungern Sternberg)的军队驱逐出去了;同时也几乎没有中国官员,因为他们绝大多数在 1911~1921 年间被蒙古人取代。

地非汉族居民组建名义上自治政府的手段;也不煽动新疆"受压迫的穆斯林民众"举行起义,来反抗中国的"殖民"政府和穆斯林自己的"封建主义压迫者"。苏联领导人反而决定实施下列政策:(1)鼓励在新疆的中国行政官员独立于中国中央政府;(2)用尽可能多的苏联人员取代新疆地区的关键职位,尤其是警察职位;(3)有必要从新疆的现任地方政府和中国中央政府两处获得排他的经济特许权;(4)获得在他们认为有必要的地方派驻红军的权力;(5)在苏联训练和灌输一支出生在新疆但非汉族人组成的队伍。这一计划的第五点表明:克里姆林宫的长期计划是希望通过实施同在外蒙古类似的手段,确保它对新疆的控制。然而,从短期来看,克里姆林宫认为对省政府实行既合作又破坏的双重政策,这是满足其在新疆目标的最佳权宜之计。①

此政策实施的七八年间,苏联极大地扩大了其在新疆的影响,并在着手开发新疆地区的矿产资源方面迈出重要的一步。盛世才抱有个人野心,先在南京、后迁至重庆的中国中央政府于1933年授予他"督办"的头衔,但他不再承认自己对中央政府的实际从属地位。苏联的经济援助,尤其是生活消费品的出口和在新疆的轻工业建设,有助于巩固盛世才政府的经济基础。②

苏联顾问逐渐影响或控制了盛世才政府的关键职位,尤其是那些新成立的、要求具备现代技术知识的职位。苏联的政治警察们早已到达,并迅速展开了清除异己分子的工作,首先清除白俄罗斯难民,然后清除非汉族的本地领导和商人。从1938年起,中国共产党的代表,其中包括毛泽东的弟弟,在盛世才政府中任职。③

同时,苏联建立了经济代理处,代理处在新疆享有特权。④ 随着1935～1936年的地质勘探,苏联开始开采新疆的矿产资源;在临近乌苏的地区建立了油井;在阿尔泰山脉挖掘锡矿、钨矿和金矿。⑤ 1939年9月9日,苏联政府越过盛世才政府与中国中央政府签订协议,授权中国中央政府在新疆上空开辟中苏名义上合作的航线。在乌鲁木齐之外,苏联建造了飞机装配车间,并负责修理飞机,远离德军空袭,的确仅供军用。

---

① 原注:1935年5月,驻莫斯科的美国大使报告,李维诺夫(Litvinov)告诉他:"对苏联政府或共产党而言,新疆时机尚不成熟,苏联政府更愿意把新疆视为对其实施经济控制的缓冲地区。"
② 原注:有可靠来源的资料宣称,1935～1943年,盛世才得到苏联的"借款"总价值达2 200万金卢布,用以购买商品、技术建议和军需品。这些"借款"必须用新疆同等价值的货物和服务来偿还。据1935年5月的一份借款协议,还要求偿还4%的利息。尽管据报道,到1943年8月为止,苏联只省政府价值约600万新疆元的货物和服务,但是苏联赤字早已高达1 000万新疆元。除进行轻工业建设外,苏联工程师在新疆的道路网络建设方面也取得了重大成就。这些成就不仅有利于新疆的旅游和商业,而且有利于中国中央政府,1938～1941年间,中国中央政府由于抗日战争的需要,用卡车从公路运输来自苏联的军需品。
③ 原注:现任中国共产党中央书记处成员的陈云,在1937～1938年从莫斯科到延安的途中,在新疆作过短暂停留,这可能为中国共产党参与盛世才政府铺平了道路。有报道称盛世才得到许诺,如果他同意中国共产党代表在其政府任职,他就能在未来的中国共产党政府中担任重要职位。不管怎样,毛泽东的弟弟,毛泽民于1938年上半年被共产党派到新疆工作,到1942年,已成为盛世才政府财政部门的负责人。1943年,盛世才下令杀害毛泽民、陈潭秋(中共的创始人之一)以及在新疆工作的其他"众多"中国共产党人。
④ 原注:有资料表明,根据苏联与盛世才1935年5月签订的协议,准许苏联在新疆开设八个苏联经济代理处;但是,没有详细列举的资料。苏新商务机构苏新贸易公司(Sovsintorg,苏联-新疆贸易代理处),作为主要的经济代理处之一,建立于1931年,一直处理苏联在新疆所有分支机构的所有贸易事务。
⑤ 原注:一名中国官员声称,关于苏联开采乌苏油井的事宜,盛世才和苏联驻新疆的代表仅仅达成过口头协议。1940年11月26日,中国国民政府发布了盛世才与苏联就开采"锡矿及其附属矿(如:钨矿)"达成的协议。

为了保护新疆免遭来自日本的可能袭击,苏联骑兵和机械化部队同盛世才的军队一起,驻守在新疆东部的主要城镇——哈密。据报告,另外的苏联军队驻扎在和阗(Khotan or Hotien),保卫新疆同印度的边界。新疆地区除盛世才的军队以外,苏联还在新疆的两个地区派驻了防卫分队,保护自己投资,一个地区是承化县(Sharasume),阿尔泰山脉的主要城镇,苏联在此开采金矿、锡矿和钨矿;另一地区是上述的乌鲁木齐的飞机厂。苏联内务人民委员会(NKVD)的一个师也于1937~1938年间进驻新疆,帮助盛世才镇压喀什噶尔周围的叛乱者。

然而,到了1943年秋天,苏联对新疆的牢固控制被削弱了。政策突然逆转发生在1942年,盛世才允许中国中央政府在新疆重新恢复先前的某些权威,继续处死或抓捕在他辖区内的共产党员和共产党嫌疑分子。盛世才思想为什么改变的详细原因或许永远也无法让人完全了解,但最可能的假设是:他非常担心共产党侵蚀他的个人领地,[①]同时,他也发现了巩固其统治的适当时机。1942年,苏联军事力量的最终命运仍不确定,可是,美国对蒋介石的支持力度却渐渐加大。盛世才认为,调解自己与蒋介石的分歧并接受中国中央政府的有限保护(无论多小的保护),这对自己来说也存在着明确的风险。但是,盛世才必定愿意承担这些风险。无论如何,重庆希望在新疆重新建立其权威,于是它迅速把握住了盛世才处于困境的这个机会。因而,1942年春夏,[②]盛世才与包括蒋介石夫人在内的重庆代表在迪化[③]举行了多次会谈。原先很疏远的双方迅速达成了协议。1942年9月,重庆派出常驻代表到迪化;1943年1月,国民党在迪化建立了党部,并开始在这一地区发展它的组织;1943年4月21日重庆控制下的第一支军队抵达新疆省会,为避免在哈密遭遇有相当规模的苏联驻军,部队绕过了哈密。

由于局势的剧变,克里姆林宫在欧洲问题上忧心忡忡,同时它又考虑到要与中国国民党政府许诺保持表面团结,因此它毫不犹豫地[④]就放弃了自己已经在新疆攫取到的势力范围。但是,与此同时,克里姆林宫决定在它自己有能力重新主宰新疆前,对汉族人在新疆日益巩固的统治进行破坏。因此,苏联于1943年5月告知重庆,打算从新疆撤回其驻军、技术顾问和经济支持。到1943年10月止,苏联的最后一批驻军撤离。[⑤] 苏联工程师也离开了,曾带入新疆使用的大量工业和建筑设备也随之带走。然而也留下了一些设备。与苏联设备的移走相比较,随之而来的苏联贸易的停止给新疆的经济造成了更为严重的负面影响。这给盛世才与中国中央政府努力维持、巩固其权势造成了严重的妨碍。尽管处于势力收缩时期,苏联继续在这一地区派驻领事馆。

---

① 原注:根据一份报告,1941年,盛世才下达命令释放了一些众所周知与共产党有联系的老同学和东北的同事,并任命他们担任重要而且待遇丰厚的职务,这表明苏联日益施压要求盛世才满足和同意它的要求。

② 原注:据说,大约在1939年,陈立夫拜访了盛世才。如果事实真如此,这将表明盛世才在更早些时候,已经认真考虑了与重庆的和解。尽管盛世才在同意恢复与重庆建立关系之前,或许已经用与重庆和解去威胁克里姆林宫,希望苏联领导者停止实施推翻自己政府的计划,而他同时能够把重庆也排除在外。以上推测的根据是,毛泽东曾提到,盛世才就1942年"条约"对苏联提出"要求",克里姆林宫声称拒绝了这一"要求"。

③ 即乌鲁木齐。——编注

④ 原注:据说,苏联起初试图在重庆诽谤盛世才的动机不纯,但这一企图因没有奏效而放弃。

⑤ 原注:有报道称,苏联在承化(Ch'enghua)的卫戍支队已经于1941年撤出。

除计划在经济上造成新疆的混乱外,克里姆林宫开始迅速组织政治力量对抗中国影响力的复苏。一些后来在 1944 年 11 月革命中扮演重要角色的白俄罗斯人,如帕里诺夫(Palinov)和格里本金(Gribenkin),于 1942 年在新疆被苏联当局"逮捕"并移送回苏联,据说为了进行特殊的革命训练。为了同盛世才进行斗争,1943 年春天,哈萨克族的领导成员之一乌斯满·巴托尔(Osman Bator)进入苏联控制的外蒙古,寻求居住在外蒙古的哈萨克人的援助,他受到了很好的接待,并获得了武器援助;然而,在 1940 年同样的军事任务中,他却被回绝了。1943 年 11 月,哈萨克军团在与"蒙古人民共和国"接壤的阿尔泰东部地区起义;冬天,起义曾一度平息;1944 年 3 月,重新发动对中国军队的游击斗争。尽管乌斯满本人是否参与这些袭击尚未得到确切的证实,但据可靠消息,袭击者是用苏联武器武装起来的。① 其他苏联武器被携带到新疆,隐藏在不同的地方。当重庆军队试图沿着未划分界限的边界围捕哈萨克军队时,乌兰巴托电台警告它们不得进入蒙古人民共和国(MPR)的领土,否则,苏联支持的蒙古军队将予以反击。4 月中旬苏联对叛乱的支持达到了高潮。为配合哈萨克-蒙古联合袭击阿尔泰地区东部的富蕴县城,②苏联密谋暗杀大量新疆高级官员,③这一阴谋在最后一刻被暴露。4 月 17 日事件的最后结果是,盛世才在其政府内对被怀疑有苏联背景的官员实施了大规模的抓捕行动。

尽管盛世才已经心生警惕,苏联仍继续支持哈萨克进行袭击。据说,苏联卡车曾于 7 月初期用卡车装载武器和弹药,运送给在新疆北部大部分地区进行军事行动的哈萨克军团。哈萨克军团在乌伦古河④(Utu Bulak)、吉木乃和布尔津等地袭击中国驻军,但被击退。然而,在塔城⑤(Tiehliehtzu)的中国边境驻军很有可能被消灭了。

在重庆看来,受苏联支持的哈萨克袭击与日俱增,其结果是加快了驱逐盛世才离开新疆的计划。人们认为,盛世才留在迪化已经成为一大障碍,阻碍了通过外交手段减少苏联在新疆发起的颠覆活动。从 1943 年 4 月以来,中央政府一直在加强新疆的军队建设,到这个时候蒋介石在新疆的实力已经增强,于是 1944 年 3 月初他开始坚决要求将盛世才调离原来的职位。迪化与重庆经过数月微妙的谈判后,蒋介石最终迫使盛世才同意离开。1944 年 9 月 2 日,吴忠信正式取代了盛世才"督办"的职务,成为新疆省的行政长官。

二、1944 年 11 月革命和随后的新疆
军事行动(至 1945 年 9 月)

重庆误以为盛世才的撤职是协商解决与苏联分歧的必要前提。然而,重庆的幻想很快

---

① 原注:看来哈萨克人自身能够从新疆的其他非汉族组织中获得物质援助。
② 原注:这个城镇,又称为可可托海,后来成为苏联重要的采矿中心。
③ 原注:盛世才的兄弟盛世奇被苏联内务部间谍谋杀。
④ 该地名的翻译不能确定是否准确。——编注
⑤ 该地名的翻译不能确定是否准确。——编注

破灭了。

　　克里姆林宫开始再次沿着苏联边境寻求地理扩张,而且它非常怀疑中国国民政府能够成为唯一的缓冲区来阻止外国向新疆渗透。于是,苏联政府透过新疆经济混乱,也透过中国省政府与新疆少数民族的拙劣关系,察觉到了机会:以一种新形式和新的战略再次实现苏联在新疆的权力。而且,在1942～1944年期间,苏联领导人已经致力于原子能研发,因此他们肯定在一定程度上也下定决心要获得对新疆核分裂物质矿藏的自由使用权。

　　甚至在1943年10月,苏联最后一批红军战士撤离新疆之前,苏联领导人可能已经开始重新计划如何通过中国边境进入新疆扩大其权势。这一次,苏联领导人显然决定通过建立表面上由当地的非汉族人组织自治政府的方式,来达到其在新疆的目标,正如他们以前在外蒙古所做的一样。与在所有苏联边境实行的准备政策一致,或许早在1942年,克里姆林宫已经开始确定、训练、组织和装备人员,主要是苏联人和当地的非汉族人。他们在必要的情况下,或许会领导起义,反对中国驻军,并在"解放"地区接管统治责任。苏联还会利用红军在新疆辅助建立新的苏联政治傀儡;[①]但与外蒙古事件形成对照的是,苏联装备的本地非汉族武装团体要在同中国军队的作战中担负主要责任。尽管苏联的与非共产主义社会的战时统一同盟仍有待开拓,但是克里姆林宫显然希望尽可能慎重地对待重庆政府。

　　与其长期推行的利用某些有用人物的惯例一致,苏联领导人不考虑意识形态,招募了一批形形色色的人担任重要的文职和军职。如:阿合买提江·哈斯木(Ahmed-jan Qasimi),突厥人,据说他以学生和老师的身份被放逐,期间还被指控犯领导"分离行动"罪,曾经被监禁在乌兹别克苏维埃共和国;伊沙克江(Ishaq-jan),吉尔吉斯人,可能出生在苏联,据说,在盛世才统治的几年中,在苏联驻军部队中担任军事官员直至后来被迫离开,离开原因不明;热合木江·沙比尔阿吉(Rahim-jan Sabir Haji),突厥人,其1944年以前的经历几乎没有了解;赛福鼎·艾则孜(Seyfudin Azisof),突厥人,在盛世才统治的大多数时间都在苏联;阿不都克里木·阿巴索夫(Abd-al-Kerim Abasi),据说出生在苏联,但可能是一个"坚定的自治论者";还有两个被新疆驱逐出境的白俄罗斯人——伊凡·吉奥尔戈维奇·帕里诺夫(Ivan Giorgevich Palinov)和吉奥尔基·米哈伊洛维奇·格里本金(Giorgii Mikhailovich Gribenkin)。大量的苏联技术顾问、军事官员(由列斯金 Colonel Leskin 上校领导)、政治警察官员和工程师在新疆领导或指挥的非汉族人,或者单独从事他们自己的专业工作。[②] 克里姆林宫也聚

---

① 原注:1994～1945年苏联在新疆的直接军事干预没有像在外蒙古一样有大量资料记载,但干预是极有可能发生了的。

② 原注:根据获悉的苏联消息来源,1944年11月革命的必备"政治工作",由"驻扎在新疆的苏联内务部六人军事行动小组"负责操纵。这个六人小组直接向苏联内务部阿拉木图办公室负责,而阿拉木图办公室先后由内务部上校彼得·安德烈耶维奇·希巴耶夫(Pyotr Andreyevich Shibayev)(从1944～1946年)和彼得·瓦西列维奇·科兹洛夫(Pyotr Vasilevich Kozlov)(从1946～1949年)。新疆革命由在莫斯科的苏联内务部副部长——阿列可塞·伊万诺维奇·朗方(Aleksei Ivanovich Langfang)将军最终把关。据说,阿列可塞将军在1946～1947年间"多次访问"新疆。内务部上尉(如今是上校)阿纳托里·费奥多罗维奇·克科捷利尼科夫(Anatolii Fyodorocich Kotelnikov)可能也参与了1944年的革命。

集了许多新疆当地的政治人物①，为组建未来政权作准备；另外，还清洗了某些可能难以对付的领导人②。

同时，克里姆林宫为打败中国驻军一直在做必要的军事准备。苏联政府向哈萨克组织提供越来越多的武器和弹药，这些组织或者在不断袭击中国人或者在等待行动的指令，就像在蒙古人民共和国内的乌斯满部队一样。其他的武器被运到新疆，被隐藏在领事馆里，以备不时之需。据称，在1944年9月，由于苏联领事馆的经济支持，苏联军事组织者加速了其招募活动。

显然，在9月份，以上行动导致在巩哈（距伊宁大约20英里）发生了一起时机未成熟的暴动，暴动被新的中国新疆当局镇压了，但是当局没有盛世才往昔的权势。同时，新的中国新疆当局释放了一些盛世才逮捕的政治犯，其中许多人很快被苏联特务机构招募。其他被盛世才监禁的非汉族当地人在政府交接时期逃走，后来也加入了苏联支持的反汉族人的行动。

反对中国新疆当局的起义在苏联的支持下于1944年11月7日③在伊宁（伊犁地区的中心，离苏联边境约70多英里）发动。当晚，一支由苏联武装的成员混杂的（白俄罗斯人、哈萨克人、突厥人和其他当地非汉族人组成的异己分子）部队，大约几百至1 000人，袭击了伊宁的中国警察和驻军部队，此时该驻军部队的一部分已经被引诱至巩哈去镇压另一起义行动。一周内，起义部队迅速增大并被武装④，将大约1 000人的中国军队围困在当地机场。当时约7 000多从城市里逃难出来的汉族平民参加了中国军队的防御⑤，最后（12月26日），前往巩哈镇压起义的中国部队回援，加入了机场战斗。

当伊宁机场的围攻还在进行时，中国人就发现他们在新疆其他地方的军事地位也遭到了削弱。到11月17日为止，连接迪化和伊宁的两个重要关口相继落入起义者手中，这强有力地证明：伊宁暴动并不是自发行动。几天后，当2 000多哈萨克人和回族人袭击昌吉和阜康（分别距迪化25英里和40英里）时，迪化的汉族人社区开始陷入恐慌。伊宁西边的惠远和绥定也遭到攻击，12月底被起义者牢牢控制。中国增援部队（曾在陕西对抗中国共产党时受到减损）在12月的第一周到达迪化，使这里暂时安定了一些。⑥ 12月8～9日，中国部队设法把叛乱者从一个重要关口驱逐出去，使一支5 000人的援兵纵队得以通过，于是大约

---

① 原注：上面已经提及的乌斯满·巴托尔（Osman Bator）；另外三个较大的哈萨克组织的领导人：达列尔汗（Dalilhan）、贾尼木汗（Janimhan），哈利伯克（Halibek）；费蒂赫·巴托尔（Fetih Batur）哈萨克人；加尼·巴托尔（Gani Batur），号称突厥人的"罗宾汉"；艾力汗·吐列（Ali-khan Ture Zakir Haj），一个塔兰奇（Taranchin）部落的首领；阿里木江（Alimjan）和哈基姆·贝格（Hakim Beg），两个乌兹别克人；以及阿不都哈利尔·吐烈（Abd-al Haljir Ture），著名的哈萨克人。

② 原注：在1944年11月革命以前和革命期间，有人指责克里姆林宫同时杀害了一些可能难以对付的哈萨克领导人（如：Hajishariffhan，Sabitdamullah，Mahsud，Bayi，Abbabek，Hanatibek）。

③ 原注：1950年，在中国共产党新疆特别行政区成立时，这次起义的纪念日定在11月12日。除此以外，其他所有记录都记载为11月7日。

④ 原注：据迪化的中国官员估计，在11月7日起义的第三周，大约有3 000名武装的叛乱者。

⑤ 原注：据报道，11月7日行动后爆发的针对中国社区的大规模的暴乱中，也许另有2 000名汉族平民遭屠杀。

⑥ 原注：据称，此时有四个师进入新疆，使重庆政府在新疆的总兵力达到6万～8万人。

在 1 月 27 日,这支援军同仍然坚守在伊宁机场的中国部队最终会合。然而,在接下来的四天后,这支重组的中国部队彻底被叛乱者打败。

在伊宁叛军对中国驻军进行长达两个半月的围攻中,苏联人的参与方式和参与程度大部分需要靠推测得知。苏联给袭击成功的叛乱者提供了武器和弹药,这似乎是无可争辩的。[①] 苏联密探,尤其是被送回的白俄罗斯人,可能招募了大量当地的非汉族人加入围攻。此外,据报告,苏联的一个“师”,其构成未确定,据说由亚历山得洛夫(Aleksandrov)指挥,于11 月 8 日或 9 日进入伊宁。该“师”的职责可能是:指挥迫击炮(至少一度如此)从苏联领事院墙内或邻近苏联领事馆位置,用猛烈炮火袭击机场的汉族人;指挥高射炮射击从迪化飞来正在空投军需品的中国飞机;组织那些仓促招募的当地非汉族人,将他们编成战斗队,并训练他们使用步枪、机关枪、迫击炮和其他苏联提供的武器。最后,当叛乱者迅速打败重组的中国部队时,苏联人面临这样一个问题:上述的苏联“师”的步兵和骑兵是否要加入叛乱步兵的袭击行动。[②] 因为在先前两个半月的暴动过程中,如果不是人数越来越多,装备越来越好,叛乱者原本无法突袭机场,并使与汉族人斗争的情势发生突变。决心要削弱中国对新疆统治权的克里姆林宫在付出很大的努力并在起义中投入了大量物资之后,不可能让叛乱者在关键时刻遭到阻挠,尤其当时克里姆林宫有把握恢复武装力量的平衡。

在伊宁中国部队被消灭之后,随着而来的是中国军事的进一步失败。12 月 17 日,中国部队已夺回的通向伊宁关口的控制权再次丢失。12 月 20 日,从精河(Chingho)派遣去夺回关口的部队又被消灭。虽然这暂时标志着叛乱者与汉族人之间目前实际战斗的结束,但是,这次失败,加上几天前的松树头子(Sungshut'ou)和二台达坂(Asnt'ai)的失守,在新疆的汉族人居住区引起了新的恐慌。

到 1945 年 6 月份,重庆部队再次全面开战。同情北部叛乱者的吉尔吉斯人的武装开始袭击南疆的一个重镇——喀什葛尔周围的村镇。大约与此同时,危险的叛乱者部队也开始包围焉耆(Karashahr,Yench'i),这个城镇对于中国控制南疆来说是必不可少的。当地突厥人密谋推翻中国新疆当局被揭露后,迪化于 4 月 28 日至 5 月 20 日进行军事管制;虽然密谋不是苏联密探或新疆西部的叛乱者指挥的,但伊宁暴动无疑促成了这一密谋。6 月中旬,增援的中国驻军设法击退正在袭击城镇周围的道路和村民的叛乱者。但这是中国军队最后一次成功。面对城镇周围与日俱增的哈萨克人的袭击,6 月 20 日从塔城(Chuguchak,T'ach'eng)开始疏散中国官员的家属。苏联在 1944 年 11 月起义前武装的哈萨克军队,以及起义后由苏联密探组织几个少数民族人而形成的混合部队,如今也使新疆西北部的精河、承化、绥莱(Suilai,Manass)、乌苏等城镇陷于危险。7 月份,位于新疆西部中心、也就是焉耆和

---

① 原注:据报道,1945 年 1 月的第 1 周,叛乱者用来射击的武器在数量和种类上有明显增加,火力的功率也有明显增大。如果叛乱者仅仅使用捕获的中国武器和弹药,这些变化不可能发生。

② 原注:白俄罗斯的资料来源声称,苏联“师”在伊宁参加了对中国驻军的“歼灭战”,但没有详细叙述。迪化的美国领事在更为详细的同期报告中(很大程度上基于中国官方的资料来源和某些目击证人的报告),没有提及在伊宁有清一色的苏联军队;但这是因为那支部队由中亚人组成。

阿克苏之间的库车，受到了攻击；新疆中东部临近蒙古人民共和国边界的镇西（Chensi，Barkol），也受到攻击。7月28～29日，叛乱者夺取额敏后，汉族人在新疆西北部的形势迅速恶化。8月1日，塔城失守；8月28日精河、车排子、沙湾被丢弃；9月5日，据说承化丢失；9月10日，乌苏被放弃；9月11～12日绥莱沦陷。可是，起义不断上升的胜利趋势这时突然停止。

围攻伊宁后，苏联是否参加叛乱者的军事行动很难查明。声称参加了伊宁斗争的苏联军队，据说后来离开了这座城市，投入了新疆西北三区的战役，给当地非汉族人的武装进行隐秘的军事支持和指导，显然这大大有益于战斗。① 但是，有报道称，夺取承化的主力是一支6 000人的苏联部队，这有可能是上述同一部队。承化后来成为苏联在阿尔泰山进行重大矿产开采的中心。② 有关蒙古人民共和国军队协助叛军的证据目前看来很少。

三、"苏联势力范围"在新疆的巩固

中国新疆叛乱在不断胜利形势下却于1945年9月中旬突然停止。这标志着苏联在新疆行动进入一个新阶段。由于苏联武装部队采取了隐蔽的、但可能是决定性的直接军事支持，另外还有苏联武装的当地非中国人部队，中国新疆政局面临崩溃的边缘。然而，就在苏联要消除中国对新疆的控制这一假定目标马上可能实现的时候，克里姆林宫却突然决定对这场由自己组织并直接支持的叛乱放手，听任其自由发展。

1945年9月起义行动的停止，无法说明这到底代表着苏联政策发生实质性变化还是仅发生表面变化，因为至今仍无法推测克里姆林宫最初关于叛乱的完整设想。在1944年11月，苏联领导人有可能是想要夺取整个新疆的控制权，也有可能只是为了达到有限目的：否认中国国民政府在新疆某些关键地区的权威。

无论事实如何，克里姆林宫这时决定，满足于它在新疆所收获的政治利益；并且专心巩固和利用这些利益。我们可以推测：因为不久后日本的败局已定，而且重庆当局不可能很快消除它对新疆管理的缺陷，另外由于新疆已探明的大部分矿产资源位于起义者控制地区；所以，苏联对新疆实行全面控制没有必要，而且考虑到美国在中国的利益，也不值得这么做。

苏联对新疆的行动计划在1945年夏季末期开始实施，由五个部分组成：（1）部分缓和中国的恐惧心理；（2）通过煽动和政治组织，而不是采取全体起义的方式，破坏中国人仍保持的新疆权威；（3）阻挠中国重新获得新疆某些已失守地区控制权的努力；（4）维持苏联对

---

① 原注：有报告表明，这支苏联军队由列斯金上校指挥。上述与伊宁机场袭击有关联的苏联官员亚历山得洛夫，1945年2月最终以"白俄罗斯人阿里山特洛甫（A-li-san-ti-lo-fu）"的身份出现，指挥所有起义部队。

② 原注：这一报告材料的主要提供者乌斯满·巴托尔，就承化夺取问题提供了不同的细节，但对占领部队的规模和少数民族组成，大体上前后一致；他在一篇报道里声称，军队是由6 000名地面机械化部队组成，其中四分之三是"俄罗斯人"；他在另一篇报道里说，军队由6 000名穿"俄罗斯制服"说"俄罗斯话"的"伊犁"部队组成，其行动受"伯克道夫将军"（Lt. Gen. Birkdorff）及其下属"列斯金"（Liesskin）和"多斯塔格诺夫"（Dostgonoff）的控制。乌斯满还说，达列尔汗是接受苏联密探命令与他进行合作的哈萨克领导，因为在1944～1945年秋季或冬季，叛军无法占领承化，因而苏联部队有必要参与军事进攻。

叛乱领导人和政府的控制；(5) 开发叛乱者控制地区的矿产资源。

即使在叛乱升级突然停止之前，也可找到苏联对新疆的政策进入新阶段的确凿证据。8月14日，经签署的《中苏同盟条约》①的正式文件在莫斯科交换，就"新疆近期发展"而言，苏联政府重申了不干涉"中国内政"的意图。尽管苏联自身的保证不能解释为对中国政府的让步，尤其是当时叛乱部队仍在夺取中国领土。但在这之后发生了某些更实质性或更重大的事件。9月14日，迪化的中国人陷入恐慌，苏联总领事收到第二次请求，请求苏联代为与叛乱者进行谈判和解。这次的请求者是张治中②，他是来自重庆的特使，已于前些天抵达迪化。早些时候，大约1945年6月中旬，苏联驻迪化总领事已经拒绝作为调停人在中国政府与叛乱者之间担任调解，他声称战争纯粹是中国内部的政治问题。无论如何，这次，9月17日，苏联答复重庆同意调解。苏联大使告诉中国外交部，叛乱者也"请求"苏联履行正当职责，以便在叛乱者和中国政府之间达成协议；叛乱者"愿意"承认中国对新疆的继续统治，并可视为谈判的前提条件。尽管苏联驻新疆代理处出面引导叛乱者代表团与中国进行商讨需要花一个月时间进行准备。然而，通过心照不宣的安排，除了偶尔发生地方性摩擦之外，中国与叛乱者之间的战斗已结束。

苏联为了自己利益，安排新疆叛乱政府代表与中国政府代表直接接触，时间从1945年10月12日持续到1947年8月26日。③ 经过一再拖延、挑剔的谈判后，叛乱分子与中国在这一时期④达成了协议。协议允许叛乱领导者在中国控制的新疆地区担任正式官职，因而可以掩饰他们公开的鼓动性工作；协议还限制汉族人全面镇压倾向于叛乱者的组织在汉族人所控制地区进行的活动。同时，对于协议的某些条款的实施（比如：允许中国军队进驻叛乱者控制地区；允许中国官员检查叛乱部队及其所在位置；要求把叛乱部队并入中国军队；要求叛乱分子官员分批去中国军事学校训练）。叛乱者进行了成功的阻挠，使汉族人在履行协议这些条款方面所作的全部努力付之东流。另一方面，起义者至少暂时不得不停止寻求更多的政治利益，不再挑起与中国驻军发生全面冲突——尽管他们清晰地记得他们曾这样

---

① 原文如此，应为《中苏友好同盟条约》。——编注

② 张治中(1890~1969)，字文白，安徽巢湖人，中国国民党党员，国民革命军二级上将，曾主导参与多次国共和谈。——编注

③ 原注：汉族人与叛乱者之间的直接接触可以分为两个时期。第一个时期从1945年10月12日到1946年6月6日，其间，双方致力于商议一个正式协议，能够为其将来的行为提供法律根据。1946年6月6日后的第二个时期，叛乱者与中国新疆管理当局之间接触最为重要的领域是举行会议执行双方和解。1946年7月1日，数位叛乱领导者在新建立的中国新疆省政府中获得了职位，说明叛乱者与中国政府至少在形式上扩大了接触范围。1946年11月至12月，6名叛乱分子代表作为新疆代表团的成员参加了在南京举行的中国国民代表大会，表明叛乱分子开始与中国中央政府接触。叛乱分子代表也参加了1947年5月24日至7月9日召开的首届新疆省代表大会。然而，考虑到中国对叛乱分子的蓄意阻挠和挑衅采取日益强硬态度，克里姆林宫认为如果自己被人发现与叛乱分子继续进行正式合作，可能很难获得额外利益。因此，叛乱代表接二连三地离开了迪化：赛福鼎·艾则孜于7月末离开；阿合买提江·哈斯木于8月12日离开；阿不都克里木·阿巴索夫于8月22日离开；热合木江·沙比尔哈吉于8月26日离开。自此以后，起义与中国的官方接触仅限于定期的信件往来：张治中的记录所注明的日期是，1947年9月1日和12月9日，1948年4月1日和1949年10月10日；阿合买提江和热合木江的回复所标注的日期是，1947年10月16日，1948年2月17日和10月3日。每封信都指责对方不守信用，都列举了恢复进行面对面协议的前提条件。

④ 原注：据官方称，起义与中国达成的协议由三个独立的文件组成：11条的"伊犁起义调解协议"，关于该协议第九条的附件一，都于1946年1月2日签署；关于该协议第十条的附件二，1946年6月6日签署。

取得了一系列成功,而且他们可能极渴望重新开始这样的行动。①

　　同时,克里姆林宫使用其他方法,削弱中国在新疆仍保持的权威,阻挠汉族人对叛乱者控制地区进行渗透的尝试。两年来,苏联没有答复中国于 1946 年 11 月呈递的提议,提议要求重新开放苏联与新疆的贸易,重新恢复苏联对新疆的经济建设援助;作为回报,中国同意中苏双方以某种形式联合开采新疆的矿产资源。② 苏联这一行为实际上表明,它拒绝给中国新疆当局以经济援助,因为经济援助将减轻新疆战后经济的混乱,也将缓解当地部分政治紧张局势。1947 年和 1948 年,苏联控制的蒙古人民共和国部队,对驻守在博格达山(Baydag Bogdo)地区③的中国军队进行了袭击,该地区毗邻蒙古人民共和国同新疆之间尚未划界的边界地区。这一事件大大增加了中国新疆当局的不安全感。此外,蒙古人民共和国部队 1947 年 6 月进入新疆北部,其行动是企图转移中国部队的注意力,使其不能增援阿尔泰山的哈萨克军团,此时,后者正与当时支持叛乱的哈萨克人进行战斗。另外,苏联驻迪化总领事,以"调解者"身份行动,就中国对待当地非汉族人问题不时提出正式抗议,他代表叛乱者通过这种方式使中国驻新疆官员感到窘迫。

　　然而 1945 年 9 月以后,苏联在新疆的巩固政策最为重要的一个方面,是对它自己引导的叛乱行动的态度。如上所述,1944 年 11 月叛乱看来就像苏联政府的即兴作品,准备不足。克里姆林宫随后计划在新疆关键地区扩大其影响,强化苏联在新疆的政治警察代理人工作,但是,直至 1949 年 2 月阿合买提江(见下文)宣称要颁布土地改革大纲为止,苏联并没有在叛乱者统治区推行共产主义模式的经济和政治"改革"。如果对照克里姆林宫同一时期在东欧、北朝鲜塑造强大、新生的共产主义政府,使其成为苏联工具的能力和决心,那么苏联在新疆的这一系列行为非常引人注目。

　　苏联领导人不再优先考虑在新疆西北部构建完全服从的共产主义政府,很可能是因为他们对以下几点感到满意:(1)他们的最低战略要求是沿着苏联边境在新疆建立缓冲地带,这一要求已经得到满足;(2)他们有足够的把握,可以使用新疆已探明和潜在的、有重要价值的矿产资源,或许还包括可引起核分裂的物质。④ 因此,唯一有必要的是,苏联要保持对

---

①　原注:到 1945 年 11 月的时候形势已经很明显,叛乱分子会听从苏联的命令控制自己,避免重新爆发全面战争。因此,对于叛乱者在谈判过程中所提出要求,汉族人的反对态度立即变得强硬起来。苏联命令的休战使一度恐慌的驻疆中国官员乃至中国中央政府恢复了自信,正是这份自信使他们反对张治中诚恳履行协议条款的努力以及给新疆省带来稳定的努力。

②　原注:苏联不必获得中国的许可,即可开始在叛乱分子控制地区开采矿产资源。因此,克里姆林宫可以轻易地忽略南京提出的建议。1944～1949 年间,数量有限的苏联货物被允许进入叛乱分子控制地区。但是,玛纳斯河(Manass)作为汉族人控制地区与新疆叛乱分子控制地区的事实边界,跨河的贸易并不存在。甚至连走私都控制在最低限度。苏联有能力恢复新疆平等贸易,这在 1948 年春天得到了证实。当时,迪化的一名突厥商人,通过与驻迪化的苏联总领事协商,设法获得了本已经被扣押在叛乱者控制地区——乌苏的货物。

③　原注:更多人认为这一地区可能是"北塔山地区"。

④　原注:据报道,苏联在阿尔泰山区开采矿产资源,始于 1946 年春季或夏初的某个时候。已开采的矿石中确定有钨矿和铌铁矿(columbite)两种;据传,已提炼的其他矿石种类尚未确知。1946 年 10 月或 11 月,苏联石油工程师抵达乌苏,以便苏联恢复开采附近的油田,此油田 1943 年曾中断开采。据说,1944～1947 年间,大部分原本居住在阿尔泰山区的白俄罗斯人迁移至伊宁。

叛乱分子中关键人物的控制,以便有效维护其利益;但是为强化苏联全面控制而进一步投入精力和资源,却仅具有边际效用。当时苏联对中国采取的其他行动暗示,克里姆林宫不希望自己在新疆西北部的首要地位很快遭到挑战。

苏联在新疆西北部的傀儡——叛乱政府,开始被冠名为"东土耳其斯坦共和国"。① 值得注意的是,与它以前承认"蒙古临时革命政府"不同,苏联似乎从未认可这一政府的存在,甚至在非官方层面也是如此。② 就在1944年11月革命爆发后,叛乱分子的政权由以下构成:在伊宁设"地方维持委员会",上设"东部民族革命委员会"。到1944年12月初,后一个"委员会"已变成"东土耳其斯坦共和国政府"。虽然,"东土耳其斯坦共和国"的存在无疑是到1945年9月中旬才予以确定。③

停止使用这一名称的日期同样难以确定。如上所示,1945年9月17日,苏联驻重庆大使对中国外交部部长谈到,叛乱者当时已"愿意"把中国对整个新疆地区享有主权视为谈判的前提条件。不过10月份的谈判开始时,立刻十分清楚的是,叛乱领导人仍认为自己拥有主权,而且他们没有获悉任何苏联官方不承认"东土耳其斯坦共和国"的说法。在叛乱分子代表暂时返回自己的控制区,仔细思考这一恼人的消息后,他们于11月13日回到迪化,并表明他们接受中国对其控制区域享有统治权的提议。此后,在1946年1月2日协议和6月6日协议上,叛乱方谈判者署名为"新疆起义地区人民代表"。1948年10月3日,阿合买提江和热合木江在给张治中的信件中声称,从签署1946年6月6日协议后,"东土耳其斯坦共和国临时政府"已经解散。1947年10月16日,在直接谈判破裂后对张治中的第一封信的回信中,阿合买提江和热合木江称自己为"签署了1946年协议的[中国]地方政府官员",称他们的政权为"伊犁区"。尽管叛乱分子作出了这种姿态和声明,然而在1947年4月和7月,据叛乱地区可靠的见证人的报告,实际上,"东土耳其斯坦共和国"名称直到此时仍在使用;所有主权国家的特征(如独立的旗帜,独特的军队制服,汉语没有作为官方语言使用)非常明显。④

直到1948年8月,才第一次有迹象表明,"东土耳其斯坦共和国"名称和相应的主权象征真正被放弃。8月9日,在叛乱地区,成立了新疆保卫和平民主同盟,阿合买提江出任主席。同盟大纲呼吁,新疆的非汉族人和汉族人"团结"起来,加入其地方分支机构,如此,企图"破坏"1946年1月2日协议、6月6日协议的人便可以受到惩罚,"人民的苦难"便可以消

---

① 原注:虽然1946年1月2日协议和6月6日协议没有详细说明"停战分界线",但是,"东突厥斯坦共和国"大致包括三个前中国行政区:伊犁、塔城和阿山。因此,"共和国"也被标为"三区起义"或者"伊犁、塔城和阿山政府"。由于叛乱政府定都伊犁区的伊宁,因此"东突厥斯坦共和国"也被称作"伊犁政权"或"伊犁集团"。

② 原注:对1944~1946年的莫斯科报纸《真理报》和《消息报》(*Izvestiya*)抽查表明,该报既没有提及"东突厥斯坦共和国"的名称,也没有提及中国与叛乱分子在新疆的战争。

③ 原注:据《知识报》(*Chi Shih Pao*)1946年2月13日在北平的报道,1945年5月艾力汗·吐烈(Ali-khan Ture)被任命为"东突厥斯坦共和国"的首任主席。另一报告声称,"东突厥斯坦共和国"成立于1945年6月6日。一份同情叛乱者的传单所注日期为8月24日,提到"我们自由的东突厥斯坦政府";1945年发现的另一份传单,提到了作为"东突厥斯坦共和国政府"主席的艾力汗·吐烈。

④ 原注:张治中在给起义领导的第一封信中说道,1946年11月,他收到一封"侮辱"信件,用的是俄语和维吾尔语,信件来自"东突厥斯坦共和国塔城特别委员办公室"。甚至在张治中1946年8月访问伊宁时,街上仍然悬挂着叛乱分子的旗帜。

除，新疆便可以实现"和平统一"。① 作为双重话题，大纲还宣称支持国民党和南京政府所有"真正进步的行动"。据报道，一个月后，1948 年 9 月，叛乱分子不再悬挂他们的旗帜；使用"新疆"而不是"东土耳其斯坦共和国"；提供的官方文件是中文文本。

是什么原因导致同盟成立及其随后在叛乱地区发展？ 我们只能推测。最可能的假设是，1948 年仲夏，克里姆林宫估计，在未来若干时间内任何中国新疆权力当局不会有强有力的行为；因此它可以自由地继续强化其在新疆的侵略政策。根据这一假设，苏联领导可能使"东土耳其斯坦共和国"消失，而建立同盟，为的就是使叛乱政府转变成有权统治整个新疆的"前沿组织"，而不仅仅是统治新疆西北地区，最终形成全省范围内共产党统治的政府。另一方面，可能是因为，到 1948 年仲夏，苏联领导人已经发现，中国战争的胜利趋势已经发生了迅速且决定性的转变，中国共产党居有利地位。但是根据这一假设，我们难以得知苏联废除"东土耳其斯坦共和国"、建立同盟的目的，尤其是当时苏联对中国共产党在新疆的态度尚不明确。②

叛乱者在同盟成立前后的计划中，政治上最有力的纲领，是要求在整个新疆取消中国直接统治。这一纲领取代的是叛乱者最先（1944 年 9 月）试图建立的"民族政治联盟"，也就是由所有居住新疆的非汉族人按比例选出代表，并享有"真正的平等权"。后来（1946 年 6 月后）是"自治政府"：叛乱者与中国达成协议后，其提出的要求有所缓和，但仍要求"全新疆人民的联合"成为较为广泛的中国主权范围内的"自治政府"。"同盟"或"自治政府"一旦建立，都会终止"压迫政策"，并为新疆诸多民族在经济和文化的改善方面尽力。但是，"同盟"打算与苏联建立"新的、牢固的、真诚的友好关系"；而在同国民党达成协议之后提议的"自治政府"，却没有做出这样的允诺。

从起义者宣言来看，没有见到常有的共产主义陈词滥调。也没有提及参与反中国"统一阵线"的不同社会"阶级"的存在；没有提及穆斯林中有"中国殖民地政府的走狗"的存在；没有提及"人民民主"和"社会主义"的目标。在可获得的起义者文献中，没有什么能表明，他们计划采取措施，结束该地区的"压迫"，改善人民的生活。然而，有一报告称，起义者政策似乎具有标准共产主义策略的迹象，目的是减少潜在的政治对立。该报告的提供者声称，起义者在其政府早期，要求商人自己组织合作社。1945 年 2 月，恐慌的驻迪化中国官员，在起义者的计划中没有发现暗示"共产主义"内容——只有呼吁新疆所有穆斯林反抗汉族的内容。后来，尽管中国共产党承认，起义部队曾帮助他们，已与苏联"坚定地站在同一阵线"，不过，他们仍然用严厉的话语谴责起义者计划：

---

① 原注：1948 年 12 月发现了起义的宣传小册子，名为"人民的起义与反动派的运动"。小册子详述了同盟纲领中三个值得注意的主题：（1）新疆"人民"的目标不是"彻底独立"，而仅是规定"少数民族"和汉族人享有平等待遇的"独立的自治政府"；（2）应该区分"新的新疆汉族居民"（如：1943 年之后进入新疆的国民党官员）与"旧的汉族居民"（如：汉族平民）；（3）新疆的非汉族人能够而且必须与"旧的汉族居民"团结一致，去反对国民党。此前，起义已经赦免暴徒针对汉族平民的暴力行为。

② 原注：1945 年 3 月，毛泽东对美国外交官说过，他把新疆视为中国的一部分。而且，他声称，尽管苏联在盛世才统治时期（包括 1944 年 11 月的叛乱？）对新疆进行了干预，但还是认可新疆属于中国主权范围之内。不过，克里姆林宫是否重视毛的看法尚未可知。

　　……在国民革命运动过程中（也就是 1944 年 11 月起义和起义之后），没有努力去根本改善人民生活——推行社会改革……革命只提出了一个口号，即推翻国民党反动政府，这是革命任务，但是，完成这个任务后，革命没有继续往前推进，没有承担以劳苦大众利益为基础的新任务。不能否认三区革命的主要推动力是由苦难的农民群众、矿工、牧民和小贩组成。他们是解放运动武装斗争阶段的决定性因素。

　　即使在 1948 年秋天以前，相比起义计划而言，苏联对起义的人事情况更加感兴趣。看起来驻新疆西北的苏联代表①一直努力确保本地重要领导者政治的可靠性或者是政治的正统性；同时，在起义者政府中，逐步地或许临时地发展一支精选的本地队伍，训练成为共产主义者，他们通过这一方式来巩固其影响。1948 年 8 月后起义者行动也许第一次能证明苏联政策开始成熟。尽管在北平后来的判断中，仍然需要取得相当大的进展。中国共产党评论（上文引用）提及政府中"进步干部和同志"人数不断增长；但是，与此同时，也令人吃惊地评价"革命不是由共产党或无产阶级领导"，以及"进步人士的政治觉悟较低"。

　　起义者政府在长达四年多的统治期间，其高层政治领导的被免职和轮换的人数很小，这或许反映了克里姆林宫当时对新疆的要求不太苛刻。在起义政府任期中，唯一离职的高级政治领导是"东土耳其斯坦共和国"的首任主席，艾力汗·吐烈，②一个挂名的首脑，1946 年 8 月末被哈基姆·贝格（Hakim Beg）继任，当时张治中正访问伊宁。③ 年老的哈基姆·贝格境况比艾力汗·吐烈要好些，但他显然也是傀儡首领，幕后首领是大家公认的起义领导人阿合买提江·哈斯木。④ 1945 年 10 月，阿合买提江作为起义主要领导人初次引起注意，⑤那时，他与其他两人抵达迪化与中国展开谈判。虽然阿合买提江不是一名共产党员，但他坚定地支持苏联的新疆政策，尤其是对中国的"调和"政策，⑥因此面临起义政府极端分子的攻击，⑦其结果是他让自己与众不同。在任职期间，阿合买提江显然得到了苏联的支持，直到 1949

---

① 原注：在新疆西北地区的苏联官员包括：驻伊宁、塔城、承化的领事；政治警察机构人员；军事顾问；矿业工程师，贸易代表和其他技术人员；以及在起义政府担任官职的人员。有资料来源称，后一种人员包括：军事部长 I. G. 帕里诺夫；贸易部长 G. M. 格里本金；内务部长叫莫扎罗夫（Mozharov）或莫斯卡列夫（Moskalev）。这些苏联官员和集团的有关职权和自主权尚未确知。

② 原注：首次提到艾力汗·吐烈担任此职务，是在 1945 年 2 月上旬。

③ 原注：一份支持起义的海报（确定日期是 1946 年 7 月 1 日），遗漏了"伊犁、塔城和阿尔泰地区政府"的总统。一个起义宣传小册子，显然印于 1948 年夏季，没有提到艾力汗·吐烈，反而提及哈基姆·贝格，并称为"我们尊敬的父亲"。

④ 原注：1947 年 3 月后的某一时间，哈基姆·贝格被任命为"阿尔泰和塔城地区专员"。他是否因此而失去了更高的职务，即便如此，当时新任命的职位是否为主席，情况不详。

⑤ 原注：阿合买提江在 1944 年 11 月至 1945 年 10 月间在干什么，情况不详。

⑥ 原注：1947 年 7 月，阿合买提江声称："尽管新疆人民可能想要脱离中国，可新疆的领导人绝对反对独立。"1947 年 2 月，阿合买提江在迪化召开的维吾尔族人集会上做了个著名的演讲，表示他反对建立完全独立于中国的新疆政府。人们记得，1945 年 10 月，中国通知起义领导人说，克里姆林宫否认"东突厥斯坦共和国"，阿合买提江就是当时极为震惊的三位领导之一。

⑦ 原注：据传，克里姆林宫作为武器来源提供者，强行要求起义军休战，这惹怒了许多军官，尤其是他们回忆起，在 1944~1945 年，他们曾轻而易举地掌控了中国部队的进军线路。1947 年 2 月 17 日，阿合买提江在迪化演讲时声称，有些武装青年被起义的"自由"口号所迷惑，起义当局已经监禁了他们。有报道称，受大众欢迎的军事人物加尼·巴托尔（Gani Batur），攻击阿合买提江的"亲苏"政策。还有报告提到，起义领导人就新疆是建立独立的穆斯林国家还是企图作为"自治"地区并入苏联这一问题发生争执。但是，没有更多证据表明发生过这样的争执；也没有证据表明苏联提议使"东突厥斯坦共和国"成为苏联的一部分。

年某个时候为止,当时,苏联已经默许中国(共产党)在起义地区恢复统治,克里姆林宫认为不太适宜再支持与这种政策划清界限的人。① 起义政府的其他行政高层人物——热合木江、赛福鼎·艾则孜、阿不都克里木·阿巴索夫——也继续拥有其在"东土耳其斯坦共和国"的势力地位,直至失去了苏联支持,但几乎没有关于其政治观点的情报,②也没有从苏联角度看他们在政府中职位重要性的情报。

从地方层面,可以更清楚地看到,苏联对"东土耳其斯坦共和国"行政职位任命的干预。苏联的注意力集中于哈萨克族,尤其是居住在阿尔泰山的哈萨克族。1945 年,苏联密探同意乌斯满·巴托尔担任阿尔泰地区首任专员,1947 年 3 月,他显然已受到苏联的怀疑。③ 当时,其士兵遭到忠于起义政府的部队的袭击,并被赶出阿尔泰适宜放牧的地带。尽管达列尔汗(Dalilhan)作为哈萨克的又一首领曾在乌斯满领导下任该地区副专员,而且他也参与起义部队袭击乌斯满的行动,他本可以成为这一地区的起义者在文职和军事方面的主要领导人,但是后来还是哈基姆·贝格接替乌斯满·巴托尔成为阿尔泰地区的专员。然而,至少在1947 年 11 月以前,乌斯满持续对苏联在阿尔泰山区的地位构成严重威胁,苏联主要派遣蒙古人民共和国军队,从新疆外部再次进行干预,确保了乌斯满被永远驱逐出这一地区。④ 同时,1947 年春天,中国密探接近起义政府的另一哈萨克族官员,据说是要动摇其忠诚心;他叫哈利贝克(Halibek),是名"解放者",是沙湾地区的(靠近起义者与中国的事实上的边界)地方长官,也是大约 1 000 个哈萨克家族的首领。哈利贝克后来宣称,1947 年 10 月,塔城的苏联领事访问了他,试图劝阻他不要背叛汉族人。苏联的计谋是要使起义地区不同哈萨克团体之间互相斗争,如果哈利贝克继续充当苏联的走卒,他害怕会突然遭遇苏联的背信弃义,因为那对他是致命的。苏联领事访问之后,哈利贝克立即把他统治下的哈萨克家族从起

---

① 原注:有人认为阿合买提江表面上的亲苏立场源于他坚信苏联援助对于整个新疆最终建立穆斯林自治是必不可少的,对于建立穆斯林自治他有强烈的决心,而苏联的援助是唯一可以获得的外国援助;因此他也确信,起义不得不暂时妥协,同意苏联在处理与汉族人关系方面的主张。

② 原注:据说,阿合买提江担心,起义政府不再需要苏联援助后,苏联可能会继续实施干预。

③ 原注:下面是乌斯满对自己与起义政府中持苏联赞同论者关系破裂的说明:1946 年 4 月 1 日,我出发前往北塔山时,我一直与这些人(伯克道夫将军、列斯金、多斯塔格诺夫)合作。一位苏联警察局长叫塞巴耶夫(Sembayeff)带着伊犁部队前往。他们要求我在伊犁出席会议,并要我带着部队去伊犁,但是他们自己驻军阿尔泰。我拒绝这么做。由于上述原因,也由于他们开始带哈萨克族妇女去伊犁,我与他们决裂了。他们还要求我们交出所有的武器,我拒绝照办。伊犁人民从阿山黄金矿务局取走确实应属政府的 28 600 盎司黄金。

④ 原注:阿合买提江本人报告,1947 年 8 月 20 日,乌斯满回来夺取苏联的矿产中心——青河和富蕴。从 1947 年 9 月16 日至 11 月 13 日,乌斯满重新占领了承化,这是乌斯满这次复辟的顶点。1947 年 3 月,乌斯满初次遭到攻击时,尽管中国驻军因顾虑到与起义军重新开战代价太高,所以没有参与乌斯满的防御战,可从那时以后,中国却给他提供武器。起义者引证已发生的这笔交易费用,来说明他们于 1947 年 8 月中断与中国直接联系的原因。苏联驻迪化的总领事也向新疆的中国驻军指挥官提出抗议:乌斯满的袭击违背了 1946 年 1 月 2 日协议和 6 月 6 日协议。当然,苏联采取了更为有效的措施,消除乌斯满对苏联控制和开发的阿尔泰地区的威胁。正如上文所提到的,1947 年 6 月,蒙古人民共和国军队越境进入新疆北塔山地区,至少起到预防乌斯满与中国驻军发生任何可能的联合的作用。乌斯满声称,蒙古军队袭击他的士兵,用来支持达列尔汗;同时,由于这支部队的存在,他要求离开北塔山地区,但乌斯满没有详细说明,是否正是蒙古军队将他驱逐出承化的。据哈利贝克(Halibek)的可靠情报,苏联驻迪化总领事告诉他,1947 年 10 月,"苏联"部队将接手进行将乌斯满驱逐出承化的任务。阿合买提江报告仅称,正是"种族部队"将乌斯满最终驱逐出承化。苏联以起义部队与乌斯满打仗的名义,从新疆外部进行干预,尽管其干预的性质和范围尚不清楚,可这一干预足以让乌斯满结束其在阿尔泰地区的袭击,而且乌斯满为寻求中国方面的更好的保护,不得不于1948 年 6 月下旬在迪化附近安营扎寨。

义地区转移出来，并在中国控制地区安营扎寨。中国共产党后来认为最先组织起义队伍贾尼木汗(Janimhan)，也选择离开起义地区，这位哈萨克领导认为接受汉族人的高压统治风险还小些。

克里姆林宫进一步控制起义军事指挥者的措施是把不同的武装起义组织整合成一支纪律严明、装备精良的军队，这是个必不可少的步骤。据报道参加了1944～1945年战斗的苏联红军部队，在1946年6月6日协议签订后，已经从新疆撤离，仅仅在阿尔泰区的关键地区留下了警卫分遣部队，[①]另外还留下了一支庞大的苏联军官队伍去组织、装备、训练以及指导成分混杂的起义部队，直到他们成为"突厥斯坦民族军"为止。[②] 1944～1945年起义军队的长官们，凡不答应忠诚于这支建设中的苏联军队的，都被搁置一边。宣称自己曾是伊宁战斗领导人(但后来抨击阿合买提江的"亲苏"政策)的加尼·巴托尔(Gani Bator)[③]很吃香，他被授予"我们的民族英雄"和"杰出领导人"等称号，最后被安排担任这支苏联军队"军事法律部长"这一荒谬职务。费蒂赫·巴托尔(Fetih Bator)，在起义的初期报告中被列为起义部队的副司令，也被授予与加尼·巴托尔同样的荣誉称号，他似乎就被推到幕后。经多次操纵，苏联放心选择伊沙克江担任新的起义军队司令。[④] 1947年3月在关键的阿尔泰地区，乌斯满第一次被驱逐后，达列尔汗被任命承担最高军事职责。于是他不得不求助于外国军队——蒙古人民共和国军队甚至可能是苏联军队——来永久消除乌斯满的威胁。

四、"苏联势力范围"在新疆的收缩

1948年初秋，随着中国国民政府在满洲的军事形势开始恶化，中国共产党进入和占领新疆的能力迅速增长。

1949年初，苏联领导人清楚地指出，他们打算调整其新疆政策，以适应中国迅速展开的战争形势。此时，起义者控制地区的发展表明，中国共产党接管新疆是可以预计并已着手准备的。1949年1月，伊宁报纸开始采用中国共产党的新闻通讯。新疆保卫和平民主同盟在辖区内抨击"国民党反动派"，这正好回应中国共产党在整个中国其他地区抨击"国民党反动派"。在颂扬全中国的"人民胜利"后，起义者们强烈表示，汉族人(这次指的是共产党)在新

---

① 原注：有一则消息称，1947年，在主要采矿区富蕴，出现过一支500名苏联士兵组成的分遣队。然而，另一则消息称，阿尔泰地区仅有200名苏联红军组成的部队，分别驻扎在承化(该区行政中心)和富蕴。

② 原注：中国共产党后来声称，"新疆民族军"正式成立于1945年4月8日。关于这一点没有其他证据。无论如何，负责建立这支纪律严明、装备精良的"东突厥斯坦民族军"的苏联军官是前面提到的列斯金上校。有报告声称，1949年11月，中国共产党接管"东突厥斯坦民族军"时，军队里大约一半军官是苏联公民。另一报告称，据中国驻军司令部估计，1948年7月，起义军人数有8 400～10 500有生力量，加上经充分训练但尚未动员的人，可能组成达25 000～30 000人的部队。还有一篇报告称，1949年11月，中国共产党接管起义部队时，其规模为18 000名有生力量。

③ 原注：有报告称，他一度是"自由"地区的军事指挥官，可从1946年6月后，他的权力逐渐变小了。

④ 原注：盛世才统治时期，伊沙克江在苏联驻新疆部队服役，有丰富的阅历。伊沙克江称，经过一系列人事变动后，他于1947年7月接受起义军队的最高司令官职位。一份日期为1946年7月1日的宣传起义海报，把伊沙克江列为伊犁军队"总司令助理"，但没有提到总司令的名字。可能印于1948年夏天的用于宣传起义的小册子，将伊沙克江称为"我们民族军队的领导"，认为他能够组织"民族军队"。

疆的统治要永远存在。然而,同盟发言人或文献故意避免提及,一旦"国民党反动派"在新疆及全中国被打败,新疆接着会发生什么。或许起义者领导认为,明确表示要将其势力范围移交汉族人控制是不明智的。

同时,苏联行动表明,苏联领导人不能确定"新疆问题"最终将如何解决,可能是因为与中国共产党之间缺乏商讨。因而,1949年1月出了一次洋相,苏联大使跟随中国国民政府,从南京飞往广州,要与中国商讨1946年的提议,也就是使苏联在新疆的经济特权合法化。苏联大使的这种行为遭到莫斯科的痛斥。苏联与中国国民政府关于此次迟到的谈判,持续了几乎半年时间,这清楚地表明苏联在新疆经济利益的首要性;但是这次谈判的结果仅仅是1939年民用航空协议的续期五年。①

虽然在1949年8月末,当"中国人民解放军"占领新疆前,克里姆林宫很可能与中国共产党达成了协议,②至少是在某些重要方面达成了一致。③ 但是在1950年1月30日,也就是在毛泽东访问苏联期间,赛鼎福抵达莫斯科,这说明直到此时才正式讨论整个新疆的局势。

无论什么时候进行中苏关于新疆的谈判,苏联领导人都似乎觉得,把起义部队的命运完全移交中国共产党控制,以此作为继续开发新疆的矿产资源的交换条件,这样的操作要简单易行得多。

在这期间,起义领导人要么从公众视线中消失,要么与中国共产党新疆地方当局进行合作。1949年8月27日,阿合买提江、伊沙克江、达列尔汗、阿不都克里木·阿巴索夫及其他起义领导人,乘飞机赴北平参加中国人民政治协商会议,途中意外地发生空难,这些起义领导人全部遇难。因此一举排除了新疆政治圈的四位著名人物,据说他们中间有些人一度强烈反对中国以任何形式控制新疆。两年后赛福鼎宣称,热合木江、加尼·巴托尔和费蒂赫·巴托尔是"解放运动最险恶的敌人",已不能为我们社会所容忍,所以他们受到了"惩罚"。④起义的主要领导人中,只有赛福鼎·艾则孜设法在新的中国共产党新疆当局继续担任重要职位。⑤

---

① 原注:1948年8月,苏联对中国国民政府驻新疆代表的强硬态度明显有所松动。就在这一个月,一名中国外交部官员前往苏联的阿拉木图,这是中国国民政府自1944年来第一次参加中苏民用航空公司董事会会议。阿合买提江与热河木江第一次用中文和维吾尔语两种语言给张治中写信,注明的日期是1948年10月3日。
　　同时,为了防止苏联继续侵占新疆,中国外交部采取使已有的苏联利益合法化方式,另外还试图谋求苏联的好感。1949年1月初更受起义者欢迎的包尔汗(Burhan),接任麦斯伍德·萨布里(Mesud Sabri)担任新疆省政府主席。后者从1947年7月被任命以来,一直不受起义者欢迎。然而,对于中国国民政府在新疆的这种"政策转变",也就是包尔汗的任命,阿合买提江拒绝接受。但是,克里姆林宫不理会起义者的态度,随后立即同中国驻迪化的官员开始接触,商谈新疆的贸易和经济发展问题。
② 原注:西北人民政府主席高岗,于1949年6月率领中国共产党代表团赴新疆,其目的是签订为期一年的贸易协议。
③ 原注:赛福鼎出席1949年9月在北平召开的中国人民政治协商会议,列斯金上校参加9月15日在伊宁举行的庆典,与此同时起义部队允诺同已驻新疆的"中国人民解放军"合作,这都有力地证明,中苏新疆协议已经达成。
④ 原注:1949年12月,中国共产党第一届新疆当局的人员名单包括加尼·巴托尔和费蒂赫·巴托尔,但没有热合木江。后来,据说,加尼·巴托尔于1950年10月领导了反对中国共产党的起义,起义归于失败,费蒂赫·巴托尔可能也参加了起义。
⑤ 原注:显然,阿不都哈利尔·吐烈(Abd-al Haljir Ture)和阿里木江(Alimjan)幸免于中国共产党严酷统治,但是,他们担任的职务没有赛福鼎的职务重要,赛福鼎现在是中国共产党新疆区委第四秘书长、新疆区政府副主席。

同时,起义政权改变了某些管理手段,以满足中国共产党的要求。1950 年 1 月,起义部队并入"中国人民解放军",①后来,至少有部分起义部队转移到新疆前起义政权地区领域之外。1950 年 6 月的第一个星期,新疆保卫和平民主同盟召开会议,会议宣布更名为新疆人民民主同盟,起草了新章程,并宣誓服从中国共产党的领导。

苏联在新疆的经济特权也迅速得以合法化。1950 年 3 月 27 日,中共与苏联政府在莫斯科签订了三个协议:一是建立联合石油公司;二是建立联合非铁矿金属开发公司;三是建立联合民用航空公司,其中,航空公司的一条航线穿越整个新疆。

1950 年末,新疆的"苏联势力范围"不再根据地理区域来界定。然而,这一"范围"由数项无形、独享的特权组成。比起"东土耳其斯坦共和国"时期来说,此时苏联"势力范围"出现了收缩,但这仍然满足了苏联在新疆的利益。

O. S. S. /State Department Intelligence and Research Reports China and India 1950 - 1961 Supplement,Reel II,0131 - 0167. University Publications of America,INC,1979

贺艳青译,何妍校

---

① 原注:到 1950 年 6 月中旬为止,莱斯金(Col. Leskin,音译)仍然担任第五军的司令长官——当时,起义部队已被中国共产党军事组织重新任命。然而,一个名叫马可夫(Ma-erh-kuo-fu 或 Markov)的副司令长官,担任此职务直到 1954 年 3 月;另一名非中国官员,曹达诺夫(Ts'ao-ta-no-fu)1950 年 6 月曾担任第五军的副政委,到 1954 年 3 月被提升为,或者说"明升暗降"为新疆军事地区政治部的副主任。1950 年 6 月,第五军的主要领导中,唯一的中国共产党党员是其政委顿星云(Tun Hsing-yun),他也是三个起义地区的党的书记。

驻香港总领事馆关于 1954 年
中苏关系给国务院的报告

(1955 年 3 月 28 日)

DESP. 1612

秘 密

美国驻香港总领事馆致国务院电：分析 1954 年中苏关系
外务电报

发自：美国驻香港总领事馆，第 1612 号

发往：华盛顿国务院

日期：1955 年 3 月 28 日

参考：1954 年 2 月 1 日总领事馆第 1372 号电报，主题：1952 年 8 月至 1953 年 12 月的中苏关系模式

主题：1954 年中苏关系分析

摘 要

1954 年的中苏关系模式表明苏联在意识形态和经济生活等各个方面对中国的影响不断增加；然而，这一模式同时也体现了共产党中国在国际上地位的提高，甚至达到了一个几乎和苏联同等重要的地位。中国大张旗鼓地派遣观察员出席苏联发起的欧洲会议。苏联虽然对其传统的势力范围有所收缩，但很明显的是它将继续通过间接控制来避免中国发生重大"偏离"。在意识形态领域，《联共（布）党史》①的第 10 章和 11 章为中国人提供了"社会主义前进方向"的主要指导。两个国家之间交流（通过铁路、航空和无线电）的日益增多表明，苏联越来越有能力满足中国的经济和军事需求。苏联对华的技术训练和科技援助继续保持在一个较高水平上。尽管苏联对华军事援助到底有多少尚不清楚，但可以肯定，这个方面也是苏联对中国实现控制的一个重要因素。中国的军队领导人坦言，苏联军队是他们的典范。随着中苏间技术、文化、教育代表团的频繁交往，这两个国家在这些领域似乎不存在什么关

---

① 指斯大林审阅并参与撰写的《联共（布）党史简明教程》，1938 年 10 月 1 日出版。其中文本于 1939 年在延安由解放社出版。——译注

系紧张的迹象。

　　苏联政府代表团出席中国五周年国庆活动并发表联合公报,表明两国在对远东和小范围内欧洲的国际局势的认识上保持团结一致。两国对日本的态度还是比较特别。赫鲁晓夫和布尔加宁对中国的访问以及苏联对华让步都表明,由于内部的虚弱以及面临重新武装的德国,苏联人需要巩固他们的国际地位。

　　在北朝鲜、越南和蒙古问题上,苏中两国并没有明显的摩擦。有证据表明中国和蒙古之间的联系有少量增加。在北朝鲜和越南看来,中国是最重要的盟友;不过对于苏联这个"社会主义的祖国"他们仍然承担口头上的义务。

(摘要结束)

　　从香港所得到的情报来看,1954 年的苏中关系有两个明显趋势。第一个趋势是两国间文化、教育、科技和交通等方面联系的增加,这也可以说是在中国的舞台上,苏联模式的影响力增加。第二个趋势主要是在日内瓦会议以及十月联合公报中所体现出来的,也就是苏联似乎承认了中国至少在相关国际领域享有与自己几乎平等的地位。

　　乍一看,这两个主要趋势似乎相互矛盾:一方面是中苏联系的增强,另一方面则体现了中国独立性的增强。然而,更进一步考虑却会发现,苏联在有关国家独立以及国际地位方面对于中国的民族感情进行了巧妙的协调和让步;而从长远来看,中国的国家独立以及国际地位的上升又不得不依赖于苏联工业化的"先进知识"。中国要建立一支现代化的军队,却又缺乏能够不断供应的必要装备和资本,因此这会导致苏联势力对中国人的间接控制。这些情况并不说明这种权力状态完全如苏联所希望的那样保持着平衡。更确切地说,这次苏联高层代表团(包括赫鲁晓夫在内,人们认为他是苏联政权的主要角逐者)前所未有的造访,以及他们同意对俄罗斯的传统势力范围做出收缩和退让,都表明苏联需要在这个内外交困的时期(基本消费品政策的失败以及政治局内部的派系摩擦,国外方面则是德国的重新武装以及欧洲联盟的出现)确保得到中国的支持。

　　尽管苏联对中国国际地位的承认已经引起了一些猜测,有人认为苏中两国之间将会出现分歧和麻烦。然而直到年底为止,几乎没有迹象表明两国之间铁板一块似的团结关系出现了任何可见的裂痕。相反,两国日益强调协作和团结,这可以从一个重要的交流领域体现出来:中国的工业企业和苏联的工业企业进一步整合一致(无论在选址问题还是在设备问题上都是如此),中国企业正努力地模仿苏联企业并且学习它们的经验。

　　从基本经济政策方面来看,毫无疑问,中国人是在复制苏联 20 世纪 20 年代后期的经验(但是没有犯苏联那么严重的错误)。权威报纸《人民日报》建议干部们彻底消化吸收《联共(布)党史》第 10 章的内容,并将它作为当前中国的指导原则。一位曾经在苏联那个年代生活过、又在中国渡过了 25 年的资深外国观察家以他的第一手材料说明:这种靠压榨农民来进行重工业建设的基本政策,中苏两国如出一辙。

　　中国的一个十分重要的部门——农业部门看来也是模仿苏联走农业集体化的道路(但步骤比苏联要缓和一些)。然而中苏两国之间更重要的联系却在于满洲的工业企业。这些企业与苏联远东的工业企业建立了更深远的联系机制，包括更多的经济援助，以及派遣苏联专家。另外，今年3月28日和8月18日，鞍山中国工人先后组织了两个团前往苏联学习。截止到8月18日中国已有四个这样的团（人数从68～80人不等）前往苏联，另外还有一个132人的团不久即将启程。

如果连接中苏两国的另外两条铁路也建成的话，苏联集团有可能显著增加它目前的陆上货运量。这对自由世界来说，同样具有深远影响。因为横贯西伯利亚的铁路现在已经常常被视为瓶颈，而海上的交通往往易受到外部干涉的危险，所以10月中旬的联合公报中有关修建兰州—乌鲁木齐—阿拉木图铁路以及从集宁到乌兰巴托铁路的设想，就很可能是更紧密地联系苏联集团各种经济实体的一次尝试了。在这个领域，另一个重要的声明是1月的一个新闻报道，这个报道指出莫斯科与北平之间将开放过境旅客与货物运输。到年底，随着苏联在中-苏航运中利润的翻倍，很有可能实现中国飞机直飞莫斯科和苏联飞机直飞北平，尽管这种航运的增加到底结果如何尚不明朗。

在苏联有供给能力和中国有吸收能力的前提下，1954年苏联对中国进行技术援助的规模又一次刷新了纪录。仅4月份，媒体就报道说苏联和各人民共和国已经运送了2 500吨机器设备前往四川盆地进行石油开采。访问北平的苏联代表团与中国共产党领导人共同发表了十月联合宣言。宣言提到了科技合作、上述几条铁路的建设以及52亿卢布的长期贷款，这笔贷款将用来建设一些尚未确定的工业企业并对另外15个企业提供援助，使受苏联援助的企业数目达到146个。11月，有媒体报道，35名苏联专家正在协助黑龙江建立共产党中国的首批大型国有农场。另有报道指出，中国技术科学代表团（由交通部副部长王首道率领）于8月初①抵达莫斯科，而由程子华率领的28人中华全国合作社代表团将于同月中旬启程前往莫斯科。这些代表团完成使命的细节无法得知，但毫无疑问，它们在各自的领域都非常重要。由47人组成的中华商业联合会代表团应苏联全国总商会中央委员会的邀请于8月下旬抵达莫斯科，这个代表团的作用同样重要。

在武装部门这个重要领域，尤其是在军队中，中国已经采取了重要部署，使人民解放军沿着苏联路线实现现代化。这就意味着未来欧亚大陆的共产党地面部队将成为自由世界一个相当大的隐患。尽管无法得知苏联具体对中国军队现代化进行了多少直接援助，但从中国相关领导人的声明中可以看出，这种直接援助无疑一直在进行着。因此，1954年7月24日《人民日报》发表了一篇题为《人民解放军的光荣任务》的文章，指出："进行现代化、正规化的军事训练和各项建设，重要的关键就在于学习苏联先进军事科学。要学习的好，就绝不能满足于过去已有的成绩而墨守成规，也不能不顾客观条件而急于求成；就要认真地钻到各项军事工作的实践中去，在人民解放军优良传统的基础上，根据当前的具体条件，虚心地、全面

---

① 据1954年6月28日《人民日报》，该代表团是于6月22日离开北京到莫斯科，6月25日由莫斯科坐飞机到了华沙。——译注

地学习苏联军事建设的经验。苏联军队是中国人民解放军的伟大榜样,苏联军队的今天,就是中国人民解放军的明天。"①9 月 24 日,在全国人民代表大会的一次会议上,聂荣臻指出了苏联对于中国建立军工企业的援助是苏联军事援助的另一个重要方面:"而祖国社会主义工业化在苏联伟大无私援助下的每进一步,又为我军现代化提供更好的条件。"②当时布尔加宁元帅以国防部长的身份参加了北平的十月会议,这无疑意味着这次会议将讨论有关苏联对中国人民解放军现代化进行援助的问题,就如同米高扬的出席意味着苏联将继续对华提供武装设备一样。

在文化和教育方面,5 月 6 日中国有关部门宣布总共有 5 183 部苏联作品被翻译成了中文。当然,其中列宁和斯大林的作品为数最多(共有 108 种 1 200 万册),同月的晚些时候有关部门又宣布自 1953 年以来,翻译自苏联百科全书的共 50 个专题 180 万个小册子已经出版发行,另外还有 40 个专题将在 1954 年出版。8 月,中苏广播电视合作协议签订,9 月发表的公报体现出第一个明显的合作结果:北平每周可以有两天从莫斯科电台转播中文广播节目。11 月莫斯科大学与北京大学正式交换了课程计划、教学材料和教学方法;同月有关部门宣布中苏两国科学团体间的联系将更密切。

似乎之前对学习苏联的努力强调得还不够似的,十月联合宣言之后大陆媒体对苏联的仿效格外火热。在中苏友谊月中,这种情形非常普遍。在香港观察者看来,对苏联以及它的"先进知识"的推崇在宣言发表之后有一定的升温。因此,《人民日报》在 1954 年 10 月 23 日发表一篇题为《进一步加强向苏联专家学习》的文章,文章指出:"正确地学习和运用苏联的先进经验,是胜利完成我国各项建设任务的一个重要因素。"接下来文章引用了毛泽东于 1953 年发出的认真学习"苏联的先进经验"的著名号召,然后引用了周恩来的话:"苏联的今天就是我们的明天。"

媒体上有许多文章批评中国人在学习和应用苏联人的建议以及技术时存在缺点,许多观察家因此认为中苏关系中存在一些潜在的矛盾和紧张。尽管在西方培养的中国科学家和技术人员中很可能的存在一些消极抵抗情绪,但是考虑到共产党在这些事件上采取警察国家的强硬控制路线,因此在学习苏联过程中出现的缺陷很难构成中苏关系的重要破坏因素,至少在不久的将来会是如此。在当地观察者看来,大多数被报道的诸如"破坏行动",应该是由于工人的无知或者是管理上的缺陷,还有可能是由于人们竭尽人力与机械试图实现定额任务的这么一种愿望;而不应该被认为是对中苏关系的消极抵抗。

由于中苏两国互派代表团,苏联知识与文化对中国的影响得到进一步加强,这与前面几年的情形相似。在这些代表团中,比较重要的有:由王阑西(Wang Lan-his)率领的中国电影代表团(9 月 6 日);苏联法律界访华团(9 月 10 日);苏联文化代表团(10 月 1 日);另外还有其他一些团体。苏联文化代表团由苏联对外文化协会的领导人杰尼索夫(A. I. Denissov)

---

① 原注:《中国大陆媒体调查》第 856 期第 54 页;或可见于 SCMP 第 860 期,第 3 页。(此处译文转引自 1954 年 7 月 24 日《人民日报》。——译注)

② 原注:SCMP 第 896 期,第 13 页。(此处译文转引自 1954 年 9 月 25 日《人民日报》。——译注)

教授率领，由苏联文化名人中的上层人士组成。这个代表团被中国文化领域的领导人待为上宾，10 月 5 日，中共中央宣传部部长陆定一还宴请了他们。也就在 10 月 5 日，媒体报道说苏联文化代表团成员已经向 5 000 位以上的中国教授、学生和政府工作者分别作了四场报告。随后在很短的时间内这个代表团访问了中国若干地方，并与中国多个经济学家、科学家、教育者、作家等团体组织进行座谈讨论或演讲。

同样具有长远影响（抑或更具有长远影响）的事件是 10 月份在北平举行的苏联工业与文化成果展，这一展览后来成为了经常性的展出。该展览由周恩来剪彩，据报道，展出的头一天就有 6 000 人来参观这 11 000 件展品。到 12 月 26 日闭幕那天为止，共有 276 万人参观了这个展览。很少露面的毛泽东也参观了这次展出，随后还发表讲话表示赞赏，这可是不多见的事件。《人民日报》将这次展览形容为"苏联人民怎样建立社会主义与共产主义的一个缩影"，号召中国人学习苏联经验。中华全国总工会主席赖若愚在这份报纸上也发表了一篇文章，指出这次展览"将大大地有助于我们学习苏联，有助于我们的社会主义建设事业"。①

另外还有一个苏联文化代表团代表的是苏联多个杰出的出版集团（如《真理报》、《劳动报》、《文学报》等）。据报道，这个代表团是受《人民日报》的邀请于 10 月 14 日抵达中国的。10 月底，中华全国科学技术普及协会应苏联政治与科学知识普及协会的邀请，组成 25 人的赴苏访问代表团离开中国前往苏联。

11 月初，正当"苏联电影周"在整个共产党中国开展庆典活动的时候，2 500 件中国民间艺术作品也在苏联不同地区展出。12 月的晚些时候，"中国电影周"在苏联的许多地区举行，一个中国电影工作者代表团参加了这次活动。12 月初，中国作家代表团在周扬的率领下，前往莫斯科参加了第二届苏联作家全国代表大会。

第二届中苏友好协会全国会议于 12 月底召开，一些苏联对外文化协会的领导成员出席了这次会议。由薄一波发表例行讲话表示"衷心地感谢所有苏联专家们的无私劳动"。由于宋庆龄当选为协会主席（刘少奇为副主席），该协会的地位得到进一步的提高。

如果从上述的事实来看，两个共产党国家之间的意识形态关系并不存在明显的紧张。总的印象是：中国对先进的苏联知识极力吹捧，中国官方有着"神圣"愿望，要求中国人尽可能地向他们"无私的"苏联朋友学习。共产党中国的意识形态典型地体现在 1954 年 5 月《学习》杂志的一篇文章中，这篇题为《怎样学习〈苏共（布）党史〉第十章》的文章比较了当前中国的发展阶段与苏联从 1921～1929 年的那个时间段（这正是第十章的主题），文章号召人们"认真学习"这一章以及有关社会主义工业化时期的相关文献。文章指出，在第十章中，以下内容是至关重要的：加强阶级斗争、加强党内反对敌对阶级代理人的斗争、积累国内资本促进重工业发展的必要性、刺激劳动竞争、通过集体化逐步增加农业产出。前几年中国共产党的出版物中还多次提到要使苏联经验与中国的需求"相适应"，而在 1954 年的后半年，这个

---

① 原注：SCMP 第 900 期第 31 页和第 902 期，第 35～37 页。（参见 1954 年 10 月 3 日《人民日报》。——译注）

话题在中共绝大多数的声明中都已经不复存在了。此时强调的主题是向苏联人学习并利用他们的"先进"技术。

然而,这种情况的存在并不意味着毛泽东作为一位仍然健在的优秀(甚至可能是最优秀的)共产党领导人,他的形象有任何削弱。在斯大林死后毛泽东曾经有过一种考虑,试图立即接替斯大林成为共产主义世界的领袖。如今看来毛泽东可能不太愿意这么做了,因为他的国家比起苏联来要弱小一些,建立的时间也不长;另外要使中国沿着"社会主义"道路发展,毛泽东还有赖于苏联人提供援助。这一年多来中苏的友好关系从周恩来在斯大林葬礼上不同寻常的座次开始,并且因为10月份赫鲁晓夫代表团的到访而达到高潮,而苏联人对于中国(以及毛泽东)在共产主义世界的重要地位予以默认。因此,在具有官方性质的《苏联百科全书》中,将毛泽东称颂为"一位杰出的中国政治家和国务活动家,一位伟大的马克思主义理论家……是中国人民久经考验的领袖"。对于毛泽东的国际地位,尤其是他作为"民族解放"运动领导人的地位,该书表述为:"毛泽东的著作……丰富了马克思主义理论……并且对世界范围内的所有民族解放运动和共产主义运动具有重要的理论意义和实践意义。"在资料不足的情况下,要分析共产主义世界中的相对地位,充其量不过是个粗略的估计;然而值得注意的是毛泽东没有出席北平召开的一系列重大会议,而在莫斯科召开的对等会议有马林科夫(Malenkov)和苏联政治局的成员参加。在2月初,中国政治局4名成员参加了由苏联驻华大使尤金(Yudin)举办的庆祝中苏条约签订四周年的招待会(但毛泽东没有参加),而在莫斯科由中国人召开的同样的招待会却有马林科夫和另外6名苏共中央主席团成员出席。莫斯科试图取悦中国人的另一个异常举动发生在2月27日,马林科夫和另外11名党和政府领导人(包括莫洛托夫、赫鲁晓夫和布尔加宁)出席了由《真理报》主编主持召开的一个欢送宴会,欢送由《人民日报》主编率领的中国访苏记者团。值得注意的是,毛泽东没有出席在北平召开的斯大林逝世一周年的纪念活动,尽管这次纪念活动的讲演报告是由刘少奇和陈云作的。同样,在苏联大使馆举办的十月革命纪念日庆典上,毛泽东也没有出现,虽然媒体报道说朱德参加了这一庆典。然而,媒体指出11月30日,毛泽东观看了由苏联国立莫斯科音乐剧院演出的芭蕾舞剧《巴黎圣母院》,并且接见了该剧团的正、副团长。如前所述,他还参观了在北平举办的苏联工业和文化成果展。

1955年初马林科夫的倒台对布尔加宁元帅有利,而据一些分析家认为,真正的权力落到了赫鲁晓夫的手中。现在看来,当时这种权力状态的变更可能对中苏两国之间的国家关系造成了一系列新的影响。因此,毛泽东在共产主义世界中的突出的、独一无二的地位似乎得到了巩固,而马林科夫(随后是布尔加宁)看来只是一种过渡时期的团队领袖。布尔加宁、赫鲁晓夫和米高扬访问北平,并领导十月联合宣言的谈判,以及他们出席共产党中国建国五周年纪念活动,这些举动能够说明在注重礼节的苏联人与曾经是二流角色的中国共产党人之间发生了明显的权力转移。访问的结果至少从表面上说明了苏联在关键的边界地区收缩了自己的势力范围(包括撤出新疆的联合公司以及从旅顺港撤军),这通常被视为中苏关系起伏的可靠晴雨表。因此,虽然苏联人从表面上已经将他们在上述地区的势力减小到相当小的程度，但是毫无疑问的是，他们对中国的间接控制仍然继续进行，因为他们对中国进行技术支持、经济援助，更不用说可能存在的武器装备供应。虽然十月宣言专门指出，在1955年5月31日前苏军必须从旅顺港撤军，但是考虑到宣言文本中一些语言使用得很模糊，因此人们推测该公报可能存在一款秘密协定，以允许苏联人继续使用这些设施。

苏联政府代表团的到访毫无疑问是1954年中苏关系中最重大的事件，所以，简单考察一下该团在华期间的活动记录也许是很有用的。1954年9月29日，中国媒体报道苏联政府代表团乘飞机抵达北平。据说该团是应中国共产党政府的邀请前来参加国庆五周年纪念活动的。刘少奇和周恩来率领中共有关领导人前往机场迎接。第二天毛泽东就接见了这个代表团。毫无疑问，该团在10月1日出席了北平的庆典。看来有理由推测，从9月30日至10月6日代表团的成员们参与了高层会谈，这次会谈以10月12日发表如上所述联合宣言而达到了高潮。有关宣言谈判过程所指的"他们驻留期间"是指从9月29日至10月12日这段时间。媒体有关代表团活动的报道相当的少，因此人们无法得知当代表团的一部分人（或者全部人员）于10月6～10日前往参观南京、上海、杭州、广州以及汉口时，还有哪些人（如果还有些人留下的话）有可能留在北平继续进行谈判。这个代表团可能是分开行动的，因为10月12日中国新华社发自北京的电文讲到他们的活动时，提到在此期间一些人参观了天津的纺织和机械工厂。在另一份新华社的电文（未注明发文城市）中，这个代表团讲到，10月17日他们已经离开哈尔滨乘火车返回苏联。从这份报告的若干细节中可以得知该团（除了施瓦尼科先生已于10月14日乘飞机返回莫斯科以外）已经访问了中国东北的一些地区，旅顺港、大连、鞍山、奉天（沈阳）和长春。

两国代表团的构成同样有意思。据10月12日的联合宣言，在中苏两国的会谈中，苏联代表团由以下成员组成：苏共中央委员会第一书记、苏联最高苏维埃主席团成员N. S. 赫鲁晓夫，苏联部长会议第一副主席N. A. 布尔加宁，苏联部长会议副主席A. I. 米高扬，苏联全国总商会中央委员会主席N. M. 施瓦尼科，文化部部长G. F. 亚历山德罗夫（Alexandrov），《真理报》主编D. T. 谢皮洛夫，苏联共产党莫斯科市委书记E. A. 福尔采娃（Furtseva），乌兹别克社会主义共和国建材工业部部长Y. S. 纳斯里丁诺娃（Nasriddinova），苏共中央委员会负责成员之一V. P. 斯捷潘诺夫（Stepanov），苏联驻华大使P. F. 尤金；中方谈判团成员包括：中华人民共和国国务院总理兼外交部长周恩来，副总理陈云、彭德怀、邓小平、邓子恢和李富春。据记载，毛泽东、朱德、刘少奇也参加了一些会谈，但是明显不如上述成员参加得多。

因为没有任何一位苏联代表团成员被特别赋予外交职责，因此有理由推断最终以各种联合宣言形式结束的谈判（尤其是那些与国际局势以及日本有关谈判）在代表团访华之前已经开始进行了一段时间了。布尔加宁以及中国国防部长彭德怀的参加，从某种形式上说明了谈判包含许多具有军事性质的问题，包括武器供应在内，这些问题在这些谈判的过程中没有引起公众的注意。同样谈判中很可能讨论了一些重要的经济援助问题（还有可能进行了艰苦的讨价还价），因为有陈云、邓小平和李富春参与谈判，而他们是负责财政和经济事务的。依此类推,乌兹别克共和国建材工业部部长 Y. S. 纳斯里丁诺娃的参加,可能意味着苏联试图在相关领域提供自身经验以解决中国当前的问题。农业援助和集体化问题也有可能进行了讨论(尽管没有公开),因为赫鲁晓夫和邓子恢两人都对这一领域很感兴趣。

苏联领导人为何如此在意中国? 从大的方面来说,无疑是苏联国内的斗争以及苏联人认为有必要应对德国在西方的重新武装。另外的原因可能是中国人想利用他们在日内瓦所获得的较高国际地位来收回如前所述那些边界地区,中国人一直认为这些地区在历史上是他们的国土;同时苏联人感觉到只有满足中国人的这种感情才能最佳实现他们自己的长远利益。当然,两国之间经济、军事、文化联系的重要性还在进一步发挥作用。

尽管中苏两国间的势力均衡由于苏联的短期让步而有所改变,然而在两国同自由世界的关系方面却并没有造成任何明显的压力。中国共产党人与苏联政府官员在 10 月的《联合宣言》中"确认,在两国间日益发展的全面合作方面和对于国际形势的各项问题上,两国的观点是完全一致的"。宣言进一步指出:"两国政府……(将)对有关中苏两国共同利益的问题,彼此进行协商,以便在保卫两国安全和维护远东和世界和平方面,取得行动的一致。"[1]由于两国在日内瓦会议上协调一致地实现了他们的目的,因此在一些常被认为纯粹是欧洲事务的问题上中国的议论和参与也明显增加。在《人民日报》和其他报纸上出现了许多文章和评论,对苏联有关德国重新武装以及同类问题上的立场表示支持。张闻天作为观察员出席了 11 月在莫斯科召开的欧洲安全会议,这似乎更加强调了中国的新地位以及它在欧洲问题上的兴趣。

在远东地区,苏联在语言上谨慎地赞同中国的目标。赫鲁晓夫发表的声明仅仅表明"苏联人民"的支持,很明显这是开始对中共的台湾目标表示谨慎立场,这是一种典型的"非官方"的逃避手法,因为苏联政府不想承担这方面的义务。尽管苏联政府支持共产党中国在远东地区的目标,但是通常使用的是比较中立和缓的语言,与北平怒不可遏地多次暗示要使用武力相比,要缓和得多。

日本如今明显成为共产党人在远东最重要的目标,是中苏于 1954 年 10 月 12 日签署的另一份独立的联合宣言的对象,在这份宣言中,中苏两国政府强调:"他们主张在互利的基础上与日本发展广泛的贸易往来并建立紧密的文化联系。"

"他们还表达了采取措施实现同日本关系正常化的意愿,并且声明:日本如果愿意同中华人民共和国以及苏联建立政治和经济关系的话,它将得到两国的全面支持;另外日本采取的任何保障它自身和平独立发展的措施都将得到中苏两国的全面支持。"这一宣言使一年以来中苏领导人发表的一系列逐步"软化"的对日声明达到了顶点。然而,直到年底为止,有关对日关系的主要问题仍未确定。苏联人的公开声明似乎表明他们更热衷于恢复同日本的"正常"关系,而中国的公开声明(在那些不常被引用的正式声明中)代表了一种更为严厉的态度。据报道,在同日本访问者的私人谈话中,周恩来曾指出中日关系的正常化要比苏日关

---

[1]　此处译文转引自 1954 年 10 月 12 日《人民日报》。——译注

系正常化更困难一些,因为日本人承认蒋介石政府。中苏两国对日本产生了一种史无前例的浓厚兴趣,因此两国的不同动机可能成为中苏之间发生摩擦的一个起因。但是直到1954年底为止,中苏间并没有发生这类摩擦的明显迹象。

在对待印度支那北部以及北朝鲜的问题上也能得出同样的结论。在印支北部,中国的影响看来是最主要的(除了经常口头上称颂一下"伟大的社会主义祖国"之外)。1954年,这种主要依赖北平的趋势进一步发展。因此,1月18日,新华社在一篇有关越—苏—中友谊月开幕式的文章中提到:越南强调同中国的关系是最重要的,而且已经花大力气学习中国的经验教训。7月份,中苏两国之间签署了一份贸易草案,8月,越南民主共和国副总理兼外交部长范文同从日内瓦出发,经过莫斯科到达北平进行访问。接下来的9月份,中国首任驻越南民主共和国大使罗贵波向越南呈递了国书。尽管苏联也向印度支那北部派遣了大使及外交人员,但没有迹象表明苏联对越进行了技术和其他援助。

即使不对附录中的大事年表进行详细的分析,也能非常清楚地看出中国共产党在北朝鲜的影响是至关重要的,尽管中国共产党已经声明从北朝鲜撤出7个师的中国军队。1月初,新华社就宣布中国与北朝鲜之间的货运计划得到通过,随后,6月3日又通过了客运计划(北平与平壤之间)。双方经常互派代表团。6月27日,一个朝鲜人民代表团访问中国;7月16日,由120名中国技术人员(第三批)组成的代表团前往朝鲜;紧接着7月19日中国青年代表团访问朝鲜;8月12日,一个中国妇女代表团访问朝鲜;8月19日,朝鲜合作社代表团访华;9月13日朝鲜轻工业代表团访华;如此等等。在贸易领域,9月4日在北平签署了1954年的中-朝协议,随后又签订了另一份有效期到1955年12月31日的协议。这一年的记载同样表明中朝两国间有许多文化交流,并且有许多中国共产党人的著作被翻译为朝鲜文字。

虽然中国同蒙古在1953年仍处于半绝交状态,但是在1954年间许多迹象表明蒙古加强了同中国的关系,但是这种举动似乎不能排除苏联的影响。1954年的事件中最引人注目的莫过于周恩来在从日内瓦回国途中对乌兰巴托进行了简短的访问。在贸易领域,中蒙两国于1954年12月16日签署了《中—蒙货物供应协议》,目的在于进一步贯彻执行1952年10月14日两国签署的《经济与文化合作条约》。在12月协议签署之前,一个蒙古贸易代表团于10月17日抵达北平为该协议作铺垫。8月16日,一个中国农业代表团到达乌兰巴托学习动物饲养;另外由中共中央委员会候补委员、国务院副总理乌兰夫率领的中国共产党代表团应蒙古人民革命党中央委员会的邀请,于11月出席了蒙古人民革命党的第十二次代表大会。8月初,蒙古合作社代表团访问了北平。在当局的资料中,几乎无法得知这一时期苏联与蒙古人的交往范围。据推测,蒙古仍然处于几年来一贯保持的"卫星国"地位。

总而言之,由于苏联通过它的技术专家继续控制着中国,而中国的重工业进一步依赖于苏联的供应,共产党中国与苏联的关系在经济领域继续保持和前几年相当的水平。苏联在农业领域的影响似乎没有这么重要,但是中国政府在这方面的基本政策是应用苏联经验,建立起互助组、合作社等等。在意识形态领域,两个国家之间的关系仍然非常紧密,中国甚至更加努力地"学习苏联的先进经验"。苏联在中国边疆地区的影响表面上得到了削弱,但实际上它通过意识形态、经济、武器供应,无疑仍将保持相当大的影响。值得注意的是,中国国际威望有所上升,另外苏联协助中国在处理国际问题方面建立起一种与苏联基本平等的地位。苏联的这种做法部分原因是为了巩固苏联衰弱的国际地位,并且通过对抗德国的重新武装(明显取得了成功)以及北约的威胁来获得更强有力的地位。至今为止,中苏两国在北朝鲜、越南、蒙古以及远东邻近的自由国家的共产党人活动方面看来并没有大的分歧;相反中国似乎在远东地区承担了苏联"殖民地半殖民地"主义的解说员的地位(但是中国并不处于较苏联低一等的地位)。尽管两国之间在未来将爆发严重矛盾的可能性一直仍在(也许是中国将爆发巨大的民族主义浪潮),但是就目前所得到的材料而言,两国间出现这种分裂的迹象并不存在。

　　发送请求:国务院请将副本发送给曼谷、科伦坡、雅加达、喀布尔、卡拉奇、吉隆坡、伦敦、马尼拉、新德里、巴黎、槟榔屿、仰光、西贡、汉城和东京。

埃弗雷特·F·杜姆赖特(Everett F. Drumright)

总领事

附录

《相关事件大事年表》

《1954 年 1～12 月的中苏关系》

《1954 年 1～12 月的中朝关系》

《1954 年 1～12 月的中蒙关系》

抄送:台北,莫斯科

MF 2523166 - 0105,Main Library of the University of Hong Kong

贺艳青译,何妍校

国务院驻东京事务处官员同南使馆一秘
关于中国关系的谈话备忘录

（1956 年 5 月 11 日）

Desp. 1066

秘 密

发文：第 1066 号

发自：东京大使馆

谈话备忘录

参加者：布兰科·米利坚诺维奇（Branko Miltjanovic），南斯拉夫公使馆第一秘书；R·L·斯内德（R. L. Sneider），美国国务院驻东京事务处官员（FSO）

日期：1956 年 5 月 11 日

主题：苏联与中共的关系

午餐时，米利坚诺维奇先生说，他们在东京的公使馆已经开始接收来自北平南斯拉夫大使馆的报告了。他告诉我的以下信息正是最近从北平大使馆接收到的：

对于在莫斯科召开的第二十次苏共代表大会所发动的新的反斯大林路线，中国共产党人反应很慢，跟得不紧。尽管毛泽东对 20 世纪 20 年代中期苏联对中国共产党人的做法仍然心存不满，对斯大林颇有微词，但是有迹象表明中国共产党人认为俄国人在谴责斯大林过错这一方面做得太过分了。中国共产党明显感到如果反斯大林路线在中国推行的话，可能会导致党的中央权威在相当程度上受损。出于同样的原因，中国共产党人对于莫斯科当局在此次党代表大会上发出的加强权力下放和"党内民主"的号召同样反应冷淡。中国人目前关心的正是增强中央集权，因此他们认为莫斯科方面制定的党的路线与中国共产党当前的需求是矛盾的。对苏共二十大形成的路线的其他方面，中国人倒是接受了，没有表现出明显的不情愿。

北平南斯拉夫大使馆同样注意到，对于米高扬此次访问北平，中国共产党人表现出一定的谨慎和冷静。南斯拉夫外交官们出席了中国人为米高扬举行的招待会，在会上，中国人表现得非常得体，无可挑剔，但是却让人感觉不到俄国人与中国人之间温暖的同志情谊。南斯拉夫人还推测，也许最近莫斯科对远东问题所表现出来的漠不关心使中国共产党人有些不愉快。然而，他们并不认为这些能改变中苏两大共产主义政权的根本关系。

R·L·斯内德

贺艳青译，何妍校

国务院情报研究所关于中国对共产主义阵营看法的情报报告

（1956 年 12 月 3 日）

秘　密

北平对共产主义阵营的看法

由远东研究组提供

这是一份情报报告，不是政府政策的陈述。

这份报告以 1956 年 11 月 29 日之前可用的情报为基础。

摘　要

共产党中国已成为东欧"民族"共产主义者所欢迎的盟友，这些东欧的"民族"共产主义者正在试图获得独立和自主决策权，就像北平政府所享有的那样。匈牙利人和波兰人（特别是后者）已经对北平的支持表示出信赖，并且对中国共产党的意见以及中国的发展表现出很大兴趣。事实上，最近北平已经发表声明，明确表示中国共产党人相信更灵活自由的关系将巩固共产主义阵营，正如波兰和苏联之间正在建立的关系那样。然而毫无疑问，北平也表示了它对苏联的支持以及它对分裂倾向的极力反对，它认为在匈牙利所发生的那种情况有可能破坏共产主义阵营在对抗西方过程中的统一。

很明显，波兰人和匈牙利人错误判断了北平对它们的支持程度，其实北平对它们政策的同情并不能达到公开挑战苏联的程度。不过，北平反复强调，它希望莫斯科能采取有效政策消除"斯大林分子"所犯错误在同卫星国关系中所造成的影响。北平还发出警告，反对大国实行"大国沙文主义"，并指出苏联过去的政策曾出现过这种"偏差"。在南斯拉夫报纸《战斗报》(Borba) 同《真理报》(Pravda) 进行辩论时，这种警告被《战斗报》引用。然而，这种对大国"沙文主义"的警告是同反对过度的小国"民族主义"倾向同时提出来的，另外，北平还反对小国忽视社会主义国家的"最高义务"——那就是加强同苏联的团结。莫斯科的发言中，已经越来越多地引用北平对苏联当前政策的支持。

对于北平来说，它与苏联的结盟并参与共产主义阵营来对抗西方的态度并没有什么明显的变化。如果该阵营的东欧部分分裂了，共产党中国还会一如既往地依赖苏联在工业计划和军事支援方面对中国提供帮助。北平很可能认为用更灵活机动的办法来解决东欧问题将更有利于阵营的稳定。然而，在与卫星国的摊牌中，北平又将义无反顾地支持苏联，即使回到一种斯大林化的政策也在所不惜，为了阵营的统一无论这一政策多不合理都有可能被它认为是一种必要过程。

一、"自由联盟"与共产主义阵营的战略概念

目前看来，中国共产党在有关共产主义国家间关系问题上最早的论述发表于1948年11月，可见于中国共产党政治局第二号人物刘少奇的一篇题为《民族主义与国际主义》的文章中。刘少奇的这篇文章是为了表明中国共产党反对铁托主义的"叛变"而写的，文章旗帜鲜明地宣称共产主义国家应该在"完全平等"的基础上，加入"自由联合"。

因此，无产阶级坚决反对任何的民族压迫。它既反对任何异民族压迫自己的民族，同时，又坚决反对自己的民族去压迫任何其他民族，而主张一切民族（不论大小强弱）在国际和国内的完全平等与自由联合及自由分立。并经过这种自由分立（目的是要打破目前各帝国主义国家对于世界大多数民族的压迫和束缚）与自由联合（即在打破帝国主义的压迫之后由各民族实行在完全自愿的基础上的联合）的不同具体道路，逐步地走到世界的大同。[①]

刘少奇将他的探讨很大程度上限定在理论层面，他只对铁托主义提出了一条具体意见，那就是指责南斯拉夫党"对苏联和新型民主国家怀有不信任和不友好的态度"。

在刘少奇发表这番声明之后的一年中，中国共产党人开始攻占大陆、组建北平政权、构建中苏同盟关系。而在这一政权进入世界舞台之际，中苏同盟是中国共产党的核心战略思想。这一时期，中国共产党的发言人和毛泽东本人经常讲到，如果共产党政权要在大陆建立并巩固下来，同苏联结成战略同盟关系是极为重要的。在这些声明中，最引人注目的是1949年7月1日毛泽东为"一边倒"政策所做的辩护。他断言，对于共产党中国来说，在成为苏联阵营的一员和向西方投降这两条道路之间绝没有"第三条道路"可走。[②]

这一时期，中国共产党有关阵营组织普遍原则的说法相对很少，几乎没有。然而，1949年6月1日，共产党和工人党情报局刊物"争取持久的和平与人民的民主"以一种新的版本登载了刘少奇1948年所作《民族主义和国际主义》一文，这一版本与他在1948年文章中的说法不同。这一次的版本中没有关于"自由联合"的社会主义国家有权享有"完全的平等"之类的语言；相反，这一版本突出的是刘少奇指责一些社会主义者（如铁托）在摆脱"帝国主义者的压迫"统治国家之后，却转而实行一种"拒绝无产阶级和劳动人民的国际大联合并反对

---

① 此处译文转引自1948年11月7日《人民日报》。——译注
② 参见毛泽东：《论人民民主专政》，《毛泽东选集》（合订本），北京：人民出版社1967年版。——译注

苏联"的政策。

共产党人如果在自己民族摆脱了帝国主义的压迫之后,又堕落到资产阶级的民族主义的立场,又去实行民族利己主义,又去为了一个民族上层阶级的利益,而牺牲全世界各民族劳动人民与无产阶级群众共同的国际利益,甚至不但不反对帝国主义,反而依靠帝国主义的帮助去侵略与压迫其他民族,或者以民族保守和排外的思想去反对无产阶级的国际主义,去拒绝无产阶级和劳动人民的国际团结,去反对社会主义的苏联,那也就是背叛了无产阶级和共产主义,援助了国际帝国主义者,并使自己变成帝国主义阵营内的一个小卒。南斯拉夫的铁托集团,则正是走着这样的道路。[①]

这表明刘少奇为了无条件地批判铁托而不再强调"自由联合",并不完全是因为机会主义或者苏联压力的结果。很明显,从这一时期及以后一段时间共产党的声明可以看出,中国共产党人是真诚地担心铁托的背叛会削弱共产主义阵营对抗西方的力量,从而想极力避免这种情况的发生。中国共产党人显然主要是从战略的角度来看待共产主义阵营和中苏关系。1949 年 7 月 1 日,毛泽东在声明中间接提到了如果他的政权支持苏联和共产主义阵营的话可能会遇到的困难:

"不要国际援助也可以胜利。"这是错误的想法。在帝国主义存在的时代,任何国家的真正的人民革命,如果没有国际革命力量在各种不同方式上的援助,要取得自己的胜利是不可能的。胜利了,要巩固,也是不可能的……第二次世界大战打倒三个帝国主义并建立东欧人民民主国家,也是这样。人民中国的现在和将来,也是这样。[②]

二、1950 年的中苏联盟及二者间平等关系的发展

1949 年间,中国共产党对世界的看法以及这种对东西方之间的冲突不可避免的看法使得这一时期中国共产党内难以产生铁托分子。这就意味着这一政权的领导层会反对出现在中共党内和共产主义阵营内部的任何中立的倾向或者与西方结盟的倾向。但是,这并不意味着中国共产党人能够接受苏联的统治和卫星国的地位。北平政权建立伊始,它同莫斯科的关系便成了一段艰辛谈判的历史,北平以此来提高它在共产主义阵营中的特殊地位。

1950 年 2 月 14 日签署的中苏条约使中苏间的关系正式确立下来,这一条约经过了两个月的谈判。这一条约不仅使共产党中国和苏联结成同盟,共同对抗试图攻击它们中任意一国的国家(指日本),而且标志着苏联在华特权(主要在满洲)漫长的清理过程开始了第一步。

---

① 此处译文转引自 1948 年 11 月 7 日《人民日报》。——译注
② 参见毛泽东:《论人民民主专政》,《毛泽东选集》(合订本),北京:人民出版社 1967 年版,第 1473 页。——译注

根据这一条约,北平政府最终将重新获得对满洲企业和铁路主权的控制;重新控制旅顺和大连;并使先前处于苏联直接影响之下的内蒙古和新疆的边界地区重新归于中国控制。这一过程直到斯大林去世之后才完成——特别是到赫鲁晓夫、布尔加宁、米高扬和谢皮洛夫代表团于 1954 年 10 月访问北平之后。这次访问标志着苏联承认北平政府与自己平等。

但是 1950 年中苏条约中包含的特殊声明已经预示了中苏关系的这种发展,这是有关中苏关系的原则的声明:

缔约国双方保证以友好合作的精神,并遵照平等、互利、互相尊重国家主权与领土完整及不干涉对方内政的原则,发展和巩固中苏两国之间的经济与文化关系,彼此给予一切可能的经济援助,并进行必要的经济合作。①

1950 年莫斯科政府向中国共产党人作出的这种保证也是苏联惯用词汇中的一种,因此并不新鲜。但是,引人注目的是,在这一时期苏联同卫星国之间签订的条约中(其中还包括 1950 年的苏芬条约,以及 1945 年苏联同中国国民党签订的条约),没有任何一个条约包含这样的平等保证条款。没有任何一个条约提到"平等互利",只有同波兰的条约提到"领土完整",另外,只有同匈牙利的条约提到"国家主权"。(随着"和平共处"概念的补充为国际关系的"五项原则",1950 年中苏条约作出的这种承诺后来被北平和莫斯科广泛宣传。1956 年 11 月 18 日,哥穆尔卡②和斯大林之后的苏联领导人谈判形成了《苏联-波兰联合公报》,以相似的语言重申了这一承诺。)无论 1950 年苏联将这些原则应用于共产党中国后又出现过什么反复,但在中苏结盟这一过程中经过中国共产党人的不断努力,以及由于干涉朝鲜事态发展的需要,北平政府在共产主义阵营中争取到了一种同苏联的引人注目的平等关系。③ 这种平等的趋势继续发展,只是在朝鲜战争过程中,应中国共产党"重新请求"苏联军队在 1950 年约定的日期之后继续留在旅顺港,这种平等趋势出现了一些短暂的干扰。但是,即使这次"重新请求"也可能是北平政府一种战略选择的反映,因为苏联军队留在旅顺港很可能被人认为是一种威慑,针对的是联合国扩大朝鲜战争。

因此,在铁托最初背叛时期共产党中国对苏联的支持并不是对刘少奇 1948 年主张的放弃,也不是屈服于苏联的控制,而是中国共产党为了在共产主义阵营中争取自己最佳地位的一种努力,这种努力以不牺牲阵营的团结为前提,因为北平政府充分认识了阵营团结的战略重要性,尤其是当东西方斗争加剧的时候。无论由于中国共产党和南斯拉夫政党相似的历史背景使中国共产党的领导人对铁托的主张曾经产生过多少同情,只要铁托和苏联决裂并

---

① 参见 1950 年 2 月 15 日《人民日报》。——译注
② 哥穆尔卡(Gomulka,1905～1982),时任波兰统一工人党中央委员会第一书记。——译注
③ 原注:对中苏关系发展的更为全面的讨论,可见于第 5681 号情报《共产党中国:是苏联的卫星国还是小伙伴?》,1952 年 1 月 14 日,机密,这一情报分析了 1952 年 1 月的局势;另可见于第 7070 号情报,《中苏关系再评估》1955 年 11 月 4 日,机密,这一情报概括了发展至 1955 年 11 月以来的局势。

成为西方事实上的盟友,这些同情都似乎化为乌有。

从 1949～1956 年期间,北平政府很少就铁托主义发表议论,它并不是鹦鹉学舌般地直接模仿莫斯科的语调。1949 年铁托迅速承认新成立的北平政权时给中国共产党带来了一些尴尬。北平政府对这一承认不理不睬,而它甚至可以和诸如英国等"帝国主义"国家公开谈判、互换外交代表。在随后的时间里,北平一直将铁托当作共产主义阵营中一块不可告人的心病,尽管南斯拉夫在联合国代表权等问题上一直支持北平政府,但北平政府从来没有对它表示过感谢。

三、阵营内部在斯大林去世后的发展

(一) 对铁托的重新认可

苏共二十大召开,苏联人对斯大林进行批判,铁托与赫鲁晓夫、布尔加宁实现互访,苏联承认对铁托的叛变承担责任,铁托同苏联恢复邦交……这一系列事件开创了共产主义阵营内部关系的一个新阶段。对于苏联对待铁托的新态度,中国共产党有着相当有趣的反应。同 1948 年一样,北平政府对这一事件发表的议论相对很少,最初中国有一种倾向,想把铁托事件当作南斯拉夫与苏联之间的事件,而不是南斯拉夫与整个阵营之间发生的事情。在这一事件上,北平坚持认为事件的解决就如同苏联领导层"纠正"斯大林的其他"错误"一样;不管这些事情对中国和共产主义运动产生了多么重大的影响,北平都坚持认为这些事情是纯粹的苏联事务。因此,北平政府将铁托的重归于好描述为"对国际工人阶级运动和其他所有进步运动的一次重要贡献",但却只字不提中国共产党人也可能参与过斯大林的"错误",从而导致了铁托在第一阶段的叛变。南斯拉夫的大使进驻了北平,但是中国共产党方面从来不提及两国间曾经有过不和,只有一个评论特别提到南斯拉夫是最早承认北平政权的国家之一,但是却没有解释为何在南斯拉夫承认新中国之后这么长时间两国才互换大使。在北平出席中共八大的南斯拉夫代表团发言指出,南斯拉夫政党对中国的发展一直抱有浓厚的兴趣,南斯拉夫一贯支持北平在联合国代表权问题上的观点,并且一贯支持北平对台湾地位的主张。但是北平政府的发言人没有对此作出相应的答复。

(二) 波兰事件

最近由于波兰剧变,北平政府在一系列事件中又体现了它对共产主义阵营的观点。在这次剧变中,哥穆尔卡回到党的领导层,而罗科索夫斯基元帅被免职。从北平政府对这一系列事件以及其后匈牙利事件的反应中,可以看出它仍然坚持其在 1948～1949 年期间所形成的那种态度——支持"平等"的灵活政策以及阵营的"自由联合",但是反对分裂主义倾向,因为这种倾向会削弱阵营在对抗西方时的军事有效性以及意识形态方面的合作。

北平政府经过了一段时间的短暂沉默,但在莫斯科政府承认哥穆尔卡政权之后,它就不再掩饰自己对波兰事件的热情。10 月 20 日,新华社发表了一篇由驻华沙的通讯记者发回的现场报道,称波兰事件是"过去10年中最为重大的政治事件"。北平政府向哥穆尔卡领导的新波兰党中央发出贺电,称哥穆尔卡新领导层"不仅仅是由中央委员会选举产生的,而且是由全党和全国千百万人民群众选举产生的"。它尤其称赞波兰人民在政治变动过程中的自我约束,从而没有给"反动派"制造事端的机会。从10月25日以来,北平对波兰事件的关注倍增,包括发表波兰的社论和发言稿,其中有些社论和发言稿非常明显地批评了苏联体制。波兰人民由不满而导致的动乱无一例外地被北平政府描绘为公正问题。1956年11月18日,苏波会谈在莫斯科结束,北平对此发出贺电,称此会谈建立在"完全平等,互相尊重领土完整,互相尊重国家独立与主权,互不干涉内政"(即1950年中苏条约中的原则)的基础上,是"两个社会主义国家间适当关系"的"生动事例"。在这种情况下,北平完全同意,只要"北约侵略集团和它的军事基地仍然存在",苏联军队就应驻扎在波兰。

尽管北平政府对波兰的"新进程"表示同情,但它在宣传中有意回避了对苏联的任何冒犯。当莫斯科积极反对波兰事件时,中国共产党却完全不对此发表评论,正如他们在波兹南骚乱事件上保持沉默一样。

华沙与莫斯科对于波兹南事件的起因认识存在分歧。华沙认为波兹南事件只是群众不满所引发,而莫斯科最初强调是"帝国主义的阴谋"导致的骚乱。在莫斯科调整自己的立场并与华沙和解之后,北平政府才表示出对波兰处境的同情。

(三) 匈牙利事件

对于北平的评论者来说,匈牙利动乱明显是一个更为复杂的问题。北平政府在匈牙利事件中的态度正是它在1949年谴责铁托拒绝共产主义阵营的"国际团结"时所表现的那种态度。在波兰事件中,北平最初抑制自己不发表议论,对于这一事件只是从塔斯社的话语中进行了摘录引用。北平对匈牙利局势的第一次全面的议论发表于1956年11月1日的一个正式政府声明中,这是对苏联10月30日发表有关同东欧集团关系声明的一种回应。[①] 北平对苏联的这一声明进行了详细阐述,并将铁托的叛变、最近的波兰和匈牙利事件以及一些东欧国家的软弱无能归结为执行了分裂社会主义的道路,或者归结为苏联过去的错误。有趣的是,在新华社发表评论之后不久,北平政府愈来愈明显地把匈牙利事件当作一个反共产主义的事件,认为这次事件并不是由于斯大林错误所导致的。因此,匈牙利事件不是因苏联而起,而是源于匈牙利自己的错误,源于"反动派"与"帝国主义者"的阴谋。

11月1日的北平政府声明将匈牙利和波兰人民的不满情绪以及他们对"民主、独立、平等"的要求说成是"完全恰当的",是对阵营团结的一种贡献。北平政府赞扬波兰人民对"反

---

① 原注:1956年10月30日的苏联声明发表于苏联第二次干涉匈牙利的四天之前。在第二次干涉中苏联废黜了纳吉政府。声明包括以下内容:苏联政府保证,所谓应匈牙利政府要求前来稳定秩序的苏联军将从布达佩斯撤军;苏联准备同华沙条约国家进行谈判以解决在东欧驻扎苏联军队这个共同的问题。这一声明承认过去有违反阵营内部平等关系原则的情况;声明宣布从今以后阵营内部的关系将按照"完全平等,尊重领土完整,国家独立与主权,互不干涉内政"的原则来建立。

动分子"作了充分的斗争,因此利用群众示威的方式来达到自己的目标;并指出:"少数反动分子的极端阴谋活动"与"最广大人民群众的正当要求"之间的区别对整个阵营来说都是个重要问题,对共产党中国也是如此。声明结尾,看似作自我批评,实际上可能是对苏联有关政策进行了批评:

> ……某些工作人员常常容易在相互关系中忽略各国平等的原则。这种错误,就其性质来说,是资产阶级沙文主义的错误。这种错误,特别是大国的沙文主义错误,对于社会主义各国的团结和共同事业,必然会带来严重的损害。因此,我国政府的领导人员,工作人员和全国人民必须时刻警惕,防止在社会主义国家和其他国家的关系中犯大国沙文主义的错误……①

在 1956 年 11 月 10 日至 15 日召开的中国共产党中央委员会的一次专门全体会议上,毛泽东重申了对"大国沙文主义"的批评,因此这一批评被进一步加以强调。北平支持东欧的"新方针"和"社会主义的独特道路",但强烈反对威胁到阵营团结的事态发展。虽然北平对苏联第一次干涉匈牙利没有发表议论,听其自然,但是它对苏联废黜纳吉,扶植卡达尔②的第二次干涉却给予了无条件的支持。这也再次证实了中国共产党反对威胁阵营团结的这一态度。这一阶段,北平的多次声明体现了它自 1949 年以来所形成的、对阵营关系进行战略考虑的一贯观点。北平认为,如果苏联不关注匈牙利请求"帮助"的呼声,那么匈牙利将沦为"法西斯的地狱、帝国主义推翻东欧各人民民主国家的前哨,并引发一场新的世界大战",因此苏联的干涉是合理的。多个声明都指出,纳吉不可饶恕的罪行在于他企图"破坏社会主义国家的团结并阴谋破坏《华沙条约》",而《华沙条约》被认为能确保各社会主义国家"不至于被西方帝国主义和国际反动力量逐一击破"。另一份评论进一步指出,正是阵营的团结使得它能坚持"和平",就如同在英国、法国、以色列进攻埃及的事件中阵营所坚持的那样。

后来,北平有关东欧的评论几乎全部都指出将波兰和匈牙利事件混为一谈是"绝对错误的"。然而,自从匈牙利事件以来,北平政府的声明也显露出共产党中国在东欧事件中的心态是充满担忧而且十分混乱。甚至连上面所提到 11 月 1 日政府官方声明的作者也被迫发表简短声明,更正他"错误地"把匈牙利和波兰联系在一起的说法。北平最坦白地承认这种思想上的混乱是 11 月 14 日的《人民日报》社论,社论承认"匈牙利政府如果能够自己顺利地镇压西方所支持的法西斯分子的武装叛乱,那当然是再好不过"。③ 但是在目前情况下,局势的发展是"复杂的":

---

① 此处译文转引自 1956 年 11 月 2 日《人民日报》。——译注
② 卡达尔(Kadar, 1912~1989):时任匈牙利社会主义工人党(前身为匈牙利共产党和劳动人民党)中央委员会第一书记。——译注
③ 参见 1956 年 11 月 14 日《人民日报》。——译注

　　不满过去政府工作的固然有各种人，就是参加叛乱的也有各种人，并不都是法西斯分子。而且外国军队协助镇压叛乱总是一种非常情况，无论动机怎样纯洁善良，总难免引起一部分人暂时的不了解。①

　　北平政府到底将这种局势看得有多么严重？它将当时社会主义阵营的"混乱"同1939年（苏德签订合约）以及1946年（苏联从满洲拆除工业设备）情形相类比，由此可以看出北平政府的心态。

　　尽管承认局势的"复杂性"，但北平政府明显希望苏匈关系能够像莫斯科政府与波兰哥穆尔卡政府之间的关系那样得以重建。上面引用过的北平对苏波会谈的评论也提到了这种相互关联：

　　今后，在社会主义各国之间，只要较大的国家注意反对大国主义的错误（这是主要的）而较小的国家注意反对民族主义的错误（这也是必需的），那么，社会主义各国之间在平等基础上的团结和友谊，必然能够得到进一步的巩固和发展。……苏波会谈对匈牙利人民将有良好的影响，这不但因为苏波两国对匈牙利局势表示了共同的认识，而且因为匈牙利人民可以从苏波会谈的结果，认清苏联政策的真相。匈牙利人民可以看出：苏联对于各人民民主国家所实行的果然是平等和友好互助的政策，而不是征服、侵略和掠夺……苏联和匈牙利之间的关系在过去有什么不正确的地方，苏联也会像对波兰同志所作的那样，坚决地加以纠正，努力消除那些错误所产生的影响。对于苏联政策有所疑虑的匈牙利人民，以及全世界关心匈牙利事件的一切善良正直的人士，还可以从苏波会谈的结果看出：苏联军队在匈牙利的行动，仅仅是为了援助匈牙利的社会主义事业，决没有任何其他目的……②

四、北平对以上事件的影响

　　为了减少人们对苏联在匈牙利的行动产生误解，北平政府所作的努力主要是断言苏联的动机是"纯洁善良"的，并且保证所有由于苏联错误所导致的问题都将得到解决。北平的断言和保证是如此坚决，以至于人们搞不清楚北平对苏联的意图到底有没有怀疑。从11月1日开始，北平政府就异常关注苏联10月30日的声明。苏联保证就苏军驻扎阵营国家的问题举行谈判，并且保证苏联与卫星国的关系将建立在完全平等的原则上。这都是北平所关注的重点问题。北平因此也采取了非常的措施。在苏联革命纪念日这一天，北平两次强调了莫斯科政府10月30日的保证：一次是在毛泽东、刘少奇、周恩来发给苏联政府领导人伏罗希洛夫、布尔加宁和谢皮洛夫的惯例性贺电中提到的；另一次是周恩来在苏联大使尤金于

---

① 此处译文转引自1956年11月14日《人民日报》。——译注
② 此处译文转引自1956年11月21日《人民日报》。——译注

北平举行的宴会上发表演讲提到的。如果真的像南斯拉夫领导人所指出的那样,克里姆林宫在对东欧政策方面存在着尖锐的分歧,那么北平政府极力强调履行苏联10月30日声明以及在阵营内部关系中贯彻平等的原则这一做法,可能对苏联政府中主张更为灵活机动的政策的那部分人是一种支持。

在东欧最近发生的事件上,北平政府有意或无意的影响还有其他的表现。共产党中国近几个月来提出的口号,在有关知识分子和文化事务方面激发了一些明显的自由化倾向,据报道,"百花齐放,百家争鸣"这一口号就引起了于1956年9月出席北平召开的中共八大的波兰代表团的莫大兴趣。这一条标语在匈牙利动乱不久之前也在一则声明中被引用,该声明敦促匈牙利的无线电广播实行更为自由的新闻政策。有报道指出,波兰人对于中国共产党对军队实行政治控制的技巧非常感兴趣,认为这种技巧有别于苏联目前实施的方法,波兰人可能认为这种技巧可以作为一种实际或者备用的方法,使得他们能在军队保留苏联顾问的情况下仍能维持对军事机构的控制。在苏联针对匈牙利纳吉政府进行干涉的时候,福尔卡什·费伦茨代表政府中的国家农民党向"这个伟大的友好帝国——中华人民共和国以及友好的南斯拉夫、友好的波兰"发出了请求支援的呼吁。

通过精心选择的新闻报道,波兰共产党的各种信息总是十分努力地营造这么一种印象:中国共产党支持东欧的"新方针"的作法已达到鼓励波兰人反对苏联的程度。可以想象,波兰人也许真的在北平得到了这种印象——认为中国共产党会在波兰同苏联摊牌的时候支持波兰。比如,中共八大的政治报告谴责了国际关系中的"大国沙文主义",这就可能使波兰得出结论,认为北平可能会积极反对苏联采取任何示威行动来警告东欧"背叛"。然而,如果波兰人得出了这么一种结论的话,那么他们很可能错误地估计了中国共产党的领导层。不管9月份在周恩来和奥哈布①之间交换了一些什么信息,这都发生在波兰危机之前很久,也不能够像波兰共产党的媒体所断言的那样,能够成为中国共产党对波兰在那次危机中的支持。奥哈布在中共八大上的发言也不能被认为是中共支持波兰理论的明显证据。奥哈布热情洋溢地称赞中国共产党在将马克思列宁主义同中国具体实践相结合方面作了"创造性的工作",是个"大胆的决定",但是苏联代表团的成员米高扬和其他外国共产党代表团也说了这样的话。

波兰人试图让世界相信他们拥有中国共产党的支持,就像南斯拉夫在整个与阵营分裂的时期都试图让非共产主义世界相信毛泽东其实从心底是个铁托主义分子一样。这些都是北平在阵营中有影响力的重要反映。波兰媒体将北平对波兰事件与匈牙利事件的区别对待,以及北平对苏联10月30日声明的评论都当作北平对波兰理论的支持。对于苏联10月30日的申明,华沙政府评论道:"这一声明形成了一个极有分量的文件,这对所有认为社会主义与民族主权不可分离的革命力量来说,都是极有价值的道德支持,对于所有旨在肃清一切侵害我们阵营国家的行动都是一种极有价值的道德支持。"

---

① 奥哈布(Ochab,1906~1989):时任波兰统一工人党中央委员会书记。——译注

虽然事实无法证明北平政府在东欧危机中反对莫斯科，但是中国共产党明显认为是莫斯科的错误导致了这场危机，而苏联方面所能采取的更为灵活的政策是恢复以往的秩序和纪律。而且，北平的观点——无论是中国共产党在评论中明确宣称的还是私下暗示的——都无疑对东欧有着重要影响，这种影响的程度可能超出北平自身的预料。

不管怎样，中国共产党对东欧事件的评论被看作是一种对苏联政策的批评，至少南斯拉夫的领导人是这么认为的。1956 年 11 月 27 日，《战斗报》重复了 11 月 23 日《真理报》的一则社论，引证说：中国共产党强调"大国沙文主义"的危害性是为了支持它反对苏联地位的立场，另外还补充说："每一位持现实主义观点的社会主义忠诚斗士都将不得不赞同中国声明中所陈述的这些观点。"与此同时，莫斯科也越来越多地援引北平对苏联当前政策的支持，另外还指出：北平在警告"大国沙文主义"的同时还一并提出反对忽视社会主义国家的"最高义务"——同苏联加强联系。因此，南斯拉夫与苏联这对争论的双方都援引北平的话来支持各自的观点，而北平始终避免对这场争论进行任何直接的议论。

五、实现社会主义的种种途径

在这些事件过程中，北平政府态度的变化主要是基于战略考虑。尽管中苏关系有出于实用主义的考虑，但是意识形态也是中苏关系中的重要组成部分。中国共产党与莫斯科之间，在战略考虑成为最主要因素之前，意识形态的亲密关系已成为中国共产党政策的重要因素，甚至当它被战略因素所掩盖时，仍然是中共政策的一个重要因素。目前，北平在苏联的支持下，正广泛号召进行意识形态方面的革新。然而与此同时，北平正在加快实施社会主义化与工业化，因此它比任何卫星国以及其他亚洲的共产主义阵营国家更接近苏联正统的"经典的"社会主义道路。

在对东欧事件的评论中，北平总是回避意识形态的争论，对于是否有可能或有必要存在不止一条"社会主义道路"这一问题，北平也予以回避。然而，这一问题正是困扰了苏联理论工作者和学者们 30 多年的一个问题，也是莫斯科与其社会主义阵营国家（包括北平）关系中紧密相关的问题。

莫斯科通常坚持认为，苏联为各国提供了一条"经典的"实现社会主义的道路，但是各国要根据自己的条件和特征来找到适当的道路。莫斯科路线主要的可变性是相对比较强调这一认识的第一部分（苏联道路是"经典"），还是比较强调第二部分（要根据本国条件与特征来选择），而主要的未澄清的问题是：除莫斯科之外的其他共产主义中心能否成为可以采用的"模式"？这种"模式"即使不具备对基本路线的改变，至少也有些变动。在铁托叛变之前，莫斯科的理论家们倾向于允许卫星国在实现社会主义的方式上保持相当的自由。而铁托的叛变使莫斯科更严厉地强调自己是唯一的"模式"。斯大林的去世，使莫斯科放松了这方面的坚持，而在同铁托实现了关系"正常化"之后，莫斯科态度竟然变化到了承认不止一条可行的"社会主义道路"的地步。

北平试图远离这些争论和分歧。中国共产党人几乎一直遵循莫斯科的指令,注重亚洲局势的"独特性"。毛泽东尤其强调中国共产党人不能盲目学习苏联经验,他对自己党内的政治对手所提出的主要批评,就是认为他们在运用苏联经验时犯了"教条主义"的错误。然而,"社会主义道路"问题绝少会被中国共产党人提起,因为中国共产党的非正统、非无产阶级的背景使他们有一种自卑感,他们即使在提到自己"创造性地"运用了马克思列宁主义的时候,也要强调这是因为他们是学习了莫斯科的缘故。

北平是否也形成了一种"模式",这一问题同样是以一种实用主义的态度来掌握的。当莫斯科理论家们就此进行争论时,北平政府既不进行理论的评论也不为自己辩护,它只是把自己当作其他亚洲共产主义运动的一个启发性实例——"创造性"地运用莫斯科经验的事例。在北平政权形成后不久,1949 年 11~12 月在北平召开了由世界工会联合会(WFTU)倡议的"亚洲、澳洲工会会议",在这次会议上苏联代表发挥了重要作用,也就是在这次会议上,第一次对中国革命的"教训"进行了系统阐述。北平这次的总结主要是围绕通过"武装斗争"与"统一战线"结合夺取政权的这一策略进行的。后来一段时间,北平也自认为对政权夺权之后"和平过渡到社会主义"的策略具有"创造性"的贡献。但是,北平没有在任何场合说过自己所发展的不是苏联模式的一种变化形式。北平从不议论或支持"多中心主义",即便它明显形成了一种与莫斯科存在潜在竞争的中心时,也是如此。

认为北平政府形成了一条"独特的社会主义道路"的最充分的证明理由通常是由别人提出来的。在战争时期以及战后初期,许多左翼记者和通讯员制造了毛泽东"独创性"的神话,其中包括著名的安娜·路易斯·斯特朗,斯特朗女士的作品几乎将毛泽东塑造成为了"亚洲的列宁"。这位女士因为写作"在同中国共产党人的假设性谈话中论及毛泽东'对马克思主义的新发展'",所以被莫斯科当局关进监狱,出狱后她又受到《纽约时报》的批评。斯特朗女士有关中国共产党"独创性"的报道,当时使中国共产党人很为难,因为它似乎指出了毛泽东与铁托之间的相似点,另外还因为中国共产党人正在努力按照正统的苏联模式来建设自己的政权,它们不愿意让人提起他们那种非无产阶级的,通过农民游击战争取得政权的经历。

随着在牢固的马克思列宁主义意识形态基础上建立起北平政府,也随着在朝鲜战争中中国共产党军事力量的展露,中国共产党的"独创性"逐渐不再成为共产党阵营中的窘迫话题。毛泽东的作品被苏联官方形容为"对马克思列宁主义宝库的贡献",如今在一部分毛泽东作品的俄文版出版后,莫斯科开始带头赞扬中国共产党的创举。斯大林去世之后,苏联领导人公开将北平说成是共产主义阵营的共同领导人,这种赞扬中共创举的趋势日益发展。苏共二十大对中国共产党的"创造性"给予了无限的称赞,认为这种"创造性"从一种"实用主义角度"来看,几乎相当于"将马克思列宁主义的原则踩于脚下"。最近,于 1956 年 11 月 18日在莫斯科举行的波兰公使馆招待会上,赫鲁晓夫指出,有关"苏联、中国、波兰和保加利亚的社会主义建设经验中到底谁的经验更好"这一争论,不会促进共产主义阵营的团结,但是,如果一定要他做出"个人"选择的话,他更为欣赏"我们的中国同志所体现出来的智慧。他们以独到的方式,创造性地解决了建设社会主义的问题,并且他们考虑到自己国家的特殊条件,克服了许多困难"。1956 年 11 月 23 日《真理报》的社论对铁托在东欧事件中的作用进行了评论,文章更为充分地指出,中国共产党的"独创性"并没有危及阵营的战略和意识形态的团结:

伟大的中华人民共和国取得了社会主义建设的重要经验,中国共产党在复杂的历史条件下工作,对建设社会主义社会的理论和实践做出了伟大的贡献。中国同志发现并成功地应用新的方法,来解决亿万人民的生活问题这一最复杂的难题,对于这一点,世界共产主义运动完全可以引以为荣……中国共产党领导人的智慧在于,他们并没有把自己国家建设社会主义的经验与别的国家的经验对立起来,相反,他们能够利用所有社会主义国家的成功经验来建设中国的新社会。

苏联的声明认为:中国共产党的"创造性"并不是要在阵营中制造不和。这种观点是建立在苏联对以下两个事实的认识基础上的,一个事实是,对于北平政府来说共产主义阵营的意识形态与战略利益的团结一致是最高目标,另一个事实是中国共产党的独创性是建立在正统信仰基础上的。在政权建立初期,事实上中国共产党主要意图也是要维护"正统",尽管毛泽东采取的是农民游击战的策略,但这种策略是因为中国在 20 世纪三、四十年代缺少无产阶级革命运动所导致的。然而近年来,随着一系列五年计划(项目)的开展以及集体化和社会主义运动的加速进行,北平政府在事实上以及在理论上一致地开始在国内事务中遵循"经典"的苏联和斯大林模式,它有关"原创性"的要求主要是为了避免斯大林集体化时期的那些"错误"和一些过激的措施。关于集体化以及建立重工业基础的目标方面,目前的北平政权比任何东欧国家都要"正统"得多,而且它也已经实现了比东欧国家高得多的集体化比例。

尽管北平可能对卫星国争取国内政策自主权的要求充满同情,但是它可能对这些国家力图减慢集体化的步伐以及避免建设重工业的沉重负担的做法相当不理解。从北平的声明和政策中可以清楚看出,毛泽东的"社会主义"是按照斯大林主义的集体化农业和社会化的重工业来定义的。北平当然不愿意和铁托一样,承认印度和一些斯堪的纳维亚国家可能正在进行"社会主义"建设;北平也不愿赞同哥穆尔卡有关农业的非正统思想以及他对集体农庄制度的批评。

六、结　　论

从铁托叛变到匈牙利的暴乱,中国共产党对这一系列东欧事件的反应可以体现出他们的一些基本态度:认为阵营的意识形态与战略团结具有压倒一切的重要性;支持阵营国家间的灵活关系,并把自己同莫斯科的关系作为示范;对于苏联的经验采取非教条主义的态度;具有基本的意识形态的正统性。北平努力与东欧发生的这些事件保持较远的距离;它有关斯大林化的议论非常少,而它对许多其他事件的议论仅仅是接受苏联的官方言论。

以上各要素相结合,北平试图保持一种态度上的一贯性。也就是说从它最初赞成"自由联合"的概念,到目前它明显地支持在阵营关系中实行非斯大林主义的灵活政策,这前后的态度保持表面上的一致性。这种大体上的外表一致性由于谴责铁托以及无原则的奉承斯大林而遭到破坏。也许北平的这种作法是出于领导阶层自身的利益而采取的,因为这些领导人正在努力营造一种同莫斯科的特殊平等关系,而他们认为在一些与北平没有直接关系的事件上反对莫斯科对自己没有任何好处。

如今,这种情形已经改变了。北平有关东欧的评论不再可有可无。无论北平的意图如何,它的看法对于东欧来说显然是重要因素,东欧国家将北平视为同莫斯科保持着更为自由的关系的一个范例。

然而,在北平看来,它同苏联以及共产主义阵营结盟以对抗西方这一做法并没有任何改变。如果阵营的东欧部分瓦解,北平将同样依赖于苏联对它的工业发展计划进行援助,并且依赖于苏联对它进行军事支持以对抗西方——它一贯认定的敌人。北平可能在它认为能营造一些稳定和团结的方面试图影响东欧事件;很明显它认为此时一种更为灵活机动的非斯大林方式能更好地实现这一稳定和团结的目标。另外,通过赞成以一种自由的方式在东欧国家维持共产党人的统治(北平自己并不直接介入这一问题),北平可能希望能减轻非共产主义的亚洲国家对它的憎恨。因为北平采取了那些莫斯科认为必要但不受别人欢迎的政策,所以必然导致亚洲非共产主义国家的这种憎恨。然而几乎是理所当然地,北平不会反对苏联在东欧问题上的摊牌,即使苏联在东欧恢复斯大林主义的措施也可能如此;无论北平认为这种做法多么的不明智,它都可能支持苏联。

贺艳青译,何妍校

国务院情报研究所关于周恩来访问
苏东及苏联政策的情报报告

（1957 年 1 月 30 日）

IR 7428

秘　密

周恩来之行与苏联的政策

摘　　要

　　在苏联看来，周恩来此次访问莫斯科、华沙、布达佩斯之后产生了一个重要的新阶段。在这一阶段，苏联将采取坚决的措施将那些自去年 2 月谴责斯大林以来就不安分于共产主义世界的势力加以约束。从 1～9 日，周恩来的访问伴随着一系列集团会议的召开和联合声明的发表。（分别召开了 8 次集团会议，发表了 9 份联合声明。）几乎所有的会议与声明都强调要在苏联的领导下加强共产主义阵营的团结。这次集中行动明显是为了限制某些国家的独立倾向，尤其是波兰所体现出来的这种倾向；另一个目的是控制共产主义体系中所发生的一些自由主义的倾向，这样的倾向在苏联国内也有所存在。同时，苏联试图表明，这种意识形态上的收缩并不意味着要回归斯大林主义，而是要为非斯大林化设置一些界线。对于共产主义阵营来说，这就意味着要在共产主义正统信仰以及苏联领导之下增加当地的自主权。在苏联国内则更加强调加强警惕、反对外部威胁；这也说明了苏联领导层对民众的道德品质状况充满忧虑。

　　对于共产党中国来说，周恩来的东欧之行可能导致中国丧失掉一些在非共产主义世界中已经树立起来的威信，尤其是在亚洲的威信。因为周恩来公开拥护苏联在东欧的利益，而且他显然不顾及尼赫鲁[①]和其他人对有关苏联在匈牙利的行动所表示的关注。然而，在北平政府眼中，这种损失可能完全是划算的。因为此次访问为中国实现它在阵营中的影响提供了机会，而且此次访问加强了阵营内部的团结，这是北平与莫斯科的共同目标。通过支持苏联在东欧的立场，周恩来的访问又一次体现了北平在阵营内部拥有与莫斯科基本平等的地位这一事实。他的访问在弥合因为苏联过去的政策所造成的阵营内部裂痕方面发挥了影响力，并在阵营各成员国之间营造了一种更巩固、更灵活的关系，允许各成员国拥有最大限

---

① 　贾瓦哈拉尔·尼赫鲁（Javaharlal Nehru，1889～1964）：印度独立后的第一任总理，国大党主席。——编注

度的主权,而且同时能团结一致地对抗西方。①

一、强调阵营的团结

在东欧局势恶化的情况下,周恩来之行标志着苏联试图借助北平的支持来维持自己政策的努力达到了高潮。在 1956 年夏季非斯大林化危机出现以来,莫斯科看来是特意公开中国共产党人对苏联行动的支持态度。在 9 月份的中国共产党代表大会上,米高扬在他的讲话中竭力称颂北平政府的成就与贡献。11 月末,借中国共产党人民代表大会代表团访问苏联的机会,赫鲁晓夫把中国共产党树立为所有共产党人的楷模,理由是中国共产党承认苏联的领袖地位,而且"创造性地"发展了马克思主义。12 月 28 日,北平政府发行了一份内容很长的宣传册,支持莫斯科反对铁托,并强调加强阵营团结的必要性,但也承认过去的做法存在错误。苏联的宣传机构广泛宣传这一声明。

周恩来此次访问最重要的成果可能体现为中苏联合声明(1 月 18 日)中的一个重要论断,认为维护阵营的团结甚至比在共产主义国家的双边关系中维护平等更为重要。共产主义世界的"最高利益"超越一切;中苏两国都同意履行"最高国际义务"。看来,北平已经提前认可了将来苏联以维护阵营团结为名对其他国家进行干涉的行为,就像在匈牙利所发生的那样。与此相关的是,声明指出,中苏两国与社会主义阵营国家之间都有"相互协助的义务",并且断言任何帝国主义者"企图破坏社会主义国家的任何挑衅行为,都将受到最坚决的回击"。

同时,声明宣称"社会主义国家是独立的主权国家",它们之间的关系建立在平等的基础上。声明表示,两国相信社会主义国家之间的问题"可以在团结的基础上经过真诚的协商和同志式的讨论求得顺利解决"。声明认为没有什么能够阻碍各个独立的共产主义国家联合成团结的共产主义世界。②

二、努力影响波兰人

看来,周恩来此次访问的直接目的和时机选择是为了影响波兰局势的发展。自 1 月 20 日波兰议会选举以来,波兰的局势达到了一个新的高潮。周恩来中断他在亚洲的访问前往欧洲,而在欧洲的一半时间他用于对波兰的访问,这些事实进一步说明了周恩来的这种目的。另外,为了推迟周恩来对尼泊尔的访问,北平政府明确地解释说周恩来必须在选举之前到达华沙。

在周恩来访问之前,莫斯科已做出种种努力,对波兰人一面进行安抚另一面又进行警

---

① 原注:对于北平态度的更进一步探讨,可参见 IR 7392:"北平有关共产主义阵营的观点",以及第 2048 号 IB:《北平对东欧的观点以及周恩来访问莫斯科》。本报告是基于 1957 年 1 月 28 日所获情报由苏东研究小组形成。

② 参见 1957 年 1 月 20 日《人民日报》。——译注

告。1956 年 11 月 18 日苏联和波兰党和政府发表联合声明（这是哥穆尔卡访问苏联的高潮）；12 月 17 日苏波双方达成驻波苏军法律地位条约。这是苏联竭力安抚波兰人的表现，苏联试图使苏波关系形成一个新的框架。然而波兰选举运动的发展却明显体现了波兰原先那种反共反苏的情绪，这使莫斯科非常担忧。苏联媒体反复批评波兰所谓民族共产主义的概念。1957 年 1 月 1～4 日召开的布达佩斯会议上，苏联、匈牙利、捷克斯洛伐克、保加利亚和罗马尼亚都有代表出席，而波兰却引人注目地缺席了。随后，波兰强大的亲苏邻国东德突然访问苏联，并分别与苏联官方以及周恩来签署了两份联合公报。

在波兰独立主义倾向日益增长的背景下，周恩来访问了波兰。中国共产党人从一开始就公开支持哥穆尔卡。共产党中国是除匈牙利以外唯一一个发表哥穆尔卡的施政纲领的国家，因此，波兰人私下里认为或者在某种程度上公开认为，北平对他们争取更多独立权力的要求表示同情。于是莫斯科有可能认为周恩来尤其适合向华沙阐述苏联的观点。

苏联的这种预测看来是非常正确的。周恩来在访问波兰期间，反复强调当前最重要的事情是巩固以"苏联为首的"社会主义阵营的团结。他警告波兰人不要为了迎合"虚伪的民主"而使自己的国家偏离苏联所定义的正统信仰。在访问波兰之前，周恩来在莫斯科同匈牙利总理卡达尔以及布尔加宁签署了一份联合公报。因为在访问波兰之后周恩来就计划访问布达佩斯，因此周恩来提前与匈牙利签署这么一份公报就是为了清楚地向华沙政府表明他的态度：在有关匈牙利叛乱的起源与性质方面，他赞成莫斯科政府的观点。

同时，周恩来试图按照苏联的意图以及北平对波兰问题的理解来安抚波兰人。他的访问以及 1 月 16 日签署的联合声明都努力向波兰人表明通往和解的大门仍然是敞开的。周恩来多次表示，他的政府对苏—波关系的改善感到"特别欣慰"，中国政府同情哥穆尔卡的政权以及它力图完成的事业。

中波联合声明的语言表明了周恩来在他的波兰之行取得的成功是复杂的。"苏联领导社会主义阵营"这种习惯用语在公报中没有出现，取而代之的是认为"建设社会主义的共同思想"联系着莫斯科、北平和华沙。尽管声明表示支持卡达尔，然而并没有谴责西方帝国主义煽动匈牙利暴动。波兰人同意了在外交政策上对美国采取尖锐批评的措辞，并且承认了无产阶级国际主义原则的合法性。尽管周恩来对哥穆尔卡政府表示赞赏，但他也明确表示中国共产党支持"按照列宁主义原则"来巩固波兰的社会主义。从他的访问过程看来，与波兰人强烈要求建立自己的多样化社会主义相比，周恩来在这方面的言论尤为模棱两可。

不知道是同周恩来谈话的结果还是出于波兰人自己的估计，总之在周恩来离开波兰到波兰开始投票选举这一段时间里出现了一个引人注目的现象：哥穆尔卡和他的同僚们强调，如果选举不利于共产党人，波兰的独立将出现危机。与此相关的是，中苏联合声明中有关共产主义国家的"最高利益"的那一段内容有可能在波兰已得到实施。

三、此行的其他目的

除了对波兰局势稳定做出努力外，周恩来此次访问还就莫斯科试图恢复共产主义世界一致性的其他方面作出了贡献。

（1）周恩来通过与卡达尔的会谈、对匈牙利的访问以及对苏联路线的完全接受，协助苏联恢复了匈牙利局势，并且确保莫斯科有关干涉的解释在共产主义所有国家中都毫无疑问地被接受。在周恩来访问期间，布尔加宁两次谈到苏联对北平政府在匈牙利问题上"清楚而坚定的立场"表示感激，并且认为中国政府为"我们以及国际工人运动"做出了有益的贡献。

（2）尽管并没有提及南斯拉夫，但是这次访问还是有利于在意识形态上使铁托进一步孤立于社会主义阵营之外。对苏联为首以及阵营团结的强调显然不会被南斯拉夫人接受，他们只能从周恩来有关平等、不干涉内政等次要主题方面寻找安慰。据报道，尽管周恩来没有排除最终会访问南斯拉夫的可能性，但他已经拒绝了南斯拉夫的一次邀请。

（3）随着其他共产党会议的召开，周恩来的访问也集中强调了外部威胁这一主题，正是这个问题迫使各国在苏联的领导下紧密团结在一起。北平政府于 1956 年 12 月 28 日就东欧问题发表声明，强调共产主义世界同西方的斗争具有压倒一切的重要性。莫斯科也日益强调这种思想。1 月份签署的九个联合声明一致攻击艾森豪威尔的中东建议是美国新的侵略意图的一种表现。1 月 17 日，布尔加宁在一次欢迎周恩来的集会上更进一步发展了这一想法，认为这是冷战的复活。（而苏联发言人以往通常认为冷战是一种美国企图造成的局势，但由于苏联和广大民众的反对，它往往无法造成冷战局势。）就在这同一次集会上，布尔加宁指出，匈牙利事件警告了共产主义国家，目前"存在残酷的阶级斗争，因此有必要保持高度的革命警惕性，因为敌人正躺在我们所遗忘的地方等着伏击我们"。他这种关于共产主义世界主要注意方向的讲话可能最具有发人深省的暗示作用。

MF 2510408 - 0735，Main Library of the University of Hong Kong

贺艳青译，何妍校

国务院情报研究所关于中苏
在克什米尔争端的情报报告

（1957 年 2 月 25 日）

IR 7448

机 密

苏联与中国共产党在克什米尔争端上的立场

（1957 年 2 月 25 日）

摘 要

虽然从大体上说苏联和中国共产党的亚洲政策是配合密切的,但是两国在对待巴基斯坦的方式上(尤其是有关克什米尔问题方面)明显已经出现了一些分歧。在 1955 年 12 月苏联领导人访问印度过程中,赫鲁晓夫表示支持印度对克什米尔的主张。后来尽管没有作出明确承诺,但莫斯科就这一事件继续支持着印度。与此相反,共产党中国对印度和巴基斯坦在克什米尔的各自主张并不表态,而持保留态度。在周恩来最近对南亚的访问过程中,他被迫对这一问题进行评论。即便如此,周恩来也只是反复声明他将对这一问题进行继续研究,除了建议印度与巴基斯坦开展双边谈判之外,周恩来拒绝对这一争端的解决提出任何具体建议。

中国共产党人在克什米尔争端上没有追随苏联来支持印度,也许是由于莫斯科和北平之间对于分别与印度和巴基斯坦结交达成了相互谅解。然而,更令人信服的解释是:共产党中国在南亚具有至少和苏联同等程度的固有利益,这种利益是不能和别国分享的。比如,北平对克什米尔的最终归属特别关心,这是因为克什米尔的边界与中国的政治敏感区域——西藏和新疆——接壤。更为重要的原因是,中国共产党可能把印度视为同中国争夺亚洲领导地位的对手,因此支持巴基斯坦的存在以削弱印度的影响。而在另一方面,苏联可能并不那么直接关心克什米尔问题的结果,它可能更倾向于寻求同印度发展友好关系,从来把印度作为牵制共产党中国的一张底牌。

无论对中苏之间关于克什米尔争端所出现的明显分歧作何解释,这两个共产主义国家在抵制西方对这一地区的影响这一大目标下是团结一致的。中国共产党对巴基斯坦的一贯扶植不应当被看作是北平与莫斯科发生争论的原因,而应被理解为:这表明了北平在和苏联一同追求国际共产主义的目标之外,还追求相对狭隘的中国共产党的自身利益。①

一、苏联支持印度的主张

苏联在克什米尔问题上的态度大概可以概括为两点：第一是试图在这一地区消除外国尤其是西方国家的势力和影响；第二是努力在印度和巴基斯坦对克什米尔的主张这一问题上保持一个不偏不倚的态度。然而，苏联逐渐采取了一种偏向印度的态度。其中，印度的中立主义和巴基斯坦同西方的结盟这两种不同行为，无疑对决定莫斯科的态度起到了相当重要的作用。

从 1948 年 1 月至 1952 年 1 月的 4 年中，在联合国安理会对克什米尔问题进行讨论的过程中，苏联代表保持一种严格中立的立场，总是在安理会的表决中弃权，对这个问题的讨论几乎从不参与。1952 年 1 月 17 日，苏联首次参与安理会有关克什米尔问题的讨论。苏联代表马立克提交了一份声明，谴责美国和英国在联合国行动的幌子下，试图将自己的武装力量渗入这一地区；并且提议克什米尔问题必须由克什米尔人民自己通过立宪会议来解决，同时"立宪会议是由克什米尔人民通过民主的方式选举产生的"。尽管 1951 年在印度占领的克什米尔地区已经成立了一个由印度支持的并倾向于印度的立宪会议，但是巴基斯坦驻安理会的代表后来解释说，他一直就将苏联代表的声明理解为（可能是经过马立克对他进行说明后）：苏联支持通过立宪会议来解决争端指的是在绝对自由条件下选举产生的任一代表大会，而不是指已经存在的这个立宪会议。

1955 年 12 月 10 日，赫鲁晓夫在斯利那加（Srinagar）发表了有关克什米尔问题的声明，除了继续坚持于 1952 年莫斯科政府在联合国所表明的立场以外，他更为坚决也更为明确地表明苏联支持印度在克什米尔的主张。赫鲁晓夫公开提到了在此之前已由立宪会议所接受的、试图让克什米尔正式加入印度的一些决议。他认为克什米尔问题"已经由克什米尔人民自己进行了解决，那就是把克什米尔变为印度的一个州"。赫鲁晓夫的这一声明，加上他对巴基斯坦加入东南亚条约组织和《巴格达条约》另外进行了一些指责，这就让印度人和巴基斯坦人都明白了苏联在克什米尔问题上是与印度联手的。赫鲁晓夫有关克什米尔的声明及其在印度的反响被苏联媒体进行了报道。1957 年 1 月 24 日，在安理会对克什米尔问题进行讨论的过程中，苏联代表将赫鲁晓夫在斯利那加发表的声明一字不差地重复了一遍，这就清楚地表明这一声明代表了当前莫斯科对这一问题的立场。在联合国进行这次讨论之前，巴基斯坦驻莫斯科大使已经告诉美国大使，他已同苏联外交部长谢皮洛夫、外交部副部长葛罗米柯（Gromyko）和佐林（Zorin）谈过话，他们非常坦白地表示苏联认为克什米尔问题已经由印度控制下的克什米尔立宪会议得到了解决。巴基斯坦大使观察到，苏联政府官员的立场与 1955 年赫鲁晓夫在印度所表述的立场并没有什么大的区别。

---

① 原注：这一报告是由远东研究局通过 1957 年 2 月 25 日的情报整理而来。

尽管苏联明显支持印度，但是它最终并没有在克什米尔问题上承担责任，而且它还努力修补同巴基斯坦的关系。1956年3月，米高扬访问卡拉奇，很明显就是为了弥补由于赫鲁晓夫的斯利那加声明而在巴基斯坦造成的破坏性后果，并且努力说服巴基斯坦不要与西方结盟。在苏联驻卡拉奇公使馆的一次记者招待会上，米高扬在回答一记者提问时指出，克什米尔问题应该（而不是"已经"）由克什米尔人民来解决。然而，这一说法并没有被苏联媒体报道，也没有经苏联宣传机构进行传播。另外，在1月24日的联合国安理会上，苏联代表索博列夫（Sobolev）在有关克什米尔问题的表决中投了弃权票而不是反对票。这一举动不仅与他在这一问题上发表的声明相抵触，而且完全支持巴基斯坦的立场，那就是重申安理会的要求——在联合国的支持下举行全民公决来决定这一地区的最终归属。除此之外，索博列夫还反复宣称苏联赞成将印巴双边谈判作为解决这一争端的适当途径，这就与他曾断言这一争端已经解决的说法明显矛盾。因此，虽然苏联和共产党中国不同，它对印度主张的同情和一定程度的支持已经表露无遗，但是，在克什米尔问题上苏联为自己保留了一些行动的自由。

尽管目前克什米尔争端正处于如火如荼的阶段，但苏联媒体很少提及这一问题。在朱可夫元帅访问印度期间，也回避了这一问题。2月20日苏联在安理会决议的表决中投了反对票，2月21日又投了弃权票，这是苏联最近就克什米尔争端所采取的行动。在这两次行动中苏联继续坚持支持印度的立场。

二、中国共产党和巴基斯坦的关系

尽管北平政府同莫斯科政府一样，一贯认为印巴敌对是"帝国主义"阴谋的产物；尽管中国共产党人不厌其烦地赞扬印度对中国的友谊及其中立主义的外交政策，但事实上他们已经小心翼翼地培养同巴基斯坦之间更为友好的关系。尽管中巴之间的共同边境仍然存在争端，但是自1951年开始，北平与卡拉奇之间已经建立起了大使级的正式外交关系。（有趣的是，中巴之间边境争议地区恰好位于巴基斯坦所占领的克什米尔地区。）即使1955年巴基斯坦加入东南亚条约组织，共产党中国也没有把它视为敌人，在克什米尔问题上并没有对巴基斯坦采取不友好的政策。

1955年万隆会议期间，中国共产党人开始更为积极地寻求同巴基斯坦及其他与西方结盟的亚洲国家建立友好关系。北平政府向巴基斯坦总理发出了访问邀请，而后者犹犹豫豫地接受了这一邀请。由于政府的变更以及卡拉奇政府国内问题的干扰，这一访问被一推再推。这种推迟访问的做法完全可以被中国共产党人理解为对中国的一种冷遇。但是，中国共产党人并没有这样认为，而是继续强调同巴基斯坦的更为紧密的关系。1956年初，中国著名公众人物孙逸仙夫人访问巴基斯坦，就表明了中国的这一政策。1956年10月，巴基斯坦新任总理苏拉瓦底访问了共产党中国，最终履行了他的前任——首相穆罕默德·阿里——在万隆会议所作出的承诺。

三、中国共产党领导人对巴基斯坦地位的兴趣

据报道,在苏拉瓦底同毛泽东及周恩来的谈话过程中,他将中国共产党对台湾的主张比作巴基斯坦对克什米尔的主张,这种比较流露了有关这些问题的感情因素,明显给中国领导人留下了深刻的印象,因此周恩来答应在他 1956 年 12 月访问印度期间讨论克什米尔问题。在随后周恩来访问巴基斯坦过程中,他于 1956 年 12 月 25 日在卡拉奇召开记者招待会。在会上他透露,他实际上已经就克什米尔问题同印度首相尼赫鲁交换了意见,但是周恩来拒绝透露这次交换意见的实际内容。当一位记者问到共产党中国是否准备就克什米尔问题在印度和巴基斯坦之间进行调停时,周恩来回答说:"我们仍然处于研究这一问题的阶段。中国遵循一项原则,那就是在研究一个问题前不去讨论它。"12 月 30 日,在达卡召开的记者招待会上,周恩来说他希望克什米尔争端直接由印度和巴基斯坦两国来解决,而他已经在这一问题上尽力促使两国能坐在一起来。在这次招待会上,周恩来仍然拒绝透露共产党中国是否愿意调停。

在 1957 年 1 月 24 日联合国安理会通过有关克什米尔争端的决议之后,周恩来仍然坚持它在这一问题上不承担义务的立场。1 月 30 日,在加德满都召开的记者招待会上,他宣称他仍在研究这一问题,不过增加了一些对巴基斯坦做法的潜在指责。周恩来对巴基斯坦提议派遣联合国紧急部队进入克什米尔,并且将克什米尔争端提交联合国的作法表示不满,他表示,这种作法会给"帝国主义者"提供一个机会,使他们利用这一问题达到他们自己的目的。周恩来又一次极力主张开展双边谈判。

在 2 月 5 日科伦坡的记者招待会上,周恩来对"帝国主义者"利用克什米尔争端这一说法进行了进一步的发挥。周恩来指责西方列强利用克什米尔问题在印度和巴基斯坦之间制造冲突。他呼吁印度和巴基斯坦团结起来,并发扬"万隆精神"。在这次招待会上,周恩来表明,共产党中国"一直"认为克什米尔问题不应该提交给联合国。(从他以前反复表白说对这一争端的是非曲直缺乏了解这一点来看,这一表态是非常有意思的。)

中国目前的宣传明显支持周恩来最近有关克什米尔问题的公开表态。2 月 4 日,新华社广播报道了尼赫鲁拒绝在巴基斯坦从克什米尔撤军前实行全民公决,另外还报道了苏拉瓦底谴责印度无原则地同共产主义国家合作的讲话。这两则报道反应了中国在克什米尔问题上继续保持不承担义务的立场,但是含蓄地批评了巴基斯坦人试图通过联合国来解决问题的做法。同时据报道,在周恩来 1956 年 12 月访问印度之前,印度政府官员存在着相当多的疑虑,认为在 10 月访华期间,苏拉瓦底已经同中国共产党人就克什米尔问题进行了讨论。这种讨论可能会导致中国共产党在克什米尔争端中帮助巴基斯坦。

印度和尼赫鲁过去一直对克什米尔问题持一种众所周知的不妥协态度,从这一角度来看,周恩来提议同尼赫鲁讨论这一问题,而且他还愿意在许多记者招待会上对这一问题发表一些看法,这就引出了一个问题:为什么共产党中国如此关心两国间的这场争端呢?要知

道,这两个国家都是它想尽力保持友好关系的国家,而且,在这一问题上,苏联已经表明了一种相当明确的倾向性态度。

四、苏联与中国共产党在克什米尔问题上的立场产生分歧的可能性解释

目前要预测苏联和共产党中国在克什米尔争端中最终会采取什么样的态度还为时过早。但是迄今为止,在争端产生发展的过程中,这两个共产主义大国在试图保持同巴基斯坦的友好关系这个方面存在着不同的努力程度。可以推测,中国共产党人在克什米尔争端中没有追随苏联的领导是由于莫斯科和北平之间达成了相互的谅解,那就是两国可以分别发展同印度和巴基斯坦的关系。然而,更可能的是,在克什米尔问题上中苏间的小小分歧实际上是因为共产党中国与苏联在南亚的地区政策具有根本性的差异。下列因素可能有助于说明两国间地区政策的差异:

目前中国共产党的主要国际活动场所,除了中苏阵营本身以外,就是亚非地区国家和团体。北平政府把亚非集团作为对抗西方的工具,迫切地想增强它的战斗力。因此,有理由认为,只要不与其他更为重要的中苏阵营利益相冲突,北平政府将会努力弥合亚非集团内部的分歧。克什米尔问题可能正好是当前"亚非阵营"内两个成员国之间的最激烈的争端。苏联虽然赞同共产党中国发展亚非阵营以对抗西方的做法,但是它对于在亚非国家间营造更和谐气氛的关心程度要比北平政府低得多。

由于领土的接壤,北平政府可能比莫斯科更关心克什米尔问题的最终结果。而且,中国毗邻克什米尔的地区正好位于西藏和新疆境内,这两个地区对于北平政权来说更具有特殊的安全意义。

相反,克什米尔问题主要被莫斯科政府用作发展同印度和巴基斯坦两国关系的一项外交工具。这可以表现为苏联政府在克什米尔问题上对印度的支持一直保持一种小心翼翼的、模棱两可的作法,直到巴基斯坦加入了《巴格达公约》,同西方结成军事联盟。在有关克什米尔问题上,赫鲁晓夫发表声明支持印度的前后过程就表明,他的这一行动是为了奖赏印度的不结盟政策,而惩罚巴基斯坦同西方结盟的政策。相反,巴基斯坦加入主要旨在针对共产党中国威胁的东南亚条约组织,并没有引起北平政府在克什米尔问题上做出类似的反应。

从纯粹的国家利益的角度来看,北平对巴基斯坦的总体看法与莫斯科的不同。苏联可能将印度看作是对中国的一种潜在的牵制力量,加上一些类似的其他考虑,因此有可能大体上倾向于支持印度对抗它的对手巴基斯坦。另一方面,由于中、印两国都有野心争夺亚洲的领导权,所有中国可能对印度怀有敌意。这就可能使得中国共产党人愉快地接受巴基斯坦的存在,因为它能削弱印度的影响。

由于国家利益角度和地理位置可能使北平比莫斯科更为友好地对待巴基斯坦,除此以外,还有好几个原因令共产党中国和苏联都要同巴基斯坦保持友好关系。中苏两国都希望:

1. 减少巴基斯坦同西方的合作,这种合作部分是由于巴基斯坦要同印度对抗;2. 寻求同穆斯林国家发展友好关系,从而使它们不倒向西方;3. 也许能抵消印度逐渐增加的同美国的共识——限制共产主义在东南亚地区的扩张。这些因素在北平看来可能纯粹是加强中国同巴基斯坦友好关系的证据。而对苏联则相反,这些因素可能没有比发展同印度的友谊更为重要。

五、结　　论

根据共产党中国一贯支持苏联的作法,很难得出结论说北平政府正在通过制定共产主义阵营的亚洲政策从而要挑战苏联的权力。但是,如果人们能认为北平政府执行的是双重外交政策——一部分是国际共产主义政策,一部分是中国人自己的政策——那么,在克什米尔问题上可能产生的分歧就可以被解释为:这是中国一方面追求狭隘的中国共产党国家利益,另一方面又参与国际共产主义行动的一个事例。

中苏这两个最强大的共产主义国家在克什米尔问题上的政策有些背道而驰,但这并不一定会引起两国之间的争端,也不一定能够制造或者加剧双方的其他摩擦。因为北平和莫斯科在对抗西方对亚洲的影响这一更大的目标上是保持一致的,因此它们不可能允许在克什米尔争端中出现这样的分歧,即一国支持印度而另一国支持巴基斯坦。即使这种分歧是由于疏忽造成的也不行。

MF 2510409 - 0017，Main Library of the University of Hong Kong

贺艳青译,何妍校

第三部分 中苏分歧期(1958～1960)

9-21

国务院、国防部、参联会等关于外界
对美国在远东使用核武器的反应的评估

(1958年7月22日)

SNIE 100-7-58

中苏和自由世界对美国在远东有限战争中使用核武器的反应

(1949年9月20日)

由中央情报局局长呈送

如下情报机构参加了这份评估的准备：中央情报局以及国务院、陆军、海军、空军和联席会议的情报机关。

情报咨询委员会一致同意

在1958年7月22日，一致同意的有国务院情报和研究署署长、陆军部情报部助理参谋长、海军部负责海军行动(情报)的助理参谋长、空军司令部负责情报的助理参谋长、联合参谋部情报局副局长以及原子能委员会的代表。联邦调查局助理局长对这个在他管辖范围之外的题目主动回避。

中央情报局分发通知：

1. 这份评估由中央情报局分发。这份副本是为情报所用，而且是为封面提到的接收人以及在他管辖范围内以需要使用这份评估为前提的人使用。额外必要的分发可能要得到如下官员在他们各自所在的机构的授权：

国务院情报和研究署署长

陆军部情报部助理参谋长

海军部负责海军行动(情报)的助理参谋长

空军司令部负责情报的助理参谋长

联合参谋部情报局副局长

原子能委员会情报主任

联邦调查局助理局长

中央情报局负责核心参考的助理主任

2. 这个副本可能被保存，或者根据相应适用的安全条例烧毁，或者在中央情报局核心参考处的安排下交还中央情报局。

3. 如果评估被发送到国外,国外接收者保留这份评估的事件不要超过一年。在这段时间的最后,评估应该被毁掉,送还给之前的机构,或者这份评估与 1953 年 6 月 22 日的 IAC-D-69/2 文件一起被保留的准许应该由之前的机构提出。

4. 这份评估的题目,与文本分别使用,题目应该被列入保密级别:

发送给:
白宫
国家安全委员会
国务院
国防部
行动协调委员会
原子能委员会
联邦调查局

中苏和自由世界对美国在远东有限战争中核武器的使用的反应

问　　题

这份评估应国家安全委员会要求,由国务院、国防部以及参谋长联席会议,以及在中央情报局的适当参与下所研究的成果,报告于 1958 年 5 月 29 日形成,内容关于美国及其盟国在 1961 年 7 月 1 日之前有限的军事行动的实力。这个研究的局限性是,在准备时并没有检验美国及其盟国对抗公开部署的苏联军队的能力,也没检验反对敌人使用核武器的能力,因为后者可以作为苏联武力公开部署的证明。另一方面,在我们设想的共产主义在远东入侵的四种情况中,美国从一开始就有选择地使用了核武器。

这份评估检验了如果美国使用核武器,敌人是否也将动用,并且分析了美国或者双方都使用核武器对世界态度的影响。评估限于在国务院—国防部研究中设想的四种情况下对上述反应的分析,(在研究里假设)整个 1961 年中期作为对共产主义分子入侵的反应,美国从一开始就动用了核武器,假设的共产主义分子入侵的四种情况是:(1) 北朝鲜侵略南朝鲜;(2) 中共攻击金门和马祖;(3) 中共进攻台湾;以及(4) 北越进攻南越和老挝。报告建立在假设基础上,体现在附件 1-4 的国务院—国防部的研究中,并且在这份评估的第三至六部分的开头作出总结。

结　　论

1. 我们认为如果美国为应对苏联集团在远东的局部入侵而使用了核武器的话,就会有共产主义分子进行以牙还牙报复的严重危险。事实上任何远东的共产主义政权,考虑到美国行动的这种可能性,都不可能在没有确认得到苏联援助的情况下发动一场局部入侵。

2. 我们估计即使在相关的整个时期内,苏联将决定避免冒全面战争的严重危险的行动路线,苏联也有可能预计到它不断增强的军事实力同样也使阻止美国采取这样风险行动的实力逐步加强。因此,苏联人将可能预计到局部的共产主义分子直接使用核武器以及美国对他们使用核武器的局部化的回应,将不一定导致敌对扩大为一场全面战争,而且他们可能在一定的条件下准备使用这样的武器。

3. 如果共产主义分子使用核武器进行报复,为了限制全面战争的危险,他们可能企图以这种方式去做。苏联自身可能更希望避免公开介入,而且可能给共产党中国或者北朝鲜提供必要的武器,尽管仍保持苏联的控制。另外,共产主义分子将可能把他们对核武器的使用限制在美国所遵守的使用范围内。

4. 如果美国的核打击深入共产党中国,共产主义分子使用核武器进行报复的可能性最大,这就造成了一种局势:莫斯科和北平几乎肯定感到,要被迫对美国在远东的基地以及具有核能力的部队进行打击,从而做出回应。如果在共产主义分子对南朝鲜或者台湾入侵的情况下,美国核回应局限于朝鲜或者海峡地区,共产主义分子将可能在同一地区做出同样的反应。在对金门和马祖或者南越进行局部入侵的情况下,共产主义分子的反应将很难确定。如果美国的核攻击限定在最近的金门和马祖地区或者越南和老挝,共产主义分子可能企图在不使用核武器的情况下取得胜利或者尽力中止这次行动。但是,即使美国的核反应被限于朝鲜、台湾、金门和马祖最近的地区或者越南和老挝,我们不能排除共产主义分子以同样方式进行反击的可能性,这可能包括对这一地区的美国基地的有选择的、能够将全面战争爆发的附加危险降到最小的核打击。

5. 许多自由世界的政府和国家将由于美国对共产主义分子的侵略进行的迅速的抵抗而受到影响和鼓励,但是美国动用核武器将引起对全面战争的普遍恐惧,并将遮掩共产主义分子发动战争的责任。由于核武器的使用,美国将会受到公众舆论的普遍谴责,尤其是在亚洲。我们认为这种反对的反响将会超过大多数国家支持的影响力。

6. 如果美国的反应是在没有导致大规模平民伤亡的情况下迅速停止战斗,那么反对的反响将会减少,并且对美国力量的尊敬将会增加。即便如此,由美国首先使用核武器带来的骂名将挥之不去。另一方面,如果共产主义分子用核武器进行回应,敌对行动将被延长和扩大,对全面战争的恐惧将会更甚,美国将会受到达成和解的巨大压力。①

----

① 原注:联席会议情报副主任同意如下主要的结论:(1) 美国对共产主义分子入侵的核回应将可能导致苏联集团在前两种情况下以核武器进行回应,在后两种情况下核回应的可能性较小。(2) 政治上和心理上大量的反对的反响,尤其在亚洲,将首先由于美国的核进攻而引起。但是,联席会议情报副主任不同意在这些结论和支持结论的讨论中很少的预计性的判断和预计性的衡量标准。他认为:(1) 这份文件没有充分认识到美国有选择地使用核武器的意义;尤其是报告倾向于把"有选择性"与目标地区的地理局限性等同起来。"有选择性"也包括武器的投入量、精准的目标选择以及投掷的准确性。由于这些原因,对"大规模平民伤亡"的引用似乎与基本的假设不相称。(2) 这份文件针对美国核武器进攻的反对更普遍的反应和支持更普遍的反应进行了对比,从而得出了定性的判断;这些相对的衡量很大程度是假设的。这种判断也似乎没有将衡量标准归于除了美国使用核武器这个事实之外可能会影响普遍反应的许多因素。这些额外因素的一部分可能是由美国军事部队所取得的最初的成功,美国政府领导人关于美国目标和意图的公开声明,以及公众舆论很清楚地认识到军事行动是共产主义分子的入侵引起的。掌声和嘘声一定会并存:可以说大多数国家的嘘声可能压过掌声,就像在"……可能淹没……"意味着试图给出准确的估计而不考虑分析中的假设情形的可行性。

讨　论

一、总体上的中苏军事反应

（一）影响最初共产主义分子进攻的决定因素

7. 我们认为,中苏发动的任何局部入侵的决定,或者随后中苏对美国使用核武器进行以牙还牙的对抗,将成为对中苏冒全面战争的风险的评估。我们还估计,对美国核权威的尊敬还将保持下去,以至于不管是苏联人还是中国的共产主义分子都不大可能追求这样的行动路线:在他们的判断中真的冒全面战争风险。很大程度上由于这个原因,我们相信本评估中考虑的共产主义分子入侵的四种假设情形的任何一个在 1961 年中期都不会发生。

8. 但是,考虑到本评估报告的目的,我们必须假设这样的入侵已经发生。基于这个假设,将会产生几个后果。非常重要的是,共产主义分子一定在对美国干涉的可能性以及全面战争综合风险仔细斟酌之后才发动入侵。美国的声明和在远东的美国军队的总体情况都肯定会使他们预算到,美国使用核武器进行干涉可能是唯一立即见效的反应。

9. 因此,共产主义分子决定在远东发动局部进攻的最有可能的预计是:美国甚至从局部的核反应中撤出的机会可以用来充分证明冒险的正当性,即使美国确实做出了反应,他们的能力可以充分用于对付这种反应,并阻止美国将冲突扩大成为全面战争。当共产主义分子和美国的实力相比较有明显的增加时,这种情况的可能性会加大,特别是在远东——例如可能在共产党中国安置核武器和先进的运载工具。尤其是在这种情况下,苏联集团的领导人可能会估计到:美国不愿接受这些风险,即自由世界对美国为反击苏联集团的进攻使用核武器的反对,以及如果不能以其他任何的方式进行有效反对的话,将选择什么也不做。

10. 我们相信,任何在远东的共产主义分子的入侵必须与莫斯科充分协商,因为如果美国的报复超出了他们反击的能力,中国人、北朝鲜人或者北越人会毫无疑问要求得到苏联支持的保证。但是,我们不能排除部分中国共产党的单边行动的可能性,这是基于他们的估计:基于对美国使用核武器做出回应,尽管苏联不太愿意,仍被迫给予他们援助。我们认为这样的冒险主义不太可能,但是在金门和马祖问题上可能性会大一些。

11. 无论如何,不管他们对美国核干涉的可能性的估计如何,共产主义分子肯定已经做好了计划和准备来应对此意外。如果发动局部战争的决定已经提前做出,莫斯科一定已经为北平提供了一些核武器,还可能有先进的运载手段,用来阻止美国做出核回应,以及反击美国已经做出的核回应。我们相信,无论如何中国将会迫使苏联提供此类武器;虽然这些武器将肯定置于苏联的控制之下,苏联可能于 1961 年前将这些武器引入共产党中国。另一种可能性是苏联承诺中国人,如果需要的话迅速为他们提供这种能力。一旦美国使用核武器,在受到入侵的时候,莫斯科将有可能利用要进行干涉的威胁来试图阻止美国。

（二）影响共产主义分子随后反应的因素

12. 一旦共产主义分子在远东发动进攻，并且美国在该地区通过使用核武器做出了反应，莫斯科和北平将不得不做出生死攸关的决定。一般地说，他们的反应会在以继续用常规力量战斗的方式突然结束冲突或寻求协商，到使用核武器以牙还牙的范围内变动。

13. 如前所述，我们相信至关重要的决定因素是他们对全面战争为结局的风险的估计。莫斯科和北平将深刻地意识到全面战争的风险已经大大增加。恰恰是美国使用核武器的事实反映了美国接受一些风险的决心。但是，我们相信，如果他们发动了进攻并预计到了美国的核反应，而且如果他们对其在该地区处理这一问题的能力颇为自信的话，他们将迅速用核武器做出反应。

14. 另一方面，如果莫斯科和北平错误地估计了我们的反应，他们将更倾向于寻求在原状基础上快速解决问题，而不是由于他们自己的核反应进一步增加全面战争的风险。但是，即使最初做出了误判，苏联仍认为他们全部的核威慑力量足以阻止美国发动全面战争，美国不太可能承担起核反击的风险。此外，他们对核反击将有其他有力的理由，其中包括：(1) 对威望的考虑，包括苏联感到如果美国使用核武器介入的话，将有威胁性的可怕结局，他们必须通过如下手段保留面子；(2) 美国在远东的基地不堪一击；(3) 对于苏联来说支援其主要盟国的重要性；(4) 如果苏联未能做出核反击，对苏联权威地位的损害。

15. 美国使用核武器的方式将对共产主义分子是否进行核反击产生决定性的影响。如果核武器的使用具有高度选择性，而且尤其限定在战斗的最近地区，共产主义分子可能不会用核武器进行反击。但是，尤其如果美国发动的核打击深入共产党中国，北平肯定会拼命寻求苏联帮助，我们相信苏联将会被迫援助他们的主要盟国。他们将会估计到他们承担不起苏联集团的损失和对苏联威望的打击，以及对共产党中国实力的削弱。

16. 通过对那时美国总体地位的鉴别，共产主义分子的反应也会因条件而定。他们将注意到美国其他的军事活动，在美国的警惕程度，以及可以作为如下问题证据的声明：如果有必要扩大冲突的话，美国是否准备打一场持久的局部战争，或者接受恢复原状。就此而论，如果美国所做的关于我们目标在本质上是有限的声明，同我们的军事行动是一致的，它们将会产生显著的影响。该声明将使共产主义分子确信：在可接受的基础上协商解决冲突是可行的。另一方面，这些声明使他们确信：他们在局部地区使用核武器不会导致美国扩大冲突范围。

17. 如果共产主义分子认为美国不准备扩大冲突或者打一场长期的战争，他们有可能倾向于有选择地使用核武器继续战斗。另一方面，如果美国限制其自身的核回应，决定要取得胜利，并且如果需要的话将在远东扩大冲突，那么共产主义分子的反应将会更加谨慎。他们仍可能发动核打击来削弱美国的打击能力，试图形成僵局，但他们也可能转向确保尽早结束冲突。

(三) 中苏核反应的模式

18. 如果美国在远东已经使用了核武器,而共产主义分子决定用核武器进行反击,在这种情况下,北平,尤其是莫斯科,为了限制风险仍将以牙还牙进行反击,敌对将扩大为全面战争。由于这个原因,我们相信苏联人不愿动用能被认出的苏联军队攻击美国基地和军队来进行直接干涉。他们更愿意暗中为中国或者北朝鲜的共产主义分子提供必需的武器和援助。我们相信,他们也估计到美国在远东有限的基地会十分容易遭到攻击,甚至只使用中国共产党的军队即可。但是苏联将提供广泛的援助和支持,甚至还有"志愿者"。他们还会派苏联军队为中国进行空中防御。此外,如果美国大举进攻共产党中国,我们不能排除苏联在远东公开进行干涉的可能性。

19. 北平和莫斯科限制全面战争风险的希望有可能会导致他们将其核打击限制在美国人所遵守的相对的有限范围内。如果美国动用核武器限定在最近的战斗地区,我们相信共产主义分子同样会控制他们的回应。但是,也不能排除这样的可能:即使美国动用核武器限定在最近的战斗地区,共产主义分子可能对美国西太平洋基地进行有选择的核打击,以尽量减小全面战争的危险。如果美国的打击目标深入到共产党中国,敌人可能通过对美国西太平洋基地进行有选择地打击而做出回应。

二、自由世界一般的反应

20. 美国对共产主义分子在远东侵略动用核武器做出回应,对此,自由世界的反应不一。如果侵略行径确信不疑,我们的大部分盟国,可能有一些中立观点,至少在最初,将倾向于对被进攻的受害者以迅速和直接的援助表示赞同。但是,这种赞同会由于对远东发生的核战争发展成为全面战争的恐惧而淹没。如果美国的核反击本质是这样的:包括诸如打击深入到共产党中国,这似乎超出了所要求的武力界限,尤其如果共产主义分子使用核武器进行报复,这种担忧将会大大增加。即使战争发生在局部,对一方或另一方随后扩大战争的恐惧仍然存在。这些发展将导致其他政府承受巨大的压力来寻求迅速结束战争。

21. 与自由世界对战争扩大的恐惧并存的还有对美国使用核武器的广泛的抵触情绪。这种武器会造成巨大的人员特别是平民的伤亡吗? 这将加重抵触情绪。但是,如果美国使用核武器迅速取得了胜利,并没有造成大量平民伤亡,这种态度将会趋向于消失,并被对美国威慑力量的信心所抵消。

22. 在亚洲的大部分地区对美国使用核武器的不利反应将会十分强烈。在这里使用核武器将被视作对亚洲人生命极端的漠视。事实上对亚洲人民大规模杀伤可能对亚洲反共立场产生持久不利的影响。考虑到日本对核武器使用已恨之入骨,以及日本有可能不允许美国使用其领土上的基地,日本的反应将尤其不利。如果共产主义分子也使用了核武器,不利的反应可能减轻到有限的程度,但是美国仍会因为首先使用了核武器而激起公愤。

三、如果北朝鲜入侵南朝鲜

23. 假设。为了本评估报告的目的作出假设：那时南朝鲜由于李承晚无能而局势混乱，竞争对手正在谋取权力，北朝鲜指责南朝鲜冒犯边界，针对南朝鲜的颠覆活动逐步升级并继而入侵。中国共产主义分子对北朝鲜的帮助是隐蔽的，包括其军队化装成北朝鲜军队。还假设在进攻前美国军队已撤离。但是，美国最初大部分动用空中力量，随后在需要时使用地面部队进行干涉。美国对朝鲜和中国的敌方军事目标使用核武器，所造成的破坏被认为是行动成功必不可少的。美国寻求联合国支持，或者没能得到联合国安理会其他 15 个成员国的支持，而在干涉之前并没有得到这些支持。

（一）中苏军事反应

24. 共产主义分子对南朝鲜最初的进攻可能只会在预计即使美国阻碍也可以取得胜利的情况下进行，或者预计到美国由于南朝鲜国内混乱局势，盟国的犹豫不决，以及对中苏联合行动的恐惧而产生的有效的反作用而受到阻碍。尽管如此，中苏领导人认识到美国可能在朝鲜使用核武器，有可能准备以类似在局部地区动用核武器的方式进行反击。

25. 如果美国最初的反应迅速有效，并且局限在朝鲜，在相信胜利的果实不值得冒扩大战争的风险的情况下，苏联集团可能试图取得停战的目标，减少损失以及挽回面子。既然这样，它就会在政治上利用美国使用核武器这一事实，但我们认为更有可能的是中国共产主义分子和北朝鲜将会动用从苏联得到的核武器进行回击。

26. 如果美国使用核武器的目标局限在北朝鲜，共产主义分子可能仅仅以南朝鲜为目标使用核武器。但是，我们不能排除这种可能性：如果攻击是从朝鲜以外的地区发动的，即使美国的打击限定在朝鲜境内，共产主义分子可能也会发动针对有选择的美国基地的核打击以尽量减少全面战争的风险。如果在地面上的僵局被打破，将会寻求停战。

27. 如果美国的核打击直接针对中国的目标，共产主义分子核回应的可能性非常大。中共有可能使用核武器有选择地攻击美国基地和西太平洋的海军力量。如果有能力到达这些目标的弹道导弹已经于入侵前在中国部署，它们也会派上用场。

（二）自由世界的反应

28. 假如苏联集团的入侵十分明确，自由世界，可能甚至包括印度和其他中立国，最初普遍对南朝鲜和美国表示同情。外交上大量的支持可能随即到来，我们的一些盟国将可能倾向于提供一些象征性的军事援助，尽管美国也许并不指望自由世界实质上的军事支援。

29. 由于美国使用核武器，对冲突扩大化的恐惧将会给自由世界的同情蒙上阴影，尤其是美国对朝鲜以外的目标进行攻击。我们主要的北约盟国可能会寻求对美国继续进行核打击的限制。中立主义的国家肯定会逐渐后退，背离其最初赞成的态度。相反，如果共产主义分子没有发动核攻击,或者如果冲突地区化,对于战争扩大的担忧将消失,自由世界对美国行动最初赞成的态度将会得到加强。虽然如此,如果造成了大规模的平民伤亡,尤其是在亚洲,将可能导致,对美国的厌恶情绪。

30. 从一开始,日本的反应就是对美国最重要的问题之一。虽然政府和大多数的公众对美国—南朝鲜的理由表示同情,但是日本因为担心卷入也会形成巨大的压力,从而拒绝美国使用日本基地。美国不管对什么目标使用核武器,都会激起日本大众和官方的反应,要求美国不要使用日本基地进行核打击。特别是如果美国将空中打击扩大到朝鲜以外,日本甚至可能会坚决要求美军完全撤离。

四、中共进攻金门和马祖的事件

31. 假设。(中共)不断加强的对外岛的军事打击进行了两周,在中国东南地区喷气式战斗机和轰炸机的集结,两栖攻击部队的集中都预示着即将到来的入侵。中华民国政府的供应和岛屿的补给因为猛烈的炮击而变得困难。在这种紧张的气氛下,苏联发言人提到了1950 年的中苏互助条约,而美国也强调其与中华民国政府签订的共同防御条约。美国告知我们的盟国,必要时,它将使用核武器对付中国大陆,来帮助抵抗侵略。整个太平洋司令部宣布进入普遍的戒备状态。日本宣布决不允许其领土上的基地用于核战争。入侵开始后,美国将立即为中华民国政府提供支援:包括有选择的对以岛屿为圆心、半径 500 海里以内的军事目标的核打击(包括上海、南京以及广东地区);位于中国任何地方的敌方打击力量基地;以及入侵部队本身。

(一) 中苏军事反应

32. 面对如此大范围的核反应,北平及其苏联盟国可能会被迫使用核武器,至少要对台湾和第七舰队进行的核打击做出回应。至于他们是否会将其攻击范围扩大到美国在远东的其他基地,很大程度上取决于这些基地是否被用于核攻击以及他们对我方意图的估计。如果美国的核武器大量用来攻击中国境内目标,共产主义分子会被迫对美国在远东的基地和军队进行反击。

33. 另一方面,我们坚定和迅速的反应也会使北平确信我们保持对金门、马祖控制权的决心。同时,如果我们的攻击最初局限在邻近地区的军队和设施,这样就直接支持了其入侵,这个因素可能会使北平确信我们的目标限于保卫岛屿。在这种情况下,中共如果没能夺取岛屿,即便是由于这个失败很没面子,他们也有可能放弃这种努力。这个结果可能出现在不大可能的事件中:北平在没有得到苏联完全同意和支持的情况下发动侵略。在这种情况下,苏联有可能不顾中共的压力,寻求尽快停止行动,并试图通过政治上利用美国使用核武器这一事实来补偿共产主义分子在军事上的失败。

（二）自由世界的反应

34. 自由世界对于美国对共产党中国使用核武器主要直接的反应将是非常反对的,许多盟国和中立国家会认为,美国是为在世界大多数国家看来只是其不动产中不重要的一部分在冒全面战争的风险。我们的大多数盟国,包括北约组织中的盟国,可能会避免为美国行动承担责任或者发生联系,力图避免卷入由金门、马祖引发的战争。在亚洲,尽管由于美国使用核武器将导致整个亚洲的对立情绪高涨,但只有少数国家,尤其是中华民国和南朝鲜,会被美国反对中共侵略的气魄所鼓舞。

35. 如果美国的行动较早成功地结束了战争并且没有造成巨大的平民伤亡,不利的反应会有所缓和。在这种情况下,甚至一些亚洲国家有可能对美国保卫他们对付共产主义的侵略的能力更加有信心。但大多数国家的反应仍然是不利的。

36. 相反,如果冲突延长或扩大,特别是如果对中国平民造成大规模伤亡,将会对美国造成无法挽回的不利后果,尤其是在亚洲。我们可能会被迫从我们在日本的基地撤军,我们也会面临日本要求我们从冲绳群岛撤军的更大的压力。我们在大多数其他国家的影响力也会遭到严重削弱。在西欧,对全面核战争的恐惧以及公众要求政府结束战争的压力也会增加。

五、如果中共进攻台湾

37. 假设。中共对外岛的有效封锁的结果,是中华民国政府成功撤离金门、马祖,没有遭到反对,也没有得到美国第七舰队的帮助。接着,入侵部队和空中力量在中国东部集结。中华民国政府呼吁联合国谴责这样的战争准备并请求得到军事援助;美国重申如果中华民国政府受到攻击,已准备好进行援助。日本宣称其决不会同意其基地用于核战争,但是菲律宾和南朝鲜宣布支持中华民国政府。在真正试图入侵前有 7～10 天的警告期,此间,美国军队能够部署在该地区。一旦开始真正的入侵尝试,美国动用空中和海上力量给予援助,动用核武器对敌方入侵部队、敌方用于进攻的基地(包括不论位于何处的空军基地)以及敌方在台湾的任何成功的立足点进行核打击。如果这些没能完全奏效,将动用战略空军司令部打击中共的其他军队和共产党中国的战争能力。除了在日本的基地,美国将使用在这一地区的所有基地。

（一）中苏军事反应

38. 由于中共对台湾的入侵要求大规模的中共武装力量的参与,而且在北平的眼里这将会承担美国核干涉的巨大风险,我们几乎可以肯定,在没有事先得到苏联支持保证的情况下,北平不会采取这个行动。此外,我们认为,中苏领导人将会认识到美国核干涉的可能性非常大,以至于他们可能已经把苏联核武器(以中共的名义)部署在中国东部。在这种假设情况下,苏联集团可能估计到:美国出于对苏联集团核报复的恐惧而不会动用足够的军队来阻止入侵,或者苏联集团的核能力足以应付美国的核干涉。

39. 如果美国最初用核武器做出的反应局限在打击军队和台湾的邻近地区,尤其是如果美国很快粉碎了中国最初的侵略企图,共产主义分子可能会寻求迅速结束战争。他们可能考虑到其军事威望的损失可以部分地由其对美国针对亚洲使用核武器的宣传利益来弥补,而且削弱美国在亚洲地位的最终效果将会相当可观。

40. 但是,考虑到此种规模的行动带给中共威望的损失程度,以及达成一个中共可以接受的解决方案而又不丢面子的困难程度,可能会使得苏联集团即使意识到在远东战争扩大的风险极高,也要使用核武器进行报复。相应的,面对美国在台湾海峡地区进行核打击的威胁,如果他们决定继续进行战役行动,他们将会用类似的对在台湾的基地和第七舰队的核打击进行报复。

41. 如果美国将其核打击的范围扩大深入到中国大陆,我们相信,共产主义分子核反击的可能性相当大。苏联将面临艰难的抉择:允许其主要盟国遭受耻辱的失败,或者在必要时冒险卷入避免失败。我们估计,共产主义分子将会针对经过选择的美国基地和海上力量发动相互呼应的核打击。如果有能力打击这些目标的弹道导弹在侵略开始前已被部署在中国,它们将派上用场。

(二) 自由世界的反应

42. 即使大多数自由世界的国家认为共产主义的侵略很明显已经发生,这个因素也会由于自由世界对美国使用核武器导致第三次世界大战的担心而变得不再重要。我们的多数盟国,包括在北约的盟国,有可能认为保卫台湾还没有重要到去实施这些行动的程度,他们可能考虑到将行动扩大为全面战争,甚至是在远东的一场主要战争的严重危险性。他们当中的一些人会支持美国,但是会强烈要求停火。公众对盟国政府关于结束战争的压力也会增加,同样,对于限制美国从世界的其他地方的基地发动核打击的观点也会增加。美国将被日本拒绝使用其基地发动战役。

43. 如果美国的行动使得战争较早成功结束而且没有引起大量的平民伤亡,不利的反应将会有所缓解。在这种情况下,甚至一些亚洲国家可能会对美国保护他们免受共产主义分子侵略的实力更加有信心。但是大多数国家的反应仍然是不利的。

六、如果北越入侵南越和老挝

44. 假设。越南的共产主义分子将相当于两个正规师的兵力,许多游击队员渗透到了所有的印度支那的国家,并且在北越集中了正规军12个师的兵力。在越南有零星的冲突和大量的暗杀事件。吴庭艳总统宣布国家进入紧急状态,国家被围攻,并援引东南亚联盟组织条约,请求所有成员国给予援助。入侵开始并不明显。美国的军事行动将包括有选择地使用核武器来适当地对付入侵部队和在北越以及共产党中国邻近地区的目标。美国在行动之前将会就其支持越南军队的意图告知共产党中国和苏联,除非入侵者撤军。

(一)中苏军事反应

45. 在发动针对南越的进攻时,苏联集团将依赖于在美国有效干涉前达到其目标,也有可能完全阻止美国的干涉。一旦美国做出了核反应,苏联集团将不得不做出艰难的抉择:(1)寻求协商解决;(2)继续战争,但苏联集团不会使用核武器,它估计到美国在这种情况下不会动用核武器打击共产党中国;或者(3)以动用核武器打击美国军队做出反应,作为结果的风险包含其中。

46. 如果美国核武器的使用限于在印度支那的目标,有一个对等的机会,即共产主义分子将试图不使用核武器而继续进行战争。在这种情况下,苏联集团将继续为北越人提供军事援助和装备,包括增强共产主义的空中力量。尽管美国使用了核武器,如果共产主义分子仍然有能力在南越和老挝继续有效的军事行动,在亚洲将产生实质性的影响。如果美越军队威胁越过北纬17度线,他们将有可能寻求在恢复现状的基础上结束冲突。然而如果北越遭到入侵,中共军队可能大规模进入,至少会占据河内—海防及北部地区。假如这样的话,共产主义分子有可能威胁在印度支那使用核武器,而且事实上可能会使用核武器来避免失败。

47. 此外,如果美国在任何阶段对中国邻近地区进行核打击,共产主义分子有可能以对印度支那地区目标进行核打击做为回应,并可能有选择地对其他国家里的美国基地进行打击。

(二)自由世界的反应

48. 如果美国使用了核武器,自由世界国家的政府和人民最初对美国决心抵抗共产主义分子侵略的支持将会被抵消。如果美国攻击了共产党中国,即使共产党中国在越南大规模使用"志愿者"并且已为众所周知,对美国使用核武器的反对声音仍将会十分强烈。同前面的情况类似,对美国使用核武器的反对声音在亚洲最为强烈。

49. 如果美国做出的反应仅包括单独在印度支那地区有限制地和有选择地使用核武器,美国大多数盟国的反应将不会那么不利。这样的行动对于南朝鲜和中华民国是一个支持,如果一些东南亚联盟组织条约国的政府认为该行动对于击退入侵是必须的,那么该行动对这些国家的政府也是一个支持。但是,即使是地区化冲突而且入侵被击退,大多数自由世界国家的反应将仍然是不利的。

http://www.foia.cia.gov/nic_china_collection.asp, pp. 1-10

陈刚、何妍译,何妍校

国务院情报和研究署关于中苏军事及核合作报道的情报备忘录

（1958 年 8 月 19 日）

机 密

情报备忘录
《纽约时报》关于中苏军事及核合作的报道
（1958 年 8 月 19 日）
国务院情报和研究署

发给：代理国务卿
经由：国务院执行国务卿
发自：INR——卡明·休（Hugh S. Cumming）
题目：情报备忘录——《纽约时报》关于中苏军事和核合作的报道

今天早晨（8 月 18 日）《纽约时报》驻华沙通讯员罗森塔尔（A. N. Rosenthal）的报道详细描述了早先的由《纽约时报》驻莫斯科通讯员于 8 月 10 日做出的推测：最近赫鲁晓夫和毛泽东的会面将导致中苏在军事事务、人造地球卫星和原子能事务上进一步加深合作。

罗森塔尔现在明确地引用了来自波兰的消息称：苏联将会给共产党中国提供：（1）原子武器，（2）弹道导弹，（3）四个额外的核反应堆，并且将会与北平合作发射人造地球卫星。罗森塔尔 8 月 8 日告诉美国在华沙的陆军武官，为北平提供导弹的"决定"将传到苏联集团的其他国家，这一点在今晨的新闻报道中没有提及。

罗森塔尔的报道照字面来说是正确的，但我们相信有几个因素使该报道是靠不住的。从最基本上来说，苏联领导者在评价历史背景以及当前的大国关系中惯用的现实主义态度，他们对任何没有完全置于苏联控制之下的外国政府传统的怀疑，以及他们对第四个大国获得核武器的明显的敏感，使我们相信他们不大可能将原子武器和弹道导弹提供给共产党中国，并置于中共控制之下。汤普森大使在 7 月 24 日莫斯科编号为 223 的电报中说："我相信防止中国获得原子武器将是苏联政策的一个主要目标。"

此外，我们相信苏联领导人真正惧怕有可能（根据他们自己的陈述）要使用核武器的全球战争。因此，这样做是符合逻辑的：他们应该对是否给予中共以更强的手段来打破台湾海峡脆弱的和平而犹豫不决。

最后，我们的信息表明苏联没有足够的核武器和地对地导弹（除了射程可达 300 英里的）来为自己的目的服务。

即使对罗森塔尔的报道有相反观点，但是我们相信他的报道可能包含若干事实的精髓。

国防部长们出席中苏会谈表明，会谈讨论了军事问题。

中国人很显然想要提高其军事实力，特别是现代化的武器。这样假设是很合理的：他们一直在敦促苏联抽出时间来考虑这个问题。而苏联领导人一定缺乏有说服力的论据来说明他们为什么不能够作出更大的贡献。

因此，赫鲁晓夫有可能已经同意将短程地对地导弹或者一些其他类型的导弹提供给中国人（例如，地对空或空对空），或者将在中国驻扎射程更大但置于苏联控制的导弹。如果假设协定是针对不确定的将来，而不是明确的较早日期，这种可能性将会更大。

关于核反应堆的问题，除了1958年6月28日已经开始运行的一座核反应堆外，苏联有可能会帮助北平建造研究用的核反应堆。考虑到过去苏联决定帮助集团内的国家建立这样的反应堆出现过的浮夸宣传，如果给共产党中国的附加的反应堆开始计划，将会公开予以宣布。考虑到莫斯科自己的野心勃勃的核动力计划的明显的落后，罗森塔尔关于核动力反应堆将计划在中国西北部地区建造的说法似乎令人怀疑。

自从去年5月以来，已有若干含糊的公开的共产党的声明，以及许多苏联集团的私下的评论的材料，都暗示着一项从共产党中国发射人造地球卫星的项目正在计划中。这样一种用苏联的设备并处于苏联监督之下的发射将可能在项目开始后的六个月内进行。一颗小型的卫星将在改进过的、用于射程为350英里或者700英里的导弹的发射台上发射。出于威望的考虑，也为了在大陆制造军事导弹能力的可能性，北平对发射表演可能很感兴趣。

罗森塔尔关于苏联领导层针对共产党中国在苏联集团内起到的经济作用问题的分歧的评论，他断言称，赫鲁晓夫同北平的领导人的私人关系更加牢固使得现在他"在国内有一只相对更自由的手"，这些还不能为我们现有的证据证实。

总之，罗森塔尔的报道尽管几乎可以肯定是夸大的，至少是不成熟的，但一些方面似乎是合理的。没有情报可以证实苏联计划为中共提供核武器和远程导弹，或者从中共领土上发射地球卫星。

储峰译，何妍校

国务院情报和研究署关于中苏同盟的
分裂及聚合因素的情报报告

(1958 年 9 月 15 日)

IR 7800

秘　密

中苏同盟的分裂及聚合因素

(1958 年 9 月 15 日由苏联与东欧研究分析处提供)

这是一个情报报告而不是部门政策陈述。

这份报告以 1958 年 9 月 12 日前可获得的信息为依据。①

摘　　要

现阶段中苏同盟的显著特征是以共同意识形态为基础的两个大国的牢固的利益共同体,其基本条件如下:它们共同面临外部世界的敌视,北平目前依赖苏联为共产党中国提供一个大国所必需的经济和军事命脉的财力,以及一旦同盟存在分歧两个大国都将遭受挫败。尽管北平的经济和军事依赖莫斯科,但共产党中国作为极大地独立于莫斯科政治控制的大国,它在集团中总是拥有独一无二的地位。甚至在斯大林时代,苏联也因北平的特殊地位而作出让步,并且自从斯大林去世后,很大程度上超越苏联控制的发展趋势相当大地增强了共产党中国在集团以及世界共产主义运动中的影响和声望。

然而,存在一些促使两国的道路走向实质性的分歧,并影响他们的政策观点的基本因素。这些分裂因素包括:北平在集团中作为又一个意识形态中心的出现,不管愿不愿意,这是一个降低了莫斯科在世界共产主义中无可争议的领导地位并理所当然引起分歧的事实;共产党中国作为主要亚洲强国与西方国家保持有限联系的现实地位;中国共产主义革命的不成熟,这些可能促成了更好战的前景;北平的内部问题比莫斯科更尖锐,这可能将中国共产党领导人置于为了加强其统治以及证明其统治合理而去维持一个高度紧张的局势的更大压力之下;共产党中国作为一个发展中国家的地位,与苏联相比,较少受到西方高度发达的军事技术伤害,结果有可能导致其走向对战争与和平问题不太谨慎的道路。

---

① 原文此处有目录,但字迹模糊。——译注

事实上，一份中苏关系的记录评论表明，两国已有的分歧主要来源于这些特征的基本因素，这些分歧已明显地存在于两国就类似台湾问题的问题上的不同做法，组织集团关系的最佳途径；在每个国家所制定的使国内计划合理化、正当化的意识形态准则；中苏经济关系；对共产主义和非共产主义世界相对实力明显不同的看法；以及诸如与日本的关系以及克什米尔争端的解决方法等其他的国际问题。

最近，赫鲁晓夫和毛泽东在北平的会谈看来也是共产党中国在集团中地位增强的结果，以及确保双方在各种国际问题中步调一致性的需要。虽然在当前共产主义分子问题和国际争端上没有确凿的证据表明莫斯科和北平存在任何严重分歧，但是紧急而秘密地举行会议，以及随后的情况发展，都暗示着即使没有调解既有的分歧，至少双方正在努力协调行动并阻止新的分歧出现。

毫无疑问，莫斯科和北平间在许多问题上的分歧将继续存在，而且看来似乎这些分歧可能更加严重和频繁。然而，这些预料中的分歧将导致莫斯科和北平在不久的将来（三年或五年）出现重大的分裂被认为是不可能的，同样似乎可能是中苏同盟的主要特征将是更为巩固和亲密的合作。但是，中苏分歧的意义重大，因为它们能影响这两个合作伙伴的国际行为，并在以后的日子里可能显得更重要。

中苏同盟中的分裂和聚合因素

一、导　言

最近一些事件——赫鲁晓夫—毛泽东北平会谈；当前中国在苏联—南斯拉夫争端中扮演的重要角色；以及北平在台湾海峡中的威胁举动——已重新引起有关中苏同盟的性质和前景问题。当前这份文件的首要目的是去思考这个问题的一个方面：即集团中居于领导地位的国家和主要同盟国间可能出现和存在的政策分歧问题。全文中思考的重要主题是：中苏关系聚合的因素；集团中共产党中国独一无二的地位；同盟的根本分裂因素；过去和现在已知的中苏分歧；中苏关系的前景。另外，还作出对赫鲁晓夫与毛泽东会谈的评论。

文件中出现的结论的推测性的特征必须得到强调。这是尝试评估未来的任何研究的不可避免的事实。而且目前情况是大部分中苏关系的具体细节缺少翔实可信的材料，有必要经常依靠归纳推理而不是真实资料。

二、中苏关系的背景和现实基础

（一）中苏同盟的聚合因素

现阶段中苏同盟的显著特征是两国的牢固的利益共同体，这是以共产主义运动特有的因素和出于一般的政治和权力考虑为基础的。

首先,当前中国共产党领导人和莫斯科领导下的世界共产主义运动已有 20 多年密切的政治、精神联系——不过,在物质层面上的联系疏远足以让中国人最低限度地服从于苏联拙劣的战略,尤其在斯大林时代。其次,中苏领导人拥有共同意识形态,虽然两者在意识形态的重点和阐释上有些不同,但都以此制定国内发展路线,并假定共同对抗一个永不改变的敌对的非共产主义世界。两个政权都坚定地把共产主义信条作为巩固国内统治的最好纲领来加强它们自己国家的经济军事力量,以及扩大它们超越边境限制的势力。

除了它们共同拥有的前景外,有一些具体的因素同时联系着这两个国家。其中最首要的是苏联有较为强大的经济、军事力量,以及北平依靠苏联的财力和物质援助为共产党中国提供作为一个大国所必需的经济、军事命脉。此外,除了它们在共产主义和非共产主义世界间无情的斗争中有着共同的信仰,目前共产党中国在台湾地位问题上与美国进行着一场非常真实的斗争——一场使苏联对北平的支持更加紧迫和必要的斗争。另一方面,对苏联来说在亚洲的侧边拥有一个重要同盟国的战略优势是很明显的。

除了这些使中苏凝聚的意识形态和权力政治的积极因素外,一些消极的因素同样重要。1949 年中国共产党掌握政权这一事件被莫斯科描述为自十月革命(俄国共产党)以来世界共产主义中最重要的发展。过去九年中,尤其是斯大林去世后,中苏同盟已被认为并且的确是集团力量和世界共产主义运动的奠基石,所以,中苏关系的分裂会对莫斯科领导的集团和世界共产主义运动造成不可弥补的损害。

对共产党中国而言,和苏联的分裂就意味着要延迟迅速增加国家经济和军事力量的宏伟计划。如果没有苏联工业力量的支持,北平作为大国地位的称谓将相当大程度地减弱,而且共产党中国将作为一个具有超过 6 亿饥饿和难以控制的人口的贫穷而又不发达的国家,将以需要更大量的救济的形象出现。甚至更为重要的是,由于台湾的中国政府和美国联盟,以及在共产党中国的普遍的反对意见,处于这种环境下,对北平的领导人而言,与苏联的分裂会产生严重挑战当前中国大陆共产党政权的幽灵。

目前,就可能的不同意见而言,莫斯科和北平没有解决它们的分歧并尽可能地巩固联盟的令人满意的解决办法。

(二) 共产党中国独一无二的地位

尽管有时共产党中国在跟随和支持苏联政策的主动行为上表现得如同苏联在东欧的正宗卫星国们一样热情,但是作为很大程度上独立于莫斯科政治控制的国家,北平政权在共产主义集团里总是拥有独一无二的地位。自 1935 年,苏联任命的中国共产党领导人不受信任并被废除后,中国共产党不仅在土生土长的中国共产党领导人的带领下在中国长期成功地进行着斗争,而且在没有苏联支持的情况下进行着艰难的为夺取政权的战斗。无论如何,苏联的同情和物质上的支持在中国共产党征服大陆的过程中是次要因素,像南斯拉夫人一样,中国人能直接声称靠自己的武装斗争取得成功。

　　其次,除了政治考虑外,因为中国幅员辽阔和苏联兵力不足,苏联人没有像他们在欧洲拥有的执政权力那样,拥有控制当地的共产党政权的有效手段。

　　甚至在斯大林统治下,承认中国独一无二的地位就在 1950 年 2 月 14 日的《中苏友好同盟条约》①中体现出来了。这是毛泽东和斯大林在莫斯科谈判的中苏同盟的基本文件。作为控制两国关系的原则,这份条约包含比莫斯科和东欧卫星政权的任何双边条约有着更为具体的"不干涉内政"、"完全平等"等条文。(事实上,1956 年 10 月 30 日《苏联政府宣言》公开声明苏联同集团的更为自由的关系时明显借用了中苏条约中的语言。)

　　另外,在 1950 年 2 月 14 日的条约中,苏联以提供 3 亿贷款、规定归还中国长春铁路以及撤退旅顺口—大连地区苏联军队的形式,对中国共产党作了具体让步。甚至斯大林去世之前,还给予毛泽东以马克思主义思想"创造性贡献者"的特殊称号,而且还有包含着褒扬性评论的全集在苏联出版。

　　最后,1950 年共产党中国对朝鲜战争的干预给北平树立了一个重要军事大国的形象,进一步增强了它在集团中的声望和作为苏联盟国的价值。

　　1953 年 3 月斯大林逝世后,共产党中国在集团中的声誉显著提高了。这种发展趋势的产生主要有四个原因:

　　第一,由于毛泽东凭着自身资格而被公认为具有共产党领导者和理论家的地位,他已被当作世界共产主义运动中第二位活生生的领袖人物。随着斯大林的逝世,甚至在苏联都没有可与毛泽东相比的德高望重的共产党领导人(这个结论有说服力的证据是在斯大林去世后,马林科夫被任命为苏联部长会议主席的那些日子里,《真理报》刊登了一张经过修饰的马林科夫的照片,照片上显示着马林科夫和斯大林、毛泽东站在一起)。

　　第二,苏联政治反复无常,平均每 16 个月有一次极端的政治清洗行动,已经严重破坏了苏联威望,并对苏联领导的有效性很容易引起不利的反映。比较而言,因为革命前辈们仍掌握着政权,中国共产党领导相对稳定。

　　第三,苏联在苏共第二十次代表大会上发起的"非斯大林化"运动无形中等于是对斯大林体系的咒骂性的批判。这对苏联政权来说,不仅在国内外会产生严重的后果,而且苏联领导人自己也不能设计出他们批评斯大林的合理解释,以及对他们的体系的言之成理的辩护。留给中国共产党的是他们在 1956 年 4 月 7 日和 12 月 29 日由政治局通过的社论里提出的尽管承认自身缺点但仍能证明共产主义体制合理的马克思主义的合理性。为了提供合理证明,中国共产党小心翼翼地解释苏联所经历的"斯大林崇拜"的弊病,过去、现在和将来都没有也不会在共产党中国出现。

　　第四,由于北平帮助莫斯科摆脱因"非斯大林化运动"加剧东欧国家形势恶化所陷入的困境,以及在 1956 年秋的波兰、匈牙利事件中扮演的角色,它在集团中的影响进一步提升。因为共产党中国在集团中独一无二的独立的地位和威望,在东欧尤其是波兰(对苏联统治)

――――――――――――

① 原文如此,应为《中苏友好同盟互助条约》。——编注

持不同意见的共产主义分子和非共产主义分子们,已很快地把过去和当前的"自由"的中国共产主义学说作为它们反对苏联政治和控制的正当理由。许多波兰共产党也相信在十月事件上,北平的影响已成功地劝说莫斯科不要太积极干涉哥穆尔卡政府。

为了迅速地消除对得到北平支持来反对苏联抱有希望的力量,似乎确定无疑的是,苏联即使不催促,也会在此之后请求共产党中国代表苏联(对这些力量)直接施加压力。为了在莫斯科竭力鼓吹苏联霸权之下的集团团结,中国共产党周恩来总理突然中断1957年1月在东南亚国家的行程,华沙(就在波兰选举之前)和布达佩斯事件就是苏联依赖它的亚洲盟国的威望的鲜明证据,这象征着北平对苏联帝国的影响力在东欧的直接传播。

作为上述发展情况的结果,北平对世界共产主义和集团事务的评论现在极其感兴趣,而并非毫不在意。据所有可靠报道,毛泽东是1957年11月集团高峰会议上提出苏联领导权的主要倡导者,并(和苏联领导人)共同起草了用来指导集团和世界共产主义运动的纲领性宣言。毛泽东的政治路线非常适合苏联的目的,并且很可能是在苏联命令下进行的,这个事实绝没有降低中国共产党所发挥的更大的作用以及因此增加的声望。

总之,自中国共产党权利提升以来,它就在集团中享有独一无二的地位,这种地位随着形势发展已经有相当大的提高,斯大林逝世以后,中共几乎完全脱离了苏联的控制。事实上,尽管两个国家在物质力量和具体权力的先决条件上悬殊很大,但在政治意识上,至少在共产主义世界中,共产党中国拥有与苏联平等的地位,甚至偶尔在意识形态领域超过苏联。

三、同盟中潜在的分裂因素

尽管存在着有利于中苏合作和协调的引人注目的因素,但两个国家的前景中存在着能促使实质性的分歧以及可能影响它们政策观点的某些因素。这些分裂因素像凝聚因素一样根植于共产主义体系独有的特征里,根植于像地理、国家利益、国际发展水平和国际政治舞台之类的现实的环境中。

(一) 意识形态

也许这些潜在的分裂因素中,最重要的正是在巩固同盟中起着如此重要作用的共产主义意识形态。莫斯科和北平显然都认为坚定的团结对加强集团和世界共产主义的力量至关重要,在理论平台上,团结需要一个指导方向的唯一来源。然而北平的特殊地位以及它作为集团的又一个意识形态中心的日渐浮现,已经不容分辩地降低了莫斯科在世界共产主义中无可争议的领导者地位,这是一个本身就能引起分歧的事实。进一步说,倘若北平意识形态自主化,那么两个合作者在学说上的分歧几乎会不可避免地加重。

(二) 作为亚洲强国的中国

共产党中国目前是一支势不可挡的亚洲强国,在地理和种族上比苏联更接近亚洲人。

虽然可以推断,苏联领导人在亚洲已经很现实地让位并分配给共产党中国特殊的势力范围,但是苏联仍认为自己是排在第一位的亚洲强国,理所当然不愿意在某些关键地区如日本、印度尼西亚和印度,再让一些地方受共产党中国的影响。这样,为了在这些重要的国家取得优势地位,以及取得对它们的共产党的重要影响力,显然,一些欺骗手段几乎是不可避免的。

（三）两国的国际地位

在亚洲之外,共产党中国处在相对的外交孤立中,而莫斯科具有世界范围内的联系和纽带。因此,在许多情况下,后者比共产党中国有更多的理由去限制外交关系,尤其涉及和西方国家关系的时候。而且,苏联有保护集团安全的主要责任,而共产党中国优先关心的是自己的安全,特别是和美国在台湾地位上的争端。

（四）年青的中国革命

掌握政权仅仅8年的中国共产党领导人与地下斗争和革命年代的领导人是同一批人,而苏联则是由拥有业已建成的帝国的另一代官僚集团统治。就苏联领导人而言,容易产生相对更为保守的观点。

（五）国内的发展

共产党中国有比苏联更大的国内问题。它制定了野心勃勃的工业化目标,要实现这个目标就必须对已经以最低生活水平进行划分的经济强行要求最高水平的积累。这些目标在中国强大的人口压力、有限的资源情况下更难实现。而且,中国共产党还没有彻底成功地扑灭当地武装力量对政权的抵抗。

苏联统治者同样面临着使其权力野心与为了提高生活标准、妥善处理社会不满因素的需要之间的协调一致的问题。然而在苏联,这些问题并不像在共产党中国那样是生与死的斗争。因此,北平为了证明加强必要的国内控制的合理,有时可能感觉需要一个比苏联所需要的更高度的国际紧张局势。

（六）发展水平

共产党中国是一个"一穷二白"的国家,它的资源很大程度上没有开发和利用,国家财富同它的人口和野心相比是小的。而莫斯科拥有全部现代工业力量的命脉。这样如果采取敌对行动,苏联不得不失去更多。因为这个和其他原因,莫斯科对集团全面战争的结果可能没有几分乐观的观点。

四、已知的分歧,过去和现在

莫斯科和北平在各种问题上选择不同道路的明显的分歧是有案可查的。问题是在评论中这些分歧到底仅是宣传和策略上的表面分歧，还是代表了使同盟关系紧张的政策或国家前景上的分歧。

在多数情况下，前者明显是事实。尤其，北平在许多国际事件倾向于采取比莫斯科更为好战的态度这一事实，莫斯科一定做了一些承诺。事实确实如此，例如，在 1958 年 6 月法国—阿尔及利亚危机期间对戴高乐将军的攻击。像在这些不涉及共产党中国的直接利益，或者其言论不必承担相应行为责任的事件上，不同道路的分歧被认为是不特别重要的。但与此同时，莫斯科和北平在对两国具有重要性的问题上已经显示出分歧的阴影，许多这样的问题是同盟中争论的根源。

(一) 台湾

中国声明台湾岛是它的领土，按照法律和历史的权力应该并且必须置于北平政权的主权之下，莫斯科在台湾问题上是这一声明的不懈支持者之一。不过，在 1954 年末和 1955 年初由中国共产党"解放台湾"运动引起的台海危机期间，莫斯科显得比北平更希望在台湾问题上通过宣传和外交手段而不是武装手段达到目的。

虽然苏联通常宣传支持北平的"解放"运动，但对台湾问题的官方态度就像发生在 1954 年 12 月 15 日苏联外交部关于《美中共同防御条约》①的声明一样，仅仅宣称苏联人民（而非政府）理解共产党中国解放台湾的决定。苏联政府也试着着手通过谈判来解决台湾问题，并正式建议在 1955 年 1 月 30 日交与联合国安理会讨论（尽管西方舆论表示几乎不能接受），还主张在是年 7 月联合国纪念大会上提及此事。虽然北平的确支持霍洛德科夫 2 月 4 日建议召开十国会议（四个大国，共产党中国，五个科伦坡国家）去讨论这个问题，但似乎极不愿在联合国论坛上讨论台湾问题，即使讨论的问题有利于共产党。

1954～1955 年台湾危机期间，莫斯科自始至终小心翼翼地避免提及应用 1950 年签订的中苏同盟关系来防止台湾海峡的敌对行为。尽管北平时时拐弯抹角地暗示这是事实。（见下节毛泽东—赫鲁晓夫会谈）

(二) 集团关系

就集团关系中所有重要问题而言，共产党中国和苏联的国家利益无疑是一致的。这是两国保持集团稳定和团结、加强经济和军事力量的利益所在。然而，在涉及组织集团关系的最佳方式上，两国曾经有分歧的阴影。虽然这些分歧不具有根本性的特征，但正是它们的存在有时却破坏了两国努力去对抗非共产主义世界而形成的完全一致和团结的表面现象。

就莫斯科维护其东欧帝国的首要任务而言，苏联在 1956 年秋对波兰、匈牙利事件发展结果的担心是可理解的。这种担心明显地体现在发动苏联媒体批评波兰国内发展；体现在哥穆尔卡掌握政权前夕的 10 月 19 日赫鲁晓夫匆忙赶往华沙，同时苏联军队以在波兰和东

---

① 即《美台共同防御条约》。——编注

德靠近波兰的边界上重新部署进行威胁；也体现在莫斯科对匈牙利的军事干涉上。共产党中国最初所处的地位则明显不同。

在公开评论中，北平对波兰和匈牙利情况发展的第一反应——明确地说，共产党的国家领导人的出现——是一种同情。集团本应以更有弹性的关系为基础更好地组织起来，给予东欧卫星国更大的国内自治权，类似于共产党中国自己所享有的自治，在这样明显的信念中，北平强烈地强调苏联在集团关系上"过去的错误"，并催促他们改正。甚至在莫斯科为粉碎匈牙利试图背离集团而进行军事干预后，共产党中国按理从来没有打算过加紧（对苏联）反目，但在中国政治局的同意下 11 月 29 日《人民日报》社论指责苏联"大国沙文主义"，并且声称在集团关系中的首要任务（以后彻底保证集团阵营稳固）将是和这样的沙文主义作斗争。在批评铁托对匈牙利事件的解释上，中国的声明也比莫斯科温和得多；苏联接下来用中断南斯拉夫 1957 年初的经济援助来强烈地攻击贝尔格莱德。

在 1958 年 4 月和 5 月在集团与贝尔格莱德的争端中，两国似乎兜了一个圈子。尽管莫斯科从轻处理了对贝尔格莱德的抨击，但北平在谴责南斯拉夫共产党路线上更多的是辱骂性的。5 月 5 日《人民日报》社论首先表明如果南斯拉夫坚持异端邪说，两国关系可能受到影响，共产党中国在与贝尔格莱德的争吵上也比其他集团国家走得远一些，它从贝尔格莱德撤回了大使。当然，很可能苏联中止南斯拉夫贷款比中国共产党撤回大使让南斯拉夫感觉更为严重。

不过，有相当多证据表明是莫斯科决定终止同南斯拉夫邦交关系的，北平不可能像在一些争端中主张的那样促使苏联领导人采取这一步，北平在集团和贝尔格莱德的争论中反映更强烈看来是有多种因素的，而与政策上的分歧无关。这些因素包括：莫斯科让北平去做这些不光彩事情的明显利益；贝尔格莱德企图引用北平在 1956 年发布的关于集团关系较为自由的声明来证实自己地位合理性的事实；在共产党中国的国内形势是，被指责成"修正主义"异端的铁托在过去一年已经遭到强烈的抨击，这明显引起了中国领导层的关心。

不过，因为北平在集团中的重要性（例如，阿尔及利亚，也许也包括保加利亚，在抨击南斯拉夫上比莫斯科或北平更恶毒，只不过引起西方媒体较少的注意），它和苏联关于贝尔格莱德争论的细微差别，在集团和其他地方被看作是两国分歧的证据。赫鲁晓夫在 7 月 3 日索菲亚演讲中，对这种解释表现出敏感和不快，警告南斯拉夫不要企图寻找莫斯科和北平的分歧，因为两国处在"完全和谐一致"中。

（三）意识形态

没有任何关于如下问题的重要的中苏分歧的记载：为了得到或者巩固政权以及为了反对非共产主义世界的斗争的共产主义学说的基本原则。但是，有证据表明两党对对方国家为满足具体的国内需要的学说的改革而表示不满。

这方面值得注意的是 1956 年共产党中国对苏联按照赫鲁晓夫在 1956 年 2 月 25 日召开第二十次党代表大会上的秘密讲话而发起的"非斯大林化"运动的反应。这种反应在许多重要方面偏离了那时的苏联政治路线。首先,与苏联共产党和其他集团政党相比较,中国共产党减少了"非斯大林化"的主题。实际上,唯一的公开评论是由政治局批准的 4 月 7 日《人民日报》社论。其次,北平在对斯大林个人崇拜许多重要方面的理解是不同于莫斯科的。这样,比较两个有权威性的文件(1956 年 6 月 30 日苏共中央委员会决议和 1956 年 4 月 5 日《人民日报》社论),值得注意的是:(1) 北平对斯大林的积极成就给予的荣誉要比莫斯科大得多。(2) 莫斯科强调"普通群众的作用"而不是对领导人物崇拜,北平却强调无产阶级专政下的"高度集权"与"高度民主"相结合的需要。(3) 莫斯科把斯大林的错误归结为个人的缺点和 20 世纪 20～30 年代苏联的历史环境。关于后面这一点莫斯科强烈否认个人崇拜是苏联社会制度固有的结果或者已经改变了苏联的社会制度,而北平差不多是通过声称个人崇拜是社会主义社会中固有的矛盾事例来直接反驳莫斯科。显然中国人感到如果中国像苏联和其他集团国家一样宣传苏联对斯大林的强烈批评,将引起毛泽东的地位问题,因为毛泽东在中国所处的位置类似于斯大林在苏联所处的位置。同时这也可能使人们对北平正奋力追求斯大林提出的集体化和工业化政策的智慧产生怀疑。

意识形态观点的又一个分歧因不同的国内问题逐渐突现出来,这发生在 1956 年秋,那时共产党中国的国内宽松路线(在"百花齐放"、"百家争鸣"的自由讨论的口号下实施)成为东欧卫星国和苏联的反对者们作为加强对共产主义基本主旨和共产主义统治体系的批评的口实。苏联和集团其他政党们立即向他们的人民保证中国的路线是在中国特定的条件下发生的,不能运用到集团的其他地方。类似的情况发生在 1957 年初,毛泽东 2 月有关"矛盾论"的讲话清楚地表明加大宽松力度,虽然是短时期的,但北平处在国内宽松路线的时候,正是莫斯科加紧国内意识形态控制的时候。"矛盾论"运用到苏联,可能且已被评论家们用来支持他们对苏联社会官僚主义僵化局面的指控。在 1957 年 6 月 2 日哥伦比亚广播公司访谈中,赫鲁晓夫对这点表示了一贯的敏感性,强调毛泽东的文章不适合于苏联情况,即使限制在中国环境里,也没表示明确的赞同。

没有证据表明莫斯科或者北平正试图把自己的观点强加给其他国家或者为意识形态的领导权竞争。相反,每个国家因国内原因产生了稍有不同的理论。不过,不管目的如何,每个国家制定去服务于具体国内需要的主旨改革都没有得到另一个国家的支持。

(四) 经济关系

围绕着关于 1953 年 9 月 15 日以及更早些时候的中苏经济协议的谈判和声明的异常情况暗示,中国人对获得的结果非常不满。谈判显然持续了七个月(从 1952 年 10 月[①]周恩来和经济专家代表团到达莫斯科开始到 1953 年 5 月中国最后一批谈判人员从莫斯科返回时结束),虽然谈判结果直到三个半月后才公布,但当时毛泽东还是发了一份感谢马林科夫的电报。尽管协议很重要,据推测莫斯科把将帮助北平迅速实现工业化之路的初步步骤列入

---

① 原文如此。周恩来到达莫斯科在 1952 年 9 月。——编注

计划表，但是没有给出帮助的具体范围和条件。同 1950 年协议、1953 年 3 月的补充协议下扩大的小额苏联贷款相比，这份协议在共产党中国几乎很少受到宣传和注意。

没有进一步明显证据表明两国间经济关系上的不和谐，1954 年 10 月赫鲁晓夫访华和 1957 年 4 月米高扬访华期间达成的两个经济协议的所有外部表象都令两党满意。然而值得注意的是苏联对共产党中国的贷款到 1957 年为止被完全使用，同一年北平表明不期望苏联进一步贷款了。不过，因为这可能代表了北平的自愿决定，这种情形并不必然表明苏联与中国对经济援助问题有分歧，而且可能恰恰与此相反。（另见下面关于最近赫鲁晓夫—毛泽东会谈的部分）

（五）战争与共产主义和非共产主义世界的力量

尽管这方面的证据很薄弱，但有迹象表明，中苏两国对"社会主义"与"资本主义"阵营相对力量的评价，以及核武器时代战争结果的评估有一些不同，尤其自从毛泽东在 1957 年 11 月莫斯科共产党会议上的表现以来，面对西方力量，中国共产党看上去更加坚定地强调集团的力量。对核时代的战争结果，也抱有较为乐观的观点，容易轻视核武器的实际后果，斯大林时代的苏联也这样。和苏联领导人一样，他们从来没有公开表达过对全面核战争灾难性后果的认识。而且据报道，毛泽东在莫斯科会议上曾持有这样的观点，即人多力量大，尽管有大面积的破坏，共产党中国在核战争中仍能取胜。（也见下节赫鲁晓夫—毛泽东会谈）

（六）其他问题

日本。同莫斯科强调与日本建议贸易和文化交流较温和的路线相对比，北平最近对日本采取了更为强硬的路线，包括严厉宣传对日本政府以及首相岸信介个人的攻击，同时几乎完全中断了经济和文化关系。路线的分歧，似乎源于莫斯科和日本有外交关系而北平没有，这种分歧同时反映了北平对"两个中国"问题的极端关注。也应注意的是，莫斯科对日本相对温和的政策并不包括在争端问题上的重大实质性让步。相反，苏联坚持日本人在下一年必须终止在鄂霍次克海捕鱼，这表示这个政策如果实施，就会比北平更狠地打击日本的利益。

克什米尔。1955 年 12 月，随着布尔加宁、赫鲁晓夫访问印度之初，苏联正式和印度结盟，此时印度正处在和巴基斯坦就克什米尔地位问题发生争端之时。另一方面，共产党中国公开保持中立的观察员地位，私下却对每个国家都表示同情，并催促他们用相互都满意的方法解决问题。

苏联在克什米尔问题的立场是其向中立主义印度示好的努力的产物，并且向和西方联系紧密的巴基斯坦显示不为其国家利益提供服务。也有这样的展望，即苏联在克什米尔问题上支持印度是苏联更为广泛的策略的一部分，这个策略计划同一个主要亚洲国家培养亲密关系以防备未来独立于苏联以及极少顺从苏联影响的强大的共产党中国的突发事件。

共产党中国从自身出发显然采取了不损害同这两个亚洲国家任何一个关系的不明朗立场，以此来最好地服务于自己的利益。因为支持印度，就会增强北平在亚洲主要竞争者的力量,而支持巴基斯坦又会使共产党中国和关系密切的邻居疏远,且使北平和苏联公开产生冲突。

五、赫鲁晓夫—毛泽东会谈

目前,有关赫鲁晓夫和毛泽东 7 月 31 日到 8 月 3 日在北平举行的会谈仅得出一些明确的结论。时间的安排(在中东危机期间)和会谈的情况(赫鲁晓夫在北平的出现直到访问结束后才公开),都强烈地表明会谈不是一个礼节性的拜访而是一个召开讨论问题的会议,正如公报上所表明的:"当前国际形势中紧急和重要的问题"。也有一些迹象表明,两个共产党领导人讨论了一些一般性的问题。根据基本上没有披露会议情况的公报以及公布的会谈参加者(据公报,赫鲁晓夫由国防部长马利诺夫斯基、集团和意识形态事务中党的理论专家鲍里斯·波诺马廖夫、外交部长库滋涅佐夫陪同)去判断,会议肯定讨论了总的国际形势,尤其是中东危机、未特指的双边军事事件、集团中党的事务特别是南斯拉夫共产党事件。另一方面,显然从同样的证据中得出两国经济关系是会议主要议题是不可靠的。离开这些归纳,关于会议讨论的主题和达成协议的结论很大程度是推测性的。下面按照这一线索进行进一步的评论。

(一) 中东和中国的代表权

会议的时间安排,公报的话语以及苏联对会议结果的评论,毫无疑问表明中东危机是议事日程的主要话题,不过,会议对苏联在中东危机上的策略影响是一个公开问题。

根据一种解释,中共以反对苏联参加特别的联合国安理会为由,迫使赫鲁晓夫放弃参加在联合国安理会"框架"下召集的中东危机"峰会"的计划,而主张召开一次特别紧急的联合国大会。下面的几个因素可以支持这个理论:

(1) 仅有的事实是在安全理事会特别会议(根据西方的建议,这个会议让赫鲁晓夫和中华民国代表接触)之前,赫鲁晓夫同意和毛泽东会面。并且在 8 月 5 日即北平会议之后的第二天,召开一个紧急的联合国大会。

(2) 在赫鲁晓夫 8 月 5 日的信件,以及苏联对赫鲁晓夫建议召开紧急的联合国大会的新闻评论中,都清楚地体现了赫鲁晓夫对联合国中国代表权问题的极大敏感性。

(3) 来源于波兰方面的未经证实的报道宣称,中国共产党的压力是表面上苏联改变主意的原因。

当然上面的解释不能排除在外,但下面的证据可能更明显地表明毛泽东的观点并没有对苏联 8 月 5 日的决定产生决定性的影响。

(1) 苏联同意麦克米伦①提出的在 7 月 22 日召开在安理会"论坛"内"峰会"的建议,明

---

① 莫里斯·哈罗德·麦美伦(Maurice Harold Macmillan,1894~1986),英国保守党政治家,1957~1963 年出任英国首相。——编注

显是希望在安理会"框架下"的峰会中促使达成一致意见，而主要的实质性讨论将由苏联、美国、英国、法国和印度政府首脑组成一个专门小组主导。赫鲁晓夫绝没有同意参加一个由成员国政府首脑参加的安理会常规会议。

（2）对这个问题在赫鲁晓夫7月28日的信件之后又有一些发展——美国和英国7月31日和8月1日的答复、美国国务卿杜勒斯7月31日的新闻发布会、联合国非正式讨论、其他安理会成员的政府首脑声明——这些清楚地表明苏联仅能在不是所有成员国就是大部分成员国首脑参加的安理会上达成一致意见，关于一般中东问题本质上由安理会的正常程序规则规定并且摒除非正式的讨论。这样，苏联有充足的理由回到在8月5日提出的召开紧急联合国大会的最初建议上。这个结论在赫鲁晓夫8月10日给麦克米伦的信件上得到证实，在那里他说出了8月5日决定的理由。

（3）中共宣传媒体全力支持苏联关于中东会议的种种建议，从7月19日到8月5日这一期间确实与苏联对内对外政策路线保持一致。

（4）虽然不能确定，但有一些证据显示，赫鲁晓夫—毛泽东的会晤可能在伊拉克叛乱之前就已经计划好了。

（5）在8月3日中苏联合公报上重申了苏联要求召开峰会的建议，这一事实似乎表明苏联作出召开紧急的联合国会议的决定是在赫鲁晓夫—毛泽东会谈之后。

（6）苏联参加峰会的态度显然并未被赫鲁晓夫—毛泽东的会谈改变。8月3日公报呼吁召集关于联合国大会和中东会议的"大国政府首脑会议"。这种模棱两可的措词在赫鲁晓夫8月5日的信件中澄清了，在那里他重申了要求召开一个"如我们以前建议组成的"（换句话说，没有中国参加的）联合国峰会。并且在8月10日给麦克米伦的信件中他又重申召开由印度参加的中东五国首脑会议的建议。就北平而言，8月4日发布关于赫鲁晓夫—毛泽东会谈公报的《人民日报》社论清楚地表明，公报要求召开一个联合国的"大国政府首脑会议"时提到支持苏联的建议。

无论如何，北平毫无疑问极力反对把中华民国的联合国代表和赫鲁晓夫参加的会议联系在一起的任何安排，这样，毛可能对赫鲁晓夫8月5日的决定有些影响，他显然已劝说赫鲁晓夫要更积极地追求世界外交领域里中国共产党代表权的目标。关于后面这一点，不可忽略的是，自从北平会议后苏联宣传媒体便把大量注意力放在对共产党中国承认的一般问题上。而这个活动的最初阶段——联合国安理会上中国代表权问题——似乎是为证明苏联8月5日决定合理的特别目的设计的（这与一般指责安理会"无代表性"性质相关联），关于这个主题随后的宣传全都有加强苏联推动对北平政权广泛承认的特征。活动极可能被即将召开的第十三次联合国大会注意，尽管也与中苏在当前台湾危机中的目的有关。

（二）台湾

如果上述关于北平会议在中东危机上并没有决定性地影响苏联策略的结论是正确的话，那么似乎更可能的是，会议是因中东的局势而召开，但是除了这个危机的原因，还有另外原因推动会议在这个时候举行。后来的发展结果表示,共产党中国关于台湾海峡的计划可能是会议召开的第一原因。

无论如何,毋庸置疑,台湾是议事日程的重要主题,尽管在公报上没有特别地提出,苏联和共产党中国国防部长的参加清楚地表明会议讨论了军事事务。会议召开前不久,北平在台湾海峡地区集结军队,大约同时发起了"解放台湾"的宣传运动。而且,北平在会议结束后三周开始对外岛炮轰是一次主要涉及苏联的举动,据推测采取行动时苏联虽然不一定完全赞同,但事先是知道。

最后,北平会议之后莫斯科为使北平政权获得更广泛的国际承认而渐渐增加的宣传活动与北平对抗近海岛屿的举动有关;那就是这两种发展是一个目的的不同表现。换句话说,可能是北平和莫斯科为了达到台湾问题(体现在北平的要求内)在国际论坛上讨论的主要目的而试图加剧台湾地区的紧张局势,这样一来,既获得了对北平政权承认的另一方法,又防止了进一步朝着普遍接受关于海峡问题"两个中国"解决方法这一事实发展。得到更多国家的承认可能是北平参加一次关于这次危机的东西会议的直接目标。莫斯科和北平可以进一步推测,西方对中国联合国代表权的主张是由危机推动的;也就说,许多联合国成员可能得出这样结论,即排除掉这样一个威胁和平的仅有方法就是承认中国大陆的现状。

上面推理是猜测性的,对北平在台湾海峡的当前目标更为确定的结论将不得不等待事情的进一步发展。不过,关注某些表明赫鲁晓夫可能试图或已成功地在北平会议上对毛泽东做了一些约束性影响的零碎证据也是重要的:

——莫斯科已列出了过去台湾问题的相关制约措施。尽管在当时并没有这样的制约措施证据。

——会议举行前,北平军事集结和"解放台湾"的宣传活动大张旗鼓地进行着,会议开始时,宣传活动突然减少,随后的几周便停止了。而且,公报表明两党"对于反对侵略(和维护和平)所应采取的措施达成了完全一致的协议"①,但并没有提到台湾问题。接着,北平"解放台湾"宣传活动的消失,这似乎表明,如果目前打击近海岛屿不是目标,那么赫鲁晓夫至少已经改变了北平的策略。

——外交部副部长扎罗宾(Zarubin)在 8 月 15 日与汤普森(Thompson)大使会谈时说,台湾局势是美国和苏联必须处理和解决的问题,因为目前的形势不允许无限期地拖延下去了,这与北平处理台湾问题相比很少造成紧急情况,同样也暗示着他不完全信任中国共产党会寻求一项负责任的政策。

——莫斯科大使馆有消息传出说,会议召开前马利诺夫斯基元帅在北平待了一些日子,如果是真的,这份报告可能表明召开高级会议是为了解决两个联盟间军事事件的分歧问题。

——与莫斯科相比,北平在会议后的宣传显示了更为与众不同的好斗论调,甚至超出了惯例。这在北平 8 月 4 日和 8 日《人民日报》社论中尤其真实地表现出来了。例如,8 月 8 日

---

① 括号中的"和维护和平"语是宣言中原有的,但该报告没有引用。——编注

的社论宣称："如果我们允许人民仅仅沉浸在和平的幻想和战争的恐惧中，那么现实的战争将使他们充满恐惧和迷茫。只有通过彻底地暴露和谴责帝国主义的战争计划，通过正确地指出危险之源以及阻止它的方法，通过在精神上鼓舞人们的士气和力量加强必胜信心，并且动员他们为和平而斗争，和平才能有效地得到维护，侵略才能停止。即使敌人疯狂地发动战争，人民已完全地做好准备并且能消灭侵略者。"在《真理报》8月5日的社论中类似的一段话只是表明，公报是"对侵略分子的严重警告，他们在帝国主义野心的狂热中忘记了热爱和平人们的力量和政权已充分地成长起来，并要求喜欢挑起战争之火的那些人遵守秩序"。

（三）军事和科学援助

有大量通过情报和其他途径收到的未证实的报道称，赫鲁晓夫对毛泽东许下诺言给共产党中国提供导弹或弹道导弹和核武器。而且根据情报报告及莫斯科、北平以前的声明，可以推测两个共产党领导人在讨论苏联援助中国公开发射中国人造地球卫星的问题。

虽说还没有强有力的证据支持上面的报道，但苏联军事和科学援助完全可能排在会议的议事日程上。公报对这一讨论的仅有可能的参考是申明两党"进行了进一步加强中苏同盟友好关系和相互援助的讨论"。（8月4日的《人民日报》社论也把这次会议作为对中国人民"把我们国家经济、科学、文化和国防能力推到一个更高水平"的鼓舞。）就军事援助而言，得出可靠的结论很大程度上是消极的，即苏联可能极不情愿让北平无约束地支配苏联的核武器或导弹弹头，且苏联提供给北平远距离弹道导弹的任何承诺可能都是长远的而不是即时的，因为莫斯科的这种武器储备有限。不过，提供短距离地对地导弹或者其他类型的导弹是极可能的。

六、前　　景

尽管中苏是利益和目的的牢固共同体，并处在他们过多地表达永恒友谊和团结的外表下，但明显的是他们已存在着常能预料到的分歧，因为其国家利益有时会由分歧因素调整。北平与莫斯科进行交易地位随着其作为盟国的声望和价值的增长而加强，而且苏联对中国共产党的具体观点和愿望给予特殊的考虑有其重要原因，这也是显而易见的。

毋庸置疑，关于（学说的）解释和原则性问题，莫斯科和北平间将会继续增加政策上的分歧。这些分歧极可能集中在以前已经引起摩擦和产生分歧立场的大部分相同的问题上，虽然在联盟中新的"矛盾"也就在前面。下面的问题看来最可能是将来争论之源。不过，应该注意不是所有这些问题必定会出现，另外，应该注意就那些潜在分歧领域的可能性和激烈程度而言，有相当大的变数。

（一）台湾

中国共产党明显以自己立场把处理台湾问题作为一个至关重要的国家利益，不是因为其构成了安全威胁而是因为中华民国的存在阻止共产党中国在国际论坛上取得那些认为作为一个大国应有的合法地位的东西。

另一方面,苏联领导人可能并不认为台湾对苏联具有重要的战略意义。不过,更为重要的是,如果北平对台湾海峡采取战争行为使苏联不得不面对支持共产党中国的战争行为来对抗美国成为一个可能性前景的话,那么苏联极可能不希望看到北平采取这种战争行动。在不太紧急的情况下,即使没有敌对行动即刻发生,北平在台湾地区造成的紧张局势也会与苏联对西方的"共存"的运动背道而驰(例如高峰会谈)。最终,莫斯科可能在持续存在的台湾问题中看到某些利益,因为中美之间的紧张局势会增加中国对苏联的依靠。加之,国民党台湾的长期存在,将会阻止中国在许多地区扩大影响,而这些地区也是苏联渴望增强影响的地方。这样,这两个盟国在台湾问题上便有某种利益的冲突,使得台湾问题在同盟中成为潜在的紧张之源。

(二) 核武器

共产党中国不得不从苏联获得核武器来增加军事能力的一切野心极有可能是中苏同盟关系的紧张之源。据推测莫斯科不愿意把核武器置于中共的处理之下,尤其不乐意让中共真正控制这种武器。因为拥有核武器会很大程度上扩大北平的行动自由而相应减弱莫斯科对北平外交政策的控制。这样一种发展将对莫斯科限制北约防御体系中的核武器合并,以及在未来可能发生的有限战争中通过加大谴责力度迫使美国禁用核武器,且最终达到在极少数国家的国际控制之下废除核武器的努力产生不利影响。另一方面,中国可能最终希望制造或获得核武器作为获得大国地位的一个必要辅助条件。

假设后者情况属实,值得注意的是,北平核武器的获得将会由直接与莫斯科当前宣传政策相反的两种发展结果推动。首先,如果又有第三个西方大国获得核武器(这是莫斯科反对的),那么苏联在不损害自己在核武器主要地位的情况下会承担向中国提供核武器的任务。关于这一点,可以注意苏联国际事务发言人最近在莫斯科引用的北平外交部长陈毅的话,大意是如果美国向日本提供核武器,那么共产党中国就应获得核武器。其次,制定核试验禁令(这是莫斯科渴望的)的失败将为中国 A 型导弹的发展敞开道路。关于后面这一点,意味深长的是,当 8 月 31 日赫鲁晓夫呼吁在"所有时间内"和"所有国家"禁止核武器试验时,清楚地表明共产党中国将受此禁令的影响。因此比起对中国人冒称可能已拥有的核武器的重视,苏联此刻似乎更重视的是前面所提到的目标(那将被核试验禁令推动)。

核武器和裁军问题是否和以什么方式会在未来构成这两个盟国之间的分歧和争端,是难以预测的,因为这很大程度上取决于集团外部的发展(如禁止试验协议,三个核大国核垄断被打破)。然而,潜在的不和谐毫无疑问就在眼下。最迫切的问题就是定在 10 月 31 日开始召开的三国核试验禁令会谈中国的立场。在日内瓦由专家们同意的监控系统要求在中国大陆建立监控点,极可能作为在这次冒险活动中合作的一个条件,北平会要求政治上的妥协(如成为联合国成员)。也可想象作为北平默许的代价,北平需要莫斯科在核武器领域做出妥协。

（三）经济关系

至今苏联对共产党中国经济、技术援助大致以中国的吸收和偿还能力为限，不过，随着北平技术人员和科学家储备的增长以及工业基础的扩大，吸收援助的能力也将增加。另外，中国人也许会放弃他们明显坚持的"量入为出"政策，而要求苏联提供大量贷款。

苏联对共产党中国经济援助范围似乎有两种限制。其一，最重要的是考虑到苏联宏伟的国内经济目标以及在自由世界中的经济攻势，其满足北平所需将受到莫斯科能力的限制，其二，即使假设几乎没有能力的限制问题，苏联可能也不情愿提供这样的经济援助，就像提供现代化武器的情况一样，会极大地减少中国对苏联的经济依赖，并且这样会解除同盟的约束纽带之一。而由于北平的压力，莫斯科可能会试着满足中国的要求，甚至牺牲苏联其他地方的国外经济利益。也不能排除这种可能性，即共产党中国对经济援助的要求太高而无法实现。

（四）国际共产主义运动

莫斯科和北平都明显地相信集团和世界共产主义的胜利主要依赖于对共产主义运动中单一领导者的普遍承认。北平不仅努力避免继承国际共产主义共同领导者的头衔——1956年2月9日莫洛托夫对苏联高层人物讲话时曾把这个头衔赠给北平，而且毛泽东坚持认为世界共产主义必须有一位领导者，而在当前的情况下，这个领导者就是苏联共产党。任何地方都没有确定的证据表明，共产党中国故意挑战苏联在集团和世界共产主义中的盟主地位。相反，北平清楚地明白去推动和加强苏联盟主地位能使自己获得最佳利益（当然，尽管如此，并没有牺牲自己的独立）。

不过，也不能保证总是这种情况。实际上，相反的情况似乎更可能，上面已提到这点，无论是否愿意，北平作为又一个意识形态中心的出现已经逐渐损害了莫斯科作为世界共产主义中心的无可争辩的地位，新的意识形态分歧将几乎不可避免地出现。

两国多变的国内形势和其他有分歧的观点容易反映在他们对学说的见解中，尽管在意识形态领域里两国都努力地协调行动。虽说在意识形态领域里，个别的分歧可能不具有重要性，但其逐渐积累的后果能导致严重的摩擦。此外，当共产党中国的力量增强，对苏联的依赖减少时，北平就不会好好努力地去调整观点与苏联相一致，并且可能更倾向于在公开和私下场合表达不同的观点。可以想象，在这种情形下，两国在对彼此都极为重要的谁将去制定共产主义政治路线问题上不能达成一致。

莫斯科和北平对亚洲国家共产党控制的最终竞争看来是可能的，尤其对印度、印度尼西亚、日本的重要的大党。虽然莫斯科承认中国共产党对较小亚洲国家特别是那些在历史上就是中国影响范围内国家共产党的主要领导，是现实主义的并经过深谋远虑的，但苏联不可能十分情愿地放弃亚洲主要国家共产党的领导权。对共产党中国而言，它是亚洲国际共产主义的重要堡垒，而可能把苏联看作为一支主要的欧洲力量。因为在共产主义运动中的地位和威望在整体成长，共产党中国将越来越多地被诱使着在亚洲共产党中去扩大其影响。

外蒙古是一个特殊的例子。中国共产党征服政权之前,苏联竭力在中苏边界地区扩大影响和获得权利是中苏关系的一个传统摩擦根源。自从中国共产党获得政权以来,尤其随着苏联放弃在新疆、满洲和旅顺、大连港口地区的经济和军事权利,在这些地区大部分已消除了摩擦根源。已被授予了"蒙古人民共和国"称号的附属国可能是一个例外。

蒙古人民共和国,莫斯科第一个最老的附属国,1921年从中国分割出去,尽管表面上处于独立的地位,实际上30多年来就是苏联的一个省。虽然记载毛泽东在1926年7月曾表明外蒙古是中国的一部分,但在1950年2月他待在莫斯科期间承认了蒙古人民共和国的"独立地位"。1955年莫斯科—乌兰巴托—北平铁路开始修建并随后开通,随着中国共产党劳工输入以及给予有限规模的经济援助,中国共产党对外蒙古的影响明显增长。

只要中苏同盟在其他方面保持稳固,外蒙古不可能成为中苏竞争的目标。不过,这个受中国共产党影响的地区的开放,给北平在这个过去认为直接属于中国的地方提供了一个方便的立足点。

(五) 与西方的关系

以上提到过,北平对"社会主义"和"资本主义"阵营的相对实力以及核时代战争结果的明显乐观估计,会导致其想去采取一个比莫斯科愿意采取的更大的战争冒险行为。这样一种发展,极可能发生在亚洲如台湾那样的地区,在那里,北平拥有最大的行动独立权,可以引起同苏联的严重分歧。

与西方关系是另一个潜在的分歧领域,这涉及国际关系中交战与缓和的总体问题。共产党中国在一些东西方关系问题的声明中,采取了比苏联更为好斗的立场,这一点上面已提及。然而在变化多端的国内国外形势下,两个合作伙伴在这方面的角色是能够颠倒的。显然,更可能由于北平年轻的革命活动相对地更需要紧紧地控制国内局势,以及它作为一个被孤立的"一穷二白"的政权的处境,目前可以觉察到,两国在与西方接触问题上的分歧将继续或者在未来扩大。莫斯科追求"共同和平扩张"中就存在着一种固有的矛盾。这种追求有限缓和的背后主要动机之一就是莫斯科希望通过至少获得西方对东欧现状默认来巩固领土利益。北平可能不高兴地认为,苏联如此程度上安排与西方协调一致,以及使欧洲现状正常化的努力,会影响远东地区并加强"两个中国"的思想。无论如何,莫斯科表现得很愿意把北平排除在东西方的"高峰"会议或其他会议之外——如果必须推动苏联对外政策目标的话——这理所当然是两个合作伙伴间产生摩擦的一个根源。

因为对本地共产党前景的分歧观点或不同的对外政策目标,苏联和共产党中国对它们各自与自由世界各个政府之间关系的分歧也会在将来不时地出现。在与亚洲非共产主义政府间的关系上看起来尤其具有现实性,在这些地方,北平特殊的局部利益与苏联世界范围内的目标有重叠。如上所述,一些有分歧观点的证据在日本和克什米尔问题上已经显得清清楚楚。

除了涉及可能的敌对状态以及自由世界里共产党的策略问题外——这些具有相当大的

重要性——似乎可能的是莫斯科和北平关于与自由世界的关系在未来所引起的任何分歧都不是严重的基本特征,而仅需要策略和重点上的考虑。因为莫斯科和北平对非共产主义世界拥有相同的基本目标和同样敌视态度的这一事实,使他们可能很乐意解决或者忽视这些不同道路的分歧。

(六) 结论

上面已提到这一点,毫无疑问各种问题的分歧在莫斯科和北平间将继续存在。而且假设北平在集团事务中的重要性逐渐增加(由于北平意识形态自治逐渐积累的影响以及经济、军事力量的增长,这似乎是不可避免的),那么这些分歧的强度和频率就要增加了。一般的论点是两国间的分歧倾向于直接以北平独立于莫斯科程度的比例来变化。(尽管依赖导致需要——例如,为了经济援助——但也可以引起摩擦。)

不过,这些预料中的分歧不可能在近期导致莫斯科和北平的重大分裂。这个结论以两种基本考虑为基础,其一,中苏同盟聚合因素足够牢固并能继续超过分裂因素的影响。其二,重大分裂的不利后果也许比同盟利益更重要。因为假设目前紧张和敌对状态在共产主义和自由世界间持续多年地出现,那么除了为维持同盟的目的去解决它们的分歧外,莫斯科和北平似乎没有令人满意的选择。

尽管这是一般的结论,但是在不久的将来可能出现的分歧将具有重大意义,因为它们能影响两个合作伙伴间的国际行为,且在以后的日子可能呈现出更大的重要性。

预见长远将来的中苏同盟的情形是不可能。如果仅仅考虑眼前影响双边关系的因素,那么关于上面提到的不久将来的同样普遍的结论一样适用于三五年之后的时期看来是可能的。不过,在这篇文章范围之外存在某些另外的因素也能长期影响中苏关系。首先就是集团国家里国内变化的问题,例如,苏联或者共产党中国国内发展进程会使现存的领导发生根本的变化或动摇现存政权的稳定,这对中苏同盟关系有重要的影响。集团中其他国家的重要危机也是同样结果。其次,清楚的是中苏关系在一定程度上受自由世界里的政治和发展的影响且这些是很大程度上不受任一个合作伙伴控制的因素。

这些难以断定的因素能影响同盟朝着聚合或分裂的方向发展,故试图对中苏同盟长远未来的前景作出任何肯定的预测都是不明智的。

戴燕君译,何妍校

国务院情报和研究署关于中苏
关系最新发展的评估报告

（1959 年 3 月 27 日）

机　密

情报和研究署的报告

中苏关系的最新发展

（1959 年 3 月 27 日）

由研究中苏集团的研究与分析办公室所作

这是一份情报报告，不是一份政府政策的声明。

这份报告建立在 1959 年 3 月 27 日之前可用的信息的基础上。

导　　言

自从 1958 年 9 月 15 日第 7800 号情报报告——《中苏同盟的分裂及聚合因素》发布以来，发生了许多新情况，特别是中国人的公社计划的开始实施——这一事件给中苏关系造成了影响，或者说与中苏关系密切相关。本篇报告就是在上述报告所作的结论和预测的背景下来分析这些新情况的，因此它是前一报告的继续而不是对它的更全面的修正。它应结合上述报告来理解。

虽然台湾海峡危机——这一显示中苏同盟的一致性在近期达到顶点的标志性事件，按照其发生的时间顺序延伸到了本研究所涵盖的期间，但这里并不包括这一事件，因为该事件对中苏同盟造成的影响主要体现在第 7800 号情报报告和更专门的第 7812 号情报报告中，即 1958 年 9 月 29 日发布的报告——《台湾海峡危机：苏联的声明与宣传处理》。

概　　要

自 1958 年 9 月第 7800 号情报报告——《中苏同盟的分裂及聚合因素》撰写以来，事情的进展表明，该报告的主要结论并未发生变化：中苏同盟的显著特征是，以共同的意识形态为基础的牢固的利益共同体，北平在经济和军事上对莫斯科的依赖，同盟给双方带来的政治上的好处,以及同盟破裂给双方带来的战略损失。最近发生的诸如北平获得核潜力等事件,并不存在改变同盟力量平衡的迹象,尽管这一事件在不远的将来会改变中苏关系的战略基础,特别是北平的军事-经济附属国地位。

1958年,苏联的外交政策渐趋强硬,这在苏联共产党第二十一次全国代表大会上得到进一步确认。这种变化促使苏联采取一种北平支持的政策,苏联由此缩小了这两个大国在这一领域的差距。显然北平在评估西方的实力方面仍然有点不如苏联那样现实。然而,双方在对南斯拉夫、伊拉克和阿拉伯联合共和国奉行的政策方面看来似乎是一致的。在柏林问题上,北平完全支持苏联的立场。

2月,新的经济协定和年度贸易协定的签订表明,最近几年,中苏经济关系的一般特征并没有发生实质性的变化。一些观点上的重大分歧仍继续存在,但是没有比先前更明显的迹象表明这些分歧将给同盟带来严重的问题。来自苏联和该集团的进口将继续成为中共"二五"计划的极其重要的组成部分。

北平开创的公社制度——这一影响中苏关系的重要进展——导致了这两个共产党大国之间的严重分歧,这种分歧丝毫不逊于最近几年双方的任何分歧。起初,中国人宣称,公社制度与苏联某些基本对内政策,特别是赫鲁晓夫保留的集体农庄制度并继续强调物质刺激和货币经济(作为走向共产主义集体所有制的最终目标的一个必要的过渡阶段)是截然相反的。如果不加以限定,北平将公社运动置于其中的理论框架,有可能挑战莫斯科的理论权威地位,并鼓励集团的其他成员同样走向独立。公社运动也包含如下的寓意:在通往共产主义的道路上,共产党中国比苏联更"进步"。

第二十一次党代表大会的意识形态论述中对公社问题的阐述表明,莫斯科间接地对北平进行了指责,而且重申"传统"学说以及苏联在建设共产主义方面至高无上的地位。根据莫斯科的反对理由,北平修正了自己的做法。最近有几个迹象表明,莫斯科对于(修正了的)公社运动持一种有限的赞成态度,视其为一种适合中共的特殊需要的制度。这样,至少到目前,这两个大国在这个问题上似乎已经达成了暂时的妥协。然而,莫斯科和北平之间的根本分歧是在农业组织、公社运动方面依然各走各的路,这决定着各自今后的发展,也许继续成为同盟不和的原因。另外,毛在12月宣布,他打算更多地专心致力于诸如公社问题这样的理论工作,这更促成了北平作为又一个意识形态中心的出现。

引起摩擦的可能原因之一是在外蒙古的莫洛托夫和中共领导人之间存在的所谓的"联系"。此事可能与莫斯科未能按计划重新委派莫洛托夫去海牙作大使有关。

作为1954年日内瓦会议的联合主席,莫斯科支持联合王国;莫斯科赞成国际控制委员会因老挝问题而在12月休会,而此时河内和北平正要求该委员会重新开会以调查由他们提出的关于违反《日内瓦协议》的指控。这其中存在着令人费解的矛盾。莫斯科稍晚些时候支持在3月召开会议,但对北平-河内反对老挝的宣传活动并未表示出丝毫的支持。

尽管北平支持莫斯科的禁止核试验计划,支持赫鲁晓夫在第二十一次党代表大会上重申的关于亚洲无核区的呼吁,但有关核武器的潜在的分歧依然存在。当前的关于禁止核试验的谈判使问题更加严峻,因为任何有关真正禁止核试验协定的期待都将会使北平更加引人注目,并使莫斯科直接面对两难的选择:是帮助还是阻止中国进入核俱乐部。毫无疑问,莫斯科此时更倾向于不向北平提供核武器。

苏联 3 月 2 日就柏林和德国问题向中华人民共和国发出的照会以及中国 3 月 17 日所做的答复,其用语的不同也许反映了中共对中华人民共和国参与国际会议的敏感程度。

一、近期政策上的和谐与冲突

最近 6 个月发生的事情并未改变先前的结论:中苏同盟的显著特征是团结与合作,如果不是密切协作的话。然而,事情的发展同样支持如下的观点:这两个伙伴之间的分歧在强度和频率上可能有增长的趋向。

期间利害的关键就是北平的公社计划给与莫斯科的关系带来了不和谐的影响。苏联在台湾危机中显示出与北平空前团结,随之而来的则是就中国国内政策发生的分歧(也许与同盟已经遭遇的任何分歧一样严重),说明中苏关系具有不可预知性。

(一) 和谐的迹象

公社问题的戏剧性特征并没有使最近莫斯科-北平关系的主要轮廓变得模糊不清。已经发生的几件事情使莫斯科和北平之间利益上的基本一致得到了进一步的强化。近期,经第二十一次党代表大会确认的莫斯科集团及其对外政策的渐趋强硬,是在向北平的观点接近,因此有可能导致这两个伙伴在这一领域观点更加一致。莫斯科和北平都对那时集团的力量以及带有侵略性的对外政策的效用表现出一种明显的充满信心的估价。

在众多其他事情中,北平承诺在面对来自西方进攻的事件上对东德予以"全力支持",这是在 1959 年 1 月 22~29 日东德总理格罗提渥(Grotewohl)访华期间作出的保证。北平的这种做法是对赫鲁晓夫在柏林问题上挑战西方的一种支持。最近其他关于苏联比较强硬的外交路线的证据——例如向日本岸信介政府进一步施压,在东欧卫星国推行反对修正主义政策以及反对铁托,所以这一切都被认为是得到了北平的支持。几乎没有证据表明苏联强硬路线的程度;而这种证据代表着中共对集团政策影响力的加强。

根据第二十一次党代表大会对南斯拉夫人发起的新一轮集团攻击的主旨判断,莫斯科和北平关于这个问题的观点实际上是完全一致的。显然,这场新的反对南斯拉夫"修正主义"的战斗至少部分是由铁托 12 月 1 日至 3 月 6 日对若干非洲和亚洲国家的访问引发的。访问期间,铁托与亚非领导人一道宣传他关于不结盟国家在缓和世界紧张局势方面的作用的有关主张,并且,据报道,他还就经济上过度依赖莫斯科和北平所带来的危险向这些国家发出了警告。莫斯科和北平都就此事谴责铁托是"帝国主义的工具",并且通过宣传努力使他在亚非国家中丧失信誉。1 月 27 日,赫鲁晓夫在党代会开幕词中对南斯拉夫进行了强烈的谴责,他的讲话可以视为暗地里号召南共推翻铁托的领导;后来的一位发言者米西迪诺夫

(Mikhidinov)就帮助帝国主义在亚非国家进行颠覆活动并背叛无产阶级国际主义而指控南斯拉夫"修正主义者"时，没有像某些北平来的人那样使用最尖刻的语言。莫斯科和北平都对南斯拉夫作为巴尔干协定成员国的身份进行了严厉谴责。3月18日北平向南斯拉夫大使发表"严重抗议"，反对铁托3月7日关于周恩来要求印度尼西亚给予铁托不友好接待的言论，并指控他"恶意诽谤"苏联、中共和其他国家。

过去的6个月也证明了中苏经济上一致这个论断。此外，虽然公社问题是一种负面的征兆，而且也许会继续困扰莫斯科与北平的关系，但这两个大国都愿意并且能够消除他们在这个问题上的分歧（在很大程度上要通过中国人的让步来实现），因此该问题就不再成为中苏不和的一种半公开的证明。

（二）冲突的迹象

另一方面，除了围绕着公社运动发生的争执，同盟中仍然存在摩擦与不和的迹象。在此介绍一下，8月3日关于赫鲁晓夫与毛泽东在北平会谈的公报是值得注意的，两位领导人均保证双方将"继续尽全力发展多方面的合作"。自那时以来发生的事情表明，尽管北平在集团事务上的影响也许会继续上升，但对于那些有可能影响共同利益的特定政策的磋商与协调仍然为双方关系的改善留下了空间。比如说，如果存在诸如中国在政策上与莫斯科的密切协调或者就较大的理论问题上的"兄弟般的"讨论，甚至允许计划上的某些自主性的话，那么，人们就很难弄明白公社问题的发展前景。再如，据报道，毛泽东抱怨只是在米高扬访美的前夕他才获悉这一消息。假如是这样的话，这也许是赫鲁晓夫刻意地提醒北平：政策上的合作是有来有往的。

（中苏间）似乎缺乏政策协调的一个奇特的例子是，苏联在1959年1月31日给英国的信中承认关于老挝的国际控制委员会（ICC）将无限期休会，英国和苏联在1954年关于印度支那问题的日内瓦会议上共同作为联合主席。北平呼吁国际控制委员会复会，以调查老挝对共产主义者违反边界以及其他的违约事件。虽然莫斯科晚些时候，即在3月25日的外交部声明中对呼吁恢复国际控制委员会予以支持，但它却是一贯地贬低老挝地区所发生的事情的重要性，这与越南和中共进行的反对老挝威胁不断增加的战役是背道而驰的。这表明莫斯科可能并不赞同后来的政策，也许其理由是它将加剧东南亚的紧张局势，这是此时莫斯科不愿意看到的。

关于核武器问题的潜在分歧仍然继续存在。北平获得核武器将使莫斯科孜孜以求的苏联在裁军领域的目标进一步复杂化。此外，莫斯科将从根本上对北平拥有核武器是否是明智之举产生严重怀疑。这将趋向于更加削弱苏联作为该集团卓尔不群的大国的地位，并将苏联卷入到由中共所引发的危险的军事冒险之中。另一方面，北平无可置疑地赞同拥有这种现代化武器是强国的身份象征这一观点。

获得关于这一问题的资料自然是困难的。北平对莫斯科所从事的禁止核试验活动予以强烈支持，以及对赫鲁晓夫在第二十一次党代表大会上重申的亚洲无核区的倡议表现出的远不止于最低限度的支持,这些事实似乎都证明矛盾是不存在的。另一方面,1958 年 5 月,北平的外交部长陈毅对西德记者说,"中国目前没有核武器,但是将来我们会有",又说,如果美国要在亚洲驻扎远程轰炸机,那么北平将不得不研究中国拥有核武器的必要性。(北平发言人最近关于 3 月日本社会党代表团来访的声明,清楚地表明了当时中共还没有核武器。)苏联关注这一前景的可能线索是存在的。一位苏联的演讲人在对一位莫斯科的听众谈到陈毅的接见时援引了他所说的如果"美国向日本提供核武器",中共就将努力获得类似的武器。米高扬在访美期间曾说过,把中共纳入裁军协定是有利的,因为这将对核武器向中国的扩张形成遏制。他的说法是可信的。

在关于核武器问题上,无论这两个共产主义大国过去是否存在摩擦,显而易见的是,当前关于禁止核试验的谈判(这仍将是苏联政策的目标)已经使这个问题变得更加现实和敏感。假设莫斯科和北平比照禁止核试验生效的时间已经预先拟定了计划,那么这两个大国就必须根据可能性面对如下的选择:(1)模糊地给予中共核俱乐部的非会员国身份;(2)苏联帮助中国在禁核试验生效(尤其是法国进行成功的试验)之前进行最初的核爆炸;(3)中国在稍后违反普遍的禁止核试验协定的情况下进行核试验(在或不在苏联的帮助下);或者(4)苏联同意向北平提供技术秘密或者是核武器成品或者两者兼而有之。除第一种情况外(北平将不会同意),莫斯科对其他这些选择都会感到反感。但是北平也许会坚持,或已经坚持这样的观点:它同意在禁止核试验(必须确保有效履行)条件下进行合作,作为交换,莫斯科应该在获取核能力方面进行援助。不知面对如此压力苏联将做何反应。尽管莫斯科几乎肯定不愿意向北平提供核武器,但却把上述选择视为满足要求的最佳途径,同时也是控制可能存在的中共使用核武器的最佳途径。

也有一些迹象表明中共对参加国际会议这一问题比较敏感。在去年 8~9 月中东危机发生之时,曾有这样一些推测:毛说服赫鲁晓夫(在当时双方会谈期间)放弃在联合国安理会的"框架"下召集关于危机峰会的计划,重新考虑苏联最初关于召开特别紧急联大会议的建议。虽然毛的观点对苏联的决定可能并不具有决定性的影响(苏联自身有充分的理由反对采用由美国提议的成员国政府首脑出席的安理会特别会议这一模式),但在决策过程中他的观点起了作用还是十分有可能的。关于这一点,值得关注的是,会后苏联的宣传媒体相当专注于中共对一般性问题的认识。

最近人们看到了更多的关于北平可能对参加国际会议比较敏感的迹象。事实上,在回应苏联 3 月 2 日关于德国和柏林问题的照会方面,中共是集团内唯一的背离苏联关于峰会的议事规则的国家。3 月 19 日北平在给苏联的复照中指出,苏联的照会"建议召开峰会……讨论德国和西柏林问题的和平条约"。看起来这是对莫斯科的最高议事规则的故意曲解,苏联呼吁通过谈判解决德国和平条约问题和柏林问题,也要考虑"确保欧洲安全与裁军等相关问题……"。因此,北平背离莫斯科的观点是希望澄清如下观点:没有被邀请参加专门处理德国问题的峰会并不丢人。如果正确,这一观点的必然结果是:中共对不允许参加处理裁军的一般性问题的峰会表示异议,因为这直接关系到中共的利益。

下述部分将更加详细分析过去 6 个月里中苏同盟的主要进展，即：公社运动、苏联共产党第二十一次代表大会以及中苏经济关系。

二、关于公社问题的分歧

自去年夏天台湾危机以来，到目前为止，中苏关系中最重要的进展就是北平根据人民公社计划进行的激进的农村改组。自 1956～1957 年两国围绕着莫斯科的非斯大林化运动、对附属国的政策和北平的"百花齐放"方针引发的意识形态分歧发生以来，还没有哪个事件在有关中苏分歧上引起如此的猜测。

（一）争论的基础

公社计划也许是确定两国由于对有关国内发展方面存在分歧所导致的同盟关系紧张的一个最好例证。在努力处理那些远比苏联要多得多的国内问题方面，北平，更明确地说是毛，采取了一种全新的和激进的国内政策，从表现来看，该政策是对已经确立的苏联经济政策和实践的一种严重偏离。这种处理问题的极端做法可能更多的是由于中国共产主义革命还不成熟以及它所具有的激进主义的传统。

公社运动的揭幕大约开始于 8 月中旬，虽然其前身可能更早一些。① 根据该运动，中共迅速地将 1.25 亿多农民家庭改编成"人民公社"，这一定会对每个个人及国家的活动产生严重冲击。不知道莫斯科提前多久得到了关于此事的通知，或者中共在多大程度上清楚地预见了公社计划的发展方式。赫鲁晓夫 7 月 31 日至 8 月 3 日对北平的访问是在 8 月 29 日第一届中国共产党中央委员会通过关于公社决议的几个星期之前。

公社计划企图达到多重目标，在经济领域就是更充分地动员和更灵活地使用中国丰富的人力资源。在意识形态上，公社已经被中共描绘成为将来的共产主义社会的基本单位和实现共产主义的基本组织形式。在社会学上，公社旨在消灭私有制和传统的家庭制度，建立公共生活。在政治上，它将构成相应级别的政府行政部门。它还包含了大规模的分散化的军事运动，是不大可能在现代战争状态下崩溃的自给自足的单位。

中国共产党中央委员会 8 月 29 日的决议对公社计划作了第一次权威的理论阐述，1958年 9 月 10 日被公开发表。毛泽东在关于公社的阐述方面发挥了主要作用。

决议的关键部分写道：

……人民公社将是建成社会主义和逐步向共产主义过渡的最好的组织形式，它将发展成为未来共产主义社会的基层单位。……建立人民公社首先是为了加快社会主义建设的速度，而建设社会主义是为了过渡到共产主义积极地作好准备。看来，共产主义在我国的实

---

① 原注：参见 1959 年 1 月 16 日第 7922 号情报报告《北平的公社计划》。

现，已经不是什么遥远将来的事情了，我们应该积极地运用人民公社的形式，摸索出一条过渡到共产主义的具体途径。

（二）苏联负面回应的根据

苏联方面关于公社的强烈的负面回应变得越来越明显，几乎是与中国的运动的聚集速度直接对应的。[①] 这首先表现在莫斯科对这一问题的事实上的沉默，这种沉默在许多场合尤其引人注目，例如 10 月 1 日中国的国庆日，在这个时候对这样一个重大的进展给予某些正面的认可在逻辑上也许是恰当的。当莫斯科确实关注公社时，则一以贯之地进行贬低，视其为一种实用主义的新生事物，对中共宣称的公社与实现共产主义之间的意识形态上的联系并不认可。

1958 年 11 月 12 日，莫斯科在赫鲁晓夫提出的关于苏联新的七年计划中首次对中国人围绕着正在进行的公社运动所进行的大肆宣扬和推行的某些政策中所反映出的理论上的变化无常进行了官方的驳斥。该文件对苏联在向共产主义迈进中的首要地位予以强烈肯定——它宣称苏联正进入一个向共产主义过渡的新阶段，其物质基础将在 15 年内实现；显然，如果不是有意的话，这等于是部分地抑制了北平的远大的意识形态主张。该文还对北平正在倡导的某些与公社制度相关的政策进行了不点名的批评。这构成了莫斯科在实践上反对北平的公社制度的核心内容。

（三）莫斯科对公社的消极观点的基本因素

北平执行的与公社相关的三个具体政策同赫鲁晓夫在第二十一次党代表大会上重申的国内政策是背道而驰的，这就是：关于农业组织中集体农庄的作用、经济建设中激励机制的作用和货币经济的必要性。

正如 8 月 29 日的决议中讲到的那样，北平认为农业组织的集体农场合作形式是一种过渡形式，它将让位于"全民所有制"，实质上是国家所有制。虽然苏联的政策也把集体农场视为向国家所有制的一种渐变，但它主张在社会主义发展的现阶段要强化集体所有制。关于激励机制，根据工资分配制度与许多基本的商品和服务的免费供给相结合的政策，北平宣称已经将共产主义的"各取所需"的分配原则部分地引入到了许多公社中，至少它的一位著名发言人表示，与这种"供给制度"相适应，有迹象表明人的本质的演进发生了巨大的变化。赫鲁晓夫在报告的这一段表达了他的强烈的异议：

……在公共产品增长过程中，马克思列宁主义的创始人强调全体劳动者的物质利益原则的重要性，因为丰富的产品的生产将为向共产主义过渡提供保证。在当时，他们对分配的平均化持批评态度……按需分配只能在共产主义的最高阶段才能实现。

赫鲁晓夫用如下的措辞重申了在前共产主义阶段货币经济和经济管理中"传统的"成本

---

① 原注：参见 1959 年 1 月 14 日 IR 7920"苏联与东欧对中国人的公社的反应"。

核算方法的必要性："如果没有对商品生产成本的深入和全面的分析，如果不'根据卢布进行控制'"——这显然同公社政策中的某些"乌托邦"的做法极为相似，"我们就不能继续对经济进行管理"。

除了对中国的情况也许会鼓励卫星国在国内政策上采取类似的独立做法表示了可能的关注外，莫斯科毋庸置疑地也对公社实验中所暗含的对其意识形态领导地位的挑战做出了反应——在向"共产主义"前进的过程中，中共正在超越苏联。显然，莫斯科对下面的观点是持异议的：北平似乎主张在公社中它已经对马克思列宁主义进行了新的发展，据此就能够"跃进"到共产主义，这将缩短建立物质和精神基础的漫长过程；而传统的理论认为这个漫长的过程的存在是向共产主义过渡的前提条件。1958 年的《苏联政治词典》指出，"向共产主义过渡的最重要条件"就是"重工业的全面发展、国民经济所有部门的电气化、生产的完全机械化和自动化"。中共远远没有达到这个要求。

有关苏联反对其盟国的这种全新的做法可能存在的其他方面也许是由于中共对苏联开创的马克思列宁主义的"杰出的实验"的蔑视，而这种地位正是苏联付出了巨大的代价才获得的。可能莫斯科更关心的是公社的实践结果，即公社计划的失败将影响中共政权的稳定性，或是公社计划的巨大成功有可能迫使苏联进入到一种"激进主义的竞赛"的模式当中。

中共试图用公社计划直接挑战莫斯科的迹象并不存在。无论莫斯科和北平之间可能发生了什么样的幕后交易，中国领导人还是捕捉到了苏联持反对意见的弦外之音。10 月末的北平官方声明已经流露出了中共缓和其过激主张的迹象，此后，中国采取措施似乎是努力在那些对苏联似乎是最敏感的一些问题上做出让步。这在 1958 年 12 月 10 日新的中共中央委员会关于公社问题的决议中有正式的表述。

北平所采取的方针在很大程度上是出于其与莫斯科关系的考虑，这一点在 12 月 10 日中共中央委员会通过的另外一篇"关于人民公社的若干问题的决议"中得到了证实。该决议于 12 月 18 日发表。虽然几乎可以肯定，决议的出台主要是出于国内方面的原因，但决议强调一种较为保守的意识形态方法，恰恰是在上文谈到的那些莫斯科比较敏感的领域提倡稳健的实践。决议有力地延缓了不切实际的社会改革方案，由于注重强调渐进主义，并有了一个在中国至少 20 年实现共产主义这样一个含蓄的时间表，从而放弃了初期那种向共产主义过渡的极端主张。

至少是在策略层面上，决议认可了北平在有关激励机制和生产的实际问题上的退却，而这在目前与莫斯科的最直接的冲突中似乎是排在最前面的。决议把企图"过早地否定按劳分配的原则"称为"空想"，并宣布，"按劳分配的工资部分，在长时期内，必须占有重要地位"。虽然决议肯定工资制和供给制相结合体现了"共产主义的萌芽"，但这种形式在本质上被说成是社会主义的。在经济和商品生产方面，决议也采取了策略上的退却。

然而，这次中共从发起公社时所采取的比较极端的立场退回到适度的状态，尽管这种做法有可能更有助于减缓由公社问题引起的北平与莫斯科之间当前的紧张状态，但 12 月 10 日的决议并没有消除，而且在某些情况下更加强了今后更长时期双方分歧的基本潜力。

就像 8 月 29 日的决议所说的那样,关于农村公社运动的构想和目标,目前的决议并没有做出重要的本质上的改变,称它是"正确的,具有历史意义的"。其言外之意仍然没有改变,即:中共首先是充满活力的,毛和中国领导人不仅"创造性地运用"马克思列宁主义,而且还对之进行"革新"。

1958 年 12 月赫鲁晓夫在会见参议员汉弗莱(Humphrey)时表示了对公社的蔑视,他说道,这个制度苏联曾尝试过,因为行不通放弃了。米高扬在 1 月访问美国期间在公开讲话中也表示了同样的观点。尽管后来赫鲁晓夫否认他曾经以这样的方式对一个资本家吐露真情,但毫无疑问,他的讲话至少直观地表露了赫鲁晓夫的不满。到第二十一次党代表大会时他的观点在某些程度上仍在发挥影响。

三、第二十一次党代表大会对中苏关系的意义[①]

在苏联第二十一次党代表大会(1 月 27 日至 2 月 5 日)以及 2 月 14 日的中苏同盟条约周年纪念活动中,莫斯科和北平都在通过公开表现出的团结来弥补双方在公社问题上的分歧。联系到 2 月签署的新的经济协定(下面要谈到)强调的苏联对中华人民共和国的"无私援助",这种友好的图景得到了进一步的支持。值得注意的是,双方都多次否认两党之间存在任何"分歧",这暴露了问题的敏感性。双方都一致对南斯拉夫进行谴责也给人造成了一种"错觉"。赫鲁晓夫在党代会之前在公开讲话中否认分歧这一事实也许是他关注有关这种分歧的报告的海外影响的一个举措。

(一) 大会上的公社问题

虽然苏联的代表大会主要关注的是国内政策——支持新的七年计划——但在会议进行过程中公社问题也有一些影响,尽管除了周恩来没有人明确地提到这个问题。尽管会议被宣布为是"共产主义建设者大会",但赫鲁晓夫却以此来重申苏联共产党在整个共产主义世界的至高无上的领导地位和理论权威。会议在维护莫斯科正在构建的反对某些与中共的公社计划相关的理论观点上达到了顶点。如果不是事先计划好的话,赫鲁晓夫在大会上所作的公开讲话的有关理论部分强化了对中国人的主张的不点名的指责,而中国人的主张是包含在较早的苏联领导人关于七年计划的"论点"中的。其观点为共产党的理论学说画了一条线,从正面来讲,可以将其视为苏联针对公社所表现出的愤愤不平的纲目:

1. 共产主义没有捷径。它必须经过一个"不能有意违反或超越的自然的历史过程"。

2. 在实现向共产主义过渡的想法之前,必须实现高度的工业化和消费品的极大丰富。

3. 在"社会主义"阶段,为实现上述条件,物质刺激是必不可少的。没有物质刺激既不能建设社会主义,也不能建设共产主义。

---

① 原注:参见即将发表的 IR 7983。

4. 为发展农业，集体农庄合作的农业组织形式"可以继续在长时期发挥作用"。

然而，赫鲁晓夫也对中国人做了可能的理论上的让步。斯捷潘尼扬（Ts. A. Stepanysan）在苏联理论刊物《哲学问题》①上阐述了欧洲将比亚洲的社会主义国家提前进入共产主义的观点。与他的观点相反，赫鲁晓夫宣称，最初的差别将随着时间的发展而逐渐趋同，所有国家将"或多或少在同时到达共产主义社会的最高阶段"。（1958年4月赫鲁晓夫在出访匈牙利期间，在谈到苏联的"兄弟般的"援助以驳斥苏联剥削其卫星国的指控时第一次阐述了这种观点。）这种提法由于在向共产主义迈进过程中欧洲人的"差异"，将在较大的范围上与中共的期望相一致，而且将不再强调关于谁首先实现共产主义这个竞争元素。

最近赫鲁晓夫终于接受了公社，甚至视其为纯粹的中国共产党人的东西，无论如何，在他关于"建设社会主义的方法和实践问题是每个独立国家的内部问题，我们不会就工人委员会的构成同南斯拉夫领导人发生争执"的讲话中可以看出他的间接的赞同态度。

五天后苏联驻北平大使尤金的讲话使赫鲁晓夫的观点表现得更加直截了当，他强调在许多事情上苏联"杰出经验"的义不容辞的特征。（据回忆，赫鲁晓夫在与参议员汉弗莱谈到他瞧不起公社，其暗含的意思是，中国共产党人通过尝试因为行不通已经被苏联抛弃的政策，这么做是有意忽视苏联的经验。）

现在所有想弄明白什么是共产主义的人，除了要研究马克思列宁主义经典作家的著作以外，必须研究第二十一次党代表大会的文件。赫鲁晓夫关于向共产主义过渡的讲话迫使所有的科学家、哲学家、经济学家及其他人认真研究社会的经济、文化和政治生活，以便及时理解这一伟大进程中所出现的新现象。

还要指出的是，身为来自北平的大使，尤金甚至没有提到中国最近的主要事件——公社的建立。在他的讲话中，他甚至采用了一个不太合适的婉转的措辞——"农民团体的社会主义转变"。

北平的宣传媒体在强调中国与苏联的团结统一和苏联在阵营中的领导地位这类"安全"话题的同时，通常避免对赫鲁晓夫在代表大会上所作的理论阐述做出新的评论。他的关于同时过渡到社会主义的观点在2月16日的中国共产党的理论刊物《红旗》杂志的一篇对代表大会的综合社论中被特别指出为是"创造性的"。但是三天后《人民日报》首次刊登了一篇斯捷潘尼扬发表在《哲学问题》上的与其观点针锋相对的文章的摘要而没有评论，这也许表明"同时"的观点仍然是有争议的。

1月28日周恩来在代表大会上的讲话并未大肆宣扬中共的成就，并未坚持中国共产党给予公社计划的"高度评价"。可是，他的讲话比以往都更加准确地暗示了中国人的观点：北平将不会把公社宣传成为针对集团内的其他国家的一个样板。这就使他的讲话呈现出一种意味深长的安抚姿态。周声称公社是"在中国的条件下发展社会主义的最好形式，对中国农村地区而言的最好形式……，对中国来说是在中国从社会主义过渡到共产主义的最好形

---

① 原注：1958年11月第10期。

式"。然而,由于继续坚持在马克思列宁主义框架下以中国的条件为基础走"奔向社会主义的中国的道路",这种"让步"也包含了相反的含义。

有一些迹象表明自从党代表大会以来,莫斯科准备根据周提出的方针给予公社运动(修正了的)以有限的认可。例如,莫斯科的2月22日的一次公开演讲中说,由于根据中国的特殊情况在运用马克思主义上表现出来的首创精神,中共将受到称赞;其他的共产党必须认识到在靠近中国共产党的过程中,试验是必不可少的;公社是被计划来克服中国城乡之间的巨大的差距的。

实际上,北平还没有极大地改变其公社政策的实质。由于北平至少是在原则上向莫斯科确立并坚持(也许是唯一的人们能够获得的)的学说标准作了让步,事情暂时得到了妥协。莫斯科的观点是:公社是在自由决定的范围内根据当地的条件"创造性地运用"马克思列宁主义的现实的国内政策。(据报道,2月4日赫鲁晓夫对一名西方的外交官讲到,在公社问题上中国人"已经作了让步"。)

到此为止,在公社这个事情上表现出了莫斯科领导地位的成功的运用。毋庸置疑,对公社问题的反应代表了苏联在北平那里所表现的强大的心理压力。北平所作的也许是为阻止破坏苏联领导下的同盟或集团的纪律所注定要进行的必要的调整,维护苏联的领导地位仍然是毛外交政策的一个主要的原则。

赫鲁晓夫在党的代表大会的讲话承认,在同盟统一的范围内,中国人"建设社会主义的方法在许多方面不同于我们"。这也许是和人们所期望的苏联观点一样清晰的一种公开的表述,即,尽管作了某些修正,但公社仍是对苏联模式的一次重大的背离,因此会继续威胁苏联的领导地位。赫鲁晓夫在形式上限定学说的范围,是因为他认为,对中国共产党人而言,重蹈去年秋天的覆辙而不引发破坏集团和睦的危机事实上是不可能的。

(二) 大会上的其他迹象

在集团与西方的力量对比这个不是至关重要但仍值得注意的问题上,莫斯科和北平之间观点的分歧在会上似乎继续存在。虽然赫鲁晓夫在其中心议题中发展了关于相对于西方来说,苏联及其集团的力量正在增长这一思想,但他并不认为西方是脆弱的,他承认,在苏联的下一个新的七年计划期间西方将"不会停滞不前"。与此相反,周恩来在会前的讲话中则遵循北平所坚持的准则:西方"正在一天天烂下去",其绝对力量和相对力量都在迅速衰落。

也许正是因为观点上的分歧,莫斯科从来没有广为宣传毛的"纸老虎"的命题,即北平11月出版的一本涵盖毛多年著述的集子。[①]该命题及其他一些东西强烈地反映了中国人相对于"资本主义"世界而言,对"社会主义"的力量对比的一种乐观的估计。莫斯科驻北平大使中有一位杰出的理论家和中国专家,在1952年他就为《真理报》对毛的著作选编做过评论。[②]

① 原注:毛泽东:《一切帝国主义和反动派都是纸老虎》。
② 这里指第二任苏联驻华大使尤金。——编注

上述事实为莫斯科提供了一切机会来对毛的著作表示敬服，如果莫斯科愿意的话。

在第二十一次党代表大会的对外政策的表述上，还没有关于莫斯科和北平的不同的可比较的迹象，北平显然赞成"强硬路线"。至少，后者表明不会像莫斯科一样对南斯拉夫妥协。

四、领袖和党际关系的矛盾

对在中苏同盟内个人和党际关系的矛盾所造成的影响的评估是困难的，也许不应对此过于强调。很难获得这方面的直接的证明，但是，仍然是值得关注的。

（一）赫鲁晓夫与毛之间可能存在的分歧

赫鲁晓夫在与参议员汉弗莱谈话时对公社所作的轻蔑的评论也许不至令毛这个公社运动的发起人感到愤怒。最多，人们会认为中国领导人对来自集团内的成员在关乎他们利益的事情上未征得同意即采取行动感到有些敏感而已。在他们眼中，赫鲁晓夫也许违反了团结的基本原则，而这是自匈牙利叛乱以来经常强调的，也是常用来反对南斯拉夫的一个原则，那就是：兄弟式的批评是允许的，但应该在幕后用同志式的方式来讨论。赫鲁晓夫在 2 月 5 日对代表大会所作的自保的不承担责任的讲话，由于他是同参议员汉弗莱那样的人所共知的反共分子信心十足地讨论关乎中苏关系的事情，因而是"不可思议的"。如果不能至少是部分地有助于对中国人进行必要的安抚的话，似乎完全是不必要的。而后者，按照一位未经证实的中国共产党的官员 1 月 1 日的讲话，使莫斯科知道了他们反对的理由。同样的信息渠道说，在第二十一次党代表大会之后，中国人把赫鲁晓夫在 2 月 5 日的讲话视为是一次道歉。（应该注意的是，赫鲁晓夫没有否认他关于公社的具体的批评，没有提及米高扬在美国重申他的关于公社的看法。）

毛泽东在 12 月中旬召开的中共中央委员会全体会议上做出的辞去国家首脑的决定使人们再次看到了毛和赫鲁晓夫之间的可能存在的紧张关系。据一份未经证实的报道说，毛在中央委员会上曾说，他的辞职将证明"在中国没有任何个人是不可替代的"，将"抑制个人崇拜"。和当前的苏联的实践相比较，这种提法不可避免地要招致不满。据报道，毛还明确提到了赫鲁晓夫追随斯大林的"错误"，即担任政府和党的最高职务。毛所宣布的他打算通过辞去国家首脑职务以便有时间进行政策和理论研究，这也许预示着他个人威望的增加以及中共迅速成为共产主义的第二个中心，这对中苏关系而言是意味深长的。

（二）关于分歧的其他可能来源

在北平同莫斯科的关系中还有一个微妙的领域，就是前者与莫洛托夫的模糊不清的事情。莫洛托夫现在是苏联驻外蒙古的大使，他曾是 1957 年 6 月企图撤销党的第一书记赫鲁晓夫的"反党"集团的重要成员。人们把莫洛托夫和北平赞同的关于集团以及苏联的对外政策的有独到见解的观点联系在一起。据未经证实的报道，北平也曾不时地为了莫洛托夫的利益与莫斯科进行调解。与莫斯科不同,在有关蒙古的报道中,北平间歇地注意到莫洛托夫的存在,并且播发了他在 11 月 6 日发表的讲话的简短摘要。最近几个月,不同的可靠的报道表明通过中国驻乌兰巴托大使馆他同毛有着私人的联系。

1 月,苏联向海牙提议莫洛托夫为驻荷兰大使(在发生了第二十一次党代表大会上对莫洛托夫的攻击后,海牙最终拒绝接受莫洛托夫)。在回答有关莫洛托夫调任理由的询问时,苏联驻维也纳大使 1 月 20 日告诉美国记者马修斯,中国人已经设法对莫洛托夫做了太多的工作。几天后又一位使馆官员表达了同样的信息,即由于莫洛托夫在乌兰巴托所引起的特别关注,苏联和莫洛托夫都感到"尴尬",这位官员指出莫斯科认为委派莫洛托夫到集团外任职更加适合。

上面的阐述并无正当的理由断定北平正在努力进行诸如操纵苏联共产党这样的危险行为。然而,有趣的是北平坚持采用一种它明知赫鲁晓夫肯定会不满的行为模式。赫鲁晓夫在党代表大会上针对反党集团的猛烈攻击,以及党的官员杰尼索夫(G. A. Denisov)在讲话中关于反党集团的活动仍在继续的暗示,也许部分地意味着在这个问题上对北平的一个提醒。在这种关联中莫洛托夫的名字并未明确地提出来,但是党的主席团成员库西宁(Kuusinen)在讲话中嘲笑他是个"假冒的理论家"。

有个奇怪的题外话就是前云南军阀龙云(Lung Yun)在 12 月 2 日被选进一个小反对党——国民党革命委员会中央委员会。由于在 1957 年年中中国的"百花齐放"运动刚刚起步时恶意地攻击苏联以及其他一些事情,在 1959 年年初龙云被撤掉了这个职位和其他的任职。虽然据报道龙云在当时的声明也许是对苏联对华政策的最尖锐的公开批评,但人们并不知道他已经撤销了他的声明。

五、经 济 关 系

近来最重要的进展——2 月 7 日签订的新经济协定和 2 月 26 日签订的 1959 年年度贸易协定①——说明,最近几年建立的中苏经济关系的一般特征并没有实质的变化。在过去的半年里这些关系并没有真正冲突的重大迹象。新的协定似乎预示着 1959 年和以后几年双方贸易在现在水平上的增加。虽然没有必要同苏联在这期间的工业扩张保持相同的比率。根据苏联的援助计划而增加的生产资料和服务运输——这些将远远超过苏联作为补偿而增加的军事产品、钢及其他货物,将成为至少目前 1958~1962 年五年计划期间中国工业化计划的重要部分。

2 月 26 日最终在莫斯科签署的贸易协定规定了两国贸易的种类和数量,其中还包括中国为偿付苏联的"援助"的出口,规定 1959 年的贸易成交额大约为 10.8 亿美元,据估计比 1958 年上升了 25%。显然,北平将继续过去三年的优惠的贸易余额,并将继续削减对苏联

---

① 原注:参见 1959 年 2 月 27 日 IR 7958"中苏新的经济协定"。

的债务。

新的经济协定规定苏联为 78 个主要工业项目提供价值 12.5 亿美元的设备和技术服务。这不包括在此前所签订的自 1950 年以来的一系列协定中的 258 个项目的范围之内。虽然新协定根据它所涵盖的九年（1959～1967）的时间来讲似乎是吝啬的，但过去的经验和计划的要求都会使人想到在中国第二个五年计划（1958～1962）和 1967 年协定期满之日，所有这些新的苏联援助项目只是开了个头。因此，新协定也许不排除从 1963 年开始的一个时期的补充的计划安排。

由于没有涉及到贷款，北平同莫斯科经济关系中的量入为出的政策似乎没有改变。（人们知道的前一次苏联贷款是 1955 年的数额巨大的军事贷款。）无论该政策的背景怎样，最近的事情并没有迹象表明北平与莫斯科之间目前有什么问题发生。例如，根据 3 月 7 日同北越签订的技术援助协定，莫斯科向其提供了 1 亿卢布的贷款，而如果莫斯科拒绝了来自北平的贷款要求的话，给北越贷款一事几乎是不会发生的。

苏联的援助项目占北平第一个五年计划（1953～1957）期间工业总投资的 40%，都集中在重要的部门；在这些项目中苏联交付的物资占到了投资的四分之一。在中国第二个五年计划（1958～1962）期间交付的物资估计可能包括有关最初的 156 个项目的将近 6.3 亿美元的订货，还有关于剩余的 180 个项目的大约一半的订货，总计大约是 10.8 亿美元。这是第一个五年计划期间交付的这类物资的 2.6 倍。（机械和设备的总交付量的增长将会比较小，这是因为在 1956 年以前这类物资的大量交付是在经济协定范围外的。）如果在不远的将来，中共的经济发展相对下滑，在中国仍然具有较强的依赖性的情况下，它对中苏同盟也造成相应的政治影响，那么苏联的贡献将起至关重要的作用。

虽然将苏联给予中国的经济待遇与苏联给予其卫星国以及诸如阿拉伯联合共和国的经济待遇进行有目的的比较最多是不严谨的，但上述迹象以及中苏经济关系的更广阔的经济背景似乎不能说明中国人在这方面强烈不满的原因。

然而，今年贸易草案谈判的拖延（差不多四个月，而去年是两个星期），加上苏联外贸部长帕托利切夫（Patolichev）向汤普森大使承认的谈判正遭遇困难，这都表明这两个伙伴之间存在着双重的利益冲突——它源于国内经济计划的竞争以及苏联同其他国家的援助和贸易协定——这导致了两国经济关系的不协调。中苏贸易关系的难点之一是中国的出口主要是对苏联的计划者来说不具有优势的农产品和消费品，其中的一些产品在当前苏联市场上似乎是供过于求。这些产品许多是由集团外的欠发达国家提供的，这些国家是苏联贸易供给的目标。作为交换，北平主要想要那些苏联为自身国内发展也需要的那类生产资料。此外，有关中苏贸易的昂贵的铁路运输费用可能会降低通过贸易取得的部分收益，使双方不得不接受不利的贸易条件，就像最近苏联人敏感地建议的，即北平在某些产品方面要价过高。

到目前为止，人们还没有看到公社对降低同盟关系的影响，虽然公社的全部经济后果还有待于评价。就不远的将来而言，如果计划在增加农田产量和限制消费方面能取得成功，由于集团内的国家反对增加生产资料的进口，北平将为增加出口而努力。因此，中苏之间主要的贸易难题将进一步恶化。

因此最近的事情证明,尽管中苏经济关系牵涉到一些大的问题,并可能是一些观点上的分歧,但是与前期相比并没有更多的迹象表明这些分歧将引发严重问题。最近的协定再次表明,无论经过怎样艰难的讨价还价,在苏联的"兄弟般的援助"的背景下,双方将会继续达成可接受的解决办法。

六、结 论

在过去的六个月里,虽然有新的迹象表明中苏同盟关系紧张以及一些小范围的关于这种紧张关系也许会随着时间的发展而加剧的评估,但这并不意味着同盟已经发生或正在发生着根本的变化,无论是恶化还是改善。无论现在或潜在的影响怎样,这些事情显然不会影响到同盟的基本实力——即由这两个大国构成的利益共同体。

关于中国的军事依赖,没有迹象表明中国最近已经获得了核潜力,无论是通过自己的努力还是取自苏联;核潜力的拥有将削弱或消除苏联针对中国的优势的其中的一个主要因素,因此将从实质上改变同盟的权力关系。

最近双方在思考他们之间的不同之处以及在面对南共在共产主义世界所造成的永久性的分裂所表现出来的毋庸置疑的真实不满方面的敏感性,说明莫斯科和北平对集团团结统一的必要性都非常重视。公社问题虽然揭示了两个共产主义大国之间分歧的来源,同时也表明,至少到现在,他们还可以为了团结而把重要的分歧放在次要地位。现在不能估量的是有关同盟分歧的长期影响。

公社体制已经为莫斯科和北平之间的关系注入了新的不确定因素。它可能造成或加剧中苏在国内政策上的差距和对两国关系的不利的政治影响,这部分取决于北平将来如何执行这个计划。

北平用诸如公社这样的"跃进"的方式给莫斯科在意识形态上施加压力的倾向,以及毛宣布他打算更多地进行理论研究,这都将促使北平成为阵营内的又一个意识形态中心,并将挫败莫斯科所处的世界共产主义领袖的地位。如果这种倾向继续的话,不但不会有助于问题的解决,反而只能是给中苏关系带来更多的问题。

张郁慧译,何妍校

香港总领事关于中-南-苏三角关系的电文

（1959 年 4 月 16 日）

中国-南斯拉夫-苏联三角

（1959 年 4 月 16 日）

发自：香港总领事

发往：华盛顿，国务院

参考：①

题目：中国-南斯拉夫-苏联三角

总　　结

在过去的两年里，南斯拉夫在中苏关系中已显得非常重要。赫鲁晓夫最近关于苏联和南斯拉夫关系以及苏联和中国关系的言论表明，1958 年中期苏联和南斯拉夫最后的分歧的基本原因，是由于后者坚持将双方学说的分歧公之于众，这是南苏关系和中苏关系中本质的区别。虽然赫鲁晓夫承认在莫斯科和北平之间也存在道路的不同，但他的言论表明，重要的是不要将他们之间的分歧公开化。换句话说，他是在保证苏联不会对诸如中国的人民公社这样的创新进行公开批评，因此，只要中国不对苏联政策提出公开批评，没有什么能够损害中苏友谊的正面形象。

赫鲁晓夫的指责称，正是南斯拉夫人在寻找中苏团结中的裂缝。对赫鲁晓夫的指责具有讽刺意味的是：在过去的六个月里，在对待南斯拉夫的问题上，中国方面比苏联方面明显地更加苛刻和强硬。这种分歧的一个原因似乎是北平对南斯拉夫代表的政治倾向和多少仍然可能存在于苏联集团内部甚至是苏联内部的政治倾向的厌恶。但是，即使这个分析是正确的——也就是说，如果北平对南斯拉夫的敌意加深了实际上是试图将苏联集团内部的思潮从赫鲁晓夫主义者的"实用主义"改变到毛泽东主义者的"理想主义"——中共在这样一个基本问题上的看法没有公开。但是应间接指出，中国人赞赏赫鲁晓夫关于不许公开分歧的声明，而且，只要中苏联盟中基本的军事和经济因素还在起作用，中国人还将继续在意识形

---

① 　原文此处有一简单表格，但字迹模糊，略去。——译注

态方面认可这个声明。

（总结结束）

目前，编织中苏联盟外衣的是一根南斯拉夫的细线，这一点已在政策和宣传的基础上被以令人吃惊的规律性重复着。赫鲁晓夫为什么会在其党代会上将其对北平的友好宣言隐藏在引用南斯拉夫的委婉的措词中？北平为什么要使苏联脱离对同样相对弱小的巴尔干国家的领导？接下来的简要的回顾表明这些问题的答案部分地存在于南斯拉夫的地位中：(1) 对莫斯科而言，作为朋友的象征，(南斯拉夫)刚刚踏出了友谊的最外围的界限；(2) 对北平而言，是某种极其不受欢迎的政治趋势的象征。

南斯拉夫：一种友谊的定义。1957 年 11 月在莫斯科的会议试图制定出一个使"社会主义阵营"保持团结的"基本法"。为了将非正统的成员团结在阵营内，会议结果的宣言没有明确这些制度可以伸缩到什么样的程度，但是赫鲁晓夫在其苏共二十一大报告中对此进行了纠正：准确描述了位于阵营外的南斯拉夫和位于阵营内的中国之间的差别。

赫鲁晓夫说，目前南斯拉夫和苏联集团意识形态斗争的原因，是南斯拉夫领导人在其计划中攻击"马克思列宁主义者在国际共产主义运动中的地位"。"同马克思列宁主义者分歧的本质特征是南斯拉夫修正主义者否认国际阶级团结的必要性，他们抛弃了工人阶级的地位。"在仔细比较了苏联同南斯拉夫的关系和苏联同中共的关系后，赫鲁晓夫断言：

尽管中国共产党在建设社会主义的方法上和我们有很多不同，但是我们在所有事情上都同这个兄弟党完全一致……为什么我们同中国共产党没有分歧呢？因为两党的阶级道路和阶级观点是一样的……主要是在对资产阶级的斗争中保持和加强阶级团结……这是将我们和修正主义者区别开来的主要原因。社会主义建设的方法和实践问题对每一个独立的国家而言是内政问题。我们没有同南斯拉夫领导人进行关于工人委员会创立以及他们国内生活其他问题的争论。

赫鲁晓夫的观点似乎很容易懂：真正妨碍维护南斯拉夫和苏联两党之间的"同志友谊"正面形象的唯一问题是南斯拉夫对苏联政策的公开批评，主要是(赫鲁晓夫的陈述中进行对比所表明的)苏联维护统一的集团的政策是与世界其他国家作对。只要南斯拉夫愿意合作来促进团结，苏联对南斯拉夫国内政策的反对将不会公开化，并且只要他们的政策没有被鼓吹来反驳苏联的榜样，南斯拉夫领导人可以继续在国内如他们所愿的那样或多或少地继续执行其政策。这大概也是赫鲁晓夫对中国的标准：只要中国人对保持苏联领导下的团结进行合作，在所有国际问题上支持苏联，并且在苏联国内政策上不使苏联领导人难堪，莫斯科将不会公开抗议北平的政策改革，并且将乐意将他们归入"建设社会主义的不同方法"这一类，而不是"通向社会主义的不同道路"。但是，这显然只是最低的标准；如果南斯拉夫要求苏联做出经济让步，他们将不得不以更高的热忱接受苏联的领导(例如 1957 年的莫斯科会议），而且，如果北平想继续享有苏联的经济和军事支持，他们同样必须不去故意否定苏联的领导地位，例如声称比苏联更接近共产主义。

对于中国的人民公社运动，苏联的领导层一定已有非常严格的限制——特别是那些似乎忽略了物质刺激重要性的方面，这是赫鲁晓夫的信念的基本要素之一——这决不会公开。虽然非常有可能的是，在随后对中共讨论人民公社的"共产主义"问题语调缓和的背后苏联还是私下表示反对，但重要的是，尽管北平为物质刺激的原则，即按劳取酬的原则，说了很多空话，实际上他们在很大的范围内显然还维持着食物和某些其他的日常所需的"免费供应"系统。因此，在某种程度上，中共声称紧跟的实际的习惯掩饰了他们理论上对赫鲁晓夫信念的这个特殊方面的忠诚，而且，他们和赫鲁晓夫都十分清楚这一点。于是，在意识形态领域内，中苏"团结"似乎基本上由一个不公开表示意见不合的协定构成。

北平对南斯拉夫的反感。如同以前报告过的（香港电讯，第624号，1959年2月18日），北平对苏共二十一大的评论显然不赞成赫鲁晓夫对南共友谊的措词，或者也不赞成他明显相信有可能将他们带回到集团内，或者至少与他们在一些问题上继续合作。正相反，中共的评论反复提到"铁托小集团"及其"对马列主义的背叛"。这是最清楚的，但绝不是第一个苏共和中共在南斯拉夫问题上出现分歧的例子。去年4～6月关于南斯拉夫共产党计划的鼓噪之后，当中国、苏联和东欧卫星国相继对南斯拉夫提出了越来越强烈的批评时，6月3日，赫鲁晓夫在保加利亚党大会上阐明了苏联对南斯拉夫的态度，这个态度或多或少到目前为止还很一般：

（1）1948年共产党和工人党情报局批评南斯拉夫的决议"基本正确"，后来是苏联主动实现了与南斯拉夫关系的正常化。

（2）但是，"匈牙利事件中南斯拉夫领导人公开的讲话和行动对社会主义事业造成了严重伤害……结果，南斯拉夫领导人这种态度使我们被迫对其观点和行动进行公开批评。"

（3）随后，在布加勒斯特达成了一个协议：南斯拉夫将参加即将到来的莫斯科会议并参加草拟一个声明草案；但是"南斯拉夫领导人从意见一致的态度中倒退了"。

（4）当继续寻求与南斯拉夫良好的关系时，"作为共产党人，我们想要的还不止这些。我们希望在党的层面上达成相互理解和合作。南共在对我们共同的阶级敌人的斗争中，有着相当多的革命经验和伟大的功绩"。

（5）不过，"我们不会使我们自己接受意识形态问题的偏离……一些南斯拉夫同志……尤其想强调中共，主张用一种特殊的方式批评他们的错误。但是试图发现批判当前修正主义中细微差别的努力是徒劳的……"

在这一点上，不管赫鲁晓夫的主张如何，苏联和中国的态度仍然多少有分歧，主要的分歧是赫鲁晓夫对于挽回南斯拉夫领导人更倾向于乐观主义，以及在用词上的分歧（中国人提到"铁托小集团"和对诸如"帝国主义应声虫"口号的过分使用）。从这时起，中国和苏联在方法上的差别，包括口头上的和行动上的，反映如下：

1958年6月18日——《人民日报》幸灾乐祸地看着伊姆雷·纳吉被处决，断言"修正主义是国际共产主义运动最危险的敌人。马克思主义者和修正主义没有一丝可以进行妥协的余地"。

1958 年 6 月 25 日——南斯拉夫驻北平大使离任回国,中共领导人拒绝接见他,并且对其告别招待会进行联合抵制。

1958 年 7 月 4 日——虽然南斯拉夫领导人由于伤害了集团的团结受到了暂时的斥责,但《真理报》的一篇文章还以相对来说赞美的调子纪念南斯拉夫游击队一次战斗的周年。

1958 年 9 月 10 日——中国刊物《学习》刊登了一篇关于吉拉斯的文章,指出他的《新阶级》这本书和南斯拉夫党的纲领"在性质上是如此相似,以至于无法区别"。

1958 年 9 月 11 日——北平宣布驻南斯拉夫大使伍修权离任。

1958 年 11 月 27 日——《真理报》在头版称赫鲁晓夫接见南斯拉夫大使并举行了会谈。

1958 年 11 月 29 日——《真理报》刊登短文,纪念南斯拉夫国庆节并回顾了南斯拉夫所取得的成就,文章"满意地"指出:"苏联和南斯拉夫联邦人民共和国在许多重大国际问题上的立场经常是一致的",并承诺苏联将继续努力发展友好关系和贸易文化联系,但是又引用了赫鲁晓夫的话,大意是苏联和其他的集团内国家将继续与修正主义作斗争,并警告即使是亲密的国家关系,也要看南斯拉夫政府是否渴望这种关系。

《真理报》报道,科兹洛夫、米高扬、葛罗米柯以及其他一些人出席了在南斯拉夫大使馆举行的招待会。

1958 年 12 月 8 日——外交部长陈毅将美国国务卿杜勒斯和铁托相提并论,并回击了他们对中国人民公社的批评,指责"铁托小集团""故意歪曲我们的人民公社"。

1958 年 12 月 9 日——《真理报》刊登赫鲁晓夫和伏罗希洛夫给铁托"同志"的祝词,在最近的南斯拉夫国庆节祝贺铁托本人以及"兄弟般的南斯拉夫人民",还表达了发展并加强苏联和南斯拉夫人民之间的友谊的愿望。(南斯拉夫新闻界也发表了来自毛泽东的简短的节日问候,但没有称铁托为同志。)

1958 年 12 月 28 日——《真理报》刊载塔斯社发自贝尔格莱德的通讯,通讯援引一位南斯拉夫官方发言人最为有利的话来评论最高苏维埃对核试验的决议。

1959 年 1 月 2 日——新华社播发了最近《红旗》杂志的一篇文章,文章攻击了南斯拉夫新闻界在台湾问题上的立场和南斯拉夫对人民公社制度的评论。《红旗》谴责"铁托小集团"是一个"帝国主义分子侵略力量的代言人",是一支"杜勒斯的爪牙",是"一只美国反动派的应声虫",是一个"叛徒小集团"。

1959 年 1 月 3 日——《真理报》发表赫鲁晓夫和伏罗希洛夫对铁托"同志"的新年祝词。

1959 年 1 月 29 日——《真理报》宣称昨天签订了 1959 年苏联—南斯拉夫贸易议定书。(按照南斯拉夫消息来源,该议定书涉及的贸易总额为 1.08 亿美元,略少于 1958 年的实际贸易额)。

1959 年 2 月 13 日——南斯拉夫新闻界报道:同中国的一个新的贸易协定(在北平的谈判正在进行)的一个原则障碍是中国人没能交付 1958 年贸易协定规定的价值 250 万美元的

货物,这几乎是中国—南斯拉夫1958年实际贸易总额的一半。南斯拉夫新闻界还声称从反对南斯拉夫的运动刚开始,北平已抵制使用南斯拉夫轮船以及南斯拉夫港口里耶卡用于装运在东欧和中欧购买的货物。

1959年3月18日——中国—南斯拉夫易货贸易协定在北平签署,协定规定双方进行价值约700万美元的货物的易货贸易。

因此北平同莫斯科的分歧不仅在于北平使用的更污秽的绰号及其批评所处的不同的基础(例如,南斯拉夫对人民公社和台湾海峡的评论),还在于其对南斯拉夫人在外交可能还有经济上的联合抵制。一些欧洲的卫星国,特别是阿尔巴尼亚,最近变得几乎和中国人一样好斗,这倒是事实;但是,阿尔巴尼亚—南斯拉夫长期的冲突历史表明,阿尔巴尼亚人可能会以中国人的范例为借口,为其自身的目的,为其背离苏联范例进行辩解。在某种程度上,东欧的任何新斯大林主义的领导人都可能如此。

问题是,为什么中国人,全体中国人都是反南斯拉夫运动的先锋呢?这有许多可能的原因,包括对铁托在亚非国家中的影响(但莫斯科可能也有影响)的不满,对苏联对铁托承诺的大笔贷款的不满,以及北平对维持国际紧张局势和严格的"集团划分"的兴趣。但是,隐藏在这些因素后面的是更根本的原因:南斯拉夫所代表的政治趋势对中国的领导地位从本质上来说是令人不愉快的:

1. 在国际上,寻求同像欧洲的社会民主党领导人般的在意识形态上落后的元素的合作(一个政策最初被赫鲁晓夫支持,只是最近遭到抛弃);

2. 在国内,允许相对独立的经济上的行动,并且严重依赖于(1)物质刺激来提高主动性,(2)财政计划来控制经济,以及(3)在农业上的放任政策来安抚农民——这些都没有对共产主义意识形态的优越性投入太多关注。

这种方法不能指望迎合在北平占优势地位的一群人,他们将自己视作集团内部革命理想主义最坚定的捍卫者。毕竟,他们是夺取政权不到10年的革命者。在建立他们的社会过程中,他们回复到了与布尔什维克主义者在其早期生涯时曾梦想过的相类似的革命创新这样一个话题,而正为人民公社制度的基本前提进行辩护的北平的宣传员声称,人民公社"符合乌托邦社会主义者和马克思列宁主义创立者的理想"。以同样的口气,《共产党宣言》(它明确提倡农业中的产业大军)经常被引用来支持人民公社。

假设北平的领导人是这种意识形态的观点,有可能他们对"实用主义者"(也就是说,那些更有可能与人性达成妥协,而不是努力改变它的人)在集团内部——包括苏联——的影响的疑惑将主要集中在南斯拉夫人身上,将其视作易受谴责的目标。他们按照与苏联不公开分歧的决议,大概赞同赫鲁晓夫恢复同南斯拉夫友好关系的计划。然而,匈牙利崩溃后,毛泽东得出结论,尽管南斯拉夫还没有被称作主要的修正主义者——在他的范畴内主要危险是修正主义,但接下来的11月能够使莫斯科会议采纳他的意见。最后,当南斯拉夫人在其党纲中直接批评莫斯科宣言中阐明的某些信仰的条款时(很明显违背了据报道的铁托和赫鲁晓夫在布加勒斯特签订的关于不公开分歧的协定),俄国人明显被迫用强硬的口气回应。

这就降低了障碍物的高度，并且对于正从事巨大的人民公社实验的中国人，可能只是过于高兴而没有抓住这个机会来发动全部的对"实用主义"支持者的进攻，这种进攻是为了在集团内部获得气氛上更深的有利于过时的共产党人"理想"的改变。

如果这个分析是正确的，表明北平已经使用了非同寻常的间接手段来加强它对一些基本问题的不同见解。这种慎重的方法表明，尽管存在与俄国人的分歧，中国人还依然密切关注着他们联盟的基本军事和经济目标。不论他们与莫斯科的分歧是什么，他们迄今仍努力避免公开争论，并且努力探查显然将继续有必要注意的尚未挑明的分歧——如同对待南斯拉夫的例子一样——来观察所描述的团结中的分歧。

致领事司主管：

哈拉尔德·雅各布森

美国领事

储峰译，何妍校

国务院情报和研究署关于赫鲁晓夫
访华加剧中苏分歧的报告

（1959 年 10 月 15 日）

IR 8128

这是一份情报报告，不是一份政府政策的陈述。

赫鲁晓夫的北平之行加深了中苏分歧

（1959 年 10 月 15 日）

苏联国家和党的领导人赫鲁晓夫在他的美国之旅返回两天后到达北平，为的是公开宣布的"庆祝"共产党中国的十周年国庆，以及如同他在美国宣称的"不是为了密谋"。但是，此行发生在两个同盟国之间的分离迹象日益增长之时。

苏联领导人在北平的 4 天逗留（从 9 月 30 日到 10 月 4 日）不仅强调了中苏分歧的存在，而且还向世人展示了一幅独一无二的他们公开争论的景象。这些分歧包括，对共产主义集团与西方斗争的确切战术的不同意见，以及苏联不赞成中国共产党的国内发展路线。当前摆在两个盟国面前的其他问题，例如与印度的关系和印度尼西亚局势，可能已秘密地讨论过，但是公开的记录没有对此的记载。

没有证据表明这些问题使得中苏联盟面临着在联盟框架内无法克服的紧张状态。两个合伙人在过去遇到相似的困难时都显示出了某种灵活性，但是同样明显的是，最近中苏共产党领导人的高级别会面没能够解决当前的分歧，或者说，如果以公开的记录作为准确的标准，他们甚至没能够朝着解决方案迈进一步。赫鲁晓夫此行的结果甚至没有发表公告，以及中共领导人毛泽东在这个重要事件中在公开场合保持沉默，这些事实更加印证了这个结论。

北平之行起源的背景

这次北平之行是赫鲁晓夫为外界所知的第三次北平之行。1954 年 10 月他带领苏联代表团来参加共产党中国五周年的庆祝活动，这段时间里将确定中苏关系的主要协定和苏联集团国家的外交政策。他还在从 1958 年 8 月 31 日至 9 月 3 日这段时间里与毛泽东举行了秘密会谈，为中共针对台湾海峡近海岛屿所采取挑衅行动做准备。

目前的这次北平之行至少从 9 月 4 日就开始计划了，此时赫鲁晓夫在莫斯科的波兰大使馆的招待会上宣布他将出席北平的十周年庆祝活动。除了赫鲁晓夫，苏联代表团还包括苏联共产党主席团成员和意识形态专家苏斯洛夫①（已先于赫鲁晓夫来到北平并露面）、苏联外交部长葛罗米柯、一个经济专家、一个我们看来爱东探西问的成员谢列平②——苏联国家安全委员会头目。③

虽然本质上主要是仪式，但赫鲁晓夫此行是在当前的局势发展对中苏关系和共产党国家集团的外交政策的意义非常重大这样一个背景下进行的。这些局势包括赫鲁晓夫的美国之行，中印关系的持续紧张，反对老挝的共产主义运动，以及公开承认共产党中国国内的挫折。非常奇怪的是，在赫鲁晓夫访问期间和访问以后没有发表重申相互依存的利益和目标的联合声明，也没有发表针对这些和其他摆在两个盟国面前的有关当前局势发展的联合声明。似乎可以得出这个结论：双方的观点差异如此巨大以至于制定一个有意义的联合声明都很困难。公众对访问的看法进一步表明这就是事实。

关于基本的外交政策目标的协定；对策略的不同意见

尽管莫斯科和北平在他们与非共产主义世界斗争中的基本政策和追求的目标毫无疑问是一致的，但是仍有证据表明存在策略上的不同意见：中共倾向于更强大的军事，而苏联倾向于在长期的实力显示中更加微妙的施加压力（必要时和可行时用武力做后盾）的方法。最近几周中苏两党对赫鲁晓夫的美国之行不一致的评价，对此反映得尤其明显。同时，这一点在赫鲁晓夫 9 月 30 日在北平的致词，以及中国外交部长陈毅在《消息报》10 月 1 日这一期的周年文章中也稍有表示。

赫鲁晓夫讲话的大意同现在标准的苏联主题相吻合：苏联集团如此强大，它没有什么好害怕的，而且，事实上，这种实力正"迫使"西方领导人认识到：共产主义集团的存在以及和平共处的需要；比起非共产党世界，社会主义国家经济发展的高速度是这两种制度斗争最终结果的决定性因素；即使是优越的社会主义制度也不能用武力强迫，但是会通过"点燃人们心中的火种"来蔓延，以及用共产主义集团的经济成功来说服新的数以亿计的人。

赫鲁晓夫对中共作为一个落后国家在发展中面临的困难表示了同情，他补充道，苏联从他们的经验中也知道这些问题。但是，回忆起苏联的十周年国庆，以及由于苏联当时作为被资本主义包围的唯一共产党国家所面临的困难，他指出共产党中国的情况是困难的，但这些困难比较容易解决，因为它是无敌的社会主义阵营中的一员，并且有"许多朋友"。

在他的讲话里，赫鲁晓夫根本没有涉及到中共的外交问题。和中共每一个公告实际上不同的是，赫鲁晓夫和任何其他苏联发言人都没有提到台湾问题。在评价他的美国之行时，这位苏联领导人宣称，艾森豪威尔总统有"相当多的人民支持"，他认识到两种制度的存在（也就是说，共产主义者胜利了），并得出结论："因此就我们来说，必须尽力排除将战争作为

---

① 米哈伊尔·安德烈耶维奇·苏斯洛夫（Mikhail Andreyevich Suslov, 1902～1982），苏联共产党和苏维埃国家、国际共产主义运动杰出的活动家，主管意识形态和宣传以及党务。——编注
② 亚历山大·尼古拉耶维奇·谢列平（Alexander Nikolayevich shelepin, 1918～1994），1958～1961 任克格勃（即苏联国家安全委员会）主席。——编注
③ 原注：代表团成员名单和行程安排见附录。

解决争论途径的可能性,而应通过协商来解决这些问题。"

赫鲁晓夫宣称社会主义阵营的实力不应"被强迫用来试验资本主义制度的稳定性,这是错误的;人民不会理解并绝不会支持"追求这种政策的家伙们,这使他上述所说的后一点更加有力。虽然这位苏联领导人同时用承认马克思主义者一直认为"解放就是战争"这个公式(这个公式可以涵盖中共对台湾的侵略或者事实上任何其他的集团的侵略)的方式缓和了他讲话的力量,但这种独特的论述仍让中共十分惊讶。

毫无疑问,赫鲁晓夫的话部分地是想在西方和美国产生某种影响。然而,苏联的观点是想为整个集团制定一个主要的政策宣言。从外在的表现看,莫斯科相信在某种情况下它能够通过协商最好地达到其目标,并倾向于贯彻这样一种政策,其背景在于正在不断增长的共产主义的军事和经济实力促进了东西方的会谈。政策中的这两个因素将促使美国方面愿意进行真诚的协商,并缓和两个集团间在各种问题上立场的敌意。而中共这个生活在半孤立的国际环境中的政权,则要与美国在台湾和远东其他地点进行生死攸关的斗争,且目前与印度和其他亚洲国家还有边界纠纷。《消息报》刊登了外交部长陈毅关于北平对这个政策为中共带来难题的立场的详细说明。

在其文章中用前半部分,陈毅评价了中共革命对世界共产主义实力的贡献,并且声明北平决心"在苏联领导下"加强共产党集团的实力。在其文章的后半部分,主要谈到了共产党中国的国际地位,陈毅强调,他的国家"已经在同美帝国主义的顽强斗争中成长起来"。他还说美国继续在世界范围内贯彻冷战政策,并对共产党中国在台湾、朝鲜和老挝问题上采取敌对政策。他特别强调美国孤立共产党中国并使之接受"两个中国"的努力是"枉费心机"。陈毅把中共外交政策描述为主要是与美"帝国主义"斗争的需要,这同赫鲁晓夫温和的改良方法有着显著的区别。

陈毅对赫鲁晓夫美国之行以及苏联领导人和美国总统艾森豪威尔发表的联合公报的评价是,美国现在不得不在解决争端中放弃使用武力并同意进行谈判。陈毅在结束时说,这一点是值得欢迎的,但是美国还没有放弃其进行侵略和战争的政策,他重申,为了缓和紧张局势,与美国的斗争仍是必需的。这两种表述表面上的重点不同,始终如一地反映在苏共和中共对赫鲁晓夫美国之行的评论上。

中苏在外交政策范围内的分歧主要是策略上的分歧,而不是目标上的,这一点似乎很清楚。同样清楚的还有,在对西方的公告中,这种分歧可能已被夸大。不过,似乎中共有可能将莫斯科强调当前有必要缓和紧张局势当作是削弱共产主义基本的概念,是过于限制他们的国际地位,是过于公开地抵触北平过去两年的外交立场。他们也有可能宁愿在国际舞台上以更强大的军事实力来减少国内的困难,并为其严厉的国内政策辩护。国际紧张局势的缓和也使得中共希望从苏联那里获得核能力和经济援助的一些要求的紧迫性得以减轻。

毫无疑问,苏共和中共领导人也讨论了当前摆在他们面前的特别的外交政策问题,尽管关于这一点公开记录中包含的证据非常少。

在中印关系问题上,特别是现在正使两国关系紧张的边界争端问题上,在 9 月 9 日代表苏联"领导集团"的塔斯社发表的声明中,莫斯科采取了空前的中立立场。很明显,莫斯科认为这个争端对苏联的利益有害,所以在北平的发言中似乎早就指出了苏联官方所采取的中立立场,即苏联的目的是缓和,并且如有可能的话,结束争端。虽然对莫斯科丝毫没有支持中共立场北平还没有表现出公然不满,但是有理由认为,中共领导人对苏联违背"无产阶级国际主义"原则心存不满。

中共的一些怨恨也可能是由于莫斯科在西藏叛乱问题上没有全力支持北平的观点。虽然苏联全力支持北平的观点,认为镇压叛乱纯属国内事务,不应该拿到国际上加以讨论,但是莫斯科没有重复中共对印度关于后者是叛乱同谋的指控。在他 9 月 28 日的致辞中,苏共主席团成员苏斯洛夫没有指名道姓地提到印度,他重申了苏联的观点:"帝国主义分子"正试图在亚非的社会主义和非社会主义的国家间散布争论——中国发言人在庆典上也继续接下去谈到这个话题。

老挝毫无疑问也是在北平讨论的一个议题。虽然苏联不想在这个国家牺牲共产主义的立场,但莫斯科还是可能已经察觉到共产主义分子在老挝活动(可能处于北平和河内的直接指导下)正在破坏苏联的缓和策略,这种活动导致在赫鲁晓夫访美前夕出现的战斗和不断增加的紧张局势。最近在老挝共产党的攻击性有所减弱,虽然一个派往老挝的联合国的实地调查委员会在某种程度上也起到了作用,但部分的可能是莫斯科及其亚洲盟国政策协调的结果。

即使莫斯科和北平之间在实际选择以及在老挝的共产党行动的策略上没有分歧,对未来计划的讨论仍是必要的。然而,赫鲁晓夫率领的代表团在北平的逗留并没有为这种讨论的本质提供直接线索;但是中共发言人强硬地重申,他们视老挝的局势发展而支持其"国内解放运动"。

在当前中苏关系中,也许最持久和基本的刺激物是莫斯科一直对中共的国内计划——人民公社不赞成。在周年庆祝活动中,中共对意识形态正统学说和人民公社的可行性的有力捍卫达到了顶点,持续时间达 1 个月,期间,莫斯科继续公开贬低人民公社,北平暗示苏联对人民公社消极的观点在中共国内的争论中也起了作用。

9 月 2 日的《苏维埃俄国》杂志发表的一篇由评论员格洛托夫(I. Glotov)撰写的文章,比今年 1 月赫鲁晓夫在苏共党代会上的观点更进了一步。赫鲁晓夫含蓄地说,集体农庄不是公社,而是通向共产主义的合适途径。格洛托夫则说,与中共的学说完全相矛盾的是,中国的公社在共产主义制度下无法存在,因为他们是一种集体所有制形式,而共产主义制度要求的则是"全民所有"(即国有制)。格洛托夫还坚持一个真正的公社的先决条件必须是共产主义按需而不是按劳分配的方式,然后他从实践和理论上对中国公社的正确性提出了挑战。

从时间上看,这个新的对公社批评,几乎与北平对中共内部的人民公社计划反对者的揭露同时发生,反对者引用了苏联立场,企图以此加强他们的立场。中共理论杂志《红旗》8 月末发表的一篇社论,为当前中共国内规划——工业发展和公社体制的"跳跃式前进"——进行辩护,并攻击选择较慢发展速度的党内右派(即保守派)。在攻击右派分子时,《红旗》批评了那些认为"每件事都有现成的'模式'，事情都可以按照'模式'去做"。"模式"指的是苏联的模式，这一点在随后的叙述中进行了说明。在随后的叙述中还指出苏联的经验应当"参考"和"研究"，但是中国的情况和苏联的不同，中国的任务是"如何将马克思列宁主义的普遍真理同中国的实际情况相结合"。

这个阐释似乎被9月1日的《云南日报》的一篇社论所证实，社论明确反对借用苏联模式作为反对人民公社的论点。社论说："仍有一些人存心不良地说，'我们要学习苏联的经验。虽然苏联在革命胜利后最初的时间里成立了公社，但他们后来则成立了集体农庄'。"同《红旗》杂志上的文章一样，社论口头赞成向苏联学习的基本原则，但坚持中国的情况是不同的，根据学习毛泽东思想，我们建立公社又对、又快、又好。

自从一年多以前开始办公社以来，公社就成了中苏争论的主题。现在，公社在中共国内政策上变成了一个有争议的问题，这使得其在中苏关系问题上更加微妙。苏斯洛夫在他9月28日的讲话中公开表示，中共将会克服"右派反对派"以及在党的领导下重整旗鼓，对此他充满信心。苏斯洛夫的讲话的目的，可能是通过支持合法当局反对任何依赖苏联获得支持的地方反对派，来使苏联从北平的国内政治中解脱出来。它还有减轻苏联对北平国内政策的批评的作用。

在周年的庆祝活动上，没有关于人民公社和共产党中国国内发展的公开争论。但是苏联演说者在处于中国"右派"攻击下的人民公社和其他经济政策问题上的沉默，以及中共领导人反复对人民公社的有力捍卫，都同样证明这个问题仍是有争论的。事实上，无需引申，苏联客人就可以将北平把"右派反对派"作为"主要危险"所进行的攻击看作是对自己的间接责备。

例如，赫鲁晓夫总结性地赞扬了中共的成功之处，但是，带着不同寻常的谦逊，他声称作为"客人"，由他来列举北平的成就并不合适；于是他避免了讨论中国国内发展问题，根据北平的说法，地方反对派称中国国内发展问题是"一团糟"。在他的致辞中，苏斯洛夫赞扬中共在农村取得的进步，但是他通过宣称1.2亿农村家庭"被牢牢地置于社会主义的发展道路上"来避免使用"公社"这一术语。

在10月份国际共产主义理论期刊《和平和社会主义问题》上由中华人民共和国主席刘少奇撰写的一篇文章和10月1日的《真理报》上由中共总书记邓小平撰写的一篇文章中，中华人民共和国在捍卫人民公社这个问题上也许显得最为有力，当然也最具权威。这些北平的领导人用公社的事实来反驳国内反对派和国外的"敌对势力"，但是实质上他们的论点反驳了特定的苏联对公社提出的批评。例如，在直接反驳上面引用过的格洛托夫的批评时，刘少奇宣称，公社"不但适合目前的社会主义集体所有制，还适合未来的社会主义全民所有制，不但适合目前的按劳分配的社会主义制度，还适合未来的按需分配的共产主义制度"。虽然刘少奇小心地将其对公社制度的辩护与共产党中国国内情况的特殊要求联系起来，但是在结束时，他宣称："一些重要的和特别的共产党中国革命的特征可能会重复出现在一些其他的国家。从这个意义上说，在某种程度上，中国的经验具有国际意义。"然后，他再次提出这样的可能性：共产党中国偏离苏联模式有可能为其他共产党国家树立一个榜样，并削弱莫斯科作为集团领导的地位——也许正是这个因素，是莫斯科一直以来拒绝接受人民公社计划的核心问题。

邓小平在《真理报》上为人民公社作了类似的辩护，他称之为"具有历史意义的运动"。此外，他还暗示，共产党中国的国内经济政策的其他方面可能已被莫斯科私下里批评过。他明确地反驳了"我们队伍中的一些人"贬低经济生产中的群众运动而妄图更依赖于技术人员。邓小平解释说，这种人员在共产党中国非常短缺，由此不得不更多地依赖政治运动来发展国内经济。邓小平继续描述了目前中华人民共和国和苏联的经济发展水平之间的非常真实的差别，苏联有足够的技术人员，因而对大规模劳动力的依赖相对较少。

这表明，苏联批评了共产党中国经济发展中的"群众运动"这个方面。虽然没有实质性的证据支持这一结论，但是，作为对共产党中国经济援助的主要来源，如果苏联共产党以怀疑的态度看待过去一年里中国经济计划（确实遇到了麻烦）中的某些方面，并且为北平提供"建议"——毛泽东公开指出莫斯科1953年就这样做过，那是不足为奇的。

中苏经济关系

至今为止，还没有关于两国经济关系讨论内容的迹象。不过，苏联代表团包括了隶属于苏联部长会议国家对外经济关系委员会的副主席伊万·阿尔希波夫（Ivan Arkhipov），这个委员会负责苏联同集团其他国家的经济关系，如此看来，经济问题似乎被讨论过。据最近的报道，中国人提出需要苏联更多的经济援助来帮助他们安全渡过在过去的一年里遇到的人民公社运动和自然灾害所导致的困难。

集团的团结和国际共产主义

庆祝活动充满了惯常的对中苏团结的肯定，但是这些颂词某种程度上又与这个场合下苏共和中共的其他言论相矛盾。在需要的时候，引用了毛泽东关于向苏联一边倒、向苏联学习、为以苏联为首的阵营团结而奋斗等更有力的一些谈话。然而，毛泽东自己在整个欢庆过程中没有公开说一句话。在他10月4日北平机场的告别讲话中，赫鲁晓夫宣称"苏中友谊建立在我们两国的根本利益的基础上"——这句话由于缺乏说服力而显得很特别。

中共领导人在评估集团和国际共产主义发展时更加脱离实际、更加好战。苏斯洛夫没有指名道姓提到南斯拉夫，他攻击了修正主义者试图在社会主义国家间，首先是苏联和中国，打入一个楔子。但是，中国发言人直接攻击南斯拉夫用"资产阶级的民族主义来反对无产阶级的国际主义"，并称1957年11月在莫斯科召开的共产党会议加强了"以苏联共产党为中心"的国家集团和国际共产主义的团结。

除了支持用"无产阶级的国际主义"反对"狭隘的民族主义"的原则外，邓小平在《真理报》上的文章还包含了一个有趣的指责："大国沙文主义"——中共在其政治局1956年12月通过的声明中用这个术语来解释苏联的缺点，认为这些缺点部分地应对那一年发生的匈牙利叛乱负责。

除了"大国沙文主义"话题的复活外，这篇恢复正统的共产主义学说的内容莫斯科都全心全意地赞同。但有趣的是，这些话题大部分不在苏联集会的范畴内，这可能是莫斯科试图待在"戴维营精神"框架内的一种做法。

毛泽东和赫鲁晓夫

很奇怪，毛泽东没有对赫鲁晓夫到来和离开的声明做出回应，但没有直接证据表明在毛泽东和赫鲁晓夫之间存在相互的憎恶。然而，苏联发言人并没有额外赞美毛泽东；典型的描述就是"中国人民伟大的儿子"。

虽然在提到毛泽东时，中共官方的讲话并非热情洋溢，但报纸上为这个场合准备的文章为他堆积了大量的赞美之词。特别是 9 月 28 日由中共候补书记刘澜涛撰写的一篇文章，称毛泽东为"当代最杰出的革命家、政治家和马克思列宁主义理论家"，这种描述令赫鲁晓夫非常恼火。

北平苏联大使的撤换

莫斯科 10 月 14 日宣布，由于安排了其他的工作，将撤换苏联驻中国大使尤金。撤换尤金引发了几种似是而非的解释，但已有的证据表明这是当前中苏关系不和谐的反映。

首先，对尤金重新委派职责的决定已经做出，但奇怪的是，在过去的十年中，他有六年担任苏联驻共产党中国大使，最后一次亮相却不是和赫鲁晓夫一起出席共产党中国十周年国庆庆典。当然，尤金可能病了，但是提及到对他未来工作的安排时，这表明他生病不是事实，或者至少没有病到不能在其调任前最后一次访问北平的程度。尤金最后被确认还在北平是在 1959 年 6 月晚些时候，当时正在签署一个在北平磋商的中苏领事协定；苏联新闻界 9 月 7 日宣布在他 60 岁生日这一天被授予列宁勋章以表彰他为苏联所做的工作。

关于中苏关系，尤金在去年的杰出表现是他的 1959 年 2 月 4 日的对苏共二十一大的讲话，当时他详细地告诉世界，也告诉中共，"每一个想理解什么是共产主义的人都必须学习马克思列宁主义经典作家的著作和苏共二十一大文献"。如果要回忆的话，那次大会一个显著的特征就是，赫鲁晓夫间接但明白无误地从意识形态和实用主义的基础上拒绝了中共的人民公社运动。

外界对于契尔沃年科（S. V. Chervonenko）这位尤金在北平大使职务的继任者知之甚少。他是乌克兰共产党中央委员会书记，在乌克兰主要分管文化和科学。任命党务工作者而不是职业外交官来出任大使职位，在共产党集团中是标准的苏联惯例。但是，任命这样一个相对不知名的、没有经验或者在党的高级领导层中没有地位的人物，表面上显得在北平这个大使职位的重要性已经降低。

结论

讨论在周年庆祝活动中非常明显的中苏分歧，并不意味着在暗示中苏联盟处于破裂的边缘，或者这个联盟将无法克服现存的问题。两个国家得益于联盟的共有的优点，如果联盟不再存在，这两个国家由此会遭受严重挫折，以及他们将非共产主义世界视为共同的敌人和被迫准备战斗，这些仍是有利于中苏团结的最需要考虑的事情。

然而，与所有其他中苏关系十年历史中的可比较的事件相比，最近事件的显著特征是分歧的公开化,完全的一致和和谐的情况不多。就像共产党员经常表明他们的信仰一样,显示和谐同和谐自身几乎一样重要,如果这是正确的,那么在北平的庆祝活动中,中苏关系遭受了挫折,一般说来,中苏关系这种新的发展,对集团关系的其他方面以及世界共产主义将会产生不利影响。

附录一

参加中华人民共和国十周年庆祝活动的苏联代表团

尼基塔·赫鲁晓夫,苏共中央委员会第一书记,苏联部长会议主席,代表团团长。

米哈伊尔·苏斯洛夫,苏共中央委员会主席团成员,到赫鲁晓夫结束其美国之行于9月30日返回加入代表团前担任代表团团长。

安德烈·葛罗米柯,苏联外交部长。

舒马别科·塔舍涅夫(Tashenev,Shumabek),苏联最高苏维埃主席团副主席。

亚历山大·谢列平,苏联部长会议国家安全委员会主席。

斯捷潘·契尔沃年科,乌克兰共产党中央委员会书记。

塔季扬娜·尼古拉耶娃(Nikolayeva,Tatyana),苏联贸易联盟中央委员会秘书长。

伊万·阿尔希波夫,苏联部长会议国家对外经济关系委员会副主席。

尤里·安德罗波夫(Andropov,Yuri),苏共中央委员会部门负责人。

附录二

苏联代表团在北平的活动时间表

9月

27日:苏斯洛夫率领苏联代表团抵达北平;中共总理周恩来及其他领导在机场迎接。

28日:苏斯洛夫在为庆祝中华人民共和国成立十周年在北平举行的盛大集会的活动中发表讲话;中华人民共和国主席刘少奇代表中国方面讲话。

30日:赫鲁晓夫由葛罗米柯和飞机设计师图波列夫(Tupolev)陪同抵达北平;毛泽东和其他中共领导官员到机场迎接;赫鲁晓夫在机场的讲话谈到了他的美国之行的作用及其为使中华人民共和国加入联合国而作出的努力;中国方面没有发表讲话。

赫鲁晓夫同毛泽东进行了"诚挚的和友好的谈话";苏斯洛夫和葛罗米柯出席;中国方面

有刘少奇、朱德和周恩来。

赫鲁晓夫在盛大的欢迎宴会上发表讲话,建议反对用战争手段来检验资本主义制度的稳定性;周恩来对赫鲁晓夫作为"和平的使者"表示欢迎。

10月

1日：举行第二次赫鲁晓夫和毛泽东之间的会谈;苏斯洛夫出席,中国方面有刘少奇、宋庆龄、董必武、朱德、周恩来和邓小平。

2日：下午举行第三次赫鲁晓夫和毛泽东之间的会谈;苏斯洛夫、葛罗米柯以及苏联在北平的临时代办安东诺夫(S. F. Andonov)出席;中国方面有刘少奇、周恩来、朱德、林彪、彭真、陈毅和王稼祥。

晚上在中国方面举行的宴会上举行第四次赫鲁晓夫和毛泽东之间的会谈。所有苏联代表团成员,包括临时代办安东诺夫出席;中国方面有刘少奇、周恩来、朱德、林彪、宋庆龄、董必武、彭真、陈毅、王稼祥和杨尚昆。

4日：早晨,赫鲁晓夫离开北平前往符拉迪沃斯托克;毛泽东送行。赫鲁晓夫的告别讲话提到苏联共产主义者要考虑他们结束冷战的责任;中方没有发表讲话。苏斯洛夫及其他苏联代表团成员于下午离开北平返回莫斯科。

MF 2524609-0837，Main Library of the University of Hong Kong

储峰译,何妍校

国务院欧洲司关于美国对
中苏关系公开评论的备忘录

（1959 年 10 月 16 日）

秘　密

备忘录
美国对中苏关系的公开评论

（1959 年 10 月 16 日）

发给： 国务卿

经由： 国务院副国务卿

G·麦钱特（Merchant）先生

M·墨菲（Murphy）先生

发自： 美国国务院欧洲司——福伊·科勒（Foy D. Kohler）

题目： 美国对中苏关系的公开评论

自从您在 10 月 6 日的记者招待会以及狄龙（Dillon）先生 10 月 7 日对远东-美国工商业委员会的讲话以后，我们注意到一个倾向：部分美国新闻工作者在美国对待苏联与共产党中国的关系中寻找变化。有一些新闻记者将您关于莫斯科为北平的行动承担一部分责任的言论解读为美国政策新的"准则"，即"部分责任的准则"。

如同在为赫鲁晓夫来访准备的政策报告中所反映的，我们相信应当敦促苏联限制共产党中国的侵略性。苏联在集团内部的突出地位，以及共产党中国对苏联不可缺少的经济、技术和军事援助的依赖，使得苏联处于一种可以影响中共政策的强势地位。如果，似乎这一点相当清楚，赫鲁晓夫希望避免卷入苏联的重大利益并未受到直接威胁的核战争，他可能会试图限制并可能已经限制北平与台湾问题有关。

尽管苏联人坚持台湾是中国内部事务，但他们显然认识到事实上这也是一个国际问题。因此，有理由假设赫鲁晓夫正寻求促使中共在和台湾有关的问题上不使用武力的原则加以贯彻（赫鲁晓夫作为共产党的领导人处于这样一种位置：不能公开把共产党中国获取对台湾控制的努力界定为一种国际的而不是国内的事务）。这个假设被赫鲁晓夫最近在北平的表现所证实而不是削弱。赢得北平对这种心照不宣的安排的接受对赫鲁晓夫而言是项艰巨的任务，因为这涉及到马克思列宁主义关于解放战争的正义性问题，而且因为这将使对共产党中国至关重要的问题服从于美苏双方关于必须避免核战争的认识。

　　只要苏联集团宣称其是一个统一体,并且由军事同盟捆绑在一起,苏联就必须为集团的其他国家的行动承担责任。我们认为,将我们这个观点予以公开一到两次是有益的。但我们必须避免过于用对一些行为负责任来指责苏联,这些行为比起他们对其他政党的控制而言,掌握难度要大。苏联当然不反对被视作集团的领导,但是如果这一点被过度强调,他们有可能会被迫对中共的行为予以公开的更大程度上的支持,而他们在某些地方,如联合国,回旋和妥协的余地就会更小。

　　欧洲建议在我们的宣传上应减少目前对中苏关系的讨论。我们应继续注意共产党中国的行为和苏联关于共存的声明之间的不一致。但是只要有理由相信苏联正在敦促北平克制,我们就不应过分强调苏联对中共行为负责任。

　　抄送：美国国务院远东事务司帕森斯(Parsons)先生

　　见附带的美国国务院远东事务司备忘录

　　见附带的国务院公共事务司备忘录

1959 年 10 月 16 日

储峰译,何妍校

马德里大使馆关于佛朗哥谈
中苏分歧发往国务院的电报

（1959 年 11 月 4 日）

DESP No. 334

秘 密

佛朗哥谈赫鲁晓夫和毛泽东之间的分歧

（1959 年 11 月 4 日）

发自：马德里大使馆

发往：华盛顿，国务院

参考：①

题目：在会见美国国会议员时佛朗哥认为赫鲁晓夫与毛泽东之间存在很深的裂痕

今天早晨，我护送国会议员埃德娜·凯利（Edna F. Kelly）和梅罗·切斯特（Chester E. Merrow，众议院外交事务委员会成员），以及国会议员利奥诺拉·沙利文（Leonora K. Sulliva，众议院银行和货币委员会成员）来到帕尔多宫对佛朗哥将军进行预约的拜会。西班牙外交办公室北美司助理官员胡安·卢戈·罗伊格（Juan Lugo Roig）爵士作为翻译参加了会见。会见的气氛宽松友好，我认为这有助于我们同西班牙的关系。

国会议员凯利对佛朗哥的稳定计划和西班牙成为欧洲经济合作组织成员表示祝贺。然后，她请求佛朗哥能否以他同共产主义打交道的伟大经历出发，给我们提供他关于世界局势的一些看法，尤其是赫鲁晓夫与毛泽东的关系。佛朗哥回答的要点如下：

他说，赫鲁晓夫不具备可以同斯大林相比的权威，但由于他在俄国控制着庞大的共产党，他仍有相当的权威。在斯大林统治时期，有两类苏联人担心他们的生命和工作：苏俄人民委员和陆空军高级将官（将军）。斯大林死后，他们决心改变这种情况。正是由于这个原因，贝利亚被除掉了，马林科夫从权势地位上被拿下，莫洛托夫以及其他一些人在主要活动中消失了。这些委员和将军们决不允许一个拥有同斯大林一样的、用来恐吓和控制的权力的继承者出现。

赫鲁晓夫然后转而粗暴地攻击斯大林，按照佛朗哥的说法，这因此永远疏远了毛泽东，毛泽东把自己视作有理论的、正统的、传统的、有进取心的共产主义的最高领导人。毛泽东

---

① 原文此处有一简单表格，但字迹模糊不清，略去。——译注

在他的讲话中继续引用斯大林。南美一个叫罗宾斯①（Robines）的共产党组织者曾说过，他在俄国研究了斯大林的理论和毛泽东的战术。

此外，佛朗哥说，俄国的共产主义有40多年的历史，因此在俄国不再像以前一样需要大规模屠杀和集中营。而另一方面，在中国，共产主义相对是新生事物，相应的更陈旧、更暴力的形式仍然需要无情地继续下去。

赫鲁晓夫在访问美国后访问中国，并受到了冷遇。毛泽东对老挝的攻击为的是故意阻挠赫鲁晓夫访问美国。毛泽东反对赫鲁晓夫所进行的新的共产主义实践，按照佛朗哥的说法，这是企图借解决一定的欧洲问题之机，通过与西方谈判进行妥协。

国会女议员凯利问，赫鲁晓夫在西方世界实践一种共产主义，而毛泽东在东半球则是不同的共产主义，最终他们将在对世界的征服的基础上会面，这是否可能不是他们计划中的一部分？佛朗哥回答道，他相信不会是这样。他认为赫鲁晓夫和毛泽东之间的裂痕很深并且是真实的。

国会议员梅罗问，对于赫鲁晓夫的威胁，佛朗哥可以给予什么样的建议。佛朗哥回答道："团结。"他还说，当然，赫鲁晓夫是个狡猾的人，应当非常小心对付他。佛朗哥说，我们不能相信共产主义分子。

大使

约翰·戴维斯·洛奇

MF 2523166－482，Main Library of the University of Hong Kong

储峰译，何妍校

---

① 原注：Robines 为音译。

驻香港总领事馆关于中苏在
意识形态方面分歧的电报

（1960 年 7 月 22 日）

秘　密

发自：香港

发往：国务卿

编号：167,7 月 22 日,下午 5 点

发报部门 168；重复信息莫斯科 10,台北 22,东京 12

　　自布加勒斯特秘密会议后,苏联持续地反对中共观点(莫斯科第 3、4 号,G－22)的行动同中共思想家的沉默成了鲜明的对比,暗示着莫斯科需要北平方面作出更为顺从的积极姿态,可能想要其公开承认北平坚持加以忽略的苏联学说的贡献。苏联中央委员会的决议以及康斯坦丁诺夫(Konstantinov)在最近一期《共产党人》杂志上的文章,似乎是苏联对中共地位的最全面的进攻,这应当被看作是对中共打算如何应对局势的真实的考验。对东西方关系不断冷却的满意,以及不与苏联关系发生持续恶化的基本着眼点,可能会促使北平对莫斯科做出某种姿态或者至少寻找一些使任何争吵限制在一定的范围内的新的联系途径。但是,很难看到北平在实际上不做彻底让步——这是北平不可能做的——的情况下,怎样能够大幅度地改变自己的观点。

　　中共意识形态的沉默可能与事实上所有中共最高领导人的整个 7 月未曾露面有关,很显然是在开会,可能正在研究中共如何应对这种情况。因此,可能发生的是争论将会非常激烈而不是完全平息。

霍姆斯(Holmes)

储峰译,何妍译

国务院情报和研究署关于中苏
分歧达到顶峰的情报报告

（1960 年 8 月 3 日）

IR 8307

机 密

这是一份情报报告，不是一份政府政策的陈述。

中苏分歧达到顶峰：达成部分妥协

（1960 年 8 月 3 日）

概　　要

中苏关于对外政策及其他问题的争论在上个月达到了顶峰；莫斯科实行了一种双重的策略，即严厉谴责中国偏向"左倾"是向苏联共产主义世界领导地位的挑战，同时使其对外政策和策略更接近于北平所赞同的路线。

6 月初，中共恢复了在 4 月发起的对苏联对外政策的做法和宣言的公开驳斥，并在 6 月 5～9 日在北平召开的世界工会联合会（WFTU）前表达了其主张。其结果是在这个重要的共产主义组织面前，两个共产主义大国公开展示了他们之间的尖锐分歧。当时，苏联的观点通常占上风，很明显，苏联对此表示严重关切，并推出了一个三步走的做法来遏制对苏联在共产主义世界的领导地位的挑战。莫斯科（1）发表了两篇官方文章，含蓄但清楚地攻击中国的主张是"左倾宗派主义"，并对共产主义运动面临的这种危险发出了警告；（2）采取某些组织措施来限制北平在共产主义运动中的影响；（3）在布加勒斯特召集共产党领袖会议，显然是为了重申其领导地位，并向中国施加压力以停止论战。

6 月 24 日布加勒斯特会议发表了由 12 个国家签署的公报，公报支持莫斯科坚持的关于苏联的理论创新的观点，这些观点也是中国人在争论中攻击的焦点——战争可以避免、和平共处、非暴力夺取政权。然而，公报中包含了某些妥协的因素，并简明扼要地指出了尚未解决的中苏分歧。除越南、北朝鲜和阿尔巴尼亚外，所有其他国家的共产党都在布加勒斯特及后来的会议的公开声明中表达了对苏联观点的支持。

自布加勒斯特会议以来，一般地讲，北平避免对苏联的对外政策进行公开批评，然而，莫斯科仍在继续宣称其有关战争可以避免等观点的正确性，并号召各国共产党继续努力同"左倾宗派主义"和"狭隘的民族主义"的背离行径作斗争。与此同时,莫斯科对西方的对外政策进入了一个新的、好战的阶段,其特征是通过支持由自由世界的共产主义力量来进行政治煽动,较少地依赖谈判,这种政策是以苏联政府所采取的强硬的核外交为后盾的。显然,赫鲁晓夫在布加勒斯特宣布或者说是"最终确定"了这种政策的转移。苏联领导人也许看到了通过使苏联对西方的政策更加贴近中国的主张来缓解正处于上升危险的中苏紧张关系所带来的明显好处,尤其是这种政策转移出于其他的理由似乎也是值得的。就目前的中苏关系来说,这种新的政策可能不是源于直接的中苏交易,而是源于莫斯科意识到这种转变将使北平更有责任来停止攻击,并将有可能削弱来自共产主义世界内部的对北平的支持。

以北平同意停止——至少是暂时——对苏联对外政策的公开批评和莫斯科新的对外政策的出台为标志,布加勒斯特会议终于使莫斯科和北平的相对立的观点部分地实现了和解。同时,这两个共产主义大国并没有解决他们在对外政策方面以及在阐述集团政策上各自的角色方面存在的根本分歧。因此,目前的和解能维持多久仍是个问题。

虽然将来中苏关系几乎可以肯定地会受到来自某方面类似的争论的困扰,虽然目前的形势并不明朗,但总体看来,在不久的将来,争论将有可能不会以激烈的形式再次出现,如果苏联坚持目前的好战路线的话。在这件事上,莫斯科和北平在不久的将来有希望通过进一步的努力来达成更加深入的和解。如果这种努力在某种程度上获得成功,其结果将有可能使中共更加坚定地有义务来停止论战和挑战苏联的领导地位,作为交换,苏联在有关中国特别希望的事情上会保证予以支持。在这种情况下,西方也许将会面对一个或几个不祥的进展,诸如在苏联的支持下中共重新对离岸岛屿采取行动。

一、背 景

(一)《红旗》杂志对苏联对外政策的抨击

4月,中共利用列宁诞辰90周年纪念日的机会间接但清楚地对赫鲁晓夫在苏联共产党第二十次代表大会上提出的作为后斯大林时期的对外政策的"新面貌"的证明的大多数理论创新进行了抨击。中共的批评包含在发表于中共的理论期刊《红旗》上的两篇文章中以及其他的一些宣言中。《红旗》杂志的文章代表了北平对苏联对外政策的方法和观点的最严肃的公开抨击,暗含着对赫鲁晓夫作为共产主义理论家的声望的侮辱性的蔑视。[①]

在经历了大约八个月——其间有许多迹象明显地表明中苏在对外政策上存在分歧——之后,这种在阐述集团的对外政策和国际共产主义战略上对莫斯科领导地位的挑战出现了。

最近收到的一份源于可靠的集团方面的报告揭示了争论初期的状况。据情报反映,波兰外交部长在2月的报告中说,在该月初的华沙条约国会议上,苏联和中国在对外政策上已经公开分裂。据报道,由东欧各国所支持的苏联对德国问题的主张是最主要的,集团应该通

---

① 原注:见1960年5月9日第8263号情报报告《中共抨击苏联对外政策的理论前提》。

过对西方进行"温和说服"的方法为解决这个问题而努力。得到"亚洲卫星国"(大概是北越和北朝鲜)支持的中共坚持认为美国是主要的和唯一的敌人,集团应该用一种不妥协的意志来对付美国。

(二)莫斯科最初的反应

毫无疑问,莫斯科对《红旗》杂志的文章以及后来北平利用这些文章所进行的宣传是强烈反对的,也许被迫用公开的方式作了回应。这些文章对赫鲁晓夫的个人声望和苏联在集团的领导地位构成了挑战。与此同时,苏联在峰会前过于直率的回应也许妨碍了苏联在高级别谈判上的努力。

可能是后一方面原因,苏联的第一次公开回应,即苏共主席团成员库西宁在4月22日列宁诞辰日的讲话相对来说是简明扼要的,并且没有进行争论。库西宁宁愿重申苏联在有关中国抨击的三个理论问题上的观点——战争可以避免、和平共处、非暴力夺取政权——的正确性。同样的观点在同时发表于莫斯科《世界经济与国际关系》杂志(1960年第5期)上的题为《社会主义外交政策的列宁主义原则》的文章中得到了详细阐述。

四个星期之后,苏联共产党的理论刊物《共产党人》(第8期,5月18日出版)上的一篇社论进行了更有针对性的和更具权威性的反驳。作为公开为最近出版的赫鲁晓夫言论集所写的一篇评论,《共产党人》杂志的这篇社论再次肯定了被中国人抨击的苏联对外政策的上述三个方面的观点。有好几次,《共产党人》杂志似乎要同中国人的观点进行直接的争论。例如,在坚决重申苏联关于战争可以避免的命题之后,《共产党人》杂志提出了反问(实际上是中国人所表达的)——"这里难道不存在使人民的警惕性变得迟钝和虚妄的希望吗?"——断然的回答是:"绝对没有。"

社论中最揭示内情的一段涉及到"战争与为社会进步而斗争之间的关系"的问题——北平无论在国内和国际上都赞成基本依靠暴力来实现革命。在承认战争产生革命(《红旗》杂志的观点)之后,《共产党人》杂志宣称,"这绝不意味着没有战争,革命就是不可能的。"社论认为"和平条件下国内的矛盾不可避免地也会导致革命",而且,无论如何,世界战争的创伤——特别是热核战争——"代价如此之高"以至于不足以补偿"工人阶级的胜利"。《共产党人》杂志断言,"在改进策略方面,共产党和工人党都要从这样的事实出发,即和平共处为社会主义带来了更多的好处,为联合资本主义国家的力量为和平、社会进步和工人阶级的最终目标而战,提供了更为有利的可能性。"

二、巴黎峰会与中苏关系

(一)苏联关于峰会的立场

在5月28日莫斯科关于流产的巴黎会议的报告中,赫鲁晓夫否认了(显然与中共的意见一致)西方的"污蔑性的谣言",即宣称"其他社会主义国家正要求苏联放弃缓和的政策"。

在进行这种不寻常的否认的同时,赫鲁晓夫在同一篇报告中重复了从前关于中共参与将来的东西方会谈及更强烈地要求(第一次是在 1959 年 10 月)西方承认中共并允许其进入联合国的建议。

尽管赫鲁晓夫予以间接的否认,但就其关于峰会策略的决心而言,中苏关系当前的紧张状态是一个发挥了重要作用的因素,虽然未必是决定性因素。中共同莫斯科关于后者对外政策的长期但隐而不露的争论在 4 月公开爆发了。虽然争论的范围比巴黎峰会问题要广泛得多,但赫鲁晓夫最初在峰会前的建议——公开赞扬总统、同意与总统进行互访以及缓和氛围的营造——却是争吵的一个重要源头。

这些情况以及避免可能与中共关系进一步恶化的愿望可能是赫鲁晓夫在权衡强调 U-2 飞机问题的利弊得失方面所重点考虑的因素。在做出决定时,赫鲁晓夫也许估计到,如果 U-2 飞机事件帮助他在峰会上打个漂亮仗,这一事件就将证明中国人对苏联对外政策方法的批评是正确的;如果峰会没能达成实质性的结果,这一事件将使他有时间和更大的灵活性来调整莫斯科同北平的关系。

(二) 北平对峰会失败的反应

5 月初北平在峰会前期的姿态是遵循着对最高级别谈判在名义上予以认可这一路线的,与之相结合的是,沿着 4 月列宁诞辰日的宣言的路线对"帝国主义",尤其是对美国的诚意的猛烈抨击。

赫鲁晓夫在 5 月 5 日对 U-2 飞机事件的揭露引出了四天后对赫鲁晓夫表示支持的《人民日报》的一篇长篇社论,社论认为该事件是挑衅性的,并再次发出了对帝国主义基本的侵略与好战本质的认识的警告,这种认识"对当前的斗争尤其具有重大的现实意义"。在随后的几天里,北平新闻界有关此事的报道大量涌现。5 月 13 日《人民日报》的一篇社论强烈地抨击艾森豪威尔总统,并再次强调美国是中共的"死敌"这个事实,中共"从来都对美帝国主义不抱任何幻想"。5 月 14 日,在接见外宾时,毛谈到他希望"某些"把总统说成是珍视和平的人"将会从这些事实中觉悟过来",对苏联和赫鲁晓夫个人表露了一种赤裸裸的讽刺。(据报道,鉴于这种说法是对赫鲁晓夫的侮辱,莫斯科向北平进行了正式抗议。)不过,毛和周恩来——后者在河内与北越总理范文同的一个联合声明中——都对峰会表示支持。

尽管上文提到官方对峰会表示支持,但当峰会似乎即将崩溃时,北平迅速进行报道和召开群众性集会,这表明它对峰会的失败是满意的。北平不失时机地提起它曾对美国对会议与和平缺乏诚意的预言,5 月 20 日《人民日报》的一篇社论自鸣得意地指出,峰会的失败"对那些从阶级分析的立场来观察国际形势的人来说并不奇怪,他们也不会被某些表面现象所误导"。结果,从 5 月 20～24 日,全中国举行了包括 5 300 万人参加的群众集会,对苏联在峰会问题上采取的立场表示支持。所有这些集会的主要议题都是"美帝国主义"对中国人民的恒久不变的、不能和解的、不可避免的敌意。为了同这种敌意进行斗争,削弱"美帝国主义",

集会和一系列的社论和文章都坚决主张孤立美国以及支持全世界"被压迫人民"的革命运动是必要的。

三、北平恢复论战

(一)六月初论战的恢复

在北平对峰会的崩溃表现出"我早警告过会这样"的态度,并对苏联遭到西方的愚弄暗中进行讽刺的同时,一般来说,在 5 月期间对苏联对外政策的广泛批评受到了限制。然而,随着 6 月的开始,中共对苏联对外政策的做法和观点又发起了新的猛烈抨击(仍然是间接的,但目标明确),这种抨击甚至比《红旗》杂志的文章所涉及的范围和规模还要大胆。

可以提出几个理由来解释这种新的进展。也许是北平对来自莫斯科的有关根据苏联的条件解决分歧的幕后压力作出的回应。也许是随着峰会的崩溃,北平希望苏联的对外政策突然且完全地向更加好战的路线转移,或者是希望苏联同意中国人的一些具体要求,而当这些东西得不到时就通过公开论战重新施加压力。上面的两种情况或是两者择一,或者是另外的情况。无论哪种情况,莫斯科在 6 月 2 日公布新的裁军计划和 6 月 5~9 日在北平召开的世界工会联合会议似乎都起到了推动的作用。

(二)北平在论战中的新议题

4 月《红旗》杂志的文章中提出的观点——战争的不可避免、必须依靠暴力推进共产主义事业、帝国主义的本质不会改变——为北平重新开始的论战提供了主要核心。然而,在北平零星地对莫斯科政策的抨击中出现了几个新的攻击目标。与之相关的最重要的就是缔结裁军协定的可能性——或者就此而言的与西方通过谈判解决这一问题的可能性。

随着 6 月 2 日莫斯科关于新的裁军建议的发表,北平对相关裁军的尝试与可能性表现出强有力的和明确的保留意见。北平首先在名义上赞同 6 月 2 日的建议,指出"帝国主义国家……从来都不愿缩减军备",因此,对苏联建议的必然拒绝将"进一步揭穿以美国为首的帝国主义国家的和平骗局"。接着北平在几个主要的观点上对苏联裁军的基本理论进行了批判。

显然,为了回应赫鲁晓夫 6 月 2 日向西方提交的苏联关于裁军"将彻底并永远地从人类的生活中消除战争"的言论,北平宣称,"目前有关在现代社会生活中从根本上消灭战争的现实可能性的观点(几乎是直接引述苏联领导人的观点)"是一种"不切实际的幻想……它只能麻痹人民大众的警惕性……这对帝国主义准备新的战争的图谋是有利的,而对和平事业是不利的"。(这也是对 3 月 18 日《共产党人》杂志社论的直接的反驳。)针对苏联在裁军建议中提议的"所谓裁军的结果释放出的资金……将用于向不发达国家提供经济和技术援助",北平愤怒地指出,这一建议是"对帝国主义的彻头彻尾的美化和粉饰"。

还需要指出的是北平本身关于裁军以及与西方进行其他谈判的观点。简而言之,这些观点包括"帝国主义从来不会同意"进行裁军;提出裁军建议的唯一目的应是揭露帝国主义的伪善和战争计划;不能通过依赖任何裁军进程来消除战争或战争危险;裁军很好,但是在任何情况下都不能取代无产阶级对帝国主义的"斗争"(后一种观点似乎最接近于对莫斯科与北平在这点上的分歧的真实概括)。

中华人民共和国主席刘少奇在6月3日号召"同人民的最邪恶的敌人美帝国主义进行坚决的斗争"的口头讲话定下了一个基调。同所有帝国主义一样,美国是"没有任何诚意的……在国际交往中完全不守信用"。"除非遭遇绝境,否则它是不会接受谈判的;除非出于被迫,否则它是不会签署协议的,并且会在任何时候背叛它所签署的协定。"

在中国人的论战中出现裁军和谈判这些命题的原因之一,显然是由于巴黎峰会的崩溃使北平感到有胆量更有力地来表达它的观点。但是北平可能也会对关于普遍裁军和禁止核试验的日内瓦谈判的效用产生怀疑。北平希望苏联6月2日的建议会导致一个不利于苏联的协议,尽管这几乎是不可能的。但北平所关注的也许是谈判的延长可能会避免对西方采取更鲁莽的政策,这是它赞同的。(二者择一,它也许希望向苏联施加压力要求其参与谈判。)至于禁止核试验条约,北平也许会认为更有可能威胁到其自身的利益。

通过恢复与莫斯科关于公社问题的潜在的争论,北平拓宽了当前论战的范围。1959年1月赫鲁晓夫在第二十一次苏联共产党代表大会上的讲话,有所指地详细阐述了苏联的如下观点:集体农庄应逐渐地向完全的国家所有制企业转变,不首先建立起必要的物质和技术基础就不能进入共产主义社会,而必要的物质和技术基础只有通过向工人和农民提供物质刺激来提高生产力才能实现。上述观点的阐述间接地批评了中共的农业政策和迅速建成共产主义的雄心壮志。中国共产党中央委员林枫(Ling Feng)6月1日在北平的文化和教育会议上的讲话推翻了赫鲁晓夫的观点。他谈到,"一些人认为向共产主义过渡似乎不需要关心人民的思想意识和道德素质的提高,而要求只努力积累物质-技术基础,在发展生产力方面主要依靠对群众个人进行'物质刺激'。显然,这种观点是完全错误的。"如果我们"片面地强调个人的物质利益和当前利益,那么人民将会渐渐忘却阶级的根本利益和长远利益,并丧失革命意志"。

6月间北平声明中的第三个新的命题是要求建立反对美国的"最广泛的联合阵线"。6月21日(但是在6月24日才引起关注)毛在同来访的日本人谈话时,对对外政策发表了罕见的、武断的评论。他谈到为反对与美国的防御条约,日本人运用的联合"最广泛的可能的力量"的策略在目前的情况下是个"好办法"。5月末来自大陆的报告已经表明,北平进行的"反对美帝国主义的联合阵线"的宣传是有备而来的,有关这种思想的参考资料的公开发布是在6月初。然而,只有在毛进行了实质性的评论之后,作为一个命题,关于联合阵线的必要的参考资料才开始有规律地出现在北平的新闻舆论中。

北平的口号对中苏关系的意义还不清楚。这个口号在措词上与莫斯科号召的争取和平的世界是相似的。两者都是那么模糊以至于在实际中可以允许进行同样的政策阐释。可以想见,北平把它的联合阵线的口号想象成了苏联人和中国人为了实现不同的目标都可以为之一用的东西。更具有敌对性的是，北平也许已经决定提出一项关于国际共产主义运动的正式政策，该政策将代表一种反对苏联路线的独立的要求。或者相反，它也许仅仅是对于苏联指责中国的政策会孤立共产主义力量的一种防御性的反应。

（三）世界工会联合会前北平表现出的新情况

虽然北平通过国内的文章和讲话对苏联政策和马克思列宁主义纯洁性进行的批评是低调的，甚至是仅仅针对苏联的，但当这些批评出现在一场试图通过影响世界共产主义者的观点来反对苏联的国际共产主义会议前夕，那么，这种批评给中苏关系就造成了危机。而这恰恰是北平在 6 月 5～9 日于北平召开的第十二届世界工会联合会大会上所孜孜以求的。①

在世界工会联合会上，苏联贸易协会的负责人格里申（V. V. Grishin）发表了莫斯科的主要的公开声明。在 6 月 5 日的讲话中，尽管他不可避免地重申了遭到中国人批判的苏联路线中的那几点（战争可以避免、共处的必要、缓和与裁军），但他还是相当例行公事地提出了苏联所标榜的最高的对外政策路线。

另一方面，中国共产党人对苏联路线进行了一系列含蓄但却非常猛烈的攻击，从 6 月 5 日、6 日李颉伯②和周恩来相对克制的评论，到 6 月 7 日刘宁一（Lui Ning-i）和刘长胜③达到顶点的讲话，这些攻击包含了北平的全部不满。刘宁一走得更远，他甚至呼吁世界工会联合会修正"被迷惑的"、"被欺骗的"和"对美帝国主义抱有幻想"的"某些人"的观点——这几乎是直截了当地要求抛弃世界工会联合会原来由苏联所规定的路线。

世界工会联合会会议结束后，随着两位主要的意大利代表公开披露的发生在会上的严重冲突，北平和莫斯科之间存在严重分歧的迹象变得更加明显了。在 7 月 14 日南尼④的社会党机关报《前进报》（Avanti）上，维多利亚·福阿（Vittoria Foa）的一篇文章描述了发生在北平的、并"被感情用事地拖延了"许多天的"一场关于国际缓和、和平共处和裁军问题的相当生动的讨论"。这场生动的讨论是中国人对世界工会联合会秘书长路易·萨扬（Louis Saillant）的报告所作的"批评"。秘书长在报告中建议继续对缓和等政策表示强烈支持。然后，福阿将中国人的观点概括如下：

（1）当帝国主义还存在时，我们不能谈论裁军；如果这样做就会挫伤工人，尤其是殖民地的工人的士气。

（2）认为军备资源可以被用来援助不发达国家的观点是迷惑人的。

---

① 原注：关于世界工会联合会的更全面的内容见 1960 年 8 月 3 日 IR 8319。
② 李颉伯（1911～1987），1959～1962 年任中华全国总工会党组常务副书记。——编注
③ 刘长胜（1903～1967），1957 年当选为中华全国总工会副主席、书记处书记。——编注
④ 南尼（Pietro Sandro Nenni，1891～1980），意大利社会党领袖，1921 年 5 月参加意大利社会党。1922 年任社会党机关报《前进报》总编辑。1923 年当选为社会党领导机构成员兼《前进报》社长。1963 年起，先后在社会党、天主教民主党等组成的"中左政府"中任副总理、外交部长。1966 年 10 月促成社会党与社会民主党合并为统一社会党，1969 年因社会民主党人退出而辞去在社会党中的一切职务。同年当选为社会党国际副主席。——编注

（3）至于改进处境的可能性，在帝国主义存在的条件下贸易协会不必再自欺欺人了。

（4）联合会的唯一目标是同帝国主义进行彻底的斗争，并通过开展社会主义的革命行动来消灭帝国主义。

（5）争取和平的斗争并不能消除正义和非正义战争的差别。

福阿认为，争论是以"对缓和政策的正式的、再次的肯定"而结束的，这"从最后的文件（决议）来看是显而易见的"。他进一步断言，"到目前为止"，只有印度尼西亚人支持中国人，而意大利人、法国人、印度人、苏联人和东欧的"所有国家"都反对中国人。但由于中国的地位，他对未来也表示了严重关切："如果在联合会活动中占据优势，他们就会以孤立联合会而告终，并将取消联合会的统一行动。"

更具有权威性而非描述性的是意大利共产党官员、世界工会联合会主席阿戈斯蒂诺·诺韦拉（Agostino Novella）在 6 月 19 日会谈中作的说明。他也宣称和平斗争的问题是讨论的核心，由于中共（得到了印度尼西亚的支持）反对世界工会联合会秘书处提出的路线，会上发生了"激烈的"争论和"……①"。他的话中表露出对有关争取裁军和缓和的现实性的怀疑，并认为这些目标只有在资本主义结束后才能实现。他指出，会议结束了，但是是以一致赞成支持缓和紧张局势和裁军的方式结束的。

最后，根据从可靠的来源接到的报告，6 月 14 日苏联中央委员会的官员邀请一位途经莫斯科的出席世界工会联合会的集团以外的代表，为的是同他讨论会议的结果。苏联官员谈到了世界工会联合会会上苏联和中国代表团之间的严重的"冲突"，并对会上中国代表团试图使共产党的代表相信"中国同帝国主义作斗争的路线优于和平共处的路线"、苏联的和平姿态"只是为粉饰帝国主义服务的，是对列宁的背叛"的做法进行了谴责。根据这份报告，很清楚的是，在一个由将近 40 名共产党代表组成的秘密会议上，中国人带头提出了这些指控。苏联代表反对对中国的指控进行任何讨论。

至于世界工会联合会会议的结果，采纳的决议通常表示继续支持先前莫斯科要求的"和平共处"路线，但是带有某些妥协的痕迹。尤其是，包含了这样一个要求，即"不要幻想"帝国主义会自愿接受裁军，并在消除战争的可能性上加了形容词"世界范围的核（战争）"进行限制，这显示了北平不耐烦的干预。

北平确实有倾向性的关于会议的新闻报道，间接地表明只有波兰人和意大利人完全支持苏联的观点，而日本、北朝鲜、北越、印度尼西亚、缅甸和西班牙的代表则倾向于北平的观点，其他的大多数代表持观望态度。在另一个极端，诺韦拉和福阿宣称，只有印度尼西亚代表支持中共。代表团实际的分野也许存在于这两个极端之间，即使对莫斯科的观点通常占上风有点怀疑。从公开发表的评论摘要来判断，北越、北朝鲜的代表和日本的观察员支持中国的观点。

---

① 原文此处字迹模糊。——译注

四、莫斯科采取攻势

（一）莫斯科的策略

尽管其路线在世界工会联合会上取得了通常的胜利，但莫斯科对这件事却极为关注和愤怒。北平已经正式通知，它将继续进行反对苏联外交政策和方针的论战，尽管峰会失败的事实是消除在这一点上导致关系紧张的一个直接原因。但更重要的是这一事实：在一个国际共产主义运动的重要团体面前，北平已经公然地向苏联的领导地位挑战，而且所有迹象表明，甚至比 2 月的华沙条约会议上的挑战更加有力。在这种情况下，北平执意公然挑战苏联的路线将带来混乱，并在集团和非集团的共产党中间引发党派之争。最后，将削弱莫斯科作为共产主义世界领导者的地位。因此，世界工会联合会将迫使莫斯科采取更有力的步骤，以一种令人满意的方式解决与北平的分歧。

显然，北平会议结束后，莫斯科马上决定着手一项大胆的四步计划来抵制中共的挑战，同时解决与北平的分歧。（即使世界工会联合会上没发生对抗，苏联人可能也会采取第一步和最后一步。）这些步骤是：第一，公开、明确地重申苏联路线的正确性，驳回北平的观点；第二，通过这种方式和双边的接触在其他共产党中间争取对苏联观点的支持；第三，召集集团或全世界的共产党秘密会议，重申苏联的领导地位并对苏联的战术灵活的对外政策路线予以支持，从而使北平确信其努力是无用的和危险的，也许会迫使北平为了"无产阶级国际主义"的利益而表示支持；最后，或是在这次会上，或是在以后的会上，从实力出发，设法直接与中共达成和解。

（二）对北平"左倾教条主义"的抨击

不得不采取的第一步是以一种明确的方式驳斥北平的论点，即使这样做的直接后果可能导致论战升级也在所不惜。否则，任何后来苏联采取的意识形态上的休战及具体问题上的和解都有可能导致或被认为是苏联的失败。因此，苏联发表了两篇表面上是为纪念列宁的著作《共产主义运动中的左派幼稚病》发表 40 周年而写的文章（6 月 12 日《真理报》文章和6 月 10 日《苏维埃俄国》文章）进行反攻，直接批判大家知道的中国观点，并将其称为"左倾宗派主义"（或"教条主义"）。

《真理报》的文章是由苏联马克思列宁主义学院的副院长马特科夫斯基（N. Matkovski）撰写的，这是到目前为止对中共的最全面的回答。文章提出了四个主要观点：

首先，以异乎寻常的强硬和明确的措辞，《真理报》肯定了苏联在集团和世界共产主义运动中的杰出地位，以及苏联模式对其他集团内国家的普遍有效性。例如，在引述了赫鲁晓夫在第二十一次党代表大会上对通向社会主义的"特殊道路"的拥护者的批评后，《真理报》宣称："在世间只有一条建设社会主义和共产主义的道路，即经过历史经验检验的列宁主义的道路，伟大的十月社会主义革命的道路。"与此相联系，文章以赞同的口吻引用了 1957 年 11

月的《莫斯科宣言》,表示该文所表达的"关于社会主义革命和社会主义建设的普遍有效原则"几乎完全是建立在苏联经验的基础上的,他接着断言"忘记或低估这些普遍原则将导致错误的结论和严重的失误"。

其次,《真理报》指出,与南斯拉夫修正主义类似,中共的宗派主义在本质上错在"忘记了"《莫斯科宣言》的基本原则,因此远远背离了苏联模式,在建设社会主义上企图走自己的路。在攻击那些探索"自己的、独立的通向社会主义的道路"的那些人方面,《真理报》指出,"以帝国主义的施舍(即贝尔格莱德对美国援助的接受)为基础建设社会主义的愿望和跳过整个历史阶段(即北平的公社计划)的努力仅仅是为那些对削弱社会主义感兴趣的工人阶级的敌人效劳"。这样他就把中共和南共放在一块儿(这样就间接地回应了中国人关于苏联的"修正主义"声明的指控)。

第三,《真理报》引用列宁对于左倾教条主义的批评,通过明确的暗指来攻击北平的公社计划。由于对中国独创性的关于通过公社快速实现共产主义和试图在没有苏联所认为的必要技术基础的条件下建立(共产主义)生产关系的主张记忆犹新,《真理报》特别指出:"当代国际共产主义运动中的'左派'主张,掌握政权后通过超越其发展的一定历史阶段,共产主义就能马上到来,这种观点是错误的。这种主张是与列宁主义相矛盾的。列宁教导我们,在实践中试图提前实现……全面发展和成熟的共产主义,如同教四岁的孩子学数学一样。"通过这种联系,《真理报》对苏共第二十一次党代表大会上赫鲁晓夫关于"为从社会主义向共产主义过渡制定一个有充分根据的、详细的计划"的讲话表示支持。(见前文)

莫斯科重新将公社问题引入当前中苏关于对外政策的争论中,大概是为了支持中共领导人主要是犯了左倾宗派主义错误这一观点,但也许是打算答复中国人对最近苏联国内政策的批评,特别是答复林枫6月1日的讲话。无论这样或那样,这些指控都在提醒人们,中苏的分歧既包括国内政策也包括国外政策,问题的根源是如何协调苏联在集团及共产主义运动中的领导地位和中共在集团中的特殊地位。

第四,《真理报》再次肯定了苏联共产党第二十次和第二十一次代表大会关于战争可以避免、和平共处等决议的正确性,而这些曾是北平批评的主要目标。它猛烈地抨击当前表现出"左倾宗派情绪和倾向"的"某些人"以及那些对"旨在达到不同政治制度国家间的和平共处的路线,对争取停止军备竞赛,争取巩固国家间的和平和友谊作出错误解释,把社会主义和资本主义国家的最主要政治家之间的对话说成是背离马克思列宁主义观点"的人们。为了答复这些"人",并表示赞成"灵活的"策略,《真理报》引述了列宁的主张——为了促进反对"国际资产阶级"的斗争和在西方"赢得大众",有时在个别问题上进行妥协(与非共产主义国家)和缔结暂时同盟(例如与社会民主党人站在一起)是必要的。

由舍夫利亚金(D. Shevlyagin)(显然是苏联共产党中央委员会中与非集团的政党打交道的部门的代理负责人)撰写的《苏维埃俄国》报上的文章,主要是针对集团外的共产主义运动中的"左倾宗派主义",虽然其中也包含了对中共观点的明白无误的批评。大概与世界工会联合会会议如出一辙,该文打算警告所有非集团的政党,他们必须抵制"左派"的政策,放弃这种路线,在面对中国人努力让别人相信其观点的情况下,重新肯定苏联的领导地位。

在使其正文遵循列宁的观点和《莫斯科宣言》关于"在……这个或那个党的发展过程中,教条主义和宗派主义也是一个基本威胁"的论述后,舍夫利亚金继续谴责最近西班牙、德国和伊拉克共产党的左倾"宗派主义"政策,以及其他没有明确说明的共产党,特别是那些"赢得民族独立或者正在赢得民族独立过程中的"国家中所存在的类似倾向。舍夫利亚金指出,最近有些地下党并没有理解通过暂时的"妥协"与结盟,尤其是与"民族资产阶级的某些阶层"结盟来聚合大众支持的必要性,他们想"在条件还不成熟的条件下过早地提出社会主义改造的口号"。他提到了 1959 年 7 月的伊拉克共产党全体大会,该党作为"某些东方和拉美共产党"的典范,拒绝了诸如"左倾异端分子"的要求。他还指出,在欠发达国家(可能想到的是印度尼西亚或印度),"甚至一些大的共产党""也不得不面对一些左翼分子的残余",他们反对诸如"将不同好战的集团结盟的、和平共处的政策公之于众"的计划。

舍夫利亚金重申,苏联与非共产主义国家的领导人合作(此乃权宜之计)以及在欠发达国家中鼓励中立主义的普遍政策路线,这显然是企图反驳中共关于支持"民族解放运动"的通常更加好战的、革命的路线。在其他情况下,他对北平的批评更加直接。显然由于考虑到峰会的垮台和北平随后的表现(尤其是在世界工会联合会上),舍夫利亚金指责说,"目前的左翼分子把争取和平共处、停止军备竞赛、资本主义国家和社会主义国家的人民之间的和睦相处的政策看作是'放弃'马克思列宁主义。他们把国际形势中最轻微的恶化都看作是他们片面观点的证据。"

（三）从组织上孤立北平的措施

在《真理报》文章发表的同时,莫斯科继续在共产主义运动范围内谋划从组织上孤立北平,并为迫使中国人屈服,或至少是妥协打基础。

正如上文提到的那样,6 月 14 日,苏联党的官员显然带着这种目的同世界工会联合会的一位非集团的代表进行了联系。在对中国人在世界工会联合会上的行为进行谴责的过程中,据报道,苏联官员声称北平的做法是公然违反 1957 年《和平宣言》的,如果人们普遍相信中国人的观点,那么在国际共产主义运动中就将造成严重的危机。他们说苏联将就这个问题与中国人进行"严肃的讨论",并说在讨论后苏联和中国人的观点将由世界各国共产主义政党根据 1957 年的协议做出决定,该协议规定对有关基本路线的任何改变都应进行这样的讨论,并禁止像中国人正采取的这种单方面的做法。苏联官员敦促这位代表提请他的党注意这件事情。

迄今为止还没有类似苏联报告传达给其他的共产主义政党,但认为这不是一件孤立的事似乎是有道理的。在世界工会联合会和布加勒斯特会议期间的这段时间,共产主义政党及其领导人曾几次表示强烈支持苏联的路线,这也许部分地是由于苏联的敦促。根据莫斯科电台的报道,在 6 月 14~15 日,法国和西班牙的共产党员召开了一次会议,会上发表的联合声明强调,"战争不是不可避免的,争议的问题可以通过对话解决,和平共处与和平竞赛的原则……能够达到胜利"。由于峰会的失败,"从现在开始坚决的进行裁军、缓和紧张局势与共处是必要的"。大约在这个时候,意大利共产党发布了一项称赞苏联战争可以避免的命题的决议,还谈到了"宗派主义的危险"。

6月19日,《团结报》①(L'Unita)刊登了与诺韦拉的会谈(见前文),第一次在共产党人的出版物上公开承认中共在世界工会联合会上挑战苏联的路线,并声称支持后者的路线。两天前,《新德意志报》②(Neues Deutschland)发表了拒绝以中国人的公社作为德意志民主共和国集体化的模式的文章,第一次也是仅有的一次(到目前)在集团的出版物上点名对中共进行批评。尽管《新德意志报》出于党对国内的考虑发表了这篇文章,但如果这并不反映苏联的情绪,可能就不会引起中国官员的直接批评。

(四) 共产党领导人的布加勒斯特会议

莫斯科关于中苏争论的最后的步骤是在布加勒斯特召集一个集团的党的领导人高层会议。虽然到目前为止,有关这次秘密会议的准确记录几乎还无从知晓,但该会可能是自1957年11月莫斯科会议以来最重要的集团会议。

表面上,党的领袖们在布加勒斯特是参加同时举行的罗马尼亚工人党第三次代表大会,根据6月24日的公报(见下文),"决定利用他们逗留在布加勒斯特这个机会就目前国际形势的局部问题交换意见,并就此为各兄弟党做个决断。"然而,所有的迹象表明这是一次由莫斯科召集的集团各领导人参加的特别会议,目的是讨论迅速发展的中苏争论,在集团范围内形成对在这次争论中苏联观点的正式支持,制定对西方的新政策。

参加会议的是集团所有东欧国家的第一书记(阿尔巴尼亚除外,由政治局委员卡博③代表)和4个来自亚洲共产党国家的政治局委员。会议发布的唯一的文件是6月24日由12个国家的共产党签署的公报(6月27日发表)。然而,《真理报》6月29日的一篇社论称,公报得到与会的非集团党代表的"一致支持和通过",这表明参加罗马尼亚党代表大会的39个非集团国家的党的代表也被拉进了会议。

由赫鲁晓夫率领的苏联代表团包括了意识形态和党内事务方面的高水平专家——主席团候补委员波斯别洛夫(P. Pospelov),宣传鼓动部负责人伊利切夫(L. Ily'ichev),中央委员会非集团党务关系部负责人波诺马廖夫(B. Ponomarev),中央委员会集团党务关系部负责人安德罗波夫(Ya. Andropov),《真理报》主编萨秋科夫(P. Satyukov),加上主席团成员波德

---

① 意大利共产党中央委员会机关报。1924年创刊,在罗马、米兰两地出版。原是共产党和社会党左翼的联合机关报。1926年意大利法西斯势力上台后,被迫转入地下秘密发行。后转至国外出版,秘密运回意大利发行。在第二次世界大战中以不同的版本出版,成为意共争取民族团结和反对法西斯独裁政权的有力武器。战后,该报主张和平、裁军和缓和国际紧张局势,反对帝国主义的侵略和战争政策。1962年意共改组该报,使内容和形式都发生了巨大的变化。以后,该报对宣传欧洲共产主义理论曾起过重要作用。——译注
② 1989年底前为德意志民主共和国统一社会党中央委员会机关报,是德意志民主共和国最大的德文对开日报,在柏林出版。1946年4月创刊,由第二次世界大战后的德国共产党机关报《德意志人民报》和德国社会民主党机关报《人民报》合并而成。——译注
③ 卡博(H. Kapo, 1915~1979),时任阿尔巴尼亚劳动党中央政治局委员。——译注

戈尔内(N. Podgorny)和苏联驻罗马尼亚大使叶皮谢夫(A. Yepishev)。这样的出席一个党代表大会的苏联代表团的人员名单是不寻常的,这进一步证明了党内事务——特别是中苏意识形态和其他分歧——是讨论的主要话题。由中国共产党政治局委员彭真(Peng-Shen)率领的四人中共代表团包括伍修权①,据报道他是中国共产党国际联络部的负责人。

恰好是在布加勒斯特秘密会议前夕(而且中国人是在会议进程期间),莫斯科和北平通过他们各自的宣传媒体继续进行争论。6月20日《真理报》发表了一篇关于罗马尼亚党代表大会的社论,其中有几处显然是讽刺中国人的。在这样一个段落里,《真理报》称"罗马尼亚工人党与其他兄弟党一道揭露并抵制了修正主义,并且坚决谴责了那些在粗鲁的话语掩盖下试图歪曲马克思列宁主义理论的人"。《真理报》还宣称"在如何看待战争与和平的问题上,社会主义国家的人们不能有两种意见。他们认为在现今条件下不存在战争迫近的致命危险,裁军不仅是必需的而且是可能的。和平共处……是必不可少的。"计划在6月18日出版的第9期《共产党人》杂志上刊登的两篇文章也含蓄地批评了中国人的观点。

中共从他们的角度出发继续进行抨击。6月15日,《红旗》杂志发表了一篇文章,似乎是专门来羞辱赫鲁晓夫在峰会召开前的外交行为和下述命题的:由于苏联军事力量的增长和现代战争的本质,西方领导人中的"现实主义者"将认识到通过谈判向集团让步是必需的。《红旗》杂志发出了这样的警告,即"如果人们轻易地屈从于如此具有欺骗性的观点,那么就将陷入修正主义困境的危险之中。帮助那些困惑不解的、被误导的或是抱着不切实际的幻想的人们重新清醒过来是一项紧迫的战斗任务"。我们不能被"艾森豪威尔及其同伙"的"花言巧语"所欺骗,"希望他们深刻意识到,寻求和平共处,并把希望寄托在与这些人进行外交谈判上,只能是幻想"。

其次,6月21日《人民日报》的一篇文章承认"我们需要和平与和平共处";但"出于什么立场,用什么方法,依靠什么力量才能获得和平?"

污蔑中共的做法是"僵硬的教条主义"而称赞对立的观点是创造性地发展了马克思列宁主义是"像铁托集团那样的叛徒"的行为。显然,在苏联的反批评下,北平开始感到了痛苦。

最后,像是为了强调他们不赞成苏联的观点,中国人规定6月21～27日这一周时间大规模进行反对美国、赞成解放台湾和支持世界和平的宣传。这一周再次强调北平在国际事务中的立场。

上面的叙述表明莫斯科和北平是带着没有取得一致的冲突的观点去参加布加勒斯特会议。有一些相反的迹象——在莫斯科召集会议之后和布加勒斯特会议真正开始之前——北平也许在妥协的情况下与莫斯科达成了暂时的一致;在去布加勒斯特途中于莫斯科逗留的三天(6月16～19日)期间,中国代表团有机会与苏联领导人进行协商,而且彭真在罗马尼亚党代表大会上讲话的语气也相对温和。但即使这是真的,莫斯科似乎也不大可能改变其公开的目标,即通过在布加勒斯特使北平面对一个支持苏联立场的由各国党领袖组成的某种

① 伍修权(1908～1997),时任中联部副部长。——译注

程度的联合阵线,从而强迫北平放弃争论。

除了 6 月 24 日的公报外,没有得到有关布加勒斯特集团领导人会议进程和决定的任何直接的情报。但是,根据对公报、对同时举行的罗马尼亚党代表大会上的讲话、集团有关会议的评论、会后世界形势进展的分析,做出几个一般性的结论还是有可能的。

6 月 21 日赫鲁晓夫在罗马尼亚党代表大会上讲话的主要特点是对处在中国人攻击下的苏联对外政策进行露骨的辩护,包括几处对北平的明显的抨击。他断言苏联的意图并不是背离苏共二十大规定(并经《莫斯科宣言》和《和平宣言》"确认")的关于"共处、巩固和平、缓和国际紧张局势、消除冷战"等政策。特别是,他宣布通过成功的经济及和平竞赛,共产主义能够而且应该战胜资本主义,"对社会主义思想的胜利而言,一场世界战争并不是必需的",由于"力量对比"的变化,战争不再是不可避免的。关于后者的带有实质性的一点,他强烈指出"共产主义者,也是现实主义者,意识到在现代的条件下,当存在着两个世界体系的时候,必须这样来构建它们之间的相互关系:要排除在国家之间爆发战争的可能性。只有疯子和狂人才谈论新的世界战争"。回到过去的争论的话题,他同样主张对防止战争发生的可能性"不理解的那些人","低估了工人阶级的力量,并且不相信社会主义的巨大的吸引力"。为了对这种对列宁主义的"创造性地"修正进行辩护,他断言关于力量对比的变化,"现在不能机械地重复弗拉基米尔·伊利奇·列宁在几十年前所提出的关于帝国主义的论断……我们生活在一个既没有马克思,也没有恩格斯和列宁的时代。如果我们像一个正在从字母开始学习拼写的孩子那样行动,那么我们就不会有大的收获。"

与此同时,除了对北平的观点进行这种尖锐的、明白无误的批评外,赫鲁晓夫还号召要更加积极地争取"和平"。他宣布:"所以必须唤起人民的觉悟,使他们提高警惕,来组织和加强反对帝国主义的侵略政策的斗争……来帮助和支持那些正在争取解放的人民。为了防止战争……每个国家的人民都必须向他们的政府施加压力迫使他们遵守和平共处的原则。"在对最近日本及其他地方的骚乱作出评论后,赫鲁晓夫宣布:"由此可见只能得出一个正确的结论——为了实现裁军和消除军事基地,要继续坚持不懈地反对战争、反对侵略性的军事集团。一个国家越早意识到在自己的领土上的外国基地是一个恐怖的威胁,它就能越坚持不懈地为消除这些基地而努力。"

赫鲁晓夫头脑中似乎有两个一般性的目标:第一,抵制中国对苏联的全面外交政策路线的攻击,为这一路线进行辩护;第二,在这种全面的路线的框架下提倡一个新的、更富有战斗性的外交政策阶段。

在结束讲话时,赫鲁晓夫似乎向与会的其他党的领导人发出了模糊的要求,以表示他们与苏联的团结。不管这是否是赫鲁晓夫讲话的意图,但第二天绝大多数在场的集团领导人在代表大会上的讲话都这样做了。然而,不同程度的支持被表达出来了,在有的情况下,这样的表达是不足的。

保加利亚、东德、罗马尼亚和蒙古党的领导人最强烈地表示了与苏联的团结一致,支持苏联的普遍的外交政策路线,以及在遭到北平批评的具体理论问题上的立场,承认苏联在集团中的领导地位。在返回东柏林的途中，乌布利希①完全并公开承认中共在会上遭到了谴责，并宣称"在工人运动中不仅修正主义是一个危险，教条主义也是，这一点得到了明确的宣布——宗派主义者对共产党和工人党宪章（《莫斯科宣言》）的狭隘理解——将招致危险"。（中共一向以《莫斯科宣言》为基础来为他们的事情争辩。）

波兰（奥哈布）、匈牙利（卡达尔）和捷克斯洛伐克（诺沃提尼②）的代表表示了对苏联对外政策的一般支持（诺沃提尼只是顺便），但在关键问题上并没有表示具体的支持。诺沃提尼和哥穆尔卡（后者由于参加一周前的波兰共产党中央委员会全体会议直到 6 月 23 日才在布加勒斯特露面）在随后的报告布加勒斯特会议结果的讲话中作了弥补。

7 月 6 日哥穆尔卡讲话的一个有趣的特点是强调必须积极地争取和平，主张一方面社会主义国家可以通过已经得到回报的经济增长来促进和平，另一方面，资本主义国家的共产党应该依靠"反战和反帝宣传"以及诸如"反战游行"和"政治罢工"等其他的斗争形式。哥穆尔卡宣称"争取全面和普遍裁军的斗争"才刚刚开始，他说："最重要的问题是提出一个关于大规模毁灭性武器使用和生产的禁令并销毁这些武器。最不能改变的是，这与清除美国的军事基地一事是相联系的。……意识到一旦发生战争这些基地将遭到苏联报复性火箭的攻击这一事实将推动那些国家从其国家去除这些基地的斗争。"哥穆尔卡以最近日本的骚乱为例来证明他的观点。

阿尔巴尼亚代表的讲话是个例外：讲话虽然充斥着对苏联在集团的领导地位的鹦鹉学舌的称赞，但其内容却更接近中国人的表述。阿尔巴尼亚党中央委员会后来所提到的关于布加勒斯特会议的决议，没有对苏联的立场表示支持。至于为什么阿尔巴尼亚党的首脑恩维尔·霍查③没有参加布加勒斯特会议还没有任何解释。

中共代表彭真的讲话表明中共努力减弱辩论的色彩（没有任何尖刻的话），但也没有向苏联表示任何屈服。彭真承认战争能够被阻止，但只有通过不懈的努力，因为"帝国主义掠夺的本性从来都不会改变"。但最重要的话彭真并没说；他的讲话没有提到苏联的对外政策（赫鲁晓夫在巴黎的立场除外）、苏联在集团中的领导作用、和平共处、缓和紧张局势、裁军。北越和北朝鲜代表的讲话除了承认苏联在集团的领导地位外，遵循了相同的模式。

据《真理报》报道，6 月 24 日由集团内的 12 个党在签署的《布加勒斯特公报》（27 日发表）得到了与会的非集团的代表的"一致支持和赞成"。《公报》实质上是一个苏联的文件，用以支持有关苏联理论创新方面的莫斯科的观点（战争不是不可避免的、共处、和平夺取政权），而这些正是北平在争论中所抨击的焦点。《公报》显然是苏联倡导发起的，旨在约束中国，压制他们在阐述共产主义战略上对苏联领导地位的公开挑战。

然而，作为在布加勒斯特明显激烈的讨价还价的结果，《公报》包含了某些妥协的内容。为了提供一个共同的基础，《公报》再次提到了《莫斯科宣言》和《和平宣言》。为支持他们的

---

① 沃尔特·乌布利希（1893～1973），东德领导人，时任德国统一社会党中央委员会总书记。——译注
② 诺沃提尼（1904～1975）：时任捷克斯洛伐克共产党中央委员会第一书记。——译注
③ 恩维尔·霍查（1908～1985），时任阿尔巴尼亚劳动党中央委员会第一书记。——译注

观点,双方都提到了这两个宣言。此外,《公报》引用了《莫斯科宣言》中"人民保持对战争危险的警惕性的必要",并不赞同赫鲁晓夫在苏共二十一大上关于完全"排除"战争可能性的提法,从而限制了战争的可预防性的表述,这比苏联平常的说法退了一步。

《公报》极其简短(五个主要段落),对某些内容有明显省略,这进一步表明了讨价还价的艰难和没有解决的基本分歧的存在。没有提及的内容有修正主义和教条主义的相关威胁、建设共产主义的方式、苏联对集团的领导作用、无产阶级国际主义、集团领导人之间的磋商。

(五) 布加勒斯特会议以来的进展

莫斯科和北平关于布加勒斯特公报的最初评论表明,在继续坚持各自立场的同时,双方都在试图降低争论的调门。赫鲁晓夫6月28日的讲话,特别是对关于战争的可预防性的表述,显然是试图满足中国人的部分意愿。然而,6月29日的《真理报》社论实际上宣称《公报》是苏联的胜利,而与此相比较,《人民日报》的社论几乎是忽略了《公报》,以强调1957年11月《莫斯科宣言》的继续有效来代替,该《宣言》在支持中国人的路线方面更有效。在其他的评论中,莫斯科强调布加勒斯特会议对集团团结的全新的证明。

6月29日的《人民日报》社论显然是企图掩盖退却,因为自此以后北平实际上取消了争论,除了很少的几个例外,禁止任何对苏联对外政策的公开批评。

另一方面,莫斯科继续肯定其关于战争的可预防性、"和平共处"等观点的正确性(虽然通常避免对中共进行含蓄地批评),并要求在国际共产主义运动中继续同"教条主义的宗派主义"作斗争。

7月16日苏共中央全会"一致通过"的《关于各共产主义政党布加勒斯特代表会议的结果》的决议,代表了苏联对布加勒斯特会议的最权威的评价。这个有着特殊重要性的决议有三个特征:

1. 苏共中央委员会通过了一项关于会议结果的专门决议,这一事实表明了布加勒斯特会议的特殊性质。(集团内的大多数东欧党发布了类似的决议或声明。)后斯大林时期唯一与之相类似的苏共中央决议是1957年12月关于莫斯科会议和1955年7月通过赫鲁晓夫访问南斯拉夫报告的两次全会的决议。顺便一提的是,后来获悉在1955年7月的中央全会上莫洛托夫曾强烈反对与南斯拉夫恢复关系。这个先例也许与下述这一不寻常的事实有关:科兹洛夫(他没有在布加勒斯特出现)向中央委员会报告关于布加勒斯特会议的情况。这似乎将意味着,或者,赫鲁晓夫让一个没有参加会议的人作报告,是希望阻止对他操纵布加勒斯特会议的可能的批评;或者是这样的反对性的意见已经有所发展,以至于选择科兹洛夫来充当在理论上中立的大会报告人。

2. 在评论处于争论中的理论问题方面,除宣称会议肯定了对苏共二十大和二十一大的论述的一致支持外,决议没有超出布加勒斯特公报。然而,决议宣称与会的各党"同意坚决抵制偏离马克思列宁主义教导的修正主义、教条主义和左倾宗派主义和有所表现的狭隘民族主义倾向,创造性地发展马克思列宁主义并在实践中灵活地加以运用。"这一段,反映了

《真理报》(6月12日)把北平置于左倾宗派主义和分离主义倾向的指责,远远超出了《莫斯科宣言》中的相类似的表述。在《宣言》中,已经清楚地显示,北平以左倾宗派主义和民族排他主义形式表现的挑战是当前共产主义世界的主要灾难。(《莫斯科宣言》宣布修正主义是"主要威胁"。正如上文指出的,布加勒斯特公报在这一点上没有做出评价。)

更重要的是,决议表明莫斯科将在集团和共产主义运动中继续反对北平的"宗派主义"的观点。它宣布共产主义政党必须"继续进行反对修正主义、教条主义和宗派主义的斗争,因为它们与马克思列宁主义的创造性本质是相对立的,并阻碍动员社会主义阵营和革命运动的一切力量为和平和社会主义而斗争。"(这再次表明"宗派主义"而不是"修正主义"是主要目标。此外,对更为严重的"狭隘的民族主义倾向"的指责也是针对中共而言的。)另外一个段落谈到了苏共肩负的争取集团的"更大的"团结,更进一步地暗示着莫斯科和北平之间仍然存在基本分歧。

3. 关于当前苏联对西方的政策,决议中起作用的那一段宣告:

……①这一关键的表述,由于增加了"警惕性"和斗争,比"和平解决争端"更加重要,在苏斯洛夫7月17日的讲话中有所反映。苏斯洛夫谈到了美国最近在"挑衅的道路上的"逆转,以及为了和平必须进行坚持不懈和不屈不挠的斗争,和平不能通过祈求取得,必须通过人民的集体努力才能赢得。在这个事业上,我们需要坚定、果敢和坚持不懈,以揭露好战的帝国主义的阴谋诡计……我们必须更大胆地、更广泛地并以一种更富有挑战性的方式来揭穿挑衅者和伺机报复的人。

读一读赫鲁晓夫在罗马尼亚党代会上的讲话和哥穆尔卡7月6日的讲话,这些宣言似乎清楚地预示着苏联对西方的对外政策进入了一个新的、好战的阶段。

布加勒斯特会议后,国际上的一些其他发展支持了这一结论。有关古巴、刚果、B-47轰炸机和柏林事件是对苏联声明和行为的无情的、更加肯定的注解。有关裁军谈判的两项进展也许更能表明苏联对外战略的一般变化。

6月27日苏联退出了10国裁军谈判;这一决定显然是刚刚一两天前(虽然在前一周就存在苏联的预备性的措施),大概是在布加勒斯特会议上做出的。

由共产主义国家出面召集的世界和平理事会7月9～11日在斯德哥尔摩举行,这表明:苏联在裁军谈判中的做法更多的是一个策略上的转移。世界和平理事会发起了一场鼓动全世界进行"裁军和巩固和平"的运动,并煽动召开世界裁军会议。这场提倡具有明确的"裁军"策略的运动的实质直接与莫斯科施加压力的努力有关,或者是在那些容纳美国基地的国家预示着美国进一步的空中侦察活动。正如世界和平理事会的负责人伯纳尔(J. Bernal)在讲话中所阐明的那样,"现在我们必须认识到把某些政府带到会议桌上来是不够的。人民必

---

① 原文此处字迹模糊。——译注

须向它们施加非常大的压力以使它们必须同意裁军和放弃冷战。"

尽管这些措施都具有广泛的政治意义,但是它们同样与中共被排除在裁军谈判之外这样一个特别的问题有关联。苏联的发言人谈到必须扩大 10 国裁军委员会的组成,伯纳尔在号召召开世界裁军会议的同时,尖锐地指出中共的缺席"使过去 10 年的所有的裁军会议都是不现实的"。

五、会议的后果及其前景

布加勒斯特会议显然产生了两个主要的并且相当矛盾的结果。

最显著的结果是莫斯科成功地使北平——至少是暂时——停止了对苏联对外政策的方法和原则的公开批评和为此进行的游说活动。布加勒斯特公报按计划达成了一致,显示出集团在苏联领导下的表面的团结,尽管公报含糊的措辞将有可能使北平恢复争论,如果它选择这样做的话。大概莫斯科实现了这个结果,这对于维护它在一个统一的共产主义集团和运动中的领导地位是相当重要的——通过各种形式来施加压力——通过由得到苏联支持的其他的共产党来施加压力——还可能通过更直接的施加压力的方式。

看起来似乎是莫斯科通过就他们存在分歧的一些具体政策问题的看法达成了和解,从而使北平平息了愤怒,或至少是抵消了它的影响。在布加勒斯特的秘密会谈中,赫鲁晓夫表面上宣布或者说是"最终确定"政策转移,这种转移实际上是相当于莫斯科的对外政策策略向中国人所赞同的方向转变。苏联政策上的这个新阶段的特点是在苏联政府强硬的核外交的支持下,较少地依赖与同西方的谈判,支持自由世界的共产主义力量进行的群众宣传运动、政治鼓动及其他形式的直接的行动。特别是,发动轰轰烈烈的"和平"运动显然是旨在反对美国的基地和盟国,支持自由世界的民族主义力量,在那里他们是与西方盟国相抵触的。[①]

尽管苏联决定采用新的路线几乎可以肯定是源于并不直接与中苏争论相关的种种考虑,但似乎同样可以肯定的是与中共关系的状况有关,如果不是决定性的,那么也是一个重要的考虑。北平已经对有关与西方进行裁军谈判的价值表现出了强烈的异议,至少是在目前和对现在的会议。这是在一个较宽的范围对有关"和平斗争"作用和性质争论的一个方面。莫斯科通常认为,通过种种广泛的外交和宣传努力,摆出和平捍卫者的姿态,集团必须尽可能地获取对其对外政策目标和国外共产主义运动的支持。北平主张对"和平"运动的依靠不应该允许掩盖共产主义革命的基本目标,特别是在不发达国家。莫斯科的新方针有点趋向于弥合这一差距。在具体实施上,莫斯科的领导人可能看到了通过使当前苏联对西方的策略更加向北平靠拢来缓和正在危险发展着的中苏紧张关系,这其中的价值相当可观,特别是如果出于其他的原因这种转移似乎是值得的话。他们也许还估计到了采用这种新的路

---

① 原注:见 1960 年 7 月 21 日第 8306 号情报报告《苏联对外政策的新阶段》。

线将有可能削弱在共产主义运动范围内的对北平的支持。

赫鲁晓夫可能把新的政策路线作为一项苏联专有的首创而在布加勒斯特会议上提出。更有可能的是，这种转变不是源于直接的中苏交涉，而是源于苏联意识到转变将使北平更有责任停止攻击。但是还有一些迹象——特别是提倡的"广泛的联合阵线"策略——表明北平也许打算把这个特殊的途径作为结束公开争论的一种方式。

至于中苏关系的将来，按照次序有几种结论。首先，通过挑战苏联的领导地位，中共在集团和国际共产主义运动中的影响有所增加，及时直接的结果是苏联试图在共产主义世界中鼓励北平的观点和苏联和中共领导人之间的沟通在某种程度上的中断。

第二，至少在可预知的将来，这两个盟国的关系不可能公开破裂，及即使与联盟历史上的任何时候相比，本文中所评论的事情不能给出较多的理由来确保这种可能。这两个大国都有可能继续认为维持联盟的好处超过了任何可能的可以选择的其他的好处。

第三，尽管在布加勒斯特会议上出现了部分和解，但这次会议不仅对于这两个盟国之间在观点上的基本的、潜在的分歧，还是对他们当前的争论，都没能拿出一项关于中苏分歧的决议。这一结论是有上文谈到的证据所支持的。因为导致这些分歧的根本原因——中共与苏联相比处于完全不同的内部和外部形势，以及它在一个看似统一的集团中所处的第二大国的位置——事实上可以确定的是，中苏关系在将来还会被类似的争论所困扰，即使是不远的将来也是如此。确实，分歧的最终解决也许只能取决于集团结构的根本改变和共产主义世界领导权的运用。

至于在较近的将来，很难断定这种休战和在布加勒斯特达成的和解将会持续多久。这取决于许多因素，包括中苏争论在各自国家的国内政治中卷入的程度和中共在共产主义世界中所能获得的支持的数量。最重要的也许是北平公开挑战苏联对外政策路线的动机。一个重要的原因可能是向莫斯科施加压力以迫使苏联在对外政策上的做法更接近于中国人的观点这样一个愿望。如果这是北平的唯一的或主要的动机的话，下面的情况似乎是可能的：这两个共产主义大国在一段时间里有可能就搁置目前的争议达成一致，只要莫斯科坚持当前对西方的好战的路线。

然而，如果北平在论战中的主要目标是迫使苏联在集团和国外的共产主义运动的领导权方面准予其发挥更大的、更能胜任的作用，允许中共在推行内外政策方面有较大的独立性的话，那么争论似乎不大可能拖得太久。这里，利益的冲突更具有根本性。莫斯科首先是要维护其在集团中作为政治和意识形态领袖的地位，并通过阻止中国人在国际舞台上可能的冒险行动来确保国家安全。苏联在世界工会联合会后采取有力行动来遏制北平的挑战以及将唯一的对"狭隘民族主义倾向"的谴责对准中共，这都表明苏联关心的是对其领导地位的威胁。另一方面，中共希望在共产主义集团的大背景下确保行动的自由，而且有可能认为苏联过去一两年的行为直接侵犯了中国的利益。

虽然领导权的问题可能是北平进行抨击背后的一个重要的考虑因素，也是苏联关心的主要方面，但总而言之，在不远的将来，中苏争论似乎不大可能以激烈的形式再现，特别是如果莫斯科坚持目前对西方的好战政策的话。在这个事情上,可以期待的是在不远的将来,莫斯科和北平最有可能通过党的或政府的最高层进一步努力交换看法,如果有可能,来达成更深入的和解。过去的三个月里,什么要求都没有,这在他们的关系中似乎是非同寻常的事情。如果成功的话,和解的进行会适当地采用如下的形式:中国人更坚定地承担起停止论战和挑战苏联领导地位的义务,作为交换,苏联将保证对中国人的一些特殊的愿望予以支持。事情如果照此发展,那么西方就将面对一个或几个不利的进展,例如中共在苏联的支持下恢复对近海岛屿的推进,武力支持老挝或南越的地方共产主义力量,或者是苏联在核武器领域对中共予以援助。

O. S. S. /State Department Intelligence and Research Reports China and India 1950 – 1961 Supplement,Reel Ⅲ, 0259 – 0286. University Publications of America, INC, 1979.

张郁慧译,何妍校

中情局关于中苏关系的预测

（1960 年 8 月 9 日）

NIE 100 - 3 - 60

中 苏 关 系

（1960 年 8 月 9 日）

由中央情报局局长呈送

如下情报机构参加了这份评估的准备：中央情报局以及国务院、陆军、海军、空军和联席会议的情报机关。

美国情报委员会一致同意

在 1960 年 8 月，达成一致的有国务院情报和研究署署长、陆军部情报部助理参谋长、海军情报主任、空军情报助理参谋长、联席会议的情报主任、美国情报局（USIB）原子能委员会代表、国防部长特别行动助理以及国家安全委员会主席。联邦调查局助理局长对这个在他管辖范围之外的题目主动回避。

问　　题

检验中苏关系，并评估中苏关系未来五年可能的发展。

结　　论

1. 共产党中国力量的壮大及其自信导致了中国日益增长的固执以及随之而来的中苏关系的不和谐因素的急剧增加，尤其是在对非共产党世界的前景和态度上。共产主义的信仰仍旧是唯一的，但共产党的权威现在却有了两种声音。结果是，中苏关系进入了一个困难的转型过程（第 7～9 段）。

2. 中苏关系并非共产主义铁板一块。相反，其中包含和谐和分歧。两个大国在意识形态、外交政策、经济和政治方面都存在不同程度的合作。尽管中苏在广泛的共产主义目标上进行合作，但这种伙伴关系依然受到了传统意义上的同盟或联盟都会遇到的离心力的影响（第 58～63 段）。

3. 我们认为,在评估的这段时间内,中苏关系中的内聚力会比离心力更为强大。其内聚力最为强劲之处在于,双方都认识到两国同盟关系的实质性削弱会给各国的国家利益和共产主义事业带来无可估量的损害。这两个国家几乎肯定会继续对西方采取同样敌视的立场,并一致认为通过推动共产主义运动的共同努力,他们有朝一日也会参与到这个世界主宰者的行列中来。他们同时也会在各自获得的政治、经济、军事优势中寻求一致性。对于中国来说,这种力量尤其如此:鉴于在军事和经济上将继续依赖苏联,他们也许会感到,事实上,除了维持与苏联的同盟,他们别无选择(第13～14、64～65 段)。

4. 离心力将持续存在,也许还会增长。国家利益和民族个性的差异性,以及苏联和共产党中国作为各自共产主义社会发展的重大差别,会给中苏关系带来持续不断的紧张。共产党中国在集团内部的地位在未来五年里将会有所加强,而这种加强可能会削弱那种由于北平在军事和经济上的依赖性而给莫斯科带来负担的平衡。与同盟的前十年相比,中国共产党人将更倾向于追求自己的国家利益,并质疑苏联的领导地位(第15～17、66 段)。

5. 我们并不排除这样的可能性,即在所评估的这段时期内,这两个大国将走向公开的分裂,还是将形成与现在相比更根本的利益联合体。不过,我们认为更可能的是,分歧不会得到根本的协调,不和谐将会此起彼伏,集团内部不断增长的力量二元化的发展趋势与现在建立的单一权威的集团体制将日益水火不容。即使如此,到目前为止双方的分歧还不至于导致苏联和共产党中国不再视对方为共同反对西方的支持力量(第67～69 段)。

6. 中苏同盟给美国安全利益带来的威胁是相当巨大的,在所评估的这个时期内,这种威胁很可能会增长而非减弱。尽管如此,既然这种同盟关系正处在变化演进中,那么在美国看来,其发展就存在有利和不利两种可能性。中苏关系的紧张将会弱化这种联合起来的敌对势力,同时会给西方提供可资利用的情势与机会。同时,中国共产党人的压力可能会不时地影响苏联人,使其对西方追求一种更加好战的路线,而不是基于某种策略的选择(第70～71 段)。

讨　论

一、导　言

7. 中苏关系表现出来的公开明显的紧张信号比十年来任何时候都更多:更重要的是,苏联和共产党中国就全球战略问题进行争论,双方都认为(自己)宣传的是真正的学说。这个范围内的各种分歧提出了一个问题:中苏关系是否能够长期维持目前的状态或者现在的和谐程度。

8. 共产主义运动的历史被打上了争端和分裂的标记。这些(争端和分裂)不仅发生在苏联共产党内部,而且也发生在共产党之间和共产主义政权之间。在分歧达到严重程度的地方,他们大体上通过莫斯科的影响而解决。但是,莫斯科不时地找不到或者无法执行这样的权力,一些分裂已经发生了。最明显的例子是南斯拉夫。

9. 直到共产党中国开始作为一个强权出现之前,共产主义运动还没有经历过卷入对苏联潜在的重大反对的严重争论。由于共产主义的经历没有为重要的共产主义强国之间提供解决这种分歧的明确先例,目前在莫斯科和北平之间的争论预示着对中苏关系在弥补内在分裂力量上的艰难的检验。其结果将在长期内极大地影响世界共产主义内部和外部的未来路线。也将对美国和西方的利益产生深远的影响。接下来讨论试图检验中苏关系的实质并且评估中苏关系的未来走向。

二、中苏关系的基础

(一) 关系的演变

10. 目前的中苏关系以联盟形式形成——有时候和谐,有时候不和谐,这个联盟在苏联共产党和中国共产党之间坚持近 40 年了。从 1921 年中国共产党成立开始,两党共同拥有一个革命的共产主义信仰以及推翻中国现政权、破坏在中国的西方影响力的共同目标。支持中国早期的共产主义运动符合苏联的利益。对中国共产党而言,在它的早年,知识分子、工人领袖、军事领导的不同角色分类很不明确,苏联是最初唯一的指导和支持的来源。

11. 在这种关系中的困难从一开始就固有。斯大林对中国形势的错误理解所导致的错误领导的程度,时常几乎摧毁中国共产党。[①] 苏联想继续维持俄国历史上在中国获取的特殊权利和影响力。中国甚至缺乏布尔什维克 1917 年从俄国所继承的经济基础和管理技能。马克思主义曾经被移植到俄国,之后需要更加根本的改变以适应农业中国的环境。

12. 只要中国共产党是推翻现有中国政权的唯一革命工具,那么这些问题就能够得到很好的处理,但是一旦中国共产党已经在中国稳固地建立自己的政府,情况就开始表现出新变化。跟苏联的卫星国相比,可以从更大程度地说它通过自己的努力取得了胜利。北平政权已发展了自己的政治和军事力量,独立于苏联的直接控制。中苏同盟(1950 年 2 月 14 日)的条款赋予它在集团内的特殊地位,很快明确了北平从某种程度上可以制定自己的路线。毛已经获得了作为学说改革家的声誉,北平变成在整个集团内独特的第二个权威的基础已经被铺设。

(二) 基本力量

13. 共产党中国和苏联之间有许多强有力的联系纽带。两国的领导人都拥有共同的思想核心,并面对一个共同的敌人。他们都认为世界各国被划分为两个敌对的阵营,并且把他

---

① 原注:中国共产党的媒体继续不时地批评(斯大林所)采取的这些路线,尤其是 1931～1934 年之间的,认为(斯大林)"错误"指导了"不假思索就模仿外国经验"的中国领导人。

们自己的两个国家归为一方。苏联和中共领导人声明最重要的就是需要为了与共同的敌人斗争,尤其反对主导因素——定义为主要敌人的美国而保持集团的团结。

14. 每个国家都从与另一国的联盟中获取了很大的实际利益。苏联和共产党中国都感谢从他们的联盟中获得的战略力量的极大提高。他们所拥有的一个面对两个海洋的巨大的大陆块,迫使西方在对抗集团上广布分散了军事力量。共产党中国对抗在亚洲的西方力量的情况牵扯了相当比例的西方部队,转移西方的政治和经济优势,使莫斯科能够在其他地区集中自己的部队。在朝鲜表明了在某些环境中,中国共产党的武装部队可以在不必让苏联武装部队直接卷入与西方冲突的情况下就为苏联的利益服务。作为回报,共产党中国得到了对它工业化发展所必不可少的经济支持和技术援助。它在建立和管理一个共产主义集权国家中也得到了苏联的指导,在国际论坛、强大的军事建设所需的设备方面得到苏联的支持以及苏联核能力的保护。

15. 但是,根本的紧张隐藏在中苏关系中。国家认同在国家利益和国家特征的整个特质范围内,具有强大的离心力。俄国和中国是具有悠久和骄傲传统的国家,俄国人和中国人是极其不同的族群,他们相互的关系经常以憎恶和相互仇恨为特征。尤其是中国共产党,继续表现出传统的中国人的极度骄傲和优越感。尽管苏联和中国共产党领导层都宣扬“民族主义思想”是应该被驱除的恶魔,但是他们对公众主要呼吁的是无法抵挡的民族骄傲和野心。“无产阶级国际主义”没有在未来俄国人和中国人的遗产、文化和心理中存在的鸿沟中架起桥梁。

16. 苏联和中国在共产主义社会发展中存在巨大差异,这也在他们的关系中增加了重要的紧张因素。两个国家当务之急的需要和目标在许多方面都不同。共产党中国处于建设工业基础的早期阶段;它感到要被迫驱使人民从他们的劳动成果中挤压资本,并且继续节衣缩食。普遍的情绪是革命性的。另一方面,相对成熟和富足的苏联已经达到了这样的阶段:为了取得计划中的经济增长和提高,需要把最大的注意力转到工作条件和人们的生活水平上。另外,苏联人几乎已经不断将希望寄托于维持斯大林去世后所取得的生活水平和没有恐怖的自由。

17. 两个合作者在国际事务中所处地位的重大差异也产生了分裂的力量。共产党中国的外交政策前景被这样的事实影响:它在国际理事会中没有发挥核心作用,并且缺乏它所觊觎的大国地位的诸多因素。由于在国际事务中的相对孤立和地理位置,共产党中国是一个直接利益集中在亚洲但很少有机会和实力去真实地判断西方局势的亚洲强国。它对外政策的野心不仅由于西方的反对也由于苏联的制约而受挫。

三、中苏关系的特点

(一) 共产主义的关系

18. 意识形态。两国领导人都利用同样的马克思列宁主义的思想体系评判国内外事务。他们拥有共产主义取得最后的世界性胜利的共同信念,都相信他们自己正处于不可避免的历史发展的领先地位。他们坚定不移地反对他们所认为的已进入帝国主义最后阶段的腐朽的资本主义制度。他们相信他们的努力可以加速资本主义的灭亡。另外,苏联和中国领导人也认为共产党必须在其他国家获取并把持政权,"无产阶级专政"必须在共产党的领导下被建立,通过国家计划和国家所有的生产方式督促经济的有力发展。

19. 但是,事实上意识形态"实质"的解释和应用时而成为中苏关系的离心力。尽管两国一切政策都在共产主义框架内产生,且一些政策很大部分是由学说理念推动的,但是我们认为绝大多数的主要政策决定主要由实际考虑所指导。在任何情况下,共产主义世界中每项政策的重要转变都必须伴随着学说的评判。在过去一些年,苏联和共产党中国领导人都试图通过引用经常存在巨大矛盾的共产主义经典学说而极大神圣化各自的不同政策,在这个过程中都宣扬他们的领袖赫鲁晓夫和毛"创造性地发展了"经典的共产主义学说。在谈话中,毛泽东和他的同事似乎以基督教中认为"现有教堂"已经变得太世俗和城市化的正统"预言者"自居,转向认为最初的战斗性对于激发共同的信仰是必需的。而且,他们否定赫鲁晓夫作为与马克思、恩格斯、列宁、斯大林和毛泽东一个级别的伟大的共产主义发展者的地位。他们似乎把赫鲁晓夫看作第二代共产主义者和对列宁主义的背离者。

20. 只要中国的政策创新和学说主张只局限于相对较小的国内问题上,苏联就会采取支持的态度。但是,早在1956年中国人就开始对集团事务发表重要声明,从那时起就对国内外事务越来越刚愎自用,并在越来越多有关学说解释的问题上断然公开了与苏联人的分歧。中国对苏联政策的背离和对苏联权威的挑战冒犯了苏联领导人。因此,中苏在对共产主义经典进行合理解释的问题上产生的争吵,反映了关于基本政策和政策形成的权威性解释的分歧。

21. 在过去一些年,莫斯科和北平不时地在对意识形态的解释问题上产生了严重分歧。在这些分歧中,中国人强调"不断革命",中国人认为"矛盾"存在于领导人以及共产主义国家中,并且中国人主张在刺激生产力的努力中政治意识如同经济奖励制度一样重要。尽管这些问题在共产党人中相当重要,但它们与分歧中尤其重要的另外两个领域相比则黯然失色。这些领域关系到对各种外交政策以及中国人民公社的理论"正确性"给予意识形态上的支持。

22. 对莫斯科和北平来说,外交政策最严重的问题是政策应该针对西方以及集团外部的革命运动。总体而言,中国人对列宁文献的解释,是为了证明在这些方面比赫鲁晓夫更强硬和好战的路线的正当性。分歧涉及到对当前历史时期的解释,现代武器把新因素介入历史过程的程度,对和平共处的合理定义,消灭战争的可能性,以及最重要的可以实施的合理冒险。苏联和共产党中国公开声明他们在意识形态术语中存在严重分歧,这表明在共产党中分歧已经尖锐化。①

23. 其他主要的分歧关系到中共的人民公社计划,它完全违背了赫鲁晓夫在苏联及东欧组织和提高农业生产的计划。很显然,在此前没有与苏联人进行任何讨论的情况下,中国

---

① 原注:这些分歧,尤其涉及到外交领域和世界共产主义运动的分歧,在此后第32～39段中有探讨。

人于 1958 年 8 月启动了这个激进的项目。在受控制的中国媒体中,对学说主张的个人评论的声音越来越强,给人留下的印象是通过人民公社的发展,"共产主义"阶段在中国即将来临。中国人因此暗示,他们不仅已经找到了先于苏联和集团其他国家达到共产主义的途径,而且暗示中国共产主义人民公社可能作为示范为某些其他国家提供借鉴。

24. 部分地由于苏联的不满,中国人在 1958 年末逐渐取消了他们对人民公社夸大的意识形态宣传。同时,从内部考虑,也命令在人民公社制度上进行大踏步后退。中国人接受了苏联人的观点:在不遵从拥有高度发达的工业和高生产率的苏联经验的情况下,没有任何一个社会能够进化为共产主义,而且他们暂时放弃了他们的人民公社思想与其他国家相关联的主张。几乎可以肯定的是,在 1959 年 2 月苏联共产党第二十一次代表大会上,中国人最初的坚持发挥了重要作用,使赫鲁晓夫无法发表自己新的意识形态声明。显然,其目的似乎在于使苏联在走向共产主义道路上的主导地位变得更加明确,同时承认,包括中国在内的所有集团国家,将几乎同时实现共产主义的最后目标。

25. 关于人民公社的分歧还没有被解决。苏联对人民公社的批评还在持续,而中国共产党则开始缓慢地收复他们在 1958 年 12 月退却中的失地。除了重新坚持有异议的主张,即人民公社代表中国向共产主义过渡的开端并与其他国家密切相关外,中国共产党还发起了城市公有化运动。而且,中国媒体的文章也揭露出苏联经验的问题,苏联经验与中国人民公社计划的关系在中国共产党内已经变成争论的议题,计划的反对者利用苏联的批评以及苏联的示范来巩固自己的立场。

26. 集团内的领导。北平在 1956 年开始在集团事务中发挥积极、独立的作用。中国不情愿完全跟从非斯大林化运动,它对 1956 年波兰人和匈牙利人进行鼓励,并批评苏联的"大国沙文主义"已成为苏联的问题,尽管北平随后支持苏联在匈牙利中的行动并帮助苏联领导人在集团中重新稳固团结。最近以来,中国共产党通过在其他集团代表中游说,从而在反对苏联外交政策方针上更直接地挑战苏联的领导权。

27. 但是,北平继续在表面上向苏联对集团和世界共产主义运动的领导权表示忠诚。中国领导人承认共产主义团结的重要性,为此只能有一个领导核心,而且承认,至少在可预见的未来,这个领导核心必须在莫斯科。然而,他们坚持苏联政策必须反映中国的利益以及北平对马克思列宁主义的一定基本原理的观点:尤其是(1) 开展对已经明确定义的敌人(美国)的不断斗争;(2) 在世界共产主义运动中推行更好战的革命政策。

28. 中国人在主要问题上所坚持的独立观点,促使欧洲卫星国越来越各执己见。在诸多场合下,各卫星国已经不响应苏联对中国言论和政策的反对,有时还给中国人公开的支持。① 最开始在东欧也有一些得到支持的证据,尤其在保加利亚对(中国)农村公社组织

① 原注:例如,在 1959 年秋天苏联公开它对中印边境冲突持中立立场之后的三周,东德开始公开支持中国共产党的立场。这种情况持续了六个星期,直到 11 月 9 日开始突然转向与苏联的立场一致。捷克在很短的时间内甚至在边境问题上对北平给予强烈的支持,并且较早加入北平对印度引发西藏叛乱的"帝国主义"的攻击。北朝鲜和阿尔巴尼亚对北平反对莫斯科的和解策略也较早地给予了支持。

的支持。对于北平赞颂毛对马列主义的贡献，东德公开表示同意，效法一定的中国经济改革，并且常常加入对苏联与西方和平共处的批评的阵营中。几乎可以肯定，1960 年 4 月中国《红旗》杂志的部分内容是特意鼓励和支持任何反对赫鲁晓夫对西方政策的所有共产党成员的。

29. 亚洲的所有三个卫星国地区——北朝鲜、北越和外蒙古，与中国拥有强有力的历史和文化纽带，中国共产党对这些地区有浓厚的兴趣。但是，莫斯科也对这些地区感兴趣，而且中苏似乎分享了对这些卫星国主权的控制。莫斯科在外蒙古和北朝鲜对共产党政权的统治是在北平政权建立前的既成事实。尽管自共产党中国介入朝鲜战争后，北平在北朝鲜的影响力得到相当大的提升，但是莫斯科仍继续统治着这些地区。莫斯科和北平都在亚洲卫星国进行着相当大规模的经济援助计划，在外蒙古和北朝鲜，苏联的援助占主导，在北越，中国的援助占主导。① 这种对主权的分享几乎肯定是一个微妙的问题，但是我们没有表明中苏摩擦正在加剧的证据。

30. 集团外的共产主义领导。中国共产党相信，他们的经历使他们具有一种特别的能力，可以为殖民地和半殖民地国家中自由世界的共产党提供指导，从共产党的用语来说，这包括了亚洲、非洲和拉丁美洲的大多数地区。共产党中国最近在这些地区为了提高自己对当地共产党和非共产主义政府的影响力做出了明显的努力。在一些国家，与苏联相比，当地共产党似乎更愿意接受中国人的指导，而且至少在某些情况下，苏联目前似乎支持中共发挥重要的作用。但是，苏联的影响力对世界共产党继续保持着统治地位。即使在亚洲非共产党地区，印度、日本和印度尼西亚三个最大的共产党也主要是接受苏联的指导，尽管目前他们的领导人有同时向莫斯科和北平请教的趋势。

31. 尽管在殖民地和半殖民地国家共产主义应该采取什么步骤的问题上，莫斯科和北平强烈表达了不同的观点，但是我们几乎看不到就这些领域的统治权产生的中苏争斗的信号。或许，只要莫斯科和北平之间在观点上存在切实可行的妥协与和解，任何一方都不想开始可能严重破坏前景的对外公开的行动路线。但是，如果中苏分歧持续，并没有真正得到解决，那么，在对共产党人、阵线组织、左翼中立政府的指导问题上，双方的竞争就会更加频繁和不断尖锐。

---

① 原注：到 1960 年 7 月 11 日为止，共产党中国和苏联对亚洲卫星国的经济援助承诺（单位：百万美元）：

	共产党中国	苏　　联
北朝鲜	225	456（包括取消高达 1.22 亿美元的欠债）
外蒙古	115	375（包括取消高达 1 亿美元的欠债，但不包括 1960 年 2 月没有宣布数额的援助）
北　越	300	255
合　计	640	1 086

(二) 战略关系

32. 对世界的展望与外交政策。苏联和中国共产党认为世界划分为三个国家集团: (1) 共产党阵营; (2) 反共的"帝国主义"国家; (3) 不结盟国家和不发达国家。他们都认为, 虽然在其他方面对西方保持压力和削弱西方的努力依然在继续, 但不结盟和不发达国家是推进共产党反对西方斗争的主要依靠力量。中共和苏共在这些主要问题是一致的, 他们的分歧是方法、步骤和风险等问题。

33. 以赫鲁晓夫为首的苏联领导人认为, 如果按照北平所希望的那样, 采取激进手段来实现国际共产主义运动的目标, 会导致政治和军事上的危险, 这将破坏这些目标的实现。苏联和中国都认为, 苏联在科学和现代武器上的优势改变了世界力量的平衡, 但苏联比中国更担心共产党拥有的这些"优势"会导致全面战争的可能性。在苏联看来, 现代武器具有毁灭性的力量, 因此这样一场战争对所有参加者都是灾难性的。基于这些考虑, 苏联认为战争应该也是可以避免的。苏联相信, 最有效地实现世界共产主义目标的方式是一种灵活的方式, 即把树立榜样、宣传及对新独立国家现存政权的援助(即使这意味着在某些情况下与资产阶级民族主义者合作)与颠覆及在一定条件下的军事压力相结合的方式。

34. 与此同时, 苏联内部的因素也强化了莫斯科避免与西方对抗而给自身利益造成严重威胁的立场。苏联确信, 如果没有意外, 苏联经济在与反共产主义的国家集团的竞争中, 无疑会决定性地增强社会主义国家的力量, 并且会无以争辩地向全世界显示苏联制度的优越性和吸引力。此外, 苏联现行的国内政策强调的是鼓励而不是强制, 继续重视广大的工人和农民, 因其产品对实现苏联的计划至关重要。

35. 中国人认为, 集团应采取更加大胆和进攻性的步骤以实现共产主义的全球目标。他们认为, 苏联在先进武器上的成就极大地改变了世界力量的对比, 因此应采取更加强硬的行动, 即使引发局部战争也在所不惜。在中国看来, 如果局部战争会导致全面战争, 则不仅共产主义将在全球获胜, 而且世界也决不会毁坏到使胜利黯然失色的地步。与此同时, 任何局势的缓和都将麻痹共产党的战斗精神, 给西方以喘息之机, 使其放手准备反对社会主义阵营的战争。因此, 与莫斯科不同, 中国共产党人不愿意将谈判作为反对西方斗争的策略手段。

36. 共产党中国不但视美国为意识形态上的主要敌人, 而且, 由于美国阻碍了中国攻占台湾从而使共产党未能赢得国内战争的彻底胜利, 它也被视为中国直接的国家敌人。中国还认为, 美国正在阻碍中国共产主义在亚洲以及在国际事务中总体影响力的扩大。这使北平比莫斯科对美国的仇恨更情绪化和僵化。弥漫于北平宣传中的"反美"精神对于证明中国人民牺牲的正义性也十分有用。

37. 中国还认为, 拉丁美洲、非洲以及非共产主义的亚洲的"被压迫民族"已经做好了民族革命的准备, 反对"帝国主义压迫"的战争在这些地区里是不可避免的、正义的和需要的, 并且应得到集团的声援和支持。虽然支持这些地区的资产阶级民族革命并非万全之策, 但应抓住机会把革命进行到底, 一旦条件成熟, 就马上用共产主义政权取代资产阶级民族政权。中国不像苏联那样热衷于主张共产党通过议会道路或其他非武装革命的形式夺取政权。

38. 中苏的这些分歧始于1957年下半年,到1959年赫鲁晓夫在北平发表讲话,明确表示不赞成北平好斗的外交政策时,双方的分歧进一步升级。1960年4月,北平指责苏联在苏美峰会上推行的缓和政策,使分歧公开地尖锐化。虽然北平对赫鲁晓夫在峰会受挫感到高兴,但中国共产党继续批评苏联奉行的政策,在世界工会联合会这类组织中游说自己的主张。在中国共产党看来,北朝鲜、土耳其和日本最近发生的革命事件,证明了中国所持的总体强硬路线实际上是正确的,北平认为这些事件是对美国支持的反动政权的打击,反映了当地人民的革命愿望。

39. 在6月于布达佩斯召开的集团会议上,苏联对西方明显采取了更强硬的立场,包括把暂时中止与西方谈判作为基本策略。苏联向强硬立场转变的部分原因可能是出于对中国共产党的国际政策的考虑,可能想以此换得北平在布达佩斯与莫斯科在意识形态和其他问题上保持一致。苏联的策略转变可能部分地缓解了中国对社会主义阵营外交政策的不满。不过,中苏在近几周达成的这种妥协肯定不会从根本上消除导致两国产生分歧的基本因素。

40. 边疆领域。围绕着新疆、蒙古和满洲的边境地区,中苏在历史上存有深深的敌意。我们认为,这依然是双方一个非常敏感的问题。1924年,苏联把外蒙古变成一个傀儡国。30年代和40年代,它在新疆省获得暂时的控制权。1945年,在把日本人从满洲赶走以后,苏联又部分地获得了沙皇时期对大连港及满洲铁路拥有的特权。苏联还洗劫了价值近8亿美元的满洲工厂和设备。不过,自从共产党在中国夺得政权后,特别是1955年苏联放弃了它在满洲的特权后,这些问题似乎对中苏关系没有造成多大的影响。

（三）军事关系

41. 军事同盟。中苏同盟自1950年后形成时就含有重要的军事同盟色彩。尽管中苏同盟条约文本中的有关条款主要是针对日本的,[①]但中苏都从更广泛的意义上看待双方的军事同盟。例如,中国共产党实际上已表示,当华沙条约国遇到敌意行动时,他们将介入;在1958年的台海危机中,苏联发表了支持声明,特别强调了根据1950年条约苏方承担的义务。同盟的存在极大地增强了整个社会主义阵营的军事力量,提高了中苏各自在国际事务中的地位。

42. 尽管存在军事同盟以及苏联和中国两国武装力量在武器装备方面的高度标准化,但没有中苏两国武装力量进行联合军事演习——不论是陆上海上或空中——的证据。不过,两国确实在防空领域进行着合作。我们没有证据因而无法判断中苏联合军事计划的范围和性质。中国继续强调毛的军事思想,一些中国军事领导人也曾因太相信苏联的军事教

---

① 原注：1950年2月签订的中苏"友好同盟互助条约"确立了两国军事合作的正式基础。条约有效期至1980年。条约规定,如果缔约的任一方遭到"日本或与日本结盟的国家的进攻,因而与其处于战争状态,另一缔约方应立即向其提供所需要的一切援助"。

条而受到批判。苏联和中国两国的军事将领之间显然也没有亲密的交往和同志式的友谊。

43. 共产党中国对苏联的依赖。共产党中国十分重视与苏联的军事同盟。正是由于1950年与苏联的军事联盟,中国共产党才得以放手实施雄心勃勃的国内计划而不必担心外部的入侵。中国自己没有核打击力量,但苏联拥有的核武器却使中国的外交政策有了更大的回旋余地。中国致力于把其1949年这支原始落后而又庞大的军队,建成一支拥有战斗机和配备了装载中远程导弹的潜艇的海军准现代化军队,在这方面,中国几乎全部依靠苏联。随着中国自己生产军备能力的不断增强,苏联对中国的军事供应也会相应减少。① 但是,北平在很多方面还依赖于莫斯科,特别是在维持现在的军备水平以及未来军事现代化的发展等方面,苏方的作用举足轻重。

44. 核武器与导弹。中国完全依赖苏联的核武器和导弹的军事支持。我们认为,苏联不可能在中国部署核武器,但即使部署核武器,那么核武器也完全是掌握在苏联的控制之下。苏联本来是可能从自己的核武库中给中国提供核武器的,但苏联并没有这样做,我们也不认为在可见的将来苏联打算这样做。同样,也没有证据表明苏联向中国提供了地对地导弹。不过,有迹象表明,中国有可能从苏联得到空对空导弹。

45. 在基础核研究方面,苏联正在向共产党中国提供援助,但是这种援助看来不包括直接帮助生产裂变材料或发展核武器。中国现在依靠苏联提供的轻铀和重水于1958年在北平建立了核研究反应堆。同样,已在中国发展了数年的铀矿和加工厂也是苏联科技援助的产物。

46. 苏联当然不愿意看到中国共产党拥有自己控制的核武器。苏联最重要的一个考虑可能是一旦中国掌握了核武器,会进一步减少苏联控制中国独立行动的筹码,特别是中国可能卷入与美对抗的行动。与此同时,中国要获得核武器能力的愿望十分强烈。拥有哪怕是很小的核武器都不但极大地增强中国在世界、特别是在亚洲的军事和技术地位,而且也会扩大中国追求自身国家利益的行动自由。

47. 我们无法就这些根本性的利益矛盾对中苏关系产生的影响做出评估。我们不认为任何一方想把矛盾推向会给两国关系造成无法弥补的后果的程度。另一方面,就这一问题对双方的极端重要性而言,核能力肯定是双方矛盾的一个焦点。我们确信,苏联一方面有意识地帮助中国发展核技术,但同时又极力控制中国的不耐烦和不满意,从而使其达到符合双方关系最佳利益的程度。与此同时,苏联很可能原则上向中国许诺提供核保护。

48. 虽然我们无法估计此种发展的可能程度,但苏联有可能为中国提供简单的核装置并帮助中国进行试爆,以减轻中国对核武器的渴望。这能使中国宣称它已拥有核武器,通过大肆张扬的核爆炸来获取最大程度的国际声望。虽然此举在一定程度上有助于中国的核计划,但对苏联来说,不致冒使中国大规模加速获得其他核武器的能力的危险。这种安排使苏

---

① 原注:从1950~1955年,苏联共向中国提供了大约8.2亿美元军备,全部由苏联贷款支付。由于交易基础是现金,所以中方需付超过交易额半数以上的货款。在朝鲜战争中消耗的物资可能是苏联捐助的,而中国则出人力。请参阅附录三。

联有可能放慢为中国提供其发展核能力所需要的更先进的援助。

49. 中国能否在近年内——比如说二三年内——获得试验自己的核装置的能力,几乎完全取决于苏联援助的性质和程度。如果苏联继续保持目前的援助水平,那么中国有可能在 1964 年左右具备试验自己核装置的能力。不过,如果苏联在中国的压力下,向中国提供我们尚未发现的更大规模的核援助,那么中国就有可能提前一至两年试验其自己制造的核装置。如果苏联直接提供设计、核聚变材料并帮助中国生产核装置,那么中国随时可能进行核试验。即使中国在进行了核试验之后,中国还需要几年时间才能生产小型的核武器,因为中国尚未具备所必需的高度先进的科学技术和工业装备。

50. 裁军、禁止核试验和亚洲无核区。中国人没有效仿苏联单边裁军所采取的戏剧性的姿态。北平对苏联的决定表示赞赏,但却坚决维持自己目前的武装力量规模,坚信在全球共产主义胜利之前,不可能有真正意义上的裁军。中国有时也声援"亚洲无核区"①的建议。北平确信,与西方达成的任何条约都不会有实质意义,所以,北平只是从宣传的意义上来看待这类建议的。

51. 北平声明赞成停止核试验,对苏联在全面禁止核试验上的谈判立场进行声援。我们认为,如果谈判将要达成协议,北平会向西方提出某些附加要求,也有可能同时向莫斯科提出类似要求,作为同意协议的条件。北平可能会开出高价,例如联合国席位问题、台湾问题或是美国在远东的基地问题等,总之是北平认为西方难以接受的条件。但从另一方面来看,我们认为中苏会在事先进行磋商,中国人不会违背苏联的意愿而把破坏协议作为自己的主要目标。

(四) 经济关系

52. 经济模式。在建国的最初几年里,共产党中国紧紧跟随苏联的经济发展模式,依靠苏联专家的意见来计划和指导自己的经济规划。不过,大约从 1957 年开始,中国共产党认识到苏联模式不能完全适应中国的实际情况。在以后的几年里,特别是在 1958 年,中国开始大规模实行在苏联完全没有先例的经济政策,其中一些政策令苏联瞠目结舌。根据中国自己的公式,中国发明的经济政策主要有三部分:"人民公社","大跃进"和"两条腿走路"(即高速发展大工业与发展大量使用简单设备的地方小工业相结合,工农业并举)。这些新政策不是取代了苏联资本密集型模式,而是作为这一模式的补充。

53. 经济利益。从北平政权建立后,共产党中国与苏联的经济合作就是双方关系的一个重要方面。双方都从这种合作中受益,但中国受益多于苏联。苏联对华出口工业产品换取中国的粮食和原材料,但出口额微不足道(从未超过 2%)。苏联进口的是需要大量人力生产的产品,出口的是使用少量人力生产的产品,这对缺乏劳动力的苏联经济是一

---

① 原注:这是一个要求在亚洲全面禁止核武器及核武器的研制发展和生产的流行术语,类似的说法还有"亚太无核区"、"亚非无核区"等等。

种援助。

54. 中国从这种交换中获益更大。由于苏联提供的科学技术帮助,中国在所有领域都受益。苏联在经济组织、财政、工业技术和科学方面的知识技能对中国是非常宝贵的。苏联和东欧卫星国在过去十年对中国提供的机械和技术援助对中国工业化蓝图至关重要,否则,在没有西方物质技术的条件下,中国几乎不可能实现工业的高速增长(23％的年增长率),我们估计从1950年到1958年都保持这种速度。中国与苏联和东欧国家的经济关系显然是十分密切的。

55. 中国从苏联引进了291项大型工程项目,价值超过30亿美元。这些项目中的一半已经建成并投入运行,构成了中国工业发展计划的核心(见表一)。与苏联的贸易对中国具有特殊的重要性,它意味着固定资产投资、工业原材料、交通设备和石油产品的有保证的供给。苏联的援助还包括提供现代技术、派出专家以及从1950年到1956年间提供的约13亿美元的贷款,贷款中的4.3亿美元用于经济发展,其余部分主要用于购置军火。

表一　苏联与共产党中国达成的项目建设协定(1950～1959)

协　议　时　期	经济贷款 (百万美元)*	项　目　数　量	完成设备安装的价值 (百万美元)**
1950年2月	300	50	1 300
1953年9月	0	91***	
1954年10月	130****	15	100
1956年4月	0	55	625
1958年8月	0	47	
1959年2月	0	78	1 250
总　　　计	430	291*****	3 275

＊ 按官方汇率1卢布兑换4美元。
＊＊ 包括对这些项目的技术援助。
＊＊＊ 签订为总数141项工程提供设备的协议。
＊＊＊＊ 这一数字包括为1953年9月签订的141项工程提供的设备和技术援助的价值。
＊＊＊＊＊ 1959年4月,中国宣布,1956年4月双方同意的211个苏联援助项目缩减为166个,在随后的建议中,一些项目被合并。

56. 中苏经济关系的发展完全是一种商业行为。苏联从未给中国任何财政补贴,实际上,中国使用从其他国家得到的经济资助和贷款要多于苏联的经济贷款。1956年苏联的贷款到期后,中国通过对苏出口偿还了进口的苏联货物款。自1956年后,中国每年向苏联出口的货物价值远超过了它先前进口的苏联货物的价值。我们认为,苏联对华援助和贸易的条件,可能还有援助水平,都是令北平十分恼火的,中国大概很难平静地面对这样的事实:在中国自己不得不节衣缩食以偿还苏联援助时,苏联却向中立国家大量提供援助。①

57. 中国共产党人无意参加任何经济一体化的计划，例如经济互助委员会（CEMA），因为这会把中国经济捆在苏联战车上，使中国更依赖于莫斯科。相反，中国决心尽可能发展完整的独立自主的经济体系。中国认为，以其巨大的经济潜力，建设一个完整的工业体系，而不仅仅是个别工业行业，是更现实的政策。苏联这次似乎认可了中国的这种方式。不过，在中苏经济关系中，社会主义阵营内经济合作和贸易的某些具体领域依然有可能引起纠纷。

（五）中苏关系的总结分析

58. 中苏关系的本质是不可能用简单的术语来描述的。没有任何一个术语能概括两个共产党国家彼此之间的行为和他们给世界其他国家的总体印象。举一个极端的例子，两国没有把自己打扮成似乎是一个坚固统一的阵营，一个没有国界和国家利益，完全实行列宁主义原则的共产主义同盟。另一个相反的极端例子是，他们又不像典型的 19 世纪强权那样，严格从国家利益的角度来看待自己的问题和彼此之间的关系。相反，它们之间的关系在某种程度上介于这两个极端之间，又包括了这两者中的因素。两国关系中的共产主义意识形态冲淡了民族主义，而国家利益又冲淡了共产主义意识形态。

59. 中苏关系也并不是在所有的领域都是完全一致的。在两个大国关系的意识形态、外交政策、经济事务和军事事务等领域中，双方都有不同程度的相似和一致的地方。例如，在经济领域，苏联和中国都致力于长远发展，其目标包括中国的工业化和两国经济的增长。同时，两国经贸往来实际上是中国用农产品和矿产品交换苏联的工业品，交换的条件与资本主义世界的贸易谈判十分相似。在军事方面，两国致力于使中国的军事力量现代化，寻求进一步的合作以支持军事同盟。不过，苏联和共产党中国的军事关系并不像美国和北约同盟的关系那样密切。此外，由于中国强烈希望获得研制核武器的能力，从而很有可能引起双方不和。

60. 中苏关系最为牢固的统一方面是关于共产主义的宏伟目标。共产主义思想的核心是把世界看作一个分裂为资本主义-帝国主义和社会主义-无产阶级两个阵营的世界，相信共产主义会在全世界最终获胜，马克思列宁主义理论是建设新人类社会的基础。在这些方面中国与苏联看来高度一致。但是，两个共产党国家对这些宏伟信念和理论的解释和运用在许多方面是不同的，近几个月双方的情况表明，这些分歧有时是十分尖锐和根本性的。自相矛盾的是，将两国结合在一起的、使两国产生分歧乃至于可能的分裂的源头，都是共产主义意识形态。

61. 在外交领域方面，两个共产党国家的关系也时时显出不协调和方向不一致。在把美国作为共同敌人这一点上，两国是一致的，但仅此而已，在如何处理与美国和其他国家，特别是有影响的中立国家的方式上，两国有时迥然不同。共产党中国对待印度和印度尼西亚

---

① 原注：与自 1950～1958 年苏联向中国提供的 430 亿美元的援助相比，从 1950 年以来，苏联向印度提供了用于经济发展的延期偿付贷款和贷款达 684 亿美元，向阿拉伯联合共和国（UAR）提供了 621 亿美元，向阿富汗提供了 211 亿美元。不过到目前为止，苏联这些贷款的使用数量情况依次为：印度 139 亿美元，阿拉伯联合共和国 85 亿美元，阿富汗 69 亿美元。

的行为明显使苏联感到不快,与苏联试图建立的和平共处和缓和的调子格格不入。对这种行为的分析不可能只有一种正确答案,但最可能的原因是中国在处理这些问题时,首先考虑的是自己直接的国家利益,而不是社会主义阵营的和谐与团结。

62. 两个共产党国家外交政策的分歧源自两国不同的利益和不同的教义。在与西方的斗争中,中国与苏联在步骤、力度和方式上都截然不同;北平明显对赫鲁晓夫缓慢而难以琢磨的做法不屑一顾。在中立和不发达国家中推行共产主义的方式和短期目标方面,两个共产党大国也不协调。

63. 总而言之,中苏伙伴关系并非浑然一体,而是一个由数重关系组成的结构体,每种关系的力度和疏密程度都不同,内中既包含两国凝聚的因素,也包含分裂的种子。虽然是共产主义意识形态把两国结合在一起,但传统上的同盟和联盟所面临的多种分裂力量,同样也使中苏伙伴关系十分脆弱。中苏关系的未来取决于这些因素的相互作用和共产党领袖是否能成功地抑制冲突因素。

四、前　　景

64. 我们认为,至少在此报告所涉及的时期内,中苏关系中的凝聚力量要强于分裂力量。在未来某时,由于苏中领袖非常珍视这种同盟关系,他们很可能采取强有力的措施把不和限制在不损害两国关系的限度内。两边都有要消除那些会给双方关系造成永久性破坏的趋势。

65. 在这一时期中,两国关系中最强大的凝聚力量莫过于双方都认识到,对双方同盟关系的任何重大损害都会对各自的国家利益和共产主义事业造成重大损失。几乎可以肯定,两个伙伴都会继续对西方持敌意态度,都认为通过双方共同推进国际共产主义运动,总有一日他们能在世界上居于支配地位。双方都会继续从政治、经济和军事方面的互利中寻找到凝聚力量。对中国来说情况尤为如此,因为中国在军事和经济方面依然依赖于苏联,他们可能感到,在维持与苏联的同盟问题上别无选择。

66. 然而,双方分裂的因素依然存在并可能发展。本报告所论及的双方显明的民族特性和全然不同的发展阶段仍会是破坏性的力量。根据近几年的情况判断,苏联社会和制度专制与严厉的状态有松动的趋势,虽然可能有反复,但这种趋势会继续下去;而中国共产党人将继续强制实行导致国内局势紧张的大规模经济与社会变动。在未来五年里,共产党中国在社会主义阵营中的相对分量很可能增加,这会削弱莫斯科通过北平对其军事和经济的依赖性而施加的影响。北平的对外政策比莫斯科更缺少灵活性、更具进攻性的状况也会持续下去,这会使两国关系更为紧张。与头十年两国处于同盟期相比,北平将更倾向于追求自己的利益并质疑苏联的领导。

67. 中苏未来关系的本质部分取决于下述现在还无法预测的因素的发展:苏联共产党或中国共产党领导层的变动;苏联与中国内部的发展所带给其领导人的欲望拟或是克制;西方国家的力量和政策;世界共产主义运动发生的可能性;以及各种共产主义冒险行为的失败与成功。

68. 这些不确定发展的相互作用及中苏关系中的分裂与凝聚力量将决定其未来关系的模式。我们不排除这种可能性：中苏两国或走向公开分裂，或建立比现在更加密切的休戚与共的关系。然而，我们认为，中苏不太可能从根本上解决他们之间的分歧，两国会继续其基本的但非无条件的合作，而摩擦却在所难免。在强烈的民族自尊心的驱使下，两个共产党强权不可能从根本上团结一致，双方难以将各自的观点强加于对方，也不会改变自己的立场和观点。与此同时，就反西方这一双方的共同目标而言，分歧还不至于使苏联和共产党中国在此问题上分道扬镳。

69. 中苏之间的紧张关系最终可能导致社会主义阵营结构的重组。中苏关系甚至有可能使两国开始寻求其作为强大的民族国家时传统的势力圈，从策略考虑，双方可能发展到互相承认各自的势力范围。无论如何，在以后五年中，社会主义阵营内部中苏两个权威的对立，将与基于单一权威的现行社会主义阵营结构越来越不相容。其结果使社会主义国家在面对西方时越来越难以实行迅速有效的合作。莫斯科可能会感到难以应付其东欧盟国日益高涨的自决权要求及防止卫星国利用中苏分歧来反对莫斯科。中苏对国际共产主义运动的不同主张及中国企图增加它对其他国家共产党的影响，有可能导致国际共产主义运动陷于混乱之中。

70. 中苏分歧的相互作用将极大地影响社会主义阵营对西方的政策。我们在别处曾分析到，在以后的几年中，保持接触和压力是苏联的对外政策两个基本要素。而中国的对外政策是把接触压到最低点，把压力增加到最高点，在涉及到中国的国家利益，特别是台湾和北平在国际社会中的地位问题时，这种趋势最为强烈。我们不认为中国的作为会决定苏联的政策方向，但中国的举动确实会影响到苏联的政策。如果苏联未与中国结盟，苏联在与美国达成协议上不会觉得有任何束缚，但现在，即使苏联想这样做，他们也放不开手脚。此外，中国共产党的压力有可能在一定时候迫使苏联在与西方打交道时更多地诉诸武力威胁，而苏联出于策略考虑本来是可以有其他选择的。

71. 由于中苏同盟是一种变化和发展的关系，因此从美国的角度来看，其发展对美国有利有弊。他们的紧张关系削弱了对西方的敌意所造成的压力，西方完全可以利用这一点。中苏的公开分歧损害了共产主义团结一致的形象，在一定程度上减轻了世界共产主义运动的前冲力。然而，虽有这些有利因素，但中苏同盟对美国的安全和国家利益带来的威胁仍然是巨大的，我们认为，在本文所讨论的时间范围内，这种威胁更可能是增加而不是减少。

附录一

苏联的贸易和技术援助对中国经济的影响

1. 在过去十年里，苏联向中国实际提供的成套设备和其他重要设备总价值达到 20 亿美元。根据 1950 年双方达成的一系列协议,苏联同意给中国的 291 个重大项目提供成套设备,这些项目构成了中国工业化的核心,其中包括为建立大型的、现代化的工厂提供整套工厂设备,这些工厂包括钢铁厂、大型石油加工厂、飞机与汽车制造厂、机器制造厂等,此外还有成套发电设备,这是中国工业发展计划的核心。这些设备中有一半左右已全部或部分投入运行。中国通过从苏联进口成套工厂设备而获得了相对标准化的基础工厂,通过熟悉计划经济的苏联专家的帮助,建立了全面的计划经济,获益匪浅。就经济资助而言,这并非是"援助"项目,但苏联长期提供设备的保证,随时为中国提供苏联已有的现代技术,以及苏联专家在中国各类工厂建设的不同阶段所提供的必要的技术指导等,有助于中国工业的长足发展。在中国的第一个五年计划中(1953~1957),苏联在这些项目建设中的作用举足轻重。

2. 中国现在宣称自己有能力独立地建设现代工厂,并独立地就原苏联援助的项目制定计划和完成建设任务。不过,随着中国技术能力的进步,他们现在正致力于更为复杂的生产——飞机、电子设备、机器制造设备,在这方面,苏联的援助依然至关重要,只是在更高的技术水平上。

3. 苏联的"援助"有多种形式。1950~1956 年,苏联对华贷款约为 13 亿美元,其中 4.3 亿用于经济发展,其余主要用于军事方面。到 1955 年这些贷款已几乎全部使用,中国现已偿还了其债务的三分之二。在过去十年中,苏联还向中国无偿提供了大量技术资料。苏联还向中国派遣技术人员,提供了某些自己国内也同样紧缺的设备。苏联还根据中国的发展计划安排货运,并愿意就未来年间中国的发展承担经济义务。

4. 中国从与东欧卫星国——特别是东德、捷克斯洛伐克——的密切经济合作中也获益匪浅。中国与这些国家就至少 100 个项目达成了提供技术和设备援助的协议。这些项目中的三分之二已完成并投入运行。包括这些项目在内,在 1950~1959 年期间,中国从东欧卫星国购买到约 17 亿美元的机器设备。中国进口设备的约 40% 是来自苏联之外的这些国家。

5. 第一个五年计划的数字表明,由苏联提供主要设备和技术人员,中国提供原材料、部分设备和劳力的合作项目,占国家在这一时期全部工业投资的 44%。就绝对数字而言,中国在第一个五年计划中的工业总投资为 250 亿元(人民币),其中的 110 亿元投入到由苏联援助的项目中。

6. 中国第二个五年计划的最初设想是继续把重点放在大型工业和由苏联援建的工业项目上,这可能是基于如下的考虑:将国家用于由于苏联援建的项目的投资保持在第一个五年计划的水平上。然而,大跃进导致投入家庭作坊式的小工业资金急剧增加,激进地改变了投资模式。1958 和 1959 年的情况及 1960 年计划表明,第二个五年计划的工业投资可能是原计划的两倍——1 000 亿元而不是 500 亿元(人民币)。与此同时,在苏联援建的项目中的投资尽管也增加了,但不会超过 250 亿~300 亿元。根据这些数字,用于苏联援建项目中的投资占工业总投资的份额,从第一个五年计划中的 44% 下降到第二个五年计划的约 25%~30%。

7. 除了为由苏联援建的 291 个项目进口设备外,中国还为协议之外的工厂从苏联进口了大量的机器设备和其他装备。对中国经济同样至关重要的是从苏联进口原材料、交通设备和石油产品。

8. 从苏联进口石油产品对中国有特殊的重要性,因为到1959年,中国自己的石油产量只能满足国内需要的一半,其进口石油的90％以上来自苏联。1959年,中国共从苏联进口了330万吨的原油和加工后的石油产品,其中约100万吨是军用的飞机燃料、汽油和润滑油。就这些产品而言,中国完全依靠从外国进口。虽然预期在未来五年里,中国的原油产量和原油加工能力会大幅度增长,但中国的需求量也会急剧增加,预计中国1965年的年进口量将会增加到约500万吨。进口物资将仍以包括大量军用油在内的石油加工产品而组成。

9. 不断增长的中国机器制造工业反映了中国加强自力更生能力的趋势。尽管中国对某些型号的机器还是完全依靠进口,但中国官方宣布,与第一个五年计划只能满足国内需要的60％的生产水平相比,中国现在已有能力生产其所需要的约80％的机器设备。然而,中国的生产能力是不平衡的,其多数工业产品型号简单,例如农用水泵或是小工厂用的简单设备。

10. 大量在华工作的苏联专家,大大增加了苏联的设备援助对中国经济的影响的分量。苏联专家的费用或由中国支付,或包括在苏联对华大型项目援助的成本里。到1959年,据报道约有11 000名苏联经济技术专家先后在华工作。这些专家不仅包括一流的工业专家,还包括经济顾问,他们帮助制定了中国所有行业的经济计划。在过去两三年中,苏联技术人员的数量有所减少,留在中国的专家多为技术顾问,他们不再以经理或工程师的身份出现。苏联向中国提供技术的另一个途径是在苏联培训中国学生。到1958年,据报道中国已向苏联派了14 000名留学生,另有38 000名中国人在苏联各工业部门实习。多数实习的苏联工厂都类似于中国正在建设的工厂,这样,他们回国后就可作为熟练的技术工人或技术人员在类似的中国工厂发挥作用。

11. 专家建议和人员培训的作用虽然不如技术援助的效果那样直接明显,但苏联以这种方式向中国提供的技术信息对共产党中国的工业化计划却是至关重要的。根据1954年签署的"中苏科技合作协定",苏联向中国提供了600种工厂和企业建设蓝图,1 700套机器设备的制造图纸,以及大量的生产流程信息。中苏在1958年和1959年又达成了在第二个五年计划(1958～1962)中实施的关于技术合作的补充协议。对中国来说,以这类方式从苏联获得的知识和资料,对于即使没有苏联参与的工程也是十分宝贵的。

表一　苏联公布的中国从苏联进口情况(1950～1958)

(单位：百万美元　百分比)

进　　口	1950		1951		1952		1953		1954	
	价值	％	价值	％	价值	％	价值	％	价值	％
机器设备	41	11	108	23	157	28	161	23	199	26
成套装置	1	(0.3)	32	(7)	41	(7)	49	(7)	93	(12)
钢铁金属	20	5	50	10	66	12	68	10	88	12
有色金属	3	1	17	4	16	3	14	2	22	3

续　表

	1950		1951		1952		1953		1954	
石油及石油产品	11	3	39	8	33	6	45	6	45	6
纸	4	1	11	2	17	3	9	1	6	1
杂　项*	23	6	51	11	19	4	10	2	25	3
其　他**	286	73	200	42	246	44	391	56	374	49
总　计	388	100	476	100	554	100	698	100	759	100

	1955		1956		1957		1958	
进　口	价值	%	价值	%	价值	%	价值	%
机器设备	230	31	305	42	272	50	318	50
成套装置	142	(19)	217	(30)	209	(38)	166	(26)
钢铁金属	76	10	61	8	33	6	61	10
有色金属	13	2	18	2	8	1	16	3
石油及石油产品	79	11	86	12	90	17	92	14
纸	7	1	6	1	3	1		
杂　项*	16	2	15	2	15	3	31	14
其　他**	237	43	242	33	123	22	114	18
总　计	748	100	733	100	544	100	634	100

* 包括诸如化工、建设材料、药品及文化与消费产品。
** 指苏联材料中未列项目，主要是军事和战略物资。

表二　苏联公布的苏联从中国进口情况（1950～1958）

（单位：百万美元　百分比）

	1950		1951		1952		1953		1954	
进　口	价值	%	价值	%	价值	%	价值	%	价值	%
农业原材料	67	36	86	26	125	30	122	26	116	20
食品	22	12	23	7	57	14	89	19	149	26
动物原材料	10	5	17	5	32	8	13	3	25	4
有色与合成金属	20	11	46	14	73	18	101	21	107	19

续　表

	1950		1951		1952		1953		1954	
纺织原材料	17	9	30	9	39	9	58	12	56	10
纺 织 品	无		4	1	15	4	17	3	37	6
杂 项*	52	27	126	38	73	17	75	16	88	15
总 计	188	100	332	100	414	100	475	100	578	100

	1955		1956		1957		1958	
进 口	价值	%	价值	%	价值	%	价值	%
农业原材料	130	20	139	18	129	18	102	12
食 品	179	28	201	26	128	17	219	25
动物原材料	22	3	26	3	21	3	22	2
有色与合成金属	118	18	126	16	142	19	123	14
纺织原材料	60	9	59	8	49	7	38	4
纺 织 品	59	9	96	13	136	18	194	22
杂 项*	76	13	117	16	133	18	183	21
总 计	644	100	764	100	738	100	881	100

* 杂项包括工业产品、工业原材料、化工产品与橡胶及文化和消费产品。

附录二

中苏科技关系

一、共产党中国对社会主义阵营依赖性的规模和性质

1. 如果没有有组织的外来援助，共产党中国也有能力通过使用一小批在各自领域能跟上国际发展的科学家，逐渐发展自己的科技能力。中国人要想在1967年在一些重要领域达到国际先进水平，就需要得到大规模的国际援助，特别是得到专业训练。然而，就目前而言，中国在科技的各个领域，特别是发展水平上，都处于依赖状况。例如，中国需要通过外来援

助建立国家级的研究机构、制定研究计划、获得最新科技知识及解决相关问题的能力、提供科研材料、培训新的科学家。随着发展,对掌握更高的学术与科学知识的专业人员的需要会日益增加。其他国家也曾经历过这种发展模式。到目前为止,中国向苏联和其他社会主义国家就科技发展的各个领域都提出了援助要求,并在一些领域中得到了援助。中国还尽可能跟踪和运用西方的技术发展成果。

二、苏联援助的规模、性质和条件

2. 到 1958 年,苏联基本上满足了中国关于建立国家科研机构、制定科研计划和人员培训方面的要求。多数援助只限于实用技术层次,很少参与研究与发展。截止到现在,苏联援华人员多为教师、短期的讲师、顾问及工业人才。从 1958 年开始,数百名苏联科学家到中国与中国科学家共同从事研究工作,其工作时间分别从几个月到一年或两年不等。

3. 根据 1954 年达成的"中苏科技协定",中苏双方签订了一个五年协议,从 1958 年 1 月起,苏联的科技援助开始升级。这个协议明确了中苏在科技发展、培训科学家方面的关系,根据协议,为支持中国的十二年科学发展规划,通过双方合作或在苏联帮助下实施 120 个项目的研究。我们认为其中一些项目也是为了支持苏联的研究计划。

4. 与 1958 年科技援助升级相关,两国科学院于 1957 年 12 月还达成协定,内容包括提供直播通讯联系,合作进行研究和探险,在解决重大科技问题上共同合作。两国的农业科技部门和高等教育部门也都在 1958 年 1 月开始实施相关的协定。每年制定完成这一五年计划的年度执行计划。这些协定都与达成的五年协议密切相关。这些协议文件包括了所有领域的研究、发展和人员培训,也包括了所有相关的政府机构。

5. 苏联帮助中国最重要的一个途径是在苏联培训中国科技人员。在中国进行培训的效果不理想,难以培养出大批合格的新的科学家。中国合格的科学家基本上都是从苏联学成后归国的(另有大约 200 名科学家是在共产党掌权后从欧美回国的)。1955 年后特别重视研究生的培养。1957 年,中国制定了一项政策,根据这项政策,只派研究生出国。由此,派出国人员的数量从 1955~1956 年间的约 2 000 人下降到每年的数百人。在苏联学习的人数虽然减少了,但学习的层次却提高了。目前约有 4 500 人在苏联学习,主要集中在科技领域。

6. 据报道,在中国工作三个月时间以下的苏联专家,其费用由苏联方面承担,三至六个月的,由中国方面承担旅途费用,六个月以上的,其费用完全由中国承担。而在苏联学习的中国人员的费用则完全由中国负担。科技设施和设备也是有偿的,1958 年,据报道这一项的贸易额为 1 亿元(人民币)。

三、苏联的收益

7. 虽然一些在苏联研究机构从事研究学习的中国学者和研究生对苏联的科研工作做

出了贡献,但苏联得到的收益尚不明显。在中国进行的某些领域的研究可能在一定程度上对苏联科学家有价值。与中国的研究与发展保持密切的接触有助于苏联掌握中国的发展及其前景。苏联能够进入中国的地质领域使苏联在类似于地质物理学等领域获得益处,这也有助于苏联在卫星跟踪方面的研究。

附录三

共产党中国在军事上对苏联的依赖性

一、地 面 部 队

1. 装备 在过去十年间,中国对苏联在装备方面的依赖性大幅度减少。不过,中国武装部队的许多型号的装备依然依赖苏联供应。

2. 在朝鲜战争期间,中国只能制造步兵武器和弹药。虽然中国使用了大量从日军和美军缴获的武器,但装甲车、火炮及炮弹及大型运兵车依然是由苏联提供的。朝鲜战争结束后不久,中国决定在苏联的帮助下发展适应苏式武器型号的军火工业。此后,中国军工业逐渐发展到能生产苏式火炮和炮弹、中型卡车、新型苏式小型武器和弹药,直到最近,能够生产中型坦克。据信,中国现已能满足其武装部队和平时期对这类武器更新的需要。但就其他装备而言,特别是重武器、特殊火炮、一些复杂的信号和电子装备以及各种型号的卡车和特种车辆等,中国还是完全依赖于苏联或其他社会主义国家。

3. 苏联向中国提供的装备数量尚不清楚。但是,从已知的军队装备情况来判断,其数量是巨大的。中国储备了多少装备的情况也不清楚,但即使中国有储备,储备的也主要是苏联武器。据估计,中国生产的军用装备远远不能满足其储备之需。通过对中国炮击留下的弹片进行分析,发现都是由苏联生产的,这意味着中国储备的弹药肯定都是苏联制造的。

4. 在过去几年里,苏联对中国援助的方式有所转变。从主要提供武器成品转变为现在主要提供建立军工厂所需的技术和工业设备。通过这种方式,中国已能够模仿生产大量的新式武器。更重要的是,这些工厂提供了进一步发展的基础,使中国最终能够自己生产其所需的许多类型的军用装备。

5. 但就目前和未来几年而言,中国使用自己的产品来实现军队现代化的能力还是十分有限的。例如,按现在的生产进度估计,中国要完成用 T–54 坦克来替代装甲师和步兵师里的坦克团现在使用的 T–34 坦克,需要五年时间。

6. 就战时对常规武器和复杂的雷达和电子设备——这对现代地面部队至关重要——的更新需要而言,中国现在和今后几年都不具备满足这种需求的能力。即使是在和平时期,中国军队现使用的武器的更新和武器配件依然依赖于苏联,通讯设备、雷达和早期预警装置更是完全依赖苏联。

7. 中国的地面部队使其他非共产党的亚洲国家军队相形见绌,但中国军队的装备水平离现代水平相去甚远。例如,苏联坦克师拥有的坦克数量是中国装甲师坦克数量的 8 倍以上,苏联步兵师里坦克团拥有的坦克是中国步兵师里坦克团拥有量的 2 倍。苏联军队的坦克数量是中国军队的 25 倍,而且是更大、更先进的坦克。

8. 因此,即使是在非核战争的条件下,如果没有大量备用的苏联武器与装备,很难说中国具有对一支现代化军队进行军事行动的能力。中国要满足其日益增加的石油和润滑油需要,同样需要援助。

9. 缺乏必要的军事研究与发展计划进一步延长了中国实现其"军事上自给自足"的时间。中国现在有能力对自己生产的相对小型简单军事装置从图纸和设计上进行改进,但看来中国还没有认真研究和发展真正"中国式"武器系统,或中国自己的支持设备系统。

10. 训练。苏联允许中国人进入苏联军事院校,帮助中国制定军事计划,为中国武装力量作出了重要的贡献。这里,有限的资料表明,部分苏联军事人员从中国军队的下级部门中撤回,这可能是因为中国人现已能够就现有的组织和装备制定和实施训练计划。不过,毫无疑问,中国认识到向苏联军事院校派遣尽可能多的人员的必要性,以为中国军事力量的现代化做准备。

11. 后勤保障。没有苏联大规模的后勤支援,中国在朝鲜战争中是难以支撑下去的。虽经不懈努力有了很大改进,中国的军事后勤从根本上依然十分薄弱,主要表现在运输系统有限的容量及突破封锁的能力,为战斗部队提供后勤保障的后勤组织结构,缺乏使中国军队投入现代战争所需的物资,即零配件、石油和润滑油及其他基本物资。在任何一场中国与一支包括西方军队在内的武装力量发生冲突,中国在后勤保障还将依赖于苏联。

二、空　军

12. 在飞机、空中武器、空中后勤保障设备、电子设备和训练等方面,中国现在几乎完全依赖于苏联。在未来很长一段时间内,这种状况还会持续。由于中国缺乏实施长途打击的两个根本要素(核武器和远距离运载装置),中国不得不依赖苏联。除此之外,中国在保持与发展空中进攻与防御能力上,也还要依靠苏联。

13. 现在,中国空军的飞机总数已超过 3 000 架,其中包括 1 850 架喷气式战斗机,约 400 架喷气式轻型轰炸机。绝大多数飞机是苏联提供的。毫无疑问,这是苏联对中国现代军事力量的主要贡献。此外,苏联还帮助中国建设能制造苏式飞机的工厂。自 1957 年开始,中国开始生产系列苏联设计的米格-17 型战斗机和安-2 型通用飞机,自 1959 年秋季开始制造 MI4 型直升机,并可能在最近开始生产米格-19 系列战斗机。苏联在这方面的援助规模巨大,但随着中国能够为飞机生产提供越来越多的材料、部件和技术人才,苏联的援助有所减少。尽管这种趋势还可能持续下去，但在未来一段时间内，某些部件还需靠苏联提供。

14. 中国的空军后勤物资也主要依赖于苏联。虽然自1950年后中国在空军后勤物资方面对苏联的依赖性减少，但由于中国空军的飞机数量急剧增加，从苏联相关后勤物资量也大量增加。据估计，目前中国空军后勤所需物资量的约80％是从苏联进口的。特别是在高等级的空军用机油方面，中国完全依靠苏联。一般认为，所有这些产品，包括所有的空中燃料，都是从苏联或是东欧盟国进口的。尽管预期中国的石油工业会不断发展，但在一段时期内，北平所需的石油产品的主要部分还要从苏联进口。因而中国的军事空中力量会继续依赖于苏联的供应线。

15. 苏联提供的训练援助包括提供指导和物资援助，其结果是帮助中国按苏联空军的模式建立起了空军训练机构。在朝鲜战争期间，苏联为中国空军提供了大批顾问和教官。此后，多数苏联空军顾问和教官撤回国内，但仍有部分人作为顾问留在中国。现在，中国能使用自己的设施满足多数情况下的训练要求，只在先进技术设备和高技术人才方面还依靠苏联。

三、海　军

16. **物质援助**　中国海军是在苏联海军的大力帮助下才得以建立起来的，苏联援助的舰艇及现在由苏联提供材料设备在中国组装的舰艇构成中国海军的主干。中国海军所需的主要装备，特别是海军军械、电子设备、推进装置和舰艇燃料都是苏联生产的。最近，苏联又为中国建立海军生产装备的计划提供了技术援助。

17. **苏联海军顾问团**　同样重要的是为中国海军的发展派出苏联海军顾问团。建立顾问团的目的是把苏联海军的经验、方法和技能传授给中国海军。它由设在北平的海军司令部里的苏联顾问组及隶属于各级海军指挥机构的苏联代表组成，顾问团最初成立于1950年，它的指导范围发展到包括海军的每一艘舰艇和所有的技术组织。据估计，到1954年，约有500名苏联海军专家在中国海军工作，其中约100人在北平的海军顾问组工作。随着中国海军逐渐掌握实际操作技能和经验，苏联专家的人数也不断减少。现在苏联海军专家的人数不超过150人，其中在北平的专家组约有30人，其他120人分布在舰队、军区司令部、大连海军学院及特别训练机构。

18. 出于面子上的考虑，苏联海军专家顾问团在参与中国海军事务上竭力避免给人以操纵的印象。多数专家穿便衣或是没有徽章和肩章的中国海军服装。中国人和苏联专家的关系总体上被形容为"礼貌"，在所有级别上都很少有双方出现摩擦的迹象。一般情况下，各单位的苏联专家只有当被询问时才发表意见。不过，他们定期向在北平的专家团负责人提交报告，后者又向中国海军高层领导机构提出建议。苏联海军专家团一方面给中国海军以宝贵的指导，同时又便于其随时掌握中国海军的专业能力。

19. 还有很多苏联专家为中国发展造船工业提供技术援助。还有一些苏联专家负责指导中国人如何使用和维护现代海军设备。

20. 训练。在中国海军发展初期,中国派了大批军官赴苏联高级海军院校学习。中国每年还派遣为数不多的高级海军军官到位于列宁格勒的列宁海军学院进修。另有一批低级海军军官在列宁格勒和伏拉迪沃斯托克地区的苏联海军院校接受特殊技术训练。

21. 除对中国海军进行技术和物质援助外,苏联还采取了其他一些有助于中国建立一支新海军力量的步骤。1955年,苏联将辽东半岛连同旅顺港——至关重要的海军与工业基地——交还给中国。旅顺港遂成为中国最大的两个海军基地之一。1956年夏季,苏联舰队正式访问了上海,这是国民党失败后外国军舰首次访问中国。到目前为止,中国还没有按惯例回访。

表一 共产党中国目前武器和军用车辆的年生产量(估计)

小 型 武 器	
7.62毫米手枪,51型(仿苏 TT33 型)	10 000
7.62毫米卡宾枪,56型(仿苏 SKS)	250 000
7.62毫米步枪,56型(仿苏 AK)	180 000
7.62毫米轻机枪,56型(仿苏 RPD)	15 000
7.62毫米重机枪,54型(仿苏 GOR)	1 000
12.7毫米重机枪,54型(仿苏 M38)	1 000
总　计	457 500
迫击炮	
82毫米(仿苏 M1937)	4 000
120毫米(仿苏 M1938/43)	2 000
160毫米(仿苏 M43)	200
反弹式步枪	
57毫米,36型(仿美 M18)1957年底停止生产;	
75毫米,52型(仿美 M20)	2000
火箭发射筒	
90毫米,51型(仿美 M20)1957年停止生产;	
102毫米,50型	100
火炮	
37毫米,AA54型(仿苏 M1939)	50
57毫米,AT55型(仿苏 M1943)	50
76毫米,DEV54型(仿苏 M1942)	175
122毫米(仿苏 M1938)	25
152毫米(仿苏 M1943)	

续　表

小　型　武　器	
坦克	
T－54(100)中型(仿苏)	100
卡车	16 000
吉普车	500
弹药	
火炮和迫击炮炮弹	1.4百万磅
小型武器弹药	1.5亿磅

表二　中国陆军的主要装备

	细　目	现 役 数 量	制　造　国
火　　炮	100毫米地面反坦克炮	70	苏联
	122毫米榴弹炮	1 800	苏联、中国
	122毫米火炮	800	苏联
	152毫米榴弹炮	400	苏联、中国
	152毫米火炮、榴弹炮	400	苏联
	130毫米火炮	75	苏联
高　射　炮	37毫米	1 450	苏联、中国
	57毫米	250	苏联
	85毫米	1 350	苏联
	100毫米	250	苏联
火箭发射筒	132毫米发射筒	150	苏联
	140毫米发射击筒	35	苏联
装甲设备	T－35/85坦克	2 600	苏联
	T－54坦克	100	苏联、中国
	JS-坦克	60	苏联
	SU－76/100	800	苏联
	JSU－122	100	苏联
	JSU－152	100	苏联
雷　　达	雷达设备	600	苏联、中国

表三 苏联向中国提供的舰艇

型号/等级	数 量	日 期	备 注
SS/"M - II"	1	1953	不再使用
SS/"S - 1"	4	1954~1955	
SS/"M - V"	4	1954~1955	
SS/"SHCH - II"	4	1955	不再使用
DD/"GORDYY"	4	1954~1955	
PC/"KRONSHTADT"	6	1955	
PT/"P - 4"	80	1953	
MSF/T - 43	2	1954	

表四 由苏联设计在中国制造的舰艇

型号/等级	数 量	日 期*	备 注
SS/"W"	17	1955	尚有部分正在建造
DE/"RIGA"	4	1955	1957年第四艘完成后停止生产
PC/"KRONSHTADT"	18	1955	1958年第十八艘完成后停止生产
PT/"P - 6"	60	1956	正在建造中
MSF/T - 43	8	1956	正在建造中

* 在中国开始建造的时间。

National Intelligence Council，*Tracking the Dragon: National Intelligence Estimates on China During the Era of Mao*，*1948 -1976*，NIC 2004 - 05，October 2004，pp. 217 -247

何妍译、校

国务院情报和研究署关于苏联
技术人员撤离中国的情报报告

（1960 年 8 月 30 日）

IR 8333

机　密

报道中的苏联技术人员撤离中国
（1960 年 8 月 30 日）

这是一份情报报告，而不是政府政策的陈述。

自 8 月中旬以来，新闻、外交和情报方面的报告都称，大量的苏联技术人员正在离开共产党中国回国。这些报告的出现，正值中苏关系呈现出严重和公开的紧张状态。这也许就是事实。如果是这样的话，这可能就预兆着中苏关系的严重破裂。但是，也存在着对事态发展的其他的似是而非的解释，例如周期性的人员调整或者北平长期以来一直发誓要在技术上独立的政策。还不清楚哪一种解释正确；在这一点上最有把握的是，苏联技术人员离开共产党中国是不同寻常的举动。

关于技术人员撤离的报道

8 月 12 日，南斯拉夫《战斗报》在北平的通讯记者报道，苏联专家乘坐的"长长的火车"，"每天"都离开北平回国。法新社从北平报道，随后的几天"大批离去"，8 月 17 日，法新社报道"官方对北平的苏联大使馆的关闭"证实苏联专家正"以比从前更大的数量"离开中国，但是未对此现象做出解释。但是，法新社最初的报道称，其他苏联集团国家的技术人员仍留在中国。

可靠的外交报告倾向于证实苏联技术人员有着一些非同寻常的离开共产党中国的举动。一个外交方面的消息来源报告了数以百计的苏联技术人员的撤离，并宣称中共自身对事态发展的原因给出了这样一个事实：中国的进步以使得技术人员的服务变得"不再是必需的"。另外一个消息来源声称，据其得到的消息，载着大约 200～300 名苏联技术人员及其家属的列车离开中国。南斯拉夫外交部长波波维奇（Popovic）称已经离开中国的苏联技术人员的人数是"大约 3 000 人"，但他没有解释是如何得出这个数字的。一个发自北平的路透社的新闻电讯报道，在过去的几周里，苏联专家乘铁路离开中国的行动仍在继续。

一份未经证实其真实性的情报报告称，7 月 28 日苏联共产党高层做出了一个决定：将所有苏联技术人员从共产党中国撤离，那些为苏联独自进行的项目服务的技术人员除外。根据这份报告的说法，该决定产生的原因是中苏关系摩擦。来自苏联的传言称，苏联主席团成员苏斯洛夫在 7 月 26 日对莫斯科市党的积极分子发表的一次讲话中说,中苏关系已经恶化到类似与铁托决裂前的苏南关系的程度;尽管现存的协定仍应当遵守,但苏联已没有理由对中国进行经济和技术援助。其他报道将苏联技术人员的撤离的开端归结为中共为了显示北平独立于莫斯科和对莫斯科的不满,有命令他们撤离或威胁驱逐他们的嫌疑。(这两种看法并不矛盾:苏联做出撤离的决定部分地是为了对中国最初的威胁做出回应。)

不论是什么原因,苏联技术人员从中国撤离的举动不寻常。

可能的解释

对于苏联大规模从中国撤离其技术人员,有几种可能的解释。

该事件可能仅仅是周期性的现象。虽然在华苏联专家到达和撤离的确切时间还不得而知,但这有可能和中共的学生的活动相符合,因为这些学生在夏天从苏联返回是正常的。因此,中国新华社 7 月 16 日报道,500 名学生,即从 5 月返回的 1 300 名学生中的“最后一批”,已经从苏联集团国家返回。这些学生可能会取代在华苏联技术人员。另外,苏联技术人员的大规模离境是由于他们援建的和最初运行的大型项目已经完成。8 月 19 日苏联塔斯社发表在《消息报》的发自北平的通讯暗示了和这条线索有关的信息。该通讯称“北平 1 号”涡轮电力工厂项目完工,该项目的设备是由苏联提供的。

第二,在中苏技术援助计划中宣称要达到如下目的:使共产党中国走上科学独立发展的道路,并让令其严重依赖的专家返回苏联,大量苏联技术人员的离境可能是正常的和符合逻辑的举动——虽然只是具有深远意义中的一个。这个目标是中共总理周恩来早在 1956 年提出来的。在那一年的 1 月 14 日对一群知识分子的讲话中,周谴责他的同胞中过分依赖苏联专家的倾向,并号召加速本国的科学发展。中国科学院院长郭沫若在 1955 年 7 月 21 日对全国人民代表大会的讲话中更加有力地提出了这一观点。当时他宣称:“大批苏联专家从他们繁重的共产主义建设的工作中转移出来帮助我们。他们被派遣来到我国并不是因为苏联人员过剩,也不是因为他们无事可做……我们不能仅仅依靠苏联的援助而不努力创造我们自身的条件。否则,我们将成为苏联巨大的负担……我们一方面要珍视苏联援助,另一方面要积极主动地创造我们自身的条件。”

如果共产党中国事实上在科学发展和训练技术干部方面已经达到了无需大量苏联专家和技术人员这样的阶段,这将是具有重大意义的发展,但还不是像由于中苏摩擦导致的专家撤离这样具有直接的和至关重要的意义。但是,共产党中国目前能否不需要苏联的技术援助而不遭受巨大的经济损失还要打个问号。1959 年,中华人民共和国引进苏联工业设备从 60 亿卢布增加到 160 亿卢布——创纪录的一年,通常还伴有技术人员。这至少会引发在华苏联技术人员的短期内的增长。同时,过去十年报道的苏联技术人员的数量总和超过 1 万人,这个数量在 1957～1959 年间下降了。

最后,苏联技术人员的离境有可能是中苏争论的表现。争论已经发展到了如此地步,以至无法排除这种情况的出现。莫斯科可能已命令部分或全部的撤离来作为对中国施压的途径,或者北平可能已将驱逐技术人员作为其对苏联行动不满的信号。如果这些属实的话,中苏关系将出现严重裂痕。如果撤离（或者是驱逐）将影响所有在华苏联技术人员，这一点将是毋庸置疑的。部分的撤离或驱逐的重要性程度将会小一些，但是这仍将是争论严重程度的重要信号。但是，目前的报道中，还没有可靠的证据将表面上苏联技术人员的离境与当前中苏摩擦除时间巧合之外的关系联系起来。

MF 2510409 - 304，Main Library of the University of Hong Kong

储峰译，何妍校

第四部分　中苏分裂期(1961～1969)

中情局关于中苏分歧及其影响的分析和预测

(1961 年 4 月 1 日)

绝　密

中央情报局

中苏工作组

中苏分歧及其影响

(1961 年 4 月 1 日)

一、导　言

1. 去年 4 月中国的出版物对苏联共产党尖锐和几乎不加掩饰的攻击引发了更大的矛盾——苏联在共产主义世界的统治地位将面临有史以来最严峻的挑战。12 月 6 日莫斯科声明表面上结束了分歧,但在许多方面问题仍然未能得到解决。这份关于中苏分歧的秘密报告做得很出色,它是一份在各方面都取得了突破的情报。我们从中可以了解相当多的事情,包括分歧的起因、1960 年初引发分歧的事件、两个国家敌对的程度、意识形态上的掩饰、中苏国内外政策的分歧、中苏两党对争论的各种问题所持的立场,以及对立场争论的尖锐性。

2. 我们对最近世界共产主义内部发生的许多事情还是一无所知。我们所知道的主要是关于 1960 年苏联和中国互通的公开(和秘密的)信件,以及在当年召开的各种共产主义会议上的讲话。我们不知道他们的幕后商议、决定以及处理的情况。许多事情我们可能永远不会知道,其他情况可能在中国和苏联的外交政策以及中苏军事关系和经济关系中作为部分的情况新进展而出现。无论如何,中苏分歧的真实性、严重性是毋庸置疑的,而且分歧还在继续。从一些历史角度探讨之后,这份报告还将讨论中苏争论的主要问题,然后分析它对中苏关系的意义和影响。尽管它不是叙述性的而是分析性和评估性的,但是希望读者能够全方位了解到中苏分歧到底是什么样的;为此,我们引用了大量所掌握的资料。

二、分歧的起源和发展

3. 虽然中苏在追求共同的共产主义目标的信仰上有着强有力的联系纽带,但是中苏关系自从中国共产党的早期斗争以来就一直存在问题。斯大林对于中国情况的漠不关心几乎摧毁了早期的中国共产党,甚至在中国共产党掌握政权后,苏联还坚持维系历史上俄国时期在中国的特殊权利。然而北平政权从控制大陆开始就在集团内被授予(或承担)了特殊地位。这主要因为在几乎完全不依靠苏联帮助的情况下,中国共产党就夺取了政权,而且之后能保持独立的政治和军事机构。另外,毛(也包括许多非中国人)认为自己作为一个理论改革家,在共产主义领导人当中拥有特殊的地位。

4. 中苏深层的矛盾由于斯大林去世以及随后莫斯科对国内、集团以及外交方面的政策的变化而加剧了。随着斯大林的强权开始在苏联内部消失,为维持苏联对共产主义政权控制的新的较为松动的集团组织形式得以保存。后斯大林时代的苏联共产党领导人逐渐朝着这样的方向迈进——在这个非常时期,还处于需要斯大林模式的巨大社会革命的早期阶段的独立自治的中国,正在变得更加强大和自信。从 1954 年起,中国不断在集团内部对自己特殊地位加强宣传。因为莫斯科对中国的贷款到期,北平开始偿还对苏联的经济和军事援助的欠债;的确如 1960 年中苏分歧的文件所揭示的一样,中国想要坚决地表现出与莫斯科的军事关系和经济关系保持距离。

5. (中苏)两国最高领导人的个性也极大地加剧了莫斯科和北平关系的紧张。因此,后来中国人坚持说他们与莫斯科之间的分歧是从"赫鲁晓夫同志成为(苏联共产党)领导人以及苏共二十大之后"开始的。赫鲁晓夫 1956 年对斯大林的攻击激怒了中国人,因为这与他们的预期并不相符,中国共产党把它看作是对共产主义制度的攻击。1956 年秋中国人第一次批评赫鲁晓夫不给波兰和匈牙利充分的言论自由,之后批评苏联在匈牙利叛乱蔓延后没有及时果断出兵镇压。在苏联看来,毛泽东被中国媒体称为马列主义"最高理论家",导致苏联共产党领导人对毛的日益不满。中苏关系的裂痕由于 1957 年中共帮助苏共修复集团内部的秩序而得到些许弥补,但是 1958 年又开始争吵。中国人在许多事情上都感到气愤,包括苏联对他们的人民公社和大跃进的蔑视,苏联对南斯拉夫政策的相对缓和,莫斯科不愿在中东制定更强有力的集团政策,以及北平显然没有得到苏联对其台湾海峡行动的令人满意的援助。

6. 同时,另一个更严重的中苏分歧正在酝酿。赫鲁晓夫对峰会与美国媾和明显表现出的热心加剧了中国人的不满和猜忌。自从 1957 年末(苏联)人造卫星出现后,中国人坚持认为集团力量变得如此强大,因此不应该主张和平共处,而是应该推动反对美国影响力和权力的革命运动。在 1958 年中期中国人就对赫鲁晓夫参加峰会的想法表示担心。但是自从 1959 年中赫鲁晓夫开始积极寻求与共产党中国的首要敌人——那个阻止中国夺取台湾并结束中国内战的美国和好的机会时,中国人的不满进一步加深了。共产党中国不仅担心美苏和解将破坏北平的国家利益和推动世界革命的动力,而且几乎一定会怀疑莫斯科部分地为了阻止中国变成核大国,而感兴趣于寻求与美国达成裁军和禁止核试验条约协定。① 赫

① 原注:我们认为中国核武器问题是中苏关系最重要的分支问题。这在 1960 年的论战文件中有一定程度的反应;但是证据太零散,仍然不能充分支持这种判断。

鲁晓夫匆忙赶赴戴维营,在 1959 年底对中国外交政策的公开批评,以及在 1960 年初对访问印度、印度尼西亚的炫耀(在那时这两个国家与中国关系很紧张),很显然,这些举动使中国人的忍耐达到了极限。

7. 由于对苏联的世界政策的失望,并且到目前为止又不能改变它,显然使中国人在 1960 年初做出决定:他们最好的武器是以意识形态为基础来挑战莫斯科,对苏联与西方媾和是否符合列宁主义提出质疑,并且鼓励整个共产主义运动采取显然比由苏联提出的符合其自身利益的更大胆的政策。因此,通过挑战莫斯科的权威,中国共产党声称他们是列宁唯一的继承人。很显然,中国人认为(或希望)他们的挑战能在世界共产主义运动中得到志同道合者和苏联共产党的广泛支持,以及他们的挑战能足以阻止赫鲁晓夫媾和的进程。接下来很快发生的事情将有助于加强中国人对赫鲁晓夫的反对:美国在峰会上没有做重大让步、U-2 飞机事件以及巴黎峰会的失败。

8. 中国人选择在 1960 年 4 月列宁周年纪念的文章里发起他们的挑战。通过攻击苏联长期捍卫的学说地位,中国人在文章中直接质疑苏联意识形态的正统性,这种挑战很显然使苏联领导人在巴黎峰会前夕陷入尴尬境地。这种挑战的公开性等于既要求对共产党政策的基本方向也要求对苏联在制定那种政策的作用有个交待。在形式上和本质上,中国人把自己表现为原教旨主义的预言家,他们指责现在的教会(的宗教观念)已经被软化和世俗化了。

9. 苏联最初的反应是苏联理论家库西宁 4 月 22 日进行的克制、平静、逐条详细的反驳。他们给中国发了 5 月份双边会谈的邀请函。中国人不准备让这件事情平息。他们不但退回了苏联的邀请,而且在 6 月初北平召开的世界工会联合会(WFTU)会议上批评了苏联的政策路线,甚至为了反对苏联的地位在代表中进行游说。从现有的共产党文件来看,很显然是中国打破了规矩,从而导致苏联开始进行有力的反击。

10. 这种反击是迅速有力的。苏联利用 6 月底在布加勒斯特召开的罗马尼亚共产党代表大会的机会,召开了由各党领导人参加的"预备"会议,表面上是讨论在高峰会谈失败后的世界形势。这个会议有 50 个党的代表参加,苏联在会上发放了很长的党内信件,尖锐地批评了中国的立场,谴责中国"不守信誉和非同志般"的行为,并且明显暗示如果中国共产党不回头的话,苏联将削减对中国的援助。双方更激烈的交锋发生了,赫鲁晓夫对毛进行个人攻击,说他和斯大林一样自负和脱离现实,中国人攻击赫鲁晓夫已经"背叛"了马克思、列宁和斯大林。尽管有一些反对,但是绝大多数的代表支持苏联。最后形成一个模棱两可没有解决任何问题的公报,会议达成共识,决定 11 月在莫斯科举行另一个更大规模的会议。

11. 之后的几个月,苏联发动全方位的运动来威胁中国人。苏联施加压力给各国共产党,让他们站在反对中共的立场上,并且,苏联在中苏国家关系的领域内采取了多项措施。北平的俄文出版物在苏联的发行被终止,一些中国官员因为宣传中国的路线方针被驱逐出境。具有最重要意义的事件是 7 月末所有苏联的工业技术人员从中国撤回(大约 2 000~3 000 人),尽管北平抗议说,中国的经济发展将因此受到严重损害。在 8 月和 9 月,苏联的出版物警告一个国家离开阵营的后果。但是,当所有这些事情正在发生的时候,苏联共产党仍然努力安排在 11 月会议之前与中共进行双边会谈。事实上，为参加一个失败的为期五天的会议，中国代表团确实在 9 月中旬就抵达了莫斯科。

12. 看上去，对苏联的压力，中国人不为所动，在 10 月预备会议传发的信中（"9 月 10 日的信件"），中国坚决捍卫他们的立场，强烈谴责苏联的施压战术，并且谴责莫斯科企图给中共强加一个"父子"关系。

13. 在这种紧张和互相指责的气氛下，26 个党的代表于 9 月底聚集在莫斯科召开"预备会"，目标是拟出一份 11 月讨论会的草稿。在会议召开的三个星期里，代表们进行了长时期的尖锐的交锋。针对最初莫斯科的草案，各国党递交了长达 165 页的修改稿，但是最后，尽管不满和反对仍然存在，就草案中绝大部分内容的修改意见还是达成了共识。只有一少部分问题还很突出，尽管它们涉及到有关权力的至关重要的问题。

14. 当 61 个共产党的领导人于 11 月初抵达莫斯科的时候，他们收到了苏联共产党的 11 月 5 日信件的副本，信件是对 9 月 10 日中国信件的回复。苏共反驳了中国"无礼的指责"，尤其是苏联背离了马克思列宁主义这种"可怕"的说法。这封信的结果是一笔抹煞了 10 月份所做的文字工作，并向整个共产主义运动暴露了中苏分歧的深度。正如邓小平不久后谴责的那样，很多协议是 10 月份达成的，但是莫斯科的行动重新揭开了所有的旧伤疤。邓再次谴责赫鲁晓夫的观点和做法，而且苦心罗列了苏联对中国强加的各种形式的压力，这无异在伤口上撒了把盐。会上赫鲁晓夫号召中国放弃自己的主张，经过长期艰难的辩论之后，11 月 24 日休会，关于权力的重要问题仍处于僵局状态。从那时起直到 12 月 1 日，两个主角在双边会谈上碰面了（很显然在胡志明的促成之下）。接着在 12 月 1 日，苏斯洛夫宣布已经达成完全共识。中国国家主席刘少奇在他第一次也是唯一的讲话中，也说了很多顺耳的话。赫鲁晓夫跟在胡志明之后以同样的方式向代表们承诺，就苏联来说，"我们与中国的关系很好，甚至可能比过去还好"。他接着说各党都是完全平等的，并且所有党承担共同的责任。很有意义的是，他补充道："与其他的兄弟党相比，我们和中国担负更大的责任。"

三、分歧中的问题

15. 下面要谈到的是 1960 年所争论的问题。对学说、政策以及权威的严重分歧被意识形态方面的术语所包围，莫斯科和北平都选择这种办法来展开论争。我们应该记住的是这些争论的背后是累积的摩擦和渐增的仇恨：国家间的分歧，个人冲突以及旧有并复发的在经济和军事方面的怨恨。在下面这些问题和实际争论的问题中，苏联和中国都指出他们是两个完全不同的共产主义国家政权，每一方都认为自己是事实的仲裁人，并且都有独一无二的党和国家利益促使各自采取不同的国际措施和步调。

（一）在共产主义集团内的权威和原则

16. 苏联利用所具有的权威和能力把一些准则强加给其他国家的共产党，尤其是中共，这已经成为分歧中最重要的问题,其中包括不论是辩论中明确的,还是像我们指出的与所有问题关系不明确的问题。分歧公开化的事实反映了中国力量的不断增强。反过来这也说明,建立在苏联权威下传统的一元化集团构架与实际上权力的二元化发展已经不协调。这种不协调从中苏联盟开始就已存在,且此后不断发展,而 1960 年达到了危机的关头,这是因为中国人开始认为,无论如何莫斯科所追求的世界政策必须停止,因为该政策不仅对世界共产主义来说是错误和鲁莽的,而且要以牺牲中国的国家利益为代价来服务于苏联利益。

17. 去年有案可查的争论的历史清楚地表明,中国人现在并没有试图取代苏联成为集团的领导人。同时,他们不再承认莫斯科是唯一的领导中心,因为他们坚持拥有特殊的地位,并且保留拒绝遵循莫斯科模式的权利。他们进一步认为,如果和苏联联系在一起的话,莫斯科模式必须体现中国的利益和中共学说基本原理的观点。因此,关于学说的合理解释的争论,事实上成为双方基本政策以及对形成这种政策进行权威性解释的最严重和致命的分歧。

18. 从 1960 年 4 月起,实际上已经没有中国不曾质疑过的学说了,在国家关系领域内几乎没有不涉及到分歧的。中国反对莫斯科主要依据是,苏联共产党干涉中共政治上和意识形态上的主权以及莫斯科企图把它的观点强加给国际共产主义运动。最后,北平想证明苏联的错误,并想证明莫斯科没有权利把它的观点强加于人。因此,中国人攻击赫鲁晓夫的尖酸刻薄和作为理论家、共产主义世界政策制定者及外交家的个人地位。

19. 中国人还指出苏联对其他共产党和其他国家施加不正当的压力,试图以此证明赫鲁晓夫的主张和苏联地位的优越性无效。在 10~11 月会议上的交换文件表明了中国人排外和猜忌的程度,借此机会,他们在莫斯科开始检验苏联的行为,中国人谴责苏联以前曾要求建立苏联领导下的在太平洋的联合舰队;在中国建立海军基地;坚持在中国建立联合控制的长波无线电发射机和苏联控制的雷达站。他们还谴责莫斯科批评人民公社和"大跃进",并坚持认为苏联的科学方法对于中国是必需的从而介入中国事务。此外,他们对苏联从中国撤离苏联技术人员表达了强烈的愤怒。[①] 他们谴责莫斯科通过捏造出中国边界牧民入侵苏联领土的事件而对中国进行抗议,从而撤走专家。[②] 他们直言不讳地谴责莫斯科在波兰和匈牙利起义的时候犯下了大错,并且攻击毛而且暗地支持反党的中国人。

20. 中国挑战莫斯科权威的主要组成部分,即在 4~12 月发表的言论如下:

(1)赫鲁晓夫是一个正在使共产主义革命真理被"阉割"和"庸俗化"的"机会主义者"。(4 月)

(2)平等的要求。中国与苏联的团结"意味着同志间的平等和互助的关系。我们一直反对沙文主义强权的有害制度和在处理兄弟党关系时采取老子对儿子的态度"(9 月 10 日)。

(3)要求全体一致同意,不是由绝大多数来决定。"在利用马克思和列宁的基本准则的

---

① 原注:有新的有力证据表明是莫斯科首先将苏联的工业技术专家撤出中国的。
② 原注:"入侵"的事实是不清楚的,但是双方都抗议对方进行边境入侵。应该注意的是,沿中苏边境有许多小的地区,它们是没有取得共识的边境线。

时候，不可能永远根据绝大多数的利益决定谁对谁错。真理就是真理。绝大多数不能在最后的分析中把谬论转换成真理；也不能把真理转换成谬论"（9月10日）。

（4）在一个国家内各党派可能有多数派和少数派，但是苏联错误的想把这个准则用于世界运动。"苏联在这个问题上把列宁当作例子，但是列宁处理的是一个党，不是一个国际运动的问题。事实上苏联同志们引用列宁的时候省略了一个词。他们没有用俄国这个词，在引文中列宁处理的是俄国的组织问题"（11月14日）。

（5）"我们想强调的是在国际运动中没有领导者也没有被领导者。我们没有实行过让少数服从多数的原则。苏联共产党自认为是国际运动的领导人吗？它是所谓的委员会的领导吗？有这样的委员会吗"（11月14日）？

（6）然而，苏联是运动的中心，一定要承担必须的责任。"在国际运动中没有处于从属地位的党。这是事实，但是如果苏联是运动中心这与平等并不矛盾。苏联有义务也必须承担起这个角色。"

（7）要求与中共商量。事前赫鲁晓夫没有和我们商量：

① 1956年，他的反斯大林的意外举动。

② 苏共第二十次代表大会上宣布，在很多国家具有和平过渡到共产主义的前景。

③ 苏联的政策从1957年协议的宣言中"倒退"了。

④ 公开批评中国对印度的政策是"可悲和愚蠢的"。

⑤ 指责中共变成托洛茨基，以及诽谤中共"对战争像对斗鸡一样热衷"。

（8）所有党都对共产主义学说做出了创造性的贡献。"马克思列宁主义不仅仅专属于一个党……不幸的是，中国人民公社的经验没有被看作建设社会主义、共产主义经验的一部分。我们被当作瘟疫一样来看待"（10月5日）。

（9）在会议发言稿中决没有提到"宗派主义"（10月17日）。

（10）苏共第二十次和第二十一次代表大会的模式决没有得到普遍的认可。对于这些会议的相当一部分我们中国人不能同意。"我们认为各个党都可以自己决定如何利用兄弟党的文件、决议和代表大会"（10月17日）。

21. 对于这些挑战，赫鲁晓夫和苏联共产党都面临很多困难。苏联人似乎希望通过对中国施加经济压力以及在全世界共产党中孤立中共，从而使中共回头。但是，任何一种策略都失败了。不但中国人坚持己见，而且他们对苏联的挑战在其他党中间得到一些支持。①另外，中国人批评过去苏联共产党在谈论其他党时有些过火，而且经常通过施加过度的压力来反对他们，这种批评显然在曾与苏联接触并有过类似经历的其他党中觅到了听众。赫鲁晓夫在战略上也处于尴尬的境地，因为在革命学说的争论中，心理上的优势往往偏向于那些真正革命的人。由于在苏联的国内和国外事务中的"现代修正主义者"拥护谨慎的政策，苏

---

① 原注：在"宗派主义"问题上，中共得到了阿尔巴尼亚、印度尼西亚、（北）朝鲜、（北）越、日本、澳大利亚、印度、马来西亚和缅甸等共产党的支持。

联在它的历史上可能第一次与"左倾"失之交臂,被指责为丧失了革命精神。中国人讽刺美国"在 U-2 事件中掩饰尴尬"。在赫鲁晓夫把艾森豪威尔总统称赞为"爱好和平之人"之前,中国人 4 月份在莫斯科也发现了(向美国示好的)"赫鲁晓夫的眼神"。

22. 苏联对中国的挑战同样反应激烈。对莫斯科而言,中国的宣言是"反马克思列宁主义",是用"资产阶级的卑劣手段"进行攻击,并且是"自托洛茨基分子被驱逐出党以来"对苏联最恶劣的诽谤。一位苏联发言人指责中共企图"在苏联共产党和赫鲁晓夫同志之间制造分裂",此外感到有必要指出的是:"我们想让中国同志和全世界知道:主席团、中央委员会、共产党以及所有苏联人民都坚定不移地支持赫鲁晓夫同志。"

23. 对于中国挑战苏联权威,苏联做出了反应。其主要辩白在 9～11 月的评论中是这样的:

(1) 中共在没有与莫斯科协商的情况下在"背后"发动了一场反对苏联共产党的"十字军"运动(10 月)。

(2) 尊重绝大多数人的意见的列宁主义学说,不仅对于个别党而且对于国际共产主义运动仍然是有效的(苏斯洛夫,10 月 8 日)。中国同志……国际共产主义运动的精英们聚集在这里,这已经清楚地表明了他们的观点和立场。有必要向他们致敬(赫鲁晓夫,11 月 23 日)。

(3) 任何一个党或者一个党的团体都不应该把它自己的观点强加给绝大多数人……团体和派系不是一回事。他们没有考虑绝大多数人的观点。我们呼吁中共中央考虑他们的危险的路线(赫鲁晓夫,11 月 23 日)。

(4) 我想再次重申,我们不想被指派成"领导人"或"领导党"或"领导政府"。……你们为什么需要"领导党"?为什么你们需要"被领导"这个词?首先,我们应该是唯物主义者,我们不相信超自然……你们看过过上帝造物吗?你们企图制造出一种个人崇拜的形式吗?这是我们正在抛弃的东西,即斯大林的个人崇拜。或者你们心中有其他的潜在的目的?……你们为什么想要一个"领头人"?我能推测出为什么你们想要。也许你们想在再发生错误事情的时候可以找到人去指责。谴责这个"领头人"。你们为什么想要一个"领头人"?你们可以对这个人"泼脏水"吗?(赫鲁晓夫,10 月 22 日)

(二)当前历史时期的特点

24. 作为"科学的"马克思主义者,苏共和中共的发言人都承认对"当前时代的特征"进行定义的重要意义。这不仅从传统上是所有理论模式的出发点,而且是特定时期内政策和战略制定的源泉。对于赫鲁晓夫关于世界格局特点的描述,北平极端不满,尤其不满他在 1959 年 10 月 31 日的讲话,在他们看来,他的讲话把理性和友善归结到资本主义及其代言人身上,这与传统的布尔什维克坚持的反对资本主义社会的战争是水火不容的。正如赫鲁晓夫所做的,让敌人相信他追求和平的诚挚愿望,就是有意模糊当前冲突的特征。中国人对此表示了强烈的不满,当 4 月 15 日在《红旗》杂志上动用了文章三分之一的篇幅来点燃这场争论的时候,他们批判了苏联的立场,主张列宁提出的理论,即我们的时代特征是阶级斗争、帝国主义以及同过去一样持续存在的战争。

25. 中国关于当前历史时期特征的主要论点,见他们在《红旗》杂志上发表的用在 10 月预备会议上的文章:

(1) 苏联修正主义者正在提出一个"对当代世界形势彻底歪曲的景象"。"现代修正主义者坚持,在他们所谓的新时期里,因为科学和技术的进步,马克思和列宁的'旧观念'不再适用了。"(4 月)

(2) 世界形势不再"平静":国家不能"松懈",必须投入到国内的事业中。(4 月)

(3) 阶级和阶级斗争贯穿于我们时代的始终。"我们马克思主义者一定不能仅仅把无产阶级政策建立在特定的历史事件和细微的政治变化的基础上。"(4 月)"我们革命的马克思主义者的宣言是帝国主义和无产阶级革命的时代……这是无懈可击的。"(4 月)

(4) "帝国主义仍然很强大。它不会自动垮台,殖民主义者也不会。"(10 月 5 日)

(5) "当主要的敌人美国被确定后,我们接着就要发起斗争。"(10 月 5 日)

26. 对于苏联来说,中国人的这些观点是"教条的"和"过时的"。列宁的时代特征论不再适用了,苏联认为这是因为列宁以后的世界局势出现两个新的因素。一个是新的大规模杀伤性武器的出现;另一个是"社会主义政权强大体系"的发展。因此,尽管侵略性仍是帝国主义所固有的,但"反战的巨大力量已经出现"。历史的路线将不是由"统治阶级"(如中国人所说)来决定,而是由"社会主义政权体系"来决定。苏联现在所说的是:① 现在集团的力量可以阻止西方,因此"帝国主义"对世界共产主义的侵略与列宁说的相反,不是一定不可避免的;② 新式武器把一个全新的视角引入了国际事务,要求在尽可能的情况下避免使用它们;③ "教条的"中国人的想法和可能因此产生的鲁莽的行动,不仅不必要,而且太危险。

27. 苏联的立场,在 4 月和 10 月间如下:

(1) "今天为了忠于马克思列宁主义,仅仅反复重申帝国主义具有侵略性这个旧有的事实已经远远不够了。我们的任务是充分利用有利于和平的新的因素,把人们从新战争的大灾难中解救出来。"(库西宁,4 月)

(2) "国际紧张气氛取得明显的缓和。冷战正逐渐消退。"(库西宁,4 月)

(3) 国际形势中最活跃的问题最终成为东西方媾和的重要目标。(库西宁,4 月)

(4) (苏联)对当前时代特征的定义是建立在苏共二十大和二十一大基础上的。"如果我们赞同这个时代的特征,将会弄清楚在中国 4 月份文章里的混乱。""在时代特征这个问题上达成一致,会给人类以前没有解决的基本问题提供启示。"(苏斯洛夫,10 月 8 日)

(5) "我们不同意中国同志提出的美国是'纸老虎'的观点……"①(苏斯洛夫,10 月 8 日)

---

① 原文此处字迹模糊。——译注

（三）战争与和平

28. 中苏在这些问题上分歧的激烈程度可以在辩论的实质问题上存在的一些根本差别中找到解释。一个拥有核武器，而另一个没有。一个面对核打击显然非常脆弱，而另一个却有恢复的能力。一个国内政权已经得到巩固，但是另一个却直到收复台湾后才会考虑结束内战。在争论中，双方对世界力量的对比和阻止美国对共产主义的压力进行有效反抗的评估是不同的。很显然，中国认为对集团来说美国非常弱（一只"纸老虎"），但是（美国）像一个被逼到绝路的动物一样可能会攻击集团；无论如何，美国都可能为了保存地位而发动局部战争，共产主义者不应该对加入这样的战争犹豫不决。另一方面，莫斯科认为美国并不弱，但是如果进攻集团的话会被阻止。而且，集团会阻止美国打局部战争。但是，因为局部战争可能会发展成一个常规核战争，集团应该避免卷入这样的战争。

29. 中国对战争与和平的主要立场如下：

（1）战争几乎是不可避免的。"在帝国主义体系和剥削阶级灭亡之前，这种或其他类型的战争就会一直出现"。（4月）

（2）核战争将意味着"帝国主义者"的毁灭，但是这种战争的结果"一定不会是人类的灭绝"。（4月）

（3）裁军作为一个口号是非常好的，但是"和平的希望在任何时候不能指望谈判，但是可以依靠人民的力量"。（11月4日）

（4）集团应该为"正义"的战争做好准备。（4月）

（5）"为了阻止核战争，社会主义阵营应该为在这些武器上取得优势而努力奋斗。"（11月14日）

（6）像苏联所认为的"没有武器和战争的世界"是不存在。"我们不能依靠裁军的外交。只有人民是可靠的。我们不能把马车放到马前面。在社会主义胜利之前，没有武器和战争的世界不会存在。"（11月14日）"武器是国家必要的工具。没有武器的世界是一个没有国家的世界"。（11月14日）

（7）不要强调战争的恐怖，但是需要为此做好准备。"我们需要在社会主义国家里提高人民的警惕性、加强防御、发展生产等等。我们不应该在社会主义国家里散播战争威胁论。这将会使人民涣散并且制造出对战争的恐惧。"（11月14日）这种观点甚至在1957年11月被毛用数字来解释："……即使世界上一半的人口被毁灭了，还会剩下另一半。帝国主义者将被铲除，整个世界将会变成社会主义者的天下。在多年之后，将会重新出现20.7亿人口，一定会出现更多人口的世界。"

（8）"我们怎么能确定将不再有战争呢？"①（11月14日）

（9）"我们不应该成为不合格的所有局部战争反对者。在当前形势下，我们不能阻止局部战争或者阻止帝国主义者发动世界大战。我们应该给予那些为革命战争而战斗的人民更

---

① 原文此处字迹模糊。——译注

多的支持。自从第二次世界大战以来，如下战争发生：中国内战、中印战争、朝鲜战争以及古巴战争。这些战争都为阻止世界大战作出了贡献。1960 年 11 月 5 日苏联给中国的信中批评说这种想法是危险的。我们说一个小火花不能点燃世界大战。这种观点将会束缚革命战争。"（11 月 14 日）

30. 从苏联对战争与和平问题的相反的观点中很明显看出，在涉及处理与美国之间关于全面战争和局部战争、裁军问题以及现代武器的经济负担的问题的时候，中国的好战都可能破坏苏联的国家利益。为了寻求对反中共的支持，在莫斯科整个会议过程中的发言人显然对其他共产党代表的想法同样的关注。4 月以来的苏联声明反复重申：战争是愚蠢的，战争不是不可避免的。

31. 苏联关于战争与和平的主要观点如下：

（1）中国不想裁军，不考虑避免战争。"在中国共产党的信中，关于战争不是不可避免的以及裁军的问题，他们试图给人留下他们一直坚持和平共处的印象。人人都知道事情不是这样的。"（苏斯洛夫，10 月 17 日）

（2）局部战争必须停止，因为他们将变成全面战争。"第二次世界大战的历史表明，战争的确开始于最初的局部战争。我想指出的是杜勒斯的'推回政策'理论和战略是建立在局部战争基础上的。今天为反对一场世界大战的斗争意味着为消灭所有所谓的局部战争的老巢而战。接受中国人的局部战争的理论就等于宣判人民无所作为。"（苏斯洛夫，10 月 8 日）

（3）"局部战争可能爆发……但是即使在一些主要的资本主义国家变成社会主义国家之前也有阻止战争发生的可能性。和平的旗帜会让数百万的人民重整旗鼓，而帝国主义却办不到。"（苏斯洛夫，10 月 8 日）

（4）"这里我们想强调和声明的是作为我们所认为的局部战争，是帝国主义发动的战争，不是民族解放战争。"（苏斯洛夫，10 月 8 日）"就局部战争来说，帝国主义可能发动这种形式的战争，但是我们不得不为战争而战。我们必须反对局部战争，阻止他们蔓延。我想重新提醒你们的是：埃及受到了侵略，我们警告英国我们不会保持中立。"（赫鲁晓夫，11 月 10 日）

"就民族解放战争来说，只要还存在阿尔及利亚这类国家中的帝国主义者和殖民主义者，就一定有为自由而战的战争。这些是正义的战争。阿尔及利亚战争是一场正义的战争……我们不应该把这样的战争看作国家之间的战争。对这样的起义，我们给予了实质性的援助，包括物质上和其他的方式。"（赫鲁晓夫 11 月 10 日）（这与最后 12 月 6 日声明没有区别）

（5）核战争的恐怖。"今天几个原子弹和氢弹的破坏力超过第二次世界大战中所有爆炸力。四个这样的炸弹投向英国将杀死至少 2 000 万人。美国科学家指出，在 24 小时内，5 000 万～7 500 万的人口就将在一场核战争中丧生。美国的莱纳斯·鲍林（Linus Pauling）博士说，如果发生世界范围内的核战争，在 60 天内将有 4 亿～7 亿人丧生。"（赫鲁晓夫，11 月 10 日）

(6)"社会主义制度的进步不需要战争。"(赫鲁晓夫,11月10日)

(7)裁军有真实的需要。"我们反对邓小平禁止关于战争可以被阻止的宣传,而且也不同意一定要听从他所说的直到全世界成为社会主义、战争才会被阻止的论调。他的论调完全是错误的。我们必须组织和动员人民支持裁军与和平。我想强调的是,对我们来说这些不只是口号。这些都是真实的。"(赫鲁晓夫,11月23日)

(四) 和平共处

32. 和平共处的问题在于苏联的解释是否能正确指导国际运动,或者它是否危险地背离了传统的马列主义。赫鲁晓夫与这项政策的发展和实施有着十分紧密的联系,所以和平共处的问题也牵涉到他在运动中的个人声望和权威。中国人也选择了挑战这项政策所建立的基础,并特意选在峰会召开之前这个重要的时刻。

33. 很显然,中国人认为苏联对这项政策的观念是倾向于放弃阶级斗争。这种观念是被赫鲁晓夫和其他人在1959年和1960年的多次公开讲话中所灌输的,讲话中涉及到"缓和"政策以及与美国领导人的关系。苏联人想说明的是,他们的解释版本事实上是"斗争"的一种形式,这种解释没能安抚中国人。中共感到苏联领导人无论如何都倾向于缓和与资本主义的斗争。他们进一步关心的是避免"幻觉",即赫鲁晓夫包庇帝国主义领导人会导致他在共产主义运动学说的原则问题上进行妥协,更不要说在危害中国的国家利益上进行妥协了。中国的主要论调如下:

(1)赫鲁晓夫式的和平共处意味着放弃两种制度间的阶级斗争。"赫鲁晓夫同志所支持的观点是:近期内避免资本主义和社会主义制度之间的阶级斗争是非常可能的,阶级斗争可以被限制在意识形态和经济领域。"(9月10日的信件)

(2)这项政策所带来的危险是发达资本主义国家的共产党可能放弃他们国内的阶级斗争。"在资本主义国家一些兄弟党可以在困难的条件下努力奋斗……联合阵线应该起作用……去推翻资本主义,但是共产主义者应该同时继续……在意识形态和政治方面教育无产阶级。为无产阶级专政而战斗。"(11月14日)

(3)苏联对艾森豪威尔提出的和平共处政策的赞赏是不能被接受的。"我们永远不能接受任何人提出的艾森豪威尔是'爱好和平的朋友'。"(11月14日)"印度给予艾森豪威尔热情的接待,不是由于中国犯了错误,而是因为主要的共产党领导人错误地号召群众对艾森豪威尔大加赞赏,在这个问题上,多列士(Maurice Thorez)批评了拒绝参加欢迎美国总统的接待活动的共产主义代表。"(11月23日)

34. 苏联人辩解说中国人故意歪曲他们对和平共处的解释。他们在反驳中指出他们的说法根本没有偏差,他们的说法是建立在保持警惕、保存实力以及持久的阶级斗争基础上的。而且中国人的观点会导致政策缺乏灵活性和机动性,以及失去对付资本主义者的主动性。苏联的主要论调如下:

(1)和平共处并不意味着放弃阶级斗争,而是一个很好的策略。"和平共处是经济的、政治的和社会的斗争,最后将削弱帝国主义。我们所关心的是这个经济的、政治的和社会的斗争不要变成一个世界性的武装斗争。"(苏斯洛夫,10月8日)

"通过实例我们可以看到和平共处如何增加资本主义者的矛盾,如何帮助人民以及如何扩大共产党的影响。和平共处并不意味着我们应该放弃准备和提防,或者不准备对帝国主义者进行报复性的打击。"(赫鲁晓夫,11月23日)

(2) 我们一定不会失去对资本主义的主动性。"有两种对付帝国主义的办法。一部分用于战争,另一部看到了核战争的危险。我们必须保持主动权……如果我们不孤立自己、把自己禁锢起来的话,我们能做到这一点。如果我们想实施积极的外交政策,我们必须面对资本主义者。"(赫鲁晓夫,11月10日)

(五)向"社会主义"过渡

35. 就这一问题的分歧可以追溯到苏联在第二十次代表大会(1956年)的报告中关于和平过渡到社会主义的问题。很显然,从一开始,中共就感到苏联模式严重地背离了正统的马克思列宁主义。当它成为分歧中存在的事实的时候,苏联感到中国人极大地误解了它的模式,或者甚至是有意误解。否则,他们怎么可能认为这是背离?因为即使在二十大的报告里也提到了具体的革命行动要根据所遇到的抵抗来决定。苏联共产党还认为中国人不能理解通过议会方式来掌握政权意味着什么。在10月和11月的辩论中,捷克强调中国应该就此吸取捷克的经验。捷克在1948年所获得的意外的成功,总是被作为"和平"过渡的重要例子来引用。

36. 关于二十次代表大会提出的模式问题,中国人认为他们事先没有被征求意见。他们强烈反对这个模式,并且他们在反对苏联发给其他共产党的大会报告的论据中引用了这一点。这是赫鲁晓夫有意与阶级敌人妥协的另一个形式。中国人在辩论中认为,实际上和平过渡的现实可能性是不存在的,唯一正确的方法是考虑暴力的必要,相反则缺少事实依据。任何其他路线都可能导致对革命的背叛。他们辩论道:

(1) 二十大过分强调和平过渡的可能性,忽视了更为可能的武装斗争形式。"苏共二十大否认了对每个国家而言,和平过渡和武装斗争这两种准备形式都是必要的。中共中央一直很清楚走向社会主义的两条道路。但是,我们一直认为,为了掌握政权以及防止武装叛乱,即使在革命的开始是和平的,为第二条道路做好准备也是有必要的。"(11月14日)

(2) 就这件事来说,赫鲁晓夫正在背离正统的马克思列宁主义学说。"马克思和恩格斯一直坚持革命的观念,即过渡需要通过人民革命和无产阶级专政。赫鲁晓夫同志却没有坚持这一点。"(9月10日的信)

(3) 对"议会道路"的探讨是不切实际的和危险的;唯一可行的是通过暴力的办法。"在草案里过分强调了和平过渡。用那种方法我们不能愚弄敌人,而只能解除工人阶级的武装。议会道路是行不通的。我们必须粉碎资产阶级的国家机器。"(10月5日)

"无产阶级不能仅仅通过争取议会的大多数来维持政权。如果不能控制国家机器,彻底

的社会转变如何能完成呢？……为了掌握政权,粉碎资本主义国家机器尤其是武装力量是必需的。"(9 月 10 日的信)

37. 苏联共产党指责中国歪曲或者误解第二十次党代会报告。和平过渡不是像中国人所说的那样。不依赖武装暴力来掌握政权也很容易。这种可能性并不意味着不应该做好在必要时使用暴力的准备。因此这并没有背离马列主义。苏联主要的辩驳如下:

(1) 中国人正在歪曲二十大报告。"中共中央 9 月 10 日的信中的指责是错误的。在二十大和莫斯科宣言(1957 年)中我们说的我们使用的暴力的程度要根据资本主义的反抗来决定(正如在二十大中所说的一样)。在一些国家可能有使用暴力的必要。"(赫鲁晓夫,11月 23 日)

(2) 赫鲁晓夫不是一个异端分子。"赫鲁晓夫同志(在二十大上)总结了过渡的两种可能形式,即和平的和非和平的。这种观点与改良主义的观点没有相同之处,和平过渡的社会民主思想也意味着斗争和领导人民大众进行斗争。"(苏斯洛夫,10 月 8 日)

(3) 通过议会方式过渡并不是不切实际的。"(和平过渡)的条件对实施彻底的社会改革是有利的。我们也非常清楚地表明了如何把最初的议会制度转变成人民的制度。在这个问题上,中共中央应该向其他一些政党学习。"(赫鲁晓夫,11 月 23 日)

(4) 我们不同意中国人的观点。和平过渡不仅仅是一个策略。"(在 1957 年的会上)中共中央提出异议。他们从策略上来探讨这个问题是完全可以的。探讨和平过渡是很好的。但是这里我们反对中国同志的观点。我们赞成和平过渡是有很多基本原因的,不仅仅是策略上的原因。"(苏斯洛夫,10 月 8 日)

(六) 不发达国家

38. 尽管北平和莫斯科对支持殖民地和"半殖民地"国家的独立运动的意见是一致的,但是在应该以什么样的速度来推动斗争这个问题上有分歧。然而,更严重分歧是:在取得政治独立的过程之中和之后,各国共产党应该实行哪种策略。苏联强调在那些还没有独立的国家与资产阶级力量继续合作,以及在新独立的国家里与资产阶级民族主义的领导人继续合作的必要性,这与总体上的"和平"外交政策路线是相关联的。这意味着在很多情况下,各地方共产主义者的要求将不得不服从于这个总路线。相反,中国人可能铭记他们在 20 年代中期与国民党之间不幸的合作,他们感觉资产阶级民族主义领导人在任何时候都不可靠。中共提倡各地共产党应该在当地革命运动的早期就取得领导权,对于已经建立起国家的资产阶级领导人,例如纳塞尔[①]和尼赫鲁,应该尽快争取通过暴力手段把他们赶下台。

39. 随着 1960 年就这一点争论的进一步发展,主要有两个问题暴露出来:对民族解放运动的支持的问题,以及对那些已经成功地获得解放、由资产阶级民族主义者领导的国家的

---

① 迦玛尔·阿卜杜尔·纳赛尔(1918～1970),于 1956 年成为埃及的第二任总统。20 世纪 50～60 年代,他曾是阿拉伯民族主义的倡导者。——译注

继续支持的问题。针对第一个问题,中国人继续强调民族解放运动的重要性。他们认为苏联共产党没有给予这些运动公开充分的支持,并且以此作为右倾机会主义的又一个证据。就这一点来说,重要的例子是阿尔及利亚,在那里中国遵循了倡导对民族解放阵线(FLN)全力支持的始终如一的路线,但是那时赫鲁晓夫企图讨好戴高乐将军,苏联采取了回避和暧昧的态度。关于第二个问题,中国坚决反对苏联支持资产阶级民族主义领导人。他们在中印边界争端期间就看到了苏联这种行为的后果。他们感到革命的目标正在由于苏联意欲培养甚至支持像尼赫鲁、纳塞尔以及苏加诺①(Sukarno)这样的资产阶级领导人而受到损害。

(1)苏联避免战争的强烈愿望可能会削弱共产主义者对民族解放运动的支持。"……反对一切战争可能导致反对被压迫人民反帝国主义的正义战争。"(9月10日的信)

(2)民族资产阶级是软弱和不可靠的盟友。对共产党而言,唯一正确的路线是在运动的早期建立他们的领导,然后主要依靠农民。

(3)"因为在这些国家里民族资产阶级的政策具有两面性,因此必须更多地依赖工人和农民。对民族资本主义不该抱有幻想。对民族资本主义的批判是十分必要的。"(10月5日)

(4)"在殖民地和附属国家的民族革命是一场农民革命。工人阶级不应该从农民中被分离出来。"(11月14日)(这是自1920年末至今,毛所强调的与苏联共产党的历史差别)

40. 原则上苏联从来都不否认中国所认为的民族解放运动应该得到支持的事实。但是,在1960年,也就是当莫斯科在"缓和"战略之下弱化这个问题的时候,中国却强调这个主题,对苏共施加压力,并要求它坚定自己立场。与此相应,在10月的预备会期间和11月5日他们给苏联的信中,都涌现出对中国观点的强烈支持。尽管全面战争和"帝国主义局部战争"应该避免,但民族解放的革命战争是"完全不同的问题"。……"我们对这种战争的态度是积极的。"在11月会议上,据报道,赫鲁晓夫说过:"(我们)重大的失误是没有帮助古巴和阿尔及利亚。南非正在酝酿并且很快就会爆发;拉丁美洲是一座正在爆发的火山。"但是关于民族资产阶级的问题,苏联继续从根本上反对中国。他们认为解放运动不成熟地试图掌握政权,将会使共产主义者被孤立起来,而且会(像在伊拉克一样)破坏共产主义事业。至于像资产阶级领导人纳塞尔和尼赫鲁,他们被推翻的时候会到来的。但是,现在这个时候,为了"和平"事业,他们应该得到支持。苏联对这些国家的立场在11月23日赫鲁晓夫在莫斯科会议上的发言中得到了最好的诠释:

"这些新成立的国家需要和平发展。我们需要赢得这些国家对我们的支持,如果他们能与社会主义国家站在一起,那么将会给帝国主义以真正巨大的打击。我们希望看到这些国家的社会发展,但是首先我们应该为了和平而赢得这些国家,而且我们为了和平事业应该把像尼赫鲁、苏哈托、纳塞尔及其他这样的人争取过来。我们目前的决议将有助于这些国家发展民主力量。我们正在埃及建设阿斯旺大坝(Aswen Dam)。我们的旗帜飘扬在这些建筑物的上空。纳塞尔某一天可能会离开,但是这些工程将会成为社会主义的象征,并且最后帮助

---

① 苏加诺(1901～1970),1945～1967任印度尼西亚第一任总统。——译注

这些国家的人民走向社会主义的道路。"

四、12 月 6 日声明

41. 11 月会议产生的声明是一份旨在公布世界共产主义运动计划的复杂和繁琐的文件。事实上,这个文件反映出在运动内的共产主义战略和原则的主要问题上,莫斯科和北平的诸多分歧。实际上这个报告是对存在分歧的承认,因为事实是尽管没有像 1960 年辩论时如此深的怨恨,但双方从 12 月 6 日以来继续公开声明他们对世界政策的不同立场。这个报告与其说是一个折中的报告,不如说它是一个为所有人准备的报告,因为在许多重要问题上,它囊括了双方都更喜欢的观点,但是对于其他问题不是绕来绕去就是只字不提。然而,这样可以让他们绕过或者至少可以拖延共产主义运动所遇到的最严重的内部危机。

42. 对莫斯科和北平谁是"胜利者"的评判是很困难的,这个问题在分析家中也经常产生很大的分歧。很多判断依靠观察家给分析家的信息:那些主要对苏联或者对中国的立场熟悉的人,倾向于把它评判为要么是苏联要么是中国彻底的胜利;那些以前认为中苏分歧不是很严重的人倾向于把这个报告看作共产主义团结的新的里程碑;因为那些人以前认为中苏关系正在建设中,这个报告似乎印证了他们的观点。如果评判标准是数字化的,很多判断也来自一个评判系统,因此说这个报告代表了苏联的胜利,因为很多苏联的立场都在更大范围内得到体现;如果观察家认为一些问题比其他问题更重要,那么胜利仍然是苏联,但是胜利只超出一点。在过去的分析中,这份报告为赫鲁晓夫的世界政策的主要路线贴上了更具权威性的国际共产主义的标签;这份文件本身没有对苏联通过谈判寻求与美国和西方缓解紧张关系设置明显的障碍;报告中肯定了苏联是共产主义运动的"先驱";报告中所引用的原则,被看作警告中国停止使用公开与莫斯科分歧的"非同志般"的做法。

43. 然而,尽管在莫斯科会议之前和期间,苏联都对中国施加了实质性的压力,但是中国没有让步,中国在世界共产主义代表面前公开而强烈地否认了苏联的领导,他们甚至在团体里找到了同盟。中国以及中共的主权和"面子"都没受到损害。事实强有力地证明,在过去一周私下里进行的中苏双边会谈中(11 月 24 日至 12 月 1 日),就尚未解决的关于权威的三个主要问题上,只有在苏联向中国人让步的情况下,这个"达成共识"的报告才会制造出来。尽管整个会议上苏联做出了积极的努力,最后的报告却没有支持绝大多数的原则,没有谴责(中国人的)"宗派主义",没有提到(中国人的)民族共产主义,也没有肯定苏联单方宣布的国际共产主义运动的权威人物。另外,这份报告没有囊括苏联试图加进去的政策:局部战争可能导致全面战争,在共产主义取得最后胜利之前,一个没有武器的世界可能会实现,"狭隘的(中国的)民族主义"是拥有致命罪名的"修正主义"的一个最主要的特征。

44. 在我们所处的历史时期内这份报告的特点。苏联和中国发言人所说的 10 月份针对这个问题达成的协议,是讨论共产主义世界政策基本的前提条件。通过巧妙地分开早期苏联和中国立场之间的分歧,这个问题可能达成了妥协。对于中国人来说,这份报告并不被视为开辟了一个"新"时代；仍然处于两个制度间的"斗争"时期。对于苏联人来说，这个时代具有"新的、不同的特征"，世界社会主义制度的转变（不是中国人的和列宁的无产阶级）成为世界事务的"决定因素"，这个转变能够防止"帝国主义"通过军事手段阻碍历史前进。另外，这个报告重新肯定了在与西方的长期竞争中，苏联的地位是决定性的。报告并没有提到（如中国人所盼望的那样）现在集团已经拥有超过西方的决定性的战略优势，但是也没有提到（如苏联习惯认为的）西方仍然很强大。

45. 报告中集团的特征。关于这个问题，显然苏联的地位更胜一筹。报告说苏联正在"全面建设共产主义社会"的过程当中，但是集团内所有其他国家仍处于落在其后的"社会主义"建设时期。没有达到工业化的极高水平和消费品的极大丰富，"向共产主义过渡"是不能实现的。（苏联）"社会主义大集体农庄"（不是中国的人民公社）被树立为正确的典范。这个报告也肯定了苏联所强调的协调集团经济的需要。

46. 战争与和平。这一部分存在一些对中国立场的妥协①，但主要迎合苏联的口味。就苏联来说，他们极力强调的是全面战争的后果：目前存在造成"大规模的杀伤和毁灭"以及"对所有国家空前破坏"的"残暴手段"。这个报告肯定了中国人所提出的帝国主义的本质没有改变这一观点，但是加上了更重要的苏联的提议，即世界战争不是不可避免的，由"帝国主义"来决定是否发动战争的时代已经过去了。

47. 关于局部战争，报告迂回反复地讨论。赫鲁晓夫在会议的发言中认为，西方发动的局部战争与"民族解放"战争是不同的，但是这份报告不管战争的起因如何，把最近所有的战争混同为已被避免或"被制止"的战争。下面的一些历史"事实"也没有强调共产主义者对局部战争的看法：

以往经验肯定了有效与帝国主义挑起的局部战争进行斗争，以及成功地化解这些战争是有可能的。与此同时，可以说西方会"挑起"更多的局部战争（中国人的观点），而集团能够经常阻止这种战争的发生或者在初期阶段就结束战争（苏联的观点）。

48. 和平共处。关于这个问题尽管经历了两个月艰难的谈判，但是苏联的观点得到认可。关于和平共处的展望，报告用了很长的篇幅阐述辩论的证据：

"共产主义者必须……避免对和平共处的可能性的低估……同时……防止对战争的危险性的低估。"

这份报告充分肯定了苏联所提出的不存在第三条（中国式）道路的观点；要么是和平共处要么是"毁灭式的战争"。"冷战"和"边缘政策"作为共产主义战略是不被接受的。苏联坚决认为的国际争端应该通过"谈判的方式"来解决的立场，在报告中被一带而过。苏联共产党认为和平（在任何时期）都是集团的盟友，但是报告仅说和平共处只是斗争的"一种"形式

---

① 原注：这一点是在莫斯科会议上邓小平陈述的。

而已。

49. 对裁军问题的处理反映了莫斯科和北平所持的立场几乎是水火不容的。（苏联）对彻底裁军的主张是坚决的，它强调把人类从"世界范围的热核大灾难"中解救出来是"紧要任务"，而且强调"在核爆炸开始之前"，现在就该这样做。这份报告也把裁军描述成"紧急的历史需要"（苏联的观点），但是也坚持西方必须"被强迫"看到这种需要（中国的观点）。但是，中国人在这点上赢得了胜利，即报告没有提到（苏联的）"没有战争的世界"的口号。

50. 民族解放运动。这份报告很重视这个问题，但是对于解决办法主要还是想方设法回避。民族解放运动的重要性是很明显的，但是他们不能被定义为可以赢得集团支持的"正义"战争。① 殖民地人民正在通过"武装斗争"（中国支持的）和非军事手段（苏联支持的）取得独立。尽管报告要求共产主义运动"给予为解放而斗争的人民所有道义和物质上的支持"，但是最后的定稿还是缺少中国人要求的更具体的承诺。

51. 一个新式的（苏联的）"国家民主"被发展成以过渡政权为特征的概念，这个过渡政权从目前需要的独立向共产主义形态转变。这样的政权应该拒绝与西方订立军事条约，应该打破西方的基础，扫除西方资本，允许地方共产主义者自由加入政府并建立起他们最后（或者早期）接收政权的力量。集团的发言人把古巴②看作"国家民主政权"。在那些走"国家民主"道路的国家里，他们的共产党只得到了关于路线方针的模糊指导：他们仅是被叫去参加能起到团结作用并且"削弱帝国主义的地位的支持民族政府的行动"。对北平来说，这种态度过于温和，因此在会后的宣传里对这个解释给予极少的重视。

52. 共产党取得政权的途径。解决这个问题的办法不明确，体现了中国对苏联谨慎路线的不满。这份报告否决了任何一种"输出革命"并且号召反对"帝国主义的反革命输出"。在一个国家里的共产主义革命的发展要依靠相当多的因素，主要因素是统治阶级反抗的程度。共产党可以通过非暴力手段去"寻找"夺取政权的道路，而且"在很多国家"他们有这样的机会（苏联的观点）。但是在"剥削阶级使用暴力"的地方，暴力革命必须被采用；统治阶级不会主动投降是"历史的事实"（中国的观点）。

53. 权威和原则。（报告中）处理重要问题的文字反映了既漫长又艰苦的辩论。报告里的用语有的是苏联的，有的是中国的。在 4 月和 11 月之间中苏相互的指责又在所谓的"达成共识的"报告中再次出现。"修正主义"是可怕的，因为它"麻痹了革命意志"，"反映了资产阶级的意识形态"，并且"解除了工人和人民大众的武装"（中国的观点）。"教条主义"也应该被避免，因为它导致"左倾冒险主义"，或者使党脱离群众（苏联的观点）。但是中国人在交锋中处于优势，因为"修正主义"目前被宣布为"重要危险"。

---

① 原注：关于这个问题的定义在报告中是最模糊的；很明显双方都不愿意作出承诺。但是，赫鲁晓夫在 1 月 6 日的演讲中，对于支持"正义战争"的问题，似乎表达得更明确一些。

② 原注：德国社会统一党（SED）最高领导人赫尔曼·马丁（Herman Matern）在最近的一次讲话中精确地谈到这一点："现今的古巴共和国是民族民主政权的典范，它已经实行了民主革命和民族解放事业。相比而言，阿拉伯联合共和国（UAR）是一个在政治领域建立起来的民族独立国家……但是在经济领域仍与美国资本和西德帝国主义有联系，而且国内的情况也证明了纳塞尔反对民主力量的独裁统治……"

54. 苏共中央所强调的"非斯大林化"得到认可，因为声明中告诫了"个人崇拜的毒害作用"应该被清除，"党内生活的纪律"禁止出现这种崇拜。但是，这并不是苏联的彻底胜利，因为从 1960 年整个一年的争论可以看出，中国人就像苏联人反对毛一样地反对赫鲁晓夫的个人统治。

55. 这份报告回避了所谓的"达成共识"的决议的解释和执行，以及将来分歧的解决的问题。在会议上各党都关注"共同制定的评估和决议"，但是对于将来如何避免莫斯科和北平之间进一步发展的尖锐分歧，并没有明确的导向。因为会议上的政策不是共同制定的，所有"各自平等的"党应"在马列主义原则指导下制定以国家的特殊条件为基础的自己的政策。"（再一次问，怎样制定的？）进一步说，各个党都要对整个共产主义运动"负责"，这种说法远远达不到赫鲁晓夫很早提出的少数中国人要服从多数的要求。苏联权威不可挑战的旧的斯大林式的惯例以及新的赫鲁晓夫的"绝大多数原则"的方法，现在都让路给只有共同决议才具有普遍效力的协议。因此，81 国共产党看到了证明苏联对国际运动不再拥有不可挑战的统治权的决议。尽管显然要形成这个事实可能要花更长的时间，但是在莫斯科会议上这个协议被果断地通过了。

56. 对于长期习惯看到解决党内分歧的莫斯科的政策指导和决议的很多共产党来说，这些结果令人很不舒服。因为一个代表后来说"国际运动从此没有基础了"。乌布利希意识到更严重的情绪波动，试图安抚东德共产党：

有人提出关于谁能判定真理以及遵守什么样的马列主义原则的问题。这次重大的国际会议的结论是对马列主义原则的正确性和创造性的运用。在联合声明中规定了经验和教训。这是事实。

实际上这是个宽松而不明确的指导，因为声明本身就是含混不清的，而且需要另一个会议来修改它。

五、中苏分歧的意义

（一）集团内部的关系

57. 然而有人想评判 11 月会议的后果，很显然，在去年或者更多年的论战中，共产主义的政治体系经历了根本的转变。在这个过程中，11 月会议代表了一个分水岭，因为这些积聚了多年的变化写入了 12 月 6 日的声明，并且几乎是不可改变的。从某种意义上说，现在已经发生的对苏联共产党和莫斯科与其东欧卫星国之间的关系有重要意义的是，非斯大林化运动的实施正在对作为一个整体的国际共产主义运动发挥作用。也就是说，曾经被斯大林过度集权所强迫的由所有共产党组成的单一的联合体，正在让位于仅由谈判和协商维持的更加宽松的体制。苏联共产党不能再发号施令，现在必须通过政治手段尽量维系它旧有的统治地位。为了达到这个目的，它有许多资本和优势。但是中国已经表明了，其他国家将来可能也会这样做：苏联要求和强迫实行的全体共产党的统一政策的能力将受到限制。

58. 苏联领导人表明他们能理解这点。他们承认中国既不能被忽视,也不能轻易被压制。进一步讲,他们意识到随着共产主义运动发展为 87 个党,将很难修改一条路线可以包含每个党遇到的所有情况,尤其很难提供充分具体的指导。在尽量让斯大林所制造的集权统治的运动具有更大的灵活性的努力中,最近这些年他们不断推进的以平等为前提、以"主动"合作为特征的"和平共处"的观念被形象地描绘成"阵营"的形象。他们公开鼓励各个共产党决定自己的路线,因为各个党可以充分了解自己所在地方的情况,他们只是提醒各个党的决定千万不要削弱国际运动,必须保持在像十二月声明那样的多党声明的最大限度内。

59. 尽管建立以唯一的苏联权威为基础的传统集团结构已经终止,但是勾勒出一种新的构架又太早。让苏联向新的力量平衡让位,放弃它们历史上已经习惯的以及他们觉得他们的经验和能力赋予他们的权威过去不容易,将来也不会容易。在 1960 年,事实上苏联的确试图压制中国人。它撤回了技术人员;利用媒体对中共的观点进行大肆批评;组织由它支持的对中共施压的会议;在报告中试图提出旨在约束中国人的提议。对阿尔巴尼亚的反对,莫斯科甚至做得更过分,禁止了谷物运输并且企图策划国内颠覆政权的行动。对于莫斯科来说,记住过去的岁月将不再复返是很难的,现在它必须协商、谈判、妥协。它将会常常感到有坚持己见到最后的冲动,毫无疑问它会经常打消这种冲动。

60. 中国人的相似做法。他们的讲话和文件表现出他们的绝对正确感,并且反对国际运动的集体智慧而固执己见。尽管他们谨慎地避免提出任何关于领导权的要求,但是在读到他们骄傲自大的声明时,很难不让人觉得中国人真的认为他们有资格从苏联人手中接过(领导权)。然而,目前他们似乎把目标瞄准在中国和苏联一起制定世界政策并且向其他所有党宣布这个政策的领导权上。当然,这远远背离了莫斯科支持的"绝大多数原则"的想法。苏联人可能希望对于绝大多数共产党来说,他们更丰富的经验、更强大的力量以及(其他党)40 年服从于莫斯科的传统,仍将允许他们在最重要的政策和策略问题上说话的分量更重一些。放弃了在集团内的正式领导权之后,他们可能希望通过相互接触实施他们的影响力,并且在周期性召开的多党会议上与强大的占多数的联合力量对付集团内的持不同政见者,从而保持他们实际上的领导权。

61. 在这种情况下,两者关系似乎不可能得到改善。在两党和他们的最高领导人之间并不亲密,也很少相互尊重。在国家层面上,两者的关系被导致相互猜忌的许多经济和军事问题所搅乱。① 在集团内部,2 月 1 日的共产党代表大会上,阿尔巴尼亚共产党指出,(中苏两党)把每件小事都转成对抗的冲动有多么强烈,这样小党就被迫站在一方或者另一方。在集团之外,每个人都怀疑另一方对保护他的同伴的利益没有给予充分重视。例如,北平最近似乎担心苏联的裁军政策可能直接导致中国继续处于军事劣势的地位。

62. 在这样的环境中,值得一提的是,意识形态既是共产主义运动的资产又是它的负

---

① 原注:与此相关,近期关于未来苏联出口到中国的工业装备的谈判存在某些不确定的信号可能导致这些出口的减少。

担。意识形态限定了共同的敌人，这样为中苏关系提供了最强的凝聚力。但是意识形态也需要具有普遍的效力，以及成为对政策和策略的紧急问题进行"科学"决策的来源。因此它为其成为唯一解释的来源而形成了巨大压力。当苏联地位凌驾于所有其他党之上时，这种压力作用于巩固联盟；现在中国正在变成世界强权，坚持自己对意识形态的解释，同样的压力则会使联盟瓦解。

63. 如果试图展望20世纪60年代的话，我们认为，共产主义运动迅速实现新的稳定平衡是不可能的。苏联和中国都有明显的理由去发现，如果打算公开和彻底的分裂是很难的。这样的结果对双方来说几乎是一场大灾难，而且，尽管我们不能排除这种可能性，但是我们认为他们不会让这件事发生。然而，一种新关系的发展将是痛苦的、非持续的、易反复的，其中既有竞争又有合作。不管这种新关系如何，"和平共处"、伙伴关系，或两者兼具的关系，都不会因为毛或者赫鲁晓夫的下台而轻易取得；但是冲突已经演变成两个人的个人化问题，它的根基比（友好关系的根基）更深。也许只有在中国的未来发展达到一个新阶段，国内和国际地位达到稳定的时候，才会出现根本的变化，这时才可能给莫斯科和北平的关系带来更大的和谐。即使到那时，仍然会存在不可避免的国家利益冲突，如果不能超越西方的国家制度，共产党可能会彻底消失。

64. 如果是这样的话，那么不仅对两党而言，而且对于所有运动中的其他党来说，前方将面对的是艰难的道路。阿尔巴尼亚为现在的分裂状态暗自高兴。所有其他党，不管是集团内还是集团外的，都感到他们自己受到中苏分歧的威胁。事实上，不仅有欧洲的、中东的、美国的站在苏联一方的共产党，还有倾向于两边倒又经常支持中国的亚洲共产党。一些党，尤其明显的是印度党，直接被两个主要争辩者争吵的宗派主义削弱了。其他党主要是受到了在世界范围内出现的吵架和混乱情况的影响。

65. 当然，事情的另一面是，由于冲突而出现的总体上更松散的体制，给小党提供了独立思考的可能性。东欧一些被统治的党可能成功地、及时地利用这个机会去进一步实现斯大林继承人所允许的先前的自治状态。如果这种情况发生，南斯拉夫作为如何从自治发展为真正独立的例子，将重新成为一个热点问题。另一种问题可能产生在新的而且地理位置更远的党之中。拉丁美洲和非洲共产党，缺乏学说严密性的良好教育，而且不习惯受苏联的严格指导，因此他们可能倾向于只选择在特殊时期内适用于自己的东西，以此回应北平和莫斯科相互冲突的声明。所有这些困难都将会提醒苏联和中国联合起来的必要性，但是同时也为重新相互指责和组织小党参与论争提供了条件。

66. 在这样的论争中，莫斯科开始遥遥领先，但是因此也会失去很多。在过去，苏联在运动中的权威很大程度上存在这样的事实：很多党的在位领导人都是莫斯科的人，他们很长时间以来习惯性地认为自己依赖于苏共，在很多情况下他们把自己的利益看作是苏共的利益。但是另一个重要的因素是苏共享有很高的威望。这样的威望在1960年的论战中一定遭到了严重的削弱，在论战中，苏共显然不能把规定强加给中国或者小小的阿尔巴尼亚，而且还要在多党领导人聚集的众目睽睽之下遭受严厉的谴责和辱骂。因此，跟以前相比莫斯科在论争中的地位变弱了。

(二) 对非共产主义世界的政策

67. 对中苏分歧给予如此关注的同时,追溯两党在分歧时期还能保持有效的联盟是非常有意义的。他们的外交政策的合作有明显的退步,例如中印边境冲突时,莫斯科采取的是前所未有的中立的态度,在戴维营会谈期间北平也试图去破坏美苏关系。但是大体上,分歧几乎没有降低莫斯科和北平处理共产主义事务的能力。

68. 然而,有两个原因可以理解为什么(中苏)制定紧密的外交政策会有可预见的困难。首先,中国的目的是寻求一定的国家利益,即吞并台湾、拥有核武器的能力、扩大外交上的承认,对此苏联相对是冷漠的(或者,在核武器的问题上,可能是反对的)。但是,中国把这些目标的实现放到很高的优先处理的位置上,有时候在追求这些目标的时候,很大程度上不在意它的政策与苏联的政策步调不一致。反过来这引起了苏联极大的注意,苏联不仅担心他们自己的政策将被削弱,而且中国人的冒险主义将把两个合作者拖入极危险的境地。第二点,莫斯科和北平在战略问题上有很大分歧,包括关于如何最好地推进解放运动、加速社会主义革命步伐、让资本主义投降等等。双方都各执己见,一方取得胜利而劝导另一方承认错误,那几乎是不可能的。

69. 这些分歧在共产主义政策执行很好的地方和时间里不会凸显出来。例如在老挝,战略上或者甚至政策上的分歧可能已被预料到,因此没有发现分歧起到太大的作用。只要目前军事运动或者任何随后发生的谈判协议能为未来的发展提供良好的机会,我们也看不到严重分歧的恶化会影响到老挝。但是如果苏联表现出想对老挝共产主义的未来进行限制的话,问题将会被激化;我们怀疑莫斯科是否会随便接受一个已经设计好的决议。

70. 但是,我们不难预料到可能导致两者轻易分裂的问题。这些问题中最困难的可能是裁军问题。中国人在这个问题上宣布对苏联立场坚决持保留态度,他们对于给苏联带来重大利益的裁军问题上的考虑,似乎不会有太大变化。中国人并不担心那些拥有核武器的国家,他们只想成为其中一员。正如我们所见,对核武器的恐惧也没有像苏联一样成为他们最重要的考虑因素。北平知道最主要的裁军协定如果没有中国的支持,就不会具有完全的效力,它想利用这个决定性的杠杆来要求收复台湾,取得外交承认,以及可能的话被接纳入联合国。尤其是中国人一定不会同意任何限制他们发展核武器的协议,如果核武器限制的进一步发展需要中国人合作的话,这个因素将会严重限制苏联操控调遣的自由。事实上,莫斯科已经预料到这种情况会继续限制它的政策。①

71. 其他一些特殊的问题也被认为尤其重要。其中一个问题是与美国的关系。赫鲁晓夫对新任美国政府的态度显然很谨慎,至少没有像 1959～1960 年那样表露出来,那时他关

---

① 原注:这个问题在 NIE 4-2-61"关于裁军问题的主要世界强国的态度"中得到更具体的分析,这份文件在1961年3月末发表。

于与艾森豪威尔总统关系的想法，被谴责为"美化"敌人。尽管对他来说，很难算计到自己能相安无事地走多远，但他可能需要做好准备，接受中国对于他对美政策目标的一大堆指责。另一个重要的问题是印度问题，一方希望现在就进行革命，而另一方希望继续进行和平共处的游戏，双方在当地共产党中都有势力。印度对莫斯科和北平来说是个极其敏感的地区，因为西藏和边界问题使尼赫鲁与中国的关系恶化，但是在集团面对重要的战略选择的情况下，这样的问题会随处出现。最后是南斯拉夫问题，尽管贝尔格莱德受到意识形态上的谴责，苏联仍然坚持在国家关系上对其实行"正常化"的政策，这与中国和阿尔巴尼亚所支持的彻底敌对政策形成了鲜明对比。莫斯科期望扩大缓和，但是由于中国（和阿尔巴尼亚）的怨愤，只能在有限的范围内这样做。

72. 我们认为大量的例子证明，中国对苏联外交政策的压力已经发生了明显的作用。因为苏联政策通过自由使用"软"、"硬"策略一直具有灵活性，所以几乎不可能简单地回复到一个总方针上来。即使在过去的十二个月，莫斯科对向它所提出的唯一选择做出了积极反应，但是它的战略仍然保持在苏联所定义的和平共处的范围内。然而，两者放在一起时，苏联更表现出"左倾"，倾向于坚持一个更大胆自信的路线，可能是因为希望与中国的观点协调，或者更可能尽量避免被"左倾"所包围。

73. 如我们所说，这种趋势为苏联攻击西方殖民主义以及联合国秘书处的组织结构问题提供了相当大的活力。我们知道这种攻击在10月的双边会谈上，被苏联以正义化的目的为借口而使用。从那时候起，运动进一步发展了。事实上，为了与尼赫鲁的关系达成妥协，赫鲁晓夫的刚果-哈马舍尔德（Hammerskjold）政策①已经不存在了。（正如外相达特（Dutt）所说，这是自从印度独立以来，苏联第一次愿意就一个重要的世界问题冒险与印度缓和矛盾。）

74. 在过去的两年，中共的外交政策实际上没有因为他们反对苏联的国际政策而被看作"左倾主义"。在中印边境问题上北平已经平静下来，开始转向处理与缅甸（边境问题）和印度尼西亚（华侨问题）的争端，并且对台湾海峡仅仅实施了极小的压力。除了与美国的关系之外，北平曾经置疑万隆地位的"正确性"。但是，出于自己的国家利益和世界共产主义命运的考虑，北平为了争取总体上更激进的集团路线，将会继续对苏联施加压力。

75. 中国近期内对苏联政策的压力似乎产生了重要的影响。主要的作用是限制了苏联随意操纵控制的自由。在以前的"困难"时期，莫斯科一直想选择转向"温和"阶段，或者至少增加"温和"的手段。但是只要中国的基本态度不发生转变，我们认为这个选择就或多或少会受到限制。比如，即使将来苏联对戴高乐的示好有可能达到顶点，但也不可能转向对他们

---

① 哈马舍尔德，瑞典政治家，1953～1961年任联合国秘书长。哈马舍尔德的任期正值美苏斗争最激烈的时期。在哈马舍尔德连任后期，在处理刚果的问题上得罪了苏联，苏联认为哈马舍尔德站在美国一边，因此对他十分不满。1960年，在第15届联大上，赫鲁晓夫提出改组联合国秘书处，提议用"三驾马车"体制（社会主义国家、和平中立国家和西方国家各派一名代表）取代联合国秘书长。赫鲁晓夫公开抨击哈马舍尔德"总是维护美国的利益"。1961年2月刚果总理卢蒙巴遇难后，苏联对哈马舍尔德的攻击升级，不承认哈马舍尔德的秘书长职务。因此，赫鲁晓夫通过刚果问题对联合国秘书长哈马舍尔德的攻击成为"刚果-哈马舍尔德"政策。——译注

所支持民族解放阵线(阿尔及利亚)进行限制。在所有发生在主要的帝国主义强权处于防御地位的类似事件中,莫斯科将尽最大力量对殖民地和前殖民地的坚决反抗进行支援,目的是避免因为它没有全力支持革命斗争而给批评者留下余地。有时这能代表苏联在是否走向战争中作出的选择;如果走向战争,国家安全的考虑将是苏联决策的首要因素。这个问题是中国是否继续积极强迫苏联反对资本主义,从而破坏它与西方之间除了完全军事之外的以任何形式为基础的合作机会。

76. 这些问题将变得不再简单。自从斯大林逝世后,当前苏联的领导人逐渐意识到世界形势的复杂性。从那时起,他们越来越关注战略的变化、外交的运用、利用帝国主义国家间的甚至在新成立的国家之间的不和、风险的程度、他们主要敌人在政治上的优劣性。通过仔细观察而寻找可能出现的机会,他们变得越来越敏感和多虑,有时候进行没必要的多种变化的考虑。对于中国人来说,他们还是被更简单的黑白两极世界的想法所主导,这象征着苏联越来越受制于以世界革命和中国的国家利益为代价的传统的国际政策。鉴于双方各执己见的程度和各自毁坏自己声望的事实,双方都不可能通过辩论来战胜对方。双方仍拥有共同的目标和共同的敌人。但是共同对敌以及为了实现这个目标的共同政策可能越来越难以得到维持。

附录①

DDRS, CK 3100369266 - CK 3100369371。

何妍译、校

---

① 附录略去。——译注

中情局关于中苏关系前景的评估和预测

（1962 年）

中苏关系的前景

我们仍然需要考察莫斯科努力迫使中国领导人下台或者使领导层变更的有效压力的形式。因为一种或另一种相结合使用的压力，可能会导致包括中苏分裂这样的后果，我们认为用"分裂（break）"这个词开始定义这种关系比较合适。然后我们也考虑各种压力的形式，并且就他们能否把在位的中国领导人赶下台提出一种观点。接着我们讨论在中国共产党内，我们认为能促成亲苏力量继位的前景。最后对所提出的关于中苏分裂前景的看法做出结论。

一、"break"的定义

break、rupture、rift 和 split① 这些词都或多或少的被用于准确描述在共产主义政权间关系的特殊复杂性所发生的显著变化。不管用哪个词，所表达的程度都是有变化的，就像吵架、分居、回娘家、获得法律上认可的分居，然后离婚一样，具有恶化的程度区别，更不要说对另一个党蓄意安排或实施的谋杀了。

用一些定义来说，苏共和中共的关系已经达到了 broken、breached、ruptured、rived、split 或者用其他词来形容的地步。他们对学说基本观点的解释的争吵已经达到了白热化的程度，各自都指责对方背弃了学说。

……②

两国之间最重要的协议（建立了在危险时共同行动的重要关系），《中苏友好同盟互助条约》（1950 年 2 月）仍然有效，但是如果不看这些白纸黑字，他们都已经触犯了条约的精神，而且他们越来越不能确定苏联会在什么样的情况下、会在多大程度上依据条约遵守帮助中国防御的承诺。最后，无论是苏联还是北平都没有把对方排除在"社会主义阵营"（共同事业的象征）的定义之外，任何一方也没有让其他的共产主义政权认为双方关系已经分裂，但是一方（北平）坚持认为阵营包括一个几乎被另一个（苏联）正式驱逐的成员国（阿尔巴尼亚），而

---

① 这些英文单词都表示"分裂"、"破裂"的意思。——译注
② 原文此处数段未解密。——译注

且已经存在于由绝大多数党制定的声明和指示当中——与在他们之间的分裂一样，继而将会以一种更加强调的方式在更大范围内出现已经被公认的中苏分裂。已经看出在莫斯科和北平之间关系的破裂程度的观察家们，对那些认为恶化关系已经减弱而仅像"家庭争吵"的人失去了耐心，他们指出，有时许多凶杀都是一些家庭成员反对其他家庭成员造成的。

　　然而，用严格的定义，"break"这个词应该被限定为一种特定关系（或者一种关系的任何一个部分）的停止，而不是关系的恶化。在这种用法中，从意识形态方面来解释非常困难，尽管到目前为止，这种存在于莫斯科和北平之间的关系可能已经被说成破裂：例如，当两者都声称他们忠诚于马克思列宁主义，当他们都承认（并且将会继续承认）共产主义政权与非共产主义世界敌对的时候，他们对标准学说的解释所存在的异议是根本存在的，以至于可以说他们已经停止使用一种共同的学说。然而，我们更喜欢把意识形态看作他们辩论的语言而不是内容，而且更喜欢用"break"这个词来形容更为可靠的事实。

　　在更为严格的意义上，党内关系的分裂将意味着党内沟通和其他交流的中断（例如，消息不再从一党传递到另一党，任何一方都不会在另一方主办的活动中得到邀请），运动中其他共产党被告知分裂已经发生，一个党对另外一个党的领导人的公开攻击也已经出现。这种分裂可能不需要通过任何一党在多党会议上争取获得谴责另一个党的决议（没有一个党能真正从运动中被驱逐出去，因为没有一个像共产国际或者甚至共产党和工人党情报局这样的国际组织会这样做）；这种分裂可能不需要像对待阿尔巴尼亚一样公开号召去推翻另一个党的领导人，或者像1960年在阿尔巴尼亚已经发生并可能再次发生的事件一样真正努力推翻他们。国家关系的分裂可以仅仅表现为关闭使馆、撤回外交人员，可能还包括关系破裂的声明。

　　同理，经济关系的分裂将意味着不仅是贷款的中止（或者可能包括要求提前偿付已有的债务），而且不仅是顾问和技术人员的撤回和逐出，还包括贸易的中止（可能会达到贸易禁运的程度）。军事关系的分裂也类似：意味着所有顾问和技术人员被撤回或者被逐出，以及所有物资供应的结束。科学关系的分裂将意味着所有科学家被撤回或者被逐出，以及物资和文件供应的中止。像《友好同盟互助条约》这样重要的协议的打破，将意味着无论在公开还是私下里发出一个党不再承认自己对协议负责的通告。

　　经济、军事和科技关系的分裂或者对条约的否认，可能或早于或晚于党和国家关系的分裂，或者，如果仅仅是党的关系破裂，那就始终不会发生。部分地由于这个原因——以多种可能的形式——任何一个党的关系或者党及国家关系的分裂（在党分裂后伴随着国家关系的分裂）一般被认为可以在两个共产党政权之间使用"break"这个词的充分证明；例如，1948年苏联和南斯拉夫的党之间而不是国家之间的分裂，1961年莫斯科和地拉那首先是党的分裂，然后是国家关系的分裂。（国家之间的分裂只是一种托词，苏联驻地拉那大使馆只是代理人的某种身份，据推测两国首都之间的沟通很可能还存在，但是这种情况被合理地描述为一种分裂）。我们将根据这种用法，把分裂定义成在党与党之间或者党及国家间关系的分裂。这种意义上的分裂已被集团和国际共运明确地看作像（苏联）与阿尔巴尼亚一样的分裂，如果中苏分裂发生，那么在其他党内就会产生一系列的影响，比如强迫执行宣言、党内分裂和整肃。

二、苏联对阿尔巴尼亚的压力

对于莫斯科来说，把霍查弄下台是很重要的，因为苏联共产党已经公开提出正义（苏联的事业）将会在阿尔巴尼亚取得胜利，持久的挑战将会不断鼓励其他共产党对苏联进行挑衅，形成与中国或者自己的联盟。对于北平来说，要让霍查继续在位同样重要，因为他是中国人到处进行支援的有效试验品，这些支援地区包括中国人已经取得优势而苏联还没有向那里的共产党发出最后通牒以施加压力的地区，例如与北朝鲜和北越的临近地区，以及像马来亚和泰国共产党这样被本土中国人所控制的共产党地区。

虽然结果未卜，苏联对阿尔巴尼亚施加压力几乎黔驴技穷。苏联威胁阿尔巴尼亚领导人，反对中国人对他们的支持，并且因此发出警告；苏联发动了共产主义运动中四分之三的共产党来谴责阿尔巴尼亚；他们与阿尔巴尼亚之间的党和国家关系已经破裂，……①他们呼吁阿尔巴尼亚人民起义。后者的呼吁可能已经得到回答，因为霍查对莫斯科的挑战没有得到整个共产党或者军事方面的支持，而且尽管人民总体上支持霍查反对莫斯科，但是他们还是坚持反对共产主义；但是，在阿尔巴尼亚的亲苏分子已经受到威胁，至少现在是这样的。当然，苏联可能通过把地拉那从"华沙条约"和"经济互助委员会（CEMA）"中驱逐出来，包括东欧国家与地拉那打破关系而用尽了剩余的政治压力，但是这些压力，无论是分开的还是联合一起的，都不起作用。②

同样，苏联也几乎使用了所有的经济压力，包括取消贷款，撤回技术人员，并把与阿尔巴尼亚的商贸关系减少到几乎断绝的地步。他们还劝说（或者试图劝说）东欧国家断绝与阿尔巴尼亚的贸易并撤回他们剩余的技术人员，但是他们对中国无计可施。如果中国人下了决心，他们就能够提供足够的贷款或者物资和服务，让阿尔巴尼亚继续活下去。如果中国的援助犹豫不决，阿尔巴尼亚可能会努力在西方寻找资源，他们可能会交上好运。

当然，莫斯科可以随时直接地或者间接地通过南斯拉夫的军事行动强迫霍查下台，因为在军事上无论阿尔巴尼亚还是中国都对它无可奈何。然而，如果直接行动的话，阿尔巴尼亚将会被南斯拉夫或希腊保护起来，两国（可能）都不愿意给苏联军队提供通道（南斯拉夫的可能性更大）；而且，苏联在世界和国际共产主义事业中的形象都将遭到破坏，这一行动将很可能促使中国与莫斯科决裂，而北平没有必要对弥补关系承担任何责任。至于间接的军事行动，铁托对任何类似企图的反对都很明确，尽管观点存在分歧，但是作为一个反苏的弱小的阿尔巴尼亚，看上去无论如何都比苏联控制（可能是苏联占领）的阿尔巴尼亚具有更小的威

---

① 原文此处一句话未解密。——译注
② 原注：东欧国家没有跟从莫斯科打破与阿尔巴尼亚的关系是莫名其妙的。如果赫鲁晓夫已经尝试并且未能成功地劝服他们，他的处境就会真的很尴尬；但是令人难以置信。

胁性。一个真正疯狂的可能性是苏联扮演双面角色,可能引诱南斯拉夫侵略阿尔巴尼亚,然后介入其中对阿尔巴尼亚进行"保护",目的是铲除在南斯拉夫和阿尔巴尼亚的赫鲁晓夫的反对者。但是我们不认为赫鲁晓夫能够或者将要这样做。不管怎样,间接的军事行动往往与直接行动具有同样的缺点,这样做的话几乎所有人都会怀疑苏联是否是背后指使者。

总之,阿尔巴尼亚领导人很可能会幸存,因此莫斯科利用阿尔巴尼亚给北平的警告是无效的。如果阿尔巴尼亚领导人不能幸存,即使他们是被意外的行动给赶下台,并且这种行动不是被莫斯科或党内真正的叛乱或被人民赶下台,北平也仍会污蔑苏联。事实上,因为不论真正的原因是什么,中国人可能都会让苏联负责任,所以中国人将更加强硬。莫斯科似乎处于这样的境地:它不论做什么或者无论从霍查的下台中得到什么,都不能因此把中国人吓退。

三、对中国的政治压力

赫鲁晓夫完成了通过代理人(阿尔巴尼亚)对中国公开谴责的阶段;他只在一个有限的事件中(中国人对阿尔巴尼亚的支持)而公开点名批评了中国人;他开始了就分歧中的其他问题公开批评中国人(不是直呼其名)的阶段;而且他间接地警告中国人(不是直呼其名)他们进行挑衅的后果。

……①

不管在事件的全体名单中把中国人指定为侵犯者的过程是慢还是快,我们都不能指望仅仅从论战层面上使中国人后退,赫鲁晓夫也可能作了同样的判断。在他制定公开的反对中国的整个事件中,不论在分裂前还是分裂后,他将简单地尽可能地把苏联放在对共产主义和非共产主义世界的其他部分来说像一盏明灯似的有利位置上。

苏联共产党可能也会召开另一次多党会议,形式像 1957 年 11 月和 1960 年 11 月一样,这两次会议将试图对阿尔巴尼亚和中国共产党进行正式的谴责。但是,很显然莫斯科并不想要这样的会议,因为也许不仅仅是向北平倾斜的亚洲共产党,而且几个已经摊牌的共产党也可能拒绝支持苏联的立场,从而把运动公开分裂为两个"阵营"。苏联共产党似乎更可能通过个别党派的反应(超过四分之三的党),通过这些包括相当数量的外国共产党员代表的共产党代表大会,通过世界共产主义阵线组织——几乎所有苏共统治的力量,来施加(而且加大)它的压力。(苏联人)不能指望联合施压会对中国人产生重要的影响,相反,其目的为了"孤立"中国人,尽管"孤立"一个占世界 4 000 万共产党中的 1 800 万的共产党是令人难以置信的。

部分地为了取得比中国更具优势的地位,在苏联外交政策中可能会采用更好战的路线。但是,这样做的结果很显然让人联想到 1960 年底和 1961 年初苏联政策所碰到的困难,这样

---

① 原文此处有数段未解密。——译注

的政策并没有出现……①

　　无论如何，作为代表大会的整个路线和在柏林的最后期限撤退的见证，这个在外交政策中不向中国让步的决定很显然在苏共第二十二次代表大会之前已经出台。② 一种更可能的战略看上去也进一步被削弱——已经明显表现在与北平形成特殊政策的互相协商和合作中，以及在国际组织中对中国事业的更加敷衍的支持，例如对北平的联合国席位要求的支持。这些压力也都将无关紧要。

　　对莫斯科来说，现在唯一起作用的政治压力看上去是《中苏友好同盟互助条约》。观察家认为这个条约对北平不再有任何价值，因为中国人在1958年经历的台湾海峡冒险行动中发现：莫斯科不支持中国人的冒险，这个条约不能被有效地利用。不过，即使莫斯科对北平在冒险行动的支援达不到北平期待的程度（我们也持同样的观点），这个条约在那时事实上也都被莫斯科和北平在声明中引用，目的是说明苏联真的会保护中国免受打击（虽然北平没有指望苏联在高风险的行动中支持中国）。一些观察家也认为，条约保护共产党中国免受打击的作用对北平没有多大意义，因为和北平宣传的相反，它实际上并不认为任何人会无缘无故地对中国进行打击。北平的确故意夸大了外部世界的敌对，但是我们认为北平对于它不会遇到打击并没有自信；它可能充分意识到，如果没有苏联的支援，中国的国民党人在美国的大力支持下可能试图解放大陆，这是台湾多年期望的；北平可能也担心在中印边界分歧中印度采取更大的侵略行动。除此之外，中国人似乎看到了在接下来几年的某一时刻发生世界大战的可能性，在他们掌握具有相当能力的现代武器之前，中国人希望拥有一个把中国防御看作自身利益的盟国。最后，观察家认为，莫斯科已经让中国人产生了怀疑：在目前情况下苏联也许不会在局部战争或世界大战中履行自己对中国防御的承诺，甚至会退出中苏条约。可是，怀疑与被明确告知苏联不再承认自己受制于条约，或者甚至（心平气和地）被告知"尽全力提供军事和其他方面的援助"的承诺以后很难兑现之间是有很大差别的。

　　有一种观点认为：只要中苏分裂没有到达被迫当场撕破脸的程度，苏联就不能拒绝履行中苏条约，所以说除非中苏破裂，否则苏联一直有履行条约的压力。③ 实际上还有一种观点：即使在出现分裂事件的时候，莫斯科也不会不承担对中国的防御，可能是因为新中国的脆弱会引起西方的行动，毕竟一个持不同政见的共产主义政权比一个反共政权更好一些。这两种观点可能都正确，但是第一种观点看上去不适用于一个私下否认条约的声明，这种声明可以是例如一封苏共给中共的信——即对1962年1月马利诺夫斯基关于社会主义国家"对我们很友好"的讲话的补充。第二种关于（苏联）义不容辞地提供防御的观点甚至被中国人看作一种推测的、根本不会实现的担保。

---

① 原文此处有数段未解密。——译注
② 原注：1962年1月末的《真理报》似乎想强调莫斯科不会被中国人推到左边去；党报引用了陶里亚蒂和卡斯特罗来说明世界大战必须不惜"以任何代价"被避免——这是苏联立场的极端的声明。
③ 原注：在条约中关系到互相协商，互相尊重领土主权，不干涉对方事务的条款可以作为对是否违背条约的评判来引用。

苏联所采取的这种行动可能让中国共产党内部震惊,很可能对推动(之后)对毛的领导权的挑战。但是,我们认为它不能迫使现在的中国领导下台。

四、对中国的经济施压

然而,赫鲁晓夫并没有实施与中苏条约相关的并且可行的政治压力,他在很久之前采取了具有最大破坏性的经济措施——撤回技术人员。从那时候起,他有效地利用了以下矛盾:一方面是北平把共产党中国作为世界强国以及在集团内与苏联相等的地位来介绍,另一方面是北平作为经济和军事强国实际上正在持续衰落。

中共用了 18 个月的时间考虑莫斯科对其蔑视的初步影响——例如,中国取得现代化工业和军事强国的地位的目标将被无限期拖延,可能要推迟几十年。的确,假设现在天气比过去三年好的话,中国的总产量在未来十年可能翻一番,但平均每年的增长总额必须达到 7%,工业平均增长率达到 10%,农业达到 3%。① 然而,即使乐观的估计,也应该比中国人所追求并得到苏联支持的到 1960 年中期实现的目标更保守和实际……②如果毛在分歧中的顽固不化没有受到一些中国领导人的一大堆抱怨,那么想要中国人减少对科技发展的期望值是不可能的,但是没有证据表明,为了促使莫斯科恢复 1960 年中期以前苏联对中国援助的程度,毛现在或者不久将准备在分歧中放弃他的立场。③

至于在不久的将来共产党中国的经济“危机”可能给莫斯科提供一个新契机的问题……④苏共可能选择在中国最弱的时机施加最大的压力,例如,预计在 1962 年春天共产党中国发生食物危机之前或之中的时候。但是,即使在去年秋天,我们也没有指望这场危机能变成迫使中共为了生存不得不妥协的一种大灾难,因为那时候大多数观察家估计可预见的危机范围已经减小。因此为了购买食物、避开危机,中国人不得不求助莫斯科给予大量贷款(或者放松对长期贷款偿还的期限)的可能性看上去很小甚至几乎没有;而且如一些观察家所认为的,很可能自从去年秋天在我们没有预知的情况下中国人早就预料到了这一点。无论如何,总体上大家一致认为中国人没有足够的资金购买他们在春天所需要的大量食物;他们可能被迫削减其他物品的购买,也许机器和设备的购买将被迫在长远计划中进一步推后,但是他们看上去做好了接受这一切的准备。

苏联共产党可用的经济手段涉及到中国对苏债务、留苏中国研究生的教育、向中国传播技术信息、中苏及中国与卫星国之间的贸易等方面。

---

① 原注:一些观察家认为,如果没有苏联的大规模援助,在中国人口过度增长的情况下,其生产利润将会十分有限,北平不会得到实质性的发展;从近些年中国对发展项目总体上的管理失误来判断,他们也许是正确的。
② 原文此处一句话未解密。——译注
③ 原注:中国领导人似乎认为,或者至少他们告诉自己,赫鲁晓夫之后的苏联领导人会纠正赫鲁晓夫的错误,包括对中国政策的错误;如果他们的想法是正确的,他们将不会损失几十年,仅仅损失的是从 1960 年中期到苏联政策发生变化这一阶段,加上准备接受苏联的援助新计划所用的一年的时间。
④ 原文此处数行未解密。——译注

莫斯科可以随时违反既有协定，要求中国立即偿还总额 7 亿美元的债务（在 1958～1960 年间迅速增长的 3.2 亿的短期债务在去年 4 月转为长期债务，是全部 7 亿债务的一部分）。然而，这项措施将不会发挥任何作用，因为根据协定，中国人将摆出没钱的姿态坚决拒绝还钱，而且只有在苏联已经决定断绝商贸关系（也可能包括外交关系）的前提下，苏联才可能会提出这样的要求。

……①

维持这些已经恶化的关系，对于北平长期的发展是非常重要的。但是，这些关系现在并没有表现成一种重要的施压手段，因为北平对其长期发展计划进行了更强烈的鼓吹，而且关系的恶化不能立刻对中国经济产生显著的影响。

如果想对经济产生直接影响，对莫斯科来说，在已有的所有手段中，只有在中苏和中国与卫星国之间的贸易领域是有希望的。在 1961 年中国的对外贸易中，将近 40% 与苏联有关，但中国与卫星国的贸易由于中苏贸易下滑的同样原因而急剧下降，不过中国外贸的 12% 是与东欧国家的贸易；……②中国与苏联或者与卫星国贸易的停止将意味着短期失调（与卫星国的贸易问题相对不那么严重）……③而且，因为已花了十年时间使用苏联的设备来建设新工厂，中国将面临到别处获取零件和修配设备的困难时期。中国人也不得不去寻找新的出口市场解决以前给苏联大量出口的矿产品和消费品的问题；在西方市场也会存在这些产品的质量问题。最后，他们可能发现能卖上好价钱并取得西方的信任是非常困难的。

但是，有一些自由世界的国家，尤其是英国和日本，希望取代苏联成为共产党中国的石油产品、机器及设备的大供应商。因为中苏关系已经恶化，北平对这些商品的兴趣逐渐转向西方。这种意外的计划需要在政治要求下做一些改变，北平已经对这些国家（尤其是日本）做出了改变，但是中国人愿意这样做，似乎因为这些改变没有要求北平必须改变对非共产主义世界的基本态度。而且，目前的困难形势使中国人更可能发生转变。目前中国领导人关心的是让人民维持生活，而不是关心扩大工业。目前的节约开支减少了与集团内部或非共产主义世界签订有关机器和设备的大规模长期贸易协定的需要。

总之，中国与苏联以及中国与卫星国之间贸易的停止不会迫使中国妥协，它只能使中国更多地把目标转向西方。由于这种变位，苏联的举动将意味着中国变成一个现代化的工业、军事强国的进一步推迟。然而，因为目前中国领导人正准备主动接受 1960 年技术人员撤退所带来的第一次严重的打击，那么对于其他较小的打击，他们一定能够承受住。正如我们早期推测的，由于苏联对中苏条约的不承认，苏联对北平不断的经济施压④可能会推动（党内）对毛的领导权的挑战，但是，由于没有可预见的中国经济大灾难的发生，这样做几乎肯定不

---

① 原文此处数段未解密。——译注
② 原文此处数段未解密。——译注
③ 原文此处数行未解密。——译注
④ 原注：关于苏联是否将增加对中国的压力的迹象应该在最近的 1962 年中苏贸易对话中找出；中国代表团从 12 月中旬起就在莫斯科，因此一直（到 2 月中旬）也没有公开的谈话结果。

会使最高领导人让步。

五、对中国的军事施压

我们所说的"军事"压力是指苏联对中国军事建设施加的压力,以及通过军事建设而对中国领导人施加的压力。我们没有看到苏联利用军队把莫斯科的意愿强加给北平的可能性……①有可能存在其他的边境冲突,尤其是沿着没有划定的边界,最可能发生在分裂之后,但是在分裂之前我们不认为这种作为苏联施压产生的重要形式的意外事件会发生。相反,我们关心的问题是苏联对中国军事建设的支持,以及苏联对建设中的军队的保护。

尽管中共在1957~1958年冬天可能已经尝试但没能从苏联获得核武器,到1958年初,中国的政治、军事领导人(包括那时的国防部长彭德怀)坚定地认为,中国的首要任务是建立一个稳固的工业和科技基地,这个基地同时也是军事工业的重要组成部分。随着这个基地的发展,北平将以飞快的速度建立最先进武器系统的现代化军事设施。

……②

关于苏联的保护伞,中国共产党的军事战略早就预见到一个过渡时期(即使在北平需要核武器的情况下,这个时期也将会出现),在这个过渡时期内,中国军队可以在不利条件和只有低级武器的情况下参加一场与西方的主要对手的战斗。想要敌人在中国失败,中国关于过渡时期的军事战略只能是一个防御性战略,这种战略是为了适应中国军队和军工厂的有限能力。它是一个贫穷国家顾及面子的战略,在这个战略之下,中国的军事目标必定是有限的,对于北平来说拥有一个强大的朋友苏联,在局部战争中援助中国、在全面战争中帮助攻击敌人的国土,这是最为重要的。

正如我们在此前讨论的中苏条约一样,北平显然已经在1958年中期意识到不能指望在中国高度冒险的行动中得到苏联的支持,而且有理由怀疑1960年中期以后莫斯科是否还能在局部战争或者全面战争中履行承诺。按照这种情况发展下去,例如,通过威胁废除条约,莫斯科非常可能希望给中国军事领导人更多的鼓励去挑战中共最高领导人,但是,如前所述,不能指望这种威胁会迫使最高领导人自己让位。

六、在中国领导层中的亲苏力量

前面探讨的疑难是,尽管苏共通过单独或联合使用如下手段对北平施加最大限度的压力:把阿尔巴尼亚领导人拉下台,在中国的经济危机中给予有保留的援助,中断苏联、东欧与中国的贸易,……③以及威胁说想要拒绝承认或者真的拒绝承认中苏条约,但是中共的最

---

① 原文此处数行未解密。——译注
② 原文此处数段未解密。——译注
③ 原文此处数行未解密。——译注

高领导人可能继续在中苏分歧中坚决反对莫斯科。同时，我们有一种想法是，这样的行动可能会有助于鼓励中国领导层中的其他力量去挑战最高领导人。问题是这样的挑战是否会成功。

……①毛泽东可能在过去四年里失去了一些助手，是由于他激进的国内政策，由于有事实可以证明他不断提拔刘少奇在党内的势力从而使他超过其他对国内政策持保守态度的人，而对刘的提拔，是由于他在中苏分歧中持过于绝对的立场，也由于他在分歧中的攻击性的行为。（反毛力量不一定是亲苏的，但是我们认为他们可能会变成亲苏的。）反毛力量的最初挑战来自1959年夏天政治局内部只有少数领导人支持的彭德怀，可能还有张闻天，两者都不成熟，组织很差。这导致了党内的整肃，因而剥夺了反毛潜在力量的真正核心。在1960年夏天，当苏共通过撤退技术人员掀起反对中共的最强风暴后，中国领导人显然为了反对苏共站在了一起；尽管在那时一些处于二等地位的领导人没有出现，但是没有证据表明存在对毛和共产党领导人的重大挑战。

然而我们有理由相信，……②存在一些与最近几年占主导地位领导人不同的、对中国的国家利益持不同观点的中共领导人——他们主要是政府官员、经济学专家和专业军事人员（相对于军队中的政治人员）。在这种观念指导下，为了在下一个10～15年的时间内把共产党中国发展成为一等强国（这是在苏联撤回援助之前的目标），中国的国家利益将需要调整与苏联的关系。这种调整需要收起"个人崇拜"（毛独裁的终结），收起固执错误的和北平无力追求的世界共产主义战略宣言，转向苏联经济发展模式，以及在世界共产主义运动中实现绝大多数统治的原则（尤其因为未来强大的中国可能会控制绝大多数）。换句话说，我们认为除了1959年那些挑战毛的人，还会有其他亲苏和反毛的力量，这些人有自己的顾问，并且能在下一次机会来临时做好充分准备。③

后一个考虑使我们认为反毛力量可能在1962～1963年制造另一次挑战，尽管在1960年夏天他们发起的挑战因苏联而失败了。我们认为，在1960年这些力量拥有与1959年同样的兴趣，但是他们在1960年不如1959年准备得好。苏联撤回技术人员的举动似乎对所有人来说都是一个惊奇，紧接着就是中国人的整肃——以至于即使技术人员的问题是挑战毛的好机会，必须的安排也没有做好。

……④我们认为，仅仅根据要求或政治局投票的结果，让毛安静下台的可能性很小，因此如果他们对控制占优势的军事力量没有信心的话（不论正确与否），这些挑战都不会付诸实施。如果较早就存在对毛的挑战，我们认为这一定来自在60年代中期或在挑战决定之前

---

① 原文此处一句话未解密。——译注
② 原文此处数段未解密。——译注
③ 原注：我们始终认为周恩来是那些可能与苏联建立起真诚合作关系的人选之一，尽管周在最近几个月的领导角色是站在中国的立场上反对苏联。对于那些认为周恩来——已成为赫鲁晓夫最欢迎的人——通过最近的行为表现出自己对苏共怀疑的人的观点，我们并不赞同；我们认为在斯大林手下经历过许多相同事情的赫鲁晓夫可以使用铁腕政策，而且周仍然可能是苏联在中国的操纵杆的第一人选。
④ 原文此处一句话未解密。——译注

就开始寻找军事援助的那些人。

如果事情发展到允许反毛力量去争辩的程度：作为工业和军事强国的中国的高速发展或甚至中国的国防在毛的领导下已没有任何希望，那么挑战将可能与另一个重要事件同时出现，例如中苏经济关系的严重分裂或者苏联威胁退出中苏条约（或者，当然是出现真正的党内分裂）。[1] 如前所述，这种不论是在政治局或者有毛参加的小型会议所制造出来的辩论，都将由于军事力量的威胁而后退。

我们认为赫鲁晓夫不会在对毛的挑战中直接与其他领导人串通，或甚至承诺为建立新的中国领导而恢复苏联的援助项目（如在 60 年代中期之前），从而在实质上介入中共事务。但是我们认为他通过清楚的暗示表达出，中共统治者倒台之后将紧跟着中苏关系的极大改善，就像他公开提出的对待阿尔巴尼亚领导人的态度一样。我们认为他会通过这种行动来突出这一点，例如打破贸易关系或者退出条约，这种行动将会有效地鼓励中国领导层内的反毛力量去实施他们的挑战计划。如果他们真的实施计划了，他将进一步采取与中共断交的措施，他预计部分措施就足够煽动一个成功的挑战计划，或者如果他们不能这样做的话，经过一个更长的时期之后，仍然会有其他的领导者准备挑战。

……[2]我们怀疑的是任何一个挑战毛和党内领导人的组织能否拥有充分的军事力量去实现成功的挑战计划。……[3]更可能的是尽管在苏联的压力之下，毛和大多数党内领导人将成功地并肩站在一起打败对手，一直到毛退休或者去世。

七、分裂的前景

事实证明，最迟从 1960 年年中起，在赫鲁晓夫和毛领导下的中苏分歧就几乎没有从实质上得到解决的前景。然而，在六个月的间隔之后，我们被迫对分歧是否能导致如我们定义的分裂（任何党与党或者国家与国家之间的关系）这个问题作出结论的时候，我们当中绝大多数人……[4]每次都一致认为在其后六个月的时间里，分歧可能会导致分裂。因此到现在为止这些预测都是正确的。然而，在过去的六个月里，中苏关系进入一个新的阶段，不得不要求对分裂有一个新的评估。

正如所有观察家指出的那样，两党都会在分裂中遭受严重损失，即使对方应该对此负主要责任。对于赫鲁晓夫来说，分裂将意味着一系列问题：他的国内敌人将有机可乘（即使其执政对手并不比他更亲中国）；将会形成由北平领导的亚洲共产党阵营，而其他不发达国家

---

① 原注：……（原文此处数词未解密。——译注）我们认为有可能在 1962 年春天预计的粮食危机出现的时候，会出现对毛的挑战，这个危机由于苏联威胁退出条约的实际行动而更加恶化。……（原文此处数行未解密。——译注）如果反毛力量做好准备，那么甚至在没有粮食危机的情况下，苏联的行动将可能出现在合适的时机。苏联在下个月对中共的谴责可能会引发一次挑战行动。
② 原文此处数行未解密。——译注
③ 原文此处数段未解密。——译注
④ 原文此处数段未解密。——译注

的共产党极有可能加入这个阵营；在国际共产主义运动中许多国家的共产党将会对亲苏领导层提出更多的挑战；作为将来的波动，将会产生对"社会主义力量"及共产主义优越性的理念的打击；与中共内部亲苏力量的直接关系将不断遇到更多的障碍。作为一个相对较弱的党的领导人，毛失去的将会更多。分裂将意味着下列问题：被他国内的对手所利用；与国际共运中绝大多数党之间形成不友好的关系（从根本上讲如果存在的话）；在许多党内由强大的亲苏领导人发起的更多的反对亲中力量的行动；有可能失去中国的军事保护者，并且从逻辑上来说在遇到经济危机时紧急援助物资将会减少；当然还有影响集团内唯一强大的成员去实施北平所宣扬的军事政策的可能性的减少。

　　这种关系状态可能会不确定地延长，可能会处于一种没有公开分裂的非联盟状态。在没有分裂的情况下，苏联很可能会加大对中国的压力。在这种关系状态下，关于世界共产主义战略的论战将会继续。每个党都可能对另一个党的特殊的国内国外政策采取不支持的态度，然而他们可能继续在外交政策①的一些领域里合作，苏联可能会继续给予中国的项目很小的经济援助（也许在一个更低的水平内），……②莫斯科将继续引发（北平对它）在中苏条约下实现承诺的程度的怀疑，同时让北平认清在遇到高风险情况下它不会伸出援助之手。苏联想把阿尔巴尼亚领导人扳倒，中国却想让阿尔巴尼亚领导人浮起，两党将继续对作为整体的国际共运施加影响力并进行有力竞争。而且每个党都会间接地支持另一个党内的反对力量对其统治者进行挑战。很多观察家认为，两党都更想持续这种不确定的关系而不是走向分裂，部分原因是（在他们的争论中）两党都认为现在除了指望另一方的领导层发生变更以外，没有什么可以做的，而且双方都认为另一方共产党的领导层无论如何在不久的将来都会发生相当程度的变化。（从这点来说，苏共可能会有更好的理由期望今年中共代表大会之后，在中共内部产生这种力量。）

　　但是，我们认为，如果赫鲁晓夫希望这种关系继续处于在联盟和分裂之间的不确定状态的话，他不会发起和加紧新一轮的进攻（在苏共二十二大及其以后）。而且，鉴于他多次与中国主要领导人打交道的经历，关于他们是否会在任何他所实施的联合压力下屈服，他缺乏自信，因此，他必须或者至少做好接受分裂的准备。然而，我们不能判断他所估计的是否能成为迫使中国领导层发生改变的可能性，他可能有理由预料到他有一些机会，同时也可能尝试这样去做，因此预计到毛的挑战者可能准备在苏联进行下一次除分裂之外的重大行动之时不存在展开行动，或者如果不是那个时候，就选在分裂之后。在分裂之后，如果对毛的挑战，或者如果进行挑战但却失败了（正如我们想到的那种可能性），赫鲁晓夫会因为他所宣扬的政策至少可以在非共产主义世界得到更多的信任而感到安慰，③可以使他从对北平政治的、

---

① 原注：即使在出现分裂的情况下，很多他们的外交政策的目标仍然大体一致。
② 原文此处数行未解密。——译注
③ 原注：对我们说来这似乎是重要的收获。西方和中立者们可能都更倾向于相信赫鲁晓夫是真正的支持"和平共处"的人，前提是他因为这个原因愿意与中共分裂。苏共已经很好地利用了这个方针，分裂将更大地增加这个方针的价值。

经济的、军事的责任中解脱出来(尤其从中共的冒险行动的责任中解脱出来),可以在更小的阵营和国际共运范围内更好地维持秩序,而且可以随意地在阵营和国际共运中运用他所掌握的所有资源公开地与中共的影响力进行战斗。

……①如前所述,我们认为赫鲁晓夫的确想施加他所能使用的联合压力。我们倾向于认为他将在与中共分裂之前,运用绝大多数的原则施加压力,尽管我们承认存在如另一个观察家所指出的可能性,即赫鲁晓夫已经得出结论(跟我们的观点一样),他无法迫使中国服输。他也可能现在就要分裂,苏共中央委员会在 1962 年 3 月将同意这样的行动,并且向其他共产党分发旨在与中共分裂的苏联声明。如果赫鲁晓夫真的选择在分裂前(如我们所想的一样)至少使用一些可以使用的压力,努力迫使中国服输或者制造分裂,那么在分裂过程中,党与党或者国家与国家关系的分裂将会出现。

如果苏联想直接或者间接地使用军事武装力量反对阿尔巴尼亚领导人(我们认为是不可能的),即使没有进一步针对中国的行动,这个行动仍可能促使中共立即与苏共断绝关系。苏联发起的成功的意外行动可能不是一个很明朗的事件,这样可能不会导致与北平的分裂。

至于反对中国的直接行动,除了指名道姓的公开批评外,莫斯科利用苏联发言人发表对分歧中涉及的所有问题的意见,从各个方面谴责了中国。只要没有攻击毛的神圣不可侵犯的个人形象,苏共可以用所有方法去批评中国而不会导致分裂。尽管中国人最初仅仅回击了对毛个人的攻击,但我们认为在这种问题上的交锋很快就能导致两党的分裂。……②

苏联拒绝履行中苏条约的威胁可能不会导致两党分裂。相反中国可能挑衅莫斯科去采取措施公开拒绝履行条约。我们怀疑莫斯科是否会这样做;如果它这样做的话,一定可能会导致两党或两国之间的提前分裂。

如果与我们预计的相反,赫鲁晓夫真的介入中共事务,即通过与中国反毛的小团体合谋或者委托这些人为他说话,那么毛一定会与莫斯科分裂。③ 如前所述,我们认为赫鲁晓夫间接地承认了许诺:成功挑战毛的人将会受到相应的奖赏。

因此我们很难看到由于如下原因会导致我们所定义的党与党或者国家与国家间分裂的出现:苏联成功地让阿尔巴尼亚领导人下台;或者苏联对中共事务的直接介入;或者苏联私下威胁拒绝履行中苏条约。也很难看到由于对毛个人的公开攻击,或者继而发生苏联对中国经济、军事建设援助的终止,或者苏联拒绝履行中苏条约,从而造成分裂的更大的可能性。赫鲁晓夫使用各种联合施压(不会造成党与党或者国家与国家关系的分裂),但仍不能迫使中共领导人服输(我们认为赫鲁晓夫会失败)、仍不会迫使中国领导换人吗(他有这样的机会,但是我们认为他会失败)? 中共不该在此过程的某一时刻就与苏共断交吗? 赫鲁晓夫自己可能知道(在这一过程的任何时候),对他来说唯一有效的压力是他自己制造分裂。我们

① 原文此处数段未解密。——译注
② 原文此处数行未解密。——译注
③ 原注:自从彭德怀倒台后,赫鲁晓夫不止一次替他说话,但是缺少证据来证明彭在 1959 年向毛发起挑战时曾被委托替赫鲁晓夫说话。在苏联看来,中国人介入苏共也是同样的导致分裂的原因或借口。

认为到那个阶段，他可能主要由于对复苏的苏联阵营实施更好的纪律，或者挑起其他中国领导人对毛所进行的成功的挑战行动充满希望而意气风发。

对苏联过去两个月所实施的压力（莫斯科仍然重复而不是新发起对中国点名的批评，而且发出的仍然是对中国持续不断攻击的间接警告）的评估是，在接下来的六个月里出现的由任何一个党发起的作为新的政策考虑或者关系突然恶化表现的中苏分裂（党与党、国家与国家关系），似乎仅仅是有可能的而不是非常可能的。我们比较乐观的估计是，在更长的时间，可以说是接下来的 15 个月里，赫鲁晓夫会有系统地运用各种对他来说可行的压力。如果 1963 年年中之前在任何一个党内的领导层中都没有发生变化的话，我们认为到那时中苏分裂——如我们定义的党与党或国家与国家关系的分裂，将更有可能发生。

DDRS，CK 3100440017 - CK 3100440061。

何妍译、校

中情局关于中苏分歧对北越及
其政策影响的评估报告

（1963 年 6 月 26 日）

SNIE 14. 3‑63

秘　密

中苏分歧对北越及其政策的影响

（1963 年 6 月 26 日）

由中央情报局局长呈递

美国情报委员会

问　　题

分析北越在中苏分歧中的立场及其对北越共产党在老挝、南越所采取的政策和行动的影响。

结　　论

一、北越在共产主义集团中保持相当程度的独立性，在中苏分歧中它一直避免采取偏袒任何一方的立场。我们认为北越会继续尽力采取这样一个不偏不倚的政策。

二、尽管采取独立立场，但河内在中苏分歧中的某些问题上显然更同情北平，最近它的中立态度开始多少地移向中国一方。因此，如果河内需要进一步表态的话，它有可能向着全力支持北平的方向发展。莫斯科和北平之间公开、正式的决裂，加上具有影响力的胡志明的去世，都会给北越增加压力。尽管如此，几乎还是可以肯定，河内将尽可能地保持其独立性，维持与莫斯科的关系。

三、对于美国入侵的危险，莫斯科几乎肯定会采取比北平和河内更为理智的态度，可能更强调用政治手段解决共产党接管老挝的问题。对中国人和北越人而言，他们则力图通过军事行动和政治压力尽早获胜。不过，就目前的行动等级而言，苏联和中国的政策没有根本上的冲突，河内有相当的行动主动权和自由性。老挝局势的巨大变化（例如美国大规模入侵的威胁）可能会使中苏在东南亚政策上的分歧恶化。但是，我们无法断言，在面临与美国摊牌的危机时刻,莫斯科不会支持北平和河内。

讨　论

一、影响北越行动的因素

1. 北越政府(越南民主共和国)所宣布的目标是：(1)"社会主义建设",例如,北越控制的领土在经济上和政治上的团结；(2)所有越南人的"团结和平",例如,在南方取得由河内领导的起义的胜利。河内想实现这些目标需要共产党中国和苏联的支持。

2. 北越内部有很多严重的问题,反映在快速的人口增长对有限的农业资源造成的压力,以及快速发展项目受到技术人员和有经验人员极度短缺的限制。农业生产力尚不能完全满足国内不断增长的人口需要,更别提要放弃出口了。尽管北越可能有很好的煤矿资源,但是对于充分开发这些能源缺乏能力。工业只能初步满足消费需要。因此,北越要依赖其共产主义集团的朋友,尤其是莫斯科和北平,在经济的各个方面几乎都要向他们求助。这种由于自己经济发展的速度和特点所造成的依赖性限制了河内增强自己做决定的能力。

3. 河内领导人希望看到越南的霸权扩张到以前法国所控制的印支所有国家。此时,他们的野心显然主要集中在收复南越。河内对这种目标必须要谨慎行事,要认真考虑作为其上级的共产主义盟国莫斯科和北平的态度,并且保持对由美国的迅猛行动所导致的危险形势的警惕性。主要与美国进行军事对抗的恐惧限制了河内在南越和老挝的军事行动的规模和步伐。

4. 另一个限制北越行动的根本原因是它希望在共产主义运动的基本构架中最大限度地保持独立性。像南斯拉夫和共产党中国一样,北越是利用自己的部队通过艰难的胜利而夺取政权的,他们有一个像铁托和毛一样的值得尊敬的革命领导人和国家创建者——胡志明。河内因为继承了这个遗产而感到自信。由于长期受到中国王朝的压迫,越南对重新被中国或者其他任何一个外国强权所统治而一直感到担心,并进行着反抗。因此河内所保持的自治程度在共产主义集团内是比较罕见的。它从莫斯科和北平都接受了援助,并且阻止了任何一方对它的内部事务过分地施加影响。

二、在中苏分歧中北越的立场

5. 北越觊觎独立并且希望从莫斯科和北平得到帮助,这成为决定河内在中苏分歧中的立场的主要因素。河内希望能够尽可能地保持一个强有力的军事和政治联盟,但是这个期望被共产主义集团分裂或瓦解的前景所动摇。北越感到依靠共产党中国和苏联的政治和军事支持,对于保持其完整和作为外交政策上的战略支持是非常重要的。

6. 与此同时，北越人也避免采取支持任何一个党的明确立场，并且继续设法让两者走到一起。胡志明想做调节人的角色，至少表面上取得了成功，即在 1960 年在莫斯科召开的各党会议上，他坚持努力去弥合（中苏）之间的裂痕。胡的策略和他作为资深共产党发言人以及与列宁和斯大林同伴的声望，使他能在其他集团党卷入中苏分歧时候，尽力让北越避免介入。

7. 在北越领导人中长期存在着敌对和嫉妒，这使得主要领导人之间也产生了一些小派系。但是，"亲莫斯科"或 "亲北平"路线的领导人或小派系建立的小集团更可能建立在对越南国家利益的考虑上，而不希望河内在中苏分歧中与一方或者另一方联盟。

8. 我们认为河内的自身利益将使这样一种态度尽可能持续下去。但是我们必须知道狂热的共产主义宗派主义者不会一直遵循这样的路线，虽然实行这样的路线在我们看来似乎因为他们的最大利益而非常明显。北平在 1960 年付出代价的挑战就是一个例子。因此，我们不能确定这样的可能性，即河内可能决定或者被迫冲出藩篱。

9. 有两种意外可能让这样的发展更有可能。胡的去世可能造成在北越领导层内开始争夺权力的斗争，对集团团结的推动和保持与中苏关系的距离都会变弱。在这个阶段，北越对老挝和南越的行动也会更加不自信。在莫斯科和北平之间的明确分裂将导致两党寻找盟友变得更加直接和强烈，每一方都将对河内做出的选择增加压力。

10. 尽管河内反对中苏论战，并想缓和其激烈程度，但是北越的路线，尤其在一些实质问题上，相比之下更经常地倾向支持中国的立场。总体上来说，河内坚持北平关于世界共产主义运动如何来运转的观点。河内对保持行动自由的愿望，如同北平一样，反对莫斯科所要求的国际共运要遵守"民主集中制"（例如，莫斯科所要求的完全服从多数人的决定）。河内关于越南的民族统一的原则，同北平关于台湾的原则一样，导致它反对"和平共处"，也反对作为"暴露帝国主义虚伪性"策略的裁军努力。在支持最大限度的"斗争"和"解放"运动方面，河内也和北平站在一起。文化和民族的密切关系也使北越更倾向于中国人而不是俄国人，而且中国的强大力量更容易接触到。因此我们认为，如果选择偏向某一方的话，河内将会支持中国。

11. 如果这样做的话，河内将要面对苏联经济和军事援助的缩减或者终止。但是如果北越的军事行动范围没有明显扩大的话，苏联的军事援助就不是至关重要的。另外，在老挝和南越的行动，河内很可能维持在目前的等级上，因此也不会十分在意苏联的阻止。在经济领域，中国人和苏联人的援助项目都是长期的，①而且尽管苏联撤回援助将对北越的计划发展造成不便和破坏，但是这并不是致命的；通过扩大中国的援助和在自由世界中购买产品很可能会解决这些问题。

12. 但应该被强调的是，北平对共产主义内部分歧中出现的问题的支持不会自然而然地让河内被迫服从于北平或者明确服从于莫斯科。有各种各样的中间地带，可以让北越成

---

① 原注：关于苏联和中国经济援助项目的简要描述见后面的附件。

功地保持很大程度上的独立,而且不仅与莫斯科还与北平之间保持有效的联系。

三、中苏分歧和共产主义在老挝和越南行动的相互作用

在老挝的形势

13. 莫斯科和北平一定认可了河内在老挝的根本利益。但是,两者都施加了很大的压力,阻止北越可能会危及中国和苏联更大利益的行动。河内似乎对老挝更加放松,因为在那儿它对老挝共产党军队巴特寮(PL)及其政治盟友老挝爱国战线(NLHX)实行了高度控制。在北越所制定的政治和军事目标中,巴特寮/老挝爱国战线可能从事了一些独立的行动。北平似乎与巴特寮/老挝爱国战线有一些直接的接触,但是莫斯科没有。

14. 在苏联对老挝整体战略的考虑中,几乎肯定认为他们的最佳利益体现在 1962 年日内瓦会议上所取得关于老挝的政治"决议";他们可能仍然希望共产主义者的目标最后没有任何分歧就能达到,尽管有梭发那·富马(Souvanna Phouma)亲王的联合政府的渗透和颠覆。为了达到这个目标,苏联人感到军事压力应该受到控制。

15. 对于河内和北平来说,他们几乎肯定认为共产主义者可以更快、更直接地接收政权。另外,他们也担心,如果在美国的支持下梭发那政权更加稳固,在很大程度上,苏联更喜欢的将是拖延或阻碍取得成功。他们认为,取得成功之路要通过军事政治压力的不断运用,争取获得迅速的局部胜利,并且削弱敌人的战斗意志。因此,巴特寮和北越使用了各种有效的手段去软化中立主义者,但主要还是通过局部军事行动利用梭发那政权的软弱和犹豫。

16. 随着分歧集中于行动等级和重点的问题,在任何情况下,莫斯科、北平和河内几乎都同意传统的军事和政治联合行动。集团在老挝的政策可能继续反映整个共产主义的战略,河内战略的选择主要是通过对地区发展的评估而不是出于对中苏分歧的考虑。

17. 苏联将会继续与北平在争取北越的支持的问题上进行竞争,他们更希望限制由北平来决定在老挝的共产主义政策。但是,苏联在老挝的利益,与使它陷入更深的古巴、柏林、与北平的分歧以及一些其他紧急问题相比,显得更不重要一些。苏联也许宁愿不介入老挝危机,而且如果局势不是威胁到给东西方对抗带来危险的程度,他们就更不愿意这样做了。另一方面,共产党中国在老挝的边境上更直接地卷入其中,而且大肆宣传民族解放战争事业。在近几个月,因为莫斯科和北平的关系触发了另一场危机,中国人可能会在中苏分歧中利用老挝问题来谴责苏联不愿意在不发达地区支持民族解放战争。但是北平似乎不可能仅仅为了把苏联置于此境地而冒险让冲突从根本上升级。

18. 无论如何,只要莫斯科和北平继续为了得到各地共产主义者的支持而竞争,我们就相信,对于河内和北平在老挝和南越的野心,如果这些没有威胁到莫斯科自己的国家利益的

话,莫斯科就不会过分反对。如果老挝的局势发生重大变化(例如美国大规模入侵的威胁),可能会使中苏关于东南亚政策的分歧更加恶化。但是,如果处于与美国摊牌的危机情况下,我们不能假设莫斯科不会支持北平和河内。

在南越的形势

19. 在南越,共产党的政策和行动似乎完全被河内所左右。在老挝,在涉及到援助或者国家利益方面的政策决定,莫斯科和北平几乎异口同声地达成一致,但是,总体来说,对于在南越为民族统一而进行的"斗争",以及允许北越以自己认为合适的步骤和方式进行颠覆活动的两个问题,双方都存在观点的分歧。无论莫斯科还是北平,与越共(Viet Cong)或者它的政治机构越南南方民族解放阵线(NFLSV)都没有直接的接触,尽管双方尤其是北平,有过几次越南南方民族解放阵线代表团的访问。

附录

中苏集团对北越的援助

1. 北越从中苏集团获得了大量的经济援助。集团援助项目的最初阶段包括了在1955年之后对北越经济的大规模援助。食品和其他消费品与经济重建所需要的装备和物资一样,都被送到北越。在1956年重建的努力涌现出更大规模的经济建设项目,这要求1956~1960年间得到额外的经济援助。在1960~1961年间,对北越的第三轮经济援助主要用于第一个五年计划(1961~1965)的经济发展目标。中苏分歧也许给对北越的外援合作带来了负面影响,但难以判断其程度。

2. 共产党中国一直是给北越发展计划提供援助的最大贡献者。在早期北越交通和通讯设施的恢复以及水利系统的重建和发展过程中,中国人发挥了主要作用。在最近几年里,中国承建了数项重要的轻工业项目,其中包括10个碾米厂、2个蔗糖加工厂、1个卷烟厂、1个火柴厂、1个橡胶厂、1个肥皂厂和1个纺织厂。中国的一笔延期到1959年2月的7500万美元的贷款被用于资助几座重工业工厂的建设,包括两座发电厂和一座钢铁厂。1961年1月,中国又提供了另一笔总数为1.57亿美元的贷款,用于1961~1967年期间28项工业和交通业项目的建设或扩建。这笔贷款还将用于一座中国援建的钢铁厂的扩建及几座较小规模钢铁厂的建设。迄今为止,钢铁厂是北越吸收外援最多的项目,在北越第一个五年计划中,中国的援助也主要用于钢铁厂建设。其他援助则分别用于化学和水泥工业,以及铁路和桥梁建设。在轻工业领域,中国将援建三座加工厂,分别为糖厂、造纸厂和纺织厂。

3. 苏联对北越第一个五年计划的作用主要是1960年12月提供的1.08亿美元的贷款,用于43个工业项目建设的经济和技术援助。苏联的援助集中在燃料和动力工业、现代机器制造业基础工程以及加强北越的研究机构。其援助将包括兴建8座总装机容量为20万千瓦的火电厂和水电厂,鸿基-锦普(Hongay-Campha)煤矿的扩建,3个科研与训练机构的建设和设备,以及矿产资源的勘探。此外,苏联在1960年还提供了一笔500万美元贷款,用于医学、农药、设备及培训防治疟疾计划的专家。

4. 苏联和中国都向北越提供了农业援助。苏联的援助包括1960年中期8 800万美元的贷款,用于扩大农业生产以及北越的热带农作物加工。苏联的援助旨在建设综合性的国营农场,农场带有辅助车间及茶叶、咖啡和水果加工厂。中国对北越农业发展的援助始于1955年,主要是帮助修建水利系统和派遣专家。1960年3月,中国帮助建设了8个农场和1个中等农业专科学校。

5. 中苏对北越的援助还包括派遣各领域的专家。苏联在北越工作的人员大概有400人左右。中国派的人员数量更多,大概有1 000多人,不过其中一些人可能不是专家而是工人。

6. 几乎所有苏联及苏联卫星国与北越的贸易或对北越的援助都是通过海运进行的。通过过境中国的铁路运抵北越的苏联及其卫星国的货物,只占其总量的一小部分。然而,尚无有关苏联通过海路运抵北越的武器和军火方面的情报,零星资料显示,此类物资是经由中国的铁路运输抵达北越的。

7. 从共产党中国境内广西凭祥到北越的铁路主要用于北越与中国的贸易。不过,通过凭祥的铁路流量的三分之二是中国国内的货物运输,因为凭祥是云南与中国内地连接的铁路枢纽之一。北越从中国进口的一小部分民用品是通过海路运输的。

表　来自苏联、东欧卫星国和共产中国的贷款和拨款

(百万美元)

国　　家	延 期 支 付			已 支 付			1963～1965年特别延期支付
	1955～1962	1961	1962	1955～1962	1961	1962	
苏　　联	369*	4		243	56	52	126*
东欧卫星国	124	62	0	75	14	14	49
共产党中国	457	157	0	307	42	42	150

* 在1962年9月15日,苏联签署了对北越发展农业资源的进一步的经济援助计划。关于苏联援助的具体数字没有被公开。

DDRS, CK 3100491546 – CK 3100491559

何妍译、校

中情局关于中苏边境新疆地区
地理情况的情报备忘录

（1964年2月）

CIA/RR GM 64－1

秘　密

中国与苏联在新疆的边界
中央情报局
研究和报告小组

中国与苏联的边界：新疆

新疆省①与苏联之间1 850英里的边界将中国统治的传统意义上的伊斯兰土耳其斯坦东部与苏联统治的一直向西延伸至里海的部分分割开来。边境的划分依据两组文件协定。乌兹别里山口北部部分的划定是根据俄罗斯和中华帝国在19世纪所达成的协定，其协定的目的是为了明确界定自蒙古到费尔干纳（Ferghana）之间中国和俄罗斯的边界。此项工作十分复杂，同时也因为中国政府在1876～1879年间再次征服于1864年开始的穆斯林反叛活动而拖延。

乌兹别里山口以南的中俄边界由1895年英俄条约界定。该条约衔接了阿富汗的边境以便阻止沙俄与印度接壤。该条约将中俄边界界定在帕米尔高原沿塞勒库勒（Sarikol）山脉一线。它同时也界定了中国与阿富汗边界，将瓦罕走廊（Wakhan Corridor，有时也称为瓦罕帕米尔）上部的开阔地域划归阿富汗而将塔克敦巴什帕米尔（Taghdumbash）划归中国。最新版的中共地图仍显示乌兹别里山口以南的地域为尚未明确界定，虽然这种划分与苏联地图上面显示的明确边境并无显著的区别。中共本可以对这种划分漠然视之，然而比起条约本身的缺陷而言，在其起草的过程中没有中国政治代表参与的情况更加触犯了他们的民族自尊心。虽然没有中华人民共和国与苏联各个加盟国政府之间的单方面协定存在，但是中苏边境是存在于中华人民共和国与苏联的各个共和国之间的。这些加盟共和国政府很可能会同意根据中华人民共和国与莫斯科政府之间未来将达成的协议而进行的任何区域调整。

在1758～1800年之间，满清将一些甄选出来的蒙古族、满族、达斡尔族、锡伯族和

---

① 原注：在这篇备忘录中，就地理学意义而言，我们称新疆为一个省——国家确定的一部分。就政治而言，它是一个"自治区"，一个为了处理少数民族群体而创立的特殊类型的省。新疆在1760年左右并入中华帝国。在1884年成为一个省。从1955年起，它的官方称呼是"新疆维吾尔族自治区"。

索伦族（今天已经划归锡伯族）安插在特克斯（Tekes）、伊犁（Ili）、博尔塔拉（Boro Tala）、阿尔曼（Emel）、科伯克（Kobuk）河谷的核心地区。这些移民者的后裔在这些原本为哈萨克控制的地区长期居住下来，他们可能比那些毫无生气的边界划分官员们更为有效地解决了"自古以来"中国主权对这一区域的有效行使问题，因此再度确立了中国在此地区的地位。

边境地区

新疆和苏联边界的大部或是沿着山脉或是跨越山脉。这些山脉将中亚富有代表特色的大块内陆灌溉平原分割开来。只有在很少一部分地区——在那里边界穿越了低海拔的河流谷地——才能发现在边界地区聚集着的密集人口。

从瓦罕走廊边缘的中国-阿富汗-苏联三国交界处，新疆与苏联的边界沿着萨雷阔勒山脉（Khrebet Saryko'skiy）连接起从西南疆至苏联帕米尔地区因起伏不平的山麓地带而被分割交错的过渡地带，向北延伸至伊尔克什坦地区（Irkeshtam）。所谓的"帕米尔"，指的是一些没有树木植被、海拔在 12 000～14 000 英尺之间冰川覆盖的谷地。在那里到处都是冲积平原和碎石，它的边缘则是一些终年积雪的高山。虽然这些谷地不出产木材和农耕作物，但是在那里牧草充裕。那里降雪并不多，但是风暴和严寒使得该地区在冬天不适合人类居住。除非在那些边境穿越湖泊的地区和乌兹别里山口以东的低地以外，人们只能在几个关口穿越边境。

边境沿着连绵起伏的天山南麓主山脉从伊尔克什坦（Irkeshtam）一直到达以汉腾格里峰（peak Khan Tengri，海拔 22 853 英尺）为核心的群峰冰川交杂地带。在这一区域的大部分地区海拔始终在 12 000～15 000 英尺之间，而且边境的四分之一部分终年为积雪覆盖。边境地区的河流多沿着天山山脉的走向流淌；它们的谷地只能维系稀少的吉尔吉斯游牧民族生存。几个关口和穿越边境的河谷使得苏联方面的一些村庄与新疆方面高地地区的一些吉尔吉斯乡村的边缘地带之间的交流成为可能。终年的西北风在跨越群山进入新疆之前就已经带走了那里的水分。如此一来，这一地区中国方面大草原植被的增长就难以维系大量的游牧人口，但是从高山而来的夏日的水汽孕育了大块绿洲。

从汉腾格里峰向北，边境穿越向东流淌的特克斯河（在边境地区海拔 5 800 英尺左右）和向西流淌的伊犁河（在边境地区海拔 2 130 英尺左右）的广袤的内陆河谷地带。这两条河流在连绵不断的天山山脉的庇护下流淌。之后，边境向东沿着 130 英里长的准噶尔山脉（Dzhungarskiy Ala-tau）到达准噶尔山口（海拔为 700 英尺左右）的向南排水的沟渠。这些河谷与边境东部的喀什河（Kash River）和孔吉斯河（Kunges River）的河谷地带的充足水源和肥沃土壤支撑起了这一地区大规模的农业和畜牧养殖业。沿孔吉斯河与伊犁河河谷脚下穿越边界十分便捷。

在准噶尔关口和中蒙苏三国交汇处之间，新疆的边界穿越了由山脉、湖泊和沙漠构成的广阔地域。这里的地形多种多样，既有高耸的山岭和类似阿尔卑斯山（Alpine）外貌的陡峰，也有海拔较高的高原与低矮的山丘。山脉海拔在 6 000～10 000 英尺之间，而大一点的谷地在 1 500～3 500 英尺之间。向西流向的阿尔曼河(在边境地区海拔约 1 450 英尺左右)和额尔齐斯河(Kara Irtish River)(在边境地区海拔约 1 475 英尺左右)穿过了广阔的谷地。这一地区作为交流的走廊十分重要。在山脉以及较高一点的丘陵地带,可以发现稀少然而种类繁多的植被。较低的丘陵和山谷则是沙漠化的,不适合农业耕作。除此之外,只有特殊的地区,如塔城和阿尔泰山脉南麓受其庇护的谷地,有足够的水源保证灌木、草原和一些树木的生长。

现有的穿越边境的运输系统是程度有限的全天候碎石公路,它跨越了吉木乃(Chi-mu-nai)、巴克图(Bakhty)、霍尔果斯(Khorgos)、吐尔尕特(Turug Art Dawan)和伊尔克什坦(Irkeshtam)。从伊宁地区到苏联的阿拉木图(Alma-Ata)之间有便捷的公路和河流连接。然而新疆其他地区则相对封闭。通向准噶尔和东面唯一比较便捷的通道是在边界附近的一条山路,它又很容易被阻塞。从伊宁到阿克苏之间跨越穆孜达坂(Muz Art Dawan,海拔11 840 英尺),一条程度有限的全天候公路尚未建成。另一条通过库车(Kucha)的通道显然仍在使用中。从乌苏向北的公路网维系着遥远的市镇、行政中心及准噶尔和阿尔泰山脉地区西部的国家农场。帕米尔高原向南,一条可以行使机动车的公路将库尔干与在苏联阿克苏河谷地公路交汇点的木尔加布(Murgab)连接起来。秋天和冬天是在平原和谷地表面运动的最好时节,虽然跨越高山关口的公路可能由于冬天的冰雪而封闭。而在春天和初夏,融化的雪水形成的洪水也可能会阻断山地和沼泽地带的公路运输。

在三道河子(一个边境口岸)以下的伊犁河和布尔津以下的额尔齐斯河,卡车货运为季节性水运所取代。

苏联中亚地区所布置的大规模飞机场和地对空导弹(SAM)基地并未在新疆部署。国内的航空运输将乌鲁木齐和阿勒泰(Sharasume)、克拉玛依、塔城、伊宁、库车、阿克苏和喀什的边境市镇连接起来。那里没有国际航空服务。从乌鲁木齐和伊宁到阿拉木图的定期航班已经中断。

人口因素

组成情况和分布

中苏边界 150 英里以内居住着新疆五分之三的人口。除了几乎没有回族和汉族人口比例稍低以外,这一区域的种族构成与省内基本相近。根据主要的人口统计数据,1958 年和1959 年新疆和苏联中亚及哈萨克地区的人口分列如下表。新疆的土库曼(1959 年在苏联为981 000 人)和一些其他民族在表中被略去。

统 计 族 群	新疆(1958 年)*	苏联中亚和哈萨克斯坦共和国(1959 年)
维吾尔(突厥语)	4 000 000	93 000
汉	610 000**	3 000
哈萨克	500 000	3 232 000

统 计 族 群	新疆(1958 年)*	苏联中亚和 哈萨克斯坦共和国(1959 年)
回(中国穆斯林)	140 000	21 000
蒙古	60 000	0?
吉尔吉斯	50 000～68 000	962 000
塔吉克	15 000	1 386 000
乌兹别克	13 000	5 973 000
锡伯	11 000	0
俄罗斯	8 000	7 376 000***
鞑靼	3 350	780 000
满	1 000	0
达斡尔	2 000	0
未确定	120 000?	

　　* 1962 年 10 月新疆的人口可能在 700 万左右,1960 年为 648 万,1958 年为 555 万。这些数据可能是从 1953 年的人口普查数据 487.3 万推算出来的。

　　** 可能不包括新疆生产建设兵团及其家属(SPCAG)的 20 万～30 万人。

　　*** 包括乌克兰和白俄罗斯人。

　　有四分之一的在边界线 150 英里以内居住的居民生活在天山北部及其周边区域。天山地区、准噶尔西部和阿尔泰山脉的伊犁哈萨克自治州有 100 多万人口,比 1955 年增长了 30%。在自治州内,伊犁地区的人口是塔城和阿尔泰地区人口总和的大致两倍。在北部大约三分之一的人口是城镇居民,他们从事采矿业、运输业、建筑业和其他行业;另外三分之一的人口生活在乡村,他们从事农业、采摘业、混合农场业和畜牧养殖业;其余的则是游牧民族。

　　天山南麓塔克拉玛干大沙漠边缘的居民绝大多数是住在绿洲里的维吾尔族农民,汉族殖民者在国家农垦农场的人数缓慢增长。这里只有 10% 的居民生活在城镇,但是却有 40%～50% 的人生活在精耕细作的灌溉绿洲内,他们距离散布传言和消息的城镇和集市不远。叶尔羌、喀什和阿克苏绿洲是人口聚集的地区。在群山环绕的地区,吉尔吉斯和塔吉克小的居民点采取的是农业和畜牧养殖业结合的生产方式。

　　边境地区最大的城市是伊宁,1959 年其人口 16 万,现在可能已有所增长。边境地区没有一座市镇的规模可以与乌鲁木齐相比,它是新疆的省会和人口最多的城市。在 1963 年其人口约为 40 万。边境地区的 10～12 个主要市镇的人口可能超过 50 万,大约是那里总人口的六分之一。余下的六分之五人口中的大多数都居住在临近主要贸易路线周围,在那里他们已经受到了来自外界的影响。乡村人口受到外界环境的限制,但是并不是说他们对外界事件的影响毫无反应。

人口迁移

从 1953 年开始,哈萨克人、吉尔吉斯人、乌兹别克人、维吾尔人、鞑靼人和俄罗斯族人开始从新疆向西向苏联迁移;1958 年以后,非法穿越国境已经成为严重的问题。边防控制虽然一贯很严厉,但是由于地理特征和边界线的长度使得执法艰难,同时也因为那些带着牲畜的部落居民难以约束,所以控制并不十分有效。据估算新疆境内非汉族居民在过去三年内迁移到苏联的数字大约在 2.5 万～10 万人之间。1962 年在塔城和伊宁地区发生了哈萨克和维吾尔人大规模穿越边界事件;据报道,在 1962 年中叶有至少 6 万哈萨克人跨越边境,虽然他们中的一部分可能已经被遣返。新闻报道还提及,1963 年在阿克苏和喀什地区附近和帕米尔高原边缘,有大量的吉尔吉斯和塔吉克人开始迁移。迁徙的人中可能包括 6 000 多俄罗斯族人。到目前为止,从 1917 年以来进入该省的所有俄罗斯人事实上都已经离开。

汉族定居者迁入新疆是政府的官方计划。北京政权挑选了一批熟练或半熟练的工人、离校的学生以及农村和城镇居民中的剩余劳动力,以扩大该地区已经存在的数量庞大的退役军人垦荒者。这些人已经被安插在新疆。现在汉族人口可能在 80 万～200 万之间。1962 年他们占全省总人口比例的 15％～30％,而 1958 年他们占 11％～18％。汉族移民者的人数受到在新疆可供移居或开垦的可耕作土地的限制,也受到可供给非农劳动力的剩余食品数量的制约。

许多新居民,其中一些明显对他们新的艰苦生活尚缺乏准备,被安插在新疆的生产建设兵团(SPCAG)。这是一个由军事殖民地旧有编制构成的半军事化的组织。兵团独立于当地政府之外,以国家农场的形式(现在全省有 149 个,其中单在伊犁河盆地地区就包括 14 个农业农场、4 个畜牧业农场)将新疆国民党守备部队和 1950 年以来入疆的中共军队中的老兵重新安置在农垦区域。这些守备组织沿袭了军事系统的行政、纪律和领导,尽管他们的成员已经解除武装,除去作为预备役以外并不再有战斗能力。一些经过选择的组织可能加入建设所谓的大规模边防地区的公安力量。本地居民对兵团的活动和汉族移民者的进入,总体说来并不热心。然而,许多汉人参与当地政府的活动成为引发仇恨的主要缘由。

经济因素

西北边疆的自然资源虽然有限,但仍可能使边疆地区成为潜在的自给自足并能提供有价值的剩余产品出口的地区。煤炭资源分布相当广泛,而且已经被开发供当地使用。克拉玛依、乌尔禾(Wu-erh-ho)与独山子(Tu-shan-tzu)的石油储量很少。在孔吉斯河河谷地区发现了新疆唯一的一点铁矿藏;这里开采出来的磁铁矿在新源(Hsin-yüan)被提炼。在边境地区发现的金属矿藏包括锂、铍、铌、铀、钨、钼、铜、铅、锌、金,可能还有锡和银。在新疆地区许多潜在的铀矿藏中,最重要的五处之中的四处都靠近西北边境。它们分别在富源(Fu-yün)、垭子口(Ulugh Chat)-阿图什(Artush)地区、阿克苏-库车地区和孔吉斯河河谷地区。如果顺利,目前增加和提高现有农耕地和牧草场(包括可开垦的土地)努力也许可以养活(保守估计)全省 1 000 万人口——也就是说现在人口增长三分之一。但是畜牧业需要大规模的饲料作物产品去弥补农业牧草场的缺乏,而且开垦荒地的进程仍然缓慢而且艰难。

从 1930 年代到 1960 年,中苏双方的共同努力使得这一地区的经济得到了显而易见的增长,促进了各种农业、畜牧业产品及精矿石产品向苏联的出口。虽然规模有所下降,出口显然仍在继续。例如,在 1955~1956 年间,伊宁和塔城地区三分之二的谷物出口到苏联,但是今天可能有更多的谷物产品向东运送到乌鲁木齐地区,该地区是新疆主要的食物输入地区。

将苏联中亚部分通过穿越西伯利亚铁路连接起来的土耳其斯坦—西伯利亚铁路的建设,对中国在新疆的利益产生不良影响。1930 年铁路的完成使得新疆的外贸为了避免通向包头铁路的冗长费时(包头在乌鲁木齐以东 1 000 多英里)和高昂运费而转向苏联。在中国边境一边,乌鲁木齐与苏联铁路的起点准噶尔山口(阿拉山口)之间阿克斗卡(Aktogay)—兰州铁路的最后一段 298 英里尚未最后完成。鉴于恶化的中苏关系,这段铁路在目前似乎难以完成。

政治因素

在新疆西北部地区,苏联和中华人民共和国之间存在着意识形态的竞争。苏联宪法中的民族自决权和联邦国家体制的政治体现不为共产党中国所接受。中共强调一个统一的国家体制作为宪法的根本原则。因此,具体说来,苏联的由各个民族组成的加盟共和国体制与中国的通过"国家统一"而强调文化融合的少数民族自治制度相比,更少触犯各种族的民族感情。在 1957~1958 年,新疆地区维吾尔和哈萨克族发言人声称倾向于苏联体制的言论,导致了中国政府的断然反对,这具体体现在 1958 年一些非汉族的领导人遭到清洗。

地方分离主义在新疆是一种长期存在的政治因素,它采取了宗教的和反对汉族民族主义的两种方式。例如,1931~1935 年之间的穆斯林暴乱,导致以喀什为行政中心建立起了一个宗教性的反苏的"东土耳其共和国",该政权存在于 1933 年 11 月和 1934 年 6 月之间。在受训于苏联的革命分子的鼓动和领导下,1944 年伊宁地区发生了起义,导致在 1946 年建立了一个敌视汉人的"东土耳其斯坦自治共和国",它控制了伊宁和塔城地区,直到 1949 年在中国共产党取得政权后才被最后消灭。虽然如果没有外界援助,新疆的非汉各民族在利用他们的穆斯林信仰和突厥语作为纽带时缺乏政治上的连贯性,但是这些纽带却有助于维系一种北京政权不得不面对的敌视汉人的倾向。

展望

有几种因素导致了中国在新疆固有的劣势战略地位。新疆的地理位置及其与中国本土的孤离,削弱了该省与共产党中国的联系。自古以来就易于叛离的多民族的人口状况未能得以妥善解决。新疆西部地区经济和社会的追求,使得那里难以和苏联的中亚及哈萨克斯坦共和国隔离。新疆人口、农业和畜牧业资源及多数石油工业的相当大一部分,颇为不便地集中在靠近苏联的边境地区。地处苏联的阿克斗卡至兰州的铁路的建成,增加了苏联的战略优势,因为铁路在边境的一点终结,因此包括与边界相连的部分;苏联军队能迅速地将该省的各个部分彼此之间分离,也能让它与共产党中国的其他地方隔离。据估算,在新疆驻扎的 36 000 正规中共军队(占共产党中国军队陆军总数的 1.4%)可以控制边境的关键部位,维持内部秩序,领导并支持公安部队和建设兵团,但是他们显然人数太少,不足以抵抗苏军。

最近的历史经验告诉我们,苏联并未想侵占新疆。从历史上来看,苏联在这一难以驾驭省份的利益,是想通过对这一省份的经济渗透和政治手腕,保持在中亚和哈萨克共和国的苏联半殖民区域不受外界的影响。而中共则坚定地努力控制和汉化这一省份,无论苏联对于边境附近这样的活动有多么敏感。最近由周恩来倡导的在这一地区与苏联进行边界谈判的结果,可能会出人意料地暂缓当地的紧张局面。然而,就未来而言,新疆仍会继续引发两股力量间的敌意。

DDRS,CK 3100544026 - CK 3100544032。

范鑫译,何妍校

中情局关于中苏边境东北地区地理情况的情报备忘录

（1965 年 5 月）

CIA/RR GM 65 – 3

秘 密

中国与苏联的边境：满洲

中苏 4 150 英里长的边界。[①] 东部 2 300 英里，在传统上被称为满洲的中国领土将苏联的远东和东西伯利亚分割开来。[②] 虽然这条漫长的边界线穿过人烟稀少的山地和荒凉的沼泽地带，但是仍有重要的经济和战略意义：横跨西伯利亚的铁路与边界线平行，它是连接相互远离的政治区域和苏联远东军事要地之间的生命线；穿越西伯利亚的铁路和中国满洲铁路网的铁路连接，为与中国的商品贸易提供了重要的纽带；虽然尚不发达，但是相当多的农业、矿业、林业和水利资源存在于边境地区。

除了最西端和兴凯湖以南至靠近伏拉迪沃斯托克的地区，满洲与苏联的边境沿着黑龙江和乌苏里江及其一些支流延伸。边境地区地势较低，一些森林覆盖的山丘点缀在沼泽聚集的河谷地带和由于排水不畅而形成的冲积平原之间。大片沼泽覆盖的平原出现在苏联黑龙江流域的中部和中国松花江和乌苏里江下游接入黑龙江形成的大三角洲低地地带。

中国和苏联的地图对边界某些部分的划分略有不同，但是直到最近，满洲与苏联的边界基本上可以看作是稳定的，在两者之间难以形成争议。然而，到 1963 年中苏争执不断加深导致边界问题的公开讨论和相互指责，包括中国指责不平等条约是现有边界划分的基础。1964 年初开始的边界会谈，几个月之后在没有解决任何问题的情况下破裂了。

历史背景

最初，黑龙江和乌苏里江流域的大片森林沼泽地带人烟稀少地散布着依靠森林和河流为生的通古斯民族。17 世纪，早期这些散居在黑龙江和乌苏里江流域的部落在一个叫努尔哈赤的首领的领导下，统一了满洲中南部更多的相似的种族和文化。总体而言称为满族的这些通古斯部落联合其他群体，推翻了明朝的统治，并在 1644 年建立了（满）清王朝。

---

① 原注：中苏西部边界在 CIA/RR GM 64 - 1 中有所讨论。《中国与苏联的边境：新疆》，1964 年 2 月，S/NO FOREGIN DISSEM。

② 原注：行政意义上而言，满洲由两部分组成，即包括黑龙江、吉林和辽宁三个省（这三个省一起被中共称为"东北"）在内的东部和内蒙古自治区一部分的西部。

满人的兴起和俄罗斯向广阔的西伯利亚地区东部扩张几乎在同一时间。到 1644 年为止，俄罗斯已经进入并在黑龙江流域探险。不久之后，他们便在河谷地带修建据点，定居殖民者。这不可避免地与满人发生了冲突；冲突一直持续到 1689 年《尼布楚条约》的签署。条约界定了俄中边界，并将黑龙江的大部和乌苏里江的全部划入满清帝国。1727 年签署的《恰克图条约》界定了满洲边境的余下部分，即额尔古纳河以西的部分。

170 年来，黑龙江-乌苏里江流域一直是满洲中国的一部分，在此期间情况几乎没有变化。大片的土地仍没有人居住，而黑龙江北部只有数量不多的满族聚居点。大部分时间里边防的中心是齐齐哈尔，正在今天的满洲之内。俄国沙皇们继续觊觎着黑龙江-乌苏里江流域的土地，但是满人的力量迫使他们继续保持谨慎，避免冲突。然而，英国鸦片战争（1839～1842）的胜利暴露了满清的腐败，打开了海外贸易进入中国的大门，这样就危及到俄罗斯所偏爱的与中国的陆上贸易关系。俄罗斯远征军形成并进入满洲，到 1850 年，俄罗斯的旗帜已经飘扬在黑龙江上。不久他们开始建设殖民据点，军队和官员也随即进入——所有一切都很明显地破坏了《尼布楚条约》。满人显然无力抵抗沙俄的贸然入侵。既成的事实在 1858 年被《瑷珲条约》合法化。此条约将黑龙江以东除去庙街（Blagoveshchensk）南部满人聚居点（即后来所说的"六十四屯"）以外的全部领土划归俄国，乌苏里江以东地区在边界未划分之前由双方联合所有。1864 年《北京条约》解决了这片未明确划分的区域的归属，乌苏里江以东的那边地区被割让给俄国。在英法联军进攻中国和随后 1860 年英法联军占领北京这段混乱的时期，俄国从满人那里又获得了更多的土地。根据 1858 年的《瑷珲条约》和 1860 年的《北京条约》，俄国人一共获得了稍多于 30 万平方英里的土地，包括伏拉迪沃斯托克的宝贵海港，以及重要的商业让步。

在《北京条约》之后的十年里，俄罗斯积极地参与到肢解满洲帝国的活动中。俄国人获得满洲的采矿权和伐木权；取得了修建并运营一条横跨中国土地的铁路的权利，这样就缩短了到达伏拉迪沃斯托克的旅程；租借了大连-旅顺地区的港口；并且在 1900 年义和团起义后的一段时间里对满洲实行了军事占领。为了报复满人对庙街的进攻，俄罗斯强迫"六十四屯"的满人聚居者及其家庭游过黑龙江，导致他们大部分死亡。俄国人在南满的计划被他们在日俄战争（1904～1905）中的失败所阻止，但是日俄和约后不久，就见到俄国人在满洲北部或公开或隐蔽的影响。在苏维埃掌权后，正式宣布废除沙皇分子在满洲的活动和从中国获取的满洲利益。然而，此后他们言行并不一致。摩擦进一步发展，在 1929 年由于不能在中东铁路问题上达成一致，导致了军事冲突。在 1931 年日本占领满洲之后，苏联的野心受到遏制，但是在第二次世界大战日本战败、1945 年中苏协定之后，他们又活跃起来。条约规定，中苏共同拥有两条主要的满洲铁路且共同使用旅顺的海港。

1949 年中共分子的胜利预示着中苏关系在满洲问题上开始了一个新时期。苏联和国民党政府在第二次世界大战结束以后缔结的协定立即被废除了，而新的协定规定，苏联在满洲的影响将慢慢撤出。到 1955 年为止，苏联军队已经撤出了他们从 1945 年起一直占领的旅顺港地区；联合拥有的满洲铁路被归还给中国单方面经营；而且苏联在满洲参与建设的联合股份公司也移送给中国。1951 年和 1958 年签署的协定,大大减弱了潜在的边境摩擦。前者包括黑龙江-乌苏里江水域的领航条例,后者包括为黑龙江和松花江下游边界河流的商船提供免费的领航服务。边界地区的双方合作在 1956 年中苏协定中得到很好的体现,它规定对黑龙江盆地的资源进行一次联合勘查。在中共政权的前十年,苏联媒体将黑龙江和乌苏里江描绘为一条"友谊之河"。

经济发展

满洲-苏联边境地区的发展在边界两方显著不同。不同大致包括部分的地理位置与远近因素。苏联的远东地区在地理上远离苏联的制造业地区,在战略上易受到以满洲为基地的敌对力量的攻击,因此不得不发展某种程度上自给自足的经济。与之形成对比的是,满洲的边境地带相对欠发达,很大程度上是因为这个地区是制造业更为发达更易于进入的中南满地区的边缘地带,而即便是那里,今天也尚未完全开发。

边境大规模的聚居点直到 1904 年横跨西伯利亚的铁路和横跨满洲的中东铁路建成之后才开始发展。令人注意的是,现在苏联那边大部分地区的人口密度要比中国这边高;穿越西伯利亚的铁路沿线的许多市镇,能达到 30 万居民,这是哈巴罗夫斯克(Khabarovsk)和伏拉迪沃斯托克(Vladivostok)的人口数量总和。苏联方面许多可以开垦的土地,已经放干积水,清理好准备耕作。在中国那边人口密度相对较低,而且土地几乎没有开发。除了满洲里以外(那里大约有 7 万人),边境的市镇小而且分散。然而,距离边境稍远一点的地方,主要由于采矿业和伐木业的发展,几座城市在最近几年迅速增长。从种族构成上而言,边境地区的居民绝大多数或是汉族或是俄罗斯人。数量较多的少数民族群体包括蒙古人(他们在额尔古纳河上游地区和蒙古边境西部的满洲地区占据主导,虽然这一地区的两个主要城市满洲里和海拉尔主要都是汉族人)、朝鲜人(他们居住在中国珲春和密山附近,在苏联他们居住在比金)和在比罗比詹(Birobidzhan)附近的犹太人。在苏联那边,乌克兰移民者沿着黑龙江和乌苏里江散居。在这一地区仍能发现为数不多的几个通古斯部落居民,他们一般住在封闭的林区。他们大多数靠打猎和打鱼为生。

穿越西伯利亚的铁路过去和现在一直都是苏联远东地区和苏联其他地区至关重要的陆地运输线。铁路以 50 英里或更小的距离平行沿着黑龙江延伸;在哈巴罗夫斯克以南地区它一般以 10 英里以内的距离沿着乌苏里江延伸。河水是重要的运输载体,而吃水比较浅的船可以通行黑龙江全程及其支流石勒喀河(Shilka)的一部分。这些河的航运季节相对比较短(大约 160～175 天),通常从 5 月末延续到 11 月初。乌苏里河的航季(航运并不多)稍长一点。道路很少,大多是作为铁路和水路运输的补充。从满洲里途经哈尔滨到绥芬河的铁路,起先作为横跨西伯利亚铁路的一部分而建设,现在是中国边境地区最重要的运输方式。从它向北或东的几条线路主要是为采矿业和伐木业中心服务的。由日本人建设的向北通向瑷珲、向东通向虎林的线路正在重建。边境河流上的货运大多是俄国人的;中国的货运大量限于松花江,以哈尔滨和佳木斯作为铁路运输进出黑龙江流域的枢纽。从 1963 年起,据称河运开始刻意不越过边界河流的中心航道。由于边疆地区几乎没有很好的公路,所以河道在冬天一般被当作公路来使用。厚厚的冰层使得雪橇和交通运输成为可能。在冬天,那些辅助公路也可以比夏天运送更多的货物,那时许多公路由于淤泥和洪水经常变得难以通行。

大量集中在捷亚布尔亚平原(Zeya-Bureya)和兴凯湖-乌苏里低地的苏联远东的农业具有地区性的重要意义,但是生产并不能满足地区需求。在满洲临近边境的县,目前只有2%~3%的土地被耕作,而大量剩余可耕作的土地为大规模农场耕作提供了可能。在过去的十年里,在满洲建立了一些国家农场、军垦农场和拖拉机站。在过去两三年,在边境附近建立的军垦农场表明他们很可能对边防军提供支持。在整个边境附近,特别是满洲边境一方,农业土地可能已经大量增长,但是大多数的排水条件仍未改善,且需要相当大的投资来建立排水系统,推行农垦计划。阻碍农业迅猛发展的其他因素包括漫长而寒冷的冬天,相对较短的无霜季(100~150天),在春耕和早稻生长的季节经常缺乏降水和有时会发生洪灾。小麦和其他谷物,包括少量大米是主要的食品作物;大豆是主要的工业作物。奶牛场和牛群养殖场以及对根作物如土豆更多的重视,使得苏联的农业结构和中国的不同。在更加干燥的边境西部地区,农业相对不是很重要,游牧是主要的经济活动。

大部分边境地区为针叶林与阔叶林混合的森林所覆盖。在中国遥远的大小兴安岭地区,大规模的松林和落叶松林是最后的主要树木储备地。这些地区的木材砍伐既为地方也为全国的需求服务。然而,在木材丰富的苏联边界的森林只具有地区性的重要意义,足以满足数量不多的工业和其他的本地需求。

大量的煤炭为两国所开采,而最近的勘查表明,在边境地区有多种重要的矿石和金属资源。中国在黑龙江的煤炭生产占全国总量的6%~7%,而苏联在庙街和伏拉迪沃斯托克的开采地对于远东相对较小规模但是不断发展的工业区而言,只具有地区性的重要意义。虽然也开采一些金矿,但是在中国边境地区,煤矿开采仍旧只是唯一具有重要意义的矿业活动。然而,在苏联边境西部地区开采了一些铁矿和各种非铁合金金属矿,同时在东部几处也在开采锡矿。

1956年中苏联合公报宣布了一项协作勘查和研究黑龙江盆地资源的行动。电力与航行的潜力得到估算,而其他自然资源的储备也被调查并绘制成图,还提出了利用规划。结果,黑龙江几处地段被选作水力发电站的位置,而且还制定了控制洪水和改善灌溉的措施。然而,中苏争论显然使得任何联合开发盆地自然资源方案的实行受阻。大多数沿着黑龙江的发展方案,其可见的结果都会更有利于经济上占据优势的苏联。

疆土争端

瑷珲(1858)和北京(1860)条约遗留下来的一些界河上的岛屿所有权问题尚未解决。麻烦最大的是在黑龙江和乌苏里江交汇处一个叫做黑瞎子岛的大三角洲。到西面边界的面积大约有25英里长有15英里宽,看上去似乎是一个单独的岛屿,上面到处是积水还有数量众多的河渠和入河口。然而在水位高的时候,这些河渠完全切断了黑瞎子岛,而这片区域看上去更应当说是由几座独立的岛屿构成的。这个"岛屿"的最东面是一个造船厂,它被看作是哈巴罗夫斯克造船厂的子公司。无论过去还是现在的中国地图——无论是共产党还是国民党——都显示黑瞎子岛是中国的一部分;俄罗斯地图显示它属于苏联,将其最西部的卡扎科维奇(Kazakevicheva)水道描绘为边界。一般说来,国际上河流分界都沿着主航道最深部分划分,岛屿的所有权也应因此而决定。这样的实践原则看上去更应将黑瞎子岛划分给中国。无论法律争论的依据是什么,最重要的因素是,该岛对于哈巴罗夫斯克的显而易见的重要战略意义:苏联不控制这个岛会给整个城市和附近设施的安全带来巨大的威胁。

另一个争论的主要问题是额尔古纳河上游60英里边境区域的领土划分。这一地区的重要意义是因为中俄铁路之间的标准转换设备在满洲里,即中方边境以内。根据俄国版本的边境划分,边境在中国人所标测的5～10英里以南。这样一来,有375平方英里的土地在两条边界之间。中国地图显示的边界是根据1727年《恰尔图条约》所界定的;苏联的地图显示的是《齐齐哈尔条约》的结果。这个条约在1911年12月由一个行将就木的清政府签订。条约的合法性值得怀疑,因为它根本就没有被中国政府所批准。俄国版的边界明显是为自《齐齐哈尔条约》以来存在的事实上的边界而服务的。[①]

边界的其他部分看上去并未引发严重的问题。在西面,中国和苏联的地图对沿着额尔古纳河上游的边界的划分略有细微差别。这条河带有许多小分支;苏联地图显示边境沿着最南方的河渠,而中国的地图显示它沿着北边的河渠。在水位高的季节,主河道的变迁是经常出现的情况,这也引发了问题。在东面兴凯湖西南,中苏边境沿着各种当地的地表特征到边界的终点图们江河口几英里以外。1861年和1886年分别立起过界碑;在20世纪20年代重新划分边界的计划从未得到实施。在1930年代,日本和苏联因这段边界引发争执,导致两次边境冲突。冲突部分地是由于地面上边界的划分不清晰。在许多地方,这些边界的地面延伸缺乏易于辨认的地表特征,而界碑的距离又很远;有一些已不见了。因此,这可能是边界东西分割线划分中引发争执的一个原因。

最近的会谈和边境的发展

近来不断恶化的争论改变了60年代初期以来中苏关系乐观的局面。起先,没有人会想到关于中苏边境问题会引发不合。而苏联媒体从1958年以来不时地通过宣传"在远东地区英勇卫兵的工作"、"需要警惕"和"逮捕到一些侵犯边境者",暗指边境的紧张局面。到1962年为止,来自中国的叛逃者报告说,边境安全的紧张局面正在加剧,沿着边境已经建立起戒严地区。

第一个将中苏边境问题公开报道出来的是中国《人民日报》1963年3月8日的社论。在社论中,中国人指责了过去加在中国身上的包括瑷珲和北京条约在内的不平等条约。中国人还宣称,在未来的某一天中国人可能希望重新签署、废除、修改或重新谈判这些先前的条约。苏联回应说,中国已经有计划地侵犯了苏联的边界,声称在1962年一年就有5 000多起

---

① 原注:根据《恰尔图条约》和《齐齐哈尔条约》划分边界的不同之处,在军用地图L542中Sheet Nm50-8(比例尺为1:250 000)显示得最为明显。在这份地图上,第一种划分根据1727年12月12日的《阿巴故土伊(Abagutuy)条约》,之后1727年12月21日的《恰尔图条约》又确认了该方案。

侵犯边界的情况,并明确指出黑龙江和乌苏里江上的岛屿问题。苏联还指责中国不接受就界定某些边界进行磋商的建议,并进一步警告中国在领土问题上点燃民族主义的危险;中国的反驳继续强调这些边境条约的"不平等"性。

虽然公开的谩骂在1963年几乎全年都在继续,但在那一年里,苏联和中国私下同意开始边境问题会谈。会谈在1964年2月开始,苏联一个带有工作性质的代表团访问北京,但是那次会谈的内容几乎不被外界知晓。外交信息表明谈判毫无收获。1964年他们之间的谈判破裂了,表面上的原因是不能对黑瞎子岛的所属权达成一致。中国对该岛领土权的要求看上去符合和谈的动机,也具有地理意义上的合理性。然而,因为岛上地区有苏联的建筑,而且更因为敌对势力控制黑瞎子岛暗含着潜在的重大军事和安全威胁,所以涉及到苏联的重大利益。

苏联将边界和谈视作解决一个相对无足重要问题的手段,而认为只是一些边境划分上不明确的问题有待澄清而已。可能在苏联的角度看来,最后的解决只不过是通过一些现代手段的领土调查和设立新的界碑,以阻止大量的领土交换,消除关于边界划分的误解。与之相对,中国将会谈和边境问题视作主要在中苏论战的更大背景下的问题。在边境区域公开称沙俄帝国主义,已经证明是中国进一步实现其论战目标的有效政治手段。中国很难会希望依靠谈判重新获得满清帝国通过条约丧失的大片领土,中国人也没有很严肃地要求它们,但是,中国人明显地相信,公开的领土争端符合他们的政治利益。

没有证据显示他们当中任何一方沿着边界加强了军力,但是边境的安全举措自1963年以来正在收紧,相信现在双方的军事动员级别也都有所提高。苏联自从日本占领满洲以来,一直沿着边境保持着大规模的既包括陆军也包括空军的军事力量和基地。现在几支部队已经部署在伏拉迪沃斯托克-乌苏里斯克(Ussuriysk)一线,另一支部队部署在别洛戈尔斯克(Belogorsk)北部附近,另外大约三支部署在波尔孜亚(Borzya)附近。贝加尔地区(Transbaykal)和远东军区的总部分别设在赤塔和哈巴罗夫斯克。实际上,边疆地区的控制由边防军负责,他们受国家安全委员会(克格勃)的控制。近来边防军的力量得到加强,装备了直升机和坦克。

大量的中国军队集结在牡丹江军区,它统辖了满洲大部。三支中国军队将它们的总部成三角形安置在长春、哈尔滨和牡丹江。其他军队则部署在南满。在1962~1963年之间,中国人通过配备属于公安部边防安全局的公安部队来大量扩充边防军的数量。两个国家边防军力量的增强,也许不仅表明关注度的提高,也表明了双方努力获取对方战略意图的情报。

展望

边境会谈的动因看上去是安抚中国人,他们虽然声称有达成协定的愿望,实际上却大谈不平等条约和大量领土的丧失。在同样的情况下,例如不丹与中国、巴基斯坦与中国之间的领土谈判,在这样的前提下是可以预见政治收益的——中国采取了一种"通情达理"的态度,边界协定很快就达成了。然而,在满洲的领土争端为论战提供了有价值的武器,已经使得中国公开和私下里令苏联颇为难堪。苏联可能试图将未来的领土谈判限定在澄清边境上一些微小的差异上,而通过对外公开那些在苏联看来是中国的无理要求和谈判中显而易见的毫无诚意来反击中国的言论。鉴于中苏关系的当前局面,边界问题意见的分歧仍可能会持续下去。

DDRS,CK 3100544033 - CK 3100544039

范鑫译,何妍校

中情局关于中苏关系前景的评估与预测

（1966 年 12 月 1 日）

秘 密

对中苏关系的展望
美国情报委员会

（1966 年 12 月 1 日）

问 题

考察最近中苏分歧的进展以及对今后两党政权关系可能产生的重要意义。

结 论

一、我们认为只要毛泽东-林彪领导集团保持政权,那么中苏关系就会继续恶化。但是我们不能预测两国关系的进一步破裂;苏联担心关系恶化会让共产主义运动付出代价,而中国可能担心会对河内产生影响。

二、尽管如此,我们不能完全排除在近期突发的分裂发展成更新和更恶劣的形式。越南战争为这一分歧加入了不确定性和紧急性,最高领袖掺杂的情绪变得非常重要,无法预料的事件可能引起更大的敌对以及更有力的报复行动。而且,中国的形势是变动性的,很可能国内的压力和需要导致领导层被迫切断所有残存的与苏联的联系。

三、从长期来看,引起关系进一步恶化或者分歧缓和的重要变化的前景,看来主要指望毛以后的中国发生什么。新的中国政权比它的前任更加反苏的可能性是绝对存在的。在这种情况下,敌对可能达到更新更紧张的程度。所有形式的合作,甚至包括苏联需要经过中国为北越战争运输的物资可能要被终止。尽管中苏边境发生严重的军事事件,但是双方都一定想避免战争。

四、北京更灵活的领导人的出现可能会缓和紧张关系。我们不认为任何中国政权能对苏联作出实质性的让步,但是通过交换一定的利益,例如继续经济和军事援助,那么新的中国领导人可能愿意缓和分歧。甚至有限的中苏缓和可能对国际舞台产生影响,因为国际上的观点希望看到两者之间更加不和。假设分歧的缓和持续发展的话,它也可能使中苏关系在面对越南战争时更加协调。

五、然而，任何短期或者长期的中苏和解都可能有一定局限。我们认为，在党的层面的积极合作以及不存在怀疑和不信任的持续发展的气氛，很难看到或者根本不会看到。更何况，中苏在国家利益诸多问题上在很大范围内都存在冲突，使其关系一直高度脆弱，如果中国的民族自信开始出击，那么严重的困难尤其是边境冲突就会发展。

讨　论

一、简　介

1. 最近几个月中苏分歧更加紧张。北京对苏联的攻击的频率和愤怒都在增加。尽管莫斯科几乎有两年对分歧保持了理性和克制的形象，但也从 8 月开始了激烈的反驳。中国谴责苏联与美国勾结，莫斯科控诉北京拒绝与其余的共产主义世界合作而为帝国主义服务。中国宣称苏联领导人有意把苏联转变成资本主义社会，而莫斯科坚持目前中国的发展和政策"完全背离了马克思列宁主义"。现在每一方都公开指责另一方：只要在当今领导人控制下就无药可救。

2. 当然，苏联和共产党中国之间的敌对已经持续多年。尽管严重的分歧被隐藏起来，这种分歧甚至在斯大林的相对和谐时期就存在，公开的敌对至少可以追溯到 1960 年。中苏摩擦何以产生及关系长期降温的原因是复杂的，这些年相当多的事件卷进分歧当中。基本每件事都关乎国家利益和野心的冲突，一些是传统的问题，例如中苏在蒙古和朝鲜的角逐，另一些可能主要具有共产主义的特征，例如在"社会主义世界"里政治和意识形态优越性的竞争。国内发展处于不同的阶段，以及财富和实力的巨大差别，促使对待事务的态度不同，并且总体上对对方不满。学说上的分歧、共产主义战略的争吵、文化上的反感甚至个人相互为敌（赫鲁晓夫与毛泽东之间），都起到了重要作用。分歧中产生的一定的关键性举措也加速了不和，并且加强了竞争的动力：例如，苏联在 1950 年后期拒绝满足中国为寻求核武器的能力所需要的财力要求，北京则在同一阶段决定挑战苏联在集团内的统治地位。

3. 有三方面情况的发展看上去更是目前分歧加重的原因。首先，中国内部的争吵伴随着苏联及其在国际共运中的支持者们提高了论战攻击的激烈程度。反对国内修正主义者和反毛主义者的运动，一部分很明显是中国领导人内部的斗争，同样已经明显，也是对毛在国外的主要敌人进行对比式的攻击。其次，中国现在实际上没有真正意义上的盟国，与共产主义运动的分裂的加深，使北京非常沮丧和痛苦，这似乎坚定了它继续对苏联摆出自负和顽固的姿态。最后，越南战争已经变成了分歧的主要领域，因为它涉及到共产主义战略和战术的最根本的分歧。

二、最近的背景

4. 当前的苏联领导人决定在 1960 年末,也就是在他们上台后不久,需要对中国的政策进行大幅度调整。很明显,他们认为赫鲁晓夫坚持与北京进行论战,并且尽力让其他党正式否认中国的观点,这使苏联在共产主义运动中的尊严和领导受到了不必要的破坏。在分歧中,就苏联的基本政治上和意识形态上的立场,他们不想做出妥协,他们可能也不想从根本上与中国改善关系。但是他们一定希望找到一种新的办法,能够在国际共运中减少对中国的援助,最后促使北京被共产主义世界的其余部分所孤立。

5. 最后,赫鲁晓夫的继承人适当地克制了自己的行为,他们避开论战,并收回了召开一次旨在反对中国的国际共产主义会议的要求。总体来说,他们想改变在争论中对北京持续不断指责。与此同时,一部分为了反对中国对苏联的不可靠和软弱性的谴责,一部分为了与北京争夺对河内的影响力,他们也在努力重建苏联在亚洲作为一个主要强国的信誉,并全力以赴地公开援助北越。而且,为了支持这条总路线,在与西方媾和的问题上,他们进行了严格的限制,在宣言中他们重新引入了很多冷战的概念。

6. 最初,中国共产主义者似乎把赫鲁晓夫的倒台误解为对修正主义的打击,并且进一步证实了自己强硬的改革路线。他们很快就断然否决了苏联新领导人停止论战所作出的努力,很显然他们并没有为迎接苏联有效的新策略做好准备。他们对在国外所遭遇到的一系列的挫败也没有做好准备:例如,作为阿尔及尔会议大失败的标志,1965 年他们建立排出苏联的非亚战线的计划破产;他们在印度尼西亚地位受损;他们的贸易政策被老朋友卡斯特罗①进行政治勒索,还有,总的来说,他们没有得到更多的非洲和亚洲中立主义者的支持。

7. 中国人意识到事情的发展与他们所预计的恰恰相反,一些从前的支持者,例如日本共产党和北朝鲜人,开始调转方向,背离他们的阵营。但是他们非但不改变路线,反而仍然坚持顽固不化的政策,他们坚持说"暂时的挫折"不能破坏他们长远的目标。对于苏联宣扬的中国阻碍了共产主义者对北越的联合援助,虽然中国人对此越来越理亏,但却仍无法劝服他们改变政策。事实上,去年春天北京所采取的国内路线已对国际共运的伤害达到无以复加的程度,对于苏联的讥讽和警告,他们也完全置之不理。实际上,世界所有共产党都被中国路线搞糊涂了,由于对红卫兵的狂暴、毛泽东主义的自大、中国的沙文主义以及几乎席卷中国的骚乱的反感,几乎所有党都疏远了他们。

三、近期的问题和发展

8. 现在苏联和共产党中国都意识到,即使假装维持有目的性的政治和军事联盟也非常

---

① 菲德尔·卡斯特罗·鲁斯(1926~   ),1962 年任古巴社会主义革命统一党第一书记,1965 年该党改名为古巴共产党后,卡斯特罗担任中央委员会第一书记。1976 年任国务委员会主席兼部长会议主席和革命武装部队总司令。在1981 年、1986 年、1993 年、1998 年 2 月和 2003 年 3 月的选举中获胜,连任国务委员会主席。——编注

困难。党内实质性的接触已不复存在，国家关系也限制为最小范围内的正式接触，而缺乏经常礼节性接触。文化交流继续保持，但是仅限于很小的范围内。贸易在1959年达到20亿美元的最高点，去年下降到4亿，在今年可能进一步下滑。有限数量的军事援助仍然从苏联运来，主要是以前协议条款中约定的备件，这些产品中国自己就能生产，也可以从别处能获得。1950年的《友好同盟互助条约》没有被正式取消，但是双方都对它是否继续有效表示怀疑；北京已经表示出不指望或干脆不需要苏联的军事援助，苏联也明白地表示他们认为在很多情况下没有必要扩大援助。甚至对北越的军事援助物资进行合作的问题，两国也不能取得轻松友好的合作。北京采取了各种办法阻挠苏联向北越运送装备。

9. 边境问题。至少从1962年起中苏边境就存在紧张气氛（那时在新疆有5万名边境少数民族成员，很显然他们在苏联的鼓动下，全体移民到苏联）。从1963年起，莫斯科在临近中国的一些地区，尤其在新疆对面和东北的东部，适度加强了军事和安全部队。苏联也加强了对蒙古的军事援助，今年开始在该国建立起空军防御系统。中国人显然开始注意到与苏联接壤的新疆地区的空军防御。他们也强加了对边境河流使用支配的严格规定，并且显然已经开始骚扰处于边境线的苏联人。

10. 共产主义运动的条件。在世界共产主义运动内的中苏敌对仍然严峻和紧张。中国赞美毛，诽谤苏联，把他们自己的观点定义为"普遍真理"，苏联以同样方式质疑中国人，尝试并在绝大多数时候成功地破坏了中国的策略。但是，在过去两年内，这种竞争的特点产生了重大变化。苏联仍需处理好这次分裂，部分原因是这样在策略上给那些担心并想避免苏联统治的共产党们一个交待，部分原因是很多党在分歧中持中立立场，其中最明显的是北越。在两年前，苏联面对的是对其统治的严重挑战，而如今，苏联面对的只是这样的一个中国：只能完全指望阿尔巴尼亚、新西兰共产党、少数零散组织以及由中国人控制的薄弱的阵线组织的支持。

11. 越南战争的作用。苏联越来越想把越南战争当作一个问题来攻击中国。例如，他们谴责北京的不合作阻碍了美国"暴行"的"立即结束"，从而延长了战争。他们把对北越的援助作为提升他们在河内对付中国、提高自身影响力的策略，在这点上，他们显然取得了一些成功。但是当苏联使用有效手段反对中国的时候，战争也限制了苏联在分歧中的策略。莫斯科一定反对河内拒绝选择中苏任何一方的做法，这也意味着北越不愿意接受苏联对战争的政治指导。进一步说，中国对直接到达北越的陆地和空中路线的控制，是限制苏联对河内施加影响力的一个因素。

12. 很明显，战争的最终结果将对中苏争端的进一步发展产生重要的影响。苏联对战争的态度模糊不定。对美国资源施加压力、向美国与欧洲以及其他友好国家的关系制造麻烦，其结果一定有利于苏联。而另一方面，苏联也意识到直接对抗的形势有些危险，在目前的情况下，他们希望能避免直接对抗。对他们来说，比较合适的途径是通过例如谈判的政治程序，从而使河内在南越达到实现美好前景的目标，并因此让美国政策遭受重大失败。显然，苏联并不认为以这种方式收场的时刻已经到来。但是，如果面对中国人对于政治决议的不断反对,苏联人能够这样做的话,他们将对北平在亚洲共产主义者当中的影响力进行打击,同时也可以成功重建莫斯科在整个共产主义运动中的统治权。

13. 对中国人来说,他们肯定希望看到越南战争持续下去。他们把越南战争看作"人民战争",并用作反对他们主要敌人即美帝国主义的最典型的例子。他们希望实现这样的结果:既可以支持适合于革命向前进的毛泽东的战略主张,同时又可以减少莫斯科声称的对于革命斗争的权威性指导。

四、短 期 前 景

14. 最近分歧的发展没有出现明朗的局势:互相对所剩无几的留学生的驱逐,中国针对苏联驻北京大使馆的游行,互相交换的外交抗议声明,谩骂的提升,两国首都都暗示苏联向北越运输供给物越发困难。很显然,两国关系如此恶化下去很可能导致彻底的分裂。但是不论中国还是苏联,都不愿让事情的发展完全失控。

15. 北京似乎宁愿冒险挑起外交关系的正式破裂,但是似乎又不愿意由自己迈出最后一步。它一定是想逃避这样做的责任。另外,如果它希望避免完全决裂,是因为它考虑这可能会使越南战争以及北京与河内的关系更加复杂化,而且可能担心如果强迫河内进行抉择的话,它可能站到苏联一边。

16. 苏联可能希望避免国家关系的正式分裂。他们可能发现,因为出于实用的考虑,北京的存在是有用处的,例如这样可以保持一个间谍监测中心。他们可能也发现,将来如果条件允许的话,他们可以继续在中共内鼓励并有机会接触反毛力量从而竖起苏联的旗帜。更重要的原因是,他们可能仍担心如果分裂,将付出与其他共产党关系破裂的代价。

17. 关系进一步的恶化是中苏关系近期前景中最可能看到的。苏联想利用他们所察觉到的中国不断增加的弱点。比如,他们可以公开自己私下的判断:毛-林政权正在放弃共产主义,从实质上正变成一个法西斯独裁政权。尽管中苏边境冲突不会恶化,但是其发生的频率可能会加大。几乎可以肯定的是,苏联经由中国向越南运送供给品的合作将越来越困难。而且很可能外交使团的规模也要被迫减少。但是我们不能预测两个国家会正式决定其关系的破裂;苏联主要会考虑到在国际共运中可能付出的代价,而中国可能仍会担心分裂对河内造成的影响。

18. 苏联真正关心的是中国情况的发展趋势。他们也希望利用其他国家对中国的恐惧感,确保中国从共产主义运动中分离出去。因为这些原因,莫斯科可能继续寻求国际共产主义对中国极端主义和蓄意破坏主义的谴责。不过苏联知道,尽管许多共产党对北京敌视,但他们并不赞成国际会议纯以此目的来号召或企图将中国从国际共运中驱逐。

19. 分歧进一步恶化本身不会改变中国好战的国际态度或总体外交政策。但是,它可能对苏联的外交政策产生一些影响。我们认为中苏摩擦的加剧不会自动让苏联去试图改善与西方的关系。但是,由于中国变得越来越孤立保守和令人怀疑,苏联对来自中国的谴责不那么敏感了,而且对来自中国的军事压力也没有太大反应了。例如从去年8月起,有一系列的信息表明,苏联对于推进与美国之间的关系更感兴趣。在任何情况下,仅仅为了谨慎起见,莫斯科都可能由于担心在东方发生重大困难而更加倾向于在西方避免出现危机。

20. 即使在近期内,我们也不能完全排除这种可能性:突发式的分歧发展为一种更新的甚至更剧烈的形式。越南战争已加入不确定因素当中,而且毫无疑问增加了双方争夺的紧张。分歧中主要人物的情绪可能会产生更大的作用,无法预料的意外事件可能激起更大的敌对,从而导致相互间新形式的报复行动。而且,中国内部形势扑朔迷离;国内的需要和压力很可能导致领导人终止所有残存的对外联系。

五、毛以后的展望

21. 对中苏关系发生重大变化的展望。无论分歧是急剧恶化还是缓和,主要看在中国发生了什么。然而,我们不能预见到最近在北京的骚乱中可能发生什么,我们也不能预测今后的发展情况。

关系的急剧恶化

22. 毛以后的中国政权可能比他的前任更缺少灵活性而更加强民族主义。这样的政权,无论是出于他们自身目的,还是出于他们预测的失误,都可能给苏联带来麻烦。这种方式和行动所带来的结果都是无法预测的。敌对的加剧很可能导致针对越南问题的各种形式合作的终止。在中苏边境很可能发生严重的军事冲突,但是双方都一定想避免战争。中国可能被其军事水平低下所限制,而苏联担心在军事和政治上付出的代价。

分歧缓和的前景

23. 当前的苏联领导人以及任何可能的后继者们都可能寻求与北京改善双边关系。他们并不在意也不需要在立场上发生实质性的改变。尽管他们认识到如想达到妥协,对于国际共运中大部分努力需要来自中国,但是他们一定不寄希望于现在的中国领导人。然而,他们预料相比起毛来,中国将来的统治者不会那么反苏。苏联领导人甚至认为,中国目前的政策所走的激进路线,将会加速反对激进的毛泽东主义路线的反叛者的出现。

24. 如果反叛出现的话,莫斯科可能希望由苏联来领导一些主要的共产主义联盟,但是肯定不指望与北京恢复到1950年初中期那种亲密的关系。但是,苏联领导者可能试图鼓励北京产生新的领导人,从而中止中国公开的反苏运动以及在第三世界、越南和国际共运中与苏联的竞争。作为计划的一部分,他们可能会向中国提供经济援助。

25. 北京的领导继承人可能对改善关系感兴趣,但是我们认为,最终中国政权不会在实质上让步。毋庸置疑,与赫鲁晓夫一样,毛的个性在定位中苏论战的基调上发挥了重要作用,他的观点对引起分歧的实质问题也发挥作用。但是,毛的下台以及被更灵活的领导层所替代,都不能医治所有的创伤或者消除所有的根本问题。不单单是毛,中国的全体领导层,都可能认为他们是分歧中受委屈的党,是被欺骗的受害者,尤其是苏联不履行向中国提供广泛的技术、经济特别是军事援助。更重要的是,任何北京的新领导人都可能保留着中国国家独立,文化、意识形态和种族的优越感。中苏国家利益的分歧可能是今后多年关系摩擦和互相猜忌的源头。

关系改善的结果

26. 然而,我们认为将来的中国领导人可能意识到减少分歧的益处,并且恢复与苏联某种形式上的合作。例如,他们可能看到与苏联恢复经济、技术以及军事援助项目的利益。他们可能看到恢复过去苏联所可靠承诺的对中国进行防御保护的价值。他们可能希望作为利益的交换,减少论战,并且如果战争继续的话,同意与苏联在越南合作。

27. 这样的协议可能需要莫斯科、北京和河内在全局战略问题上以及战争继续或结束的问题上相互进行协调。在这种情况下,如果决定继续战争,河内将从中苏所建立的多种方式的合作中受益。它可能更快地收到更多的军事供给物;例如在中国建立苏联物资的供应基地将加快运输,而且可能会提高混合武器的运输。最后,中苏更高层次的合作将会加强河内政治声明和政治警告的影响力。

28. 即使在苏联和共产党中国之间非常有限的和解,也可能对作为整体的国际形势产生一定影响。世界观点预测两者会更加不和,一部分世界政治观点认为这种不和会继续。但是,对于中苏关系所发生的类似调整,各种观点和政治看法的改变都不可预见。这些想法可能是非常微妙变化:例如,在共产主义运动中,自信的逐渐恢复,或者在欧洲,对苏联在西方目标焦虑的增加,因此现在苏联的东部边境会更加"安全"。或者他们有更实质性的考虑,例如在越南或在印度,他们可能担心任何中苏和解的趋势都会严重损害自己的利益。即使如我们所料,一些有利结果可能会出现,但是有限的和解掩盖不了这样的事实:根本分歧和利益冲突始终存在。

长远考虑

29. 长期来看,从某种程度来说,中国证明它能够成功实现经济、技术和军事的目标,苏联人对它边境出现一个强大的中国的担心会不断加剧。也可能一个强大的中国并不在苏联的担心之内,并且在任何情况下,都不会阻止苏联寻求必要的正常化关系。但是我们认为,这会限制苏联把中国作为盟国来对待的倾向,并会加强苏联外交政策上的其他选择。这些选择可能包括苏联对发展与日本和印度的友好关系感兴趣,这样可以削弱中国在亚洲的影响力,随着时间的推移,苏联可能对于解决与欧洲的关系更加感兴趣。

30. 从中国一方来说,政权更替之后,为了得到经济和军事援助,在政策上可能对与苏联关系正常化更感兴趣,北京可能不愿意为得到援助,在政治上付出相当多的代价。几乎肯定的是,它不会接受苏联在共产主义运动中的领导地位,不会否认边境地区的传统利益,也不会放弃在亚洲和世界事务中的领导地位的要求。中国在政治、经济上的要求可能促使任何非毛泽东思想的继承人把日本和西方作为中国发展所必要的资金和技术主要来源。

31. 因此,尽管我们认为中苏关系可能改善国与国关系并减缓意识形态斗争,但我们几乎无法看到,在中苏两党间会存在积极合作,也看不到中苏间没有任何怀疑和猜忌的持续发展的氛围。而且,这种关系仍然在国家利益的很多问题上存在一触即发的高度脆弱性,如果中国方面的民族自信心膨胀,那么尤其在边境上,严重的争端就会发生。

http://www.foia.cia.gov/nic_china_collection.asp,pp.1-12

何妍译、校

中情局关于中苏关系现状的备忘录

（1969年8月8日）

机　密

备　忘　录

中苏关系的现状

1. 在1969年3月的乌苏里江事件插曲之后，苏联和中国原有的紧张和敌对关系进入了一个重要阶段。大约十几起边境冲突事件中，主要介入的都是正规部队而并非平民，并且已经造成了几百人的丧生。在3月间，宣传的程度空前高涨——苏联30%的广播节目和中国77%的广播节目都对此进行宣传，并且播音的声调变得格外刺耳。尤其是苏联开始突出具有强烈感情色彩的主题——为牺牲的俄国男孩们而哭泣的妻子和母亲，沾染着血迹的爱国信件，以及类似的东西。从3月起，苏联反对中国的宣传主要在较低级别上波动，但是有不祥预兆的新主题出现了。以前对待愚蠢的红卫兵的滑稽可笑的行为，苏联评论员的态度是平静和有节制的，现在他们形容毛泽东主义是："一种罪恶的种族主义理论"，是"一种盲目爱国主义的毒药"，已经达到了对苏联"造成军事威胁的程度"。勃列日涅夫6月在国际共产主义会议上的发言中，用很大篇幅谴责了中国共产党，并且断言北京为对付苏联进行核战争的准备。尽管对北京来说扮演排外和"外来恶魔"威胁的角色不是新战术，但是目前中国运动强调的是中国人一定不会"在野兽面前显得胆小如鼠"，这似乎比过去更加极端。

2. 上述大致情况的发展引发了一个更大的问题：一个政权的外交政策如何受到不断恶化的对外关系的影响。中国共产党第九次代表大会没有正式将华盛顿作为头号敌人的地位降级，但是它把苏联提升到和美国同等的地位上来。今年中国人对"极端修正主义者"南斯拉夫的主动示好，意味着北京在基本上反苏的外交政策中变得更加灵活。我们有充分的理由相信，现在的苏联领导人把中国视为他们最棘手的国际问题，因此开始相应地调整对其他问题的政策。勃列日涅夫提议建立一个亚洲联合安全体系，外交部长葛罗米柯7月在苏联最高苏维埃上对西方的口气很温和，而对中国语气却十分严厉，这两件事都暗示莫斯科正在寻求盟友，或者至少寻找温和的中立国来反对中国。

3. 到1969年6月为止，苏联人在中苏边境和蒙古集结了30个师的地面部队，是1965年末兵力的两倍。一部分师的战斗力非常强，其他师正在逐渐达到这个水平。这些师一般都装备了传统的重型武器和战术性空对空导弹。苏联战略空中力量的增长已经赶上了地面部队增长的速度。

4. 中国在新疆、内蒙古以及东北的黑龙江-吉林地区的边境上只有大约 9 个师的地面部队。尽管他们的后方沈阳-北京-兰州军事地区有超过 50 个师的兵力，但是从火力和机动性上来看，中国的师不能与苏联的师相匹敌。

5. 在今后的两到三年里，几乎肯定看不到这种紧张关系的极大缓解。国际利益的冲突、对共产主义运动的领导权的争夺以及互相对对方真实意图的恐惧将会阻碍和解。甚至边界问题也不可能得到解决。双方可能都希望达到某种暂时性的和解，但是都不可能从根本立场上进行妥协。

6. 现在这种局势是第一次出现，对于中苏战争是否会在今后的两到三年内爆发，我们有理由表示怀疑。

7. 这样的问题能被严肃提出的原因是中苏分歧的严重程度。但是提出这样的问题比给出一个确切的答案容易得多。战争是潜在的，至少苏联有理由挑起军事行动。但是进行攻击的决定是一个政治行动，我们没有关于中国和苏联领导人意图的确凿证据。

8. 我们认为中国闯入苏联领土并无端进行重大进攻是不几乎可能的。这个判断主要建立在中国的军事力量处于劣势这一事实的基础之上。

9. 相比较而言，我们有理由相信为什么苏联现在或者在不久的将来可能会考虑对中国采取重大进攻行动。通过考察很小的军事冲突，苏联的军事计划者一定有远见地预见到真正的危险就要到来。可能在毛在位期间或者几乎肯定在他可能的继承人林彪在位期间，中国人将会部署中程弹道导弹（MRBM）。即使少数的中国导弹也将会改变战略形势，而且由于军事力量的增加，在使用地面部队时，中国人将会受到更少的限制。

10. 最近形势的发展使我们仔细考察了莫斯科是否准备在不久的将来对中国采取行动的问题。目前，在中国边境的苏联一方出现了不正常的军事活动，包括显然把中国作为其假想敌人的特殊的军事训练活动。尤其值得注意的是，参与训练的部队来自苏联西部，这些部队正常来说是对付北约的后援部队的根基。而且，穿越西伯利亚的铁路正被用于大量的军事运输，这很显然扰乱了民用交通。这种军事活动似乎与实际发生的战斗规模不成比例。另一个发展情况是，苏联人从 8 月 2～3 日的周末开始一直持续到现在的在苏联和东欧的空军的军事活动实际上中止了。苏联在这项持续的活动中从没有退缩到这种程度。尽管不是定论，但是这样的活动暂停是准备发起敌对行动的典型标志。其他苏联的军事组成部分，比如战略火箭部队、地面部队以及非空军的海军部队，大体上都保持了正常的活动。同时，在对于早期苏联的增兵持消极态度之后，中国人提高了他们的空军防御，这表明他们正更严肃地对待局势。

11. 还有一些政治信号表明，苏联可能正准备和中国摊牌。克里姆林宫很显然努力冷却与西方的分歧，其中一个目的几乎肯定是想让它在东方腾出手来。苏联的宣传反复强调这样的主题：毛是一个"战争狂"、一个"沙文主义者"、一个"黩武主义者"，他认为战争是解决问题的唯一方式；与所有的好战主义分子一样，他为了给自己罪恶的计划找借口，就错误地指责克里姆林宫计划对他进行攻击。最后,目前的文章和广播都对中国的维吾尔人、哈萨克人和蒙古人所受的压迫深表同情,并且暗示这些人民的反叛都将是正义的。

12. 另一方面,有一个不利于苏联军事行动的情况。从军事角度来说,这主要由于其行动结果的不确定性。苏联领导人不能指望对中国实施干净利落的打击。他们必须明确意识到,他们将开始一个他们不能确保进行控制的过程,他们前方的道路不只是由他们自己、也是由中国人来决定的。

13. 而且一定的政治因素也会影响苏联对中国的进攻。集体领导的特性是这样:克里姆林宫的人可能觉得继续一项加强反对中国异端的军事和政治防御力量的政策比实行一个对中国进攻的决定更容易。中苏战争一定会导致与河内的关系更加复杂化;它可能导致苏联在这一地区影响力的损失。在欧洲的共产主义和非共产主义国家,可能都会利用苏联对亚洲事务的介入,尤其如果战争被拖延的话。战争将使在多年内苏联与中国的和解都不可能实现,而且苏联绝没有放弃在毛和林之后改善与中国关系的希望。勃列日涅夫在8月刊出的《和平与社会主义问题》的文章中重申了苏联对中国人民的友谊,并且暗示他希望长期的紧张而不是敌对提早爆发。同样的观点也在最近其他的声明中有所表达。

14. 判断在今后两到三年内中苏战争发生的可能性仍有太多的不确定因素和太少的直接证据。我们能自信地说,在军事上、政治上和外交上,苏联人已经采取了的一系列广泛的措施,并做好了应急的准备。他们所作的准备已经达到可以允许他们进行各种防御性或者进攻性的军事选择的阶段。除此之外,很显然两国关系的紧张变得更加尖锐。毫无疑问,论战还会继续吵嚷下去,目前这种形式的争论可能会加重和恶化。武装冲突将会周期性地发生。战斗的规模可能比迄今为止的任何战斗规模还大,甚至苏联的地面和战略空军部队可能会卷入报复性的越界突袭。在这种情况下,目前一场重大战争的升级是很可能的。

DDRS, CK 3100544079–CK 3100544083

何妍译、校

中情局关于中苏分裂的评估与预测

(1969 年 8 月 12 日)

NIE 11－13－69(取代 NIE 11－12－66)

苏 联 与 中 国
美国情报委员会

(1969 年 8 月 12 日)

问 题

预计今后三年中苏关系的大致走向。

结 论

一、自从去年 3 月在乌苏里江发生武装冲突之后,紧张和敌对了多年的中苏关系进一步恶化。双方关系改善的希望很渺茫,而且部分地由于这个原因,世界共产主义运动分裂的复合将没有可能。

二、我们第一次可以合情合理地追问:一场重大的中苏战争是否会在不久的将来发生。很显然这场战争有潜在性。主要是当中国对苏联产生核威胁时,苏联有借口说明,发动进攻最好的时机是马上而不是几年之后。同时,与之相随的军事和政治的不确定性也一定给莫斯科的集体领导带来了沉重负担。

三、我们看不到中国人主动去进攻苏联的可能。我们也不认为苏联想卷入一场长期大规模的冲突中。但是我们不能否认这种可能性,即莫斯科在不陷入冲突的前提下,可能会考虑对中国核武器和导弹装置进行打击。无论如何,任何以周期性的边境冲突为特征的紧张气氛都会出现。战斗的级别可能通常比迄今为止的任何一次都高,甚至可能出现由苏联引发的报复性的越界突袭。在这种情况下,冲突激化的可能性一直存在。

四、在分歧的影响下,双方可能都正在重新评估各自的外交政策。为了"遏制"中国,苏联的目的可能是吸引新的同盟国,或者至少讨好中立国。甚至莫斯科已经发出提升与西方关系愿望的信号。现在似乎把苏联看作他们最紧迫敌人的中国人,在试图扩大他们在亚洲影响的时候将面对来自苏联的最强大的争夺。

讨　论

一、政 治 背 景

1. 中苏分歧的原因很复杂,迄今为止,还是纠缠不清。其中一些主要是重大的国家利益冲突,还掺杂着历史和种族的仇恨,以及一个强国对其周边强国的猜忌。这些利益冲突包括:苏联在 1950 年末撤回了能满足中国取得核能力所需要的帮助;有关外交政策和对外关系重点的问题上的分歧;中国对苏联经济援助以及经济制裁的不满;中俄在东亚和南亚其他地区的影响力的竞争;中国要求俄国还回 19 世纪夺走的远东和中亚的领土。从某种程度上说,不论莫斯科和北京的政治体制如何,这些问题都会使俄国人和中国人的关系更加复杂。

2. 意识形态也成为分歧发展的因素。从最初阶段起,北京就开始从意识形态上挑战苏联的权威和绝对正确性。毛拒绝利用苏联模式发展社会主义,也拒绝利用苏联的战略来发展共产主义,他坚信自己的学说会像列宁的学说一样得到尊重。争夺世界共产党领导权的斗争很大部分继续与意识形态的斗争相联系。这些意识形态的争论也掺杂着经济和政治的敌对。意识形态上的看法使双方在争吵中互相让步和求同存异的能力受到限制。在动机和行为上的相互误解陷在教条的模式里,因此变得僵硬不化。

3. 在争吵中个人攻击也发挥一些作用。赫鲁晓夫和毛发现对方都尤其令人反感。在赫鲁晓夫下台之后,通过 1964～1965 年冬天周恩来访问苏联以及柯西金访问北京,双方政府都确认了他们的分歧绝无妥协的可能。中国人把赫鲁晓夫的下台解释为他们意识形态立场正义性的证明,而苏联新领导人没有过度修改赫鲁晓夫制定的基本路线。而且,尽管目前苏联公开表达了他们对毛卸任后北京可能减缓反苏政策抱有希望,但是他们的私下报告和行动都表明,他们预见到在可预知的未来,他们仍然要对付中国问题。

4. 到 1965 年中期,中国人重新开始对莫斯科进行公开指责,新的苏联领导人倾向于实施所谓的"遏制"中国的政策。这个政策有几个方面:在国际共产主义运动中从意识形态上来孤立中国,通过加强与亚洲国家的联系从政治上孤立中国,通过急剧削减中苏贸易从经济上孤立中国,有目的地通过宣传向苏联人民和其他盟国发出毛泽东主义的危险性的警告,另外在与中国交界的主要哨所,苏联都加强了军事力量。中国人也通过援助其他的共产主义政权和共产党,通过争取在共产党中建立亲中国的派系,甚至通过比苏联人更猛烈的宣传来反对苏联的这些举动。

5. 毛发动文化革命的目标之一是清除倾向于莫斯科的修正主义政策的中国共产党领导人。与文化革命伴随的是反苏宣传的兴起,以及中国"老百姓"对苏联专家态度的恶化。从苏联官方的宣传来看,文化革命让克里姆林宫确信中国人几乎放弃了马列主义,清除了温和派领导人,并且建立了旨在增强军事力量的毛泽东的个人独裁统治。中国开始迈向取得核能力之路的事实加剧了莫斯科的恐惧。因此,苏联继续甚至加紧了从 1965 年开始的"遏制"政策。

6. 从 1965～1969 年,中苏国家关系和经济关系逐步下降。两国都在 1966 年召回了大使,并都在第二年单边撤销了一些次要协议。年度议定书所规定的文化往来显然处于搁置状态。1950 年 2 月的友好同盟互助条约按理来说到 1980 年才失效,但是北京表示他不指望或者不需要苏联的军事援助,苏联也表示他们不会受制于必须提供援助的承诺。在经济领域,两国一年贸易的总和曾在 1959 年达到 20 亿美金的顶峰,到 1968 年已经下降到 1 亿元以下。

7. 因关系恶化而导致宣传上的攻击加剧。例如在 1967 年 2 月,当苏联驻北京大使馆被围攻时,中苏冲突占苏联所有对外和对内宣传的 25％,大约占中国所有宣传的 50％。在 1967 年 11 月布尔什维克革命 50 周年期间,中国人同样忙于攻击苏联。他们几乎不停地谴责 1968 年苏联对捷克的入侵。显然,苏联发动部队进攻邻国的社会主义政权让北京感到焦躁不安。中国人利用这个时机公开抗议苏联对中国领空的入侵,并且再次谴责苏联正在蒙古以及边境线部署军队。

8. 随着 1969 年乌苏里江发生的小冲突以来,两国之间已经存在的紧张和敌对关系进入一个严峻阶段。十几次的边境冲突涉及到正规部队和平民,并已经造成了几百人丧生。在 3 月间,对外宣传达到前所未有的程度,苏联 30％广播节目和中国大约 75％的广播节目都在进行宣传,而且播音声调变得特别尖锐。双方都开始突出具有强烈情感的主题:英雄的牺牲、葬礼、沾染鲜血的爱国主义信件以及类似的东西。从 3 月以来,宣传的程度降低了,但是一些不幸的新主题又出现了。苏联的评论员以前对红卫兵的极端主义的态度是平和与有节制的,现在强调毛泽东主义是"一种罪恶的种族主义理论",是"一种盲目爱国主义的毒药",已经达到了对苏联"造成军事威胁的程度"。勃列日涅夫 6 月在国际共产主义会议上的讲话中,用很大篇幅谴责了中国共产党,并且断言北京正在为对付苏联进行核战争的准备。尽管对北京来说扮演排外和"外来恶魔"威胁的角色不是新战术,但是中国目前的运动强调的是中国人一定不会"在野兽面前显得胆小如鼠",这似乎比过去更加极端。林彪警告说中国可能不得不面对"一场大战……初期的常规战争……或者一场核战争"。

9. 北京和莫斯科都公开表示准备就边境分歧进行谈判。然而,各自都采取了强硬的态度,故意发表恼人的声明。中国人否认了他们想要收回被苏联占领的几千平方里的领土,但是他们坚持让莫斯科承认在俄国时期获取中国的领土条约是"不平等的"。苏联方面通过声明在乌苏里江经常发生流血冲突的无人居住的小岛是"以前俄国的领土"来表明其坚定的立场,并且挑衅性地指出满洲和新疆在历史上并不属于中国。6 月中旬召开了关于航运以及流到哈巴罗夫斯克的边界河问题的谈判,达成了 1969 年航运条约的协议,但并没有决定何时就领土问题举行进一步的谈判,这种谈判的前景不容乐观。

10. 对这些形势的发展进行总结,将提出一个更大的问题,即双方的外交政策会被不断恶化的关系影响到何种程度。中国共产党第九次代表大会没有正式把华盛顿排除在它的第一号敌人的位置之外,但是把最恶毒的讥讽指向了苏联。今年中国人对"极端修正主义者"南斯拉夫的主动示好,意味着北京在基本上反苏的外交政策中变得更加灵活。我们有充分的理由相信,现在的苏联领导人把中国视为他们最棘手的国际问题,因此开始相应地调整对其他问题的政策。勃列日涅夫提议建立一个亚洲联合安全体系,外交部长葛罗米柯7月在苏联最高苏维埃会议上对西方的口气很温和,而对中国语气十分严厉,这两件事都暗示莫斯科正在寻求盟友,或者至少寻找温和的中立国从而反对中国。

二、军　事　方　面

11. 直到 1965 年为止,尽管苏联采取措施提高控制边境冲突的能力,但是他们在中国边境的部队很单薄。在 1965 年之前中国也看到了加强自己边界安全的需要。但是,苏联持续大规模的军事建设开始于 1965 年末。这种做法在当时有多种理由:中国对苏联领导权的挑战,中国成功的核试验,以及中国在亚洲地位的上升。无论如何,尽管莫斯科可能在近期提高它最初的军事目标,但是目前苏联在东方的军事建设似乎都反映了 1965 年所做的决定。

12. 到 1969 年为止,苏联在中苏边界和蒙古已经集结了 30 个师的地面部队,是 1965 年兵力的两倍。大约一半的师处于战备状态,其他师正在逐渐到达这个水平。这些师一般都装备了传统的重型武器和战术性空对空导弹。苏联战略空中力量的增长已经赶上了地面部队增长的速度。

13. 中国方面没有相应的军事建设。中国人仅仅在新疆、内蒙和满洲的黑龙江和吉林地区有 9 个师的地面部队。尽管中国人在后方的沈阳-北京-兰州军事地区有超过 50 个师的兵力,但是在火力和流动性上,中国的师无法与苏联的师相匹敌。

14. 苏联人和中国人之间其他军种的差距甚至更明显。中国人的空军防御在近些年得到提高,但是仍然很弱,而苏联的空军防御能力很强,并且自 1965 年以后进一步加强了。苏联在该地区始终保持大约 225 台中型和重型轰炸机,并且能很快地从苏联的其他地区增加力量;中国大约 12 个中型轰炸机队的绝大多数都过时了。苏联在中亚和远东的拥有相当数量的对准中国的战略性导弹。最后,一支苏联的太平洋舰队就超过中国的整个海军。

15. 在军事对抗中,空间因素影响各国,尽管影响的方式各有不同。漫长的边界线使全面防御几乎不可能。苏联的跨西伯利亚铁路接近满洲边界,因此在那个地区建立深层防御对苏联来说是不可行的。因此,苏联的战略需要在传统入侵中国的线路上集中建立快速打击或者反击的威胁性部队。我们所了解的苏联部队的分配情况似乎证实了我们的分析。相比较而言,中国的军事参谋们认为,如果遇到向他们进攻的部队,可以放弃新疆和满洲北部的一部分。这种策略不仅与毛的"持久战争"理论相吻合,而且可以先于敌人将优势兵力安置于要塞,从而有机会诱使苏联指挥官陷入包围圈。

16. 苏联也面临时间的问题。比较理想的是与中国的战争很快取得胜利，避免陷入对付中国充足人力的持久的传统战争的危险。通过使用核武器，苏联能够让这些军事问题简单化，但是这将使他们的政治问题更加复杂化。而且，从苏联参谋们的角度来看，如果与中国的冲突全面爆发，那么应该在中国部署中程弹道导弹部队之前就迅速把问题解决。

三、前　景

17. 几乎可以确定的是，在今后两到三年中苏关系的紧张都不可能得到缓和。国家利益的冲突、共产主义运动领导权的争夺以及对相互真实企图的恐惧将对缓和产生阻碍。甚至边界问题也不可能被解决。虽然双方都可能愿意达成某种临时性的和解，但是在任何根本立场上都不愿意妥协。

18. 苏联和中国的宣传都很尖锐。双方现在都认为对方是最直接的敌人，每一方都谴责另一方与帝国主义勾结以遏制并摧毁自己。在这种气氛下，任何一方的行动都被另一方猜疑，任何军事准备似乎都具有威胁性。这是第一次可以合理的怀疑中苏战争是否会在两到三年内爆发。

19. 这样的问题能被严肃提出来的事实本身就可以来衡量中苏分歧的严重性，战争的危险的确潜藏着。至少对苏联来说，提早进行军事行动似乎有更多的优势。但是进攻的决定是一个政治行动，我们没有关于中国和苏联领导人意图如何的充分证据。

20. 我们认为由中国发动无端入侵苏联领土的重大进攻几乎不可能。这个判断主要根据中国处于军事力量的劣势以及没有越过北部边境从事大规模战争的基本准备这个事实而得出的。另外，朝鲜战争以来，中国避免了与两大强国的重大军事冲突。很难看到中国从一次进攻中会得到什么好处。中国对苏联威胁的有意宣传当然可能用来增强国内的团结，从而重建被文化革命打碎的权力结构，但是一场实质性的战争会使任何取得的成就处于危险境地。当前中国人可能有两个目标：阻止苏联进攻，因为他们觉得随着苏联的军事建设，苏联发动进攻越来越可能，另外做好国家面对威胁的准备。很明显北京试图通过在他们法律要求合理的边境地区发起小规模的冲突的战略来标明他们的决心。

21. 与之相比，我们看到现在或者在不久的将来苏联可能考虑对中国进行重大进攻行动的原因。苏联的参谋们从这些小冲突中一定感到真正的危险会到来。在毛或者他的继承人任内，中国人可能部署一支核导弹部队，并且拥有比苏联更多的中型轰炸机。苏联领导人可能感到即使少量的中国导弹也会改变战略形势，由于实力的增长，中国人利用他们的地面部队时会受到更小的限制。苏联人可能希望利用他们的空中优势粉碎中国的核装置和导弹装置，从而阻止这样的情况发展，同时阻止中国人主要利用地面部队进行报复性的打击。实施这种方案的最佳时机正开始逐渐流逝。

22. 苏联领导人可能看到了军事行动的其他重要利益。挫败中国部队将证明苏联在全世界范围内的强大，而且有利于苏联领导人在国内的威信。苏联人甚至可能希望毛-林政权倒台,或者如果它继续存在的话,把新疆、内蒙从中国分裂出去。他们因此就能够建立一个像在东欧一样的缓冲地带。事实上,保护新疆和内蒙地区的少数民族对中国压迫的反抗可能是发动战争的一个借口。

23. 有关苏联军事活动的证据表明,莫斯科在近期可能正准备对中国采取行动。最近,在中国边界附近经常出现苏联非正常的军事活动,包括一场非常规的大规模演习,在演习中中国显然被看作假想敌人。一些旨在加强北约防卫的空军部队从苏联西部临时调过来。另外,跨西伯利亚铁路正在进行大批军事运输,运输的规模之大,明显地与正常客运发生了冲突。苏联的这些军事行动似乎与可见的中国的军事威胁性不成比例。同时,在苏联的军事建设的初期,中国人军事部队的部署几乎是保持停滞的,最近他们也在空军防御方面作了小调整,这可能表明他们也把局势看得更为严重。

24. 也有关于苏联可能正在准备与中国摊牌的政治信号。克里姆林宫很显然努力缓和与西方的摩擦;目的之一一定是想加大它在东方行动的自由度。苏联反复宣传毛是“战争狂”、“沙文主义者”、“黩武主义者”,并说他认为战争是解决问题的唯一手段,攻击毛与所有其他的战争贩子一样,他错误地指责克里姆林宫是为了给他自己险恶的目的找借口而对他进行攻击。最后,目前的文章和广播都对中国的维吾尔人、哈萨克人和蒙古人所受的压迫深表同情,并且暗示这些人的反叛都是正义的。

25. 另一方面,苏联必须承认军事行动带来的可怕危险。从军事角度来说,这主要因为其后果的不确定性。即使苏联领导人认为传统的空军打击可能会粉碎中国的核装置和导弹装置,他们也一定意识到这将导致不可控制的局势,其前景既由他们自己决定,也由中国人来决定。他们还必须问问自己,如果此后问题不是很快解决的话,它是否一定要使用核武器来打击中国的军队或设施,为实施这个措施不惜付出所有政治代价;中国人是否在现代武器处于极大劣势的情况下,仍然可能会对符拉迪沃斯托克和哈巴罗夫斯克使用核武器。

26. 即使苏联成功地破坏了中国的核能力和导弹能力,而且能够在边界建立缓冲国家,中国的剩余部分也不会被征服。苏联人不能确定毛-林政权一定会倒台,或者在何种情况下中国人会停止战斗。在未被占领的中国的政权无论是何种形式,对苏联的敌对程度都将比现在更严重,而且会更坚决地取得核能力。

27. 另外,一定的政治因素会减弱苏联对中国的打击。集体领导的特点是在克里姆林宫的这些人更可能继续实施军事上和政治上增强对中国的异端分子进行防御的政策,而不会轻易做出进攻的决定。苏联发动的战争可能使莫斯科与河内的关系复杂化,而且可能严重削弱苏联在那里的影响力。欧洲的共产主义和非共产主义国家可能都会对苏联卷入亚洲事务加以利用,尤其如果战争持久化后。一场战争可能使今后的许多年都不可能实现与中国的媾和,而且无论如何苏联领导人都要放弃在毛和林之后与中国改善关系的希望。勃列日涅夫 8 月在《和平与社会主义问题》上发表的文章重申了苏联人民与中国人民的友谊,这暗示着他希望保持长时间的紧张关系而不是提前爆发敌对冲突。同样的观点也在最近其他的声明中有所表述。

28. 如上所述,我们认为中国人不会对苏联进行无缘无故的攻击。我们也认为莫斯科将尽力避免陷入与中国长期的大规模的战争。但是苏联人已经制定了军事上、政治上、外交上的一系列措施,可以让他们为持续或者恶化的敌对行动做好准备。他们的准备已经达到了一定程度,允许他们进行各种各样的军事选择。因此,苏联人可能觉得最具吸引力的可能是通过传统的空军打击来破坏中国的导弹装置和核装置。苏联人也许预计到他们不必卷入长期的全面战争就可以实现这个目标。我们不能确认他们会下这个结论,但是我们认为至少有这种可能。

29. 无论如何,两国之间的紧张关系很显然会更加尖锐。最起码,论战将会继续针锋相对,现有形式的分歧将可能继续恶化和发展。除非中国的政策改变,否则军事斗争就会周期性地发生。战斗的范围可能往往比迄今为止的任何范围还大,苏联甚至会使用地面和战略空军部队卷入报复性的越界突袭之中。在这样的情况下,冲突的升级将一直存在可能性。

四、分歧在世界其他地区所产生的影响

(一) 对南亚和东亚的政策

30. 在南亚和东亚一些国家把中国视为安全潜在的威胁,莫斯科希望在中苏争端中取得这些国家的政治支持。我们看到的最近苏联建立"亚洲集体安全体系"的建议,其目的是尽力削弱西方国家在这些地区的势力,同时阻止中国从中得到任何实质性的收获。为了遏制中国,苏联可能利用亚洲人对中国的恐惧以及亚洲对中国支持地方反政府分子的痛恨。这种策略在例如印度、缅甸和泰国等大陆国家更具说服力。苏联也许尝试利用马来西亚和印度尼西亚地区对大批华裔少数民族的仇视。

31. 中苏分歧的继续,与苏联把影响力渗透到南亚和东亚的计划联系在一起,将限制中国人的选择范围。北京显然认为在越南的持久战将最后导致美国在东亚势力的极大下降。中国人也看到了在越战之后,他们有扩大其影响力的机会,尤其在像缅甸和泰国这样的地方;他们也希望一旦北越不再需要苏联的战略物资,那么通过在老挝和柬埔寨的势力延伸,中国将在河内发挥更大影响力。但是随着苏联大批军队在关系紧张的边界驻扎,北京一定意识到,它将很难通过展示它军事实力或者加紧发展核武器来威慑到南方邻国。在对付已成立的亚洲政府或者组织左翼团体的问题上,中国人将面对与苏联更激烈的竞争。

32. 持续的中苏冲突将会反映在对日关系的重要方面。苏联人把日本看作正在出现的亚洲权力的中心,日本拥有巨大的军事潜能,也有能力通过贸易与援助向中国提供帮助,而且它也拥有成为一个现代化工业国家的实力。莫斯科想预先阻止这两者的发展,但是它在东京的制约作用不是很大。它仅能利用的是:日本对(苏联)最终归还齿舞岛和色丹岛①的

---

① 齿舞岛(Habomai)和色丹岛(Shikotan)是北方四岛中的两个,日本宣称对其具有主权,但是实际上被苏联所占领。——译注

渴望,以及日本对西伯利亚进行投资的兴趣。莫斯科在日本的主要在野党、社会党甚至在有独立思想的日本共产党中有一些影响力,尽管北京在左翼在野党中拥有盟友。

33. 在对东京影响力的争夺中,中国的主要优势是(与日本)拥有共同的文化传统和日本对俄国长期的疑虑。另外,日本可能认为在更长时间内,与苏联在西伯利亚有代价而又冒险的合作相比,中国市场能得到更大的利润(在任何情况下,日本都可以在两者中讨价还价并获得利益)。日本显然喜欢现在这样在大国间讨价还价的状态,这些大国包括美国,也包括中国和苏联,它肯定不想反对他们中任何一方,因为它想从苏联或者中国那里获得短暂的利益。

(二) 美国与西方

34. 在其他地方,由于中国的原因,苏联人所采取的态度是应该尽量避免挑起任何不必要的麻烦,例如,特别是与美国和西方主要国家处理柏林问题上。因为他们最担心的是美国或者联邦德国可能正对中苏分裂施加压力,他们将尽量保持缓和的气氛,而且就一些次要问题上维持和谐。与中国发生纠葛可能已促使苏联根据自身利益考虑实行军备控制,从而寻求与美国关系的缓和,对北京施加更多的压力。我们认为苏联目前不会考虑牺牲任何实质利益,例如,德国的分裂,苏联在东欧势力范围的合法性,甚至不会对中国的反美态度进行修正。

(三) 其他共产党

35. 从1948年南斯拉夫开始的国际共产主义运动的分裂,因为中苏争吵的加剧而进一步恶化。今年国际共产主义会议的重要文件,通过承认国际共运不再有唯一中心和领导党而削弱了苏联对其他党的影响力。北京将继续成功地在共产党和各种阵线组织中制造出反苏的派系。不仅如此,如果不是一直得到支持的话,中国也有能力吸引那些被"一成不变"的苏联社会所驱逐的年轻革命者们的兴趣。但是毛泽东主义模式已经失去了许多光环,这是由于过去几年自己内部的动乱造成的,这些动乱在包括共产主义和非共产主义整个世界中都是不可思议的。我们无法预见到在世界上国际共产主义运动里出现任何实质上缩小已有分裂的迹象。

36. 事实上,我们更希望能看到更多的共产党采取既不支持莫斯科也不支持北京的立场。这种分裂与罗马尼亚人和北越人的各种形式的中立活动类似。第三世界中的北朝鲜和很多党都同意卡斯特罗所怀疑的,即他在之前说过,无论莫斯科还是北平都没能充分发动"反帝国主义"的斗争。其他党也可能把当前北京和莫斯科的多数领导人看作修正主义者。这些党可能反对共产党把暴力作为获取政权的一种手段来使用,这是印度和芬兰党所采取的立场,日本共产党也正在准备坚持这种立场。其他党将减少对共产党领导作用的宣传,这种政策以杜布切克①(Dubcek)和铁托为主要代表。临时的同盟可能往往会彻底打破意识形态的分界线,这似乎从北京最近向贝尔格莱德示好中得到信号。不管政治的

---

① 杜布切克(1921~1992),捷克和斯洛伐克联邦共和国领导人,曾是捷共领导人之一。——译注

复杂性如何，许多党可能都意识到，与非共产主义党派相处可能比共产党之间相处更容易些。

附录　领土要求①

National Intelligence Council, *Tracking the Dragon: National Intelligence Estimates on China During the Era of Mao*, *1948 -1976*, NIC 2004 - 05, October 2004, pp. 541 -560

何妍译、校

---

① 附录介绍的是中苏（俄）历史上领土纠葛，与本文主旨关系不大，略去。——译注